桃江年鉴

2022

桃江县史志编纂室编

方志出版社
Publishing House of Local Records

图书在版编目（CIP）数据

桃江年鉴. 2022 / 桃江县史志编纂室编.—北京：方志出版社, 2022.11
ISBN 978-7-5144-5276-1

Ⅰ. ①桃… Ⅱ. ①桃… Ⅲ. ①桃江县 - 2022 - 年鉴
Ⅳ. ①Z526.44

中国版本图书馆CIP数据核字(2022)第228755号

责任编辑：王娜
责任校对：刘玉霞
责任印制：梅中英
出 版 者：方志出版社
地　　址：北京市朝阳区潘家园东里9号（国家方志馆4层）
邮　　编：100021
网　　址：http://www.zgfzcb.cn
发　　行：方志出版社图书营销中心（010-67110500）
印　　刷：湖南省越来越好印务有限公司
开　　本：889毫米×1194毫米　1/16
印　　张：22.5
字　　数：759千字
版　　次：2022年11月第1版
印　　次：2022年11月第1次印刷
定　　价：248.00元

《桃江年鉴（2022）》编纂委员会

《桃江年鉴（2022）》编辑部

编 辑 说 明

一、《桃江年鉴》是系统记述桃江县自然、政治、经济、文化、社会等方面情况的年度资料性文献，由中共桃江县委、桃江县人民政府主办，桃江县史志编纂室编纂。

二、《桃江年鉴（2022）》（以下简称本年鉴）以马克思列宁主义、毛泽东思想、邓小平理论、“三个代表”重要思想、科学发展观、习近平新时代中国特色社会主义思想为指导，坚持辩证唯物主义和历史唯物主义的立场、观点和方法，主要记述2021年1月1日至12月31日桃江县经济社会发展情况和发生的大事、新事、要事。

三、本年鉴采用分类编辑法，设类目、分目、条目3个层次。全书共28个类目、158个分目、718个条目。

四、本年鉴所载稿件内容和数据，均由各部门、单位经领导审核后提供。凡涉及全县经济社会发展全局的数据，均以县统计局提供的资料为准；县统计局未提供的，以部门单位提供的数据为准。本年鉴所载桃江县副科级以上领导干部名录由县委组织部提供，以2021年12月31日在职人员为准。本年鉴所载人物、先进名录由各单位提供，新录2021年桃江县荣立二等功以上退役军人一览表由县退役军人事务局提供，人物收录2021年桃江县获省、部级及以上荣誉且事迹突出的先进人物；先进名录收录2021年度桃江县获市以上先进集体、先进个人，经编辑部甄别后确定，按单位归属排序。

五、本年鉴设“特载”，收录桃江县党政领导署名文章；增设“桃江名片”，收录桃江县获省以上特别荣誉。

六、本年鉴设彩色专版和随文图片；《桃江县行政区划图》由县民政局提供。

桃江县行政区划图

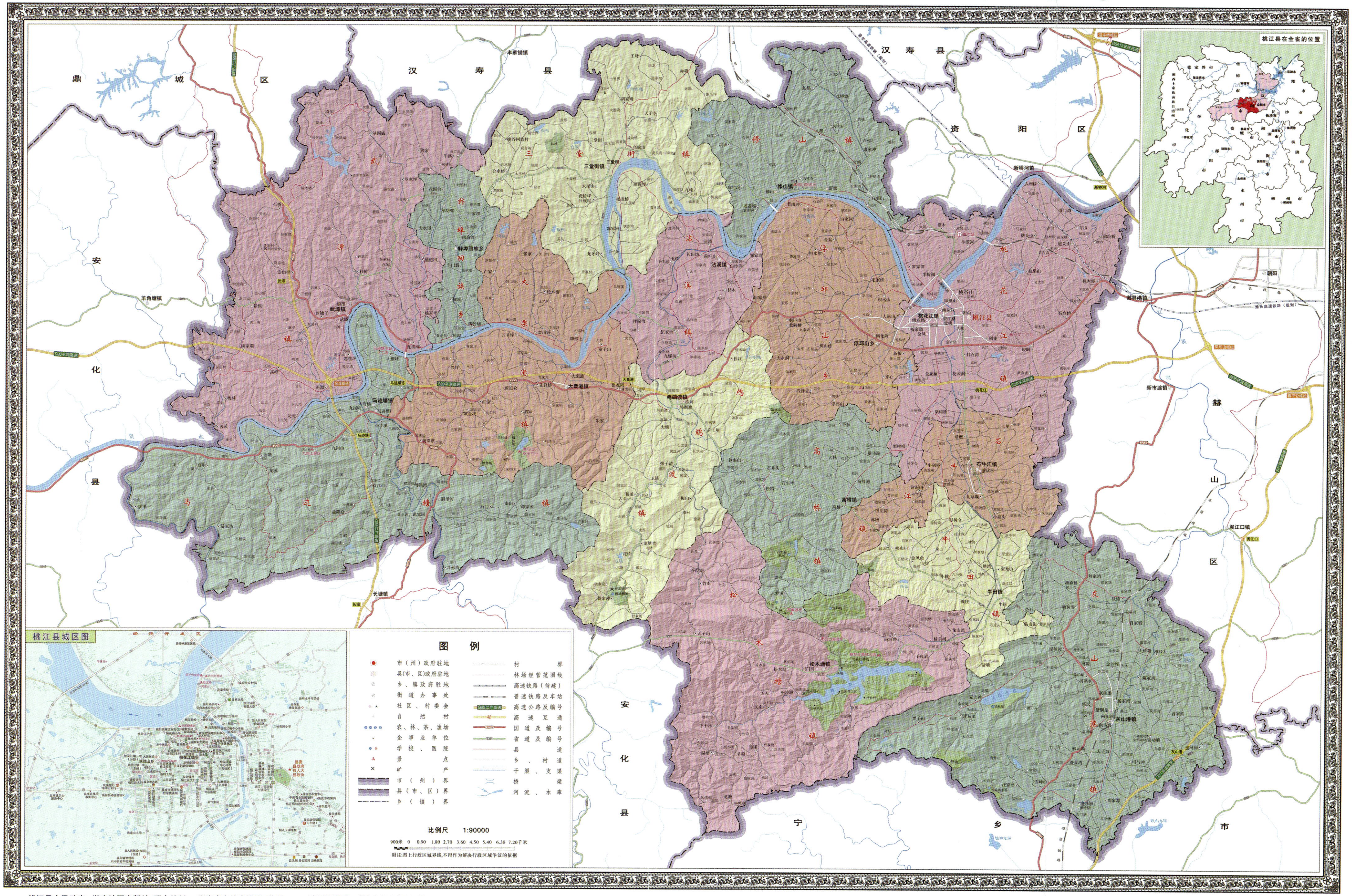

桃江县人民政府 湖南地图出版社 联合编制 湖南省自然资源厅 监制 地图审图号：湘S（2019）111号

湖南地图制印有限责任公司 印刷 2019年11月

罗溪瀑布　（刘安军／摄）

桃江 2021 名片

全国电子商务进农村综合示范县

全国县域旅游发展潜力百佳县

全国畜牧业统计监测工作综合评估优秀生产监测县

湖南省第一批法治政府创建示范地区

湖南省农业农村真抓实干“六大强农” 行动先进县

湖南省畜牧业统计监测工作考评优秀生猪规模场监测县

湖南省营商环境改善先进县

湖南省信访工作“三无”县

湖南省根治拖欠农民工工资工作先进地区

湖南省“双创”示范基地（桃江经济开发区）

龙希牛/摄

2021 数字桃江

综　合

地区生产总值	301.94 亿元
第一产业增加值	47.23 亿元
第二产业增加值	142.55 亿元
第三产业增加值	112.16 亿元
三次产业结构比重	15.6 ∶ 47.2 ∶ 37.2

人　口

总人口	86.37 万人
男性	44.90 万人
女性	41.47 万人
人口出生率	6‰
死亡率	7.06‰

固定资产投资

固定资产投资比上年增长	5.7%
国有投资增长	33.7%
非国有投资下降	3.9%
第一产业投资增长	4.7%
第二产业投资增长	40.5%
第三产业投资下降	9.9%
房地产开发企业投资	15.90 亿元

人民生活

城乡居民人均可支配收入	26898 元
城镇居民人均可支配收入	36196 元
农村居民人均可支配收入	20226 元
人均消费总支出	20601 元
人均居住消费支出	4585 元

农　业

农林牧渔业总产值	92.57 亿元
粮食种植面积	87.91 万亩
粮食总产量	36.05 万吨
水稻产量	34.04 万吨
油菜种植面积	28.39 万亩
油菜籽产量	31796 吨
肉类总产量	7.86 万吨
水产品总产量	13450 吨
测土配方施肥面积	153.9 万亩

工　业

全县实现工业增加值	113.11 亿元
建筑业增加值	29.45 亿元
新增规模工业企业	28 家
规模以上工业企业增加值增长	6.4%
新增入园规模企业	13 家
新增高新技术企业	19 家

交通、邮政和电信业

全县民用车辆	118791 辆
改造农村公路危桥	28 座
完成国省干线公路大中修	40 公里
固定电话用户	1.69 万户
移动电话用户	63.70 万户
宽带用户	21.57 万户
邮政通信业务收入	10696 万元

批发和零售业

社会消费品零售总额	123.2 亿元
限额以上	20.9 亿元
限额以下	102.3 亿元
城镇	103 亿元
乡村	19.5 亿元
批发业	6.7 亿元
零售业	113.6 亿元
住宿业	1.4 亿元
餐饮业	1.5 亿元
新增限额以上贸易企业	11 家

新增限额以上个体户	20 家
电商产业	
电子商务交易额	110.46 亿元
电商产业园引进企业	8 家
发展跨境电商企业	10 家
对外经济贸易	
引进投资过亿元项目	8 个
过 5000 万元项目	10 个
培育自营外贸进出口经营权企业	15 家
引进内资形成固定资产投资	4.03 亿元
引进省外境内资金	97.05 亿元
实际利用外资	108.08 万美元
财政、金融和保险	
一般公共预算收入	147857 万元
地方一般公共预算收入	89008 万元
一般公共预算支出	502162 万元
金融机构年末各项存款余额	338.55 亿元
城乡住户存款余额	290.17 亿元
保费收入	7.29 亿元
科技、教育	
申报科技项目	16 项
申报高新技术企业	18 家
全县有高新技术企业	59 家
中小学校	174 所
普通高中	5 所
职业高中	2 所
初中	35 所
九年一贯制学校	10 所
十二年一贯制学校	1 所
小学	88 所

教学点	31 个
教师发展中心	1 个
特殊学校	1 所
在校学生	89848 人
补充教师	315 人
旅　游	
接待游客	1440 万人次
文化、旅游综合收入	120 亿元
文化、卫生和体育	
送戏下乡	60 场
送电影下乡	3298 余场次
人均拥有文化设施面积	1.6 平方米
医疗卫生机构	542 家
县级医院	6 家
乡镇医院	15 家
开放床位	4727 张
卫生技术人员	4444 人
出生人口	5457 人
新增省级卫生镇	2 个
新增健身步道	13.6 公里
获东京残奥会金牌	3 枚
社会保障	
新增城镇就业	5278 人
新增农村劳动力转移就业	3010 人
新增创业实体	3000 家
城镇登记失业率	0.83%
发放城市低保	2690.24 万元
发放农村低保	4136.57 万元
发放城市特困人员补助	122.06 万元
发放农村特困人员补助	4416.56 万元

刘安军／摄

营商环境改善

2021年，桃江优化营商环境，开展“万企大走访，同心促发展”活动，为企业送政策、解难题，走访市场主体60余家，协调解决问题30多个；开展“全程帮代办”服务，81名干部为17个重点项目提供帮代办服务；实行容缺服务，梳理81个事项、156份可容缺材料，容缺受理服务30件；升级“自助服务”，实现征信证明、不动产检索证明、交通违章处置、营业执照打印等事项自助办理“永不打烊”；打造惠企政策“直通车”，兑现“一件事一次办”事项26835件，为企业减缓免税额42803.39万元；为企业量身定制“服务包”，新培育省级专精特新“小巨人”企业1家、市级8家，新增省新材料企业1家、市企业技术中心1家；开展“暖春行动”等金融帮扶活动，全县银行机构贷款余额达220.02亿元。优化营商环境工作获省政府2021年度真抓实干成效明显表彰奖励。

6月1日，桃江经济开发区组织8家银行、20多家园区企业召开银企座谈会，满足企业融资需求

（邹曲波／摄）

6 月 10 日，桃江县 2021 年上半年优化经济发展环境满意度测评座谈会召开　（邹曲波 / 摄）

9 月 15 日，全县“强作风、优环境、共建清廉桃江”动员大会召开　（融媒体中心 / 供图）

“双创”活动

2021年，桃江经济开发区落实“大众创业、万众创新”政策措施，建设湖南省“双创”示范基地。通过举办中国创新创业大赛桃江分赛、全国“双创”活动周等活动，挖掘和扶持一批符合主导产业发展需求的优秀项目和创业团队，培训各类创新创业人员2500余人。年内入园企业153家，获得企业发明专利289项。2021年实现规模工业总产值324.97亿元，同比增长22.4%；完成规模工业增加值73.66亿元，同比增长23.65%；固定资产投资34.45亿元，同比增长15.33%。桃江经济开发区被评为2021年度全省成效明显的省级区域“双创”示范基地，获省政府表彰奖励。

10月27日，湖南省委副书记，省人民政府党组书记、省长毛伟明（前排左三）在竹材科技有限公司调研

（桃江经济开发区／供图）

7 月 15 日，县委书记向荣（前排左一）在国辰高新科技园调研　（胡超英 / 摄）

5 月 7 日，桃江新兴管件铸造产业园建成投产　（桃江经济开发区 / 供图）

“六大强农”行动

武潭镇现代农业核心示范区种植的百合　（武潭镇政府 / 供图）

武潭镇灰菇娘生物科技种植的灵芝　（武潭镇政府 / 供图）

2021年，桃江县实施“六大强农”行动，成效明显。坚持品牌强农，将竹笋和茶叶、蔬菜建成桃江“一特两辅”特色区域品牌。坚持特色强农，建成农业特色产业园（基地）25家，打造现代农业园区，桃江县入选2021年省级现代农业产业园创建单位，县现代农业核心示范区整合项目资金3000多万元，落户8家企业，带动投资超20亿元。坚持开放强农，桃江农特产品获各类金奖10余个，全县10万美元以上出口企业达6家。坚持融合强农，乡村旅游和休闲农业消费突破50亿元，桃江县国家农村产业融合发展示范园入选首批国家农村产业融合发展示范园，桃江县入围第二批国家全域旅游示范区创建单位，成功创建桃江农村一、二、三产业融合发展省级示范县。坚持科技强农，与科研院所合作研发项目 39 项，获国家专利 34 项、省级以上科技成果 5 个，推广新技术 12 项；推动科技服务进田间和企业，实行科技特派员制度，无偿服务农业一线及企业。坚持人才强农，组建 200 多名农技干部志愿者服务团队，专注服务“三农”。桃江县被认定为全省 2021 年实施“六大强农”行动成效明显县，获省政府真抓实干表彰奖励。

11 月 4 日，牛潭河村委举办农民培训班 （胡 琼 / 摄）

2 月 22 日，植保站工作人员调查二化螟越冬基数 （丁朝辉 / 摄）

11 月 30 日，桃江县农业产业强镇专家评审会现场 （李平安 / 摄）

信访工作“三无”创建

2021 年，桃江县重视信访工作，建成全省面积最大的县级接访大厅，打造“一站式”服务。开展“无信访村（社区）”和“三无乡镇”创建活动，县、乡、村三级联动化解矛盾纠纷，解决群众合理诉求，一批信访突出问题得到妥善处置和有效化解。各级领导干部定期坐班接访、联系督导信访工作、带头领办信访案件，注重源头预防化解信访问题，信访形势持续向好，群众满意率上升。信访工作多次获评省、市先进，2021 年被评为全省信访工作“三无”创建达标县，获省政府真抓实干表彰奖励。

1 月 10 日，桃江县委书记向荣（右四）接访群众　（刘 欢 / 摄）

县人民来访接待中心接待窗口 （李剑雄 / 摄）

10 月 8 日，群众送锦旗到县信访局 （温晶晶 / 摄）

拖欠农民工工资根治

2021年，桃江县坚持人民至上，当好农民工权益“护航员”。县人社局督促全县所有在建工程项目100%落实了农民工工资保证金、农民工工资应急周转金与农民工实名制、农民工工资专用账户制和农民工工资银行代发制的“两金三制”制度，收缴农民工工资保证金1336万元，保证保险407万元，退还保证金本金1199万元，两次启动农民工工资应急周转金，为338名农民工发放工资76万元，为1000余名农民工追回拖欠工资2418万元，所有欠薪案件办结率100%。连续两年获市级保障农民工工资工作A类单位、先进区县，欠薪问题连续5年保持动态清零。桃江县被评为2021年“全省根治拖欠农民工工资工作先进县市区”“市级保障农民工工资工作A类单位、先进区县”，获省政府真抓实干表彰奖励。

9月17日，中梁保温班组蔡国立（前排左一）等农民工送锦旗到县人社局劳动监察局窗口，感谢该局帮他们追回51.4万元工资 （文永坤／摄）

12 月 6 日，县人社局劳动监察局为县凤冠电机职工追回拖欠工资 56 万元，并在桃江经济开发区会议室现场发放 （汪赛兰 / 摄）

12 月 29 日，县人社局劳动监察局协调县汽车运输有限责任公司拖欠工资问题 （汪赛兰 / 摄）

山水桃花江 天下美人窝

2021年，桃花江竹海

（刘安军/摄）

2021年，桃花湖（刘安军/摄）

目　录

特　载

大事记

桃江概览

中共桃江县委员会

桃江县人民代表大会

桃江县人民政府

政协桃江县委员会

纪检监察

群众团体

军　事

交通・邮政通信

城乡建设・环境保护

经济管理

农业农村·林业·水利

工 业

财税 · 金融

商　贸

教　育

文体・旅游

卫生健康

社会生活

乡镇概览

人　物

先进名录

桃江特产

统计资料

附　录

特　载

以"三高四新"战略为指引
奋力谱写桃江高质量发展新篇章

中共桃江县委书记　向　荣

（2021 年 10 月 28 日）

"三高四新"是习近平总书记为湖南擘画的宏伟蓝图，是"十四五"乃至更长时期内湖南发展的指导思想和行动纲领。益阳市第七次党代会将深入实施"三高四新"战略明确为现代化新益阳建设的路径指引和首要任务。桃江县将认真贯彻落实市党代会精神，牢牢把握高质量发展方向，聚焦科技创新、智能制造、改革开放，以"三个聚焦"推动"三高四新"战略在桃江落实落地。

一、聚焦科技创新，着力实现特色笋竹产业新突破

市委历来高度重视桃江笋竹产业发展，在市第七次党代会上明确提出将桃江笋竹产业作为全市"7 大特色产业"之一来重点打造。近年来，桃江县出台《关于支持竹产业发展的八条政策措施》，高标准执行承办第十届中国竹文化节，先后获评"中国竹凉席之都"、全国竹产业先进单位、国家（桃江）楠竹产业示范园区、农村一、二、三产业（桃江竹笋）融合发展省级示范县，"桃江竹凉席""桃江竹笋"成为国家地理标志证明商标，小郁竹艺纳入国家级非物质文化遗产名录，建成全省首座竹文化博览馆，2020 年笋竹产业产值达到 120.27 亿元。下阶段，桃江县将积极响应市委"狠抓高能级科技创新"号召，加强产学研合作，加快竹材产品研发，积极探索"以竹代塑""以竹代木"等新产品应用，以科技创新提升笋竹产业核心竞争力，切实把资源优势转化为产业优势；大力推广笋竹两用林培育技术，加强"桃江竹笋"行业标准和品牌建设，促推惊石农业等全国竹笋加工龙头企业做大做强，做活竹笋美食文章；探索新型竹林经济，全力争取全县及 4 个国有林场成为全省发展碳汇经济第一批先行先试点，更好地发挥全县 115 万亩竹林的经济和生态效益，全力打造湖南千亿竹产业核心基地。

二、聚焦智能制造，着力推动先进制造产业新发展

市第七次党代会明确提出，要以先进制造业为主导，构建产业新格局。近年来，桃江县出台《关于支持工业经济发展的八条政策措施》，推动制造业提质升级，全县规模工业企业数量达到 225 家，培育认定高新技术企业 42 家、专精特新"小巨人"企业 16 家。下阶段，全县将聚焦智能制造，改造提升装备制造、建材等传统产业，提高生产自动化智能化水平；培育打造国家级装配式建筑示范产业基地，努力实现从“建材之乡”向“建材强县”的蜕变；积极探索战略性新兴产业发展新方向，以省级重点项目国辰高新科技产业园和深圳可可米为龙头的手机产业链企业落户桃江为契机，培育智能制造新增长点，推动通信等工业新兴优势产业链高质量发展；支持企业加大技改投入、研发投入力度，引导企业积极申请专利、申报高新技术企业和专精特新“小巨人”企业，提高产品技术含量，增强企业市场竞争力和产业链核心竞争力，为湖南打造国家重要先进制造业高地做出桃江贡献。

三、聚焦改革开放，着力培育县域经济发展新动能

市第七次党代会把“开放”作为益阳发展“主引擎”之一，提出“推进高实效改革攻坚”“扩大高水平对外开放”发展要求。近年来，桃江县坚持开放发展，出台《关于构建“亲”“清”新型政商关系的八条措施》，建立县级领导联系服务重点企业（项目）制度，持续优化营商环境，招商吸引力不断增强。下阶段，全县将坚持深化改革、继续开放不动摇，在全县大力开展“强作风、优环境，共建清廉桃江”活动，着力打造高效便捷的政务环境、守信践诺的人文环境、公平透明的法治环境；创新开展“推动桃江高质量发展，建设富饶美丽幸福新桃江”大调研大讨论活动，引导全县党员干部、社会各界为桃江发展建言献策、献智献力；以创建国家卫生县城、全国文明城市、国家全域旅游示范区为主攻方向，对内优化生态环境、提升城市品位，对外打响文化旅游品牌、发展美丽经济；积极发展外向型经济，设立外贸“破零奖”“业绩奖”“增长奖”，鼓励企业“走出去”，着力培育一批外贸龙头企业，拓宽桃江产品外销渠道，主动融入国内国际双循环发展格局，不断提升县域经济外向度。

站在“两个一百年”交汇的新起点上，桃江县将在市第七次党代会精神的指引下，大力实施“三高四新”战略，在“三个聚焦”上持续发力，为建设富饶美丽幸福新桃江不懈努力，奋力谱写新时代山乡巨变桃江篇章！

〔新华社《高管信息》2021 年 11 月 15 日第 43 期（总第 570 期）全文刊发〕

弘扬“挺抢”作风，建设美丽富饶幸福新桃江

中共桃江县委副书记、代理县长　周登高

（2021 年 9 月 22 日）

习近平总书记曾多次强调，“真抓才能攻坚克难，实干才能梦想成真”。湖南“三高四新”战略、长株潭创建“国家中心城市”战略的纵深推进，为桃江经济社会高质量发展打开了新空间。我们将坚持以政治建设为统揽，充分发挥领导干部挺身在前、全县上下抢抓机遇的“挺抢”精神，解放思想、真抓实干，全面推动习近平总书记对湖南重要指示精神和省委省政府各项决策部署在桃江落实落地，全力建设新时代美丽富饶幸福新桃江。

三维发力，全面推进乡村振兴。地处雪峰余脉、洞庭尾闾、重农固本的桃江，将毫不动摇地坚持农业农村优先发展，全面推进乡村振兴。着眼高度立标杆。坚持创新引领、典型示范，积极创建桃花江竹海乡村振兴示范区，力争打造省内标杆、国内样板，形成可复制、可推广的经验。着眼深度促提升。坚持党建引领、产业为先，挖掘弘扬优秀传统文化，全面提升人居环境整治水平，因地制宜打造一批基础良好、特色鲜明的中心城镇和看得见山水、留得住乡愁的美丽村庄，力争呈现百花齐放、各美其美的乡村振兴画卷。着眼广度抓衔接。严格落实“四个不摘”要求，扎实做好巩固拓展脱贫攻坚成果同全面推进乡村振兴的有效衔接。重点帮扶发展相对落后的村落，全面壮大村级集体经济，突出发展特色产业，着力培育新型农业经营主体和新型职业农民，坚持完善各方利益联结机制，带动全县人民奔向共同富裕新目标。

三产融合，全面提升发展质量。坚持一、二、三产业融合发展，充分发挥笋竹产业“接二连三”作用。依托全国第三、全省第一的 115 万亩竹林资源，积极发挥竹林在“碳达峰、碳中和”中的贡献，紧跟“以竹代塑、以竹代钢”新趋势，全面提升竹资源利用率、竹产业附加值，打造“三湘竹业第一县”、全国笋竹产业强县。充分发挥桃江制造“骨干中坚”作用。务实践行“三高四新”战略，推动传统建材、装备制造产业守正创新，持续做大做强“专精特新”小巨人企业，积极向新型装配式建筑、先进轨道交通装备零配件和汽车零部件、中高端智能终端设备等领域不断迈进。充分发挥文旅产业“串联牵引”作用。围绕“桃花江是美人窝”品牌，突出“美人、美竹、美景、美食”和运动休闲康养发展主题，打造美容美体、竹林康养、生态民俗等特色产品，推动“竹旅文体康”产业融合发展，创建国家全域旅游示范区。充分发挥电子商务“链接内外”作用。创新运用“电商 +”模式，进一步做大做强“淘宝镇”“淘宝村”，打造全国电子商务进农村示范县“升级版”，积极发展跨境电商，推动更多“桃品”出湘、出海。

三化共举，持续增进民生福祉。持续强化公共基础。以创建国家卫生县城、全国文明城市为抓手，全面提升城市品位，建设更高品质“山水新城”。坚守生态底线，持续打好“蓝天碧水净土”保卫战，统筹水、电、路、气、通信、广电、物流“七张网”建设，切实增强群众获得感。持续优化公共服务。不断深化“放管服”改革，推行极简审批服务，全面优化政务、法治、人文环境。聚焦群众新时代新期盼，着力解决“车位、学位、床位、厕位”等问题，丰富公共文化供给，提升城镇管理精细化水平，切实增强群众幸福感。持续深化公共保障。依托桃商总部经济基地、电商创业园、网络货运基地等平台，打好政策组合拳，突出抓好就业创业工作。积极跟进“五大保险”政策服务优化，持续关注关怀老弱病残幼和特殊困难群体，不断增强社会保障广度、深度、细度，切实增强群众安全感。

三治齐襄，持续提升治理效能。充分运用大数据手

段，持续建强“掌上桃江”App功能，全面整合数据资源，切实提升政府治理现代化水平。扎实开展“强作风、优环境，共建清廉桃江”行动，弘扬“挺抢”精神，建设法治、诚信、高效的人民满意政府。深入推进扫黑除恶专项斗争，健全矛盾纠纷调处化解机制，不断优化“综治中心+网格化+雪亮工程”一体化综合平台，建设平安桃江。坚持自治、法治、德治结合，切实抓好党的基层组织建设，发挥新时代文明实践中心、网格化治理以及志愿者、乡贤妇贤等作用，充分激发群众主体意识，逐步形成“共商、共建、共治、共享”社会治理新格局。

（原载“红星云”2021年9月22日“开好局 起好步——80后书记县长谈”专栏，部分内容有修改。）

大事记

1月

1日，桃江县第十七届人民代表大会第六次会议闭幕，县人大常委会主任符凤文主持会议。会议应到代表278人，实到代表248人，符合开会法定人数。会议表决通过《关于桃江县国民经济和社会发展第十四个五年规划和二〇三五年远景目标纲要草案的决议（草案）》《关于政府工作报告的决议（草案）》《关于桃江县2020年国民经济和社会发展计划执行情况与2021年计划草案的决议（草案）》《关于桃江县2020年预算执行情况与2021年预算草案的决议（草案）》《关于桃江县人民代表大会常务委员会工作报告的决议（草案）》《关于桃江县人民法院工作报告的决议（草案）》《关于桃江县人民检察院工作报告的决议（草案）》。会议听取议案审查委员会关于大会议案、质询案处理情况的报告。

2日，桃江县重点招商引资项目中国供销·桃江农商城市场项目对外开盘。项目包括桃江农商城市场和市场配套住宅桃李天下，总投资5亿元。此次开盘为家禽、肉类、水产、蔬菜、竹制品及特色农产品、熟食生鲜水果、物流配送和餐饮八大区域。桃江农商城市场项目是县城物资大院蔬菜临时交易市场及钢材市场整体承载地，其中，蔬菜临时交易大棚建成并投入使用。

3日，经省人民政府同意，省发改委、科技厅、工信厅、财政厅、商务厅等部门批复，认定湖南省（桃江）竹产业特色产业园为省级特色产业园。

20日，《中国国家地理》杂志记者钱烨、马宏杰到桃江采访拍摄资水桃江段泉峰“乱石滩”，在《中国国家地理》2021年第1期湖南专辑，用6个版面介绍“乱石滩”。

2月

1日，桃江县被湖南省文化和旅游厅认定为湖南省2020年全域旅游示范区。

2日，县人民政府、深圳市博明英光电科技有限公司和桃江鑫辰实业发展有限公司签订三方合作协议，深圳市博明英光电科技有限公司入驻桃江经济开发区桃江国辰高新科技产业园。按照合作协议，深圳市博明英光电科技有限公司租赁国辰高新科技产业园标准化厂房约2.5万平方米，投资3亿元新建高阶光学镜头生产项目，建设高阶光学镜头、车载电子类配件、笔记本电脑所需镜头设备、网络摄像机整机及配件等产品生产线。该项目投产后，桃江将具有向比亚迪、欧菲光、小米、联想等上市公司供应高端光学配件的能力，填补桃江县5G及物联网高端制造业的空白。

8日，市委副书记、市长张值恒到桃江检查春节期间保供和疫情防控等工作。市人民政府秘书长胡康平，县委副书记、县长黄劲陪同检查。

15日，省文化和旅游厅副厅长黄东红一行到桃江检查指导桃花江竹海旅游度假区安全生产和疫情防控工作。市委宣传部副部长、市文旅广体局局长陶汉文，县委副书记、县长黄劲陪同。黄东红听取桃花江竹海旅游度假区相关负责人对景区安全生产和疫情防控工作的汇报，检查游乐设施、设备运行、标识标牌设置和安全管理制度落实情况，要求相关部门整改检查中发现的隐患和问题。

25日，在北京人民大会堂举行的全国脱贫攻坚总结表彰大会上，桃江县松木塘镇党委书记胡盛武作为全国脱贫攻坚先进个人接受表彰。

同日，桃江县党员教育现场教学点授牌仪式在县档案馆举行，县委常委、组织部部长蒋耿出席并为县档案馆授牌。这是全县授牌成立的第一个党员教育现场教学点。

同日，湖南省农业农村局局长工作会议在长沙召开，桃江县作为2020年度全省农村人居环境整治先进单位受到表彰。

3月

4日，县委农村工作会议召开，县委副书记、县长黄劲主持会议。县领导符凤文、李质彬、肖立新、伍令贤、黄丽、蒋耿、于新胜、杨海斌、彭习元、罗歆辉、胡桃出席会议。县委副书记张晓宣读有关表彰文件。各乡镇和部门围绕农村工作做表态发言。会议还为获得“2020年省级农业龙头企业”的湖南大队长农业有限公司、桃江县先田智慧生态农业有限公司、益阳万维竹业有限公司授牌。

5日，桃江县庆祝“三八”国际劳动妇女节暨“建功新时代·巾帼绽芳华”事迹报告会举行。全县39个先进单位和个人受到表彰奖励。县领导张晓、黄丽、蒋耿、吴小玲、王建国、龚胜芳、胡喜明出席。会议表彰和奖励卢小奎等8名桃江县2020年度“巾帼建功标兵”、大栗港镇中学英语教研组等5个“巾帼文明岗”、县疾控中心检验科等5个“巾帼建功先进集体”、刘雪青等10名“最美女性”、黄朝辉等5个“最美家庭”、肖立辉等4名“最美创业”和王先美桃江县浮邱山乡枳木山村、高明桃江县灰山港镇向阳花村铁家湾组2个“最美庭院”。

12日，省财政厅和省林业局联合考察组到马迹塘镇考察竹笋产业。副县长罗歆辉陪同考察。考察组一行到大塘坪竹笋基地、竹缘林科公司、湖南惊石农业科技有限公司实地考察，考察组对企业的规模发展、融合发展、创新发展、转型发展给予肯定。马迹塘镇建成笋用林基地16355亩，其中1000亩大塘坪县级示范基地建设完成。有大小规模竹笋加工企业9家以及家庭作坊32家，年收购带壳春笋近1250万公斤。竹笋产品有清水笋罐头及系列精深产品有玉兰片、烤笋、烟笋、笋干、水笋、预制笋等30多个品种。竹笋产业资源培育、生产加工、产品销售的产业链条初步形成。

15日，桃花江镇居士巷老旧街道改造第一期项目工程启动。居士巷改造工程第一期为棚改项目，投资约1400万元，其中包括管网改造、道路铺设麻石、立面装饰、增设消防设施、照明、绿化等。

24日至26日，音乐风光片《我家住在资江边》摄制组在桃江拍摄，全景介绍桃江的美丽风光，摄制组拍摄了松木塘桃花湖景区、飞水岩瀑布、羞女山、三堂街水岸小镇、桃花江竹海等景点。

31日，桃江县召开表彰奖励暨创建工作会议。县委副书记、县长黄劲主持会议，县领导张晓、符凤文、肖立新、伍令贤、黄丽、蒋耿、李丰、于新胜、戴文、杨海斌等出席会议。会议对7个税收贡献企业、6名税收贡献个人、10名创新创业人才、5名招商引资先进个人、5名立项争资工作先进个人、12名“六大百亿产业”和规模工业增加值百亿园区培育及重点项目和重点工作优秀个人、79个无信访村（社区）、13个无信访村（社区）、6个县级信访“三无乡镇”、99个优秀基层妇联组织、4名“妇贤”、600个优秀基础网格、30个县级文明村、18个创建全国文明城市工作等先进单位和个人给予表彰奖励。

同日，省妇联党组书记、主席姜欣带队到桃江调研妇联改革工作。姜欣一行到石牛江镇增塘村听取“湘妹子能量家园”试点工作和村妇女儿童之家建设等情况。随后查看该村“刺子绣”工作室，肯定农村妇女参与创新创业。姜欣还详细了解桃江县妇联改革工作整体情况，并对桃江县妇联工作表示肯定。

4月

1日，中国人民解放军文职将军瞿琮少将一行到桃江调研考察文旅产业发展情况。市政协主席刘丽华，县政协主席李质彬、副主席胡桃和秘书长蒋胜丰陪同。

4日，马迹塘伍家仑战役参战将士后代到桃江祭奠先辈英魂，在马迹塘镇伍家仑烈士纪念碑前敬献鲜花。县委二级调研员胡国清、县委宣传部常务副部长郭龙辉陪同参加祭奠活动。

9日，湖南省县级融媒体中心互联网新闻信息服务许可证颁发仪式在长沙举行，省委网信办领导向桃江县融媒体中心相关负责人颁发证书。桃江县融媒体中心是全省首批获得该证的县级融媒体中心。

同日，桃江马迹塘战史陈列馆和张子清纪念馆被共青团湖南省委认定为湖南省青少年教育基地。

16日，市委书记、市人大常委会主任瞿海到桃江调研指导早稻生产，市委常委、市委秘书长孙达良，副市长汤瑞祥，副县长罗歆辉陪同。瞿海一行到桃花江镇谷丰合作社，了解稻种、肥料、农药等农资销售、亩均成本及农药化肥减量增效等情况。瞿海一行走进马迹塘镇双季稻千亩示范片田间地头调研早稻专业化集中育秧情况。他指出，要发挥合作社和种粮大户的带头作用，树立种粮先进典型，引领更多农户增收致富，实施乡村振兴。

23日，县人民政府主办，县文旅广体局、县篮球协会、县全民健身服务中心承办的桃江县第五届全民健身运动会开幕式在县体育馆举行。县领导黄劲、王建国、黄平出席开幕式。县人大常委会副主任吴小玲主持仪式。该届全民健身运动会共37支队伍550人参赛，设有12个运动项目。

26日，在全省"4·26"世界知识产权日系列宣传活动启动仪式上，副县长胡志远代表桃江县接受省市场监管局授予的2020年度湖南省知识产权建设强县奖牌。

27日，湖南新三湘农业生产资料有限公司、桃江县供销合作社联合社和股东自然人高贵三方在桃江县大队长农业有限公司签订协议，成立桃江新三湘供销农业服务有限公司。这是湖南新三湘农业生产资料有限公司在益阳市成立的首家县级农资分公司。

同日，灰山港镇甘泉山村村民发现的野生动物须浮鸥，被湖南省林保专家认定为国家"三有"保护野生动物。须浮鸥已被列入国家保护的有益的或者有重要经济、科学研究价值的陆生野生动物名录和世界自然保护联盟濒危物种红色名录。

30日，桃花江镇大华村"直播大华"直播馆开馆，该馆是全省最大的村级直播馆。

同月，2021年居家托养服务启动。县乡两级残联通过入户调查，在鸬鹚渡镇和大栗港镇摸底筛选出150名符合条件的精神、智力及重度肢体残疾人。服务机构根据服务对象的身体状况和实际需求，为他们制定个性化方案，提供基本生活照料护理、心理健康服务和社会适应能力训练以及运动功能训练等为期10个月的社会服务。

5月

7日，在修山电站下游的过水渠里，一条重达10.95公斤的娃娃鱼被附近村民发现。专家鉴定确认这么大的娃娃鱼在桃江县出现尚属首次。经鉴定测量，娃娃鱼为野生，脚趾前四后五，长121厘米、宽22厘米，重10.95公斤，属国家二级保护动物。

8日，全县新型农业经营主体表彰暨座谈会在县农业农村局召开。会议表彰78个2020年度省、市、县级农业产业化龙头企业、休闲农业与乡村旅游星级企业、农民合作社、家庭农场、特色产业园示范创建主体，发放奖金200余万元。

9日，桃江首届家庭教育文化节在桃花江镇中心学校举行，200余名学生家长参加。湖南教育出版社副社长黄永华出席活动并讲话，县人大常委会副主任吴小玲致开幕词。

12日，中国关工委常务副主任武韬一行到桃江考察调研青少年普法教育工作。中国关工委副秘书长黄长庆，省关工委主任杨泰波，市委常委、秘书长孙达良，市关工委执行主任陈恒祥，县领导李质彬、蒋耿陪同调研。武韬一行到桂花园小学、桃江七中了解学校青少年普法教育工作开展情况。

同日，"学习强国"桃江线下体验馆在新华书店中心门店开馆。县委常委、宣传部部长戴文宣布开馆，新华书店益阳市分公司党委书记、总经理邓京科，县领导王建国、陈奇才，县委二级调研员胡国清出席开馆仪式。

13日，在第五届鄂湘赣皖非遗联展上，湖南省文化和旅游厅发布10条非遗主题（研学）旅游线路，桃花江竹海景区竹文化博览馆（益阳小郁竹艺）、凤山石砚传习所（舞凤山石砚制作技艺）入选"鱼米之湘非遗环湖之旅"。

18日，全国第十一届残疾人运动会暨第八届特殊奥林匹克运动会象棋、围棋比赛在青海省海东市落幕。桃江籍残疾运动员黎早年等两名队员代表湖南省中国象棋肢体组参赛，黎早年获象棋男子肢体组第二名。

20日，县教育局主办，县新华书店协办的"红心向党 书香润成长"阅读节启动仪式暨首届"书香校园"颁奖典礼在县影剧院举行。县人大常委会副主任吴小玲，县政协副主席黄平出席启动仪式。全县近500名中小学校长、师生代表参加活动。活动颁发10个"书香少年"奖、20个"书香园丁"奖、10个"书香传播人"奖、5个"书香校园”奖和5个“阅读教育工作组织”奖。

25日，全县2021年禁毒工作大会暨“6·26”禁毒宣传部署会召开，会议总结2020年全县禁毒工作，部署2021年全县禁毒工作。县委副书记、县长、县禁毒委主任黄劲讲话，县委常委、政法委书记、县禁毒委第一副主任伍令贤，副县长、县公安局局长、县禁毒委常务副主任郭清平出席会议。

27日，桃江县第十届“礼赞壮丽百年 阳光下成长”中小学幼儿园艺术节文艺展演在县影剧院举行。全县中小学校共有352件学生书画作品、45块展板、128个文艺节目参赛。

28日，桃江县科协第五届委员会第三次全体会议召开。刘玉姝当选桃江县科学技术协会第五届委员会主席，肖文科当选为副主席。会议，表彰4名全县最美科技工作者、4名全县最美科技志愿者和4名全县最美基层科协工作者。

同日，县供销社投资组建的桃江县供销社消费扶贫体验馆开馆。消费扶贫体验馆集中销售全县14个乡镇24家扶贫企业及合作社的150余种农特产品。

6月

3日，马迹塘镇龙溪村被评为“湖南省创建百岁健康省示范单位”。

10日，桃江广电5G智慧云（APK电视）在县融媒体中心上线。

23日，桃江县庆祝中国共产党成立100周年“奋进百年路 竹乡颂党恩”系列群众文化活动·“露润山花”曾景祥花鸟画展在希舜书画艺术中心举行。县委副书记、县长黄劲致辞，市文联党组书记、主席易青群，县委常委、宣传部部长戴文，县政协副主席龚胜芳出席。

24日，湖南盈兴地产发展有限公司董事长詹淑彬为大栗港镇栗山河4所学校捐赠价值20万元夏季校服。

29日，智慧桃江建设PPP项目之综合指挥中心子项目，在县综合指挥中心通过竣工验收。该项目总面积1200平方米，设有指挥大厅、数据中心机房、决策会商室、“110”接警中心及值班室、休息室等配套设施。

同日，“奋进百年路 竹乡颂党恩”桃江县庆祝中国共产党成立100周年群众合唱比赛在县影剧院举行。市委宣传部、市文旅广体局负责人，县委、县人大、县政府、县政协、县人武部在职县级领导，各乡镇和县直部门部分班子成员出席活动。此次活动由县委、县人民政府主办，县委宣传部、县文化旅游广电体育局承办，县融媒体中心、县教育局、县总工会、县文学艺术界联合会协办。共有24支合唱队伍，2400多名党员干部群众参加演出。

30日，桃江县召开庆祝中国共产党成立100周年大会。县委副书记、县长黄劲主持会议，县五大家领导出席会议。大会表彰50名优秀共产党员、30名优秀党务工作者和20个先进基层党组织，颁授26名老党员代表“光荣在党50年”纪念章。在职副处级以上领导干部、曾担任过正县级实职的离退休干部、各乡镇及县直单位主要负责人、受表彰的优秀共产党员、优秀党务工作者和先进基层党组织负责人、党外人士代表以及2021年青干班全体学员参加会议。

同月，全县4320名党龄满50年的老党员收到“光荣在党50年”纪念章。

7月

1日，桃花江竹海旅游度假区万基冰雪乐园开园。万基冰雪乐园总建筑面积1.5万平方米，乐园设有欢乐雪圈、冰上碰碰车、滑雪、冰雪溶洞、雪乡景观等游玩观赏项目。

3日，桃江县召开领导干部大会，益阳市委组织部常务副部长崔建平宣布省委关于桃江县委主要负责人调整的决定，向荣任中共桃江县委书记。

6日，湖南省民宗委授予鲊埠回族乡军功嘴村“湖南省民族团结进步示范村”称号。

7日，桃江县申报的中央预算内投资生态保护和修复项目通过专家评审，桃江县申报的人工造林、封山育林和森林质量精准提升3个类别生态保护和修复项目资金共获批中央预算内投资1055万元。

8日，在益阳市“百舸争流千帆竞发”百年千题党史知识竞赛总决赛中，桃江县代表队获得一等奖。

9日，马迹塘战役纪念碑、夏曦故居遗址、张子清烈士纪念馆、张昆弟广场四处红色遗址遗迹入选政协湖南省委员会主编的《湖南红色地标》一书。

13日，省委常委会审核通过10个特色小镇名单，马迹塘镇入选。

16日，桃江县养老康复医院获第三届全国“敬老文明号”称号，县养老康复医院党总支书记、院长龚丽姣获第三届全国敬老爱老助老模范人物称号。

29日，中国共产党桃江县第十三次代表大会第一次全体会议暨开幕式在县党政大楼附属楼三楼举行。大会应到代表312名，因事因病请假2名，实到310名，符合规定人数。县委书记向荣代表中共桃江县第十二届委员会向大会作题为《凝心聚力 真抓实干 为建设富饶美丽幸福新桃江而努力奋斗》的工作报告，大会由县委副书记、代理县长周登高主持。市纪委常委、监委委员曾溢武，市委组织部党代表联络办主任陈伟出席大会。县人大常委会主任符凤文、县政协主席李质彬以及不是代表的县人大、县政府、县政协在职党员县级领导受邀出席。

30日，中国共产党桃江县第十三届委员会第一次全体会议召开，向荣主持会议。此次会议应到县委委员37名，实到35名；应到县委候补委员7名，实到7名，符合规定人数。会议选举产生中国共产党桃江县第十三届委员会常务委员会委员，向荣、周登高、冷亮、黄丽、李丰、于新胜、杨海斌、罗歆辉、代虹宇、林龙飞、胡志远等当选。向荣当选为书记，周登高、冷亮当选为副书记。会议表决通过中国共产党第十三届县纪委第一次全会的选举结果和《中国共产党桃江县第十三届委员会关于加强自身建设的决定》。

8月

13日，省交通运输厅公布湖南省首批城乡客运一体化示范县名单，桃江县成为全省8个示范县之一。

17日，桃江县第三人民医院获“华医奖·2021全国最佳百姓放心示范医院”称号；院长陈俊芝被授予“华医奖·2021全国优秀医院院长”称号。

27日，在日本东京残奥会田径女子200米T37决赛中，桃花江妹子文晓燕以26秒58毫秒的成绩夺得冠军，并打破世界纪录。

9月

8日，全国政协常委、中国安科院院长张兴凯到桃江调研农村安全生产工作，县委常委、常务副县长李丰，县委常委、副县长胡志远，县政协副主席胡喜明陪同。

26日，桃江金易仓储物流产业园一期举行奠基仪式，省能源局副局长李建成，市发改委副主任郭建明，县领导周登高、刘小阳、熊跃明出席奠基仪式。桃江金易仓储物流产业园项目由金易集团投资建设，项目总投资7.7亿元，总规划用地269亩。

10月

21日，县第十八届人民代表大会第一次会议闭幕，周登高当选为县人民政府县长。

同日，全市乡村流动现场（山区）会召开，市委书记瞿海到桃江现场观摩农业产业助力乡村振兴工作，县领导向荣、周登高、冷亮、庄立辉陪同。

28日，县人民政府与中国农业发展银行益阳市分行在县党政大楼签署战略合作协议，县委副书记、县长周登高与益阳市农业发展银行行长朱咏哲分别代表双方签署协议，副县长曾国栋主持签约仪式，县领导李丰、刘楚雄、庄立辉、蒋胜丰，县经开区工委书记符赛龙及县直有关部门和市、县农业发展银行有关负责人出席签约仪式。

11月

11日，桃江县荣誉军人短期疗养中心在桃江县养老康复医院挂牌成立。

15日，文化和旅游部发布2021年“金牌导游”培养项目名单，桃江导游刘少军入选全国“金牌导游”培养项目。

同日，新华社刊载县委书记向荣的署名文章《以“三高四新”战略为指引 奋力谱写桃江高质量发展新篇章》。

21日，桃江县在国家禁毒办举办的2021年全国青少年禁毒知识竞赛中，获全市第一名。比赛以线上答题的方式进行。桃江县151所学校接入率100%，50864名学生注册率100%，课时完成率100%，平均课时数3.54分，及格率100%，满分率98%，参与答题学生平均成绩为99.85分，综合得分99.77分。

22日，18：58，桃江县“桃江竹笋”品牌宣传片在央视七套（CCTV-7）《新闻联播》前黄金时段首播。

26日，桃江县第五届全民健身运动会美丽乡村越野跑在石牛江镇牛剑桥村开赛。比赛全程5.3公里，分4个小组比赛，全县648名跑步爱好者参加。县公路建设养护中心的汪朗清以18分50秒的成绩率先抵达终点。

29日，第十五届中国美术批评家年会暨“高希舜与南京美专”专题研讨会在桃江召开。中国美术批评家年会荣誉主席贾方舟，中国美术批评家年会秘书长杨卫，2021年中国美术批评家年会轮值主席邓平祥，桃江县委常委、宣传部部长林龙飞出席活动。

12月

3日，温涛烈士骨灰安葬仪式在桃江烈士墓园举行。烈士生前部队首长，县委、县人大、县政府、县政协、县人武部在家县级领导，市、县退役军人事务局领导和县直部门及乡镇主要负责人，烈士生前好友、乡亲、学生代表、驻桃部队官兵参加。温涛，桃江县大栗港镇红金村人，中共党员，四级军士长，荣立二等功一次。2020年11月15日，在执行任务中牺牲。同年12月，温涛被生前所在部队授予革命烈士称号。

10日，2021年桃江县园区企业暨退捕渔民就业服务专场招聘活动在桃江经济开发区管理委员会办公大楼前坪举行，全县32家企业2000余人参加活动。活动由县人力资源和社会保障局、县委非公有制经济组织和社会组织工作委员会、县经济开发区管理委员会、灰山港产业开发区主办，32家企业招聘涉及普工、销售经理、技术员、文员、设计师、电工、焊工等十余个工种，提供岗位1215个。687人达成就业意向。

16日，湖南省国有林场工作现场会在郴州市临武县召开。会上，石井头国有林场获湖南省林业局2021年质量管理“十佳单位”称号，是益阳市唯一获此殊荣的单位。

21日，湖南省农产品产地冷藏保鲜设施建设现场会在株洲市茶陵县召开。会上，桃江县农产品产地冷藏保鲜设施建设工作获全省推介。桃江县农业农村局党组书记、局长薛虎军作题为《创新推行“三个三”举措，推进冷藏保鲜设施建设》的典型发言。

23日，桃江县新的社会阶层人士联合会第一届第一次会员大会暨成立大会召开。市委统战部副部长、市工商联党组书记陈孟球，县委副书记、县委统战部部长、县委党校校长冷亮，市新阶联主席徐健，市委统战部非公有制经济和港澳台统战工作科科长孟建军出席会议。会议选举吴建平任桃江县新的社会阶层人士联合会第一届主席。

24日，桃江县商务局主办、湖南惠农科技有限公司（惠农网）承办的“竹乡臻品·甄选桃江”2021首届桃江特色网货产销对接活动暨桃江县县乡村三级干部电商培训会在华美达大酒店举行，市商务局副局长曾文彬、副县长曾国栋出席。鱼山鱼海食品、世莲食品、知己中蜂、民食竹笋、三亩大叔、桃花江酒业等桃江本地企业与6家采购商现场签订2200万元采购意向协议。县林业局竹产业发展服务中心负责人推介了桃江竹笋产业。惠农网供应链服务部负责人发布桃江竹笋供应链标准。会后，共青团中央中国青年创业导师、商务部电商司特邀专家盛柯对全县200多名县乡村干部进行电商专业培训。

31日，桃江县举行“清风相伴幸福同行”主题活动暨清廉家庭建设启动仪式，家庭教育全国公益巡讲发起人王建平博士作主题演讲，全县115名参会干部家属在清廉家庭建设签名墙上签名承诺。受县委书记向荣委托，县委常委、县纪委书记、县监委主任黄丽向全体参会干部家属发出清廉倡议。此次活动还向每位参会干部家属赠送一幅廉政书法作品或廉政剪纸。

桃江概览

县情概述

【地理位置】县境位于湘中偏北，资水中下游，属山、岗、丘、平原并有的丘陵地。地理坐标为北纬 28° 13′ ~ 28° 41′，东经 111° 36′ ~ 112° 19′。桃江东与益阳市赫山区相抵，南与长沙市宁乡县接壤，西、西南与安化县相连，西北与常德市鼎城区相接，北与常德市汉寿县共壤，东北与益阳市资阳区相接。东西长 73.3 公里，南北宽 51.5 公里，总面积 2068 平方公里。

【历史沿革】桃江在春秋战国前属荆州地域，置县前属益阳县。明洪武十四年（1381），益阳县辖 26 个里，其中 11 个里属今桃江全境。民国元年（1912），益阳县划分 7 个镇，其中鲊埠镇、桃江镇及大桥镇部分，为今桃江县境之地域。1949 年 8 月 3 日益阳县解放。1951 年 7 月，湖南省人民政府析益阳县六、七、八、九、十一区，置桃江县，并筹备成立桃江县人民政府。9 月 14 日，桃江县首任县长田园签发通知，告知启用桃江县人民政府新印鉴，宣告桃江县人民政府正式开始办公。1952 年 2 月 16 日，中央人民政府政务院下达命令，正式批准桃江县人民政府成立。自此，桃江县正式载入中华人民共和国政区版图。当时属益阳专区管辖。1952 年 11 月，益阳专区被撤销，桃江县划归常德专区。1962 年 12 月，恢复益阳专区建置，桃江县仍属益阳专区。1994 年 3 月 7 日，益阳地区撤地建市，桃江县属益阳市管辖至今。

【行政区划】1951 年，全县分为 10 个区、1 个区级建制镇——县治所在地桃江镇。1956 年 5 月撤区并乡，全县共 45 个乡镇。1958 年 9 月，全县建立 20 个人民公社，实行政社合一体制。1961 年 4 月恢复区公所，公社体制缩小。1986 年 12 月，全县辖 41 个乡、7 个镇。1995 年 11 月 20 日调整行政区划，全县辖 12 个镇 12 个乡。2005 年，由 24 个乡镇撤并为 11 个镇、4 个乡，共 15 个乡镇，即桃花江镇、修山镇、三堂街镇、鸬鹚渡镇、大栗港镇、武潭镇、马迹塘镇、石牛江镇、牛田镇、松木塘镇、灰山港镇、浮邱山乡、高桥乡、沾溪乡、鲊埠回族乡。下辖 25 个社区、284 个行政村，2836 个村民小组。2010 年 9 月，湖南省人民政府正式批准沾溪乡撤乡设镇。2018 年 12 月 4 日，益阳市人民政府发布《益阳市人民政府关于桃江县高桥乡撤乡设镇的通知》，经湖南省人民政府批准、湖南省民政厅批复，同意撤销桃江县高桥乡，设立高桥镇，行政区域不变，政府驻地不变。2021 年，全县辖 13 个镇、2 个乡，212 个村、35 个社区。

【地形地貌】县境属山、岗、丘、平原有并的丘陵地，系雪峰山余脉向洞庭湖过渡交接地带。西南部山峦重叠，连绵不断；西北部山丘相间，蜿蜒曲折；东部丘陵起伏，基本连成一线。唯中部东北角地势低平，资水自西部入境，自西向东纵贯其中，而桃花江（杨柳溪）又从南到北，在县城汇合，形成广阔的长约 80 公里的弧形平岗地带。其中间有南北走向的浮邱山脉和西东走向的水井坡，将弧形地带分成西、东、南3个部分，构成3个不同形状的盆地。以资水为界，县境山脉分南北两系。江北为武陵山余脉，呈东西走向，山势低绵，天池山、寨子岗、犀牛山、修山，海拔在300～400米。江南属雪峰山余脉，自南向东北延伸，群山高峻。猴家大山为县境第一高山，海拔917.5米，是桃江与宁乡两县的天然分界线。全县海拔300米以上的山有44座，其中500～800米的18座，800米以上的4座。县境河流发达，水资源丰富。资江干流横贯境内，支流网布，流域面积在100平方公里以上的支流7条，50～100平方公里的支流8条，5～50平方公里的支流62条。

【气候特征】县境属亚热带季风性湿润气候，年平均气温在16.0～17.6℃。一年中1月最冷，7月最热，气温年差为7.8℃，具有严寒期短，暑热期长，热量充足，雨水集中；春温多变，夏秋多旱等特征。境内光照资源丰富，年日照时数4425.4小时。年平均降水量1568.9毫米，具有西南多、东南少的特点。2021年年平均气温18.1℃，较历年平均（16.8℃）高1.3℃。极端最高气温37.9℃，出现在8月2日；极端最低气温-4.6℃，出现在1月9日。年内日最高气温≥35℃的高温日有30天；日最高气温≥37℃的高温日有4天。年内日最低气温≤0℃的低温日有12天。年总降水量为1756.1毫米，较历年总降水量（1580.0毫米）多176.1毫米。一日最大降水量为114.4毫米，出现在8月25日。年总日照时数为1452.6小时，年日照百分率33%，较历年（1344.1小时）多108.5小时。2021年持续出现天气的不利影响。5月16—23日连续8天日平均气温≤20.0℃，达到中等5月低温标准。7月11—16日连续6天日最高气温≥35℃，达到轻度高温热害标准，7月28日到8月2日连续6天日最高气温≥35℃，达到轻度高温热害的标准。9月21—26日连续6天日最高气温≥35℃，达到轻度高温热害的标准。10月14—22日连续9天日降水量≥0.1毫米且过程日平均日照时数≤0.1小时，达轻度连阴雨标准。11月5—8日72小时内降温13.4℃且最低气温≤4℃，达到了寒潮标准。

【水文特征】县境年平均降水总量33.63亿立方米，占全省降水总量的1.1%。陆地蒸发14.42亿立方米，地表径流总量18.7亿立方米。2021年，县境降水量1756.1毫米，年降水日数148天，年蒸发量793.6毫米，年平均水温20.4℃。资水桃江站全年最高水位38.28米，未超警戒水位(39.20米)，最低水位31.48米，年平均流量617立方米每秒，实测最大流量4780立方米每秒；资水沾溪鸬鹚水文站8月25日11时30分出现有资料记载以来最高水位65.68米。

【水利设施】2021年，县境内有城关、牛潭河、花果山3个万亩堤垸，已形成闭合圈的一线防洪大堤总长度为39.222公里（其中城关垸19.297公里、牛潭河垸11.965公里、花果山垸7.96公里）；5公里以上河流82条；水库219座，其中中型3座，小（1）型30座，小（2）型186座；山塘河坝1.3万多处；电排机埠11处38台5720千瓦；电灌机埠483处7982千瓦；灌溉干渠1260公里；102公里资水干流有梯级电站3座，小水电站22座。县境的桃花江灌区是益阳市唯一的大型灌区，水源地桃花江水库位于松木塘镇境内，建于1966年，集雨面积128平方公里，正常库容7200万立方米，是一座以防洪为主，结合灌溉、发电、旅游等综合利用的水库，是益阳市最大的中型水库。灌区干渠长128公里，其中共有隧洞26处，渡槽8处，倒虹13处，暗涵23处，分洪闸1座，进水闸、泄洪闸52座，河坝2处，量测水设施105处；18条主要支渠总长288公里，支渠以下渠系1000余公里。设计灌溉全县11个乡镇30.7万亩农田，灌区灌溉面积和粮食产量分别占全县的59%和64%。

【自然资源】县境地貌组合呈“六山一水两份田，一份道路与庄园”的格局。农业用地262万亩，其中耕地61万亩。林地面积197万亩，其中竹林面积115万亩，立竹总量1.9亿株；活立木总蓄积466.9万立方米，生态公益林102.4万亩。主要林木为杉木、松类，主要林种有经济林和特种用途林。木本植物有86科436种。其中裸子植物8科35种，主要有松科、杉科、柏科；被子植物78科401种。野生植物有树种89科467种。其中国家一级保护植物有银杏、水杉、苏铁、南方红豆杉4种，国家二级保护植物有金钱松、樟树、楠木、香榧等10种。2021年，桃江林业用地面积197万亩，营造林面积1万亩，森林蓄积量增长15万立方米，森林覆盖率64.15%。

县境野生动物资源种类繁多，有19目41科107种，其中哺乳纲5目10科24种，鸟纲10目21科53种，爬行纲2目6科12种，两栖纲2目4科18种。兽类24种，其中有国家一级保护动物云豹，国家二级保护动物豺、穿山甲、小灵猫、水獭。禽类53种，其中有国家一级保护禽类白鹤、中华秋沙鸭，国家二级保护动物有猫头鹰、猴面鹰、毛冠鹿等11种。

县境发现的矿藏有25种，已探明储量的矿产15种，潜在经济价值84.39亿元。E级储量潜在经济价值750.5亿元。其中燃源矿产有煤、石煤、铀3种，金属矿产有金、银、锰、铁、钒、锑、钨、钼、铅、锌10种，非金属矿产有硫铁矿、花岗石、石灰石、硅石、高岭土、黏土、页岩、砷、重晶石、水晶、矿泉水、陶粒板岩12种，主要分布在灰山港、松木塘、板溪、三堂街等地。

【人口民族】2021年，全县总人口86.37万人，其中男性44.90万人、女性41.47万人。人口出生率为6‰，死亡率为7.06‰，人口自然增长率下降1.06‰。桃江自古为汉族聚居地。1984年9月，经湖南省人民政府批准成立的鲊埠回族乡，是益阳市唯一的少数民族乡。2021年，全县有回族、藏族、苗族、蒙古族、壮族、满族、侗族、瑶族、彝族、畲族、黎族、白族、傣族、佤族、土族、土家族、仡佬族、仫佬族、傈僳族、拉祜族、毛南族、东乡族、朝鲜族、纳西族、布依族、哈尼族等25个少数民族。

国民经济和社会发展状况

2021年实现地区生产总值301.94亿元，比上年增长6.7%。其中，第一产业增加值47.23亿元，增长9.0%；第二产业增加值142.55亿元，增长4.7%；第三产业增加值112.16亿元，增长8.2%。三次产业结构比重由上年的16.8 ：46.3 ：36.9调整为15.6 ：47.2 ：37.2；第一产业比重下降1.2个百分点，第二产业、第三产业分别提高0.9个、0.3个百分点；一、二、三次产业对经济增长的贡献率分别为22.6%、32.3%、45.1%，分别拉动经济增长1.5个、2.2个、3.0个百分点。2021年，桃江获评全省营商环境改善先进县、实施“六大强农”行动先进县、信访工作“三无”县、根治拖欠农民工工资工作先进地区，桃江经济开发区获评湖南省“双创”示范基地，5项工作均获得省政府真抓实干表彰奖励。

一、农业。全年完成农林牧渔业总产值92.57亿元，比上年增长9.7%。其中：农业产值45.69亿元，增长2.5%；林业产值7.64亿元，增长7.5%；牧业产值29.49亿元，增长19.9%；渔业产值2.13亿元，增长15.3%；农林牧渔服务业产值7.63亿元，增长6.4%。全年粮食种植面积87.91万亩，粮食总产量36.05万吨，比上年增长2.9%，其中水稻产量34.04万吨，增长3.1%。油菜种植面积28.39万亩，油菜籽产量31796吨，下降2.1%。肉类总产量7.86万吨，增长75.8%；出栏生猪65.95万头，增长26.2%；出栏牛2.21万头，下降0.5%；出栏羊5.27万只，增长10.3%；出笼家禽459.21万羽，下降3.7%；禽蛋产量22500吨。水产品总产量13450吨，增长2.2%。坚持农业绿色发展，落实化肥减量增效问题整改。全年完成测土配方施肥面积153.9万亩，覆盖率95.5%，绿肥种植面积14万亩，水肥一体化应用0.45万亩，农作物秸秆还田115.36万亩次。完成主要农作物统防统治面积60.6万亩，绿色防控面积74.6万亩，新建笋用林基地2万亩、竹林道300公里，完成3个万亩堤垸加高加固工程、资水重要河段治理工程，巩固提升41处农饮工程。完成农村改厕14875户、行政村生活污水治理8个，整改规范畜禽养殖场（户）2372家。桃江竹业小镇（马武竹业小镇）成为全省第三批特色小镇创建单位，桃江竹产业园成为省级特色产业园；桃江获“第一批全国农作物病虫害统防统治百强县”称号。“桃江竹泉米”“桃江竹福”上线，桃江县获评全省实施“六大强农”行动先进县。

二、工业和建筑业。全县实现工业增加值113.11亿元，比上年增长6.0%。新增规模工业企业28家。规模以上工业企业增加值增长6.4%，按经济类型分，集体企业增加值增长10.6%，占全部规模工业增加值比重0.8%；股份制企业增加值增长7.3%，占比93.9%。其他经济类型企业增长12.6%，占比1.2%。规模以上工业主营业务收入增长14.3%，利润总额增长7.5%。单位规模工业增加值能耗下降13%。桃江经济开发区、灰山港省级工业集中区新增入园规模企业13家，入园规模工业企业达136家，规模工业增加值比上年增长10.6%，园区规模工业增加值占全县规模工业增加值比重86.9%，比上年提高4.1个百分点；园区新投产工业项目12个，新开工工业项目13个，园区工业固定资产投资45.14亿元。新增高新技术企业19家，高新技术产业增加值增长25.4%，工业企业实缴税金3.57亿元，增长2.3%。理顺园区管理体制，推进拓园扩区工作，强化园区管理服务，创建“五好”园区。桃江经济开发区共建成标准化厂房及配套用房13.4792万平方米，完成税收入库2.08亿元，获评湖南省“双创”示范基地；发展高新技术产业，园区企业申请专利128件，授权数54件。灰山港产业集中区建设有序推进，湖南临亚建材科技有限公司年产30万立方米加气墙板项目、湖南烯富环保科技有限公司二期工程进入试生产阶段。65个重点项目有力推进，金易仓储物流产业园、高阶光学镜头生产基地等一批项目开工建设，新兴管件铸造产业园、旭显电子等一批项目建成投产。国辰高科园获评全省电子信息类产业园区30强。全年建筑业增加值29.45亿元，比上年下降0.3%。资质内26家建筑企业完成总产值75.73亿元，增长9.0%。建筑施工面积406.72万平方米，增长4.5%。从产值构成看，建筑工程产值68.99亿元，增长6.2%，占比91.1%；安装工程产值5.97亿元，增长70.6%，占比7.9%；其他建筑业产值0.76亿元，下降23.2%，占比1.0%。

三、固定资产投资。全县固定资产投资比上年增长5.7%。按经济类型分，国有投资增长33.7%，非国有投资下降3.9%。按产业分，第一产业投资增长4.7%，第二产业投资增长40.5%，第三产业投资下降9.9%。投资总额中，工业投资78.16亿元，增长40.5%，工业技改投资30.12亿元，增长18.2%。全县纳入市级重点建设项目61个，10个项目入库国家发改委重大项目库和财政部PPP项目管理库；完成县城防洪工程、县人民医院南院区、智慧桃江、县教师发展中心暨九年一贯制学校投资。完成金盆广场和居士巷的改造，县城多条主次干道贯通提质，张家码头生态停车场、桂花园小学人行天桥等便民项目全面建成并投入使用。全县28家房地产开发企业完成投资15.90亿元，比上年增长3.0%；施工房屋面积128.66万平方米，下降6.3%；商品房屋销售面积38.16万平方米，下降21.1%。

四、内外贸易。实现社会消费品零售总额123.2亿元，比上年增长15%。按规模分，限额以上20.9亿元，增长20%；限额以下102.3亿元，增长13.8%。按经营地分，城镇103亿元，增长15.2%；乡村19.5亿元，增长13.5%。按行业分，批发业6.7亿元，增长14.8%；零售业113.6亿元，增长15.1%；住宿业1.4亿元，增长2.8%；餐饮业1.5亿元，增长15.4%。新增限额以上贸易企业11家、限额以上个体户20家。全年电子商务交易额110.46亿元，比上年增长10.14%。推进全国电子商务进农村示范项目升级版建设，完成电商产业园搬迁，升级改造电商站点100余个，新增招商服务型企业5家、县电商产业园引进企业8家，发展跨境电商企业10家，桃江再次获评全国电子商务进农村综合示范县。

五、招商引资和旅游。坚持产业链招商、驻点招商，探索“云招商”，开展集中签约活动，全年引进投资超过亿元项目8个、超过5000万元项目10个。在第22届中部农博会上推介“桃江竹笋”。培育自营外贸进出口经营权企业15家，“破零倍增”企业15家。引进内资形成固定资产投资4.03亿元，引进省外境内资金97.05亿元，实际利用外资108.08万美元。总部基地新引进企业6家。立项争资到位资金38.2亿元。桃花江旅游度假区建成益阳首个冰雪乐园，美人谷酒店正式营业，桃花江竹海景区纳入益阳市旅游专项规划，三堂街镇水岸湿地度假庄园、石牛江镇京湖湾生态农庄创建为湖南省四星级乡村旅游区。在2021年湖南文化旅游产业博览会商品大赛中，桃江山水美人系列文创艺术茶旗和擂博士自动擂茶机分别获金奖、铜奖。桃江县成为“2021年全国县域旅游发展潜力百佳县”，排名第59位，全年接待游客1440万人次，比上年增长20%；文化旅游综合收入突破120亿元，增长20%。

六、交通、邮政和电信业。全年完成乡镇通三级、旅游资源产业路建设43.75公里，整治农村公路村道安全隐患100.74公里、校车线路安全隐患48处；改造农村公路危桥28座；整治改造渡口码头60处；完成国、省干线公路大中修40公里；通过城乡客运一体化示范县验收，获批湖南省城乡客运一体化示范县。年末全县民用车辆拥有量118791辆，其中汽车76513辆。全年全社会货物周转量32464万吨公里，旅客周转量2634万人公里。年末全县固定电话用户1.69万户，比上年下降48.9%；移动电话用户63.70万户，增长9%；互联网宽带接入21.57万户，增长23.5%；邮政业务收入完成10696万元，增长13.8%。

七、财政、金融和保险。全县财政一般公共预算收入147857万元，比上年增长5.8%，其中地方一般公共预算收入89008万元，增长7.5%。地方一般公共预算收入中税收收入62303万元，增长13.0%，其中增值税24607万元，增长10.8%；企业所得税4938万元，下降9.2%；个人所得税1494万元，增长26.3%。全县一般公共预算支出502162万元，下降3.4%，其中教育、卫生健康分别支出104397万元、71745万元，分别增长1.2%、6.1%。一般公共预算收入占生产总值的比重为4.9%，比上年下降0.1个百分点。全县金融机构年末各项存款余额338.55亿元，比年初增加35.53亿元，增长11.72%，各项贷款余额219.4亿元，增加37.35亿元，增长20.5%。城乡住户存款余额290.17亿元，增加38.07亿元，增长15.1%。非金融企业及机关团体贷款余额126.01亿元，增加20.35亿元，增长19.3%。全县保险机构保费收入7.29亿元，比上年下降0.3%，其中人寿保险保费收入4.91亿元，下降4.1%；财产保险保费收入2.38亿元，增长8.9%。

八、科学技术和教育。全年共申报科技项目16项，到位资金565万元。科惠汽配、富硕精密、临亚建材等18家企业申报高新技术企业；万维竹业、久通锑业、新兴管件等8家企业重新认定为高新技术企业，全县拥有高新技术企业59家。组织16家企业参加益阳市创新创业大赛，达荣自动化、波恩贝等6家企业入围省创新创业大赛。年末全县有中小学校174所，其中普通高中5所、职业高中2所、初中35所、九年一贯制学校10所、十二年一贯制学校1所、小学88所、教学点31个、教师发展中心1个、特殊学校1所。在校学生89848人，其中普通高中13282人、职业高中5266人、初中22984人、小学48113人、特殊教育学校203人。教师结构进一步优化，年内补充教师315人，培养公费定向师范生180名。石牛江镇芙蓉学校、县教师发展中心及附属九年一贯制学校初中部、桃谷山九年一贯制学校、灰山港镇二中等4所学校投入使用，新增学位5426个。全年发放学生资助资金3199.94万元（含社会资助资金408.8万元），资助师生49446人次，无一人因贫困失学。

九、文化、卫生和体育。举办2021世界读书日暨桃花江第四届全民阅读活动，开展线上有奖阅读答题活动，答题超230万人次。开展戏曲进乡村惠民演出、图书服务宣传、电影汇映月、文化科技卫生“三下乡”等一系列活动，共送戏下乡60场、送电影下乡3298场次，送图书下乡2000余册次。全县人均拥有文化设施面积1.6平方米，人均接受文化场馆服务1.0次，每万人公共文化机构开展活动5.2次。县人民政府网、桃江新闻网日访问量10万人次，桃江广播电视台官方微信在全省县级媒体影响力排名中位居前10，全国影响力排名前50强。全县年末有医疗卫生机构542家，其中县级医院6家，乡镇医院15家。实际开放床位4727张。卫生技术人员4444人。每千人有医疗卫生机构床位6.90张、卫生技术人员6.49人。全县出生人口5457人，符合政策生育率96.24%，出生人口性别比114。全年组建236个家庭医生签约服务团队，签约居民39.54万人，签约率49.70%。新增2个省级卫生镇、41个省级卫生村和29个市级卫生村。人民网新闻专题报道“益阳市桃江县推进同质化医疗服务基层医疗能力稳步提升”，推介桃江医改经验。县人民医院成为湖南省建立健全现代医院管理制度第一批省级试点医院。承办“北斗杯”全国青少年体育大赛北斗智慧定向赛，850余名中小学生参加；举办第五届全民健身运动会，全县116个单位、近1万人次报名参加；组队参加益阳市大众运动会，取得乒乓球混合团体赛第一名；代表益阳市参加湖南省全民健身知识大赛，获得全省第二名；全年新增健身步道13.6公里，为全县40个村（社区）配置发放健身器材38套、篮球架13套、乒乓球桌7台。桃江籍运动员文晓燕在东京残奥会上获3枚金牌，破2项世界纪录。

十、生态环境和安全生产。全面落实生态环境保护工作。全县环境空气质量达到《环境空气质量标准》二级标准，优良天数比率97.5%，环境空气质量综合指数及改善幅度综合排名全市第1名。饮用水源安全得到保障，水质达标率100%，资江干流桃江断面水质全部稳定达到《地表水环境质量标准》Ⅱ类标准。建设用地污染地块和受污染耕地得到安全利用，土壤环境质量总体稳定。农村生活污水垃圾治理、化肥农药减量增效、畜禽养殖污染防治等重点领域农村环境综合整治取得成效。全年发生生产安全责任事故4起，其中较大生产安全事故1起，事故发生数上升25%，死亡人数上升25%，直接经济损失上升0.024%。亿元生产总值生产安全事故死亡人数0.017人，每万人口生产安全事故死亡人数0.055人。

十一、人民生活和社会保障。全县城乡居民人均可支配收入26898元，比上年增长8.6%，其中城镇居民人均可支配收入36196元，增长7.2%；农村居民人均可支配收入20226元，增长9.7%。人均消费总支出20601元，增长9.3%，其中人均食品烟酒消费支出5898元，增长4.2%；人均居住消费支出4585元，下降4.0%。新增城镇就业5278人，新增农村劳动力转移就业3010人，新增创业实体3000家，发放创业担保贷款6107万元，发放创业载体补助资金67万元。城镇登记失业率0.83%。完成养老保险征缴82391万元、工伤保险征缴2300万元。发放养老金150428万元，受理工伤保险快报570起，支出工伤保险待遇2205万元，发放失业保险金190万元。处理拖欠农民工工资投诉案件150起，追回拖欠农民工工资2418万元。完成城乡低保、特困人员补助、残疾人“两项补贴”提标工作，发放城市低保对象71585人次、2690.24万元；发放农村低保14693人、4136.57万元，城市特困1394人、122.06万元，农村特困70642人、4416.56万元，临时救助6298人次、283.63万元，救助困难残疾人70894人次、496.27万元，救助重度残疾人148948人次、1042.63万元。全年办理结婚登记3231对，离婚登记960对，补办结婚登记331对、离婚登记85对。

十二、疫情防控。 科学防范和应对新冠肺炎疫情，全年精准管控入境抵桃人员370人次、国内重点地区抵桃人员7330人次，集中隔离856人次；规范医疗卫生机构发热门诊（诊室）、预检分诊和“三区两通道”建设，发挥“哨点”作用；创新开展“敲门行动”、寻找未接种人员活动，累计接种新冠疫苗130余万剂次；开展农村地区冬春季新冠肺炎疫情防控应急演练，提升核酸检测能力；100名医护人员先后紧急驰援益阳市中心城区和张家界，开展全员核酸检测。实现“零感染、零新增”目标。

组织机构及负责人

县级

县委常委

县委书记　向　荣
县委副书记、县人民政府党组书记、县长　周登高
县委副书记、统战部部长，县委党校（县行政学校、县社会主义学校）校长　冷　亮
县委常委、纪委书记、县监察委员会主任　黄　丽
县委常委、县人民政府党组副书记、常务副县长　李　丰
县委常委、县委办主任　于新胜
县委常委、人武部政委　杨海斌
县委常委、政法委书记　罗歆辉
县委常委、组织部部长，县直属机关工委书记　代虹宇
县委常委、宣传部部长　林龙飞
县委常委、县人民政府党组成员、副县长　胡志远

县人大常委会

党组书记、主任　伍令贤
党组成员、副主任，县桃花江国家森林公园管理处党组书记　赵立峰
副主任　黄　平
党组成员、副主任　刘造军
党组成员、副主任　刘楚雄
党组成员、副主任，县委组织部常务副部长、县公务员局局长　赵　勇

县人民政府

县委副书记、县人民政府党组书记、县长　周登高
县委常委、县人民政府党组副书记、常务副县长　李　丰
县委常委、县人民政府党组成员、副县长　胡志远
党组成员、副县长（挂职两年）　武和全
副县长　龚胜芳
党组成员、副县长　熊跃明
党组成员、副县长，县公安局党委书记、局长提名人选　吴　斌
党组成员、副县长　李智敏
党组成员、副县长　庄立辉
党组成员、副县长　曾国栋

县政协

党组书记、主席　杨凯波
党组成员、副主席　蒋胜丰
党组成员、副主席，桃花江镇党委书记　文志军
副主席　李卓远
副主席，县文化旅游广电体育局局长、县文化市场综合行政执法局局长　董　佳
副主席　夏末花

县人民法院

县人民法院党组书记、院长　张克江

县人民检察院

县人民检察院党组书记、检察长　喻勇刚

其他在职处级干部

正处级干部　符凤文
正处级干部　李质彬
副处级干部　胡国清
副处级干部　李畅和
副处级干部　胡跃宏
副处级干部　王军华
副处级干部　吴小玲
副处级干部　龚卫山
副处级干部　张亮荣
副处级干部　彭习元
副处级干部　李仁高
副处级干部　刘小阳
副处级干部　陈奇才
副处级干部　刘楚江
副处级干部　任小琳
副处级干部　胡　桃

副处级干部　胡喜明
正处级干部　黎跃平
副处级干部　周敏华
副处级干部　龙跃明
副处级干部　杨茂丰
副处级干部　周里忠
副处级干部，县人大常委会联工委主任　黄梦其
副处级干部　邓迎平
县公安局党委副书记、县公安局政委　梁森林
桃江经济开发区工委书记、武潭镇党委书记　符赛龙

县　直

县纪律检查委员会、县监察委员会

县委常委、纪委书记、县监察委员会主任　黄　丽
县纪委常务副书记、县监察委员会副主任　钟国勋
县纪委副书记、县监察委员会副主任　石敬阳
县纪委副书记、县监察委员会副主任　龚毅军
县纪委常委、县监察委员会委员　陈跃辉
县纪委常委、县监察委员会委员　薛有为
县纪委常委、县监察委员会委员　周春晖
县纪委常委　符志军
县监察委员会委员　符　亮
县监察委员会委员　熊立春
县纪委常委　杨　攀

纪检组

县纪委、县监委驻县委办公室纪检监察组组长　罗红卫
县纪委、县监委驻县委组织部纪检监察组组长、县非公经济和社会组织纪工委书记（兼）　何　云
县纪委、县监委驻县委宣传部纪检监察组组长　许芝良
县纪委、县监委驻县委统战部纪检监察组组长　刘淑良
县纪委、县监委驻县委政法委纪检监察组组长　胡　巍
县纪委、县监委驻县人大常委会机关纪检监察组组长　郭　锋
县政府办党组成员，县纪委、县监委驻县政府办纪检监察组组长　覃国新
县纪委、县监委驻县政协机关纪检监察组组长　彭炼才
县财政局党组成员，县纪委、县监委驻县财政局纪检监察组组长　胡希月
县住房和城乡建设局党组成员，县纪委、县监委驻县住建局纪检监察组组长　曾庆春
县交通运输局党组成员，县纪委、县监委驻县交通运输局纪检监察组组长　莫毅雄
县农业农村局党组成员、县纪委县监委驻县农业农村局纪检监察组组长　卢秋辉
县市场监督管理局党组成员，县纪委、县监委驻县市场监督管理局纪检监察组组长　吴铁流

县委办公室（挂县档案局牌子）

县委常委、县委办主任　于新胜
常务副主任、县档案局局长　徐灿红
副主任　张　萍
副主任　高志平
县委深改办专职副主任　王　勇
县纪委、县监委驻县委办公室纪检监察组组长　罗红卫

县委组织部（挂县委直属机关工作委员会、县委非公有制经济组织和社会组织工作委员会、县委老干部局、县公务员局牌子）

县委常委、组织部部长，县直属机关工委书记　代虹宇
县人大常委会党组成员、副主任，县委组织部常务副部长、县公务员局局长　赵　勇
县委组织部副部长、县人力资源和社会保障局党组书记、局长　胡鹤鸣
县委组织部副部长、县委非公经济和社会组织工委书记　颜建辉
县委组织部副部长、县委老干部局局长、县委离退休干部工委书记（兼）　刘牛元
县纪委、县监委驻县委组织部纪检监察组组长、县非公经济和社会组织纪工委书记（兼）　何　云
县委组织部部务会成员、县直属机关工委专职副书记　符　莹
县委机构编制委员会办公室主任、县委组织部副部长（兼）　文兆星

县委宣传部（县新闻出版局、县版权局、县精神文明建设指导委员会办公室）

县委常委、宣传部部长　林龙飞
常务副部长、县新闻出版局局长、县版权局局长、县精神文明建设指导委员会办公室主任　郭龙辉

副部长　李志伟
副部长　谭　旭
县纪委、县监委驻县委宣传部纪检监察组组长　许芝良

县委统一战线工作部

县委副书记、统战部部长，县委党校（县行政学校、县社会主义学校）校长　冷　亮
常务副部长　何国伟
部务会成员　陈佳久
副部长　胡大红
县纪委、县监委驻县委统战部纪检监察组组长　刘淑良
县工商联党组书记，县委统战部副部长（兼）　王棋洪

县委政法委员会

县委常委、政法委书记　罗歆辉
常务副书记　陈建华
副书记　肖东嵘
委员　熊楚舒
副书记　李　晔
县纪委、县监委驻县委政法委纪检监察组组长　胡　巍

县委网络安全和信息化委员会办公室（县互联网信息办公室）

主任、县互联网信息办公室主任　罗中华
副主任　龙小林
副主任　肖　丹

县委机构编制委员会办公室

主任、县委组织部副部长（兼）　文兆星
副主任　胡新辉
副主任　范　征

县委巡察工作领导小组办公室

主任　邓喜平
副主任　李　翔
副主任　吴学军

巡察组

组长　卜建强
组长　文丽莉
副组长　蔡凤文
副组长　戴志珍
副组长　吴剑英

县人大常委会办事（工作）机构和人大专门委员会

县人大常委会党组成员、办公室主任、研究室主任，鸬鹚渡镇党委书记　莫寿国
办公室副主任　杨慧娟
办公室副主任　华　城
选举任免联络工作委员会主任　黄梦其
选举任免联络工作委员会副主任　邓白龙
民族华侨外事委员会主任委员　蒋　文
监察和司法委员会主任委员、法制委员会主任委员　杨锦人
监察和司法委员会副主任委员、法制委员会副主任委员　刘晓红
财经委主任委员、县人大常委会预算工委主任　钟　锋
财经委副主任委员、县人大常委会预算工委副主任　彭　顺
教科文卫委员会主任委员　许道初
教科文卫委员会副主任委员　吴　蓉
环境与资源保护委员会主任委员　郑　芳
环境与资源保护委员会副主任委员　易亮宇
农业与农村委员会主任委员　刘　辉
农业与农村委员会副主任委员　胡领范
社会建设委员会主任委员　詹伟明
社会建设委员会副主任委员　詹利辉
县纪委、县监委驻县人大常委会机关纪检监察组组长　郭　锋

县政府办公室（县政府金融工作办公室、县行政审批服务局）

县政府党组成员，县政府办党组书记、主任，县政府金融工作办公室主任、县行政审批服务局局长　胡雄武
党组副书记、副主任　孙大军
党组成员、副主任　薛大为
党组成员、副主任　邓小鹏
党组成员、副主任　肖文分
党组成员、副主任　文卫华
党组成员、副主任　高波芝
党组成员、副主任　邱四兵
县信访局党组书记、局长，县政府办副主任（兼）　谢　胜
党组成员，县纪委、县监委驻县政府办纪检监察组组长　覃国新

县发展和改革局（县粮食和物资储备局）

党组书记、局长，县粮食和物资储备局局长　陈　愈
党组成员、副局长　符　洋
党组成员、副局长　孙　军
党组成员、副局长　汤元林
党组成员、副局长　熊烂辉
党组成员　刘小钉

党组成员、优办主任　周运贤
副局长　胡　蓉

县教育局

工委书记、局长　汪小明
工委委员、副局长　钟建湘
工委委员、副局长　丁振亚
副局长　蔡朝晖
工委委员、县政府总督学　周育班

县科学技术和工业信息化局

工委书记、局长　鲁复生
工委副书记、副局长　胡尚吾
工委委员、副局长　汪志良
工委委员、副局长　郭伟清
工委委员、副局长　张志清
工委委员、总工程师　刘庚申

县民族宗教事务局

党组书记、局长　吴建辉
党组成员、副局长　胡弘韬
党组成员、副局长　安永兵

县公安局

县人民政府党组成员、副县长，县公安局党委书记、局长提名人选　吴　斌
党委副书记、政委　梁森林
党委副书记、副局长（正科职）　曹蔟坤
党委委员，县交警大队大队长　文　胜
党委委员、副局长　高文武
党委委员、副局长　张　进
党委委员、工会主任、政工监督室主任　李光明
党委委员　肖亦雄

县民政局

党组书记、局长　周德生
党组成员、副局长，县委非公经济和社会组织工委副书记（兼）　贺铁先

县司法局

党组书记、局长　唐　胜
党组成员、副局长　莫劲松
党组成员、政工室主任　龙　腾
副局长　颜小元
党组成员、副局长　吴　松

县财政局

党组书记、局长　夏跃军
党组副书记、副局长　黄朝中
党组成员、副局长　刘　华
党组成员，县纪委、县监委驻县财政局纪检监察组组长　胡希月
党组成员、副局长　刘　惠
总会计师　何　忠

县人力资源和社会保障局

县委组织部副部长、县人力资源和社会保障局党组书记、局长　胡鹤鸣
党组副书记、副局长　汪跃辉
党组成员、副局长　曾洁新
党组成员　刘党恩
党组成员、总会计师　吴仲初

县自然资源局

党组书记、局长　熊　伟
党组副书记　胡练军
党组成员、副局长　卢龙飞
党组成员、副局长　吴文正
总工程师　张海辉

县住房和城乡建设局（县人民防空办公室）

党组书记、局长，县人防办主任　袁　政
党组副书记、副局长　陈志忠
党组成员、县人防办专职副主任　戴次波
党组成员、县人防办专职副主任　吴光明
党组成员、副局长　高海军
党组成员、副局长　邹　辉
党组成员、总工程师　刘湘辉
党组成员，县纪委、县监委驻县住建局纪检监察组组长　曾庆春

县交通运输局（县交通运输综合行政执法局）

党组书记、局长，交通运输综合行政执法局局长　方银飞
党组副书记、副局长　卢向清
党组成员、副局长　薛永华
党组成员、副局长　吴国光
党组成员，县纪委、县监委驻县交通运输局纪检监察组组长　莫毅雄
党组成员、县交通运输综合行政执法局专职副局长　王满云
总工程师　曾　轶

县水利局

党组书记、局长　符心冰
党组副书记、总工程师　高伟龙
副局长　詹正雄
党组成员、副局长　罗敏志
党组成员、副局长　胡新阳

县农业农村局
（县农业综合行政执法局）

党组书记、局长，县委农村办主任、县农业综合行政执法局局长　薛虎军
党组副书记、副局长　彭志勇
党组成员、县委农村办副主任　文爱华
党组成员、县纪委县监委驻县农业农村局纪检监察组组长　卢秋辉
党组成员、副局长　文志安
党组成员、总农艺师　曾卫国
党组成员、县农业综合行政执法局专职副局长　李向辉
党组成员、副局长　曾卫红

县商务局

工委书记、局长　肖金兰
工委副书记、副局长　胡建保
工委委员、副局长　高榀坤
工委委员、副局长　刘春蕾

县文化旅游广电体育局
（县文化市场综合行政执法局）

党组书记　彭　建
县政协副主席，县文化旅游广电体育局局长、县文化市场综合行政执法局局长　董　佳
党组成员、副局长　龚弘力
党组成员、文化市场综合行政执法局专职副局长　刘国海
副局长　曾向宏
党组成员、总工程师　刘　军

县卫生健康局

党组书记，县人民医院党委书记（兼）　詹国辉
局长　李　静
党组副书记、副局长　刘亮奎
党组成员、副局长　刘友谊
党组成员　王伏华
党组成员、副局长　刘学谘

县审计局

党组书记、局长　蔡重阳
党组成员、副局长　龙　剑
党组成员、副局长　曹翰云
总审计师　张珏多

县退役军人事务局

党组书记、局长　张云飞
党组副书记、副局长　何林保
党组成员、副局长　张胜军

县应急管理局
（县防汛抗旱指挥部办公室）

党委书记、局长　王建荣
党委副书记、副局长　殷谷良
党委委员、副局长、政工室主任　李文彪
党委委员、副局长　胡　亮
党委委员、副局长　薛国斌
党委委员、总工程师　张则文

县城市管理和综合执法局

党组书记、局长　李庆华
党组副书记、副局长　李宇红
党组成员、副局长　胡合平
党组成员、副局长　郭永平

县林业局

党组书记、局长　颜克强
党组副书记、副局长　胡建兵
党组成员、副局长　周东慧
党组成员、总工程师　刘同庆

县市场监督管理局
（市场监管综合行政执法局）

党组书记、局长，县市场监管综合行政执法局局长　肖建光
党组成员，县纪委、县监委驻县市场监督管理局纪检监察组组长　吴铁流
党组成员、副局长　胡巍然
党组成员、副局长　刘　强
党组成员、副局长　邹跃良
副局长　佘金华
党组成员，县市场监管综合行政执法局专职副局长　熊军辉

县统计局

党组书记、局长　王德祥
总统计师　吴　科
党组成员、副局长　汪劲松
党组成员、副局长　曾　华

县信访局

党组书记、局长，县政府办副主任（兼）　谢　胜
党组成员、副局长　龚国军
党组成员、副局长　张　圣
党组成员、副局长（挂职）　罗旭东

县乡村振兴局

党组书记、局长　苏双喜
党组副书记、副局长　傅建明
党组成员、副局长　李　毅

县医疗保障局

党组书记、局长　昌红强
党组成员、副局长　文　静

党组成员、副局长　符祝英
党组成员、副局长　夏苍青

益阳市生态环境局桃江分局

党组书记、局长　周志刚
党组成员、副局长　李谷丰
党组成员、副局长　高　仁
党组成员、副局长　周可京
党组成员、副局长　刘桂初
总工程师　蔡　进

县公安局交通警察大队

县公安局党委委员，县交警大队大队长　文　胜
副大队长　黎军辉
副大队长　江　波
班子成员（副科级）　胡　杰

县森林公安局

党组书记、局长　李跃强
党组副书记、政委　符战辉
党组成员、副局长　文加生
党组成员、副局长　蒋丰初
党组成员　吴伟明

县政协办事机构和专门委员会

党组成员、秘书长、办公室主任，三堂街镇党委书记　左　交
办公室副主任　张　敏
办公室副主任　刘　毅
提案委主任　胡福林
提案委副主任　曾立平
经济科技和外事委员会主任　刘一周
经济科技和外事委员会副主任　胡日升
委员学习联络委员会主任　邹武胜
社会法制和民族宗教委员会主任　胡　军
农业农村和人口资源环境委员会主任　胡汉模
文教卫体和文史委员会主任　高白秋
县纪委、县监委驻县政协机关纪检监察组组长　彭炼才

县人民法院

党组书记、院长　张克江
党组副书记、副院长　吴一军
党组成员、副院长　刘怡中
副院长　周东勇
党组成员　薛立吾
党组成员、政治部主任　王　筱

县人民检察院

党组书记、检察长　喻勇刚
副检察长　陈历程
党组成员、副检察长　曾彦杰
党组成员　苏跃明
党组成员、政工科科长　汪朝阳

县总工会

县人大常委会副主任，主席　吴小玲
党组书记、副主席　杨松柏
党组成员、副主席　周红光
党组成员、副主席　刁红兵

共青团桃江县委员会

书记　鲁定红
副书记　廖　兴
副书记　龙建武

县妇女联合会

党组书记、主席　胡红艳
党组成员、副主席　安　宁
党组成员、副主席　文　萍
副主席（挂职）　蒋霞飞

县科学技术协会

党组书记　彭文华
主席　刘玉姝
党组成员、副主席　肖文科
党组成员、副主席　杨雪群

县归侨侨眷联合会

主席　赵　华

县工商业联合会

党组书记，县委统战部副部长（兼）　王棋洪
党组成员、副主席　张胜利
党组成员、副主席　高　标

县文学艺术联合会

党组书记　王　娲
主席　钟军力
副主席　刘小平

县残疾人联合会

党组书记、理事长　刘学文
党组成员、副理事长　黄　俐
党组成员、副理事长　刘　红
副理事长（兼职）　龚爱军

县计划生育协会

党组书记、常务副会长　刘庆辉
党组成员、副会长　张继勇

县红十字会

常务副会长　廖文华
副会长　周弟初
秘书长　刘江晖

县桃花江国家森林公园管理处

县人大常委会党组成员、副主任，县桃花江国家森林公园管理处党组书记 赵立峰
党组成员、副主任 夏海燕

中共湖南桃江经济开发区工作委员会（湖南桃江经济开发区管理委员会）

工委书记、武潭镇党委书记 符赛龙
工委委员、管委会副主任 胡安清
工委委员、管委会副主任 文　彬
工委委员、纪工委书记 何俊强
工委委员、管委会副主任 刘远志
工委委员、管委会副主任 伍忠东

县委党校（县行政学校、县社会主义学校）

县委副书记、统战部部长，校长 冷　亮
常务副校长 黄水清
副校长 刘德云
副校长、教育长 向芸珂

县机关事务服务中心

党组书记 丁海鹏
党组副书记、副主任 邓放明
党组成员、副主任 何海雷

县政务服务中心

党组书记 汤湘贤
主任 曾少婵
党组成员、副主任 刘运安
党组成员、副主任 杨　宇

县融媒体中心（县广播电视台）

党组书记、主任、总编辑 吴建平
党组副书记、副主任、副总编辑 李宁桃
副主任、副总编辑 苏亚明
党组成员、副主任、副总编辑 朱殿平
党组成员、副主任、副总编辑 刘　鹏

县数据资源服务中心（县智慧城市建设事务中心）

党组书记 范建新
党组成员、副主任 李世锋
党组成员、副主任 李会龙

县供销合作社联合社

党委书记、理事会主任 王　坚
党委副书记、监事会主任 卢　用
党委委员、理事会副主任 李望秋
党委委员、理事会副主任 曾　建

县档案馆（县史志编纂室）

党组书记、馆长，县史志编纂室主任 周群锋
党组成员、副馆长 李梦飞
党组成员、副馆长 夏亚军

县库区移民事务中心

党组书记、主任 胡　军
党组成员、副主任 邓乐波
党组成员、副主任 曾海霞

县桃花江核电项目工作办公室

党组书记、主任 吴立丰
党组成员、副主任 胡文凯
党组成员、副主任 潦放军

县城市建设投资运营集团有限公司

党委书记、董事长、总经理 吴建强
党委委员、纪委书记 鲁晓阳
党委委员、副总经理 瞿建德
党委委员、副总经理 肖　伟
党委委员、副总经理 李杜鸣

县桃锰社区服务指导中心

工委书记、主任 陈卫国
工委委员、副主任 陈文革
工委委员、副主任 易　勇

县桃冶社区服务指导中心

主任 刘燕勤
副主任 曾　慧

县职业中等专业学校（县女子旅游学校）

党委书记、校长，县女子旅游学校校长 昌红标
党委委员、副校长 蒋金龙
党委委员、副校长 张革辉
党委委员、纪委书记 赵跃光
党委委员、副校长 曹　群

县第一中学

党委书记、校长 邱畅怀
党委委员、纪委书记 彭巨洪
党委委员、副校长 胡往胜
党委委员、副校长 薛建新

党委委员、副校长　刘跃明

县住房保障服务中心

党组书记、主任　张　宏
党组成员、副主任　方学华
党组成员、副主任　陈　敏

县公路建设养护中心

党组书记、主任　陈海斌
党组成员、副主任　肖建荣
党组成员、副主任　罗灿武

县农机事务中心

党组书记、主任　汪　澎
党组成员、副主任　文剑武
党组成员、副主任　王义玲

县畜牧水产事务中心（县动物疫病预防控制中心）

党组书记、主任　范则昌
党组成员、副主任　刘雨人
党组成员、副主任　任　妮

县桃花江灌区管理局（县桃花江水库管理局的）

党组书记　熊　军
副局长　薛剑波

中共桃江县灰山港工业集中区工作委员会（桃江县灰山港工业集中区管理委员会）

工委书记，灰山港镇党委副书记（挂职）　刘壮辉
工委副书记、管委会主任　贾　亮
工委委员、纪工委书记　胡　犇
工委委员、管委会副主任　卢正雄
工委委员、管委会副主任　胡亚平

县征地拆迁安置与房屋征收补偿事务中心

党组书记、主任　刘　峰
党组成员、副主任　刘　斌
党组成员、副主任，桃花江镇党委副书记（挂职一年）　王　军
副主任（挂职）　颜兆丰
副主任（挂职）　崔永忠

乡　镇

桃花江镇

县政协党组成员、副主席，镇党委书记　文志军
党委副书记、镇长　熊　丹
党委副书记　汤森林
县征地拆迁安置与房屋征收补偿事务中心党组成员、副主任，镇党委副书记（挂职一年）　王　军
党委委员、人大主席　贺立辉
党委委员、政法委员、统战委员　符建安
党委委员、副镇长　贺龙辉
党委委员、宣传委员、武装部部长　刘丰华
党委委员、纪委书记，县监委派出桃花江镇监察办公室主任　付　红
党委委员、组织委员　吴婕芳
副镇长　龚用之
副镇长　李苓芹
人大副主席　袁立华
副镇长（挂职一年）　曹立明
副镇长　曾　俊

浮邱山乡

党委书记　夏　薇
党委副书记、乡长　文　毅
党委副书记　王梦凯
党委委员、人大主席　莫宏华
党委委员、政法委员、统战委员　肖灿文
党委委员、宣传委员、武装部部长　龚卫锋
党委委员、副乡长　刘　可
党委委员、纪委书记，县监察委员会派出浮邱山乡监察办公室主任　刘科文
党委委员、组织委员　刘　剑
副乡长　文俊兵
副乡长　曹向兵

高桥镇

党委书记　文有洪
党委副书记、镇长　龚电明
党委副书记　郭志敏
党委委员、人大主席　江　科
党委委员、政法委员、统战委员　张胜名
党委委员、纪委书记，县监察委员会派出高桥镇监察办公室主任　秦　尚
党委委员、宣传委员、武装部部长　彭劲松
党委委员、副镇长　张　昀
党委委员、组织委员　夏叶荷
副镇长　肖　瑶
副镇长　刘进军

修山镇

党委书记　黄　军
党委副书记、镇长　薛　浩
党委副书记　刘湘斌
党委委员、人大主席　黎　晖

党委委员、政法委员、统战委员　李伟莉
党委委员、副镇长　张耐时
党委委员、组织委员　陈新颜
党委委员、纪委书记，县监察委员会派出修山镇监察办公室主任　刘王友
党委委员、宣传委员、武装部部长　李　骁
副镇长　张雄锋
副镇长　彭薇娟

沾溪镇

党委书记　孙准成
党委副书记、镇长　刘矿安
党委副书记　邹珊珊
党委委员、人大主席　周科明
党委委员、政法委员、统战委员　胡　劲
党委委员、副镇长　潘志权
党委委员、组织委员　刘治国
党委委员、宣传委员、武装部部长　陈曦明
党委委员、纪委书记，县监察委员会派出沾溪镇监察办公室主任　刘传龙
副镇长　陈漪泓
副镇长　袁若琳
副镇长　蔡　敏

三堂街镇

县政协党组成员、秘书长、办公室主任，镇党委书记　左　交
党委副书记、镇长　朱果辉
党委副书记　史壮贤
党委委员、人大主席　黄　烽
党委委员、宣传委员、武装部部长　胡远鹏
党委委员、副镇长　胡二锋
党委委员、纪委书记，县监察委员会派出三堂街镇监察办公室主任　贺开明
党委委员、组织委员　符建邦
副镇长　文啸林
副镇长　杨　姣

鸬鹚渡镇

县人大常委会党组成员、办公室主任、研究室主任，镇党委书记　莫寿国
党委副书记、镇长　鲁　攀
党委副书记　李政辉
党委委员、人大主席　肖　仁
党委委员、政法委员、统战委员　舒展炎
党委委员、组织委员　杨文静
党委委员、副镇长　贺志华
党委委员、纪委书记，县监察委员会派出鸬鹚渡镇监察办公室主任　文　彬
党委委员、宣传委员、武装部部长　左文杰
副镇长　周　慧
副镇长　李小宇

大栗港镇

党委书记　王　锋
党委副书记、镇长　孔国奇
党委副书记　何　虎
党委委员、人大主席　周　凤
党委委员、政法委员、统战委员　李卫萍
党委委员、副镇长　邓光明
党委委员、组织委员　龚　成
党委委员、宣传委员、武装部部长　蔡　荣
党委委员、纪委书记，县监察委员会派出大栗港镇监察办公室主任　傅嘉成
副镇长　何　浩
副镇长　万里飞

鲊埠回族乡

党委书记　璩海雄
党委副书记、乡长　李鹏辉
党委副书记　胡望军
党委委员、人大主席　胡永才
党委委员、政法委员、统战委员　贺新跃
党委委员、纪委书记，县监察委员会派出鲊埠回族乡监察办公室主任　陈学军
党委委员、副乡长　吴　宇
党委委员、宣传委员、武装部部长　程　胜
党委委员、组织委员　王益平
副乡长　郭　咏
副乡长　薛立波

武潭镇

桃江经济开发区工委书记、武潭镇党委书记　符赛龙
党委副书记、镇长　杨明山
党委副书记　杨　浩
党委委员、人大主席　刘　舜
党委委员、政法委员、统战委员　肖新兵
党委委员、副镇长　秦正文
党委委员、纪委书记，县监察委员会派出武潭镇监察办公室主任　胡其跃
党委委员、宣传委员、武装部部长　张冠军
党委委员、组织委员　胡　莹
副镇长　王胜华
副镇长　李智强

马迹塘镇

党委书记　戴　佳

党委副书记、镇长 刘建冬
党委副书记 汪 群
党委委员、人大主席 黄海龙
党委委员、政法委员、统战委员 龚振华
党委委员、宣传委员、武装部部长 杨代东
党委委员、副镇长 谢竞飞
党委委员、组织委员 罗 潇
党委委员、纪委书记，县监察委员会派出马迹塘镇监察办公室主任 雷家骅
副镇长 蒋志华
副镇长 钟 双

石牛江镇

党委书记 荣 凯
党委副书记、镇长 姚兰图
党委副书记 文永来
党委委员、人大主席 周 安
党委委员、政法委员、统战委员 史新宇
党委委员、副镇长 吴尚辉
党委委员、宣传委员、武装部部长 黄德龙
党委委员、组织委员 温德民
党委委员、纪委书记，县监察委员会派出石牛江镇监察办公室主任 王超政
副镇长 莫立明
副镇长 江小根
副镇长 肖珞瑒

牛田镇

党委书记 蔡 亮
党委副书记、镇长 陈立兵
党委副书记 薛 伟
党委委员、人大主席 丁 峰
党委委员、政法委员、统战委员 汤则强
党委委员、宣传委员、武装部部长 马建辉
党委委员、组织委员 叶 曹
党委委员、副镇长 高永锋
党委委员、纪委书记，县监察委员会派出牛田镇监察办公室主任 赵世宏
副镇长 刘 静
副镇长 李宏兵

松木塘镇

党委书记 胡盛武
党委副书记、镇长 谢 佳
党委副书记 姚永阳
党委委员、人大主席 薛学科
党委委员、政法委员、统战委员 胡毅夫
党委委员、副镇长 刘克才
党委委员、宣传委员、武装部部长 杨 俊
党委委员、纪委书记，县监察委员会派出松木塘镇监察办公室主任 徐望军
党委委员、组织委员 张英杰
副镇长 石妙玉
副镇长 杨劲松

灰山港镇

党委书记 郭洪涛
党委副书记、镇长 曾小平
党委副书记 徐 建
党委委员、人大主席 彭光明
党委委员、纪委书记，县监察委员会派出灰山港镇监察办公室主任 王宏群
党委委员、组织委员 丁友平
党委委员、副镇长 王文科
党委委员、宣传委员、武装部部长 高峻峰
党委委员、政法委员、统战委员 易镇陵
副镇长 孙求索
副镇长 吴国春
副镇长 罗宇乾
人大副主席 李 程
综合执法大队大队长 贺跃军

副科级机构（副科职岗位）

县纪委监委

县纪委、县监委办公室主任 胡浩然
县纪委、县监委案件审理室主任 肖 锦
县纪委、县监委宣传部部长 王 艳
县纪委、县监委组织部部长 邹 霞
县纪委、县监委信访室主任 胡立辉
县纪委、县监委第一纪检监室主任 张 舜
县纪委、县监委第二纪检监察室主任 吴 喆
县纪委、县监委第三纪检监察室主任 田 进
县纪委、县监委第四纪检监察室主任 胡 平
县纪委、县监委第五纪检监察室主任 夏勇志
县纪委、县监委党风政风监督室主任 文旭升
县纪委、县监委案件管理室主任 薛放军
县纪委、县监委纪检监察干部监督室主任 胡凤斌

县委办公室

县委督查专员 石 龙

县委组织部

县委非公经济和社会组织工委专职副书记 石 旭

县委基层办主任，县委离退休工委副书记（兼） 龙 宇
县直机关工委纪工委书记 尹云峰
县老干部休养活动中心主任 刘友明
县关心下一代工作委员会秘书长 罗阿凤

县政府办公室

县政府督查专员 刁守荣

县发展和改革局

益沅桃城镇建设领导小组办公室副主任 孙应军
县区域经济发展事务中心主任 彭 轶

县教育局

县教师发展中心主任 丁吉飞

县科学技术和工业信息化局

县推进新型工业化事务中心主任 龚晓林

县民政局

县城乡低收入家庭认定中心主任 丁 诚

县财政局

县财政事务中心主任 刘 瑛
县国库集中支付核算中心主任 罗名利

县人力资源和社会保障局

县社会保险服务中心主任 郭宏英
县就业服务中心主任 唐习春
县劳动监察局局长 文俊良

县自然资源局

县自然资源执法监察大队大队长 熊拥华
不动产登记中心主任 罗敏俐

县交通运输局

县交通运输综合行政执法大队大队长 肖 文
县交通建设质量监督站站长 卢迎书
县水运事务中心主任 代 柯

县水利局

县水旱灾害防御中心主任 葛 雷
县砂石市场管理办公室主任 胡金福
县克上冲水库管理处主任 王 锋

县农业农村局

县农村经济经营服务站站长 陈 俊
县农业综合行政执法大队大队长 吴国兵

县商务局

县投资促进服务中心主任 莫 琳
县市场服务中心主任 石 磊

县文化旅游广电体育局

县文化旅游产业发展服务中心主任 彭思诗

县卫生健康局

县卫生健康局党组书记，县人民医院党委书记（兼） 詹国辉
县卫生健康综合监督执法局局长 吴学军
县妇幼保健院党委书记 张建英
县妇幼保健院院长 王志军
县疾病预防控制中心主任、县公共卫生检验检测中心主任 刘新跃
县人民医院院长 杨永中
县中医医院党委书记 何 强
县中医医院院长 陈建文

县审计局

县委审计委员会办公室专职副主任 刘一孚

县城市管理和综合执法局

县环境卫生服务中心主任 谭赛强

县林业局

县竹产业发展服务中心主任 王钦武

县市场监督管理局（市场监管综合行政执法局）

县市场监管综合行政执法大队大队长 朱国勇

县医疗保障局

县医疗保障事务中心主任 高 琪

县人民法院

专职审判委员会委员 戴志锋
专职审判委员会委员 李刁军
三堂街法庭庭长 俞世春
大栗港法庭庭长 符晨辉
武潭法庭庭长 胡继恩
马迹塘法庭庭长 周 迅
松木塘法庭庭长 杨 莉
牛田法庭庭长 彭红艳
灰山港法庭庭长 肖力华

县人民检察院

专职检察委员会委员　何瑛南
专职检察委员会委员　周　娟

派出所

桃花江派出所所长　胡志成
桃花江派出所教导员　文青松
凤凰山派出所所长　陶吉辉
凤凰山派出所教导员　陈建平
花果山派出所所长　张　昭
花果山派出所教导员　严志坚
牛潭河派出所所长　陈湘超
牛潭河派出所教导员　梁　红
浮邱山派出所所长　肖　煌
浮邱山派出所教导员　杨宏达
高桥派出所所长　刘　旭
高桥派出所教导员　刘鹏权
修山派出所所长　鄢建平
修山派出所教导员　薛庆伟
三堂街派出所所长　龙　云
沾溪派出所所长　何　意
沾溪派出所教导员　夏景明
鸬鹚渡派出所所长　刘　梦
鸬鹚渡派出所教导员　吴春生
大栗港派出所所长　丁　葵
大栗港派出所教导员　胡天锡
武潭派出所所长　曹春云
武潭派出所教导员　刘庆华
鲊埠派出所所长　丁　强
鲊埠派出所教导员　卢　华
马迹塘派出所所长　胡跃明
马迹塘派出所教导员　王胜华
石牛江派出所所长　陈大意
石牛江派出所教导员　汤令波
牛田派出所所长　罗　涛
牛田派出所教导员　蔡俊武
松木塘派出所所长　李　慎
松木塘派出所教导员　倪思求
灰山港派出所所长　熊跃庆
灰山港派出所教导员　杨铎平

县森林公安局

武潭派出所所长　夏建国
武潭派出所教导员　何胜彬
牛田派出所所长　詹　健
牛田派出所教导员　钟　锋
鸬鹚渡派出所所长　夏伏军
鸬鹚渡派出所教导员　肖　煦

县桃花江国家森林公园管理处

办公室主任　胡凤姿
建设管理科科长　刘胜江
市场营销科科长　胡　倩
浮邱山景区管理所所长　王　琪
桃花湖景区管理所所长　邹合群
桃花江竹海景区管理所所长　彭海波

中共湖南桃江经济开发区工作委员会（湖南桃江经济开发区管理委员会）

办公室主任　刘锋华
规划建设局局长　陈静宜
纪工委副书记、监察室主任　李　舟
产业发展局局长　陈　平
经济合作局局长　周无双
安全生产监督管理局局长　郭　强
社会事务管理局局长　樊燕舞
征地拆迁安置办公室主任　皮振兴

负责人高配机构

县公安局

党委委员、工会主任、政工监督室主任　李光明
政工室教导员　刘　艳
看守所所长　文寄华
看守所教导员　周亚莉
指挥中心主任　封少华
指挥中心教导员　邹海霞
国保大队大队长　贺白玉
国保大队教导员　贺赛峰
刑侦大队大队长　汤智勇
刑侦大队教导员　文　武
治安大队大队长　胡德为
治安大队教导员　丁毅华
巡特警大队大队长　姚国军
巡特警大队教导员　张　亚
警务保障室主任　唐放仁
警务保障室教导员　游胜兰
经侦大队大队长　刘　敌
经侦大队教导员　杨高飞
禁毒大队大队长　郭军辉
禁毒大队教导员　刘奕星
网监大队大队长　殷灿辉
网监大队教导员　刘文彬

县公安局交通警察大队

桃花江中队中队长　陈怀宇
马迹塘中队中队长　邓跃红
三堂街中队中队长　刘光跃
灰山港中队中队长　莫劲松
公路巡逻中队中队长　卜益军

中共桃江县委员会

综　述

【概况】 2021年，中共桃江县委贯彻落实中共十九大和中共十九届历次全会精神，学习贯彻习近平新时代中国特色社会主义思想、习近平总书记在湖南重要讲话及重要指示精神，统筹推进“五位一体”总体布局，协调推进“四个全面战略布局”，落实省委、市委各项决策部署，团结带领全县党员干部群众实现“十三五”收官、“十四五”良好开局。全县实现生产总值302亿元，同比增长6.7%；规模工业增加值同比增长6.4%；完成地方一般公共预算收入8.9亿元，同比增长7.5%；固定资产投资同比增长5.7%；完成社会消费品零售总额123.2亿元，同比增长15%；全体居民人均可支配收入26898元，同比增长8.6%。

党的建设。年内开展专题研讨4次，组织开展党史学习教育以及中共十九届六中全会精神专题宣讲；组织开展“我为群众办实事”实践活动，受理群众诉求，开展上门服务30多万人次。组织开展中国共产党成立100周年系列庆祝活动，向全县4320名有50年党龄的老党员颁发“光荣在党50年”纪念章；组织开展“奋进百年路·竹乡颂党恩”系列主题活动，观看“光影铸魂”系列电影党课，举办“诗画桃花江”“百人百作”等多场中国共产党成立100周年主题书法美术摄影剪纸展，召开县第十三次党代会，完成县乡村三级换届选举，在全县组织开展“推动桃江高质量发展，建设富饶美丽幸福新桃江”大调研大讨论活动。

经济发展。夯实“三农”基础，粮食播种面积、产量超额完成市定任务；竹材科技成为全县首家国家级农业产业化龙头企业、首家获评市长质量奖企业；桃江竹泉米、桃江“竹”福礼盒实现线上销售；桃江获评湖南省农产品质量安全县。桃江经济开发区、灰山港产业开发区共实现园区规模工业增加值112亿元，同比增长19.6%，建成标准化厂房8.81万平方米，省级重点项目国辰高科园获评全省电子信息类产业园区30强。加强新兴工业优势产业链建

▲7月29日，中国共产党桃江县第十三次代表大会开幕（李成刚／摄）

设，新增规模工业企业10家、高新技术企业17家，新培育省级、市级专精特新“小巨人”企业分别为1家、8家；新兴管件、高阶光学镜头、烯富环保二期、合群爬架、城鉴铝单板、至和电缆等9个项目建成投产，竹材科技四期、口味王四期、盈达门业等10个项目全线开工；张子清烈士纪念馆被列入中国共产党成立百年湖南精品红色旅游路线，桃江跻身“2021年全国县域旅游发展潜力百佳县”；完成电商产业园搬迁，新增跨境电商企业10家。营商环境不断优化，建成全市首家“政务服务旗舰店”，县政务中心获评第七届全省“人民满意的公务员先进集体单位”；2021年全县新签约项目69个，签约资金51.67亿元；引进外资108万美元，实现“零的突破”；立项争资到位资金38.2亿元。

民生福祉。改善县城环境，完成金盆广场改建、居士巷改造，县城多条主次干道贯通提质，张家码头生态停车场、桂花园小学人行天桥等便民项目建成并投入使用；推进复迁安置攻坚工作，建成安置房3039间；加强保障性安居工程建设，927户城区群众住进安居房，全县重点移民村建设成效显著，158座散葬烈士墓整修完成。民生事业夯实“六稳”（稳就业、稳金融、稳外贸、稳外资、稳投资、稳预期）、“六保”（保居民就业、保基本民生、保市场主体、保粮食能源安全、保产业链供应链稳定、保基层运转）基础，城镇登记失业率下降，社保核查工作完成，城乡居民保障水平提标，桃谷山九年一贯制学校等4所学校投入使用，县关工委获评全国青少年普法教育先进单位，基层基本医疗服务能力同质化提升工程试点经验全省推广，获批“城乡客运一体化示范县”，实现县、乡、村三级现代公共文化服务体系全覆盖，获评省公共文化服务体系高质量发展五年行动计划绩效评价优秀单位。获全省医保乡村振兴工作表现突出县区；全国“十四五”困难重度残疾人家庭无障碍改造现场会在桃江召开；灰山港镇农技站被授牌“全国五星级农技推广机构”；推进农村人居环境整治，打造“六个一”（一个规整的菜园、一个集中圈养畜禽的栏舍、一个堆放生产生活资料的杂屋、一条排水沟、一个处理厕所粪污的三格式化粪池、一个沤制可腐烂垃圾的带盖密闭式沤肥凼）美丽庭院，以村民小家美推动乡村美、民风淳。

平安建设。统筹发展与安全，严格落实常态化疫情防控举措，创新开展“敲门行动”“寻找未接种人员”等行动，3岁及以上人群新冠疫苗接种率超过81%，基本构建全民免疫屏障，实现“零感染、零新增”目标。防范政府债务风险和涉众型非法经营风险精准有力，化解盛大金禧金融风险；安全生产、道路交通、防溺水、消防等重点领域风险隐患得到处置，应急能力建设获全省通报表扬；鲊埠回族乡被认定为省级乡村治理示范乡镇；推进政法队伍教育整顿、常态化扫黑除恶专项斗争，县综合指挥中心、“雪亮工程”投入使用；获评全省第一批法治政府建设示范区，群众安全感增强。

党风政风。加强基层党组织建设，25个软弱涣散党组织摘帽，集体经济空壳村清零，薄弱村减半目标实现；创新开展网格化管理和志愿服务工作，“五个到户”（党员联系到户、民情走访到户、政策落实到户、产业对接到户、精准服务到户）工作经验入选全省抓党建促乡村振兴会议典型经验案例汇编。做好省委巡视整改及省对县审计整改后续工作，省委第三巡视组、第十巡视组反馈问题得到整改落实。推进五轮县委巡察，开展“强作风、优环境，共建清廉桃江”活动，建成湖南首家竹廉文化教育基地，运用“四种形态”监督执纪问责，纠“四风”、反腐败，推动党风政风持续向好。

其他工作。获评全省营商环境改善先进县、实施“六大强农”（品牌强农、特色强农、产业融合强农、科技强农、人才强农、开放强农）行动先进县、信访工作“三无”（无进京非访登记和进京重复越级访、无到省级以上集体访、无极端恶性事件）县、根治拖欠农民工工资工作先进地区，桃江经济开发区获评湖南省“双创”（创业、创新）示范基地（全省仅四个园区获此荣誉）；加强意识形态阵地建设和正面宣传，县融媒体中心官方微信号入选全国县市区级媒体微信公众号影响力排名前50强，全年在国家、省、市主流媒体正面报道2000余次，《二十四节气》系列视频被中纪委、省纪委采用；推进文明村镇、文明单位创建，制定《桃江县道德档案建设实施方案》，推荐“湖南好人”4名、“益阳市诚信之星”2名。（周颖异）

【党史学习教育活动】 2021年，桃江挖掘红色资源，打造红色文化长廊，绘制红色记忆地图，推出红色书籍《夏曦年谱》《张昆弟年谱》《张子清传》，鸬鹚渡镇张子清烈士纪念馆和马迹塘战史陈列馆被授牌“益阳市党员教育培训示范基地”；创作并传播微话剧《师长献盐》、花鼓戏《工运先驱张昆弟之——正太风暴》、歌曲《答卷》《张子清》《百年的故事》等作品，推动红色基因传承发展。

（周颖异）

【5项工作获省政府真抓实干表彰】2021年，桃江营商环境改善、实施“六大强农”行动、信访、根治拖欠农民工工资、桃江经济开发区“双创”示范基地建设5项工作获省政府真抓实干表彰奖励，获奖数量创历史新高。（周颖弃）

县委日常事务

【概况】2021年，县委办贯彻习近平总书记对办公室工作的指示精神，深入研究，主动作为，优化服务，不断提升“三服务”（服务发展、服务决策、服务落实）工作质量和效能。

文稿服务。做好以文辅政工作，起草各类文稿449篇，其中20余篇典型经验、署名文章在国家、省、市主流媒体刊发，2期专报获市委书记瞿海肯定性批示；牵头组织开展全县“大调研”活动，编印《调查研究》《桃江要情》《桃江工作》等内刊23期，为县委、县政府决策提供参考。

党委信息。全年上报紧急信息、典型信息等600余条，党委信息工作名列全省第九，是近六年来最佳排名；配合办理市委书记信访交办件、帖文回复件27件，办结率100%；办理县委书记交办件、批示件14件，各项工作上传下达政令畅通。

调查研究。组织开展全县“大调研”活动，收集各级各部门调研成果115篇，牵头完成15篇；牵头抓好“大调研大讨论”活动，收集调研讨论材料64篇，并编印成册；为县委研究确定2022年度工作思路，梳理网络意见40条。

督查督办。围绕疫情防控、防汛抗旱、未成年人防溺水、安全生产、民生改善等中心工作，印发各类督查通报70余期，督促整改各类问题600余个，推动县委各项部署落实落地。下发疫情防控督查通报64期，回复市疫情督查通报整改情况69期，8月，集中推进开展疫苗接种工作，利用“大督查”工作机制，抽调36名工作人员分为16个督查小组，每日驻各乡镇和县经开区开展工作，疫苗接种在全市进位争先。

办文办会。规范文风会风，精简文件简报，规范会务活动，组织召开全县性重要会议11次，同比减少25%；制发各类公文269个，其中不纳入精简统计范围的文件204件、纳入精简统计范围的文件65件，同比减少17.7%。

综合协调。规范出台县、乡两级领导24小时带班、值班制度，指导各乡镇、县直各部门做好常态化值班值守，特护期、法定节假日等特殊时期对全县值班值守、执法执勤、信访、交通保畅等信息调度汇总，形成情况汇报，供领导参考决策；全年办理上级电报675份，其中上级督查通报97份、市委领导批示23份、县委书记批示35份；做好群众来信来访接待工作，搭建为民服务“连心桥”；按中央八项规定要求组织接待领导85批次，其中接待省部级领导6批次、厅级领导18批次，接待省长毛伟明、副省长隋忠诚。

深化改革工作。出台改革工作相关文件，县级领导牵头负责各项改革任务，由8个专项小组具体组织实施；推进现代农业综合改革，《益阳改革简报》以“建设综合指挥体系 实现基层社会治理现代化”为题推介桃江县经验。

“缅怀先烈”祭扫。4月12日，县委办组织在桃江烈士陵园举行“缅怀革命先烈·传承红色基因”祭扫活动。县委常委、县委办主任肖立新，常务副主任徐灿红，县委办全体干部职工参加祭扫活动。

对台事务。强化惠台政策宣传，邀请省台办专家授课，推进对台工作；抓协调服务，组织摸排全县台胞台属情况并建档立册。年内走访在桃江7家台资企业，协助解决困难问题；及时协调、依法整治台企民景生态科技有限公司所涉“大棚房”问题，保障台胞合法权益。优化台企服务，先后于8月、11月与

▲4月12日，县委办机关支部党员在桃江烈士陵园举行祭扫活动（县融媒体中心供图）

长沙台资企业协会开展双向考察与交流，建立联络员机制，为后续合作打基础。履行为台胞、台属联络及服务职责，听取采纳台胞、台属意见建议，为台胞台属协调解决入学问题2人次，协助6名台胞办理台湾居民居住证；组织台胞台属开展中秋联谊活动；为台胞台属台商争取政治权益，推荐的1名台属当选县第10届政协委员。

机要保密。做好机要值班值守，按要求推进有关工程建设；做好2021年桃江考区高考、学考试卷安全保密工作；完成“庆祝中国共产党一百周年”宣传活动。

档案管理。完成124个立档单位的档案年度登记工作。联合县保密局、县卫健局对45个立档单位开展档案行政执法检查，对76个单位开展档案业务指导。联合县档案馆制作《跟着毛主席闹革命——从档案中追忆桃江先烈的红色足迹》微视频，被评为省三等奖和市三等奖。组织举办3批次档案业务专题培训。

（邹　蓓　龙　实）

【专题组织生活会】9月7日，县委办机关支部委员会举行“学党史、悟思想、办实事、开新局”专题组织生活会。县委书记向荣以普通党员身份参加，与支部全体党员一道重温入党誓词，并上专题党课。市委党史学习教育第九巡回指导组组长李太华一行到会指导，县委常委、县委办主任于新胜，副处级干部龙跃明，县委办常务副主任徐灿红，县委办其他班子成员参加。县委办第一党小组全体党员依次发言。

（龙　实）

【全县大调研大讨论第七组活动】12月9日，县委办组织开展“推动桃江高质量发展，建设富饶美丽幸福新桃江”大调研大讨论第七组分组讨论活动，县委常委、县委办主任于新胜出席。县委办、县档案馆、县机关事务服务中心、县数据资源服务中心等部门参与讨论人员分别围绕农村生活垃圾分类处理、建立桃江数字档案馆、深化桃江红色谱系研究推进县域红色旅游产业发展、智慧桃江建设创新基层治理、解决县城停车难问题、以先进制造业破题推动“三高四新”战略在桃江落地落实等课题畅所欲言。

（龙　实）

【全县办公室工作会议暨业务培训班】6月3日，2021年全县办公室工作会议暨业务培训班开班。县委常委、县委办主任肖立新出席，县委办、人大办、政府办、政协办主要负责人，各乡镇、县直正科级及以上单位分管副职、办公室主任参加。会议宣读《2020年度全县办公室工作考核情况通报》《2021年全县办公室工作目标管理考核办法》和《2021全县“大调研”活动实施方案》。会议组织对党委信息工作和办文办会工作进行培训。

（龙　实）

组织与党建

【概况】2021年，县委组织部坚持以习近平新时代中国特色社会主义思想为指导，认真贯彻落实全国、省、市组织工作会议和组织部部长会议精神，聚焦主责主业，围绕中心、强化使命担当，为建设现代化新桃江提供组织保证。

思想政治建设。全年举办各类培训班88批次，举办科级干部学习习近平新时代中国特色社会主义思想专题研修班、领导干部专题讲座、中青年干部培训班、党外中青年干部暨年轻一代民营企业家培训班、新提拔干部培训班各1期，学习习近平新时代中国特色社会主义思想等专题讲座2期。全县科级及以上领导干部和事业单位班子成员814人参加“学习贯彻党的十九届五中全会精神、推动大力实施‘三高四新’战略”网络专题培训班，通过率99.51%。

干部队伍建设。全年调整干部4批次176人次，提拔重用21人。从乡镇事业编制人员、优秀村党组织书记、到村任职过的选调生、驻村第一书记、驻村工作队员“五方面人员”中择优选拔乡镇领导班子副职15名。开展换届风气监督、督查，层层签订“不拉关系不打招呼的承诺书”，县处级干部签订42份，县直单位和乡镇党委政府主要负责人签订128份，副科级以上实职领导干部签订779份。乡镇换届后，35岁以下乡镇党政正职配备6名（其中30岁以下1名），领导班子中35岁以下干部59人，“90后”干部22人。评选表彰2020年度“四型”（创新型、担当型、实干型、服务型）干部20名。开展县直单位政治建设考察暨年度考察工作，将“消极应付、为官不为”相关情形纳入测评范围，测评结果作为2021年度评先评优的重要依据。新增列入因私出国（境）备案管理人员45名。发布《桃江县2021年面向社会公开引进全额事业编制高层次（紧缺）人才公告》，39个职位面向社会引进人才51人。继续实行订单人才培养计划，考录免费师范生187名，免费本科医学生4名，水利特岗人员6人，农技特岗人员30名。加强农村实用型人才培养，举办各类培训、咨询活动7期次，培训指导农民320人次，发放技术资料1.2万份。承办全市离退休干部党建工作现场推进会。

基层组织建设。开展全县“两优一先”评选表彰工作，评选表彰50名优秀共产党员、30名优秀党务工作者、20个先进基层党组织。开展庆祝中国共产党成立100周年系列活动，为全县达到50年党龄的4320名党员颁发“光荣在党50年”纪念章。下拨党费160.27万元。建设党性教育基地，鸬鹚渡镇张子清烈士纪念馆和马迹塘战史陈列馆成为“益阳市党员教育培训示范基地”。组织开展“五个到户”（党员联系到户、民情走访到户、政策落实到户、产业对接到户、精准服务到户）试点工作，其工作经验入选全省抓党建促乡村振兴会议典型经验案例汇编。25个软弱涣散党组织摘帽，实现集体经济空壳村全面清零、薄弱村减半目标。在全县表彰奖励暨创建工作会议上，以奖代投300万元，表彰2020年度优秀基础网格600个。向全县201个村（社区）派驻驻村第一书记或工作队，实现“应派尽派”全覆盖。

县乡村三级换届选举。2月9日完成全县村（社区）“两委”换届选举工作，实现年龄、信访和学历“两降一升”和村（社区）党组织书记、村（居委）主任“一肩挑”目标，5月完成15个乡镇换届选举工作，产生新一届乡镇党委委员135名、纪委委员105名，领导班子年龄结构得到优化；7月完成县级换届。

自身建设。分4个党小组，组织开展党史学习教育4次专题研讨，抓实专题组织生活会等规定动作，开展“学党史、悟思想、担使命”红色故事宣讲比赛。9月下旬，举办2期桃江县组工干部党性锻炼和政治能力提升培训班，组工干部的政治素养、专业能力和实践本领得到整体提升。创建文明单位，推进办公环境整治和优化，开展办公环境卫生评比，颁发流动红旗3次。1名机关干部脱产驻村，联系帮扶担水坝村，争取县直部门项目资金123万元，升级改造覆盖全村的146盏路灯，完成2000亩高标准农田、270米文化长廊及占地2000平方米的文化广场建设项目。

（李秋香　蒋宏伟）

【党员联系服务群众“五个到户”】9—12月，桃江县组织动员130个县直单位、15个乡镇、229个行政村（社区），2.4万名党员干部及志愿者，开展党员联系到户、民情走访到户、政策落实到户、产业对接到户、精准服务到户“五个到户”工作，帮助群众解决“急难愁盼”问题。至12月，村召开民情碰头会820余次，乡镇召开民情分析会15次，解决问题600余个。

（李秋香　周　鹏）

【省专题培训示范班在桃江现场教学】9月15日，湖南省新型农村集体经济发展壮大专题培训示范班在灰山港镇杨家湾村进行现场教学，省市相关领导和市集体经济重点扶持村党支部书记共86人参加。与会人员参观港城文化公园、村民服务中心、洞宾园艺生态果园等地，通过实地参观、听取讲解、上专题课、观看视频等方式，了解村级集体经济发展历程及发展规划。

（陈　敏　周　鹏）

【发展党员3项制度】2021年，县委组织部出台《桃江县发展党员执纪执法部门联审制度（试行）》《桃江县农村基层干部近亲属入党专项审查制度（试行）》《桃江县村（社区）发展党员关键环节监督指导制度（试行）》3项制度，从部门联审、近亲属入党审查、关键环节监督指导等方面着力，推动全县发展党员工作制度化、规范化。

（陈　敏　周　鹏）

【推进公务员平时考核】2021年，桃江县实行分季度开展公务员平时考核，将考核结果分为“好”“较好”“一般”“较差”4个等次，考核

▲9月15日，全省新型农村集体经济发展壮大专题培训示范班在灰山港镇杨家湾村开展现场教学（吴　昊/摄）

认定适当向基层一线和艰苦岗位公务员倾斜，并严格控制各等次人数比例，加大考核结果运用，以此树立正确导向，加强公务员队伍管理。

（符灿辉　蔡　灿）

【全市离退休干部党建工作现场推进会】 12月1日，益阳市离退休干部党建工作现场推进会在桃江召开，省委老干部局副局长、省委离退休干部工委专职副书记孔寅湘，市委常委、组织部部长杨爱云等出席会议。会议传达学习上级关于离退休干部党建工作精神，交流工作经验，表彰全市“五好”离退休干部党支部，与会人员参观灰山港镇裕民社区、县公安局老党员之家、桂花园小学校园法治教育走廊、县老年大学等地。

（詹　艳　刘　倩）

【武韬到桃江调研】 5月12日，中国关工委常务副主任武韬一行到桃江调研青少年普法教育工作，中国关工委副秘书长黄长庆，省关工委主任杨泰波，市委常委、秘书长孙达良，市关工委执行主任陈恒祥，县领导李质彬、蒋耿陪同调研。武韬一行到桂花园小学、桃江七中，参观校园普法教育宣传展板，了解学校开展青少年普法教育工作情况。

（罗阿凤）

【县关工委获评省先进】 12月30日，纪念湖南省关工委成立35周年暨全省关心下一代工作表彰大会在长沙召开。会上，桃江县关工委被授予“全省关心下一代工作先进集体”称号，桃江的杨俗华、刘连喜、汪小明被授予“全省关心下一代工作先进个人”称号。（罗阿凤）

【组织系统实施“强基工程”】 县委组织部在全县组织系统推进实施“强基工程”。9月，分两批组织学员到湖南大学参加“组工干部党性锻炼和政治能力提升培训班”学习。

（刘　蛟　周　鹏）

宣传工作

【概况】 2021年，县委宣传部围绕县委、县政府中心工作，落实意识形态工作责任制，聚焦意识形态工作巡视整改、理论武装、宣传报道、精神文明建设和阵地管理、庆祝中国共产党成立100周年活动、党史学习教育，全县宣传思想文化工作得到加强。

理论学习。制定全县乡科级以上中心组学习安排意见，组织县委理论学习中心组开展12次理论学习，组织扩大学习4次。邀请省政府督查室主任宁资利、省委党校副校长吴传毅等6名省市专家到桃江授课，进行党史学习教育，全县中心组学习实现巡听旁听全覆盖。7月，组织县委理论学习中心组集中观看红色电影。9月，县委理论学习中心组到桃花江镇大华村现场学习。

宣传报道。落实新闻例会制度和新闻稿件“三审”制度，及时部署各个时间段新闻宣传的重点工作。配合新华社、湖南卫视、《湖南日报》、红网等媒体记者到桃江采访36次。在中央、省、市主流媒体上稿1500余条。指导制作发布各类短视频200余个，其中《袁隆平在桃江》《连长带着二等功回来了》等5个视频的播放量均突破100万人次。《二十四节气》系列视频被中纪委、省纪委采用。完善网络问政帖文“转办、承办、督办”流程，人民网、红网、华声在线等重点平台回复率90%。加强属地自媒体管控，约谈自媒体2家，打击网络谣言2起。加强网络安全和信息化建设，监督检查50余家党政机关及重点单位的网络安全，发出15张整改通知书，编发网络安全风险预警3期。

意识形态。根据省委巡视反馈意识形态方面的问题，制定专项整改方案。7月，对各乡镇、县直单位、省市驻桃江单位开展半年度意识形态工作督查。11月，针对省委意识形态专项督查反馈问题，组织相关单位进行专题研究部署，制定整改方案，明确整改措施。审批20个出版物经营许可证、4个印刷厂许可证、5个一次性内部资料性出版物准印证。成功创建2个市级“扫黄打非”进基层示范点。开展全县“扫黄打非”工作业务培训，制定“扫黄打非”行动方案，组织执法人员检查经营单位285家次，下发整改通知书18份，查处销售非法卫星设施设备商家6家，约谈4个乡镇的“扫黄打非”工作分管领导。

精神文明建设。2021年，向市文明委推荐2个市级文明镇、4个市级文明村、5个市级文明单位和4个市级文明标兵单位。制定下发《桃江县文明村镇、文明单位、文明家庭、文明校园评选管理办法》，加强和规范县级文明单位创建工作。依托全县各级新时代文明实践站（所），实现县直部门到乡镇村组志愿服务全覆盖。组织开展“学雷锋志愿服务关爱行动”等主题志愿服务活动，在湖南志愿服务网上注册志愿服务团队350个、志愿者13.1215万人。制定《桃江县道德档案建设实施方案》，90%以上县直单位和村（社区）建立道德档案。加大先进典型的挖掘评选力度，推荐“湖南好人”4名、“益阳市诚实之星”2名。将移风易俗工作纳入年度意识形态工作考核和文明创建重点工作清单。

活动举办。制定庆祝中国共产党成立100周年活动总体方案，组织开展“奋进百年路·竹乡颂党恩”文艺汇演暨表彰大会、大型群众合唱比赛、主题征文比赛、主题视频创作大赛等活动。组织开展“湖南公共文化进村入户·戏曲进乡村”活动60场、“光影铸魂”电影党课140余场、文化惠民巡演20余场。举办2021世界读书日暨桃花江第四届全民阅读活动。邀请省文联笑满三湘文艺志愿服务队到桃江开展3场农民丰收节专场演出活动。选取10个红色旅游景点，以地图、坐标、短视频等形式，组织绘制桃江县红色记忆地图。

文艺创作。组织申报益阳市优秀文艺作品扶持奖励，全县各文艺门类申报作品60件，获奖27件。按照《桃江县优秀文艺作品扶持奖励实施办法（试行）》，组织专家评审申报县优秀文艺作品408件。组织创作歌曲《张子清》《屈原在桃江》，花鼓戏《工运先驱张昆弟》，出品献礼中国共产党成立100周年原创歌曲《答卷》，作为第九批“中国梦”歌曲在市委宣传部举行首发式并在全市大型文化活动中连续推出。合唱节目《我爱你中国》在全市“颂歌献给党 文旅正青春”新媒体合唱比赛中获金奖，合唱节目《沁园春·雪》在全市庆祝中国共产党成立100周年“旗帜颂”大型群众歌咏比赛中获银奖。原创音乐作品歌曲《我的旗帜》《百年的故事》被录入“艺心向党 云游湖南”优秀征集作品。选送主题文艺作品参加全市“欢乐潇湘 益美益阳”群众书法、美术、摄影展作品展，获省二等奖1个及市一等奖2个、市二等奖5个、市三等奖11个。编辑出版《桃花江文艺》优秀共产党员专刊。

党史学习教育。成立由县委书记任组长，县委副书记、组织部部长、宣传部部长任副组长的领导小组。领导小组下设办公室，从全县抽调20人，在县委党校集中办公。出台党史学习教育实施方案，对主要学习内容和重点工作任务作出安排部署。成立16个县委巡回指导组。县委党史学习教育宣讲团到各乡镇、部门开展宣讲活动60余次。组织开展“学史明理、学史增信、学史崇德、学史力行”4次专题研讨，县级领导均带头深入联点村，为农村党员讲授专题党课。依托桃江丰富的红色革命文化，在县城打造桃江红色文化长廊，推出红色书籍《夏曦年谱》《张昆弟年谱》《张子清传》。（黄颖兴）

【胡立安到桃江慰问道德模范】 1月19日，市委常委、宣传部部长胡立安一行，到桃江看望慰问益阳市第五届道德模范詹翠娥、第四届市见义勇为道德模范詹新元、第一届市孝老爱亲道德模范刘建莲、第二届市级孝老爱亲道德模范胡正方。

（黄颖兴）

【省委宣传部调研组到桃江调研】 2月5日，省委宣传部调研组到桃江县融媒体中心、县文明实践中心调研。在省人大代表桃江小组座谈会上，调研组成员与桃江籍省人大代表探讨交流，代表们围绕文明创建、全域旅游、竹文化和美人窝文化、广播村村响升级改造等方面提出建议和意见。调研组还就桃江县创建全国文明城市予以指导。（黄颖兴）

【市县媒体寻找桃江红色记忆】 3月17—19日，参加益阳红色文旅精品路线集中宣传报道活动的10余名市、县级主流媒体记者，到桃江部分红色文化资源所在地，用镜头记录桃江红色文化。（黄颖兴）

【《我家住在资江边》开拍】 3月24日至26日，市委宣传部、市摄影家协会联合摄制的音乐风光片《我家住在资江边》摄制组，在桃江县拍摄松木塘桃花湖景区、飞水岩瀑布、羞女山，三堂街水岸小镇，桃花江竹海等景点，全景介绍桃江的美丽风光，讲述桃江的美人窝品牌。

（黄颖兴）

【《答卷》首发式在桃江举行】 3月30日，市委宣传部策划支持、县委宣传部出品的原创歌曲《答卷》首发式在桃江举行。《答卷》由词作者高汉武、萧萧风，作曲家唐勇强，男高音歌唱家石倚洁共同创作完成。

（黄颖兴）

【《诗画桃花江》作品集首发式】 4月24日上午，以“奋进百年路 竹乡颂党恩”为主题的桃江县创建国家全域旅游示范区“诗画桃花江”创作作品集首发式暨作品展开幕式举行。省人大常委会委员、省人大教科文卫委员会分党组书记肖国安，益阳市委宣传部副部长刘益希和部分县领导出席开幕式。首发式上，展出画家曾景祥、符风然等15名省内外知名书画家、诗词家在桃花江竹海、凤凰山、浮邱山等景区景点采风写生，创作的200多件诗词、书画作品。（黄颖兴）

【“学习强国”桃江线下体验馆开馆】 5月12日，“学习强国”桃江线下体

▲5月12日，“学习强国”桃江线下体验馆开馆（黄颖兴/摄）

验馆在新华书店中心门店开馆。线下体验馆的开馆，让桃江新华书店成为全新的体验式书店，助力服务桃江的文化建设和精神文明建设。（黄颖兴）

【曾景祥花鸟画展开展】 6月23日，桃江县庆祝中国共产党成立100周年“奋进百年路 竹乡颂党恩”系列群众文化活动——“露润山花”曾景祥花鸟画展开幕式在桃江希舜书画艺术中心举行。（黄颖兴）

【庆祝中国共产党成立100周年群众合唱比赛】 6月29日晚，“奋进百年路 竹乡颂党恩”桃江县庆祝中国共产党成立100周年群众合唱比赛在县影剧院举行。比赛分县直队和乡镇队，县经开区获得乡镇合唱队特等奖，桃花江镇、鲊埠回族乡获得乡镇合唱队一等奖。县教育局获得县直合唱队特等奖，县人民医院、财政银行保险队获得县直合唱队一等奖。（黄颖兴）

【“百人百作”艺术作品展开展】 7月8日，“奋进百年路 竹乡颂党恩”庆祝中国共产党成立100周年系列文化活动——“百人百作”书法美术摄影剪纸作品展，在大汉文化广场公众大戏台开展。参展的100件作品包括书法作品40件、美术作品20件、摄影作品30件和剪纸作品10件。这些作品主题鲜明、健康向上，从不同侧面、不同角度反映出桃江优美的自然环境、深厚的人文底蕴和改革开放以来经济社会发展的成就。（黄颖兴）

【桃江红色文化长廊建成】 7月27日，位于桃江县城沿江观光带的桃江红色文化长廊建成。桃江红色文化长廊长达100米，分为光辉历程、党史之最、革命先驱、红色故事、毛泽东与桃花江人5个展区，详细介绍新民主主义革命时期中国共产党桃江地方组织的发展及革命英烈的事迹。（黄颖兴）

【桃江红色人物研讨会召开】 10月9日，桃江县庆祝中国共产党成立100周年理论研讨会暨红色人物研讨座谈会在县委党校举行。会议通报表彰了桃江庆祝中国共产党成立100周年主题理论组征文获奖名单。参会的理论专家代表、红色人物研究者、红色人物所在村的党组织书记参加研讨会，与会人员学习习近平总书记重要讲话精神，畅谈党史学习教育的体会，就本土红色人物研究情况、挖掘和传承红色基因展开研讨。（黄颖兴）

【45名宣传工作者获表彰】 11月17日，桃江县新闻宣传工作暨2022年党报党刊发行工作会议召开。会上，新闻报道“特别贡献奖”获得者胡卫红、李成刚等10名“十佳”新闻宣传工作者，莫斌等34名优秀新闻宣传工作者受表彰。（黄颖兴）

网信管理

【概况】 2021年，县委网络安全和信息化委员会办公室（以下简称县委网信办）落实网络意识形态工作责任制和网络安全工作责任制，总揽全局、协调各方，做好网络宣传、网络生态治理、网络安全防护工作，全县网信工作整体水平不断提升，走在全市前列。

网络宣传。在县内网络媒体开设专栏，宣传习近平新时代中国特色社会主义思想和中共十九届五中全会精神以及中央、省委、市委和县委重要会议精神、重大决策部署和政策。围绕乡村振兴、庆祝中国共产党成立100周年等开展系列网上宣传活动。县融媒体中心在各平台发布稿件1.5321万条，日均发稿50条，点击量1万人次的稿件600多条，发布各类短视频300余个，《袁隆平在桃江》《连长带着二等功回来了》等5个视频播放量突破100万人次，播放量在10万人次以上的视频27个。用好桃江广播电视台微信公众号，开设党建专栏“党史上的今天”“中国共产党桃江历史”，发稿99条；每月发布禁毒知识4条，报道防疫（含疫苗接种）、防溺水等重点工作。

网络生态治理。对在外地注册但注册名称与桃江相关的微信公众号开展溯源备案登记，完成85个政务公众号登记备案，电话约谈违规发布信息的公众号。完善人民网、红网百姓呼声等重点平台帖文“转办、承办、督办”工作模式，桃江县网民投诉回复率90%。

网络安全。联合县公安局网安大队、县数据资源服务中心对全县党政机关及重点单位进行网络安全监督检查。出动警力检查全县政府机关、企业单位50余家，对15个单位发放整改通知书，责令限期整改；下发网络安全风险预警3期。集中开展2021年国家网络安全宣传周宣传活动，引导广大公众参与网络安全监管。

信息化发展。出台全省首个县级《政务数据资源管理办法》、全市首个县级《政务信息化项目建设管理办法》，完成乡村“雪亮工程”、云数据中心项目建设，完成交通气象监测、交警业务平台、骨干路口交通设备等28个项目建设，健全县乡两级18个视频会议会场，覆盖151个学校、29所医院电子政务外网。改造骨干带宽达1000兆的政务外网链路，县电子政务外网覆盖全县323个单位。完成综治网格化平台功能升级和验收，在浮邱山乡、石牛江镇进行网格化试点，协助部分单位搭建虚拟专网。（刘　琼）

【县委网信委第三次全体会议】 12月23日，县委书记、县委网信委主任向荣主持召开县委网络安全和信息化委员会第三次会议，学习《湖南省网络安全和信息化条例》及省、市网信工作有关会议精神，听取全县网信工作情况汇报，审议通过网络综合治理体系建设相关文件，研究部署下阶段全县网信工作。

（邹欣宇）

【国家网络安全宣传周活动】 10月11日，桃江县举办2021年“国家网络安全宣传周”系列活动启动仪式，各成员单位、乡镇主要负责人，网络安全志愿者代表和城镇居民代表200余人参加启动仪式。县公安局反诈中心民警、县数据资源服务中心数据安全专家现场讲授网络安全微课，4名志愿者共同宣读《网聚时代正能量，同做桃江好网民》倡议书。宣传周期间，县委网信办联合公安、司法、教育等部门，制作网络安全宣传展板，在社区、校园、机关单位巡回展出，在县人民政府网、“掌上桃江”App首屏首页开设“网络安全知识角”专栏。各乡镇、单位采用横幅、LED屏、电子屏24小时滚动播出网络安全宣传标语。学校组织师生在国家中小学网络云平台上观看网络安全公开课。印发《网络安全宣传册》500本、折页1000余份，提供咨询300余人次，发送网络安全公益短信5万余条。

（邹欣宇）

统一战线

【概况】 2021年，县委统战部围绕县委重大决策部署与年初工作目标，强化思想政治引领，凝聚统战力量，全面推进统战各领域工作，完成各项工作任务。

思想政治引领。采取组织调训、以会代训、集中宣讲、开设专题讲座等方式，多渠道多形式开展统战成员教育培训活动，引导统战成员不断增进政治共识。县委统战部组建宣讲团，到乡镇、村（社区）、县直单位、学校、企业、宗教场所，宣讲中共十九大精神、习近平新时代中国特色社会主义思想、新时代党的统战理论方针政策、《中国共产党统一战线工作条例》，开展宣讲50余场次。结合非法宗教场所整治、“万企大走访、同心促发展”活动、政协委员履职情况考察，开展谈心谈

▲10月11日，2021年“国家网络安全宣传周”活动启动仪式（县融媒体中心／摄）

话活动，访谈 50 余家重点民营企业的负责人和管理人员，县委统战部部长与 20 余名党外干部代表、五大宗教团体负责人谈心谈话。举办“筑梦青春 同心向党”党外青年干部和党外青年知识分子喜迎中国共产党成立 100 周年演讲比赛、桃江县 2021 年党外中青年干部暨年轻一代民营企业家培训班。

代表人士队伍建设。牵头完成第十届县政协换届人事安排相关工作，协助完成统一战线各界别人士的人大代表、政协委员提名推荐、审查考察。安排党外人大代表 110 人，占同级人大代表 34.9%；党外政协委员 143 人，占比 60.08%；非公经济人士 31 人，占比 13.03%。开展非公经济人士政治安排使用拟任人选综合评价，评价工商联领导班子配备、人大代表、政协委员推荐提名人选等 6 批次 55 人次。推进党外干部梯次培养配备，开展后备资源摸底，建立 40 多人的党外后备干部库。新提拔党外干部 7 人。加强新的社会阶层人士统战工作，开展新的社会阶层人士调查摸底，建立近 400 人的新的社会阶层人士人物数据库；成立桃江县新的社会阶层人士联合会，联合会有会员 100 多名。加强以益阳扬帆育才职业学校为中心的新的社会阶层人士统战工作实践创新基地建设。配合农工党益阳市委员会、无党派人士开展长江（湖南段）湘江洞庭湖生态环境保护民主监督工作，出台《关于支持农工党市委会、无党派人士开展长江（湖南段）资江洞庭湖生态环境保护民主监督工作的工作方案》，组织 10 余个部门单位召开监督工作启动会议，邀请农工党市委会及无党派人士到桃江县垃圾填埋场、桃江久通锑业有限责任公司查看。

▲ 12 月 23 日，县委副书记、统战部部长冷亮（左）为桃江县新的社会阶层人士联合会第一届主席吴建平（右）授牌（颜　维／摄）

民营经济统战工作。常态化开展“万企大走访、同心促发展”活动。4 月起，会同县工商联组织 5 个小分队，分赴 15 个乡镇和 2 个工业园区，通过实地走访、问卷调查、召开座谈会等形式，走访调研不同行业、地域、规模的民营企业和商协会，形成《把握时代大势坚定发展信心》调研报告。开展同心美丽乡村创建，引导民营企业参与“万企兴万村”活动，申报省级同心美丽乡村、省级同心美丽乡村示范片区各 1 个，市级项目 5 个，指导乡镇申报初创县级同心美丽乡村 21 个。

海外统战和侨务工作。开展侨界思想政治引领和侨务资源涵养工作，举办“侨心跟党走 奋进新征程”活动。制定下发《桃江县侨情普查工作方案》，摸清桃江基本侨情，为侨联换届做好前期工作。以侨招商，参加桃江县服务台商长沙交流会，助力马迹塘菌种基地 5000 万元项目成功签约。（刘澄灏）

【新的社会阶层人士联合会成立】12 月 23 日，桃江县新的社会阶层人士联合会第一届第一次会员大会暨成立大会召开。会议选举中国民主促进会会员、益阳扬帆育才职业学校董事长吴建平任第一届主席。联合会第一届理事会由 30 名理事组成，其中主席 1 名、执行主席 1 名、副主席 7 名、秘书长 1 名，第一届监事会由 3 名监事组成，其中监事长 1 名、监事 2 名。（刘澄灏）

【党外中青年干部暨年轻一代民营企业家培训班开班】9 月 15—17 日，党外中青年干部暨年轻一代民营企业家培训班在县委党校举办。全县 28 名中青年党外干部，20 名年轻民营企业家参加培训，学习内容涵盖习近平总书记“七一”重要讲话精神、《中华人民共和国民法典》和《中国共产党统一战线工作条例》，县委常委、组织部部长代虹宇出席开班仪式并讲话。（刘澄灏）

机构编制

【概况】2021 年，县委机构编制委

员会办公室（以下简称县编办）以习近平新时代中国特色社会主义思想为指导，坚持突出重点，用好机构编制，做好新形势下机构编制工作，为推动桃江加快发展提供体制机制保障。

体制机制改革。严控机构数量，坚持“撤一建一”原则。巡视整改中，桃江一中升格为正科级事业单位；在清理规范开发区管理机构的过程中，保住了桃江经济开发区和灰山港工业集中区两个管理机构；为服务县域经济社会发展，争取成立正科级事业单位重点项目服务中心，升格竹产业发展服务中心为正科级事业单位。解决部分机构职能划分相互交叉、界定不清的情况。专题调研农村住房建设、山塘建设管理等问题，从领导机构设置、工作规则、工作流程等方面进行研讨，提出建议意见；对新设立的重点项目建设服务中心、升格的竹产业发展服务中心、降格的数据资源中心和农机事务中心就职能划转和人员转录等进行研究，提出初步方案。

机构编制管理。盘活编制。对人员老化严重、技术岗位人才紧缺等亟须补员而又无空编可用的经济工作部门，采用周转编制，以“借编进人”的办法解决用人难题；根据职能转变和工作需要对全县编制实行动态管理，在县直机关行政编制紧缺的前提下，明确县市场监督管理局的行政编制必须退一收一，置换使用事业编制，逐步均衡各单位行政编制。保障重点。严格制定编制使用计划，重视问题导向，突出服务发展，编制使用向民生保障部门、经济发展部门和基层一线倾斜。录用乡镇公务员70名、公安4名、新进事业编制人员386名（引进人才42名、招聘教师306名、招聘医技人员38名）。制定2021年军转干部、退役士兵的安置计划，安置到期考核合格人员4人、公费师范生按期毕业人员39人、县融媒体中心所属湖南有线桃江网络有限公司原事业编制分流人员58人。

机构编制督查。开展机构编制自查自纠和监督检查工作。4月，组织对全县机关事业单位2020年度编外聘用人员进行摸底，有编外聘用人员3771人。10月，印发《桃江县第二次全国机构编制核查工作实施方案》，组织全县各机关、事业单位参与核查，提交人员异动信息1389条，涉及人员逾1万人，提交出编申请51条，清理应出编未出编人员78名（含近期退休人员）。

▲ 12月9日，县委编办在县卫生健康局监督检查机构编制工作（龚玉龙／摄）

事业单位登记管理。完成23家党政机关、4家群团组织的统一社会信用代码证书信息变更；完成垂直管理单位国家税务总局桃江县税务局的统一社会信用代码证书信息变更。完成事业单位年度报告公示362家，年度报告公示100%。完成桃江县征地拆迁安置与房屋征收补偿事务中心等5家事业单位的设立，桃江县桃花江镇兽医站等14家事业单位的注销，办理82家事业单位的变更登记，并在县人民政府网公示；完成年度事业单位登记管理档案归档。参与益阳市委编办组织的“市级以下事业单位普遍报账制背景下如何实施法人登记”调研活动，撰写调研报告《事业单位法人主体地位现状探析与对策》。

（龚玉龙）

【省委联合调研组到桃江调研】 6月24日，由省委编办、省财政厅联合组成的调研组到桃江调研编外人员管理工作。益阳市委编办、桃江县委编办、县财政局、县卫健局、县教育局、县人社局相关负责人参加座谈并提出相关建议。

（高　琼　胡　威）

【首例失信个人被限制登记】 11月16日，根据《关于印发对失信被执行人实施联合惩戒的合作备忘录的通知》精神，责令县教育局及时变更被纳入失信被执行人名单的马迹塘镇中心幼儿园法定代表人。这是桃江县首例失信个人被限制登记为事业单位法定代表人。（龚玉龙）

【事业单位实地核查】 12月8日至

9日，组织开展事业单位法人公示信息抽查。抽查以实地核查的方式，检查县一中等25个事业单位，对存在的使用名称不当、未及时办理变更登记、证书正本未按要求悬挂等问题当面指出并要求整改，核查结果由法定代表人签字确认。

（龚玉龙）

【首例违反组织编制工作通报】 12月16日，县委组织部、县委编办通报批评违反组织编制工作有关规定的县医疗保障局等单位，这是《中国共产党机构编制工作条例》施行以来桃江县的首例通报。（龚玉龙）

干部培训

【概况】 2021年，县委党校贯彻落实县委、县政府工作部署，服务中心大局，切实履职，创新性开展教学、科研与资政工作，取得良好成效。

干部培训。发挥培训干部的主渠道、主阵地作用，举办各类培训班6期，培训1324人次。其中科级干部专题讲座2期、科级干部进修班1期、中青年干部培训班1期、党外干部培训班1期、发展对象培训班1期。授课内容包括党性教育、社会创新管理、社会主义核心价值观、供给侧结构性改革和桃江县情介绍分析。

教学工作。通过集体评课，开发新课5堂。邀请11名省市专家教授、13名县级领导和21名县直单位领导到学校授课72堂。创新采用"党性教育＋现场教学""专题教学＋情景模拟""老师讲授＋学员论坛""送党课下基层"等多种教学模式提升培训实效。组织科干班、中青班学员到通道县、张子清纪念馆等红色教育基地开展现场教学。改单向传授为双向互动，教学内容与现实工作有机结合。邀请县直有关部门主要负责人到党校授课，组织学员到相关部门跟班学习，交流学习心得。将"学员论坛""学员座谈""经验交流会""心得分享会"融入课堂内容。到乡镇和县直单位送党课90堂，受众3万多人次。

学员管理。实行班主任负责制，量化考核学员的政治表现、学习生活情况。主体班开学第一课对学员进行入学纪律教育；实行点名制考勤，对学员学习、出勤情况实时登记并及时通报；上课期间严格执行学员手机上墙要求；培训班结业前，组织学员进行理论考试、党性分析与自我总结，由小组、班委和校委对学员的综合表现进行鉴定，考核结果入档备查，作为今后干部年度考核和提拔的重要依据。

科研资政。鼓励教师积极申报课题、参与县情调研和撰写论文。2020年立项的省委党校系统社科类课题"财政分权背景下金融抑制对工业减排的影响研究——以湖南为例"结题，2021年新申报省委党校社科类规划课题"桃江县粮食安全与产业发展研究"获批立项。组织参加各类征文活动。在省级以上刊物发表论文13篇。理论文章获省级二等奖4篇、三等奖1篇，市级二等奖1篇、三等奖2篇。在桃江县中国共产党成立百年理论征文活动中获奖3篇。为了写好"影响县域义务教育优质均衡发展的关键因素及对策思考"等调研报告，建立3个专题调研组，形成专题调研报告报送县委办。其中校委成员向芸珂撰写的《关于桃江县党性教育基地建设情况调研报告》，被县委办《调查研究》第二期刊登。

（吴　浪）

【党史学习教育】 2021年，县委党校参与组织党史学习教育3次。5月，配合团县委举办桃江县"不忘初心争当先锋"党史知识竞赛活动。5月31日，县委党校承办桃江县"学党史、悟思想、担使命"微宣讲比赛暨"传承红色基因"主题宣讲，15人进入决赛。10月，承办桃江县"庆祝中国共产党成立100周年"理论研讨会暨红色人物研讨座谈会，评定获奖文章11篇。（吴　浪）

▲6月2日，桃江县2021年科级干部学习习近平新时代中国特色社会主义思想暨党史专题研修班开班（张　睿／摄）

【异地教学】县委党校两次组织主体班学员开展异地教学。6月1—4日，组织科级干部党史专题研修班学员到通道转兵党性教育基地开展异地教学，教学包含党性教育专题讲座、纪念馆现场教学、体验式教学重走长征路等多项教学内容。7月6—9日，组织中青年干部培训班前往株洲开展异地教学，参观炎陵县党性教育基地、红军标语博物馆、炎陵烈士纪念塔、接龙桥战斗旧址、水口连队建党旧址、茶陵县工农兵政府旧址等地，学员们探寻红色足迹，观看文物照片，聆听老一辈革命家在炎陵、茶陵的革命斗争故事。

（吴　浪）

【科级领导干部专题讲座】5月24日和10月15日，县委党校分别组织举办两期科级领导干部专题讲座。邀请省委党校、省行政学院副校（院）长、二级教授吴传毅，省委党校、省行政学院党史教研部副教授、博士谌玉梅，市委统战部副部长车吉新、省委台办二级巡视员杨金定和省委巡视办副主任刘辉奇到桃江授课，培训全县正科级单位班子成员和副科级机构主要负责人、科级干部进修班全体学员和县委党校教师735人。

（吴　浪）

史志档案工作

【概况】2021年，县档案馆贯彻落实习近平总书记关于档案工作“两个服务”的批示精神，做好档案接收与保管、党史编研、地方志书编修工作，服务全县中心工作、服务人民群众，履行史志档案工作存史、资政、育人职能，获评全省党史工作先进单位、省级文明单位和益阳市“档案话百年”微视频展播及评选活动三等奖，被授牌为县党员教育现场教学点、新时代文明实践基地、党史学习教育现场教学点。

档案接收与保管。到期档案接收。与县档案局联合行文，制定2021—2025年到期档案依法移交计划。县司法局、旅游开发公司两家单位新移交档案实现纸版与数字化同步移交，共计181卷、2899件。接收疫情防控和脱贫攻坚两类电子目录3万余条。开展特色档案征集。发布中国共产党成立100周年红色档案征集公告，征集各类红色档案和史料100余件。做好查档服务。接待部门志编修和其他查档单位和个人5000多人次，查阅档案1万余卷。逐步推进档案数字化。将数字档案馆建设纳入县“十四五”规划，并开展数字档案馆建设专题调研，超额完成2021年馆藏档案数字化20万页的任务。对接上级项目，落实省档案馆洞庭湖生态保护数据库项目资金6万元，在全省率先完成专题数据库上报工作。

党史编研。与县委党校等联合组建红色宣讲团，授课52场次受众近3万人。献礼中国共产党成立百年，与县委宣传部、县创建办联合打造“桃江红色文化长廊”。从湖南中共党史人物研究会原会长夏远生处约稿《从桃花江畔奏响理想信念之歌》在《益阳日报》发表。在县档案馆围墙建成“红色清廉文化墙”，助力清廉桃江建设。免费开放两个展厅开展爱国主义教育，接待各类参观学习人员60余批次2000多人次。夏曦、张昆弟、张子清3个红色人物传记和年谱经过两轮修改，已送出版社审校。编印约10万字的《纪念无产阶级革命家夏曦诞辰120周年文集》。开展“毛泽东与桃花江”专题调研，搜集线索50多条。组织开展“寻烈士遗像，送英雄回家”活动，将寻找的肖振汉烈士的照片和资料送到其后人家里。由县委办发文，与相关单位联合启动《脱贫攻坚口述史》的征编工作。完成《中共桃江县委工作概况》《乡镇党委工作概况》的编写。

地方志工作。适应年鉴编纂工作新形势，大幅提前《桃江年鉴》组稿时间，切实加强撰稿人员业务培训，选定专业出版社，严格按审校意见修改，提升年鉴编纂质量，12月底《桃江年鉴（2021）》印刷出版。加强对全县第三轮部门志40部志书编修工作的业务指导和督促。10月，与县委督查室联合督查部门志编修工作，了解部门志工作进展，推进部门志编修进度。完成《益阳年鉴》《湖南年鉴》桃江部分的供稿，组织收集部分地情资料。（谢　耘）

【年鉴编纂工作暨业务培训会】1月15日，全县2021年年鉴编纂工作暨业务培训会召开。县委常委、县委办主任肖立新出席会议并讲话。会议安排部署《桃江年鉴（2021）》编纂工作，开展专题培训，动员全县各单位及广大地方志工作者进一步增强对年鉴编纂工作的认识，确保高标准、高质量、高效率完成《桃江年鉴（2021）》编纂工作。

（李美华）

【桃江第一个党员教育现场教学点授牌】2月25日，桃江县党员教育现场教学点授牌仪式暨县委组织部2月主题党日活动在县档案馆举行，县委常委、组织部部长蒋耿出席，并为县档案馆授牌。这是全县授牌成立的第一个党员教育现场教学点。

（谢　耘）

【红色党课“菜单”】4月14日，县档案馆在桃江公众信息网向社会公布红色党课菜单。县档案馆联合县委党校、桃花江镇党委，组织县内党史专家，制作《敢于担当创伟业——张昆弟的传奇人生及精神品质》《讲述桃江红色故事，知史爱党、知史爱国》《夏曦：献身革命志不移》《红军中的关云长——张子清故事》等10个党史课课件，服务党史学习教育。

（谢　耘）

【戴隆军调研地方志工作】6月17日，市地方志编纂室党组书记、主任戴隆军一行6人到桃江调研地方志工作，县委常委、县委办主任肖立新陪同。戴隆军一行听取县史志编纂室关于“十四五”地方志工作筹划、年鉴编纂、第三轮部门志编修、特色地情资料挖掘和编纂整理等方面的情况汇报。戴隆军肯定桃江地方志工作所取得的成绩，要求桃江方志部门进一步创新思路、扎实工作，充分发挥地方志“资政育人”的作用。（李美华）

▲7月16日，萧振汉烈士后人为县档案馆送锦旗（谢　耘／摄）

【“寻烈士遗像，送英雄回家”活动】7月13日，县档案馆联合县融媒体中心等单位举办“寻烈士遗像，送英雄回家”活动。县档案馆将寻找到的萧振汉烈士的珍贵照片和资料，送到烈士后人家里。7月16日，萧振汉烈士后人为县档案馆送来一面锦旗，感谢县档案馆举办的“寻烈士遗像，送英雄回家”活动圆了他们的百年寻亲梦。（谢　耘）

【“清廉机关”创建】10月12日，县档案馆召开“强作风、优环境，共建清廉桃江”动员会暨“清廉机关”创建工作动员会。会议要求，全馆要全面加强机关政治建设、作风建设和业务建设，进一步提升认识、明确责任、狠抓落实，为共建“清廉桃江”、建设富饶美丽幸福新桃江贡献史志档案力量。

（吴作信）

桃江县人民代表大会

综　述

【概况】2021年，县人大常委会坚持以习近平新时代中国特色社会主义思想为指导，学习中共十九届六中全会精神和习近平总书记在湖南考察时的重要讲话精神，履行宪法和法律赋予的职责，组织召开县十八届人大第一次会议、7次常委会会议、10次主任会议，听取和审议"一府一委两院"专项工作报告16项，组织开展视察活动15次，依法对重大事项作出决议决定6项，

监督工作。听取和审议2021年上半年国民经济和社会发展计划执行情况、2021年上半年预算执行情况的报告，审查批准2020年决算和2021年预算调整方案，提出意见建议。听取和审议关于2020年预算执行和其他财政收支审计的工作报告，切实加强对预算执行和其他财政收支审计查出问题整改工作的监督，针对审计查出的51个问题，联合审计部门到被审单位调研指导，督促整改落实，整改情况提交常委会会议审议，促进问题解决。听取和审议县人民政府关于竹产业融合发展情况的报告，支持产业转型升级。听取和审议县人民政府关于国有资产管理情况的报告，督促政府切实加大国有资产监管力度，增强国有资产运营效益。听取和审议县人民政府关于2020年度全县生态环境状况及生态环境目标完成情况的报告，配合市人大常委会开展《益阳市畜禽水产养殖污染防治条例》贯彻落实情况执法检查，组织到市生态环境局桃江分局、县农业农村局等16个县直部门和部分乡镇开展专题调研，实地察看乡镇污水处理厂运营、绿色矿山建设、畜禽污染防治、有机肥厂生产运营等情况，听取各方面意见和建议，督促政府和有关职能部门树立绿色发展理念，健全工作机制，加大扬尘、污水、医疗废物、农业面源污染等的整治力度，优化全县生态环境。听取和审议县人民政府关于学前教育工作情况的报告，针对全县学前教育工作政策保障机制不完善、发展不平衡不充分、幼教队伍不稳定、监管履职不到位的实际，督促县人民政府进一步加大统筹、保障、监管和师资队伍建设力度，促推学前教育均衡发展。听取和审议县人民政府关于医疗保障情况的报告，调研全县医疗保障工作情况，督促县人民政府和有关职能部门有重点有计划地解决医疗保障工作中存在的突出问题。听取和审议关于规范性文件备案审查工作情况的报告，到县司法局、县财政局、县农业农村局、石牛江镇，调研指导规范性文件备案审查工作，督促县人民政府及相关部门落实《湖南省规范性文件备案审查条例》和《桃江县人大常委会规范性文件备案审查办法》有关规定，全年审查规范性文件11件。

人事任免工作。坚持党管干部和县人大常委会依法任免相结合的原则，选举任免国家机关工作人员159人次，完成县乡人大换届选举。

代表工作。县人大常委会主任会议组成人员通过走访、座谈、函询等多种方式，联系服务代表100余名；各级人大代表通过上门走访、接待来访等方式，联系群众3万多人次，收集建议意见190多条，协助解决问题240多个，推进"双联"

活动向纵深发展。邀请人大代表列席县人大常委会会议、参加调研视察活动100余人次，参与“一府两院”组织的听证会、庭审旁听等活动20多人次。坚持和完善常委会领导牵头督办、各委室对口督办、联工委协调督办、联合政府集中督办的“四位一体”联动机制，组织“背靠背”测评，多层次、全过程督办代表建议，十七届人大六次会议期间收到的69件建议按时办结，代表满意率和基本满意率97%。落实《桃江县开展乡镇民生实事项目人大代表票决制工作的实施意见》，指导乡镇对西部垃圾焚烧发电站项目落地等重点民生实事项目进行人大代表票决，提升代表决策参与度，促进决策民主化和科学化。（华　城）

【刘慧雄调研武潭镇现代农业核心示范区】4月8日，省人大农业与农村委员会副主任委员、一级巡视员刘慧雄一行，到武潭镇莲花坪村现代农业核心示范区调研，察看了先田智慧农业基地、澳大利亚淡水龙虾养殖基地、灰菇娘生物科技有限公司和华莱茶园。调研组肯定武潭镇在发展现代农业方面取得的成绩，希望武潭镇坚持合理投入和整体长远规划，加强特色宣传，推动现代农业核心示范区高质量发展。

（朱　勇　温　暖）

【省人大代表桃江小组调研桃江乡村振兴】5月28日，省人大代表桃江小组到武潭镇和鲊埠回族乡开展乡村振兴产业发展专题调研活动。财政部湖南监管局党组书记、局长肖翔，县委副书记、县长黄劲，县人大常委会副主任吴小玲等7名省人大代表参加调研。代表小组一行到桃江现代农业核心示范区、鲊埠回族乡，察看先田智慧基地、澳大利亚淡水龙虾养殖、古镇灰菇娘生物科技有限公司、华莱茶园、宏森木业科技生产车间，详细了解各项目的进展和生产运营情况，同项目负责人交流农业改革和产业发展中存在的困难与问题。肖翔肯定桃江县在乡村振兴产业发展上取得的成绩，指出乡村振兴要做好规划，守护好粮食安全；要与脱贫攻坚有效衔接，包括政策、产业项目等方面的衔接，因地制宜，创新发展；要坚持以高质量发展统揽全县乡村振兴工作，结合桃江经济社会发展实际，为乡村振兴夯实基础。（莫　睿）

▲4月8日，省人大农业与农村委员会副主任委员刘慧雄（右二）考察古镇灰菇娘项目（朱　勇　温　暖/摄）

【刘时贵调研灰山港镇公共文化建设】5月14日，市人大常委会副主任刘时贵一行到灰山港镇，调研指导镇、村公共文化建设。刘时贵一行考察灰山港镇文化综合服务中心和金沙洲村、杨家湾村的文化设施建设和使用情况后，对灰山港镇的公共文化建设工作给予肯定，勉励灰山港镇综合文化站在文化工作中要再创新、多宣传，打造灰山港文化名片。（肖　洋　何　鸣）

【陈佑才调研桃江财政经济运行情况】12月6日，市人大常委会副主任陈佑才一行到桃江调研2021年国民经济和社会发展计划、财政预算执行情况与2022年计划、预算草案编制情况。县人大常委会主任伍令贤、副主任刘楚雄及相关部门负责人参加调研座谈会。陈佑才一行肯定桃江的工作，指出桃江县经济运行总体稳健，计划和预算编制严谨，符合桃江发展实际，为2022年工作的开展打好了坚实的基础。桃江县人大常委会要继续保持敢于监督、善于监督的工作作风，引导和支持工业企业做大做强，以高效履职服务，促进桃江经济社会高质量发展。

（文婧靓）

重要会议

【桃江县第十八届人民代表大会第一次会议】10月18—21日，在县党政大楼附属楼召开。会议听取和审查桃江县人民政府工作报告；审查和批准桃江县2021年国民经济和社会发展计划执行情况与2022年国民经济和社会发展计划草案的报告，批准桃江县2022年国民经济和社会发展计划；审查和批准桃江县2021年预算执行情况与2022年预算草案的报告，批准桃江县2022年县级预算；听取和审查桃江县人民代表大会常务委员会工作报告；听取和审查桃江县人民法院工作报告；听取和审查桃江县人民检察院工作报告；听取和审查关于县十七届人民代表大会第六次会议以来人大代表建议办理情况的报告；选举桃江县第十八届人民代表大会常务委员会主任、副主任、委员；选举桃江县人民政府县长、副县长；选举桃江县监察委员会主任；选举桃江县人民法院院长；选举桃江县人民检察院检察长；审查通过《桃江县第十八届人民代表大会第一次会议关于设立桃江县第十八届人民代表大会专门委员会的决定（草案）》，通过桃江县第十八届人民代表大会各专门委员会主任委员、副主任委员、委员名单（草案）；选举应由桃江县选举的第七届益阳市人民代表大会代表。

【县第十七届人民代表大会常务委员会第三十一次会议】 3月26日，在县党政大楼五楼会议室召开。县人大常委会主任符凤文，副主任王军华、吴小玲、张亮荣、彭习元、李仁高出席会议。县人民法院院长曹雪平，县人民检察院检察长万红美，县纪委常务副书记、县监察委员会副主任刘造军，县政府办主任胡雄武列席会议。会议通过第三十一次常委会会议议程（草案）；听取代表异动情况及补选代表的资格审查情况的报告；审议和通过《桃江县人大常委会二〇二一年工作要点（讨论稿）》；表决通过相关人事任免事项。

【县第十七届人民代表大会常务委员会第三十二次会议】 4月23日，在县党政大楼五楼会议室召开。县人大常委会主任符凤文，副主任王军华、吴小玲、张亮荣、彭习元、李仁高出席会议。会议表决通过益阳市公安局关于提请批准对县十七届人大代表王佐良采取刑事强制措施的报告。

【县第十七届人民代表大会常务委员会第三十三次会议】 5月25日，在县党政大楼五楼会议室召开。县人大常委会主任符凤文，副主任王军华、吴小玲、张亮荣、彭习元、李仁高出席会议。县人民法院院长曹雪平，县人民检察院检察长万红美，县纪委常务副书记、县监察委员会副主任刘造军，县政府办主任胡雄武列席会议。县委常委、常务副县长李丰，副县长王建国、武和全列席相关议题。会议通过第三十三次常委会会议议程（草案）；听取和审议关于提请重新确定全县乡镇新一届人大代表名额的议案、县人民政府关于2020年度全县环境状况和环境保护目标完成情况的报告、县人民政府关于国有资产管理情况的报告、县人民政府关于学前教育工作情况的报告。

【县第十七届人民代表大会常务委员会第三十四次会议】 6月15日，在县党政大楼五楼会议室召开。县人大常委会主任符凤文，副主任王军华、吴小玲、张亮荣、彭习元、李仁高出席会议。会议通过第三十四次常委会会议议程（草案）；听取和审议关于提请任命县乡两级选举委员会的议案。

【县第十七届人民代表大会常务委员会第三十五次会议】 7月27日，在县党政大楼五楼会议室召开。县人大常委会主任符凤文，副主任王军华、吴小玲、张亮荣、彭习元、李仁高出席会议。县人大常委会党组书记、第十八届人大常委会主任候选人提名人选伍令贤，县委常委、常务副县长李丰列席会议。会议通过第三十五次常委会会议议程（草案）；听取和审议关于2021年上半年国民经济和社会发展计划执行情况的报告、县人民政府关于全县医疗保障工作情况的报告；表决通过相关人事任免事项，决定任命周登高为桃江县人民政府副县长，并决定为代理县长。

【县第十七届人民代表大会常务委员会第三十六次会议】 9月16日，在县党政大楼五楼会议室召开。县人大常委会主任符凤文，副主任王军华、吴小玲、张亮荣、彭习元、李仁高出席会议。县领导赵立峰、刘造军、刘楚雄、赵勇、刘小阳，县级领导张克江、喻勇刚全程列席会议或列席相关议题。会议通过第三十六次常委会会议议程（草案）；听取和审议关于召开县第十八届人大第一次会议有关事项的议案、关于县第十八届人大代表资格审查情况的报告，听取和审议县人民政府关于桃江县2020年县级决算草案，审查和批准2020年县级决算，听取和审议县人民政府2021年上半年预算执行情况的报告、县人民政府关于桃江县2020年县级预算执行和其他财政收支审计工作报告、2021年县级预算调整方案（草案）、县人民政府关于竹产业融合发展情况的报告；听取和审议关于规范性文件备案审查工作情况的报告；表决通过相关人事任免事项。

【县第十七届人民代表大会常务委员会第三十七次会议】 10月11日，在县党政大楼五楼会议室召开。县人大常委会主任符凤文，副主任王军华、吴小玲、张亮荣、彭习元、李仁高出席会议。县领导赵立峰、刘造军、刘楚雄、赵勇、刘小阳，县级领导张克江、喻勇刚全程列席会议或列席相关议题。会议通过第三十七次常委会会议议程（草案）；审查和通过县第十八届人民代表大会第一次会议有关名单、决定（草案）；初审《县人大常委会工作报告（初审稿）》《桃江县2021年国民经济和社会发展计划执行情况和2022年计划（草案）的报告》《桃江县2021年预算执行情况和2022年预算（草案）的报告》和县人大民侨外委、监察司法委（法制委员会）、财经委、教科文卫委、环资委、农业农村委、社会建设委工作报告（初审稿）。

【县第十八届人民代表大会常务委员会第一次会议】 12月15日，在县党政大楼五楼会议室召开。县人大常委会主任伍令贤，副主任赵立峰、黄平、刘造军、刘楚雄、赵勇出席会议。县委常委、副县长胡志远，县人民法院院长张克江，县人民检察院检察长喻勇刚全程列席会议或列席相关议题。会议通过第一次常委会会议议程（草案）；学习《桃江县人民代表大会常务委员会议事规则》；听取和审议县第十七届人大六次会议以来代表建议督办情况的报告、2021年县级预算调整方案（草案）、审计查出问题整改情况的报告；表决通过相关人事任免事项。

【县第十七届人民代表大会常务委员会第48次至第57次主任会议】 2021年，县第十七届人民代表大会常务委员会召开主任会议10次，先后听取国有资产管理、政府债务化解、污染防治、创业就业、医疗保障、学前教育、竹产业融合发展、中医药发展、新侨和留学人员创新创业和政府性债务化解等工作情况等报告，以及全县创业与就业工作和中医药工作审议意见落实情况等报告。

【县第十八届人民代表大会常务委员会第1次至第3次主任会议】 2021年，县第十八届人民代表大会常务委员会召开主任会议3次，先后听取县第十七届人大六次会议以来代表建议督办情况、审计查出问题整改情况等报告。

桃江县人民政府

综　述

【概况】2021年，县人民政府团结带领广大党员干部群众，接续用力战疫情、谋发展、促改革、惠民生，经济社会平稳健康发展，开启“十四五”新征程。桃江县营商环境改善、“六大强农”行动、信访工作、根治拖欠农民工工资工作、“双创”示范基地创建等5项工作获得省人民政府真抓实干督查激励表彰奖励，22项工作获得市人民政府真抓实干督查激励表彰，实现历史性突破。全县实现生产总值301.94亿元，同比增长6.7%；规模工业增加值同比增长6.4%；完成地方一般公共预算收入8.9亿元，同比增长7.5%；固定资产投资同比增长5.7%；完成社会消费品零售总额123.2亿元，同比增长15%；全体居民人均可支配收入26898元，同比增长8.6%。

乡村振兴。脱贫攻坚成果更加稳固，未出现规模性返贫现象。桃花江竹海乡村振兴示范区、龙溪片乡村振兴示范区创建工作全面启动。桃江县成功申报省级现代农业产业园，成为全国畜牧业统计监测工作综合评估优秀生产监测县、省农产品质量安全县。生活垃圾分类减量工作经验在全市推介。马迹塘镇获批省级“竹业小镇”。桃江竹笋产品标准成为全国首个复水笋深加工产品团体标准。竹材科技获评农业产业化国家重点龙头企业。完成高标准农田建设4.2万亩，改造危桥28座，除险加固水库6座，治理资水重要河段及中小河流21.6公里，桃灰公路等大中修工程全面完工，农村基础设施更加完善。

经济运行。基本完成年初预期目标。金易仓储物流产业园等一批项目开工建设，新兴管件铸造产业园等一批项目建成投产。新增规模工业企业26家，国辰高科园获评全省电子信息类产业园区30强，桃江竹产业园成为省级特色产业园。桃花江旅游度假区等建成营业，张子清故居列入中国共产党成立百年湖南精品红色旅游路线，获评全国县域旅游发展潜力百佳县。成功举办农民丰收节，中国供销桃江农商城试运营。

发展动能。推行重点企业（项目）“全程代办”服务、涉企经营许可事项告知承诺制，重点项目审批提速80%以上。供销社综合改革入选湖南基层改革探索100例。培育高新技术企业17家、外贸“破零倍增”企业15家，新增创业实体5925家。完成立项争资38.2亿元，引进投资超过亿元项目8个、超过5000万元项目10个。总部基地实现税收3000万元。

宜居环境。中央第二轮环保督察交办的37个信访件全部办结，省、市“夏季攻势”“洞庭清波”任务全面完成，县城空气质量优良率排名全市前列，资江流域锑浓度、饮用水源水质持续达标。益阳西部垃圾焚烧发电厂建设进展顺利。金盆广场、桂花园小学人行天桥、居士巷棚改一期、6条道路雨污分流、9条道路建设等便民利民工程完成建设。“智慧渔政”全面建成，“智慧城管”“智慧交通”上线运行。电力“三型两网”建设全市领先，县城中心城区实现5G网络全覆盖。

社会事业。新增城镇就业5278

人。社会保险基金风险防控专项整治成效明显。新增养老床位100个，城乡低保、残疾人“两项补贴”等救助补贴提标发放到位。追回农民工被拖欠工资2418万元。全省困难残疾人家庭无障碍改造现场推进会在桃江召开。安置县城被拆迁群众地基3039间。石牛江镇芙蓉学校建成开学。基层基本医疗服务能力同质化提升工程试点经验全省推广。

综合治理。开展食品药品、道路交通、防溺水、消防等重点领域综合治理，安全生产集中整治三年行动成效明显。高度关注涉企涉老非法集资问题和政府债务风险，成功处置盛大金禧涉众风险，稳妥推进都好养老公寓集资处置、金沙重机重组等工作，巩固农商行脱困化险成果，守住金融安全底线。以税控联管为主体，新组建县财源办，推进财源建设，开展税收清理专项整治“百日行动”，全年实现税收协控联管工作成果1.8057亿元。健全扫黑除恶治乱长效机制，县综合指挥中心、“雪亮工程”高清治安视频监控投入使用，网格化治理初见成效。

（吴凤夫　刘　萍）

【18件27项重点民生实事通过验收】 2021年，完成并验收通过省市下达的18件27项重点民生实事，包括建成石牛江镇芙蓉学校、城市低保标准和救助水平提标、困难残疾人生活补贴和重度残疾人护理补贴提标、建设特困供养服务床位100张、实现城镇新增就业5200人、政府补贴性职业技能培训3200人、建设农村公路安防设施100公里、农村公路提质改造38公里、全面提升农村通信网络、乡村“雪亮工程”建设安防设备、实施困难残疾人家庭无障碍改造203户、康复救助残疾儿童84人、推进中医药服务基层全覆盖、办理法律援助案件270件、孕产妇免费产前筛查4400人次、农村适龄妇女和城镇低保适龄妇女“两癌”免费检查1.5万人、开工建设城镇老旧小区4个、改建新建农村户用厕所1.5万个、完成10千伏及以下行政村配电网改造工程完成投资2000万元。其中芙蓉学校建设、改建新建农村户用厕所、特困供养服务床位建设获得省市好评，困难残疾人家庭无障碍改造项目获中国残联党组成员、副理事长相自成肯定。

（吴凤夫　刘　萍）

【“放管服”改革持续深化】 根据国家及省、市关于进一步做好“放管服”改革有关工作的意见要求，全县下放乡镇权责清单248项。向社会公示直接面对公民、法人和其他组织实施的4418项行政职权。政务大厅设立24小时自助便民服务专区。“一件事一次办”微信小程序注册用户133517人，注册率19.85%，位列全省第25名，居全市第一名，办理事项388975件，整体提速97.68%。政务一体化平台延伸至镇、村，并在全市率先延伸至乡镇卫生院、乡镇中心学校，制作69个电子印章并在全市率先备案启用，全年累计办件76万余件。向省一体化平台汇聚数据748426个，及时率、准确率均达100%。整合“12345”“12315”“12369”等政务热线，统一管理“119”应急救援热线，并与“110”“120”“122”等紧急热线实现联动，所有热线归并设置在县综合指挥中心，全年共接热线电话10305个，热线件5808件，按期办结率100%，满意率97.79%。《桃江县倾心打造政务服务“三四五”管理法》和《桃江县打造“三个一”数字政务建成全省一流的县级综合指挥体系》典型经验在全省推广。“放管服”和“一件事一次办”改革工作获市人民政府真抓实干督查激励表彰奖励。

（吴凤夫　刘　萍）

政府日常事务

【概况】 2021年，县政府办公室（县行政审批服务局、县人民政府金融工作办公室）主要负责保障县政府的正常运转，协助县政府领导开展工作，做好参谋辅政、综合协调、督促落实等方面的工作，同时承担“放管服”改革、金融服务管理、处非工作、财源建设（税控联管）等专项任务。

服务大局。围绕乡村振兴、疫情防控、产业发展、项目建设、污染防治与生态环境保护、民生改善、统筹发展与安全等工作，组织或参与各类专题协调会议近200次，解决各类问题200多个。新冠肺炎疫情防控成效明显，未出现感染病例；牵头推进省市真抓实干督查激励事项落实，桃江县获省、市政府真抓实干表彰奖励5项、16项。建立并完善重点项目、重点工作等督查督办工作机制，通过综合督查、专项督查、亮点通报等多种方式，全面督查重点项目建设、重点工作情况，提升督查时效。围绕领导批示件、会议精神落实以及疫情防控、污染防治、防溺水等重点工作开展综合性督查督办10余次。

以文辅政。发挥县政府“核心智库”作用，抓好综合文稿起草，组织开展调查研究，编印上报政务信息，为领导提供科学决策参考。结合桃江“一县一特”笋竹产业，组织开展专题调研，形成《全县发展林业碳汇的调查与思考》调研报告，得到县政府主要领导的肯定，启动林业碳汇工作纳入县政府工作报告。全年完成领导讲话、重要汇报等文稿400多篇，形成各类调研报告14篇，编印《桃江经济》9期，在省级刊物发表领导署名文章3篇，上报典型材料10余篇、政务信息270多条，政务信息报送工作位居全市前列。创新实施上级来文分线批办督办机制，做到严谨规范、即批即办、急批急办。严把文件起草、审核、发送、时效关，持续推进“精文减会”，全年收发上级文件1973件，办理下行文件830件，会议服务90余次，县政府和县政府办下发的文件数量同比减少22%。

政务服务。协调推进政务公开、放管服结合工作，围绕简政放权、“一件事一次办”、营商环境优化等重点工作，推进放管服改革工作，营商环境明显改善，在全省优化营商环境第三方评估中排名前列，全县营商环境优化工作获省政府真抓实干督查激励表彰。创新行政审批管理服务手段，在入学前期，增设新生入学“一件事一次办”专窗，为4000余名新生解决入学问题。桃江县政务服务管理办法入选省政务服务管理工作经验，并在全省推广。创新银企合作模式，全年发放贷款59.09亿元。

民生事业。牵头落实省、市重点民生实事，获得市政府真抓实干督查激励。2021年办结人大代表建议69件、政协委员提案49件，实现办结率、满意率、回复率“3个100%”。加强县长热线办理，全年接听群众来电8000余个，办结率100%，满意率95%。全面加强党的建设，落实从严治党主体责任，抓好意识形态责任制落实，队伍建设进一步加强。全年上报应急信息134期，发送通知信息3073条，未发生应急信息漏报迟报、通知发放不到位等情况。（吴凤夫　刘　萍）

【防范非法集资知识宣讲】 6月15日，县处非办联合住建、市监、民政、教育等14个部门以及各金融机构，在县城新龙超市附近开展防范非法集资知识宣讲活动，引导群众远离非法集资。活动现场发放宣传手册3000余份，接待咨询群众100余人。（吴凤夫　刘　萍）

【文晓燕获东京残奥会3枚金牌】 8月14日，第16届夏季残疾人奥林匹克运动会在东京开幕。桃江籍运动员文晓燕分别以26秒58毫秒、13.00秒、5米13毫秒的成绩在女子200米T37级、田径女子100米T37级、跳远T37级决赛中夺得金牌，其中前两项打破世界纪录，成为该届残奥会湖南省夺得金牌最多的运动员。9月，文晓燕被共青团中央、全国青联授予“中国青年五四奖章”。（吴凤夫　刘　萍）

【桃江上榜“2021年全国县域旅游发展潜力百佳县”】 7月19日，第三届全国县域旅游研究成果《全国县域旅游研究报告2021》暨“2021年全国县域旅游综合实力百强县”“2021年全国县域旅游发展潜力百佳县”名单发布，桃江县荣登“2021年全国县域旅游发展潜力百佳县”名单第59名。（吴凤夫　刘　萍）

【全国“十四五”重度残疾人家庭无障碍改造现场会】 12月9日，全国“十四五”困难重度残疾人家庭无障碍改造部署推进现场会在桃江召开，中国残联党组成员、副理事长相自成，中国残联维权部主任周建，全国各地方残联负责人，市人民政府党组成员乐运成，市人民政府副秘书长刘科华，县委书记向荣，县委常委、副县长胡志远以及市县残联负责人参加会议。与会人员分组到赵雪生等五户残疾人家中，听讲解、看现场、与残疾人交谈，了解困难重度残疾人家庭与个人情况、家庭无障碍改造需求、改造效果。相自成

▲5月9日，第十二届中国卫星导航年会“北斗杯”全国青少年体育大赛北斗智慧定向赛在桃江举行（莫　睿／摄）

对桃江困难重度残疾人家庭无障碍改造工作表示肯定。

（吴凤夫　刘　萍）

【北斗智慧定向赛在桃江开赛】 5月9日，“北斗杯”全国青少年体育大赛北斗智慧定向赛在桃江竹海旅游度假区开赛。本次比赛由国家体育总局青少年体育司、中国卫星导航系统管理办公室指导与支持，全国体育运动学校联合会、中国卫星导航系统管理办公室学术交流中心主办，益阳市文化旅游广电体育局、桃江县人民政府、全国体育运动学校联合会科技体育分会承办。850余名来自不同学校的中小学生以及家庭亲子组合参赛，参赛选手使用装载“北斗”导航系统的手机，按照设计的竞赛线路，按顺序精准到访检查点。赛途设置闯关任务，包括北斗知识问答、中国共产党成立100周年知识问答、“我为桃江代言”、体能运动挑战等。

（吴凤夫　刘　萍）

信访工作

【概况】 2021年，信访局围绕社会和谐稳定，服务县委和政府工作重点，聚焦群众切身利益，履行信访工作职责，成功创建省级信访工作“三无”（无重复上访、无集体上访、无信访积案）县，获省真抓实干奖励。

来信来访网信。2021年，全县各级来访745批次1271人次，其中到县上访543批次986人次，到市上访12批次69人次，到省上访159批次185人次，收到群众来信211件，收到网上投诉件394件，均已按期办结。

省级“人民满意窗口”创建工作。1月，县委、县人民政府人民来访接待室、县群众来访接待中心创建为省级信访工作“人民满意窗口”。接待中心内设信访登记窗口、涉法涉诉信访接待窗口、纪检监察信访窗口、部门联合接谈窗口、妇女儿童维权信访接待室、心理咨询室、律师咨询室，是全省面积最大的县级接访大厅。接待中心落实领导干部接访下访、领导包案、县级领导周一信访接待日等制度，推行责任督办催办制度，规范信访事项受理流程。

积案化解。着力化解信访积案。按照省、市信访联席办关于信访积案“百日攻坚”专项行动的总体要求和安排，部署全县信访积案“百日攻坚”行动，4月8日，召开全县信访工作暨信访积案“百日攻坚”行动动员会议，县委常委、县委政法委书记伍令贤，县人民政府副县长、公安局局长郭清平出席会议，会议部署安排下阶段信访工作和信访积案“百日攻坚”行动。会后，中央联席办交办第一批66件信访积案化解率100%，回流率为0，居全省各区县第一；12月底，中央联席办交办第二批22件积案已化解10件。县领导接访交办件30件，化解28件；县联席办交办督办件和上级交办、督办件57件全部化解；县信访局转送件涉及的226件信访个案，化解201件。

信访联席会议。联席会议共同研究解决重点难点问题，形成信访联治、矛盾联调、工作联动的工作格局。协调处理重要信访事项22起，通过信访联席会议组织召开接谈会和协调会16次，每起案件均组织相关单位会商，与信访人沟通，得到妥善化解。

责任督办催办。督导检查交办的重点信访事项、领导批办案件及市、县领导包案件办理情况，对所有重点信访案件，以案件性质、信访人所在地等为主要依据，明确责任领导和责任人，规定办结时限，督促办理，按时办结信访案件；对上访较多的村（社区），及时提示乡镇党委书记，对涉及多部门、乡镇的信访事项，电话联系督促处理15次，下发交办件10起。

信访法治宣传。5月27日，在全县布置开展信访法治宣传活动，县乡两级联动，通过展示宣传展板、悬挂横幅、张贴宣传标语及发放宣传资料等方式，推动全县上下形成依法办事的浓厚氛围，落实“谁执法谁普法”责任，把法治宣传、道德教化、关心关爱、帮扶救助贯穿信访工作全过程，引导群众依法理性表达诉求，推进更高水平的法治信访。（温晶晶）

【管鸿飞调研“人民满意窗口”创建工作】 1月11日，省信访局接访二处副处长管鸿飞一行到桃江检查验收“人民满意窗口”创建工作。市政府副秘书长、市信访局局长张志明，县委常委、政法委书记伍令贤陪同检查。检查组实地查看新建成投入使用的县人民来访接待中心，了解接访大厅投入使用以来的运行情况。（温晶晶）

【全县信访工作表彰会议】 3月31日，县委县政府召开全县信访工作表彰会议，表彰奖励2020年度6个“三无乡镇”、79个“无信访村（社区）”、4个信访工作进步村及47名

▲1月11日，省信访局接访二处副处长管鸿飞（右排二）一行在桃江调研（温晶晶／摄）

优秀调解员，总奖金达241.1万元，以此推进全县“三无乡镇”“无信访村（社区）”创建工作。

（温晶晶）

【全县信访工作联席会议暨调度工作会议】5月31日，全县第二次信访工作联席会议暨中国共产党成立100周年信访维稳工作调度会议在党政附属楼三楼召开，县委常委、县委政法委书记伍令贤，县人民政府副县长、公安局局长郭清平出席会议。会议分析信访形势，研究部署中国共产党成立100周年活动期间全县信访工作。（温晶晶）

【张值恒到桃江包案下访处理信访问题】6月22日，市委副书记、市长张值恒到桃江下访处理桃江9家再生纸厂信访问题，市政府秘书长胡康平一同下访。张值恒向县政府和相关单位负责人了解情况，听取解决办法和意见，要求县委、县政府担负起主体责任，进一步核查核准信访当事人的诉求，找准症结，拿出举措，依法依规抓好信访案件化解。（温晶晶）

数据资源服务

【概况】2021年，县数据资源服务中心推进智慧桃江项目建设，督促桃江智城抓好建成项目的运营维护。推广应用全县视频会议系统、电子公文系统、智慧政务一体化平台、视频整合平台、智慧网格平台、“我的桃江”App，实现线上线下相结合，全面提升社会治理能力。县数据资源服务中心团支部获评“湖南省五四红旗团支部”。

项目建设。2021年，完成雪亮工程、数字城管、智慧政务、综合指挥中心、电子政务外网、云数据中心、互联网+社区（乡村“雪亮工程”）7个项目建设，在建的智慧交通、平安城市提升、智慧旅游、公共基础数据库、运营管理平台5个项目进展顺利。加强宣传推介，编印《智慧桃江项目月报》12期，组织宣传报道30余次，宣传推介智慧桃江建设成果，其中《湖南积极探索“互联网+社区”模式 提升社会治理水平》《桃江县倾心打造政务服务“三四五”管理法》《建设综合指挥体系实现基层社会治理现代化》3篇文章分别被中共中央办公厅《网信动态》、湖南省《政务管理服务工作》《益阳改革简报》采用。

智慧应用。乡村“雪亮工程”项目建设全面竣工，一类户外监控点位全部上线。建成益阳市首个云数据中心并投入使用，云数据中心防护等级达到国家三级等保要求。出台湖南省首个县级《政务数据资源管理办法》，益阳市首个县级《政务信息化项目建设管理办法》，完成68个重点部门的数据系统调研摸底，编制5183个目录，开发数据共享交换与采集平台，网格化管理平台归集人口、房屋等基础数据200万条。新建和改造1个交警指挥中心、2座交通气象监测站、八大交警业务平台、17个骨干路口交通设备，全县交通拥堵率降低，实现远程智能控制调度。建成3个县级主会场和15个乡镇分会场，县乡两级利用政务视频会议系统召开视频会议20余次。

技术保障。开展党政大楼、附属楼IT运维728次、政务外网运维163余次。加大延伸服务覆盖面，利用电子政务外网提升工程项目覆盖151个学校、29所医院的电子政务外网，改造骨干带宽达1000M的政务外网链路，电子政务外网覆盖全县323个单位。完成综治网格化平台功能升级和验收，在浮邱山乡、石牛江镇进行网格化试点。协助部分单位搭建虚拟专网、视频会议专网。协助乡镇完成疫苗数据比对100万余条。与县网信办、县公安局网安大队联合开展全县信息机房、网络设备安全检查。整改县委各部办委平台服务器。完成县直部门、单位“互联网＋监管”平台的账号分配及技术指导，平台人员注册1392名，实现目录清单梳理100%，行政检查实施清单填报100%，录入监管行为5235条，数据准确率100%。会同县纪委监委推进“互联网＋监督”建设，做好平台的日常管理与维护，处理技术类问题300余次。

指挥调度。县综合指挥中心整合县长热线、数字城管、县长信箱、综治网格、网小格等平台功能，归并县应急指挥调度中心、县网格化指挥中心、县综治指挥中心、县长热线办、县公安警务指挥中心等职能。以劳务派遣方式公开考聘17名座席员，24小时受理和处置群众咨询诉求。受理群众咨询、投诉、求援事件39358件，其中接听热线电话10620个，受理热线件5968件，按期办结率100%；县长信箱来信215件，回复率100%；数字城管受理事件21860件，办结率99.97%；收到并处理问政湖南信件68封；县应急（消防）救援指挥中心共接处警627起，出动车辆1267台次，出动队员6371人。编发通报15期。《创新综合指挥体系 实现基层治理现代化》被省、市内刊专题推介。3月，全市县长热线现场会在桃江召开，推介桃江县综合指挥中心建设经验。中心接待上级领导、县内外单位参观考察学习30余批次。

（李会龙　符蓓婧）

【“互联网＋政务服务”项目竣工验收】 1月14日，智慧桃江建设PPP项目“互联网＋政务服务”子项目通过竣工验收。2019年7月，启动项目建设，总投资2451万元，由湖南邮电设计院深化设计、桃江智城联合信息科技有限公司建设。该项目是以政务服务事项梳理、一体化平台、镇级政务服务大厅视频监控、公文分发签收系统升级、覆盖15个乡镇的视频会议系统建设等内容为基础，通过开发相应的软件功能模块，打通相关业务部门数据，以实现政务服务事项的实时发布、动态管理。（李会龙　符蓓婧）

【县综合指挥中心竣工验收】 6月29日，智慧桃江建设PPP项目综合指挥中心子项目通过竣工验收，这是益阳市首家县级综合指挥中心。2019年12月，项目动工建设，总投资2862万元，由湖南邮电设计院设计、桃江智城联合信息科技有限公司建设。综合指挥中心设数据机房、指挥中心、决策会商室和贵宾接待室。（李会龙　符蓓婧）

▲6月29日，县综合指挥中心项目竣工验收会议召开（詹　薇/摄）

【云数据中心竣工验收】 12月30日，智慧桃江建设PPP项目云数据中心子项目通过竣工验收。2021年5月，项目动工建设，总投资2324万元，由湖南邮电设计院设计、桃江智城联合信息科技有限公司建设。建设面积600多平方米，分为主用机房和备用机房两个区域，采用模块化整体机柜搭建，设计可容纳142个机架，本期建设启用3个通道共86个机架，是全市首个县级云计算能力中心。（李会龙　符蓓婧）

【电子政务外网提升项目竣工验收】 12月23日，智慧桃江建设PPP项目教育城域网建设工程及电子政务外网提升项目通过竣工验收。2020年4月，项目动工建设，总投资1927万元，由湖南邮电设计院设计、桃江智城联合信息科技有限公司建设。电子政务外网的竣工实现全县网络扩面提速，接入单位由110个增至550个，覆盖全县各乡镇、部门、村（社区）、学校和医院，带宽增至1000Mbps。（李会龙　符蓓婧）

【《县政务信息化项目建设管理办法》出台】 12月1日，县人民政府第13次常务会议研究通过《桃江县政务信息化项目建设管理办法》，是益阳市第一份县级政务信息化项目建设管理规范文件。包含目标和依据、定义、管理原则、职责规定、项目申报、项目实施管理、项目验收管理、项目运维和绩效管理、项目监督管理等方面。（李会龙　符蓓婧）

机关事务服务

【概况】 2021年，县机关事务服务中心以创新、务实、担当、争先的工作作风，做好机关后勤服务保障工作，在疫情防控、大院物业、公车平台和机关食堂管理等方面，做到服务精细化，管理规范化，保障标准化。全年完成大小维修改造613次，开展“文明健康始于心”“低碳环保践于行”“绿色家园齐守护”“增添文明底色,创享健康生活”等活动，建成国家级节约型机关。

后勤保障。更换8名保安，1名保洁人员。更换升级党政大院的监控系统。在大院大门口设立防撞隔离墩，添置钢盔、钢手叉、钢脚叉，防爆手电、催泪喷雾剂等防恐防爆设备。改造修复党政大楼门厅和电子显示屏。粉刷装修党政大楼三楼政协办和七楼县委组织部办公区域以及公共区域。更换党政大楼五楼县委常委会议室和小会议室地毯，更换县委常委会议室话筒和部分电子设备。更换交流楼老化电源线路、开关、插座与灯具等。清理县委交流楼的枯亡树木，消除房屋漏水隐患。清理党政大院与县委交流楼的葛藨、杂树、毛草，全年集中除草18次，绿化修剪12次，防病杀虫8次，苗木补种5次。在党政大院设立单车、摩托车专用充电桩。

公车管理。3月8日，县机关事务服务中心印发《桃江县公务用车服务平台驾驶员绩效考核办法（试行）》和《桃江县公务用车服务平台驾驶员文明服务规范》。编发《桃江县公务用车服务平台驾驶员绩效考核督查通报》10期，每季度组织司机开展1次安全培训，绷紧安全行车的弦，树立安全行车观念，每周回访用车单位和用车人，并进行评分。坚持社会化服务，确定3家社会租车公司、3家车辆维修公司、3家车辆保险公司。更换5台车况不良、不适应公务保障的车辆。完成第一批车改未涉单位共计66台车辆信息统计，录入湖南省公务用车信息化管理平台。

▲7月24日，公务车辆安全教育培训班开班（殷亦霞/摄）

食堂管理。县机关事务服务中心出台《县委县政府机关食堂工作考核办法》，不定期督查考核食堂卫生环境、从业人员健康证明、食品原材料进货采购流程等情况，定期组织党政大院干部职工测评食堂的菜肴质量、服务质量、环境卫生等方面的满意度，就餐人员对机关食堂服务满意度为90.4%。根据干部职工的反馈意见，2021年更换食堂厨师。

会务管理。全年召开会议289次，其中附属楼会议室召开会议105次。更换电视电话会议室和附属楼会议室话筒、调音台和视频处理器。（卢惠兰）

【消防培训】 3月9日，县机关事务服务中心邀请湖南全民消防知识宣传中心教官王奇，给驻党政大院相关单位综治专干讲授消防安全知识，提高机关干部职工消防安全意识与预防处置能力。（卢惠兰）

【展览活动】 3月15日至4月2日，县机关事务服务中心举办《缅怀戍边英雄 传承红色基因》事迹展览活动，在机关干部职工心中植入红色基因，坚定崇高理想信念，传承先烈革命精神，涵养为民为公情怀，增强自身的责任感和使命感。

（卢惠兰）

【驾驶员培训】 7月24日，县机关事务服务中心邀请县交警大队教员给公车平台60名司勤人员开展公务车辆安全教育培训，培训采用“以案说法、学用结合”的方式，结合公车运行存在的安全问题、督查发现的安全隐患以及交通事故案例警示片，讲授安全行车、文明驾驶知识，进一步提升驾驶员交通安全意识责任意识，养成安全行车、文明驾驶习惯。（卢惠兰）

【车辆管控】 11月30日，在党政大院正门和侧门安装车牌智能识别管理系统，完成全县干部职工2933台车辆信息的录入登记工作，进一步加强大院进出车辆的管控。

（卢惠兰）

政务服务

【概况】2021年，县政务服务中心深化“放管服”改革、推进“一件事一次办”，强化基层便民服务功能，加强政务管理服务，推动营商环境优化，获“2020届省级文明单位”“第七届湖南省‘人民满意的公务员集体’”“第20届全国青年文明号”等称号。

▲12月，县政务服务中心获第七届湖南省“人民满意的公务员集体”称号，汤湘贤（右一）上台领奖（县政务中心供图）

政务服务环境。政务大厅内外实行保安保洁全班值守，各功能服务区设置导向牌和标识牌，添置充电桩、婴幼儿推车、急救包、雨伞、老花镜等日常便民用品，张贴反映社会主义核心价值观、传递时代文明的各类标语，设置健康卫生、文明创建、先进典型事迹等宣传教育专栏，安排志愿服务者开展禁烟劝导、业务引导等服务。建设母婴室、室外吸烟区、摩托车停车棚、无障碍设备设施等便民服务区，升级改造建成24小时自助服务区，设立人脸识别身份证刷卡门禁系统，实现征信证明、不动产检索证明、交通违章处置、营业执照打印等数个高频事项自助办理。根据群众意见，区分低、中、高频办事窗口，及时调整窗口布局，对民政“520”结婚登记高峰等特殊时期的业务办理，采取提前部署、全程引导、现场指导等措施，确保高效有序。

基层服务功能。明确归口乡镇党群和政务服务中心办理的依申请类行政权力事项和公共服务事项目录，确立下沉至村（社区）第一、第二批事项50项，建立事项动态管理机制，设置统一模板，对乡镇、村级办理事项的名称、类型、时限、条件、流程、材料等进行标准化梳理，编制办事指南。推行无差别受理，乡镇党群和政务服务中心综合服务窗口、村民服务中心综合服务窗口均可受理本窗口职责范围内的任意事项；推行一支笔审批，构建审批服务与技术审查、审批监管相分离的审批机制，除部门派驻机构办理事项外，其余事项均由党群和政务服务中心分管领导统一审批。统一建立并实施窗口工作人员行为规范和一次性告知、首问负责、服务承诺、投诉处理、档案归档、服务评价等系列制度。将视频监控系统分别连接到政务大厅各窗口、交警分厅和各乡镇政务大厅，监管通道直达县纪委，各乡镇通过网格化管理平台延伸至各村（社区）便民服务大厅，实现县对乡、乡对村纪律作风、办事服务的可视化监管。将乡镇党群和政务服务中心的运行管理情况纳入政务服务季度、年度考核范畴，严格考核奖惩兑现。

简政放权。在一体化平台配置老年证、生育证、公共场所卫生许可证、林木采伐许可证、出版物零售许可证等68个常用证照，并通过密钥管理启用电子签章，解决综合受理与办结出证多头跑等问题。因地制宜差异赋权，确定县经济开发区首批赋权事项29项、正在赋权事项55项及省经济发达镇灰山港镇248项、其余乡镇188项。组织现场推进会，开展业务培训，巩固提升乡镇（园区）的承接能力。2021年组织召开全县性现场推进会1次，分3批次组织乡镇业务人员到县政务大厅跟班学习，到各村开展业务指导和培训1次，选取生育证、农村宅基地审批、林木采伐许可证等高频事项，采取竞争评比办法，鼓励乡镇申领试点，大栗港镇率先实现生育证村级办理全覆盖，高桥镇率先推行林木采伐许可证村级办理，灰山港镇成功办出首张不动产权证，石牛江镇率先探索家庭农场认定初审村级办理，总结推广各乡镇办理经验，做到成熟一项、落地一项。在全市率先将公安、市监进驻到乡镇政务大厅。

“一件事一次办”改革。严格践行省政府“一件事一次办”服务规范，设立“一件事一次办”综合服务区，在全市率先探索确立“我要开洗车行”等8个事项推行“一张表单”，精细化打造“入学一件事”“出生一件事”“身后一件事”等关乎民生的高频套餐事项。7月发布《关于推进县城义务教育新生入学“一件事一次办”改革的通告》，该举措由县政府办牵头，桃花江镇、教育、住保、人社、不动产、中心校等单位多次调研会商，通过减材料、减环节、优流程，实现新生入学报名“一站式”“一次跑”集中办理，增设新生入学“一件事一次办”专窗，县教育局、县政务中心安排专人接受群众关于县城义务教育新生入学政策的咨询答复，并对网上报名操作提供指导、帮办服务。精简8项原需提供的材料，安排专人指导群众网上报名操作，为4000余名新生入学报名提供便利；制定“出生一件事”“身后一件事”改革实施方案，将受理端口分别前移至各医疗助产机构和各乡镇党群和政务服务中心，建立事项申请一张表单，实现一次办理。同时，将车购税办理迁移至交警分厅，探索老年证、生育证等高频事项县域内通办。全年办理“一件事一次办”事项305241件，实际办理时限比承诺时限提速54.3%。强化帮办代办服务。在县政务大厅设置志愿服务站、多个帮代办服务窗口，建立重点项目全程代办员队伍，选取81名乡镇、部门干部充当代办员，为“桃李天下”等17个重点项目提供帮代办服务，助推县经开区完成新开工项目22个、新投产项目19个。（吴灿平）

【“互联网+政务服务”一体化平台业务培训】 3月22日至4月9日，组织全县15个乡镇党群和政务服务中心50多人分3批次进行“互联网+政务服务”一体化平台业务培训。培训采取“点菜式”方式进行，乡镇窗口工作人员到县政务大厅进行“一对一”业务培训。提高了基层政务服务人员业务办理平台操作水平和服务能力，全县镇村实现“小事不出村、大事不出乡、就近跑一次”的目标。（吴灿平）

【绥宁县行政审批服务局到桃江考察学习】 6月28日至29日，绥宁县行政审批服务局党组书记曾礼祥一行到桃江考察学习“放管服”改革工作。考察组到大栗港镇党群和政务服务中心、大栗港社区等地，考察基层公共服务“一门式”全覆盖工作。29日，实地参观桃江综合指挥中心、政务服务大厅，听取桃江“放管服”改革工作情况介绍。考察组对桃江基层政务服务规范化建设管理表示赞赏。双方还围绕政府信息公开、综合窗口运转、窗口服务绩效管理等方面进行交流。（吴灿平）

【省政务服务交叉检查组到桃江检查】 9月15日，省政务服务交叉检查组到桃江检查政务服务大厅运行管理情况，市政府办、市行政审批服务局相关人员陪同。检查组一行通过现场勘查、线上体验、查阅资料、调阅案卷、座谈交流等方式，对桃江县政务服务大厅运行管理情况逐项检查。随后，检查组一行现场检查桃江县综合指挥中心和桃花江镇党群和政务服务中心。检查组高度肯定桃江政务服务工作。（吴灿平）

应急管理

【概况】 2021年，全县未发生较大森林火灾和火灾亡人事故，生产安全和非生产安全事故大幅下降，全年事故起数与死亡人数下降率均居全市第二，应急能力建设受到省应急管理厅通报表彰，全国第一次自然灾害综合风险普查任务完成情况居全市第一，被省厅推荐上报为全国先进典型。

安全生产。强化宣传教育培训。在县电视台设置专栏，对各行各业的隐患进行曝光，开展安全常识巡回宣讲活动，在全县中小学校开展防溺水讲座16次。组织全县企业进行安全生产常识培训3天，组织全县工贸企业主要负责人和安全管理人员300多人进行安全生产培训，运用村村通广播宣传安全生产常识、森林防灭火、防汛、防溺水。制定《桃江县安全风险和事故隐患排查治理工作办法》，组织矿山工贸行业专家、危险化学品行业专家会诊3次，开展安全隐患排查整改。组织开展道路交通、校车、燃气液化气、电力安全、消防安全、非煤矿山、危险化学品、烟花爆竹等重点行业领域的专项整治行动15次。经过集中整治，道路交通事故月均下降60%，规划11处社会公益性游泳池建设，建立学校统一组织游泳训练制度，全县未成年人溺水死亡率同比下降77%。

应急职能。推进应急指挥体系建设。组建蓝天救援队、水上救援队和15支乡镇综合应急救援队伍，明确村辅警为应急专干，安全宣传纳入网格员的工作职责，县、乡镇、村（社区）、网格员四级应急管理工作体系初步形成。

资源整合。实现指挥调度“一屏统筹、一键指挥”。建成应急（消防）指挥中心，接入乡镇、消防车载视频等10余个视频监控系统，指挥中心实时掌握各类救援队开展应急救援行动动态。紧急信息报送全部归口应急（消防）指挥中心，处理森林火灾等各类突发事件10余起，没有出现森林火灾导致的人员伤亡事故。

风险防控。建立全县灾害天气自动气象监测系统和气象灾害预警信息平台，发布自然灾害风险联合预警70余期。启动桃江县第一次全国自然灾害综合风险普查，完成应急、地震系统风险普查，通过市级质检。森林火灾同比下降25%，无较大以上火灾事故，无人员伤亡。紧急转移安置2658人，落实省级救灾资金200万元，占全市的50%。（陈　蓉）

【安全生产行政执法培训】 5月20日，县应急管理局组织召开全县安全生产行政执法培训会议。各乡镇应急办主任、执法人员60余人参加培训会议。培训的主要内容是简易程序办理、行政执法证据收集与制作，会议还学习《安全生产执法手册》《湖南省安全生产行测处罚裁量权基准》《安全生产执法程序规定》。培训授课6课时，发放执法资料100余份。（殷周喜）

【张兴凯到桃江调研】 9月8日，全国政协常委、中国安科院院长张兴凯到桃江调研农村安全生产工作，县委常委、常务副县长李丰，县委常委、副县长胡志远，县政协副主席胡喜明陪同。张兴凯指出，要加强食品行业领域的危险源、安全风险和事故隐患排查力度，着力解决安全生产数据信息不系统，不完整，不全面的问题。要加强农村安全生产工作，建立农村人员集聚场所安全风险监测信息平台，加强农村安全能力建设。（符茂麟）

【消防知识宣传】 2021年，全县出动宣传车200余次，制作消防知识宣传展板606块，在村、社区挂、张贴消防宣传画和提示标语100余张，发送手机短信消防安全提示7000余条，发放宣传资料1万余份。开展定点宣传48场，开展进社区进农村进家庭活动37次。全县建成3个二级消防站、12个三级消防站，建成全市首个小型消防救援站。（陈　蓉）

【龚伟兵调研桃江森林防灭火工作】 7月21日，省森防办主任、省应急管理厅副厅长龚伟兵到桃江调研森林防火灭火工作，市森防办主任、市应急管理局副局长谭文辉，县委常委、常务副县长李丰陪同调研。县应急管理局、县林业局等6个部门负责人汇报森防火工作。龚伟兵肯定桃江森林防火灭火工作，并对桃江森林防火灭火工作提出具体指导意见。随后，调研组到松木塘镇实地查看乡镇森林防灭火工作情况，了解应急物资综合储备库情况。（符茂麟）

消防救援

【概况】 2021年，县消防救援大队根据省、市、县安全生产工作部署，落实各项消防安全措施，针对9类突出风险，开展13类重点场所消防安全专项整治。在全县开展以“关注消防，生命至上”为主题的消防宣传，不断完善火灾防控体系，完成各项工作任务。

灭火救援。全年大队指挥中心接处警575起（其中调度乡镇专职队出动207起），其中火灾341起、抢险救援131起、社会救助86起、公务执勤17起，出动车辆1406辆次（含乡镇207辆次），出动警力7139人次（含乡镇1184人次），抢救疏散被困人员79人，挽救财产价值8000余万元。

监督执法。开展消防安全专项整治，检查单位641家，发现火灾隐患992处，督促整改火灾隐患980处，重大火灾隐患单位立案10家、督促整改6家。开展大型商业综合体、高层建筑、“多合一”场所、异地扶贫搬迁安置点、“高考”食宿场所专项整治行动，消除火灾隐患。4月28日，出台《桃江县消防车通道联合执法机制》，6月8日，县政府下发《桃江县2021年消防安全专项整治三年行动重点任务明细表》，分解2021年重点任务，确保各项工作的落实。将“双随机、一公开”监督情况纳入每月、每季度通报内容。

队伍建设。2021年，开展想定作业、重点单位熟悉演练以及指挥中心桌面推演22次，开展“冬训”“全员岗位大练兵”“夏训”活动，提升应急救援能力，6月，在支队全员岗位大练兵体能运动会上获团体第三名。开展熟悉演练100余次，修订完善重点单位预案33份，制作卡片式预案20余份，制定重要活动场所应急预案5份；排查、登记、更新市政消火栓，排查消火栓960余具次，新增消火栓63具。新购置乡镇消防车4台，所有乡镇政府专职消防队均基本达到“六有”（有班子、有机制、有队伍、有预案、有物资、有培训演练）和“三统一”（统一指挥、统一值守、统一救援）建队标准。开展3次乡镇专（兼）职消防队员集中培训和1次比武竞赛活动，提升乡镇消防救援队员的应急处置能力。

消防建设。2021年，县消防救

援大队与县应急管理局联合试点建设大队级应急救援指挥中心，统筹全县应急救援力量，乡镇队先行、县级消防队主战、村级联动力量后援的县乡村三级联动应急救援局面基本形成。投入16.5万元，完善经济开发区消防站建设；投入12.6万元，建设桃花江站训练恢复室、烘干房；投入56万元，新建桃花江站足球场，改造篮球场。

宣传教育。大队在“3·15”国际消费者权益日、“5·12”全国防灾减灾日、安全生产月、“119”宣传月开展消防宣传活动，在重点单位、社区、行政村张贴消防安全知识挂图，讲解消防法律法规知识，发放消防安全资料。全年开展消防安全集中培训149次，上门指导2577次，培训人员1.1万人，发放资料3.2万余份，4.5万余人接受消防安全教育。（邹　莹）

【乱石滩救援】1月11日下午4点2分，县消防救援大队接到报警，因上游电站开闸放水，资水桃江“乱石滩”段河水突涨，有人被围困在河中裸露的石头上，请求施救。接到报警后，大队紧急出动12名消防队员和1台抢险救援车、1台通信车、1台皮卡车和3艘橡皮艇赶赴事发现场。经指挥员现场侦察发现，河水湍急的乱石中央，离河岸40～50米以外的几块大石头上有三男五女共8名游客，其中2名女游客有明显体力不支现象，如果不立即营救，极有可能会被湍急的河水冲走。经过紧张营救，8名游客被成功转移至安全地带。（邹　莹）

【乡镇应急救援培训班开班】1月19日，县乡镇综合应急救援队伍（专职消防救援队）第一期培训班在县消防救援大队开班，市应急管理局党委书记、局长祁辉，县委常委、常务副县长李丰，县应急管理局党委书记、局长王建荣，县消防救援大队政治教导员彭蕾，大队长刘斌，各乡镇综合应急管理工作分管领导出席开班仪式，县政府办公室常务副主任孙大军主持会议。36名学员参加培训。会议宣读《2021年度桃江县乡镇专（兼）职消防救援队培训方案》。王建荣通报火灾情况，并提出要求。（邹　莹）

【乡镇消防车辆器材配发】4月6日上午，县消防救援大队举行乡镇新购置的消防车辆发放仪式。县应急管理局主要领导、县消防救援大队主官，以及各乡镇分管领导参加仪式。（邹　莹）

【车祸救援】10月19日11时24分，灰山港镇高速路口发生一起交通事故，县应急（消防）指挥中心接到报警后，立即调派桃花江消防救援站赶赴现场救援。到达现场后，发现两辆挂车发生碰撞，导致其中一辆挂车车头严重变形，驾驶员双腿被卡在座椅和方向盘中间，无法动弹。经过紧张救援，12时50分救援人员将被困人员救出。（邹　莹）

【第二期乡镇政府专（兼）职消防队伍培训】6月2日，桃江大队开展为期3天的乡镇政府专（兼）职消防队伍第二期培训班。各乡镇应急救援队骨干人员36人参加培训。（邹　莹）

【县应急（消防）救援指挥中心揭牌】6月19日，桃江县应急（消防）救援指挥中心揭牌，市消防救援支队支队长伍秋生、县委常委、常务副县长李丰、县应急管理局局长王建荣出席揭牌仪式。（邹　莹）

【乡镇应急救援物资配发】7月26日，县消防救援大队将县委县政府、县应急局购置的100余套战斗服和30余套空气呼吸器等装备器材全部发放给各乡镇。（邹　莹）

【临街商铺火灾救援】8月25日10时40分，桃花西路疾控中心旁一商铺起火，接到群众报警后，县消防应急（消防）救援指挥中心立即调派警力赶赴现场实施扑救。10

▲1月11日，县消防救援大队在“乱石滩”施救（邹　莹/摄）

时48分，消防救援人员到达现场，灭火组架设3支水枪从商铺两侧灭火，架设1支水枪从商铺后方灭火，将屋内6具液化气罐转移至安全地带。经过50分钟的紧张处置，明火被扑灭。（邹　莹）

政协桃江县委员会

综　述

【概况】2021年，县政协以习近平新时代中国特色社会主义思想为指引，贯彻中共十九届六中全会精神，广泛动员参加人民政协的各族各界人士，紧扣统筹推进常态化疫情防控和经济社会发展工作，履行政治协商、民主监督、参政议政职能，凝聚共识，组织专题议政性常委会会议1次、专题协商9次、对口协商7次、界别协商4次、政协云微协商128次，提交提案50件，提案办理协商10次。

政治协商。围绕“加大品牌建设力度，助推桃江经济高质量发展”开展重点履职协商活动，建议从加强组织领导，构建协同方面完善激励机制，激发企业主体的活力；创新发展要素，优化品牌成长的环境；强化队伍建设，夯实品牌建设的基石；抢抓乡村振兴机遇，做好农业品牌的文章；加大宣传力度，营造品牌建设的浓厚氛围六个方面入手，打造桃江特色品牌。围绕饮用水水源地的保护问题，调研组从加大宣传、保障资金、理顺职责、强化督查等方面提出具体建议，助推水源地的生态安全保护落在实处。围绕加强基层妇联组织建设，提出要从夯实组织基础、优化队伍结构、强化机制保障方面加强，进一步提升基层治理水平。围绕百亿竹产业健康发展，进一步打造湖南千亿竹产业核心基地，县委明确县政协牵头，加强对竹产业发展的指导，通过参观考察、专题协商，助推县委、县政府相关扶持政策的快速落地，为桃江竹产业健康有序发展提供强有力的支撑。县政协还就土地资源保护与利用、财政预决算编制与执行、重大项目建设、突破瓶颈，助推桃江职业技术教育高质量发展等议题开展专题协商。发挥北上广深长汉等地经促分会、商会的辐射作用，做好经促工作，在知名乡友相对集中、条件成熟的广东佛山新成立经促分会。进一步加强同各地桃江籍知名人士和重要社会团体的交流，大大激发桃江籍知名企业家回乡创业的热情，在引进资金、技术、人才等方面发挥很好的桥梁纽带作用。为桃江经济社会发展凝聚合力、增添动力。

提案办理。提高提案工作质量。按照提质增效工作要求，引导广大委员紧扣桃江高质量发展的重点难点问题撰写提案、建言献策，注重发挥联合提案和集体提案影响，以集体提案比重的提高带动提案整体质量的提升。3月，县委在全县人大政协工作会议上对政协九届五次会议立案的50件提案进行交办。提案委会同县委办、县政府办对提案办理情况进行专项督查;9月，县委办、县政府办向县政协常委会通报九届五次会议以来的提案办理情况。通过反复协商办理和督促落实，提案办理落实率78%。县政协常委、县旅游协会会长钟应兵调研撰写并提出的《关于加快我县旅游商品开发的建议》，受到县政协主席会议高度重视，将其确定为唯一的重点提案。为促进提案建议的办理落实，县政协成立专门的调研班子，开展办理前、办理中的协商、沟通，提出“突出重点，加强核心景区建设，以点带面，促进全域旅游提质发展，为旅游商品开发奠定坚实的基础；突出特色，加快旅游商品开发，创新引领，促进旅游商品提质发展，全面提升主打产品的市场竞争力；突出引导，加大政策扶持力度，正向激励，促进旅游商品繁荣发展，着力打造助推乡村振兴的特色产业”等建议。县政府及办理单位研究并采纳主要工作建议，并决定在广泛征集的基础上先行打造一款桃江特色旅游商品礼盒。通过历时半年的征集、筛选和评审，确定“3+1+X”的方案，包括3种主打特色产品即地标产品桃江竹笋、桃江竹叶（茶叶）和湖南省非遗老字号羞山面；1种文创产品，可根据喜好选择舞凤山石砚、竹工艺品或其他文创产品；遴选松木塘红薯粉、鲊埠牛肉等12种具有地方特色的产品作为补充。经过精心设计包装，最终命名为“桃江竹福”，在第四届丰收节上获得一致好评。

十届一次全会工作。成立以县委书记为组长的换届领导小组和由县委副书记任组长的第十届政协委员提名推荐工作协调小组，加强对政协换届工作的领导。县政协党组发挥在政协工作中的领导核心作用，贯彻落实县委有关政协换届工作的决策部署，担负起组织和实施的责任。成立以政协主席和政协党组书记任组长的筹备工作领导小组，制定筹备工作方案，按职责设立秘书组、会务组、提案组、组织组、宣传组、后勤组、安保组、疫情防控组和纪监组等9个筹备工作组，明确各组和涉及单位的工作职责、工作任务，做到任务分解到组、责任落实到人。筹备领导小组定期调度筹备工作情况，统筹、协调各筹备组开展筹备工作。协商确定政协委员。根据《中国人民政治协商会议章程》和各级关于县政协换届工作精神，6月中旬，启动政协桃江县第十届委员会换届筹备工作，就政协第十届委员和常委规模、界别设置、委员名额等向县委常委会会议作专题汇报；第十届桃江县政协委员提名推荐工作协调小组组织各乡镇党委、县直系统单位党组推荐初步建议人选；6月底，县政协党组对上届委员履职情况进行综合考评，并推荐继续提名委员70人；7月15日，县换届工作领导小组召开会议，对第十届委员初步建议人选进行审核；7月15—26日，县委组织部牵头组织县纪委监委等23个部门对人选进行两轮联合审查，县委统战部牵头对非公经济人士进行综合评价，审查淘汰不合格推荐人选9名；县委组织部、县委统战部、县政协有关工作机构对所有初步建议人选进行全面考察。7月28日至8月3日，在县人民政府网站上对政协桃江县第十届委员建议人选名单进行公示。9月14日，县委常委会会议审定委员、常委建议人选；9月23日，县政协九届二十四次常委会会议协商决定并予以公告。根据市委、县委关于政协人事安排的基本原则，结合实际，政协桃江县第十届委员会委员保持上届规模，设置15个界别。考虑届中调整的实际情况，此次会议实际安排委员237名，其中党外143名，占60.34%；继续提名70名，占29.54%；女性72名，占30.38%；非公经济人士31名，占13.08%。这次委员的安排，涵盖各方面代表人士，符合中央和省、市有关文件精神，符合政协章程规定。落实各项会务工作。起草会议材料，系统总结五年来的政协工作，并就新形势下做好政协工作提出建议，经各专委会、主席会议反复讨论，广泛征求政协委员和社会各界的意见，形成常委会工作报告初稿和提案工作报告初稿，9月23日提交政协桃江县九届二十四次常委会会议审议通过，主题报告得到政协第九届常委会的充分肯定。广泛征集委员提案。9月22日县政协办公室印发《关于认真做好政协桃江县第十届委员会提案撰写征集工作的通知》，9月24日县政协办组织召开县政协委员联络组组长会议，将提案撰写征集等工作层层落实到位，动员全体政协委员按照通知要求，

▲10月18日，政协桃江县第十届委员会第一次会议第一次全体会议在县党政大楼附属楼开幕（文　静／摄）

抓紧时间调查研究，听取广大人民群众的意见建议，撰写提案，参政议政。注重部门协调配合。大会筹备组始终注意与县委办、人大办、政府办及有关部门通报情况，就会务相关工作进行细致的协调、衔接，得到相关部门的支持配合。做好会议后勤保障。大会筹备组对会议的后勤保障、安保及疫情防控工作进行周密布置和安排，公安、交警、卫健、市监、信访等部门高度重视，都制定工作预案，加强社会治安、交通秩序、环境卫生和食品安全、疫情防控的综合保障力度。大会秘书处制定大会纪律，县纪委在每个委员组安排随组纪律监督员。

为民服务。组织政协委员继续开展智力扶贫、捐资助学、送医支教等扶贫活动，履行好社会责任。围绕深化民族团结进步教育、以社会主义核心价值观引领教义教规阐释等，开展界别协商，就做好新时代民族工作、坚持宗教中国化方向、依法加强和创新寺观教堂管理等做了大量有益工作，加强民族团结，促进宗教和睦。做好政协委员工作室工作。按照省、市政协对委员工作室的要求，做到乡镇委员工作室全覆盖、政协委员参加委员工作室全覆盖、线下委员工作室与线上委员工作室同步建设全覆盖的目标。6月，建立桃花江镇近桃社区委员工作室等5个示范委员工作室、15个乡镇和6个县直委员联络组，实现委员工作室全覆盖。8月，颁布《加强我县线下线上政协委员工作室建设运行的实施方案》。11月，组织筹建县政协“政务帮帮帮”特色委员工作室，为政府解忧事、为群众解难事、为企业办实事。利用全国、省、市政协的媒体平台，推介桃江政协工作文稿10余篇，在省级媒体刊发新闻信息30余篇，编撰发行《有事好商量》一书，向全县各乡镇、村和县直部门发行《桃花江地名趣谈》一书，向省政协提交桃江红色遗址遗迹照片和稿件，桃江有4个遗址遗迹被收录入《湖南红色地标》。

（文　静）

【瞿琮到桃江考察文旅产业】 4月1日，中国人民解放军文职少将瞿琮一行到桃江调研考察文旅产业发展情况。市政协主席刘丽华及县委、县政协主要领导陪同调研。瞿琮调研考察国家森林公园桃花湖景区，实地感受桃江的美人美景，他建议充分利用美人窝文化品牌，进行整体策划和深度开发，建设桃花江美人窝小镇和一所美人文化学院，发展桃花江美人文化产业。

（文　静）

【重点提案督办】 5月26日，政协桃江县委员会召开“桃江县旅游商品开发”重点提案督办调研工作部署会议，县政协副主席胡喜明出席。会议印发重点提案《关于桃江县旅游商品开发的建议》督办调研实施方案，明确重点提案调研、协商、督办的一般流程。各乡镇和县直相关单位负责人就桃江旅游商品开发的现状、面临的问题和困难提出意见建议。（文　静）

【“光荣在党50年”纪念章颁发仪式】 6月28日，县政协党组在机关举行“光荣在党50年”纪念章颁发仪式。县政协党组书记、主席李质彬为胡益荣等10名老党员颁发“光荣在党50年”纪念章，县政协党组副书记、副主席陈奇才主持颁发仪式，县政协副主席胡喜明、秘书长蒋胜丰出席。（文　静）

【张兴凯到桃江调研农村安全生产工作】 9月8日，全国政协常委、中国安科院院长张兴凯到桃江调研农村安全生产工作。县委常委、常务副县长李丰，县委常委、副县长胡志远，县政协副主席胡喜明陪同。张兴凯一行到大栗港镇米儿农场、强龙食品公司和应急救援仓库等地进行实地调研。张兴凯对桃江县的农村安全生产工作表示肯定。他要求，桃江应建立农村和乡镇人员集聚场所安全风险监测和事故统计报告信息平台，将重点行业领域安全生产风险监测预警系统覆盖到农村，用信息化手段提升农村安全生产风险管控能力。（文　静）

【卜铁洪到桃江调研乡村人居环境治理】 11月9日，市政协副主席卜铁洪到桃江调研乡村人居环境治理工作。县领导杨凯波、庄立辉、蒋胜丰陪同调研。卜铁洪一行到桃花江镇大华村、石牛江镇石牛江村，了解当地人居环境整治工作。在大华村，卜铁洪还参观了直播带货和当地特色产业。（文　静）

【“推动桃江高质量发展，建设富饶美丽幸福新桃江”大调研大讨论】 12月9日下午，桃江县政协系统开展“推动桃江高质量发展，建设富饶美丽幸福新桃江”大调研大讨论活动。县政协主席杨凯波，副主席蒋胜丰、文志军、李卓远、董佳、夏末花出席。政协委员代表就如何推进乡村振兴、确保人民群众安全出行、挖掘本土红色资源发展红色旅游、构建“桃花江是美人窝”品牌体系、发挥竹产业龙头效应带动产业发展、发展农村经济等方面课题开展全方位、多角度的讨论。

（文　静）

重要会议

【政协桃江县第九届委员会第二十一次常委会会议】 1月19日，政协桃江县第九届委员会第二十一次常委会会议召开，县政协主席李质彬主持会议，副主席陈奇才、黄平、胡桃、龚胜芳、胡喜明、秘书长蒋胜丰参加会议。会议协商人事任免工作，通过无记名投票选举的方式，同意任命杨龙为委员学习联络委员会主任，胡国辉为社会法制和民族宗教委员会主任，刘毅为办公室副主任，曾立平为提案委员会副主任。会议听取县政协2021年的工作要点及协商监督计划。会议要求：要强化党的领导，坚定正确的政治方向，坚持“双向发力”；要牢牢把握意识形态工作的领导权、管理权和话语权；要自觉坚持县委对政协工作的全面领导，进一步强化协商议政；要组织委员们继续开展“三一”扶贫行动和“助力万户帮扶”行动，切实履行委员责任，助力全县经济社会发展。会议还协商政协相关绩效考核办法。（文　静）

【政协桃江县第九届委员会第二十二次常委会会议】 4月15日，政协桃江县第九届委员会第二十二次常委会会议召开，县政协主席李质彬主持会议，副主席陈奇才、胡桃、龚胜芳，秘书长蒋胜丰参加会议。会议协商了相关人事工作，以不记名投票的方式同意提议增补杨龙、胡国辉为县政协常委会常务委员。会议组织学习全国两会精神、党史学习教育、县委政协工作会议精神。会议协商县政协委员、常委及参政议政人才库专家履职活动经费管理使用办法。（文　静）

【政协桃江县九届二十三次常委会会议】 7月2日，政协桃江县第九届委员会第二十三次常委会会议召开。县政协主席李质彬主持会议，副主席陈奇才、胡桃，秘书长蒋胜丰出席。县领导李丰、胡志远列席相关议题。会议学习县委关于县政协换届工作方案，协商相关人事安排，听取并通过关于乡镇政协联络工作委员会主任任免职及乡镇政协工作联络组组长任命的说明。县委常委、常务副县长李丰在会上通报桃江县2021年上半年经济形势。会议协商“加大品牌建设力度、助推桃江经济高质量发展”工作，听取县市场监督管理局关于桃江县品牌建设工作情况汇报，县政协专题调研组通报品牌建设工作调研情况。（文　静）

【县政协主席（扩大）会议】 9月13日，桃江县政协主席扩大会议召开，专题协商桃花江镇弄溪桥片区城市棚户区项目建设工作。县政协主席李质彬，县政协党组书记杨凯波，县委常委、常务副县长李丰等县领导出席会议。会议首先听取弄溪桥片区城市棚户区项目建设工作情况汇报，并就该片区城市棚户区项目建设工作进行协商讨论。李质彬指出：桃江县弄溪桥片区城市棚户区项目建设工作是一项关系民生福祉的工程，要提高认识，统一思想，提高质效，做到精准开发；要对规划进一步进行完善，着重加强基础设施和防洪安全；要精心组织，确保稳定，举全县之力，责任到每个单位及每个人；要切实保障征地拆迁、安置到位，把责任放在心中、扛在肩上。（文　静）

【“加强基层妇联组织建设 提升基层治理水平”协商会议】 9月26日，县政协召开“加强基层妇联组织建设，提升基层治理水平”专题协商会议。县政协副主席胡喜明出席会议并讲话。会议分别听取县政协社会法制和民族宗教委员会加强基层妇联组织建设、提升基层治理水平的调研报告和县妇联加强基层妇联组织建设、提升基层治理水平的汇报。（文　静）

【“加强饮用水水源地保护 确保人民群众饮水安全”协商会议】 9月28日，县政协召开“加强饮用水水源地保护 确保人民群众饮水安全”专题协商会议，县政协副主席胡桃出席。会议分别听取县政协专题调研组《关于“加强饮用水水源地保护，确保人民群众饮水安全”的调研报告》、市生态环境局桃江分局《桃江县饮用水水源地保护工作情况汇报》。（文　静）

【“加强我县土地资源保护与利用”专题协商会议】 9月29日，县政协召开关于“加强我县土地矿产资源保护与利用”专题协商会议。县政协副主席黄平出席会议并讲话。会议听取县政协专题调研组《关于“加强我县土地资源保护与利用”的调研报告》和县自然资源局《桃江县自然资源管理的情况汇报》。黄平指出，全县各级各部门要把土地矿产资源保护与利用真正融入全县经济发展中来，切实提高认识，利用好当前政策，把资源优势发挥到极致。要强化措施，落实县委、县政府出台的各项工作决策部署，合理保障项目经费，加强部门合作，守护绿水青山，齐心协力建设产业兴旺、生态宜居的桃江。（文　静）

【政协桃江县第十届委员会第一次会议】 10月18日，政协桃江县第十届委员会第一次会议在党政大楼附属楼三楼开幕。县委书记向荣出席并讲话，县政协主席李质彬作工作报告，县政协党组书记杨凯波主持会议，县政协副主席胡喜明作提案工作报告。市委换届风气督导组，县委、县人大、县政府、县政协、县人武部在职实职县级领导，县人民法院党组书记，县人民检察院党组书记，全体县政协委员出席大会。

（文　静）

纪检监察

综　述

【概况】 2021年，县纪委监委和全县各级纪检监察组织发挥全面从严治党政治引领和政治保障作用，主动融入中心大局，持之以恒正风肃纪反腐，发挥监督保障执行、促进完善发展作用，为开启全面建设富饶美丽幸福新桃江提供坚强保障。

政治监督。督促制定“一部门一清单”303条具体举措，推动习近平总书记重要指示批示和省委“三高四新”战略贯彻落实。实施跟进监督，推进30个专项监督（整治），督促整改问题1643个，保障党中央决策部署落地见效。强化驻点监督，组织签订严肃换届纪律承诺书，开展资格审查和督导督查，建议取消各级代表委员推荐提名资格89人。全面完成十二届县委巡察全覆盖任务，重点聚焦民生民利和营商环境，开展社保基金、医保基金、工程建设和行政审批与政务服务专项巡察，处置问题线索35件，督促被巡察单位整改问题484个，建章立制113项。

清廉建设。开展清廉益阳建设试点，以清廉文化涵养清廉桃江建设经验做法在《中国纪检监察》《湖南纪检监察动态》推介。新华社《高管信息》、市委办《工作交流》以《乡村振兴的“大华探索”》为题推介桃花江镇大华村“清廉乡村”示范创建工作。协助县委举办“清风相伴，幸福同行”主题活动暨清廉家庭建设启动仪式，组织157名县处级干部及党政“一把手”家属，通过开展聆听一场清廉党课、发出一份清廉倡议、签订一份清廉承诺、观看一场清廉戏剧、赠送一幅清廉作品、参观一次清廉基地“六个一”活动，涵养廉洁家风。创新宣教倡竹廉。打造“竹廉品牌”，湖南首家竹廉文化教育基地发挥窗口作用，共有93家单位8175人次参观学习；首创“清风·节气”系列微视频，中央纪委国家监委网站、“学习强国”全国总平台、三湘风纪、清风益阳等主流媒体予以刊发推介，总点击量823万次，省委宣传部副部长张严、市

▲ 12月31日，桃江县举行“清风相伴　幸福同行”主题活动暨清廉家庭建设启动仪式（谢雨师／摄）

纪委监委书记欧阳艳作出肯定批示；拍摄作风建设专题警示教育片《激浊扬清正作风》，用好本土警示教育片《警醒》，做实干部警示教育。全年在市级及以上媒体上稿646篇，全市排名第一。

作风建设。部署开展“强作风、优环境，共建清廉桃江”活动，制定《桃江县七个一律免职暂行规定》，强力整治作风突出问题，立案审查调查96件，党纪政纪处分和组织处理98人。大力优化营商环境，专项整治工程招投标突出问题，明察暗访政务服务窗口，共处置影响营商环境问题线索21件，党纪政纪处分和组织处理20人。

执纪执法。开展“问题线索大清零”行动，全年处置问题线索460件，同比增长超一倍，积案全部清零；立案审查调查198件，给予党纪政纪处分190人；查处乡科级干部26人，挽回经济损失8416.9万余元；指定管辖留置4人。主办或协办都好养老公寓“爆雷”案等4个重点专案，协同开展政法队伍教育整顿，常态化开展扫黑除恶专项斗争，立案审查调查违纪违法政法干警28人。

民生民利保障。推动基层治理提质增效，村级纪检委员开展村级小微权力监督957次，发现并整改问题119个；2481个监督服务微信群处置诉求18451条，群众满意率达99.74%；综合施策化解疑难信访问题，信访举报总量、越级访分别同比下降41.75%、20.35%。社保专项监督检查处置问题线索20件，立案审查调查12人，追缴违规资金1203.32万元；开展巩固拓展脱贫攻坚成果同乡村振兴有效衔接工作“清单式”监督，推进“洞庭清波”专项行动，推动粮食购销领域、高标准农田建设等专项整治。

“互联网＋监督”。督促村级财务数据录入以及民生资金数据录入工作，全县15个乡镇村级财务数据录入完成率100%，民生资金数据录入方面，完成县级定制目录151个，绑定目录110个，数据录入工作居全市前列。办理“互联网＋监督”大数据比对市级交办疑似问题数据2417条，运用第一种形态60人次，追缴资金4.8976万元。受理“互联网＋监督”投诉，全年共受理10件投诉件，查否8件，部分属实1件，查实1件，立案1起，完成网上回复10件，党内警告2人，诫勉谈话1人，批评教育3人。

责任落实。制定加强“一把手”和领导班子监督的主体责任清单、监督责任清单，召开反腐败协调工作会议，建立健全工作制度21项，全县运用“四种形态”处理4665人次，第一、二种形态占比均达98.7%。开展“基层监督提升年”活动，聚焦监督力量提升、监督能力提升、监督质效提升，运用20项重点课题调研成果，整合各类监督资源和力量，促进监督全覆盖。

队伍建设。坚定维护党的全面领导，提请县委研究部署党风廉政建设和反腐败工作23次。遵守换届纪律规定，配优配强县乡纪委班子。开展全员培训，举办竹廉讲堂和业务培训12期，组织开展“奋斗纪检人，书香伴我行”读书分享会、“青春向党，爱廉向上”党史教育微宣讲、“一封家书、一次家访”家风家教等主题活动；开展乡镇纪检监察队伍建设专题调研，分类制发模拟卷和工作指南，督促整改问题6个，开展内部作风建设情况专项督查。组织全县185名纪检监察干部填报个人有关事项报告，实行“一人一档”，自觉接受监督。组织开展“清风相伴 幸福同行”主题活动，共征集家书88篇，通过初选、复评，评选优秀家书20篇。持续惩治“灯下黑”，收到反映纪检监察干部的信访举报和问题线索3件，已办结3件，共立案审查1人，给予党纪处分1人，诫勉谈话2人，批评教育2人。

（鲁贵豫）

【县乡换届风气监督】 2021年，出台《关于严肃换届纪律加强换届风气监督的工作方案》，向15个乡镇派出乡镇换届纪律监督和工作指导组，开展巡回督查和现场督导；从严把好廉洁关卡。对237名县党代表、121名市党代表、1721名乡镇人大代表、462名县人大代表、244名县政协委员、77名出席益阳市第七届人民代表大会代表推荐人选进行廉政审查，建议取消各级代表、委员推荐提名资格90人。

（文旭升）

【学位问题专项整治】 9月，县纪委监委开展学位问题专项整治，确保学生入学公平，督促县教育局成立学位整治领导小组，要求各中小学校建立自查自纠工作台账。县纪委监委对县教育局、各中小学校开展3次专项督查，对招生过程中的材料审核流程、双减政策落实情况等学位整治内容实现全覆盖、全过程监督。督查中发现25个问题，要求学校限期整改。全县通过新增、转化、改制等方式，新增学位8935个。

（李　鑫）

【信访问题处置】 2021年，印制《纪检监察信访举报指南》1500份，分发至各乡镇、纪检监察组，下发至各村、相关窗口，引导群众依法依规信访。共受理信访件205件，其中上级转件119件：中纪委转件19件，省转件35件，市转件65件；本级受理86件。相比2020年同期，信访举报总量减少36.92%，上级信访举报减少14.39%。（胡立辉）

【大片区协作联动】2021年，全县5个片区共申请片区协作139次，联合办信91件，联合办案47件，监督检查34次，召开会议20次，发现问题线索23件，组织处理54人，共立案审查调查24人，给予党纪政务处分6人。（薛政军）

【“洞庭清波”专项行动】2021年开展“洞庭清波”专项行动，制定《2021年“洞庭清波”专项行动实施方案》，制定7项《“洞庭清波”专项行动整改清单》，2次组织召开“洞庭清波”专项行动工作推进会，完成省市督导检查迎检工作，推动整改问题销号7项。共开展“洞庭清波”专项行动明察暗访26次，发现问题94个，立案1起，党纪政纪处分1人，组织处理1人。共开展禁捕退捕明察暗访18次，发现问题12个，移送案管问题线索1条。（郭凯文）

重要会议

【县纪委监委述职述廉会议】1月8日，县纪委监委召开委机关部（室）负责人述职述廉会议。县委常委、纪委书记、监委主任戴剑锋出席会议并讲话，县纪委副书记、监委副主任钟国勋主持会议。会上，县纪委监委机关13名部（室）负责人依次作述职述廉汇报，与会人员对先进部（室）进行评选测评。县纪委监委班子成员、特约监察员代表、各乡镇纪委书记、各派驻纪检监察组组长、县直机关纪工委书记、桃江经济开发区、县城投集团、县职业中专、桃江县一中、灰山港工业集中区纪检监察负责人、机关各部室干部职工共80余人参加会议。（谢雨师）

【县第十二届纪委第六次全体会议】4月21日，中共桃江县第十二届纪委第六次全体会议召开。县委副书记、县长黄劲主持会议。县领导张晓、符风文、李质彬、伍令贤、蒋耿、李丰、于新胜、戴文出席会议。会前，与会人员集中观看警示教育片《警醒2020》，县委副书记张晓宣读考核情况通报。县委常委、县纪委书记、县监委代理主任黄丽作全会工作报告。会议通过县第十二届纪委第六次全体会议工作报告和全会公报。会议强调，要坚定不移推进全面从严治党，强化“两个责任”落实落深，凝聚党风廉政建设强大合力；要持续深入一体推进“三不”，切实提升基层治理效能，推动完善县委反腐败协调机制，压紧压实各级党组织管党治党的政治责任，准确把握“惩、治、防”的辩证统一关系；要持续整治群众身边腐败和作风问题，增强群众获得感，解决好群众“急、难、愁、盼”的一件件小事，完善民生领域损害群众利益问题治理机制，提升基层监督效能，强化基层权力约束，推动党内监督同群众监督贯通协同，不断赢得人民群众的真诚信赖和坚决拥护。为实现“十四五”良好开局、奋力建设现代化新桃江提供坚强政治保障。（谢雨师）

【十二届县委专项巡察工作动员部署会议】5月14日，十二届县委专项巡察工作动员部署会议召开。县委常委、纪委书记、监委代理主任、县委巡察工作领导小组组长黄丽在会上作动员讲话。县委常委、组织部部长、县委巡察工作领导小组副组长蒋耿主持会议。经县委同意，本次巡察共设立3个巡察组，分别对社保资金、医保资金和工程建设领域开展为期1个月的专项巡察。（蔡　颖）

【县纪检监察系统半年度工作推进会议】7月12日，县纪委监委组织召开纪检监察系统半年度工作推进会议，总结上半年工作成绩，剖析存在的问题和不足，安排部署下半年纪检监察工作。县委常委、县纪委书记、县监委代理主任黄丽出席会议并讲话。会上，各乡镇纪委、派驻纪检监察组、机关各部室相关负责人分别就上半年工作推进情况、存在的问题和不足以及下一步工作打算作详细汇报。分管副书记结合相关工作进行点评。会议强调，下半年，全县纪检监察组织要坚持问题导向、目标导向、争先导向，结合这次半年总结，对照年初任务目标，查漏补缺，补齐短板。以更强的责任担当、更足的工作干劲、更实的工作作风、更严的办案纪律，将各项工作一抓到底，推动全县纪检监察工作高质量发展。（谢雨师）

【中国共产党桃江县第十三届纪律检查委员会第一次全体会议】7月30日，在党政大楼召开。受中国共产党桃江县第十三次代表大会主席团委托，黄丽主持会议。会议应到纪委委员23名，实到纪委委员23名，符合规定人数。会议以投票表决的形式选举产生新一届中国共产党桃江县第十三届纪律检查委员会常务委员会委员、书记、副书记，并提请中国共产党桃江县第十三届委员会第一次全体会议通过。黄丽、钟国勋、石敬阳、龚毅军、陈跃辉、薛有为、周春晖、符志军、杨攀当选为中国共产党桃江县第十三届纪律检查委员会常务委员会委员。黄丽当选为中国共产党桃江县第十三届纪律检查委员会书记，钟国勋、石敬阳、龚毅军当选为中国共产党桃江县第十三届纪律检查委员会副书记，钟国勋为常务副书记。

（谢雨师）

县委巡察

【概况】2021年，县委巡察机构坚守政治巡察职能定位，发挥巡察利剑作用。县委常委会、县委书记专题会议、县委巡察工作领导小组14次听取巡察工作情况汇报、研究部署巡察工作。

政治巡察。十二届县委分3轮常规巡察13个县直单位，对2个县直单位开展巡察“回头看”，专项巡察社保基金、医保资金、工程建设3个领域，完成十二届县委巡察全覆盖任务。启动十三届县委巡察，第一轮常规巡察4个单位，行政审批与政务服务专项巡察覆盖全县34个具有行政审批和政务服务职能的单位。根据市委要求，派出交叉巡察组到大通湖区开展涉粮问题专项巡察。巡察发现问题672个，向县纪委监委移交线索27条，向县委组织部移交线索8条。

巡察整改。加大指导、督查、问责力度，促进整改取得实效。为抓实十二届县委第十轮巡察、第十一轮巡察、省委巡视带巡察、市委交叉巡察的23个单位的问题整改，4月7日，组织23个单位的分管领导召开巡察整改工作推进会；5月底，全方位督办县住建局、县城投集团、灰山港镇、三堂街镇的巡察整改工作，反馈存在的突出问题并要求限时整改。6月底至7月初，与县纪委监委、县委组织部组成2个联合督查组，监督检查巡察整改情况，抽查各类问题853个，督促限期整改问题148个，并通报有关情况。约谈巡察整改不力的县自然资源局、县市监局的主要负责人并党内通报，对县城投集团党委党组进行党内通报；约谈整改工作严重滞后的马迹塘镇、武潭镇、松木塘镇、灰山港镇的党委主要负责人；对未按要求进行整改工作的县城建投党委、县卫健局党组、县住建局党组、县农业农村局党组等12个党组织进行《党风廉政建设绩效考核》扣分处理。督促29个被巡察单位完成484个巡察反馈问题整改，督促被巡察单位建章立制113项，收缴清退违纪违规资金41.8059万元，挽回医保社保基金381.0556万元，被巡察单位在整改中采取各类追责问责形式186人次。

体制机制建设。2月，县纪委、县委组织部出台《加强巡察干部抽调与管理工作的实施办法》。9月，县委巡察工作领导小组、县纪委、县委组织部出台《关于选配新提拔干部及优秀中青年干部到巡察岗位锻炼的实施办法（试行）》，以刚性机制破解抽调人员管理和高素质巡察人员抽调难的问题。11月，出台县委巡察机构与县纪委监委、县委组织部、县委宣传部、县委政法机关协调协作实施办法等制度文件。

队伍建设。选派5人参加全省巡察干部业务培训班。组织机关干部参加巡视指导督导工作专题培训会议暨省委理论学习中心组第三十九次集体学习辅导报告会。巡察办主任按要求参加中央巡视办举办的全国县级巡察办主任提级培训班学习。同时，各县委巡察组利用中心组学习、主题党日和全体干部集中学习，组织组内开展针对性巡察业务培训学习，不断提升巡察队伍业务能力和履职水平。

巡察氛围营造。3月，邀请省委巡视办巡察指导处处长王继东为全县纪检监察及巡察机构干部上“强化政治监督推进市县巡察高质量发展”辅导课；10月，邀请省委巡视办副主任刘辉奇在县委理论学习中心组（扩大）学习中，为450多名领导干部讲授“发挥利剑作用助力全面从严治党”的辅导课，宣传习近平总书记关于巡视巡察的重要论述和最新巡视巡察政策。

【首次巡察整改日常监督培训】3月18日，县纪委监委组织开展3月“竹廉讲堂”培训，县委巡察办主任龚毅军上“加强日常监督，推动巡察整改落地落实”辅导课。这是桃江首次开展巡察整改日常监督培训。全县纪检监察干部、巡察干部、县直单位联系纪检监察工作负责人230多人参加。

（蔡　颖）

【巡察整改推进会】4月7日，全县巡察整改推进会召开。会上，县委第十轮巡察、省委巡视带巡察、市委交叉巡察的各有关单位汇报巡察整改情况。会后，十二届县委第六轮至第九轮巡察反馈给被巡察单位的1084个问题，已全部整改到位，34个被巡察单位建立健全制度290项，退缴违纪违规款项670余万元。

（蔡　颖）

【专项巡察】 5月14日至6月15日，县委开展专项巡察工作。本次巡察设3个巡察组，专项巡察社保资金、医保资金和工程建设领域。巡察发现问题77个，向县纪委监委移送问题线索6件。（蔡 颖）

▲9月23日，县委召开十三届县委第一轮巡察工作动员部署会（蔡 颖／摄）

【十三届县委首轮巡察启动】 9月23日，桃江十三届县委第一轮巡察工作动员部署会议召开。本轮巡察设2个巡察组，9月23日至11月30日，巡察组对县农业农村局等4个单位党组开展常规巡察。巡察发现问题165个，移送县纪委监委问题线索12件、移送县委组织部问题线索3件。

（蔡 颖）

【行政审批与政务服务专项巡察】 11月16日至12月15日，县委开展行政审批与政务服务专项巡察工作。本轮巡察设1个专项巡察组，对全县34个具有行政审批和政务服务职能的单位党组织开展为期1个月的专项巡察监督。巡察发现问题45个，移送县纪委监委问题线索5件。

（蔡 颖）

群众团体

桃江县总工会

【概况】 2021年，县总工会落实中国工会十七大和省工会十六大提出的任务，围绕中心、服务大局，团结动员广大职工学理论，战疫情，颂劳模，促消费，稳就业，搞竞赛，促发展，推动桃江经济社会高质量发展。

技能培训。开展“建功‘十四五’·奋进新征程”主题劳动技能竞赛和岗位练兵、“师带徒”活动，培训职工5000多人。创建县中医院师带徒及劳动竞赛示范基地，新增结对师徒12对。开展技能培训促就业行动，举办月嫂、家政等实用型技能培训10期，培训职工2000余人。建立新时期产业工人队伍建设的制度，组织产业工人培训，培训产业工人50人、农民工50人。

劳模评选。县总工会做好全国和省级劳模的推荐评选工作，推荐县卫健局王烨和喜龙餐饮龙咏非分别获得全国和省级“五一劳动奖章”。成立劳模志愿者协会，对劳模实行动态管理，进一步推进劳模创新工作室规范化管理。探索工匠、劳模的培养机制，建立劳模人才储备库，储备一批知识型、技能型、创新型劳模候选人才。支持全国劳动模范曹麦新所在村朱家村开展“乡村振兴巾帼献力”活动。

职工帮扶。巩固城市困难职工解困脱困成果，建立健全困难职工家庭常态化帮扶机制，协助30名县级领导与30名企业困难职工“一对一”帮扶活动。推动全县“工会户外劳动者服务站点”建设，建成10个户外劳动者服务站点，解决户外劳动者喝水难、休息难、充电难等问题。在游泳基地建设职工驿站，组织游泳爱好者作为志愿者对未成年人私自下河游泳的行为进行劝阻，劝阻未成年人私自下河游泳行为58起，救起溺水人员21名。与县老科协联手，为职工送健康110多场次。

关爱行动。筹集资金130余万元，开展“冬送温暖”活动，慰问困难职工、劳动模范共885人。开展“春送岗位”活动，提供就业岗位1000多个。筹集资金8万余元，开展“夏送清凉”活动，到湖南麓上住宅工业科技有限公司、桃江新兴管件有限责任公司、美人谷大酒店和桃江久通锑业有限责任公司，为1200余名职工送上绿豆、白糖、夏桑菊、藿香正气水等防暑物资，全县近200多家企事业单位筹资80余万元，为一线职工送去防暑物资。筹集资金6.05万元，开展“秋季助学”活动，为31名困难职工子女送上助学金。

职工医疗互助。组织全县172家单位13790名职工参加市职工医疗互助活动，完成女职工特殊疾病保障5838人，收取互助金88.59万元。为867名住院职工申请医疗补助金70.38万元。开展职工心理咨询与心理疏导工作，受理职工心理咨询725人次。开展职工劳动争议调解和法律援助工作，参与办理职工法律援助案件2件。信访件回复率100%。

基层工会组建。新建工会组织26家，发展会员1047人。完成县级模范职工之家验收，完成3家县级职工之家（小家）建设，申报县级模范职工之家1家、模范职工小家2家、市级职工书屋1家。开展“新就业形态劳动者集中入会行动”，吸纳新就业形态会员 657 人，指导桃江家政服务行业 6 家公司组建联合工会，县城内家政服务人员 157 人入会。

文体活动。组织参加市总工会举办的“永远跟党走·奋进新征程”全市第三届职工健步行暨“学党史·感党恩·跟党走”知识竞答活动，组织参加全市“湘悦读·工力量”职工主题阅读活动表彰大会。开展“劳动筑梦·礼赞百年”全县职工气排球赛，参加县组织的庆祝中国共产党成立百年合唱比赛，在全县范围内选送 7 个作品参加省总工会举办的“千万职工颂歌献给敬爱的党”职工群众歌唱比赛活动，支持花鼓戏《正太风暴》上演，开展“网聚正能量·奋斗新征程”暨“劳动筑梦·礼赞百年”桃江县第二届职工短视频创作大赛。

依法维权。参与《湖南工会劳动法律监督条例》联合调研，贯彻落实《湖南省女职工劳动保护特别规定》，组织 893 家企业新签、续签工资集体协商协议。推进“尊法守法·携手筑梦”服务农民工公益法律服务行动。

女职工工作。新成立女职工组织 12 个，新增女会员 501 人。开设“心灵关怀”“礼仪培训”“消防培训”等讲座 14 堂，2000 余名女职工参加。开展女职工维权月行动，举办女职工维权座谈会、送法下乡、“2021 年建设法治桃江、巾帼在行动”等活动，出动宣传车 11 台，走访家庭 500 多户，发放宣传资料 1.5 万多份。开展女职工心理关爱活动，接待女职工法律咨询 20 余次、女职工心理咨询 20 余次。与县妇幼保健院联合开展“关爱女性·关注健康”女职工妇科及“两癌”免费检查活动，惠及 15031 名女职工。

经费审查。审查 26 个基层工会经费收支管理情况，提出整改意见 20 条。对财务管理、会计核算规范的单位予以肯定，对执行不规范、费用管理不严格，审批手续不健全的单位，提出针对性的整改意见和建议，要求被审计单位按期上报整改报告。（卢珍美）

▲ 5 月 10—15 日，全县职工气排球赛在金碧财富三楼举行（卢珍美／摄）

【县工会第十六届委员会第三次全体会议】 4 月 2 日上午，在县总工会三楼会议室召开，会议增补县总工会第十六届委员会委员及委员会常务委员，选举县总工会第十六届委员会挂职副主席、副主席，通过关于桃江县总工会 2020 年度财务决算和 2021 年财务预算的决议（草案），通报县工人文化宫建设情况并传达学习省委工青妇科协群团组织领导班子成员会议精神。（卢珍美）

【职工气排球赛】 5 月 10—15 日，由县总工会举办的“劳动筑梦·礼赞百年”全县职工气排球赛在县金碧财富健身中心举行。全县县直机关、乡镇的 60 支队伍，600 多名工会会员参加，分县直甲组、县直乙组、乡镇企业组进行比赛，武潭镇工会联合会、县税务局工会、县征拆事务中心工会分别获一等奖。（卢珍美）

【劳模疗休养】 5 月 31 日至 6 月 6 日，县总工会组织 20 名劳模代表，到贵州息烽劳模疗休养基地开展疗休养活动。劳模代表先后参观息烽集中营、娄山关战斗遗址、毛泽东诗词馆和四渡赤水纪念馆等红色教育纪念基地。（肖厚良　傅　科）

【抗疫医护人员慰问活动】 9 月 16 日，县人大常委会副主任吴小玲在县总工会的陪同下到县人民医院、县妇幼保健院、县中医院和县精神病医院，向援助张家界和援助益阳的 65 名抗疫医务人员每人送去 1000 元慰问金。张家界、益阳新冠肺炎病例出现后，县人民医院、县妇幼保健院、县中医院和县精神病医院 65 名医护人员在第一时间快速集结逆行两地，参与两地的疫情防控工作。（陈　明）

共青团桃江县委员会

【概况】 2021 年，共青团桃江县委

立足桃江团工作实际，扎实工作，全县团的各项工作和建设实现新的发展。

共青团改革。3月，全县村（社区）团组织完成换届工作，完善基层团组织领导班子，团组织增加大学生村官、警察、医生、青年企业家等为副书记或委员，覆盖党政机关、事业单位、国有企业、学校团组织，巩固团的基层组织，提升团的建设质量。按期召开团的十七届五次全会和少工委二届三次全会。

团干部教育与团组织发展。组织各乡镇团干与少先队辅导员开展党史学习教育，观看廉政教育视频；组织举办全县团干部能力建设培训班，邀请县委党校、团市委相关领导和专家授课；做好少先队推优入团工作，确保14～15周岁入团青年85%以上由少先队推优；抓好团员发展工作，严格入团程序标准，将政治标准作为青年入团的首要标准，提高团员发展质量，全年发展团员1150名，全县初中团青比降至20%，高中团青比降至40%以下。

青少年思想引领。开展青少年爱国主义教育系列活动，开展党史知识抢答赛、学党史微宣讲比赛等活动；带领青少年重走毛泽东调研之路，开展清明祭英烈、走访抗战老兵、“学史力行 浓情端午走访老党员听红色故事”等活动，重温革命先辈的奋斗历程；在“七彩假期”志愿服务中加上红色教育课程，强化思想引领；开展党史学习教育主题团队日、宣讲会、专题学习会、入团仪式及分批入队仪式活动，全县798个团支部、4万余名少先队员参加活动；在全县开展“红领巾心向党”中队会、红领巾爱学习、红领巾讲解员等主题活动；组织团员青年学习中共十九届六中全会精神、省第十二次党代会精神，组织青年参加全县大调研大讨论活动，大调研大讨论活动在省、市媒体报道。

青年志愿服务。在全县组建党员、医护、文艺、法律等8支志愿服务分队，规范登记管理社会志愿服务组织10个，注册志愿者13万人以上；组织团员青年投身疫情防控，适时组织青年志愿者为隔离点返乡人员提供送餐、消毒等服务；组织镇、村两级团组织书记在新媒体平台、流动团员微信群宣传疫情防控知识；联系县内青年企业家对疫情防控重点区域捐赠蔬菜、水果、方便面、口罩等物资；开通心理咨询专线，组建心理咨询团队；开展“我们的节日”专题志愿服务活动，春节期间助学35名困难青少年；清明节在桃江烈士陵园开展“缅怀先烈致敬英雄”清明祭扫活动，150余名青少年参与。在第二十九届世界水日，开展“珍惜水·爱护水”爱水护河宣传，组织200多志愿者参加活动，组织全县23家“青年之家”每月开展“我为青年办实事”活动。

青年创业就业。搭建青年创业交流平台，推报项目参加省市县创新创业大赛；开展青年文明号、青年岗位能手等“青字号”品牌争创评选活动；助推本地青年企业家加入益阳市青年企业家协会，邀请2家企业入驻易展翅平台，面向待业大学生提供20个实习就业岗位；春节期间开展“暖蜂”行动，慰问疫情防控期间奋战在一线的快递小哥；组建桃江县农村青年致富带头人协会，凝聚青年力量，助推乡村振兴。

关爱帮扶困难青少年。携手中国社会福利基金会爱小丫基金，给县内15名失依女童每人提供1000元的助学金和爱心物资。推进政府购买青少年社会服务，购买蓝天志愿者协会“关爱残障青少年陪伴计划”项目，为困难老人、残障儿童筹集新衣、营养品等；购买资水志愿者协会“关爱孤困留守儿童”项目，结对困难孩子；购买众心志愿者协会“关爱服刑人员未成年子女”项目，暖心陪伴全县服刑人员未成年子女，常态化帮扶33人，发放困难学生助学金5万元；残障青少年陪伴计划共举行活动28场次，关爱残疾儿童369人，5848人次参与活动；青少年儿童社工站项目共开展活动56场次，服务青少年3324人；关爱孤困留守儿童活动共举办12场次，结对帮扶困难儿童109人，发放助学金、爱心物资折价10万元以上。组织开展爱心妈妈结对帮扶35名困难青少年和青年志愿者结对21名特困儿童工作，定期走访陪伴结对儿童。争取省市希望工程助学项目，共资助特困中小学生151人，助学金25.36万元。建团团希望小屋1个，改善困难学生的生活条件。

青年培养与评优。举办“凝聚青春力量助力乡村振兴”各界青年座谈会，全县一线青年代表40余人参与交流；加强农村青年致富带头人培养，引导返乡青年创新创业，培养农村青年人才；开展“桃江县向上向善好青年”“桃江青年五四奖章”评选表彰工作，树立青年典型35人、优秀集体10个，评选社会各界优秀青年15名。（彭卓帆）

【试点村团组织换届选举】1月26日，高桥镇横马塘村举行团支部换届选举，新一届团支部委员会产生。团支部首次设立兼职副书记，由优秀青年团员中的创业青年、青年志愿者、返乡大学生担任。15个乡镇团委书记、部分村（社区）团支部书记等30余人现场学习交流换届选举工作做法。（鲁定红　陈亚雄）

【缅怀英烈】4月4日，团县委组织红十字会、妇幼保健院、凤凰山社区、蓝天志愿者协会等7个单位150余名志愿者、团员青年和少先队员，在县烈士陵园开展“缅怀先烈，致敬英雄”清明祭英烈活动，引导青少年铭记历史，继承先烈遗志。

（陈亚雄　袁鑫巧）

【团县委第十七届五次全体（扩大）会议】4月9日，共青团桃江县委第十七届五次全体（扩大）会议在县政府大楼附属楼召开。团县委委员、各级团组织负责人、社会组织团员青年代表共124人与会。会议通过《关于共青团桃江县委第十七届委员会委员卸免增补确认案》，会上，团县委通报表彰共青团工作红旗单位和先进个人，团县委书记鲁定红为获奖单位和个人颁奖。

（莫　睿　陈亚雄）

【党史知识竞赛】5月8日，桃江县“不忘初心　争当先锋”党史知识竞赛决赛在县文旅广体局小剧场举行。活动由县委党史学习教育领导小组办公室、团县委、县委党校、县融媒体中心、县档案馆、县新华书店、县教育局联合举办，全县50个单位组队参赛，其中12支代表队进入决赛。决赛内容以党史、新中国史、社会主义发展史、改革开放史为主。松木塘镇人民政府获一等奖，县公路建设养护中心、县财政局获二等奖，县卫生健康局、县住房和城乡建设局、县档案馆获三等奖，县税务局等6个单位获优胜奖。（张红莉　文慧娟）

【五四奖章表彰暨青年座谈会】5月31日，桃江县举行青年五四奖章表彰暨“凝聚青春力量、助力乡村振兴”各界青年座谈会，县委常委、组织部部长蒋耿出席会议并讲话，有关部门、获奖青年以及非遗传承人等50余人参加座谈。会议表彰15名青年和10个青年集体，颁发奖章、奖牌，并合影留念。李京玲、夏俏等8位优秀青年代表和人民银行桃江县支行、县纪委纪检监察四室的青年代表在座谈会上介绍经验。

（陈亚雄　温　暖）

【受助学子送锦旗】8月9日，沾溪镇受助学子胡志辉和母亲到团县委，将“爱心恒久远助圆大学梦”的锦旗送给团县委书记手鲁定红，感谢团县委的爱心助学。（文慧娟）

【青少年社会服务项目总结评估】11月12日，桃江县首期政府购买青少年社会服务项目总结评估暨第二期项目洽谈会召开。会议评估，全年执行残障青少年陪伴计划，举办活动28场，关爱残疾儿童369人，5848人次参与；青少年儿童社工站项目开展活动56场，服务青少年3324人；关爱孤困留守儿童活动12场，结对帮扶困难儿童109人，发放助学金、爱心物资折价10万元。经团县委班子评审，并根据评审结果与项目负责人进行第二期项目洽谈，共同探索项目新方式，挖掘服务潜力。（温　暖）

【“团团希望小屋”竣工验收】11月18日，团县委拨付专项资金、资水志愿者协会承建的全县第一间“团团希望小屋”在三堂街镇郭家洲村通过竣工验收。三堂街镇郭家洲村六年级贫困学子玉娇，成为项目的第一个受益者。（鲁定红　杨　红）

【团团直播带货】11月25日，团县委副书记龙建武与主播“湘北曾姨”在抖音平台首次开展“青春助力消费扶贫　团团网络直播带货”活动，推介修山面等桃江优质农产品出村、入城、进户。直播2小时内销售农特产品708单，总销售额1.84万元。

（文慧娟　龙建武）

【“团团心灵驿站”启动运行】12月14日，全县首批由共青团牵头建设的青少年心理健康教育阵地桃花江镇桃谷山学校、桃江玉潭学校“团团心灵驿站”启动运行。桃谷山学校、玉潭学校的留守儿童都占比70%以上。驿站设有接待、办公、游戏，心理测量区、音乐放松区，阅览区和情绪宣泄区，开设“希望健康课”、心理咨询等公益服务科目，重点关注留守儿童、贫困学生、有不良行为青少年和残障儿童、服刑人员子女等青少年特殊群体，每周定时开放。

（龙建武　刘文盛）

【团干部能力建设培训】12月24日，桃江县2021年度团干部能力建设培训班开班，各乡镇团委书记、部分村（社区）团支部书记，教育团工委、卫健系统、银行、各中学团组织负责人，部分县直机关团支部书记共120余名团干部参加培训。团市委组宣部部长何亚旗和团市委学少部副部长李子翔受邀授课，团县委组织进行智慧团建系统操作演示。（温　暖）

桃江县妇女联合会

【概况】2021年，县妇联引领各级妇联组织和全县广大妇女投身经济社会发展实践，获评湖南省妇联系统宣传工作先进集体、益阳市先进基层党组织等，党组书记、主席胡红艳获评全国巾帼建功标兵、全国妇联系统先进工作者。

组织建设。完成247个行政村（社区）的妇联组织换届选举工作，全县选举产生村（社区）妇联执委3863名，其中主席247名、副主席496名，实现妇联主席100%进村（社区）“两委”班子。完善《桃江县基层妇联组织、“妇贤”评选奖励办法》，县委县政府对99个优秀基层妇联组织和4名妇贤表彰奖励，发放奖金101万元。举办全县妇联干部能力建设培训班，400余人参加培训。评选表彰“巾帼建功标兵”8人、“巾帼建功先进集体”5个、“巾帼文明岗”5个、“最美家庭”“最美女性”“最美创业”“最美庭院”等各类最美系列先进典型21个，强化正面典型宣传。2021年，“桃花妹子”上稿80条、“潇湘女性”上稿138条、桃江公众信息网上稿28条。

巾帼行动。实施巾帼乡村振兴行动。推进朱家村、增塘村、花桥港等三个试点村“湘妹子能量家园”建设，开展“岗村共建，助力乡村振兴”活动，引导广大妇女参与平安创建、移风易俗、农村人居环境整治、帮困解难等工作，助力乡村振兴；深化创新创业巾帼行动。举办“湘女素质提升工程”培训班10期，培训学员500余人；联合人社局开展“春风行动”系列招聘服务活动，480名女性实现就业；全县发放妇女小额担保贷款3300万元，110名女性成功实现创业就业。开展“全国妇联中央彩票公益金妇女知识到村庄、到社区”活动，举办女性健康知识讲座，为全县15031名农村适龄妇女免费筛查“两癌”，为11名农村低收入“两癌”妇女争取到全国妇联“两癌”专项救助金。

妇儿维权。畅通妇女儿童维权渠道，全年接待各类妇女来信来访案件150余起；联合县七部门出台《桃江县婚姻家庭纠纷多元化解机制的意见》，进一步完善婚姻家庭纠纷多元化解工作机制，桃江县巩固婚调成果项目成功申报2022年全省十佳“巾帼暖人心”维权创新项目；开展普法宣传教育活动10余次；编制《桃江县妇女发展规划（2021—2025）》《桃江县儿童发展规划（2021—2025）》；实施“儿童快乐家园”“知心屋”等公益项目；开展“巾帼益家亲”“母亲邮包”“把爱带回家”“HELLO小孩”“出手吧姐姐”等为妇女儿童送温暖活动10余次，发放救助物资56万余元。

家庭教育。评选最美家庭、平安家庭等37户，发挥先进典型家庭示范带头作用；注重家教，举办家庭教育宣传讲座10余场，600多名家长到场听课。开展“送家风故事 扬清风正气”活动，出台《桃江县关于推进“清廉家庭”建设的实施方案》。（胡婷郁　何　婷）

【姜欣到桃江调研】3月31日，省妇联党组书记、主席姜欣带队到桃江调研妇联改革工作。姜欣主席肯定桃江县的做法，指出桃江是湖南深化妇联组织建设改革、实施“破难行动”的重要实践基地，桃江县聚焦妇联基层组织建设中的短板弱项，坚持问题导向，通过评选优秀基层妇联和“妇贤”激发妇联组织、妇联执委的干事热情，巩固并发展了妇联改革成果。

（文　萍　许江婷）

【全县妇联干部能力建设培训班】10月11日，全县妇联干部能力建设培训班在县党政大楼附属楼正式开班。省妇联组织联络部部长彭迪出席培训班并为在场学员授课，县委常委、组织部部长代虹宇出席培训班并讲话。县直妇委会主任、乡镇妇联执委、村（社区）妇联主席，共400余人参加培训。

（文　萍　许江婷）

【“岗村共建”结对仪式】9月16日，县妇联在桃江县“湘妹子能量家园”试点村修山镇花桥港村举行“岗村

▲3月31日，省妇联党组书记、主席姜欣（右七）参加“湘妹子能量家园”试点村石牛江镇增塘村的积分兑换以及奖励活动（许江婷／摄）

共建”结对仪式。省、市级巾帼文明岗称号获得单位桃花江小学、桃江县总工会女职工委员会、桃江县脑科医院、桃江县中医医院分别结对湖南省湘妹子能量家园桃江试点村石牛江镇增塘村、大栗港镇朱家村、修山镇花桥港村和桃江县妇联乡村振兴联系村三堂街镇九峰村。

（安　宁　许江婷）

【家庭教育联系制度】10月22日，全县家庭教育工作联席会议召开。会议对《桃江县家庭教育联席制度》进行解读，与会单位结合部门职责就如何做好家庭教育工作进行探讨。会议要求相关部门提高思想认识、强化服务，着力提高家庭教育工作的实效性，拓展工作阵地、创新工作载体、壮大工作队伍，面向基层、面向重点人群开展形式多样的家庭教育指导服务，探索家庭教育新模式。

（安　宁　何　婷）

【大调研大讨论活动】11月，县妇联组织召开“推动桃江高质量发展，建设富饶美丽幸福新桃江”大调研大讨论活动座谈会，与会人员有党代表、人大代表、政协委员、县直妇委会主任代表，镇、村妇联干部代表、先进基层妇联组织代表、“妇贤”代表、社会各界优秀女性代表，县妇联全体常委参加会议。与会人员重点围绕如何推动企业做强做大、支持女性创新创业、培养新型职业女农民、推进人居农村环境整治、加强基层社会治理、加大女干部培养使用力度等方面开展讨论，提出意见建议。（安　宁　胡婷郁）

【妇女儿童两纲规划出台】2021年，县妇联根据省、市妇联统一部署，结合工作实际，县妇联拟定《桃江县妇女儿童两纲规划（2021—2025年）》（草案）（以下简称《规划》），并征求县委组织部、县委宣传部、县委统战部等30个成员单位的意见和建议。10月28日，县政府妇儿工委办组织召开规划专家评审会议，再次征求评审专家和成员单位的意见和建议。11月1日，根据文件管理相关要求，将《规划》送至县司法局走法制审查程序，提请县人民政府第十二次常务会议审查通过。11月26日，《规划》正式出台。

（安　宁　何　婷）

桃江县科学技术协会

【概况】2021年，县科学技术协会立足工作职责，团结引领全县科技工作者，服务大局，服务公民科学素质提升，各项工作取得新的成绩。

组织系统建设。召开县科协第五届委员会第三次全体会议，补选科协主席、副主席，通过《桃江县科学技术协会第五届委员会常委2021—2022年“四联”工作实施方案》，完善全委会和常委会相关制度，科协代表、委员工作实现常态化；建立健全基层组织体系建设，11月9日，组织召开全县基层科普服务能力建设工作推进会，推进科技志愿者组织建设，推广应用“中国科技志愿服务”和“科普中国”App，壮大“桃江县科技志愿分队”队伍，12月科技志愿者注册13010人。

科普阵地建设。科普大篷车播放52期，累积1500多分钟，桃江科普网站发布信息450余篇，微信公众号推送科普知识50多期，手机短信推送科普知识14万多条；组织3万多人次参与第五届湖南省科学素质网络大赛；新建科普示范基地，认定高桥镇为桃江县科普示范乡镇，修山镇月明山村为桃江县科普示范村，高桥镇石井头九年一贯制学校为桃江县科普示范学校，示范期为2021—2023年，示范单位各获奖补资金2万元。

科普活动。5月，组织1.2万名中小学生参观体验“中国流动科技馆”湖南桃江的巡展活动。9月18日，联合各成员单位在桃花江镇中心学校，举行桃江县2021年全国科普日主场活动暨青少年科技教育联合行动启动仪式，宣传科普知识，举行防溺水安全知识讲座、无人机和机器人表演与讲解等科普活动；联合县委宣传部、卫健局等20多个部门，组织60多名文艺、医疗、农技工作者，开展“三下乡”活动，组织科技专家服务团进乡村、进农户、进企业开展春耕生产、竹笋高效培养、加工与销售等知识培训，发放《科普知识读本》《疫情防控100问》等各类资料1000余份，捐赠物资折价1500余元。通过科普活动周、爱国卫生月、防灾减灾日等主题活动，以“科普防疫”“防灾减灾日”“防溺水”“创建百岁健康县”等系列科普活动为主题，对机关干部、城镇各类从业人员、社区居民、青少年和老年人等各类群体，进行应急避灾、食品安全、健康养生等知识普及。

青少年科技教育与活动。7月17—19日，中国科学院院士蒲慕明和33名研究员，联合中南大学湘雅二医院、中南大学科学技术协会等共60人的专家团队，在桃江一中开展脑科学科普夏令营活动，37所中学的244名中学生参加活动。县科学技术协会联合教育局、科工局等单位组织第36届青少年科技创新大赛，选送优秀作品参加省、市科协举办的42届青少年科技创新大赛，获省一等奖2项、二等奖3项、三等奖7项。开展中学生奥林匹克“五项”学科竞赛，选派数学、物理、化学、生物等学科优秀学生参加省级联赛，获二等奖11个、三等奖28个。

五项科普提升行动。针对青少年、农民、产业工人、老年人、领导干部和公务员五大科普重点人群开展科普行动，提升科学素质。构建“互联网+科普”模式，深化桃江科普网、科普e站、“科普桃江”微信公众号和科普短信平台建设，推动科普工作创新发展。组织各级科协3万多人参与第五届湖南省科学素质网络大赛。

科技工作者日活动。2021年，县科学技术协会表彰县中医院陈建文等12名最美科技工作者、科普工作者和最美基层科协工作者；开展举才荐才活动，组织评选全县自然科学学科学术带头人和自然科学优秀学术成果，县农业农村局丁朝辉等人的论文《创新推动专业化统防统治，服务农业绿色高质量发展》、县人民医院詹运开等人的论文《县级医院专科护理系列手册》获得益阳市第四届自然科学优秀学术成果二等奖，另获得三等奖、优胜奖各1个；推选马迹塘镇科协主席黄海龙为湖南省科学技术协会第十一次代表大会代表，推荐湖南农业大学在职博士、修山镇农业综合服务中心副主任王刚为湖南省青年科技工作者协会会员，并参加博鳌亚洲论坛“全球经济发展与安全论坛”。

科技服务乡村振兴。牵头组织湖南微生物学会与惊石农业、亿阳仑公司、罗溪生态农业专业合作社签订“1+3”（1个省级学会加3个科普基地）科技助力乡村振兴项目竹笋产业转型升级。签约以来，湖南农业大学、湖南师大等高校的专家教授已6次到相关企业开展科技攻关和科普培训，项目已通过市科协第一轮评估，奖补资金拨付到位6万元。（杨璧懋）

【县科协召开五届三次全体会议】 5月28日，桃江县科协第五届委员会第三次全体会议召开。会议选举刘玉姝为桃江县科学技术协会第五届委员会主席，肖文科为副主席。

（杨璧懋）

【桃江县启动“1+3”科技助力乡村振兴项目】 3月4日，桃江县举行签约“1+3”科技助力乡村振兴项目签约仪，县科技专家服务团团长武和全出席签约仪式并讲话。湖南省微生物学会与湖南省惊石农业有限公司、桃江县亿阳仑生态食品有限公司、桃江县罗溪村生态农业专业合作社3家企业签订协议。

（杨璧懋）

【中科院脑科学科普夏令营在桃江开营】 7月17—19日，中科院脑科学科普夏令营开营仪式在桃江一中举行。中科院脑科学与智能技术卓越创新中心、中南大学湘雅二医院60多名专家和志愿者，北京、上海、长沙、桃江等省内外37所中学的244名中学生参加夏令营。开营仪式后，专家们从电生理、脑功能和意外伤害急救与心理团体体验三个方面开展专题讲座。中国科学院院士、国际著名神经生物学家蒲慕明向夏令营学生代表授营旗，讲授《大脑的可塑性》。（杨璧懋）

【科技下乡活动】 3月4日，以“崇尚科学，反对迷信”为主题的桃江县“三下乡”活动启动仪式在高桥镇大林村举行。活动发放科普资料1000余份，捐赠物资折价1500余元。

（杨璧懋）

【中国流动科技馆在桃江巡展】 5月12日，中国流动科技馆湖南巡展益阳桃江站暨“科技活动周”启动仪式在益阳市扬帆育才职业学校举行。省科技馆副馆长杜翀，市科协副主席王思婷，县委常委、组织部部长蒋耿出席仪式并讲话。省科技馆讲师现场演示机器人舞蹈、空气大炮、液氮的神奇作用。（杨璧懋）

▲5月12日，2021年中国流动科技馆湖南巡展桃江站开馆（杨雪群／摄）

桃江县归侨侨眷联合会

【概况】2021年，县归侨侨眷联合会（以下简称侨联）学习贯彻习近平总书记关于群团工作和侨务工作的重要论述，坚持“以人为本，为侨服务”宗旨，加强思想政治引领，提升为侨服务水平，深化侨联改革，推进了侨联事业发展。

思想建设。组织侨界代表人士座谈会，贯彻学习习近平新时代中国特色社会主义思想和中共十九届六中全会精神；组织侨界群众学党史侨史，开展“侨心跟党走奋进新征程”爱国主义教育活动，引导侨界人士坚定爱国信念，对民族、国家和中国特色社会主义制度的认同。

服务桃江经济。加大对外宣传推荐招商力度，邀请市侨商会、省台商协会到桃江调研考察，宣传桃江投资环境、优惠政策，为他们与本地项目牵线搭桥，湖南村菇生物科技有限公司与马迹塘镇政府签订食用菌菌种研发及生产基地建设项目；定期走访侨资企业，了解生产经营情况，帮助解决实际困难；指导、支援浩茗茶业、至和电缆等侨资企业做好疫情防控工作；扩大侨企影响力，桃花江竹海旅游度假区申报为湖南省华侨文化交流基地；推进与海外文化交流活动，接待多批到桃江交流考察的海外团队。

侨胞权益维护。开展“走基层送侨法”“侨法进侨企”活动，在县中心城区和相关乡镇、村开展侨法宣传工作，向归侨侨眷及广大市民宣传侨务法规；邀请市侨联法律维权顾问给桃江侨商进行法治辅导授课；落实考生高考加分政策，为3名归侨、华侨子女办理高考加分事宜。

侨务工作。县委统战部、县侨联联合组织开展侨情普查工作，成立以县委统战部部长为组长的侨务工作领导小组，制定下发侨情普查方案，组织乡镇、县直单位分管领导和统战专干进行侨情普查及侨务相关工作业务培训，摸清全县侨务资源，建立侨情台账和困难侨眷台账；常态化开展“察侨情、送温暖、献爱心”活动，在春节、中秋节走访慰问特困侨眷侨属；为38户困难归侨侨眷送上慰问金和慰问物质；重点帮扶慰问特困归侨侨眷，为侨眷熊德华争取省侨联慰问金1万元；做好涉侨人员来信来访工作。

海外联谊联络。及时掌握归国华侨回乡探亲信息，开展对侨胞、留学人员及海外华人华侨社团联谊和服务工作；加强与新华侨华人、归国留学人员的联谊，通过建立侨界联谊群、加入北美同乡会、桃江一中国际校友会等国际联谊群拓展新侨工作，促进侨务资源发展；加强同海外侨商侨领的沟通联系，并于春节期间慰问其亲属。

网上侨联工作。以召开网上交流会、微信等网络新媒体方式向广大侨民宣讲政策法规、传播爱国主义精神，于4月召开的网上政策解读会宣传推介涉侨政策，为国外人士提供政策咨询服务。

侨界参政议政。履行政协成员单位职责和义务，积极参政议政，做好侨界代表人士安排工作，发挥侨联组织的政治参与和民主监督作用，在2021年县人大、县政协换届时向组织推荐侨界代表人士，共推荐县人大代表2人、县政协委员5人。

（赵　华　胡艳桃）

【孙民生到桃江调研慰问】1月20日，省侨联副主席孙民生一行到桃江调研侨资企业运行情况，并慰问归侨侨眷，市侨联主席曾斌陪同调研慰问。调研组一行先后到侨资企业湖南浩茗茶叶有限公司、桃花江竹海旅游度假区了解企业发展历程、生产经营、困难问题等情况，并就企业发展提出意见建议。随后，孙民生一行到桃花江镇澳大利亚侨眷廖淑贞家中走访慰问，提前送上春节的祝福和慰问。

（赵　华　胡艳桃）

▲6月17日，侨界代表人士到何凤山和平签证纪念馆接受爱国主义教育（赵　华／摄）

【党史侨史爱国主义教育】 6月17日，县侨联组织侨界代表人士50余人到益阳市何凤山和平签证纪念馆，开展“侨心跟党走·奋进新征程”党史侨史爱国主义教育活动。活动参与者先后听取中国共产党党史和侨史专题报告，参观和平签证主题馆、观看益阳华侨何凤山事迹影片，听取开国少将唐铎等益阳侨界英雄人物的事迹。 （赵 华 胡艳桃）

【助力侨企抗疫活动】 8月11日，县委统战部、县侨联主要负责人到桃江浩茗茶业有限公司、致和电缆等侨资企业开展“助力侨企、共抗疫情”活动，为侨资企业送去药品、口罩、矿泉水等防疫物资，指导侨资企业做好新一轮新冠肺炎疫情防控工作。

（赵 华 胡艳桃）

【招商项目】 11月11日，经县侨联牵线搭桥，侨资企业湖南村菇生物科技有限公司与马迹塘镇政府正式签订食用菌菌种研发及生产基地建设项目。项目总投资5180万元，分3期实施，主要生产食用菌、竹荪菌种，项目建成后，可带动周边2000名村民通过食用菌栽培创收致富。

（赵 华 胡艳桃）

桃江县工商业联合会

【概况】 2021年，县工商业联合会（以下简称县工商联）服务会员企业，为企业纾难解困，被评为湖南省“五好”县级工商联。

组织会员企业参训。9月15—17日，组织20余名年轻企业家参加县委统战部举办的“桃江县2021年党外中青年干部暨年轻一代民营企业家培训班”；11月11日，组织10余名企业家参加县商务局举办的“2021年桃江县首届外贸专题培训班”。

招商服务工作。服务润景“景田”饮用水生产项目，完成项目补充协议的洽谈和签订，帮助投资方成立办公室，协助向省自然资源厅申报调规50亩工业用地，完成项目用地调规的林地报批。

企业走访调研。加强与企业、相关行业企业之间的沟通与联系，将工商联108位企业家常执委分为6个活动小组，机关干部分别联系不同的小组，联合县委统战部开展“万企大走访、同心促发展”走访活动，到春龙竹艺、步行街商会、华湘汽贸等68家中小微企业（商协会），传达精神、解读政策、了解情况、反映诉求、解决难题，协调相关责任部门共同解决困境。

捐赠活动。组织20余家企业，募集40多万元物资到隔离点、医院、工地、社区、乡镇、卫生院等地，慰问医务人员、志愿者、小区物业值守者、乡镇工作者和环卫工人等抗击新冠肺炎疫情一线工作人员。

党建活动。5月7—9日，指导桃花江商会组织部分党员、会员到湖南芷江中国人民抗日战争胜利受降纪念馆等地现场学习。5月14日，同省工商联会员联络处人员参观马迹塘战斗遗址，缅怀革命先烈。7月1日下午，指导桃江久通锑业有限公司召开表彰大会。

公益活动。6月11日，组织13名企业家到桃花江镇拱头山村的敬老院，为敬老院的孤寡老人送去米、油、肉共2000元食用物资和3000元现金；组织10余位企业家到灰山港镇天子坡小学，为14名品学兼优的困难学生捐赠礼品和奖金共价值5万元；慰问灰山港敬老院老人捐赠物资1万余元；援助修山镇洪山小学数万元教学设备。

商会建设。3月召开第十一届四次执委会议，审议通过县工商联（总商会）十一届四次执委会候选人建议名单，充实新班子成员10人；人大、政协换届选举完成非公经济人士的推荐、初审和考察等工作，60余名非公经济人士被推荐为市、县人大代表、政协委员人选；完成全国、省级“五好县级工商联”和“四好商会”申报工作。

横向交流。5月21日，县工商联与湘潭县工商联签订友好工商联（总商会）协议书，缔结友好工商联。11月5—7日，与长沙益阳商会联合开展“长沙益阳商会助力桃江乡村振兴”活动，助力乡村振兴，做好桃江本土企业和农特产品的推介。11月7日，岳阳市工商联到桃江开展“五好”县级工商联互学互促活动，参观桃花江镇商会党建、“美人谷”文化景点建设和廉政教育基地。 （李 丹）

【县工商联第十一届四次执委会】 3月18日，桃江县工商联（总商会）第十一届四次执委会在县城召开。县政协副主席、工商联主席龚胜芳作工作报告；会议审议通过有关人事调整，表彰2020年度工商联系统党建工作先进单位、先进个人、先进基层商会、招商引资突出贡献单位以及桃江县抗击新冠肺炎疫情先进民营企业、桃江县“精准扶贫”先进民营企业。会后县总商会举行2021年“创辉 竹海春风之夜”联欢晚会。 （李 丹 陈 明）

【桃江、湘潭两县工商联交流活动】 5月21日，桃江县工商联与湘潭县

▲5月21日，县工商联与湘潭县工商联签订友好工商联（总商会）协议书（李　丹／摄）

工商联签订友好工商联（总商会）协议书，发挥桥梁纽带作用，为两地会员企业之间的沟通交流与经济合作搭建平台，共同推动两地商贸交流合作，保持交流协商渠道畅通，为两地经济发展发挥作用。

（李　丹）

【建言献策座谈会】11月10日，县工商业联合会在县经开区国辰科技产业园会议室组织召开“迎接党代会谱写新篇章”建言献策座谈会暨优化营商环境调研座谈交流会，副县长曾国栋主持会议并讲话。

（刘　俊　李　丹）

桃江县文学艺术界联合会

【概况】2021年，县文学艺术界联合会（以下简称县文联）强化党对文艺工作的领导，带领文艺工作者扎实工作，推进了全县文艺事业发展。

党建庆祝活动。为庆祝中国共产党成立100周年，举办“奋进百年路竹乡颂党恩”文艺精品创作与系列群众文化活动。举办的“露润山花”曾景祥个人花鸟画展是桃江县近五年来艺术作品规格最高的艺术展览，邀请省市文艺界人士和领导20余人参加活动，观展群众1.2万余人次；“举办百人百作”书法美术摄影剪纸展，展出桃江文艺界人士创作作品100件；开展庆祝中国共产党成立100周年主题征文活动，在全县征稿400余篇，并表彰奖励优秀征文；编辑出版《桃花江文艺》优秀共产党员专刊。

文艺活动。邀请省文联“笑满三湘”文艺志愿服务团、内蒙古自治区文艺家等在马迹塘镇、大栗港镇、桃花江镇开展“农民丰收节”专场送文艺下乡演出活动，3万余人观看演出；邀请省文联组织的全省各地知名文艺家到桃江竹海开展“聚文化力量，助乡村振兴”专题采风创作活动，宣传推广桃江优秀素材；举办第十五届中国美术批评家年会暨“高希舜与南京美专”专题研讨会，全国多位知名美术家齐聚桃江。

协会工作。作家协会举办创作研讨会；曹庆升出版小小说集《那一湾乡愁》，昌松桥小说集《竹乡之恋》获益阳市第三届“三周文艺奖”银奖，向晓青获三周文艺新秀奖。书法家协会组织送春联下乡；创作廉政书法作品300余件；曹述林书法作品获“百年征程”湖南省庆祝中国共产党成立100周年美术书法摄影优秀作品展览金奖；王志强等书法家的作品在省级书法大赛中入展获奖。美术家协会联合希舜书画艺术中心举办网络美术展、曾景祥画展，布设高希舜陈列馆，配合承办“高希舜与南京美专”专题研讨会。摄影家协会组织会员赴湘西州开展采风活动；在“学习强国”等主流媒体发表作品100件。戏剧家协会编排的剧目《工运先驱张昆弟之正太风暴》在全县公演，并被县党史学习教育领导小组作为主推的红色剧目要求各单位集中组织观看；剧目《红军名将张子清》在益阳大剧院参加益阳市庆祝中国共产党成立100周年演出，并作为精品红色剧目参加2021国际文化创意中心·长沙杜鹃花艺术界展演；编排的《大美竹乡》在全省林业系统中国共产党成立百年文艺演出中获一等奖。音乐家协会举办“庆元宵佳节，颂百年党恩”文艺晚会；桃花江合唱团代表桃江县参加益阳市庆祝中国共产党成立100周年“旗帜颂”大型群众歌咏比赛总决赛获银奖。舞蹈家协会编排的5个舞蹈节目在“笑满三湘”文艺活动演出中和省文艺家联袂演出，并获好评。民间文艺家协会主席朱明星为歌曲《我们村里的年轻人》作词。剪纸协会进乡村、进社区、进学校宣传推广非遗项目；组织开办6期剪纸培训班；在大华村建设村级剪纸展览厅，创作廉政剪纸作品150余件；在“剪映百年，薪火相传”剪展中有8幅作品在省文化馆展出，协会获省最佳组织单位奖。天问诗社完成新老班子交替，并出版《天文诗词选》，在《中国诗词》等刊物上发表作品；楹联学会开展送春联下乡活动，共创作楹联作品300余幅；孔子文化研究会编辑《桃江孔学》。

文艺扶持。组织协会申报益阳市优秀文艺作品扶持奖励，各文艺门类共申报作品60件，获奖27件；组织各协会申报桃江县优秀文艺作品扶持奖励，收到申报作品408件，评审出获奖作品166件，共奖励26.8万元；书法家协会、剪纸协会、美术家协会、摄影家协会均有作品入选省文联及相关协会庆祝中国共产党成立100周年有关活动展览并获奖，18件作品在“欢乐潇湘·益美益阳”中获得大奖。

文艺下乡。结合“我们的节日”“文化进万家”等活动，组织文艺家协会在松木塘镇关山口村、高桥镇大林村为群众赠送书籍，免费摄影；组织文艺轻骑兵，全年在公众大戏台和各乡镇举办各类文艺演出20余场；赴社区、农村宣传推广非遗项目，组织开办剪纸培训班6期。

阵地建设。办好文化阵地，编辑出版《桃花江文艺》刊物4期，为全县文艺工作者提供文艺创作、交流共享平台。（周　党）

【曾景祥花鸟画展在桃江举行】 6月23日，桃江县庆祝中国共产党成立100周年“奋进百年路竹乡颂党恩”系列群众文化活动“露润山花”曾景祥花鸟画展开幕式在希舜书画艺术中心举行。县委副书记、县长黄劲致辞，县委常委、宣传部长戴文主持，市文联党组书记、主席易青群，县政协副主席龚胜芳出席开幕式。黄劲在致辞中肯定曾景祥教授的艺术成就，指出曾景祥艺术品对提升桃江文化品位起到促进作用。

（杨雅靖　李　丹）

【省文艺志愿服务团到桃江专场演出】 9月23—27日，应县文联邀请，省文联“笑满三湘”文艺志愿服务团、内蒙古自治区文艺家到桃江开展庆祝第四个中国农民丰收节专场送文艺下乡活动，先后在马迹塘镇、大栗港镇、桃花江镇演出。节目有舞蹈、相声、三棒鼓、呱嘴、长调民歌、呼麦等艺术形式，展示脱贫攻坚及乡村振兴成效。著名笑星、湖南省曲艺家协会主席、湖南省文艺志愿者协会主席大兵、著名二人台表演艺术家、内蒙古曲艺家协会副主席王占新等文艺志愿者表演相声、呱嘴、歌曲、三棒鼓、长调、呼麦等文艺节目。（王　娲　钟军力）

▲9月23日，省文艺志愿服务团在马迹塘镇演出（钟军力／摄）

【“百人百作”书法美术摄影剪纸作品展】 7月8日，县委宣传部主办、县文联承办的“奋进百年路 竹乡颂党恩”庆祝中国共产党成立100周年系列文化活动“百人百作”书法美术摄影剪纸作品展，在大汉文化广场公众大戏台开幕。县委常委、宣传部部长戴文，县政协副主席黄平出席活动。此次参展作品100件，其中书法作品40件、美术作品20件、摄影作品30件和剪纸作品10件。戴文对全县文艺工作者提出具体要求。

（王　娲　钟军力）

【第十五届中国美术批评家年会暨“高希舜与南京美专”研讨会】 11月29日，第十五届中国美术批评家年会暨“高希舜与南京美专”专题研讨会在桃江举行。中国美术批评家年会荣誉主席贾方舟，中国美术批评家年会秘书长杨卫，2021年中国美术批评家年会轮值主席邓平祥出席活动。县委常委、宣传部部长林龙飞致欢迎辞。艺术家们参观希舜书画艺术中心陈列馆，并前往南京美术专科学校遗址实地调研。

（王　娲　钟军力）

桃江县残疾人联合会

【概况】 县残疾人联合会隶属县人民政府领导的正科级群团机构，全县有残疾人5.62万人，占全县总人口数的6.31%。2021年有持证残疾人24701人，其中一、二级重度残疾15476人，三、四级轻度残疾9225人。是年，县残联坚持以习近平新时代中国特色社会主义思想为指导，以“全面建成小康社会，残疾人一个也不能少”为宗旨,实施“十四五”规划，健全残疾人权益保障制度，完善残疾人基本公共服务体系，提升残联系统服务能力和水平，全县残疾人事业健康发展。

残疾人维权。建立维权服务长效机制，做好残疾人稳定工作，设立法律救助站，开通办公热线，全天候接听来电咨询，做好残疾人来信来访和依法维权工作。安排专人了解残疾人矛盾纠纷，主动协助化解，落实残疾人用水、用电、收视、入园、乘车、纳税、低保、五保、两项补贴等政策。建立专门协会考核机制，抓好肢体残疾、视力残疾人群的服务工作。

残疾儿童康复救助。按照《桃江县人民政府关于建立残疾儿童康复救助制度的实施办法》要求，让符合条件的残疾儿童自主选择康复机构，做到应救尽救。完成残疾儿童康复训练142人、在训906个月，完成省市目标任务的169%和134%，投入资金106.5万元。

困难残疾人家庭无障碍改造工作。开展“我为群众办实事”实践活动，按照“重度困难残疾人优先、一户多残优先、老残一体家庭优先”以及“急用先改、先易后难、高标准广覆盖”的原则，县、乡、村三级联动精准确定困难残疾人家庭无障碍改造对象，制定“一户一策”方案，让残疾人家庭享受无障碍改造带来的便利，让更多残疾人走出家门，实现居家生活、出行无障碍，全县完成困难残疾人家庭无障碍改造203户，投入资金112万元，湖南省困难残疾人家庭无障碍改造工作调研推进会、全国现场会分别于6月、12月在桃江召开。

扶残助残。县残疾人联合会发动社会爱心人士捐赠棉衣3000余件、棉鞋400余双，县财政下拨资金18万元；春节期间组织乡镇残联走访慰问特困残疾人；投入资金49万元，为贫困重度残疾人适配轮椅、助行器、腋拐、手杖、盲杖、助听器等辅助器具1680件。为58名肢体残疾人集中免费安装假肢，使残疾人能独立行走；筹集资金7.5万元，定制矫治鞋30双，增强残疾人社会参与能力；筹集资金48万元，寄宿制托养50名重度残疾人，减轻残疾人家庭负担；投入资金22.5万元，为150名重度残疾人开展居家服务，提高残疾人生活质量。

惠残政策落实。2021年，办理残疾人证5512份；组织人民医院、脑科医院残疾评定小组成员对疑似重度肢体、智力、精神残疾人开展上门评残服务26天26场，评定残疾人1500人，解决行动不便群众办证难问题。为一、二级重度残疾人全额代缴医保社保，三、四残疾人代缴50%的医保社保525万元；筹集24.5万元，为6141名残疾人购买意外保险；为85名大学生、188名高中生发放学费资助资金61.12万元。

残疾人就业创业。鼓励行政事业单位及企业安排残疾人就业，按时进行就业年审，加大残疾人就业保障金征收力度，征收残疾人就业保障金832万元；争取项目资金14万元，配套14.8万元，开展农村全县贫困残疾人实用技术培训，140人参加培训，帮助残疾人提升就业技能；争取资金15万元，扶持14名残疾人创业；配套资金18万元，支持3个残疾人就业示范基地建设。

残疾人体育。5月，高桥籍选手黎早年获第十一届全国残疾人运动会暨第八届特奥会象棋比赛银牌。8月27日，松木塘镇选手文晓燕在2020东京残奥会田径女子200米T37决赛中，跑出26秒58毫秒，打破自己保持的世界纪录夺冠；在8月29日女子T37跳远决赛中，以5米13厘米的成绩卫冕夺金；9月2日，在田径女子100米T37级破世界纪录夺冠，收获本届残奥会个人第3金；10月，获第十一届全国残疾人运动会暨第八届特奥会女子T37级100米、200米，跳远，女子T35—T38级4×100米接力赛，男女混合4×100米接力赛五金。

（刘　红　龚　健）

【残疾人工作会议】 4月16日，县残疾人工作暨残联系统党风廉政建设工作会议在县党政大楼召开。副县长、县残工委主任罗歆辉出席会议并讲话。会议总结“十三五”残疾人工作，部署安排2021年残疾人工作任务，规划“十四五”残疾人工作，并表彰2020年度残疾人工作先进单位和先进个人。县残工委成员单位分管负责人，县残联全体班子成员、各乡镇残疾人工作分管领导、理事长、专干以及各业务机构相关负责人参加会议。

（刘　红　龚　健）

【全国困难残疾人家庭无障碍改造现场会】 12月9日，全国“十四五”困难重度残疾人家庭无障碍改造现场会在桃江召开。中国残联党组成员、副理事长相自成，中国残联维权部主任周建，全国各地方残联负责人，市人民政府党组成员乐运成，

▲ 12月9日，县长周登高（左一）在“十四五”困难重度残疾人家庭无障碍改造部署推进现场会上作典型发言（胡卫红／摄）

市人民政府副秘书长刘科华，县委书记向荣，县委常委、副县长胡志远以及市县残联负责人参加。相自成认为桃江困难重度残疾人家庭无障碍改造工作推进得力，组织严密，成果显著，其经验做法值得在全国推广。相自成代表中国残联慰问赵雪生等5户桃江残疾人家庭。

（刘　红　龚　健）

【残疾人证核发管理专项整治】 11月，县残联、县人大代表、县政协委员、专业医生、新闻媒体组成联合检查组开展残疾人证核发管理工作专项整治。整治行动按照“属地管理、分类施策、综合整治”原则，规范整治残疾人证核发管理领域存在的非残持证、康复持证、死亡及迁出未注销、高定级别等问题；集中整治残疾人证办理过程中的“不作为”“慢作为”“乱作为”问题，从源头上预防和遏制违规办证现象发生。（黄　俐）

【桃江残疾人创业就业工作获省领导肯定】 11月5日，省残联和省农业厅组成联合调研组到桃江县调研残疾人创业就业工作。调研组实地走访桃江县竹缘林科有限公司和湖南省源益农业蔬菜种植专业合作社，了解生产、企业岗位设置、残疾人用工需求、工资福利待遇、扶残惠残政策落实等情况。调研组肯定桃江县“十三五”期间残疾人创业就业工作，分析、指导“十四五”期间工作，对市、县残联、县农业农村局提出具体工作要求。（胡再明）

桃江县红十字会

【概况】 2021年，县红十字会践行人民至上、生命至上理念，推进红十字运动知识传播、救护培训、应急救援、人道救助、造血干细胞捐献、无偿献血和遗体（器官）捐献、志愿服务等各项业务工作，取得成效。张彬彬被评为全省优秀人体器官捐献协调员。

红十字运动知识传播。“5·8”世界红十字日，县红十字会联合红十字冠名医院（县中医医院）开展“关爱生命、救在身边”主题日集中宣传和义诊活动，义诊200余人次，发放宣传资料4000余份，普及应急救护知识，300多人参加活动。利用第22个世界急救日，联合桃江蓝天救援队开展以“做学校和社区的急救英雄”为主题的应急救护知识培训和防灾避险应急逃生演练等活动，马迹塘镇中学近500名师生参加活动。

人道救助。春节前，县红十字会自筹资金4.2万元，开展红十字博爱送万家活动，为300户困难群众发放食用油、大米，现金慰问18户（0.9万元）。全县有13户困难家庭和“三献”（无偿献血、造血干细胞捐献、遗体器官组织捐献）人员获省红十字人道救助金8.5万元，协助、指导10名白血病患儿申报小天使基金，5名患儿获救助18万元。

应急救援。7月，在马迹塘镇等遭受洪涝灾害后，与县应急管理局联系核实灾情，及时向上级报灾2次，共发放家庭箱、棉被等救灾物资价值3.6万元。

应急救护培训。推进应急救护知识“五进”（进农村、进社区、进学校、进机关、进企业）工作，在县委党校、桃冶社区、鲊埠回族乡筑基仑小学开展急救知识培训和“防溺水”知识专题讲座，通过PPT演示、场景模拟、现场教学等形式，让更多人掌握常用急救知识，提高安全防范意识和自救互救能力。开展应急救护知识讲座13场次，普及培训4062人。在县幼儿园、七星苹果幼儿园、融媒体中心和水上应急救援大队举办红十字救护员培训班4期，242名学员获证。

无偿献血。组织志愿者参与无偿献血宣传，普及无偿献血科学常识，宣传无偿献血的典型人物和事迹，协助县卫健局开展团体预约无偿献血，无偿献血 4859 人次、189.124 万毫升。

人体器官捐献。实现公民去世后人体器官捐献 1 例、角膜捐献 1 例，共捐献肾脏 1 对、肝脏 1 个、角膜 1 对。为家庭困难的器官捐献者家庭申报省人道救助金 2 万元。

造血干细胞捐献。招募造血干细胞捐献志愿者血样采集、登记入库 38 人份，成功实施造血干细胞捐献 1 例。6 月，县教育局干部文兵成功捐献造血干细胞，成为湖南省第 817 例造血干细胞捐献者。

（刘江晖　张彬彬）

【物资捐赠和转赠】 2021 年，县红十字会接受省、市红十字会下拨奶粉 464 箱价值 67.37 万元，转赠给 5 所幼儿园；接受上级下拨医用口罩 10.88 万个价值 20.344 万元，分发至医疗卫生机构。全年接收 1 家公司定向捐赠手术床、2 家公司非定向捐赠医疗设备（全自动核酸提取仪、糖尿病治疗仪），共计价值 58 万元；接受口罩捐赠 10.2 万个，转赠县卫健局。接受湖南省烟草公司益阳市公司定向捐赠马迹塘镇丫峰村灾后重建资金 4 万元，接受爱心人士高建定向捐赠鲊埠回族乡筑基仑小学雨棚建设及 7 名特殊学生课后服务及教辅资料费 4.56 万元。

（刘江晖　张彬彬）

【六旬党员捐献眼角膜】 8 月 31 日，浮邱山乡浮邱山村年过六旬的中国共产党党员陈建军在县人民医院病逝。当晚 9 点半，其妻儿遵从他的生前夙愿：捐献眼角膜。经县红十字会协调、见证，湖南省红十字角膜捐献爱尔眼科接收登记站完成陈建军眼角膜接收工作。

（刘江晖　张彬彬）

【陈丹萍到桃江调研】 11 月 17 日，省红十字会党组书记、常务副会长陈丹萍一行到桃江调研基层红十字会工作。陈丹萍听取桃江县人民政府关于红十字工作情况汇报，并实地考察桃江县红十字冠名医院桃江县中医医院，了解医院基础设施建设、医疗设备配置、中医药开发、疫情防控等情况。县领导林龙飞、黄平、龚胜芳、文志军陪同调研。

（刘江晖　张彬彬）

桃江县计划生育协会

【概况】 2021 年，县计划生育协会（以下简称县计生协会）在全市率先出台《计生协改革方案》，在促进优生优育、促进家庭健康、服务计生家庭、助力乡村振兴等多个层面取得新的成绩。《中国人口报》《大众卫生报》等媒体多次报道桃江县在生育关怀、助力乡村振兴、宣传教育等方面的经验与做法；5 月，桃江县计生协获益阳市健康科普 PPT 竞赛一等奖；7 月在国家计生协举办的“向日葵亲子小屋”亲子服务辅导员培训班上作典型发言；8 月鸬鹚渡镇计生协报送的作品获评全国计生协“5·29”活动“最具人气随手拍”；松木塘镇、牛田镇获全市“计划生育基层群众自治先进单位”称号；县计生协被省计生协授予“全省计生协重点工作优秀单位”称号，并获能力建设经费 5 万元奖励。

业务建设。2—4 月，各乡镇完成村级计生协换届选举工作，全县调整村级协会会长 103 名、副会长 92 名、秘书长 70 名、协会（妇女、计生）小组长 632 名。全县村组计生协组织的政治素质、知识结构、年龄结构得到改善。乡村两级在“5·29”活动（2021 年 5 月 29 日是中国计生协成立 41 周年纪念日，也是计生协第 23 个会员活动日）实施过程中，采取集中轮训、互动交流、一对一辅导等多种形式对村级秘书长、计生协会会员小组长进行新一轮岗位业务培训。在“5·29”集中宣传服务活动中，县计生协会表彰 5 个乡级计生协会、5 个流动人口计生协会、15 个村级计生协会和 40 名优秀计生协会会员。乡级共表彰先进村级协会 188 个，优秀会长 75 名、优秀秘书长 86 名、优秀协会小组长 286 名，优秀骨干会员 270 名。

宣传工作。修山镇、武潭镇、牛田镇、灰山港镇举办的以“学百年党史，促健康人生”为主题的“5·29”大型计生宣传服务活动，融会演、关怀、表彰、知识抢答和经验交流为一体，庆祝中国共产党成立 100 周年和中国计生协成立 41 周年。桃花江镇、灰山港、马迹塘等乡镇计生协分别在桃花江镇富民社区、资江路社区、大汉假日广场等人口集聚点开展“爱国卫生人人参与健康生活人人享有”系列主题宣传咨询活动 3 次，健康知识讲座 2 次，义诊咨询活动 2 次，免费派发除“四害”套装 500 份，受益群众 1500 余人。鸬鹚渡镇、桃花江镇、高桥镇计生协联合医疗卫生部门在村（社区）开展“关爱女性健康，献礼母亲节”主题宣传服务活动，为妇女讲授“两癌”防治、生殖健康等科普知识，并现场义诊，引导妇女关注自身健康。县计生协会同县妇幼保健院，组织专业人员采编优生优育、家庭急救、健康素养、疫情防控等科普知识，由县乡村计生协组织逐级推送转发至全县各网格群直至重点目标人群，组织采编优生优育、疫情防控等4类科普知识共65条，逐级推送至全县各乡镇247个村（社区），覆盖1500多个村民小组，约15200个家庭受益。经层层评选推荐，县计生协会授予符建等25个家庭为桃江县“生育关怀——健康幸福家庭”称号，奖励每户500元及奖牌一块。贯彻落实习近平总书记“大力开展健康知识普及，提倡文明健康、绿色环保的生活方式”的指示精神，县计生协提出五大倡议：培树“家庭健康明白人”、培植“家庭健康主阵地”、培育“家庭健康典型户”、举办“家庭健康大讲堂”、制定“家庭健康细公约”。

关爱行动。春节期间，县计生协会为21个村的44户计划生育困难家庭送去慰问金23400元，为全县27名特困卫生计生工作人员、12名老会长送上“小善举大爱心”帮扶资金3万元、春节慰问金3.8万元。县乡两级计生协会共走访慰问计生特殊家庭、计生困难家庭、特困计生工作者、长期从事计生协工作的老会长等1358人，统筹发放困难救助资金33.8万元。“5·29”活动期间，在县级生育关怀资金中提取28万元用于慰问全县计生特困家庭700户。6月2日，县计生协会会长杨俗华、常务副会长刘庆辉同相关负责人走进鸬鹚渡镇板溪学校开展“关爱留守儿童，播洒爱心阳光”传递爱心公益活动，为特殊孩子送上了节日的祝福、学习用品和4000元关爱资金。2021年，全县共为1291户计划生育特殊家庭购买家庭健康险19.75万元，赔付605笔共40.4万元；发放院护理补贴202人次，共23.74万元。成功申报省级计生协项目2个，争取省级资金10万元。

（文有定）

【全镇疫情防控宣传】 1月下旬，县计生协下发通知，安排部署全县计生协参与做好冬春季疫情防控工作。全县各级计生协印发张贴倡议书等防疫宣传资料1.58万份，转发推送疫情防控资讯3.59万条次，参与清理卫生死角1670处，劝导推延或简办宴席260余起，协助督查宾馆、商场、娱乐场所防控疫情工作350余处，通过14个乡镇的跨省流动人口计生协会劝导2460人就地过年。

（文有定）

【梁文明到桃江调研】 5月6日，省计生协会副会长梁文明一行到桃江县鸬鹚渡镇调研，现场指导由桃江县承接的中国计生协“向日葵计划”亲子小屋项目，与市、县、乡的同志就计生协机构改革、优生优育指导、家庭健康促进和致力乡村振兴与乡村治理等工作座谈交流。梁文明一行听取鸬鹚渡镇蓝精灵幼儿园“向日葵亲子小屋”项目点负责人对项目推进的具体措施与工作成效介绍，查看亲子小屋硬件设施和相关资料，了解师资力量配备、亲子活动组织等方面工作情况，对项目后续工作进行指导。座谈会上，调研组听取县、镇两级工作汇报，并就计生协组织建设工作相关问题展开交流。梁文明肯定桃江县计生工作及“向日葵亲子小屋”的建设和运营所取得的成绩，并对桃江县计生协工作、“向日葵亲子小屋”建设提出具体要求。

（文有定）

【全民广场舞大赛】 6月2日，鸬鹚渡镇以“奋进百年路竹乡颂党恩”为主题的全民广场舞大赛在镇中心文化广场举行。全镇11支队伍参赛，鸬鹚渡镇11个村（社区）的代表队先后表演《中国美》《绣红旗（串）幸福赞歌》《红歌联唱》《祖国不会忘记》《撸起袖子加油干》《没有共产党就没有新中国》《祖国颂》等红色舞曲。

（文有定）

▲6月2日，鸬鹚渡镇举行庆祝中国共产党成立100周年暨——成立41周年“久通杯”全民广场舞大赛（文有定／摄）

法 治

政法委与综治

【概况】 2021年，县政法系统贯彻落实习近平新时代中国特色社会主义思想，坚持党对政法工作的绝对领导，坚持以人民为中心，推进平安桃江、法治桃江建设，服务经济社会高质量发展、维护社会大局稳定，开展政法队伍教育整顿、加强政法队伍建设，推进常态化扫黑除恶，深化智能化建设，严格执法、公正司法，法治工作取得成效。县法院获评“2020年度全省法院一站式建设成绩突出集体”，县检察院获评“全省检察机关扫黑除恶专项斗争先进集体”，县公安局获“全省禁毒先进单位”称号，县司法局被全国普法办评为“2016—2020年全国依法治理创建活动先进单位”。

维护社会稳定。以庆祝中国共产党成立100周年安保维稳为主线，在全国、省、市、县两会及各级“党代会”、重要节日等特护期，聚焦重点领域风险防控、重点问题排查化解、重点群体教育稳控，社会大局稳定。强化预警防范应对，落实调度、会商、研判、督查等工作机制，化解到市赴省集访事件。处置各类突发事件，矛盾化早化小，做好源头管控，及时介入指导事件处置和人员管控，化解矛盾在萌芽状态，全县未发生因突发性事件处置不当而酿成重大群体性事件。建立健全重大决策社会稳定风险评估机制，加大矛盾纠纷排查和化解力度，按照“属地管理”、“谁主管、谁负责”和“管领域管业务就必须管稳定”的要求，落实维稳工作主体责任、领导责任、部门责任。督促各乡镇各部门党委（党组）主要领导定期议稳，听取维稳形势汇报，研究部署维稳工作，防控各类社会稳定风险。组织开展大排查，提前介入处置化解各类涉稳风险。

平安桃江建设。开展打击治理电信网络诈骗犯罪、查禁“黄、赌、毒”等专项行动，整治突出社会治安问题。加强护路护线、食品药品安全、网络安全等重点领域监督管理工作，开展居住小区协同治理，集中整治校园及周边治安秩序，做好刑满释放人员、社区矫正对象、肇事肇祸严重精神障碍患者等重点人员的管理服务，做好预防青少年发生不良行为、流浪乞讨人员救助管理等工作。坚持和发展新时代“枫桥经验”，建立分级管控、分类处置的矛盾纠纷多元化解机制，加强专业性、行业性人民调解组织建设，开展“迎建党百年护和谐稳定”矛盾纠纷排查化解专项活动。健全社会治安防控体系，提高科技投入及科技应用率。“雪亮工程”三期摄像头超额建设完成，新增建的“乡村雪亮工程”投入使用，完成“雪亮工程”“六进六护”（进家庭真情呵护、进商铺联动看护、进企业管理防护、进学校用心爱护、进小巷治安维护、进乡村平安守护）社会面视频监控建设并接入共享平台任务。继续推广智能管控“行车卫士”，推行综治保险。开展平安乡镇、平安单位、平安校园、平安医院、平安企业等系列平安创建活动，以点带面，整体推进平安建设。表彰“见义勇为先进个人”4人。在中央级媒体发表宣传稿34篇、省级媒体宣传稿58篇、市级媒体宣传稿92篇。

基层治理体系和治理能力建设。落实《全县市域社会治理现代化试点工作实施方案》，一体化推进县、乡、村三级社会治理创新试点和行业部门试点。落实村（居）委员会依法自治清单、依法协助政府事项清单、负面清单，加强基层群众自治。推进网格服务管理，构建“网格员—网格长—村（社区）总网格长”三级网格化治理体系。完善网格化服务管理平台，录入人口信息、户籍信息、居民道德档案信息，为平安桃江建设提供数据支撑。县委政法委、县纪委、县委组织部、县政府办联合下发《关于加强网格微信群建设，大力推动“网小格”运用的通知》，建立完善网格微信群2481个，办理网格群众诉求19017件。组织开展平安“益”（益阳市）起来志愿服务活动，通过“网小格”开展平安志愿服务活动1801次，平安志愿者注册人数7879人，活动参与12450人次。推行社会心理服务，建立全方位服务体系和网络。开展基层社会治理创新示范乡镇创建活动，牛田镇、沾溪镇、修山镇被评为市级示范乡镇。

扫黑除恶专项斗争。部署落实，实现常态化运行，出台《2021年桃江县扫黑除恶斗争工作要点》《桃江县常态化开展扫黑除恶斗争2021年下半年工作要点》，进一步加强组织领导，明确工作职责、工作机制，扎实抓好常态化开展扫黑除恶斗争任务。11月1日，召开全县扫黑除恶专项斗争总结暨常态化开展扫黑除恶斗争工作推进会，县长周登高主持会议，县委书记向荣讲话，会议总结三年专项斗争成绩，全面部署常态化开展扫黑除恶专项斗争工作。将扫黑除恶专项斗争纳入平安建设考评体系，对涉黑涉恶违法犯罪依法严打。破获各类刑事案件1504起，打掉1个犯罪集团，侦办1起恶势力团伙。

法治桃江建设。推进法治桃江、法治政府、法治社会建设，推动司法改革释放新活力，依法治县工作取得创新发展，法治创建呈现新亮点。健全长效机制，提升依法行政水平。完善合法性审查机制，推进行政决策规范化，加强规范性文件监督管理，全年审核规范性文件16件、非规范性文件92件、政府合同20件，完成领导批示件交办件5件；加强行政执法行为管理，落实行政执法“三项制度”（行政执法公示制度、执法全过程记录制度、重大执法决定法制审核制度），开展桃江县整治“徇私枉法、执法不公”问题行动，提升行政执法质量和水平；深化行政复议体制改革，职能整合、人员调配、牌子加挂、场地设置、设备添置、咨询机构落实到位，完成改革任务走在全市前列，全年办理行政复议案件13件，应诉案件11件。坚持以民为本，深化司法便民服务。优化诉讼服务，落实立案登记制和跨区域立案机制，开展线上诉讼服务工作，完善便民诉讼服务网络，全年受理网上立案315件、跨域立案25件，建立巡回审判点5个，开展巡回审判20场次、法庭公众开放日活动6次。深化诉源治理，设立诉源治理工作站，开展法官联点包村、社区工作，开展诉前委派调解、诉中委托调解与司法确认衔接工作。全年诉前调解纠纷1766件，诉中调解纠纷121件，司法确认人民调解协议373件；强化智慧法院建设，推行庭审公开、文书公开、审务公开，文书上网率100%，直播案件2413件、文书信息上网4653件，庭审直播数位居全市法院第1名。聚焦全民守法，拓展普法宣传。全年建设村级法治主题广场1个、村级法治文化阵地2个、村级法治文化公园1个，开展法治宣传活动100余场次，发放资料2万余份，形成涵盖1个中心、15个工作站、244个工作点、2440个志愿点的公共法律服务格局，开展“法润三湘”志愿者活动15次。全县有“全国民主法治示范村”2个、“全省民主法治示范村（社区）”10个、“全市法治示范乡镇”2个。（戴治国）

【政法队伍教育整顿】 3月5日开始，历时4个月，桃江县组织第一批政法队伍教育整顿。组建领导小组和领导小组办公室，成立工作专班，召开县委常委会会议、领导小组会、办公室会、动员大会、推进会、调度会，建立工作调度、调研指导、工作通报、协调联动工作机制，落实月调度、周例会、日碰头制度；邀请中南大学和省委党校专家授课、县委书记和县委常委纪委书记上党课，开展革命传统教育和警示教育集中学习，推动政治教育、警示教育、英模教育、党史教育与查纠整改相结合，加强全县政法干警党性锻炼；组织政法干警开展自查自纠，开展全员谈心谈话活动，向组织交代问题的129人稳妥处置到位；办结省指导组交办线索71条，重点案件交叉评查148件，涉法涉诉案件清查5件，智能化数据排查政法干警及其家属违规从事经营活动6人6条，队伍建设巡查发现问题16个。

（戴治国）

【法治营商环境优化】 2021年，结合全县“强作风、优环境、共建清廉桃江”行动，县政法系统开展“阻工闹事、法治不彰”问题专项整治工作，优化法治营商环境：县公安局重点开展企业生产经营和项目建

▲3月5日，全县政法队伍教育整顿动员部署会议在县党政大楼附三楼召开（尹 曼／摄）

设周边环境治理，县检察院开展专项法律监督检查，县法院加强涉企民商事案件立案，县司法局重点开展律师服务企业专项活动，县信访局开展信访突出问题攻坚化解，县住建局加强招投标重点环节监管。全年立案办理损害营商环境案件8起、刑拘25人、逮捕23人、取保候审6人、移送起诉25人、行政拘留8人，"百日攻坚"化解涉法涉诉信访案件81件。通过协调，暂时不强制性处置2家经营困顿茶业企业的生产经营资产，帮助负债逾亿元的湖南某生物科技开发股份有限公司脱困重生。 （戴治国）

【行业领域整治】 2021年，县扫黑办制订方案，聚焦行业领域存在的突出问题，推动十大行业领域整治，重点开展四大行业领域专项整治，堵塞监管漏洞，补强治理短板弱项。全县查处违规货运源头企业13家、非法从事客货运输经营"黑车"160台、货运车辆超限超载行为680起、擅自改装车辆从事运输64起；立案查处矿山案件6宗；立案查处办结涉河案件5起，下发责令停止水事违法行为通知书21份，水事违法行为整改通知书15份；办结市场流通行政处罚案件260件，结案230件；查处林业行政处罚案件和上级交办案件19起。 （戴治国）

【县委政法委员会第一次全体会议】 9月3日，2021年县委政法委员会第一次全体会议在县委政法委会议室召开。县委常委、政法委书记罗歆辉主持并讲话。第一副书记吴斌、副书记张克江、县人民检察院检察长喻勇刚、县委政法委常务副书记陈建华出席会议。会议学习《中央政法工作条例》和上级有关文件，审议并通过《桃江县委政法委员会全体会议制度（试行）》。（戴治国）

【基层社会治理创新】 2021年，县政法委强化县域社会治理创新工作，以"深化拓展网格化服务管理""控增量，去存量信访问题化解"为试点，细化单位职责职能任务46条，制定具体措施87条；开展"百万警进千万家"活动，建立分级管控、分类处置的矛盾纠纷多元化解机制，加强专业性、行业性人民调解组织建设，开展"迎建党百年护和谐稳定"矛盾纠纷排查化解专项活动，全年走访群众2.3万多人，调处矛盾纠纷7600余起，调解成功率99.5%。

（戴治国）

公 安

【概况】 2021年，县公安局聚焦主责主业，推进各项重点工作，全县社会大局稳定得到维护。

政治安全维护。聚焦国家政治安全和社会稳定重点领域，落实各项管控措施，防范和化解各类重大风险隐患，全县中国共产党成立100周年、两会、国庆等重要时段安全稳定。

违法犯罪打击。开展"云剑2021""断卡"行动、"昆仑2021"、"净网2021"、净边行动、扫黄禁赌等行动。2021年破现行刑事案件552起，同比上升53.8%。现行命案2起，破获2起，实现"命案必破"目标。破获电信诈骗案件118起，捣毁窝点10多个，刑拘涉诈嫌疑人282人。破涉黄涉赌刑事案件42起、治安案件119起。严打涉毒犯罪，破获毒品案件57起，抓获毒品犯罪嫌疑人124人，查处吸毒人员165人，强制隔离戒毒75人，社区戒毒28人，侦办部督涉毒案件2起、省督涉毒案件2起，2021年被评为全省禁毒工作先进集体。查获妨害国（边）境管理犯罪5起，查处案件4起，办理刑事案件31起。

营商环境优化。常态化开展扫黑除恶。组织开展企业生产经营和重点项目建设周边环境治理专项行动，办理该类案件60起。严打涉经济领域犯罪，破获经济犯罪案件11起，抓获犯罪嫌疑人52人。处置益阳市西部片区生活垃圾焚烧发电项目涉稳问题，刑拘 12 人、治安拘留 4 人。

安全管理。开展交通安全“大排查”“大整治”“大巡防”“大宣传”四大行动，排除各类隐患 310 余处，现场查处各类交通违法犯罪 4 万余起，巡逻里程 4 万余公里，发放宣传资料 6 万余册，全县道路交通安全形势平稳。对重点单位、行业场所开展安全检查 40 余次，发放整改通知书 19 份。推进监所规范化建设，监所无在押人员非正常死亡、脱逃事故。

为民服务。开展“我为群众办实事”实践活动，走访群众 10 万余名，为群众解决困难和诉求问题 56 个，化解矛盾纠纷 120 余起；推进“放管服”改革，推行便民利民 6 项服务举措，落实户籍证明“跨省通办”；受理居民身份证 2.1 万余张；推进二代身份证指纹补采工作，完成指纹采集 9.4 万余人。

公安交通管理。2021 年，县公安局交通警察大队在全县交通秩序整治、事故预防、矛盾化解、保安保畅、宣传教育方面做了大量工作。全年共查处各类交通违法犯罪行为 15 万余起，其中酒驾 1100 余起、醉驾 92 起、无证驾驶 3622 起、货车超载 689 起（“百吨王”12 台）、违法载人 925 起、摩托车和电动车违法 1.8 万余起，刑事立案 55 人，行政拘留 151 人；排除各类道路交通隐患 300 余处，出动警力 7200 余人次、警车 1800 余台次，开展夜间巡逻里程达 6 万余公里，第四季度全县亡人交通事故比上季度和上年同期分别下降 37.5%、28.6%；处理交通事故 1.1 万起，道交庭受理交通事故案件 447 起，结案 431 起，司法交调委共调解案件 201 起。协助县委、县政府做好西部片区垃圾焚烧项目等维稳工作，交通肇事致人死亡破案率 100%；强化对传统节假日、全国两会等特护期的节点防控，做好中央、省级领导到桃江参观检查的警保卫任务及各类旅游、文化节大型活动交通安保 200 余次，护航全县政治、经济、文化的发展；强化道路交通设施建设，增补标志标线 9700 余平方米、标牌 260 块、护栏 880 米、停车位 339 个、违停抓拍设备 4 套、信号灯路口 15 处、卡口 1 处，维修电警设施设备 180 处。

基层基础工作。年内完成强制戒毒所、拘留所建设主体工程；看守所完成主体工程；武警中队营房、民警备勤中心完成桩基工程；完成鲊埠派出所建设，牛田派出所、大栗港派出所建设完成主体工程，灰山港派出所完成立项审批与土地报批工作；电子物证室和视频侦查实验室达三级标准，技术室通过全国一级技术室审核。

（胡群佩　邓少兰　陈　龙）

▲ 12 月 26 日，交警在公路上铲雪（陈　龙／摄）

【首个人民警察节庆祝活动】 1 月 10 日，县公安局举行庆祝首个人民警察节升警旗仪式暨入警宣誓活动。副县长、县公安局局长郭清平出席仪式并讲话，局党委成员、机关全体民警、各派出所正职及民警代表，交警及森林班子成员、巡特警代表参加仪式。仪式由党委副书记、政委梁森林主持。（邓少兰）

【全县公安工作会议】 3 月 23 日，2021 年全县公安工作会议召开。县人民政府副县长、县公安局局长郭清平出席会议并讲话，县纪委监委驻政法委纪检组组长胡巍，县公安局全体党委成员，除值班外的全体民警、协辅警，以及老干和学员代表参加会议。县公安局党委副书记、政委梁森林主持会议。会议回顾总结 2020 年全县公安工作取得的成绩，明确 2021 年工作目标，并作具体安排。（邓少兰）

【黄道安到桃江调研】 5 月 1 日，市委常委、市委政法委书记黄道安，市委政法委副书记雷伟平一行到桃江县公安局调研队伍教育整顿及节假日值班值守工作。桃江县委常委、政法委书记伍令贤，副县长、公安局局长郭清平，县委政法委副书记肖东嵘、县公安局党委委员肖亦雄陪同调研。黄道安一行到凤凰山派出所检查节假日值班情况，查看有关工作台账，询问队伍教育整顿开

展情况，并对桃江公安队伍教育整顿提出具体要求。（邓少兰）

【“光荣在党50年”纪念章颁发仪式】 7月1日，县公安局举行“光荣在党50年”纪念章颁发仪式，局党委副书记、政委梁森林为达到50年党龄的老党员颁发纪念章，局党委班子成员、机关单位负责人、党员民警代表参加仪式。（邓少兰）

【桃江城区夜间巡查】 11月12日晚，县公安局民警、协辅警在全县范围内开展设卡盘查、集中清查、夜间巡逻。行动出动警力230余人次，检查车辆近1000台，查获醉驾1起、酒驾8起、无证驾驶4起、超载2起、未使用安全头盔15起、摩托车电动车非法安装伞具21起和其他违法14起；检查重点场所332家，查获涉毒人员2名，整改安全隐患86处。（邓少兰）

【“百日攻坚”行动退赃会】 11月以来，县公安局全力推进社会面治安问题大整治“百日攻坚”行动，共抓获并刑拘侵财嫌疑人116人，其中传统盗抢骗嫌疑人30人、电信诈骗嫌疑人35人、帮信等涉诈嫌疑人51人，打掉电信诈骗团伙5个、盗窃团伙2个。12月23日，县公安局在办公楼一楼举行集中退赃会。退赃会退还赃款赃物计价10万余元，其中包括摩托车1台、飞天茅台酒2瓶、其他酒烟和现金若干。（邓少兰）

【2021年春运交通安保首日】 1月28日，2021年春运首日，县交警大队共检查客货运重点企业12个、重点车辆3000余台，排查路面交通安全隐患13处，设置警示标志标牌20余块，查处交通违法行为120余起，发放宣传资料2万余册。（秦 滔）

【瞿晏平督导检查交通安全隐患整治】 5月14日，副市长、市公安局局长瞿晏平率市交警支队、特警支队负责人到桃江督导交通安全隐患整治工作，实地查看整治实效。市公安局交警支队支队长蔡卫红，副县长、县公安局党委书记、局长郭清平陪同督导。（秦 滔）

【农村地区“百点百队”交通秩序整治】 从6月初开始，县公安局交警大队按照市公安局的统一部署，在全县开展为期2个月的农村地区“百点百队”交通秩序整治行动，6—7月乡镇整治点位交通违法查处量居全市并列第一。（秦 滔）

▲11月12日晚，县公安局民警城区夜间巡逻（王 鹏/摄）

【首次执法直播】 9月16日晚上7点至9点，县公安局交通警察大队联手县融媒体中心，在县城资江路开展首次酒驾整治网络直播活动，直播活动获20余万名网友点赞和支持。（秦 滔）

【森林公安管理】 4月，县森林公安局完成体制调整，划归县公安局管理，12日，办公地点由原第一招待所搬迁至县公安局新办公楼，与县公安局合署办公。2021年，该局维护林区社会稳定，打击野生动物非法交易、非法采矿、非法占用林地等违法犯罪活动，办理刑事案件35起、公安行政案件3起、林业行政案件5起，采取刑事强制措施29人，移送起诉21人；开展“昆仑2021”百日攻坚专项行动，加大对破坏生态资源违法犯罪打击力度，侦破案件11起，完成率550%，抓获犯罪嫌疑人23人，列益阳市第一名；出动警力500人次，开展长江流域全面禁捕工作；化解涉林矛盾纠纷15起，参与安全值守和巡护，开展森林防火宣传和巡查5次，发放宣传单5000余份，组织开展“6·16”安全生产宣传咨询活动；理顺体制机制，取得阶段性成果，获县公安局领导的肯定。（赵历洪 张 坚）

检 察

【概况】 2021年，县人民检察院

以执法办案为中心，强化法律监督、自身监督和队伍建设，各项工作取得新发展：获县目标绩效考核一类单位，被益阳市委政法委评为“全市政法系统新时代十佳政法班子”，被市检察院评为“先进基层检察院”，新闻宣传稿件《湖南桃江：检察官护送野生娃娃鱼放生》被市委政法委等六家单位联合评为年度全市政法优秀新闻作品视频类三等奖。

刑事检察。全年受理审查批准逮捕 414 人，其中批准逮捕 250 人，不批准逮捕 164 人。共受理审查起诉 555 人，其中提起公诉 409 人，相对不起诉 69 人，存疑不起诉 7 人。“案－件比”认罪认罚适用率为 86.1%。不逮捕案件复议复核 1 人，复议复核维持不捕决定，没有不起诉案件复议复核，没有撤回起诉案件和无罪判决案件。加强社区服刑人员监督管理，监督收监执行 2 人，纠正漏管 4 人、脱管 1 人。督促看守所对在押人员出所就医治疗 2 人。落实在押人员约见检察官制度，确保在押人员控告申诉渠道畅通，办理在押人员控告案件 1 件，且已息诉。开展剥夺政治权利罪犯执行专项检察 2 次，向公安机关发出检察建议得到采纳。

民事行政检察。全年办理民事检察监督案件 20 件。其中，民事执行监督案件 4 件，发出检察建议 2 件均被法院采纳；审判违法监督案件 5 件，均发出检察建议并被采纳；裁判结果监督案件 2 件，向人民法院发出再审检察建议 1 件；支持起诉案件 9 件，向人民法院发出支持起诉申请书 7 份均被采纳，为老年人、农民工追索赡养费、劳动报酬共 12 万余元。办理行政检察监督案件 18 件。其中发出社会治理类检察建议 12 件，均被行政机关采纳；非诉执行案件 4 件，3 件发出纠正违法并监督纠正；行政审判程序违法案件 4 件，均发出检察建议并被采纳。办理裁判结果监督案件 1 件，已终结审查。

公益诉讼检察。全年办理生态环境与资源保护、食品药品、未成年人权益保护等公益诉讼案件 37 件。提出诉前检察建议 15 件均被采纳，提起民事公益诉讼 6 件已判决 5 件，诉讼请求均被采纳。落实长江干流和重要支流水域实行十年禁捕退捕的规定，对非法捕捞水产品案件提起附带民事公益诉讼 5 件，监督开展增殖放流鱼苗 3 万余尾。开展无障碍环境建设公益诉讼专项行动，监督相关部门在县城公共场所完善无障碍厕所等设施设备 30 多个。守护老百姓舌尖上的安全，对贺某明生产销售有毒、有害食品的行为提起刑事附带民事公益诉讼，贺某明承担销售金额 10 倍惩罚性赔偿。

社会综合治理。开展以“同舟共济、检护明天”为主题的法治进校园活动，13 名检察官受聘为法治副校长，先后到桃花江小学等 6 所中小学校开展法治巡讲，师生及家长 1800 余人听讲。规范办理信访接待，选派 1 名业务骨干到最高人民检察院跟班学习 1 个月，受理各类举报、控告、申诉 38 件，均在 7 天内程序性回复。通过“12309”检察服务平台受理控告申诉、提供涉疫法律咨询服务。

队伍教育整顿。规范执法办案，转变干警司法理念，开展“政法队伍教育整顿”和警示教育、英模教育、党史学习 16 堂次，进行基地教育 4 次，评查各类案件 1265 件。

（文哲远　周再明）

▲10 月 19 日，在桃江县十八届人大第一次会议上，县检察院党组书记喻勇刚作检察院工作报告（文哲远／摄）

【省政法队伍教育整顿指导组进驻县检察院】 3 月 11 日，市县两级政法队伍教育整顿省级驻点第九指导组第六小组负责人徐建军一行到桃江县检察院检查指导队伍教育整顿工作，现场检查指导学习教育启动、开展情况以及下一步工作开展等。徐建军一行听取政法队伍教育整顿工作进展情况后，对教育整顿工作给予肯定，并对抓好教育整顿工作提出具体要求。（文哲远）

【喻勇刚当选检察长】 10月21日，桃江县第十八届人民代表大会第一次会议举行第三次全体会议，大会选举桃江县人民检察院检察长，县检察院党组书记喻勇刚当选。

（文哲远）

法　院

【概况】 2021年，县人民法院围绕“审判质量、效率和公信力深化年”任务目标，开展高质量司法实践，全年共受理各类案件7199件，审结6798件，结案率94.43％，结收比106.81％，法官人均结案194.3件。

刑事犯罪惩处。审结刑事案件454件616人。护好群众“钱袋子”，从严打击非法集资、电信诈骗案件71件71人。依法惩治醉驾等交通肇事、危险驾驶案件104件111人，保护群众出行安全。惩处生产和销售有毒、有害食品罪1件，判处贪污腐败等职务犯罪2件2人，完成省高院指定管辖的株洲市天元区人民检察院原党组书记、检察长受贿案的依法审理。

行政案件审理。审结行政案件450件；审结土地征收、房屋拆迁等行政诉讼案件72件。推动行政机关负责人出庭应诉制度落实，出庭应诉率75％。发挥协调功能，化解行政争议，做到“促和与纠错并举”，向行政机关提出司法建议6条。

执行工作。加大对拒不执行行为惩戒力度，限制高消费664人次，发布失信黑名单661人次；坚持善意文明执行理念，开展“活封活扣”执行，最大限度维持企业正常经营。借助信息化手段，查控被执行人财产12578件次，冻结银行存款3352.78万元；开展网上拍卖活动，提升资产处置效率，全年通过网拍成交59件，成交额3871.27万元。

纠纷矛盾化解。贯彻实施《中华人民共和国民法典》，审结民事案件3935件。深化家事审判制度改革，审结婚姻家庭类案件969件，调解405件，健全反家暴机制，发出人身安全保护令1份；弘扬“有约必践”合同精神，依法审结合同类案件1105件；审结建设工程合同案件21件，调处物业纠纷案件6件；依法审结赫山、安化、沅江、高新四地行政案件450件，行政机关负责人出庭率达75％。

风险防范化解。开展涉县农商行金融案件专项行动，执结案件182件，到位本息1500余万元。开展敏感节点值班值守、信息报告及突发事件应对处置工作；开展信访积案专项清结行动，化解积案5件；坚持以案释法，化解舆情危机8次。

民生权益保障。制定《我为群众办实事工作方案》，提高诉讼服务水平，强化社会矛盾化解，畅通涉诉信访渠道，开展结对帮扶、党员志愿者服务、调解矛盾纠纷、提供送法服务等“我为群众办实事”活动30余次，推出便民利民措施20项，解决群众“急难愁盼”问题50余件。开展“为农民工讨薪”专项行动，执结拖欠农民工工资案件106件，为91名农民工追回所拖欠工资308.46万元；为困难群众发放司法救助金95.78万元，减缓免诉讼费25.9万元。

诉源治理。创新发展“枫桥经验”，建成16个行业调解委员会，线上搭建人民法院调解平台，实现案件分流、矛盾化解、司法确认等全流程办理。以“人民调解＋行政调解＋司法调解”方式，推动矛盾就地发现、就地调处，诉前调解1812件，成功率56.18%。发挥法庭前沿阵地作用，构建人民法庭进乡村、进社区、进网格工作机制，依托乡镇社区社会综治网格体系，设立诉源治理工作站6个、巡回审判点5个，开展送法下乡、法律宣讲、矛盾化解等工作20余次。

智慧法院建设。完成电子集约送达平台、远程视频提讯等智能化项目建设，打造现场与远程、线上与线下立体融合的诉讼服务新模式。推广“指尖诉讼”，加强互联网与司法审判深度融合，推进“云立案”“云

▲10月27日，县法院公开开庭审理一起非法捕捞水产品案件（李燕妮／摄）

送达”“云调解”“云开庭”办案模式，加大网上缴费、远程开庭、线上调解、律师服务等便民平台应用力度，“云立案”350件，“云调解”1812件，“云送达”5704份，跨域立案20件。建成集警务执行指挥中心、紧急报警联动系统、安检系统、门禁系统、监控专网为一体的警务管理综合平台，推动“六专四室”（专用囚车、专用羁押通道、专用电梯、专用座椅、专用车库、专用卫生间，“四室”即羁押室、枪弹室、装备室、监控室）规范化建设。

司法公开。网络直播庭审案件2589件，上网公开裁判文书4701份，入选全省法院百篇优秀裁判文书1篇，全省法院百场优秀庭审3场。利用“两微一端”等平台，向群众推送最新法院动态和司法信息230余条，送法进校园、进机关、进企业法制宣传6场次，获评桃江县第四届“关爱明天、普法先行”——青少年普法教育先进集体。重视做好代表委员联络工作，邀请代表委员视察、座谈等30人次。完善人民陪审员制度，贯彻落实《中华人民共和国人民陪审员法》，保障公民参审权利，陪审员共参与审理各类案件779件。

营商环境优化。规范市场主体经营行为，打击虚开增值税发票、非法经营等破坏市场经济秩序犯罪，审结案件5件。设立涉企案件“绿色通道”，实现立案审判执行各环节高效流转，审结涉企案件275件；走访企业，系统提出防范化解法律风险建设。综合运用破产重整、清算等方式，让“僵尸企业”退出市场，有发展前景的企业重获生机。

重点工作服务。助力反电信诈骗工作，审结信息网络犯罪等案件59件93人。开展“环境资源审判利剑专项行动”，依法审理非法采矿、非法捕捞等案件20件。158名干警到基层社区督导疫苗接种。服务脱贫攻坚，审结案件4件。

队伍教育整顿。组织全院干警自我整治，主动讲清问题人数63人，报告问题83条；分层级开展全覆盖谈心谈话190人次。抓线索细查，清查案件9343件。采取提醒谈话、通报批评、诫勉谈话方式分别处理76人次、15人、7人，移送纪委监委立案1人。制定下发13项制度。相关工作经验两次被省政法队伍教育整顿指导组刊发。

（李庆辉　李燕妮）

【周大武被追授为“桃江县优秀共产党员”】1月25日，中共桃江县委追授法官周大武为“桃江县优秀共产党员”。周大武1992年10月进入县法院工作，历任书记员、助理审判员、审判员、审判委员会委员，2007年3月任浮邱山法庭庭长，2020年12月15日因病医治无效去世。2002年，他被市中院评为“人民满意的好法官”，2003年记“三等功”一次，2006年被市中院授予“办案能手”称号，2017年他所在的浮邱山法庭被评为全县政法十佳单位，2021年他被追授为“桃江县优秀共产党员”。

（李庆辉　李燕妮）

【首例破产重整案】4月7日，湖南华艳生物科技开发股份有限公司全线恢复生产，生产库存价值100万元。该公司申请破产重整一案是桃江首例批准进入重整程序的破产案件，县法院用时一年，使企业逐步脱离困境。（李庆辉　李燕妮）

【张克江当选县法院院长】10月21日，县法院党组书记张克江在桃江县第十八届代表大会第一次会议上当选县法院院长。

（李庆辉　李燕妮）

【杨翔到桃江调研督导】11月4日，湖南省高院副院长杨翔一行到桃江县法院开展“问计策、办实事、解难题”调研活动，督查指导人民法庭建设、破产积案清理等工作并召开调研座谈会。益阳市中院党组书记、代院长彭卫兵，市中院党组副书记、副院长金凯力，县委常委、常务副县长李丰，县法院党组书记、院长张克江陪同调研。

（李庆辉　李燕妮）

【禁毒普法宣传】5月12日，县法院团支部组织干警到县七中通过毒品案件模拟庭审方式，以案说法，向学生进行禁毒普法宣传。中国关工委常务副主任武韬、中国关工委副秘书长黄长庆、中国关工委事业发展中心培训部主任熊雄一行到现场观摩。（李庆辉　李燕妮）

【省政法队伍教育整顿指导组到县法院督导工作】4月19日，省政法队伍教育整顿指导组法院现场专班负责人谢主政，专班成员戴利君、彭觉能到县法院督导检查队伍教育整顿工作。指导组肯定桃江法院在查纠整改环节制度建立、交办线索办理、落实中央督导组提出的整改措施、开展专项整治行动，就县法院队伍教育整顿工作存在的具体问题提出意见和建议。

（李庆辉　李燕妮）

司法行政

【概况】2021年，桃江县司法行政

工作履行“一个统筹、四大职能”（统筹全面依法治县工作，承担行政立法、行政执法、刑事执行、公共法律服务职能任务），各项工作有新突破、新进展：桃江县被省委全面依法治省委员办公室命名为第一批全省法治政府创建示范地区；县司法局被全国普法办提名为2016—2020年全国依法治理创建活动先进单位；被全国妇联评为全国维护妇女儿童权益先进集体；提交的普法案例作品《小舞台汇聚大能量花鼓奏响法治乐章》获评湖南省“七五”普法十佳精准普法创新案例；桃江县婚调工作室开展的“三网三访”巩固婚调成果项目获全省十佳“巾帼暖人心”维权创新项目。

依法治县。组织召开县委全面依法治县工作会议暨县委全面依法治县委员会第三次会议，审议并通过《关于认真学习宣传贯彻习近平法治思想推进全面依法治县工作的实施意见》等系列文件，将法治政府建设纳入全县经济社会发展规划、年度计划；组织召开迎接中央全面依法治国委员会办公室来湖南开展法治政府建设督查工作调度会；发挥“关键少数”的示范带头作用，明确党政主要负责人推进法治建设第一责任人职责；加强业务培训，组织全县各单位法治专干、各乡镇及重点执法单位的执法大队队长以及司法所长共127人进行为期2天的业务培训；制定考核方案，将法治政府建设纳入县委、县政府对部门工作目标考核；对全县主要行政执法部门法治政府建设与依法行政工作情况开展全方位督查，对权责清单完善落实情况、行政执法“三项制度”落实情况、规范性文件制定实施及备案情况等进行督查，推动全面依法治县各项工作落实。

法治政府建设。制定《桃江县重大行政决策程序规则》等系列文件，完善重大行政决策合法性审查机制，推进行政决策规范化。加强规范性文件的监督管理，依法废止《桃江县城乡居民基本医疗保险实施细则》文件，清理本级人口与计划生育法以及外商投资法相关规范性文件，全年审核规范性文件16件、非规范性文件92件、政府合同20件，完成领导批示件交办件5件。落实行政执法“三项制度”，制定《桃江县整治“徇私枉法、执法不公”问题行动方案》，整治“执法不公正、执法不廉洁、执法不文明、执法不规范、执法不严格”五个方面的突出问题，及时发现和纠正执法不规范、不公正等行为，提升行政执法质量和水平。深化行政复议体制改革，完成改革任务走在全市前列。推动行政复议规范化建设，行政复议制度化、规范化、高效化、信息化、智能化逐步实现。全年办理行政复议案件18件，应诉案件11件。

法治宣传。突出普法的针对性和实效性，启动实施“八五”普法规划调研、制定工作；夯实“谁执法谁普法”责任制，通过建立普法任务清单、年度述职述法等制度，落实法治建设第一责任人职责；健全完善大普法格局，形成以县城为中心、15个乡镇及经济开发区为重点，辐射247个行政村（社区）的普法宣传格局。修缮大栗港镇朱家村法治主题广场，建设石牛江镇牛剑桥、田庄湾村法治文化阵地，投资10万余元建成龙溪村法治文化公园，启动汤家塅村、株木潭村法治文化阵地建设，法治文化阵地建设在《法治日报》专题报道，群众抬头见法、休闲学法，形成普法宣传横到边、纵到底、覆盖全的地域格局；深化“法律九进”（送法进农村、进社区、进校园、进机关、进企业、进军营、进网络、进景区、进宾馆）活动，抓好重要时间节点，利用法治一角、农家书屋、群众赶大集等时机，宣传《中华人民共和国宪法》《中华人民共和国民法典》《优化营商环境条例》等法律法规，全年共开展法治宣传活动100余场次，发放资料2万余份；开展“民主法治示范村（社区）”创建活动，探索以自治为基础、以德治为先导、以法治为保障的“三治融合”（自治、德治、法治）乡村治理模式，推进家德家风教育，全县有2个村被评为“全国民主法治示范村”，10个村（社区）被评为“全省民主法治示范村（社区）”，2个乡镇被评为“全市民主法治示范乡镇”。

社会维稳。开展平安桃江建设，落实矛盾不上交三年行动，发挥人民调解在化解社会矛盾纠纷中的基础性作用，开展“迎建党百年护和谐稳定”矛盾纠纷排查化解专项活动，排查矛盾纠纷185次，调处纠纷83起，调解成功率100%；推动专业性行业性调委会发挥作用，鼓励引导发展志愿调解组织，指导成立大栗港镇“五老”调解室，全年全系统调处矛盾纠纷7495件，调解成功率99.5%；加强特殊人群教育管控，组织召开社区矫正委员会第一次会议，审议通过《桃江县社区矫正委员会工作规则》《桃江县社区矫正委员会成员单位职责》；开展监狱警察延伸社区矫正监管工作，突出加强两类人员（刑满释放人员和社区矫正对象）管理，全年新接收社区矫正对象284人，解除矫正274人，在矫294人，无脱管漏管现象；做好安置帮教衔接及安置工作，安置帮教在册2152人，全年接收515人，安置帮教率100%，落实“情暖高墙·关爱孩子”专项帮扶活动，评估“为了花朵的微笑”佳祥助学项目，申请助学金15人；常态化开展扫黑除恶斗争，深化法治宣传教育，强化特殊人群管理教育，规范律师辩护代理，建立长效工作机制，扫黑除恶专项斗争取得阶段性成果。

公共法律服务。优化公共法律服务体系建设。搭建实体平台，畅通法律服务热线，打造公共法律服务网络，形成1个中心、15个工作站、244个工作点、2440个志愿点的公共法律服务格局，全年落实省重点民生实事项目274件，完成率101%，涉及受援人268人次，支出办案经费30.83万元；推进一村（社区）一法律顾问工作，全县247个村（社区），均已与律师或法律工作者签订无偿法律服务合同，已建立法律顾问微信群45个，全年免费为群众解答法律咨询1380人次，参与基层纠纷调解155起，为人民群众和企业挽回经济损失1200余万元；开展“法润三湘”公共法律服务品牌活动宣传，全年共开展志愿者活动15次，其中开展“我为群众办实事”活动6次；完善政务事项“最多跑一次”清单，推行一次性告知制度、法律援助经济困难证明告知承诺制度，解决群众“急难愁盼”问题，全年办结各类公证事项832件，司法鉴定案件595件，无一假证、错证。

队伍教育整顿。推进查纠整改环节各项工作任务落实，组织开展谈心谈话135人次，填写自查事项报告表94人次，开展线索摸排和组织查纠，掌握和核查相关线索；制定《桃江县司法行政系统关于深入贯彻落实防止干预司法“三个规定”的实施办法》等11项工作机制。

（吴江柱）

【送法下乡】 1月20—25日，县委全面依法治县委员会守法普法协调小组办公室联合全县各乡镇、单位开展“送法下乡”活动。宣传《村民委员会组织法》《中国共产党农村基层组织工作条例》《中华人民共和国宪法》《中华人民共和国民法典》《中华人民共和国传染病防治法》《中华人民共和国野生动物保护法》等与群众生产生活密切相关的法律法规。活动出动宣传车11台，走访500余户农村家庭，发放宣传资料1.5万余份，解答群众法律咨询170余人次，把法治服务送到群众家门口。

（彭少熙　姚蘅桉）

【省委依法治省办到桃江督察】 12月17日，省委依法治省办成员、省司法厅党组成员、副厅长张维杰一行到桃江督察，听取桃江县党政主要负责人履行推进法治建设第一责任人职责及法治政府建设工作的情况汇报。县委书记、县委全面依法治县委员会主任向荣现场述职，县委副书记、县长、县委全面依法治县委员会副主任周登高述职并汇报全县法治政府建设工作情况。张维杰对桃江推进行政执法“三项制度”，推动服务下沉，放权赋权，完成行政复议体制改革，开展法治领域专项整治，提升公共法律服务质效等各项工作所取得的成效给予肯定。

（高　爽）

【整治“徇私枉法、执法不公”突出问题企业负责人座谈会】 11月12日，桃江县人民政府副县长、县公安局局长吴斌带队前往县经开区与企业负责人就整治“徇私枉法、执法不公”的问题开展座谈。县经开区相关负责人，牛潭河派出所、经开区司法所负责人一同参与，新兴管件、鑫政铝业等12家企业负责人出席。各企业负责人就行政检查、行政处罚等行政执法问题发表意见。座谈会收集企业负责人建议意见10条。（吴江柱　陈　琥）

【人民调解员培训】 7月20—22日，县司法局组织召开全省调解员示范培训班视频培训会。各乡镇司法所工作人员、调解专干、乡镇（街道）调委会主任、各行业性专业性调委会工作人员共92人参加。培训会开设民法典理论、调解方法技巧、典

▲5月7日，桃江县司法局开展《保障农民工工资支付条例》暨“维护农民工合法权益促进社会公平正义”主题宣传服务活动（罗　静/摄）

型案例解析、“互联网＋调解”服务平台实务操作课程，致力于提升基层调解员预防化解矛盾的专业化水平，完善基层公共法律服务、推进基层法治建设。（吴江柱）

【农民工讨薪维权】 4月，县司法局公共法律服务中心现场受理10多名讨薪农民工的法律援助申请，当场指派法律援助律师，开通农民工法律援助“绿色通道”（简化审批手续、免于审查经济状况、限时办理），助力农民工讨薪维权。全年为讨薪农民工提供法律咨询30人次，办理法律援助案件16起，涉及金额100余万元。（董 迁）

【农民工合法权益宣传活动】 5月7日，县司法局联合县人社局、县住建局、县总工会等部门在劳动监察大厅开展宣传《保障农民工工资支付条例》暨“维护农民工合法权益促进社会公平正义”主题宣传服务活动。现场设立法律咨询台、发放宣传资料、悬挂横幅向群众普及相关法律知识。活动发放《保障农民工工资支付条例》《职工、农民工法律援助服务知识》《中华人民共和国民法典》《中华人民共和国长江保护法》等宣传单200份，现场接受咨询40人次。（罗 静 杨 林）

【全县司法行政系统队伍教育整顿工作推进会】 4月16日，县司法局组织召开全县司法行政系统队伍教育整顿工作推进会暨查纠整改环节思想动员会。全系统干警、律师事务所、法律服务所、司法鉴定所负责人及退休人员共90余人参加会议。会议学习省、市、县教育整顿工作推进会议精神，总结学习教育环节工作，部署查纠整改环节任务。（符 婷）

军　事

桃江县人民武装部

【概况】 2021年，桃江县人民武装部（以下简称县人武部）贯彻习近平强军思想和中央军委基层建设会议精神，在举旗铸魂、聚焦主业、正风肃纪、夯实基础上下功夫，推动全县党管武装暨民兵预备役工作迈上新的台阶。推进民兵调整改革，要讯工作在全省县（市、区）人武部位列第一；从严依法治军，被省军区评为“正规化建设先进单位”。（李　林）

【思想政治建设】 2021年，县人武部打牢官兵思想政治基础，巩固深化“不忘初心、牢记使命”“传承红色基因、担当强军重任”主题教育和经常性思想教育成果，强化先进典型示范。创新教育形式，探索运用启发式、互动式、访谈式等模式，在干部职工、专武干部和民兵队伍中开展微课堂、微讲座、微视频等活动，用好“学习强国”和“军职在线”App，开展学习评选活动，加强专武干部军事理论学习。开展党史学习教育，推进每日一学、每日晒单活动常态化、制度化。探索民兵政治教育途径，挖掘红色资源，讲好桃江红色故事，增强教育的实效性和感召力。全年投入13万余元订阅《中国民兵》和《湖南国防教育》等报刊。开展拥政爱民工作，争创全国双拥模范城。（李　林）

【战备执勤训练】 2021年，县人武部完善战备方案，增添战备器材，落实战备秩序，常态组织战备值班拉动演练，开展现役干部、文职人员的军事素养、军事技能训练，专武干部指挥协调训练，民兵应急队伍的应急应战专项训练。完成两会、国庆及重大节日等重要时期战备执勤。抓基础训练，开展群众性岗位练兵比武竞赛。结合军事日活动，组织地方领导、机关干部进行军事体能训练和野外生存拉练。抓好本部、国动委机构、专武干部和基干民兵训练，开展民兵活动日系列活动，开展技能比武竞赛。提升民兵专业对口率，规范基干民兵预建党组织，抓好民兵专业力量、新质力量建设，组织参加军分区新质民兵分队比武，推动民兵队伍建设提质增效。组织专武干部和民兵骨干轮训，全年编组基干民兵，分期组织参训，开展基础理论、单兵技能、应急行动的组织训练。（李　林）

【基层建设】 2021年，县人武部抓经常性基础性工作落实，推进基层建设整体水平。在基层武装部开展建设星级达标活动，对星级达标结果进行通报排名，作为评先创优的重要依据。结合担负的任务和辖区实际，从严从实抓好部队战备训练。着力把基干民兵编实、把专业分队编精、把应急分队编强，为战时应战、急时应急、平时服务打下坚实基础。（李　林）

【兵员征集】 2021年，县人武部抓精准兵员征集，坚持早着手、早筹划、早发动，向各乡镇下发通知，抓实抓细宣传发动；开展信息统计、政策激励等基础工作，做好兵役登记，探索实行征兵常态化建设，研究破解征集难题；加强封闭式征兵体检站标准化建设，组织征兵体检和政治考核，严格标准程序，把牢廉洁征兵关口，推行综合素质考评及择优定兵系统筛选预定新兵，提高兵员征集质量。年内完成直招军官、

男兵、女兵征集任务，没有发生一起退兵问题。（李 林）

【安全管理】 2021年，县人武部贯彻《军队安全管理条例》，落实军委国防动员管理规范性文件。从上下班、人员、车辆、安全保密等方面，完善修订相关措施，建立规范体系。每周组织1次安全检查，每月开展1次安全形势分析和隐患排查，及时发现并解决问题。（李 林）

【任命4名乡镇武装部部长】 1月11日，县人武部召开任职命令大会。会上，4名干部被任命为乡镇人武部部长。县委常委、人武部政治委员杨海斌出席会议并讲话。杨海斌总结县人武部各项工作取得的成绩，肯定全县武装干部的付出，对全县武装干部提出要求。鲊埠回族乡新任武装部部长作表态发言。（李光照）

【向荣任县人武部党委第一书记】 8月24日，县人武部党委第一书记任职大会召开，市委常委、军分区政治委员张先旺宣读桃江县人武部党委第一书记向荣的任职通知，向荣表态发言，周登高、伍令贤、杨凯波、曹晓声等县领导参加会议，县委常委、县人武部政治委员杨海斌主持会议。张先旺代表益阳市军分区党委对向荣担任桃江县人武部党委第一书记表示祝贺，对桃江长期关心和支持国防军队建设表达敬意，并对桃江县武装工作、国防后备力量建设提出希望和要求。（李 林）

【益阳市资水梯级电站联合调度暨沿线防洪避灾转移演练】 5月10日，益阳市资水梯级电站联合调度暨沿线防洪避灾转移演练在桃江县修山镇举行。市委副书记、市长张值恒等市防指领导，联系区县防汛工作的市防指成员单位领导，其他县级（直）单位领导，县五大班子领导出席。演练以资水流域防洪为背景，模拟柘（柘溪）桃（桃江）区间出现强降雨，柘溪水库即将泄洪，市防指通过对柘溪水库下游资水梯级电站进行联合调度，实现预泄腾库。同时资水两岸各乡镇、部门、企业、学校及时响应市防指指令，及时落实安全举措、避灾转移。演练中，桃江组织民兵应急队、防汛技术专家组、应急救援综合抢险队、地质灾害抢险方阵、党员先锋队等11支队伍，动用直升机、冲锋舟、铲车、应急救援车等设备，处置防洪过程中发生的各类紧急突发事件，人民群众生命财产安全得到保障，灾害损失最大程度减轻。张值恒肯定演练成果，并对市、县防指和各区县防汛抗灾工作提出具体要求与意见。（李成刚）

人民防空

【概况】 2021年，桃江县人民防空办公室（以下简称县人防办）坚持依法依规依程序规范开展各项工作，依法建管和服务水平得到提高；严格人防项目行政审批，开展人防宣传教育和人防指挥通信建设，防范廉政风险，优化人防发展环境，推进新时代人防事业转型升级和高质量发展。（曾海英）

【人防工程审批服务】 2021年，县人防办按照人防法律法规要求履行人防义务，年内完成多个结合民用建筑修建防空地下室项目的初步设计审查工作，并开展后续服务工作。（曾海英）

【易地建设行政审批】 2021年，县人防办开展人防行业整治，全面清理部门有关文件，除符合法律、法规、行政规章的文件外，其他与政策条文相抵触或失去时效的文件一律废止。人防部门在审批工程项目报批手续时，严格按政策法规办事。（曾海英）

【人防宣传教育】 2021年，县人防办全面开展人防宣传教育工作，每季度更新社区人防宣传教育栏内容，增强全民国防意识；结合“5·12”

▲11月1日，参与人防演习的县玉潭学校师生疏散到学校操场（钟艳桃／摄）

应急宣传日和“11·1”警报试鸣日，组织县城区11所中小学学生开展紧急疏散演练活动；及时在新湖南、红网、桃江公众信息网等媒体发布桃江县人防工作动态，扩大人防知名度。（曾海英）

【人防指挥通信】2021年，县人防办完成全省人防视频会议系统建设；完成人防指挥通信值勤，组织开展人防指挥通信专业训练；参加省人防办组织的“准军事化”训练和市人防办组织的人防指挥通信跨区演练；维护管理人防警报设备，确保人防警报试鸣；开展益阳市人防疏散地域示范点建设相关前期工作。

（曾海英　钟艳桃）

【万名师生参与人防疏散演习】11月1日是全省第21个防空警报试鸣日。桃江县于当日组织上万名师生参与人防紧急疏散演习。上午9时30分，桃江县各警报点统一拉响预先警报。8分钟后，空袭警报连续急促响起，县玉潭学校迅速启动演练模式，校方各专业队伍跑入教学楼，组织全体在校师生有序疏散，4000余名师生有序疏散到学校操场，双手抱头下蹲，保持防护姿势，等待警报解除。9时46分，空袭解除警报响起，防护解除。演练结束后，学校德育工作负责人胡亚辉为全校师生作专题宣讲。（钟艳桃）

武警桃江中队

【概况】2021年，武警桃江中队强化安全发展理念，加强思想政治建设、组织建设、执勤战备、军事练兵等各方面工作，取得较好成绩，被评为“四铁”先进中队、新闻舆论工作先进单位，政治指导员李榕培立个人三等功。（路仕扬）

【思想政治工作】2021年，武警桃江中队为庆祝中国共产党成立100周年，把思想政治教育作为“铸魂工程”来抓，凝聚兵心，夯实底蕴。将党史学习与党团活动、教育日等时机相结合，每周教育课学习党史一课，讲一篇红色故事，每月观看一部主旋律电视电影；邀请县党史学习教育微宣讲报告会进军营，听英烈故事；开展“传承红色基因、担当强军重任”主题教育，每月进行一次微课解读，课后组织班讨论消化理解；开展新时代卫国戍边英雄群体和“反恐尖刀中队”先进事迹学习，激发战斗精神。研读军队思想政治教育规范性文件，落实支队每月思想政治教育计划，创新教育模式，以实际成效检验思想政治教育，将灌输式、抄记式教育向心得式、讨论式、实践式教育模式转变，增强教育的时代性、感召力。落实周析一案的观看与学习，做到人人皆知。结合队务会经常性分析官兵思想、准确掌握官兵思想脉搏及倾向性问题，开展“大谈心、大摸底”，让官兵真心话有人讲、烦心事有人说，了解掌握官兵的思想困惑，化解官兵之间存在的矛盾摩擦。（路仕扬）

【文体及公益活动】2021年，武警桃江中队针对官兵反映的文化活动单一、休息时间普遍玩手机的现象，及时更换、上新文体活动器材，邀请驻地球队组织篮球、足球比赛，组织学唱忠诚卫士组歌，让官兵在红色旋律中陶冶情操，坚定信仰；在老兵退伍时组织茶话会、烧烤晚会，活跃生活氛围；协调县人武部和县委宣传部举办“庆八一”专题晚会；疫情防控期间邀请驻地文化艺术团为官兵献上一场文艺晚会；在中秋佳节举行“赏月晚会”，组织官兵打亲情电话，缓解官兵思家情绪；团支部策划节假日文体活动，年内制作的老兵退伍视频，获官兵一致好评；国庆期间，中队结合益阳市中心血站血液存量短缺的实际，组织开展“献热血、迎国庆”活动，累计献血8200毫升。（路仕扬）

【队伍建设】2021年，武警桃江中队加强组织建设，坚持把抓班子建设作为突破口，以党支部为核心，建立健全各类组织，发挥各级组织能动性，推动部队建设。支部一班人坚持学习《习近平论强军兴军》等读本，提升思维层次；加强法规文件学习，形成思路、章法；召开专题组织生活会，开展批评和自我批评，党员整体党性觉悟有明显提升。重视军士队伍培养，在行政值班、任务分配上委以重任，年内有2名新晋士官走上骨干岗位；中队为2名考学战士提供条件，其中徐焕揆报考军校文化成绩444.75分，总队综合排名第21，被北京特警学院录取，实现从士兵到干部的转变；发挥两个群众组织作用，军人委员会传达各项活动通知，组织党员发展、技术学兵选送、“四有”评比等事项的民主测评，调动官兵的主人翁意识，全年在《人民武警报》上稿5篇，“学习强国”2篇、湖南红网4篇、《潇湘晨报》2篇、强军网38篇，被益阳支队评为新闻舆论工作先进单位。（路仕扬）

【执勤战备】武警桃江中队严把执勤战备关口，落实执勤制度，确保固定勤务安全稳定。与县看守所沟通协调，联合市监管支队、县公安局召开联系联防会议，对目标单位实地检查，对发现的问题共同研究整改措施，限定整改时限，执勤硬隐患基本得到解决；针对固定勤务现实存在的常见问题，中队坚持问题导向，纠治整治打瞌睡、交接不正规、执勤姿态不端正、打接电话不规范等具体问题，采取查看监控录像回放、提高报告频率、压实执勤安全监控员责任和每日勤务讲评等措施，执勤通报明显减少，执勤秩序明显正规。组织押解、巡逻，确保临时勤务万无一失。中队全年共担负押解勤务10起，巡逻45天。严把临时勤务关口，确保社会安全稳定。落实战备各项制度，常态保持应急战备水平。坚持以形势任务为牵引，结合支队“修方案、学方案、推方案”和安全工作教育整顿活动及时修订完善执勤、战备方案及各类保障预案；结合老兵退伍、人员调整等时机，组织联合方案演练，加强对执勤设施的操作使用、情况协同处置等内容训练，提高官兵的处置能力以及与看守所的协同能力；中队长陈冠彤带领应急班成员研究中队在组织指挥能力、编携配装落实、后勤保障力量建设等方面存在的问题，改进方式，做到快速、高效、齐备。（路仕扬）

【军事训练】 2021年，武警桃江中队坚持实战实训、按纲施训、从严治训，狠抓练兵备战。因受新冠肺炎疫情影响，官兵训练场地受限，在支队半年考核中成绩不理想，中队及时召开军事训练分析会，调整思路，提升官兵参与训练、提高自身素质的主动性，官兵军事素质得到提升，在支队第三季度按纲建队军事考核中名列前茅。制定年度教学任务分工表，完善训练教案，结合新大纲变化对全体官兵进行授课辅导，并将年度训练科目合理分工，每个科目教练员拟写教案并交主官审阅修改后组训任教，避免出现上级组织教学法考核时实际教练员与分工表教练员不符。吸取兄弟单位训练亡人事故教训，科学组训、按纲施训、干部跟训，主官对重难点课目带头组训，确保训练安全、正规。根据督训平台反馈，支队交班会连续多次表扬桃江中队主官跟班组训好。中队长陈冠彤发挥在机关工作积累的经验，梳理文件，加强对大纲的学习研究，培养懂训练、知规定的行家里手，避免脱纲离谱问题的发生。军政主官每周五根据大队月训练计划，结合中队训练实际和天气状况制定周课表，确保计划的科学性、严肃性，推动年度军事训练课目的完成。（李榕培 路仕扬）

▲5月10日，益阳市资水梯级电站联合调度暨沿线防洪避灾转移演练在桃江举行（李成刚/摄）

【无偿献血】 9月30日，武警桃江中队官兵参加无偿献血，事前与益阳市中心血站和地方人民医院协调相关事宜，组织献血活动。此次无偿献血活动累计献血8200毫升，展现官兵良好精神风貌和无私奉献精神。

（李榕培 路仕扬）

【联勤武装巡逻勤务】 2021年，在高考、国庆等特殊时期，武警桃江中队官兵拟制方案，部署兵力，明确相关联控措施。任务分队挑选思想觉悟高、军事素质强、作风纪律严的官兵担负巡逻任务，开展专勤专训，搞好形势教育和政治考核，强化官兵的责任意识和使命意识。执勤过程中，采取乘车巡逻和定点警戒相结合的方式，对重点区域实施不间断的武装巡逻，全体参勤官兵落实防疫要求，履职尽责，严守纪律规定，展示武警部队威武之师、文明之师的形象。

（李榕培 路仕扬）

【庞新颜到桃江中队指导工作】 7月1日，支队长庞新颜到武警桃江中队指导帮建。庞新颜听取中队主官工作汇报，检查作战勤务值班室，查看中队“智慧磐石”工程运行状况和中队常态执勤部署情况，了解官兵学习、训练、工作和生活情况，勉励大家确保执勤安全。他会同中队干部分析中队建设形势，对中队的建设提出具体指导意见。

（李榕培 路仕扬）

交通·邮政通信

交通运输

【概况】 2021年，全县公路通车里程达2447.692公里，按行政等级分，国道（G207、G234、G536）123.188公里、省道（S223、S225、S319、S321、S538、S541）204.737公里、县道266.954公里、乡道1025.046公里、村道827.767公里；按技术等级分，一级公路48.187公里、二级公路240.586公里、三级公路13.582公里、四级公路2049.608公里、等外公路95.729公里。过境高速公路4条，总里程约100公里（主线95公里，互通5公里。其中：G55二广24.728公里、S20平洞48.46公里、S71益娄13.6公里、S7101益阳南线绕城1公里）；铁路（洛湛、石长及其复线）69公里；航道102公里，500吨级货运码头1座；在建高铁1条（即常益长高铁）。

道路运输。在籍营运货车2432台（总质量4.5吨以上，已年审），班线运输企业8家，三级以上客运站6家，驾校13家，二类及以上维修厂共计6家（二类维修厂5家、一类维修厂1家）。另有城乡客运企业1家（线路53条，城乡公交190台，班线车辆3台），城市公交企业1家（线路11条，公交99台），城市出租汽车企业2家（出租汽车209台）。

水路运输。在籍经营户81户（客运79户、货运2户），营运船舶96艘（渡船83艘、货船13艘）。渡口28道56处（行人渡口12.5道25处、汽车渡口15.5道31处）。

项目建设。全年完成交通建设固定资产投资3.23亿元，完成立项争资11530万元，引进服务业项目1个（客货邮运输有限公司）。开展益（益阳）马（马迹塘）、益娄（娄底）、马安（安化）、二广（内蒙古二连浩特—广州）等4条高速公路及S234牛（牛田）大（安化大福）、S230、舒（舒塘）牛（牛田）公路等国省干线的遗留、扫尾工作，解决个案10余个。国省干线建设方面，G207武潭镇区改线工程完成投资6000万元，隧道工程完成50%，路基、桥梁、通涵工程已基本完成；G234赫山区谢林港至桃江石洞公路桃江段完成工程可行性研究报告批复、设计评审、用地预审、社会稳定性评估、复垦方案编制等前期工作；项目竣工验收方面，S324牛大公路完成竣工决算审计，于2月3日完成竣工验收；S230绿化亮化工程于2月4日完成交、竣工验收；舒牛公路全线水系已完成维修，启动竣工验收审计等工作。农村公路建设方面，完成2020年度已完工危桥改造、农村公路窄加宽、安保工程等项目交（竣）工检测工作；完成峡康（峡山口—康家村）线、Y009杨许（桃花江镇杨家坳—高桥镇许家洲）公路资源产业路等15.116公里的公路提质改造项目、7.413公里自然村通水泥（沥青）公路、28座危桥改造、293.185公里的农村公路安全生命防护工程等农村公路建设项目的质量安全监管工作。水上交通项目建设方面，5月11日，与省湘水集团签订资水航电枢纽等项目战略合作框架协议，完成益阳至桃江航道测量工作，启动设计工作。

依法行政。全年办理行政许可384件，事项按期办结率100%，服务满意率100%；政务服务“三集中三到位”（“三集中”指行政审批职能向一个科室集中、承担审批职能的科室向行政服务中心集中、行政审批事项向电子政务平台集中；“三到位”指事项进驻大厅到位、审批授权窗口到位、电子监察到位）已全部落实，行政事项已进驻，从业资格证业务、县水运事务中心所有依申请类事项已全部进驻县政务中心交通窗口。强化行政执法，全年办理行政处罚案件1200余件。开展公路路域环境治理，维护公路畅通，共取缔路边流动摆摊设点37处，消除公路堆放、违法占路行为87处。部门联动，治理超限超载，全年共查处车辆674台次，责令非法改拼装货运车辆自行恢复23台，强制切割恢复原状60台；查处货源企业违法行为10起；吊销道路运输证2本，撤销驾驶员从业资格证4本，普通公路超限超载率控制在0.48%，高速公路入口超限超载率控制在0.5%以下。

安全监管。排查安全隐患，推进行业打非治违工作，开展公路运输、水路运输、交通工程建设等交通运输行业安全隐患整治，共排查隐患196处，现场整改76起，限期整改5起，下达整改通知书82份，约谈企业2家，治理铁路安全隐患36处，全年交通运输安全生产形势基本稳定，无较大以上旅客滞留现象，未发生一起较大以上服务质量投诉。推进科技治超项目建设，完成重点货物源头企业治超系统、县级综合治超平台（10月投入使用）、灰山港不停车超限检测系统（12月25日投入使用）建设工作与马迹塘预检系统的升级工作。

行业发展。巩固城乡客运一体化示范县创建工作，8月获批全省城乡客运一体化示范县。加强县乡村三级物流体系建设，7月向省交通运输厅申报客货邮融合发展培育示范县创建，12月获批全省农村客货邮融合发展示范培育县。协调相关部门出台客货邮融合发展工作推进方案、创建实施方案，指导县城乡客运有限公司建立桃江县县级快递物流仓储中转中心与灰山港镇镇级快递物流仓储中转中心，设立154个村级客运物流综合服务站，并试行客货邮分拨中心，配套开发区域物流软件，打通“工业品下乡、农产品进城”双向流通渠道。

环境保护。道路运输方面，开展蓝天保卫战专项行动，排查汽修厂排气环保设施，向县蓝天办移送环保设施不达标、设备不正常使用等问题16处；优化运输结构，淘汰22台老旧出租汽车，新增22台清洁能源出租汽车；水上交通运输方面，完成53处渡口码头规范提升专项整治工作，新设置汽车渡口1处，行人变更渡口为汽车渡口1处，依法撤销关停渡口14处；制定船舶污染物接收转运处置监管实施方案，对县域所有船舶配备垃圾桶、专用油污桶，设置油污暂存点，并实施电子联单管理制度，杜绝因维修产生的水体污染；加强部门联动，协同农业农村部门、各涉水乡镇人民政府，多次开展“三无船舶”（无船名船号、无船舶证书、无船籍港的船舶）专项整治行动，共收缴渔网、地笼等300余个，现场销毁自制排伐15艘次，责令自行上岸筏艇20艘次。

管理服务。开展水路运输资质核查，对全县2家水运企业和13艘营运货船经营人的经营资质和经营行为进行年度核查；开展行业准入与营运车辆年审，全年年审道路运输证2540件（普通货车2432台、巡游出租汽车108台），配发道路运输证428本，新核发从业资格证635本，换补证1017本，延续巡游出租汽车特许经营权22台，新增网络预约出租汽车许可2家，备案机动车维修企业8家；完成全县客运企业、车辆维修企业、驾培机构质量信誉考核工作，规范全县道路运输经营活动；推进政务服务“三化”（标准化、规范化、便利化）系统，顺应“互联网+政务服务”一体化平台政务服务事项调整，梳理服务事项要素，共明确依申请六类事项229项。提升服务效率，优化道路货运经营许可，实行告知承诺制，精简机动车驾驶员培训许可、道路旅客运输经营许可、出租汽车经营许可、出租汽车车辆运营证核发等审批服务流程。

运输保障。提前研判部署，加强部门协同，完成2021年春运、“三考”（高考、学考、中考）学生接送工作，做好低温雨雪、防洪防汛等极端天气下保安保畅工作，参与疫情防控工作，督促各运输企业、车站、渡口落实体温检测、“三码”（健康码、行程码、疫苗接种情况）查验、核酸检测等防控措施，严防疫情通过交通运输环节传播。春运期间组建志愿者队伍，开展“情满旅途”活动，累计帮助旅客1300人次；组织全县船员培训考试2次，保证辖区水上运输企业、货船资质齐全；组织完成营运驾驶员网上从业诚信考核3556人次，举办从业资格考试11场。争取财政补贴、落实纾困惠民，完成69台农村班线客车、209台巡游出租车2020年度成品油价格补助申报与发放工作，完成103艘客船2020年度成品油价格补助申报工作。

公路建设养护。2021年1月，县公路建设养护中心由原桃花江镇美人窝路1号搬迁至桃花江镇芙蓉西路741号原月飞学校第三栋大楼。县公路建设养护中心加强交通基础设施建设和公路养护，全年立项争资10848.67万元，超额完成县定5000万元的任务。

完成乡镇通三级路、资源产业路建设项目43公里，完成新建通自然村公路7.41公里、危桥改造28座、安保工程100公里、国省干线公路大中修40公里；完成县定多处路段的提质改造。完成国省县道校车线路安全隐患整改48处，增设校车停靠站点441处；完成多处交通问题顽瘴痼疾专项整治。完成国省干线公路路面坑槽修补10042平方米，完成路肩杂草216.9公里割除、82公里行道树整枝、公路标志及标牌遮挡物清理、396.91公里路面清扫。完成省、市下达的管养总里程5%的预防性养护任务，完成S319杨林坳至修山镇区（里程桩号K223+573—K235）11.427公里水泥混凝土路面清灌缝预防性养护任务；完成S319线K231+900—K231+950右侧山体塌方、S319线K261+500—K261+530右侧路基冲毁、S321牛大（牛田—安化大福）线K118+200—K118+300泥石流、S321牛大线K119+900—K119+930右侧山体塌方、S541牛鸬线（牛田—鸬鹚渡）K9+900—K9+950右侧路基冲毁等水毁处置。完善与修复安保设施，全县国省干线缺损标线补划1万余平方米、修复损毁护栏500余米、补充护栏缺失端头300多个；完成县、乡、村道路情况检测工作1119.4公里；完成修山镇、三堂街镇“四好农村路”示范乡镇创建和80公里文明示范路的创建；完成农村公路每年度不少于总里程的5%养护工程任务（包含1.6%修复性养护和3.4%预防性养护）；指导并督促属地乡镇完成农村公路日常养护2120公里。

（熊　平　文伟国　雷凤林）

▲12月6日，提质改造后的朱家村旅游公路（汪朗清／摄）

【城乡客运一体化新格局形成】 1月8日，省交通运输厅验收桃江县城乡客运一体化示范县创建工作，各项指标均符合要求。2021年桃江县城乡客运一体化示范县创建工作实现“五个更”：经营更集约、出行更方便、票价更便宜、服务更高质、乘车更安全。全县共开通城乡客运线路53条（其中城乡公交线路51条、城乡班线客运2条），投入运营车辆193台（其中新能源车辆154台），升级改造5个农村客运站，新建充电桩25个，新建农村客运招呼站50个、共252个，制作线路公示牌架400余个，实现招呼站、公示牌、首末站线路乡村全覆盖，以及线路、班次、票价和监督、投诉、服务电话等信息全公示，建制村通客车率达100%，“开得通、留得住、管得好”的城乡客运一体化新格局基本形成。

（苏胜林　胡敬忠）

【安全生产排查整治】 6月23日至7月2日，县交通运输局开展“七一”特护期安全生产大排查大整治专项行动，对25家重点运输企业、驾校派驻安全监督员，督促安全生产工作，确保零事故，为庆祝中国共产党成立100周年营造安全稳定环境。特护期间，安全监督员负责督促企业安全生产工作，对企业在排查中发现的安全隐患，要求现场整改；不能整改的，一律停运、停业；安全隐患突出，且对人民生命财产可能造成危害又不能短期内整改的企业，一律关停。（文黎明）

【“首违不罚”非法营运】 11月30日，八中队执法人员在牛田镇发现一台冷藏车辆在某奶茶店配送货物却无法提供特种车辆道路运输相关证件。经调查，车主汤某买冷藏车辆只有10天，购买当天到市政务中心交通窗口办理相关证件，但因资料准备不足未成，打算将资料备齐后再去办理。而正好安化有客户急需送一车冻货，汤某侥幸装车营运，途经牛田镇时被查。八中队负责人认为汤某的行为虽然构成非法营运，但根据“初次违法且危害后果轻微并及时改正的，可以不予行政处罚”的规定，汤某系初犯，主观上没有违法违规的意愿和冲动。该中队与局法制股交流意见后，认为其符合“首违不罚”的条件。于是，执法人

▲1月26日，G207武潭镇区改线鹅公垭隧道施工现场（文新星／摄）

员告知当事人相关法律法规，并批评教育，当事人做出承诺后，八中队为该车办理放行手续。

（苏胜林　余谦）

【鹅公垭隧道顺利贯通】7月20日上午，G207桃江县武潭镇改线工程项目鹅公垭隧道右侧主洞顺利贯通（左侧主洞已于5月18日贯通）。G207桃江县武潭镇改线工程项目鹅公垭隧道全长265米，采用连拱隧道形式，单孔净宽9.75米，净高5.0米，设计行车速度60公里/小时，设计使用年限100年。

（苏胜林　文新星）

【省道319线修山镇凤林港路段山体滑坡】受连日降雨的影响，4月13日20：00时至14日20：00时，省道319线修山镇凤林港路段先后发生多起山体滑坡，其中14日19：20发生的大面积山体滑坡滑坡面长约20米，高约60米，塌方数量约2000立方米，导致当地交通完全中断。险情发生后，当地政府和县公路建设养护中心立即赶到现场处置，经过近72小时的紧急抢修，在公路靠山体一侧新建一个长65米、宽7米、高2米的安全围挡，并在两头安装爆闪灯等标志标牌。4月18日19：00时许，中断交通5天的省道319线修山镇凤林港路段实现半幅通车。（雷凤林）

【泗里河大桥拆除重建】11月29日，国道207线桃江县泗里河大桥开始拆除重建。泗里河大桥建于1966年，全长100米，全宽10米，净宽7.6米，原桥为4×20米板拱桥。因修建已久、交通量增大，出现主拱圈局部析白，侧墙外鼓砌石松动、桥面铺装开裂破损且坑槽凹陷、伸缩缝锚固砼破损露筋、伸缩缝型钢断裂等问题，被评定为四类危桥。重建期间，施工方益阳公路桥梁有限责任公司在大桥下游100米处，修建简易便道方便两岸村民通行。重建后的泗里河大桥采用3×30.5米预应力混凝土T梁，全长98.58米，宽13米，总投资1000余万元。

（雷凤林）

邮　政

【概况】2021年，中国邮政集团有限公司湖南省桃江县分公司（以下简称桃江县邮政分公司）落实省、市公司决策部署，履行社会普遍服务义务，转变理念，推进改革，较好地完成各项工作任务，全年总收入完成10896.5万元，较上年同期增长1486.78万元，增幅15.8%，完成年度收官收入计划的101%，其中年度金融收入完成8330万元、寄递收入完成1121万元，完成市公司下达计划的102%、渠道收入完成761.8万元、函件集邮完成283万元、报刊发行新增318.2万元以及其他收入82.5万元。在全市收入进度排名第一、收入增幅排名第一，完成省、市公司下达的各项经营指标：在年度保险兵团战中超额完成目标，排名全省第六位，获得省公司贺电嘉奖；在2020—2021年度金融跨赛中完成新增金融总资产超额完成目标，获全省“十强县”荣誉称号，3家支局获全国千佳网点，1个营业所获全省转型创新先锋网点，1个营业所获全省百强网点，竹业城营业所、修山支局获全省百优网点，5个支局获全市十强网点，竹业城营业所、修山营业所、芙蓉路支局获全市十优网点。

普遍服务。加强邮件寄递安全管控，杜绝突破“底线”（即“收寄验视、实名寄递、过机安检”三项制度）的行为。县公司多次组织“11183”客服中心人员送教下乡，到各网点对支局长与负责客服的员工开展客服工单和服务质量专项培训，两次邀请市公司服务质量部老师到县公司进行集中授课和现场培训指导，做到投递员、邮政营业员、邮件处理人员以及业务、运管各级管理人员对普遍服务知识各项要求、标准人人通关，提升全县邮政从业人员操作技能和服务态度，提升客服满意度。2021年，县公司与全县

215个行政村签订"一门式"服务村级代办协议，47个村部已实现邮政进口包裹的代投功能。桃江县分公司被益阳市邮政管理局授予2020年度益阳市邮政普遍服务"先进企业"荣誉称号（综合排名第1名）。

寄递业务。全年累计完成收入共计1121万元（含市公司政策特快超产部分双倍折算收入），完成年计划102%，与上年同期相比增幅43.2%，达历史最高水平。加强揽投部建设，完善三大揽投部人员配置及基础设备；寄递业务部上下联动，采取多种方式，签订多家优质电商客户，日均发件量在500件以上。

金融业务。年度邮储余额规模达53.76亿，新增存款6.68亿元，增幅14.2%，列全市第一名。网点点均余额规模突破3亿元，年度点均余额净增4100万元。大理财业务理财保有量4.28亿元，基金有效销量2324万元，国债销量累计450.41万元。年度保险业务净增1.9亿元，收入达1356万元。手机银行全年累计新增1.63万户，新增激活率91.27%，电子银行交易替代率达94.79%，较上年提升1.49%。年度多项金融基础业务点均产能居全市首位。全年全县共计发放激活居民社会保障卡5555张，全县电子医保凭证发放15500人，乡村振兴主题卡——农民丰收卡发放2918张，退役军人卡发放174张。方便居民的社保、医保以及税收的缴纳，开通网上银行、手机银行和柜面多条渠道，为便民缴费服务提供支撑。开展邮政惠民金融活动，同时举办各类主题公益节日活动，如生日宴、老年客户免费健康检测、反假币反诈骗金融知识宣传活动等，关注客户利益，关爱民生，承担邮政企业的社会责任。

渠道平台。全年分销收入累计完成717万元（含管控收入），达全年进度100.9%，代收费业务共计2.4万元，累计发展车险业务188台；简易险销售11095笔；有224个站点开通并使用易邮自提系统，实现全站点多业务叠加。出台《邮掌柜站点管理考核办法》，明确支局长、区域经理、邮掌柜三方的岗位职责；出台《桃江邮政渠道平台运营转型方案》，专型推进六类网点，做到各专业沟通协调、协同工作。落实三个生态圈工作：实现全站点多业务叠加，"6+X"业务管理模式，构建渠道生态圈。探索电商扶贫新模式，通过"消费扶贫"活动，对接全县各机关单位，动员社会力量参与扶贫工作，全年共与21个单位签订协议，合同金额38.8万元。

惠农项目。先后出台惠农新客建档、惠农"比学赶帮超"活动、2021年桃江邮政惠农合作项目实施方案、推进全县惠农合作项目相关指标发展的督导令等政策，推进惠农项目工作；于12月邀请3家优质合作社（涉农企业）参加湖南省第一届政企联动助力乡村振兴高端合作社的签约会，扩大惠农项目影响力，为创建惠农二级示范社提供以点带面优势。

集邮与文化传媒。通过举办《盛世珍藏》文化金活动，强化集邮的文化、收藏、宣传功能，满足大众消费市场、私费市场需求，提高邮政集邮的社会认同度，活动共销售292套。根据市、县关于在桃江县开展"益阳人游益阳"活动要求，全年销售益山益水益美益阳文旅惠民卡42028元，销售多彩绿心旅游卡27376元；对高端客户开展佰福聚臻营销，销售金额114万元，占函件全年收入85%。2021年，全县完成报刊流转额980.44万元。

队伍建设。全县在岗职工通过邮政员工自助App完成每日排班、考勤工作，提高工时系统管理工作效率；全县16个金融网点配备保安，充实网点人员岗位配置；通过校园招聘和社会招聘招录6名大学生和2名合同用工；通过与各专业配合，按规施行薪酬福利分配规范化。分公司金融从业系统内人员共75人，已持银行从业人员资格证53人，持证率70%。全年共举办支局长、金融、邮营、投递、安全生产等短期培训班及岗位练功35批次，参培2030人次。

网运服（务）督（查）。强化基础工作管理，加大检查力度，每日重点检查生产场地安全生产、邮件容器调拨、邮件交接、邮件时限与投递质量，扭转投递与处理人员在生产场地无序进出现象；加强投递油三轮行车安全，全年车辆无事故；加强管理二干邮路时限，组织开办桃江至灰山港的大客户揽收邮路；部署"双十一"及旺季运邮。开展服务质量专项整治活动，成立专项检查小组，组织人员下支局检查投递服务，到各代投点实地清查，征询用户意见，要求做得不到位的就地整改。处理市公司转入及客户电话投诉共计4859件，逐一回访客户。（张婧子）

【"邮快合作"快递进村推进会】 11月，益阳市邮政管理局局长詹佑林一行到桃江县邮政分公司就"邮快合作"快递进村召开推进会。分公司总经理黄郴辉、副总经理何兵、相关部门负责人及县中通、圆通、申通等民营快递公司负责人、快递协会代表参加会议。会议讨论解决"邮快合作"快递进村工作开展面临的困难并达成共识。（张婧子）

【中国邮政集团工会桃江县代表会】4月28日，桃江县分公司召开中国邮政集团工会桃江县第二次会员代表大会，会议审议通过中国邮政集团工会桃江县第一届委员会工作报告以及财务工作报告、经费审查委员会工作报告。会议选举产生中国邮政集团工会桃江县第二届委员会和经费审查委员会，选举戴玲为工会主席。

（张婧子）

【桃江邮政职工代表大会】4月30日，县邮政分公司召开2021年度工作部署会暨第二届一次职工代表大会，分公司领导班子成员、全体正式代表、列席代表参加会议。会上，党委书记、总经理黄郴辉作行政工作报告，总结2020年桃江邮政工作成绩和经验，分析桃江邮政转型发展形势，部署2021年桃江邮政工作，提出2021年工作思路。工会主席、副总经理戴玲作工会工作报告。会议表彰2020年度先进单位和个人，审议通过《行政工作报告》《工会工作报告》《薪酬分配办法》，听取并审议企业2020年度工会经费收支情况报告。

（张婧子）

【第52届世界邮政日活动】10月9日，桃江县邮政分公司组织寄递、金融、文创、渠道各专业部门联合在芙蓉路营业所搭起宣传台，以“创新驱动复苏”为主题，开展第52届世界邮政日宣传活动，向客户介绍和宣传邮政业务知识，提升群众对邮政的认识。（张婧子）

电　信

【概况】2021年，中国电信股份有限公司桃江分公司（以下简称桃江分公司）下设综合部、财务部、网络部、销售服务部4个部室，10个中心，24个四级经营单元（城市营业部3个、农村支局15个、渠道片区4个、政企分部、商客分部），销售网点78家。公司共有A、B类员工118人，D类员工25人。

生产经营。核心平台收入稳步增长，同比增幅15%，全年完成收入1.1982亿元，完成预算目标的100.1%；宽带净增7988户，期末达7.89万户，移动净增13113户，期末达19.5万户。

网运工作。开展光衰整治工作，出台光衰整治文件，制定装维人员考核办法，年底光衰合格率95.39%，在全市县公司中排名第一。充实分部人员和下沉驻点，强化管控，网运主要指标有较大提升。其中ODN（光分配网络）故障累计平均时长307.61分钟（5.1小时），较2020年14.4小时下降64.6%。整治线路，排查光传输网结构性隐患，完成隐患整治项目70余万元，波分和A设备等重要网络的双物理路由更加安全。

网络建设。全年立项49个，立项金额864万元。新建基站168个，其中4G基站35个、5G基站133个；完成县中心局、金盆、金凤、华通城、牛潭河等5个综合业务区光网建设，完成70条医保专线迁移，新开县卫健局云专线、“雪亮工程”视频监控线等重点政商支持保障项目。

（范亦男）

【网络优化】2021年，完成主干光缆网络优化建设，全县OLT（光线路终端）机房全部得到物理路由上的成环保护，新建OLT 5台，扩容PON（无源光纤网络）口88个，扩容金盆等波分设备，新增金凤、泗里河波分设备，完成中心局8套OLT、金凤3套OLT网络优化。

（范亦男）

【数字乡村】2021年，桃江分公司以数字化转型加速农业农村的现代化提升。打造“智慧数字大屏”，以南京湾村为试点，为村委搭建数字大屏背景墙，向村民赠送摄像头、云喇叭，在南京湾村安装摄像头点位100处、云喇叭点位40处。

（范亦男）

移动通信

【概况】2021年，中国移动通信集团湖南有限公司益阳市桃江县分公司（以下简称桃江分公司）新增4G基站15个，全县4G基站达到1031个，4G覆盖率99.40%；新增5G基站132个，全县5G基站达到154个，实现县城、乡镇镇区全覆盖和农村主要聚集区覆盖。新增移动用户5.47万户，移动用户达到33.04万户；新增宽带用户1.2万户，宽带用户达到8.8万户。

网络建设。2021年，新增宽带建设点位183个、家宽新建端口推送15568个，完成家宽零星扩容点位394个、端口3536个。家宽端口利用率59.36%、接入率37.65%。开通集团专线350余条。开通扶贫拉远站点9个，开通历史疑难站点12个。完成11个小区升级千兆，升级迁转千兆用户超过4000户。新增传输光缆280皮长公里，新增省干四平面两套OTN（光传送网）开通入网。

客户服务。桃江分公司在营业

厅增加外包渠道业务处理台席，缩短客户业务办理等待的时限，不知情定制争议类投诉量同比下降32.4%。开展经理接待日活动，副经理在芙蓉东路营业厅接待服务客户。加强装维服务考核，家宽投诉故障处理满意度99.5%。在小区、超市开展“老年人防涉诈的爱心课堂”活动8次。

网络安全。完成28个村的“平安乡村”建设。完成全县民办幼儿园安全监控项目链路建设和“乡村雪亮”工程链路建设。关停不符合实名制要求的物联网卡8185张，实名率100%。在2021年的4次雷暴、山洪、冰雪灾害期间，出动维护人员281人次、车辆112台次、油机135台次，未出现重大通信故障，未出现人员伤亡事故。配合完成重大活动应急保障3次，出动应急通信车3台次。（周　俏）

【雷雨灾害通信保障】6月28日，全县普降暴雨，大面积停电导致全县17个移动通信基站退服，8处宽带一级主干线路被水冲毁。桃江移动启动应急通信保障一级响应，根据应急预案进入保障工作状态。保障小组对马迹塘、鸬鹚渡等重要节点基站优先发电，保障不退服，消除传输线路故障，共布放临时光缆15公里，处理灾毁线路23处，完成全县移动通信基站抢修，全面恢复通信。（周　俏）

【“爱心助考”活动】6月7—8日，桃江移动在一中、玉潭2个高考考点设置“爱心陪考加油站”，开展志愿服务活动。为高考考生提供矿泉水、防暑用品，搭建帐篷提供阴凉避雨场所。（周　俏）

联通通信

【概况】2021年，中国联合网络通信有限公司桃江分公司，有在编员工49人，有合作渠道148家，签约县第四中学校园网络、监控、广播、无线改造项目、教育信息化智慧校园项目、数字乡村集体经济运营模式示范村等项目。

数字乡村。推进平安桃江建设，打造龙塘村、王母村等视频监控百户示范村，自主研发“数字乡村”平台系列大数据产品，为龙塘村、王母村等试点村提供数字运营服务，有效促进村级数字化管理水平的提升及村级集体经济收入增长。

实名登记。按照“谁的卡，谁负责”落实责任追究。开展全渠道实名登记工作，全用户群发实名登记公益短信，全渠道开展微信转发，各级渠道严格做到“一要二看三查验四登记”，防范通信信息诈骗事件的发生。

通信建设。全县新建基站176个，其中建设5G基站141个，覆盖县城、乡镇人口密集的区域，4G农村信号补盲35个，解决15个村长期信号弱问题。对全县21台固网OLT设备进行扩容，保障全县固网高质量的网络运行。完成全县“雪亮工程”4期点位的建设。

社会职能。落实“提速降费”和“携号转网”工作要求。公司实行家庭融合套餐，家庭绑定消费，宽带电视全免费消费办法，为用户提速降费。投资30万元用于帮扶村宽带网络覆盖。资助扶贫资金2万元，投资30万元用于帮扶村宽带网络覆盖，产业帮扶3户，教育帮扶5户，危房改造4户，小额信贷2户，医疗救助覆盖100%。（陈　健）

【廉政建设】2021年，开展党风廉政教育活动6次，举办道德讲座12堂。召开民主决策会议20次，开展员工访谈35人次。落实对外合作交往的规定，要求不接受接待、不超标接待，车辆使用执行派车单与车辆里程登记制。（陈　健）

【公益宣传】开展“3·15”国际消费者权益日宣传，通过电子屏、橱窗、营业厅演示视频、微博、微信开展通信保障与应急工作宣传，做好通信保障工作。利用通信优势，免费群发公益短信50万条。

（陈　健）

城乡建设·环境保护

住房和城乡建设

【概况】 2021年，县住房和城乡建设局根据县编办关于桃江县住房和城乡建设局内设机构调整的通知，将机关内设股室调整为综合办公室、计划财务股、行政审批股、建筑业管理股、城乡建设股、人民防空管理股、房地产管理股、建设工程招投标管理办公室、质量安全股等9个股室。下辖县住房保障服务中心、县建设工程质量安全监督站、县建筑施工企业管理站、县城建档案馆、县燃气管理站、县市政重点工程建设管理中心、县人民防空指挥信息保障中心、县房屋交易中心（县房地产信息中心）、县物业管理所、县白蚁防治管理所10个二级机构。全系统有干部职工118人。2021年，被省委、省政府评为省脱贫攻坚先进集体、省人民防空先进集体、国防动员先进单位。

项目建设。全年完成9个老旧小区（片区）140余栋楼房2108户老旧小区改造，总投资6972万元。

▲ 2021年，西部垃圾焚烧发电厂建设中（肖涵宇／摄）

投资2.63亿元，完成15座污水处理设施建设，日处理污水能力1.455万吨，乡镇污水处理设施实现全覆盖。县城七星河水环境综合治理（二期）项目完工。完成县城雨污分流项目。投资约2000万元，完成资江路、文化路等6个路段雨污分流改造。投资约5028万元，约占总投资的16%，推进益阳西部片区生活垃圾焚烧发电项目，完成发改立项、环评批复，签订特许经营协议，开展主体施工。推进市人防疏散地域示范点项目建设，完成初步设计方案。

立项争资。全年立项争资1.42亿元，超额完成县定8500万元立项争资任务。完成项目包装4个（县定任务3个），引进1个年产30万件（套）服装项目落户灰山港镇，已投入生产。

行业管理。完善上线商品房预售资金监管系统，建立商品房网上签约系统（外网系统）、房地产综合业务管理系统（内网系统）、维修资金自缴系统，完善房产交易税控平台，实现监管全覆盖。批准预售许可业务42宗，批准预售面积52.11

万平方米。新建商品房销售34.19万平方米，销售金额18.19亿元，完成控税业务3088宗，控税金额3549.29万元。加强建筑工地安全生产管理。开展安全生产大检查20余次，下发隐患限期整改通知书150余份，停工整改通知书21份，约谈责任单位责任人10次，移交县城管执法局违法案件线索19起，不良行为记录16项次。对全县27个项目、118台（套）设备进行检测，排查隐患500余个。开展建筑垃圾治理和资源化利用工作，引进惠强环保建材有限公司和方成建筑新材料有限责任公司落户浮邱山乡循环经济产业园，并建成投产，处理建筑垃圾5万吨，实现产值4000万元。

社会事业。全年销售水量985万吨，完成产值2090万元，发展新用户3270户。供水水质合格率100%、水质检测率100%。新建管网4714米，完成经开区加压泵站建设、中国粮食批发市场供水工程建设。县城市供水有限责任公司获2021年湖南省城镇供水行业先进单位称号。查处燃气安全隐患82起，移送行政处罚案件9起，下发整改通知书5份。重新布点规划70余家网点，对16家网点重新发放燃气经营许可证，新增天然气用户3982户。制定《桃江县既有住宅加装电梯实施细则》，并于2022年1月1日起执行。排查全县农村所有房屋的安全隐患，完成532户危房改造，拨付资金1104.19万元。推行前期物业招投标管理，开展前期物业承接查验工作，建立前期物业管理制度，规范前期物业审批流程，实行物业收费物价备案制度，成立桃江县物业管理纠纷调解委员会。落实项目全面进网入库、并联审批、容缺受理、告知承诺、限时办结、联合验收、帮代办等改革创新措施，全要素保障开工涉及的相关手续，减少企业成本支出。联合审图办结项目87个，17个项目进入用地项目库，完成线上联合验收项目6个，帮代办项目32个。

（钟艳桃）

【老旧小区改造】 2021年，完成老旧小区9个片区的改造升级，重点对道路、雨污排水、消防设施、自来水、燃气、绿化、外墙立面等3个大类10个小项进行升级改造，改造面积28.28万平方米。（钟艳桃）

【农村危房改造】 2021年，推进农村危房改造工作，重点改造建档立卡贫困户、农村分散供养的五保户、低保户、贫困残疾人家庭和其他贫困户的危房。按照“应改尽改、因户施策”的原则，完成525户改造任务。（钟艳桃）

【乡村建筑工匠培训班学员结业】 12月7日，2021年全县乡村建筑工匠培训班学员结业。培训班邀请湖南城市学院教授喻友良讲授农房建设选址与建筑设计、砖混结构与抗震要求、农房常用建筑材料及其性能、房屋建筑技术与危房处理、相关基础设施建设以及建设法规与施工质量安全等建筑知识。86名乡村建筑工匠获结业证书。（钟艳桃）

【物业管理】 6月，全县启动建立物业管理纠纷多元预防调处化解机制。全县共有物管小区24个，涉及人口近6万人。线上依托市、县、乡镇、社区（村）四级城乡末端社群感知系统和群众自治微信群和“网小格”微信小程序“智慧平台”，线下依托“网格化+微信群+‘12345’市长热线+纪委监督+综治督导”，把住建、司法、城管、乡镇人民政府、社区纳入矛盾调处成员单位，建立定期协调机制、重大纠纷预警机制，健全引导物业服务企业规范管理机制。通过物业纠纷人民调解和各部门共同参与的多元化解，化解物业管理纠纷矛盾，减少各类上访投诉。

（钟艳桃）

【住房保障】 2021年，县住房保障服务中心推进城市棚改、保障性住房运行管理实现总收入1823万元。全年清退不符合条件住户10户，追缴陈欠租金39万多元，完成两批次公租房实物配租、受理、审核

▲改造后的县城居士巷（高启明／摄）

配租270户，完成3批次住房租赁补贴发放，租赁补贴1032户，发放补贴103万元。投入资金600多万元，完成杨家坳保障房小区基础配套设施提质改造、桃谷山小区微型消防站、其他零散小区、天然气入户工程等项目建设，全县8000多套公租房纳入信息化管理，拆除危旧公房10余栋，安置120余户承租户。预算投入3562万元，完成居士巷片区棚改项目一期工程，立面装饰装修54栋老旧房屋，完成600余米道路建设及沿街供水、供电、燃气和通信线路的入地改造；完成弄溪桥棚改项目前期工作，签订征收补偿协议64户；完成育英巷东片区城市棚改项目土地勘探工作；红星机械厂棚改项目已启动征拆；原县畜牧局片区棚改项目完成征拆；团山路片区棚改项目、美人窝路片区地块项目不同程度启动。全年包装项目12个，获批7个，落实中央、省级专项资金3947万元，棚改配套资金1544万元，棚改专项债券3.32亿元，超额完成目标任务。1月22日，桃江县首个公租房小区——七星桥公租房小区整体提质改造工程竣工。

（莫　成　臧　谦）

【征地拆迁】 桃江县征地拆迁安置与房屋征收补偿事务中心于2020年12月15日组建，属全额拨款事业单位，为县政府直属正科级单位，主要负责统筹、指导、协调、管理、督察全县土地与房屋征收补偿安置工作。核定全额拨款事业编制40名。征拆事务中心转隶人员为原县征地拆迁管理中心24人，原县国有土地上房屋征收与补偿办公室10人，原县文化旅游开发有限责任公司2人，县民政局殡仪馆1人，领导职数3人。实施《桃江县集体土地征收与房屋拆迁补偿安置暂行办法》，规范全县征拆工作流程、行为，创新征地安置方式，县城规划区内不再进行宅基地安置，按“货币补偿＋优惠购房”的安置方式，开展征拆工作。

全年征地拆迁棚改610户，征拆面积52397平方米，完成县城23个重点项目的征地拆迁工作任务，共拆除房屋299栋，签订各类拆迁协议520余份，移坟3208支。紫金湾九年一贯制学校项目的14栋房屋全部拆除，零星附着物的补偿全部到位；胜利西路、桃花湖路、七星路、城南绿化带等迁坟1650余冢；拆除大汉七号地块上遗留5年之久的王东昌等4幢房屋，处理该地块内青苗补偿纠纷60余起，完成七号地块按时交地挂牌出让；完成西部垃圾焚烧发电项目红线内房屋和部分环保线内房屋拆迁57栋。

（郭益丰　王　军）

城市管理和综合执法

【概况】 县城市管理和综合执法局（以下简称县城管执法局）负责行使县城规划区市容秩序、规划执法、渣土运输、环境卫生、市政园林、路灯照明方面的管理和行政处罚权，负责行使住房和城乡建设领域和市监、环保、公安交警方面的部分行政处罚权。2021年6月，局机关由7个股室调整为办公室、人事教育股、计划财务股、政策法规股、督查股、城市管理股6个股室。下辖县城市管理综合执法大队、桃江县环境卫生服务中心、桃江县市政设施管理站（加挂园林绿化站牌子）、桃江县路灯管理所4个二级机构。

规划执法。开展中心城区“圈地占用”专项整治行动11次，出动执法人员640余人次，整治空中菜园49处、养殖农场6处、违规搭建杂物间23处、违法搭建建（构）筑物48处、顶楼平台私自加锁18处，整治面积6567.55平方米。组织大型拆违行动28次，中小型拆违行动76次，拆除各类违法建筑250处，拆除面积45162.7平方米，其中拆除存量违建201处，拆除面积39602.9平方米，共查处新发违建49处，拆除49处，拆除面积5559.8平方米。在张家码头设置蔬菜瓜果摊贩临时疏

▲张家码头蔬菜瓜果摊贩临时疏导点（罗　建／摄）

导点。

市容秩序管理。劝导查处流动商贩占道经营3560余起、规范越门经营门店2280余家，查处、规范电动车违规停放178辆、拆除各类违规设置的帐篷150余个、横幅1200余条、暂扣各类工具600余件，完成简易程序391起、立案7起；制止和规范未按要求申报、围挡作业和装修材料垃圾乱堆乱放的门店，共罚款10.4574万元；拆除违规老旧大型户外广告招牌16块、拆除面积1600余平方米。查处散发小广告、张贴牛皮癣、乱涂乱画等违规行为70多起，收缴违规发放小广告33860余份，罚款15400元。对受理投诉但未接受处罚的当事人下达调查询问通知书200份，共接受处罚130余起，罚款17400元。

城市公用设施建设。完成9座垃圾中转站渗滤液收集池改造。整体更换御竹华庭处中转站设备。完成中转站公厕基建、设备维护维修。完成4座生活垃圾移动压缩站场地硬化、380伏电源、冲洗设施安装、排水沟、沉淀池建设。设置5座垃圾分类站。完成环卫设施冲洗站（二期）冲洗钢架棚、排污设施、冲洗设施建设。购置240升垃圾桶1000个、密闭式垃圾箱200个、分类垃圾桶410个（四分类200个、两分类200个、有毒有害垃圾桶10个）、120升厨余垃圾桶400个、垃圾分类亭20个、新能源电动清运车6辆。安装小街小巷路灯159盏。完成团山污水提升泵站及周边管网改造项目建设，政府投资计划1500万元，中标金额1313.12万元；鲇鱼港污水泵站提质改造政府投资计划1600万元，建设内容为新建一座处理量为3万吨/日的污水提升泵站，污水输送量从原2万吨/日增加到3万吨/日，专用变压器更新为500千瓦，完成地勘、征折、选址，可行性研究等前期工作。

城市公用设备设施维护。维修县城芙蓉路、建设路、资江路沥青路面1500多平方米，维修人行道约1480平方米。修复芙蓉路、大汉路、金盆北路、桃花东路侧石约1200余米，修复平石620余米；加装污水井防护网520个。更换破损吸水栅140个、井盖98套。处理市民反映下水道堵塞、路面破损、街道内涝积水、树木倒伏等县长热线、数字城管交办件、电话诉求120余件。加强鲇鱼港、团山、七星河泵站的值勤管理，维修保养电气设备6次，检测三台专变各2次，抢修鲇鱼港泵站变压器1次，排查3个污水泵站电力线路4次。更换损坏的潜水泵1台，维修鲇鱼港、团山行吊设备各3次。抢修武装部自动泵站排污泵2台次，维修、更换水位阀。清理各泵站淤泥垃圾80余吨，提升输送污水约1100余万吨，对县城东区30余公里雨污水管道进行检测和管道标高测量。清理5座大桥桥身两侧、两头杂草、垃圾及伸缩缝中的泥土、沙石，疏通堵塞的泄水孔。清除牛潭河大桥南北两侧桥墩下堆积的报废车辆、杂物、砂石。维修中转站310次，维修果皮箱96个，更换240升垃圾桶轮子278个，更换240升垃圾桶轮轴85根、更换果皮箱内胆568个、撤回破损果皮箱427个、新装果皮箱587个，投放240升垃圾桶123个，撤回破损垃圾桶127个，疏通公厕159次，改造残疾人通道3处、扶手9处，安装公厕标识牌50多块、指路牌20块、责任牌20块，维修公厕水电100多次、公厕门窗60多次、瓷砖6处，新装电表3处。维修路灯1400盏、中国结64个，更换电缆6000余米（金盆北路、桃益线株木潭路段、金盆南路、老县委大院、天涯巷、海角巷、芙蓉路、芙蓉西路）。处理桃益线被撞灯杆三基。维护景观灯780盏。加固与维修水韵花都六栋20余米的灯管线路，更换豪苑屋顶投光灯7盏。维修（更换）变压器5台（谷山路、益马连接线、竹海、花苞洲）。

城市环境治理。依法查处未取得施工许可手续的建筑工地开工建设违法行为、未落实防尘措施的建设工地，全年下发整改通知书152份，立案查处13起。检查从事建筑垃圾运输的车辆940余辆次，查处未经申报私自运输渣土车辆40余辆，查处未按要求采取密闭措施、车身不洁导致路面污染车辆130余辆，立案14起。治理县城乱排乱倒污水、公共区域违规饲养牲畜行为210余起，处理焚烧枯草（垃圾）20余起。5月1日，启动县城第三轮清扫保洁市场化，清扫保洁合同总额6207.38万元，每年承包费2069.12万元。湖南美中环境公司负责一标段，其范围为县城东区〔资江路以东主次干道及背街小巷，（不含芙蓉路以南资江路以东獭溪河止区域）〕合同总额2164.8万元，每年承包费721.6万元，人工道路清扫保洁面积727163.25平方米，机械化清扫保洁往返里程65.448公里，机械化冲洒水往返里程65.448公里。长沙宏源公司负责二标段，范围为县城西区〔资江路以西主次干道及背街小巷，（含芙蓉路以南资江路以东獭溪河止区域）〕合同总额2196.37万元，每年承包费732.12万元，人工道路清扫保洁面积653835.95平方米，机械化道路清扫保洁往返里程48.006公里，机械化冲洒水往返里程48.006公里。湖南益环环境公司负责三标段，其范围为县城外围桃益线（桃江段）、桃花江大道、浮邱山大道、益马连接线和牛潭河经开区，合同总额1846.2万元，每年承包费615.4万元，人工道路清扫保洁面积287453.25平方米，机械化道路清扫保洁往返里程118.242公里，机械化冲洒水往返里程118.242公里。启动全县垃圾分类示范点工作，完成县城餐厨垃圾产生点的摸点工作，完成20个垃圾分类亭、400个餐厨垃圾桶、200个四分类垃圾桶、200个两分类垃圾桶、10台三轮车的采购工作。完成城区各主要街道下水道疏通和清淤2.5万余米，清理泥沙垃圾1200余吨。开展城区各街道绿化隔离带、休闲广场、沿江风光带、桃花江大道、桃益公路等绿化景观区的苗木修剪、垃圾杂草清除、抗旱施水、追肥等日常维护工作，养护面积40余万平方米。公共绿地苗木除虫打药6次。街道降尘作业200余次。在谷山路、芙蓉路、金盆路，沿江风光带东西侧、华通城、益马高速入口等处补植草皮1000余平方米。在县政府大楼、金盆花坛摆放花卉盆景15万余盆，改造金盆路交通绿岛，摆放椤木石楠桩景8株、罗汉松桩景8株、西湖石200吨，种植一串红、牵牛花、孔雀草680余平方米。维修护栏景观凳30余条，清理绿地断枝、行道断枝、倒伏枯死树木20多处。

“数字城管”建设。受理回复市长（县长）热线420余件，处置率100%。实施数字城管网格采集员全天候、无死角巡查上报工作。2021年立案21122件，结案21115件，处置率99.97%。（肖　潇　胡永胜）

【专项治理“牛皮癣”】2021年，县城管执法局集中治理在城区公用设施上乱张贴广告、涂写影响市容的行为。查处散发小广告、张贴牛皮癣、乱涂乱画等违规行为70多起，收缴违规发放小广告33860余份，罚款15400元。（胡永胜　罗　建）

【安置房违规超建整治】4月16日，桃江县“铁锤行动”办组织县城管执法局、县自然资源局、县征拆办，对桃谷山社区一处在建安置房项目采取行政强制措施，拆除停工后继续建设部分，拆除面积约800平方米，此次行动出动执法人员50余人。（胡永胜　吕　明）

城市建设投资

【概况】2021年，县城市建设投资运营集团有限公司围绕“信贷融资需到位，项目建设有保障，经营范围新突破，企业评级达AA-”的整体工作思路，凝心聚力，攻坚克难，完成了全年工作任务。

筹资融资。公司新增授信14.48亿元。其中殡仪馆项目1.9亿元，现代农业示范园项目4.8亿元，瀚宇公司流贷0.2亿元，集团公司流贷0.29亿元，医疗卫生整体提升工程3亿元，城东限价安置房项目4.2亿元，农发行流贷（靖宇）0.095亿元；新增到位贷款资金13.92亿元。其中殡仪馆项目1.9亿元，现代农业示范园项目4.03亿元，医疗卫生整体提升工程2亿元，城东限价安置房项目1.91亿元，獭溪河项目1.5亿元，志溪河项目2亿元，瀚宇公司流贷0.2亿元，集团公司流贷0.29亿元，农发行流贷（靖宇）0.095亿元。新增到位债券资金3.26亿元。其中新建路棚改专项债券1亿元，团山路棚改专项债券1.41亿元，弄溪桥棚改专项债券0.85亿元。落实上级补助资金0.5亿元。其中会同住保中心争取上级保障性安居工程专项资金0.32亿元；老旧小区配套设施建设项目（邮政局家属楼、鑫海城）争取上级补助资金0.18亿元。平滑缓释存量债务1.9亿元。其中华融湘江银行浮邱山大道项目、马武大道项目减少还本1.09亿元；光大银行芙蓉路城市棚户区改造项目、县城主次干道网及配套设施建设项目减少还本0.09亿元；长沙银行中小学标准化改造项目减少还本0.72亿元。

项目经营。松木塘白江坳加油站建设项目竣工；文家渡加油站建设完成前期工作；完成牛潭河加油站建设规划选址；完成梅林寺加油站建设选址。完成雪峰山农贸商场主体工程；完成县殡仪馆场平及招标工作；完成金盆广场充电桩建设；完成浮邱山景区配套设施施工任务。市政公司完成产值1.6亿元，新签订合同51个，完成施工项目18个；组建桃江城投市政车队，车队有1辆皮卡车、3辆洒水车、25辆渣土运输车；完成企业资质增项，增加市政、建筑、装修、环保、地基及劳务5项资质。瀚宇公司完成收入1860.83万元。设计公司完成产值375万元。

土地开发。全年完成土地报批410.7亩，房屋拆迁建筑面积16903.2平方米；出让土地8宗161.18亩，出让成交价4.41亿元，计提乡村振兴基金0.42亿元。公司结存土地1888亩，其中已报已征837亩、已报未征509亩、已征未报542亩。

项目建设。按照《桃江县人民政府办公室关于明确2021年政府投

▲浮邱山景区配套设施建设（卢　曦／摄）

资类项目计划及有关要求的通知》要求，公司依据县政府授权或依托市政公司，代建或承建由政府投资的各类政府公益性项目，全年计划续建、新建、启动项目共51个，投资约10亿元。完成的重点项目有桃谷山九年一贯制学校、桂花园人行天桥、张家码头停车场、浮邱山景区配套设施、文明路（金盆大道—天子山路）、七星路（胜利路—桃花江大道）、胜利西路（光明路—七星路）、希望路（雪峰山路—桃花湖路）、桃花湖路（桃花南路—七星路），振兴路（资江路—天问路）、资江南路（芙蓉路—獭溪路）黑化、S230第六标段道路建设等41个。（李博雅）

【桂花园人行天桥建成】2月28日，桂花园小学人行天桥工程整体完工并交付使用，人行天桥跨径32米，全长35米，桥面净宽4米，梯段宽2.5米。横跨金盆大道，桥梁上部主梁采用钢箱梁，梁道采用钢结构梯道，下部是混凝土钢筋墩台，总投资600万元。（李博雅）

【桃谷山九年一贯制学校建成】8月，桃谷山九年制一贯学校建成，2021年秋季新学期启用。九年制一贯学校建设投资1.0337亿元。学校占地81亩，总用地面积54164.26平方米，建筑总面积29720.93平方米。分南、北2个校门。学校规划设置48个教学班，其中小学部24个班、初中部24个班，共有学位2280个。（李博雅）

【桃花湖路建成通车】8月30日，桃花湖路建成通车。道路总长512.27米，起于桃花南路，止于光明路，为城市主干路，总宽40米。项目总投资2380万元。（李博雅）

【文明路建成通车】9月，文明路建成通车。道路全长887.19米，起于金盆大道，止于天子山路，道路等级为城市次干道路，规划道路红线宽30米。项目总投资1345.83万元。（李博雅）

【雪峰山农贸商场主体建设竣工】12月，雪峰山农贸商场项目主体建设竣工。项目位于雪峰山路与希望路交会处的东北角、资江南路公寓式安置小区西侧。项目为新建9+1层综合楼，地下一层，地上九层，建筑高度39.80米，框架结构。规划用地面积3441.18平方米，总建筑面积10988.93平方米，地下室面积2495.83平方米，工程造价2321.879万元。（李博雅）

住房公积金管理

【概况】益阳市市住房公积金管理中心桃江管理部为益阳市住房公积金管理中心派出机构，负责全县住房公积金的归集、管理、使用和会计核算。2021年有在岗职工7人，其中合同聘用职工4人，合同聘用职工中，全日制硕士研究生3人。

公积金缴存。2021年，新开户单位37家，实缴单位345家，净增单位91家；新开户职工1915人，实缴职工2.83万人，净增职工896人；缴存4.37亿元，同比增长4.59%。全县人均月缴存1286元。缴存总额34.87亿元，比2020年增加14.14%；缴存余额13.68亿元，比2020年增加11.14%。

公积金提取。2021年，为1.06万名职工提取2.93亿元（含逐月提取还贷），同比减少0.49%；提取率（当年提取额与缴存额的比值）67.21%，比2020年减少2.74个百分点，提取总额17.33亿元。

公积金贷款。2021年，发放个人住房贷款826笔，同比增加2.4%，发放金额2.01亿元，比2020年减少0.22%，个人住房贷款余额14.36亿元，贷存比104.95%。发放个人住房贷款8748笔、16.13亿元。

线上服务。优化单位网厅、开发商网厅功能，银行网厅和个人网厅投入使用。99%的缴存单位通过单位网厅实现住房公积金自助缴存，所有签约楼盘通过开发商网厅进行住房公积金（含组合）贷款的线上申请，所有合作银行通过银行网厅完成住房公积金组合贷款的线上审批，所有缴存职工在个人网厅、微信公众号或手机公积金 App 办理公积金开户、查询、退休提取、终止劳动关系提取、灵活就业人员销户提取、提前偿还公积金贷款本息、异地转移接续、个人手机号码和还贷账号变更等多类业务。

（杨超才）

【《个人住房借款担保合同》修订】 4 月 1 日，根据《中华人民共和国民法典》对居住权、保证合同、隐私权和个人信息保护等作出的新规定，法制科修订《个人住房借款担保合同》，经中心 2021 年第六次党组（扩大）会议审议通过，4 月 1 日起，纯公积金贷款启用《个人住房借款担保合同（2021 版）》。（杨超才）

【公积金月缴存额调整】 7 月 7 日，益阳市住房公积金管理委员会发出《关于印发 2021—2022 年度住房公积金缴存标准》的通知，2021—2022 年度公积金月缴存额调整为 350 元至 4350 元。（杨超才）

环境保护

【概况】 益阳市生态环境局桃江分局（以下简称生环分局）机关内设 8 个股室，下辖环境监察大队、环境监测站 2 个二级机构，有在职干部职工 90 人。

环境质量。2021 年，全县环境空气质量达到《环境空气质量标准》二级标准，优良天数 356 天，优良率 97.5%，环境空气质量综合指数 2.62；PM2.5、PM10 月平均浓度分别为 25 微克每立方米、40 微克每立方米。环境空气质量综合指数在全省 90 个县（市）排名第 13 位，同比 2020 年改善率排名全省第 3 名。综合指数与改善率综合排名全市第 1 位。饮用水源水质达标率 100%，资江干流桃江断面水质达到《地表水环境质量标准》Ⅱ类标准。建设用地污染地块和受污染耕地得到安全利用，土壤环境质量总体稳定。

环境管理。县委、县政府、县生环委出台《2021 年桃江县深入打好污染防治攻坚战工作方案》《桃江县 2021 年生态环境保护工作考核办法》。在全市率先建立“大环保”工作机制，成立 10 个生态环境保护专业委员会，推进各领域生态环境保护工作。全年开展“双随机、一公开”执法检查 108 家次；立案查处生态环境违法行为案件 37 件，下发行政处罚决定书 37 份，共罚款 247 万元，移送公安机关 1 人；办理生态环境损害索赔案件 3 件，索赔金额 32.0329 万元；处理各类信访件 286 件。开展安全生产专项整治行动，检查企业 117 家次，发现隐患 21 处。巡查原桃江县冶金厂和原金牛稀土厂遗留放射性废渣，加强对全县 24 家射线装置和 2 家涉放射源单位的监管。推进行政审批“放管服”工作改革，环境影响审批事项承诺办结时限比法定时限提速 80%。审批办结 39 个建设项目的环境影响评价，否决 5 个不符合选址要求的建设项目申报，指导业主网上备案登记 53 个，强化排污许可管理，全县应完成发证管理的 90 个固定污染源全部发证，应当登记管理的 1025 个固定污染源全部登记。

环境综合整治。推进污染防治攻坚战“夏季攻势”。全县“夏季攻势”任务 10 个大类 116 项，其中省定任务涉及 6 个大类 30 项，市定任务涉及 4 个大类 86 项，全部完成整治与销号。整改 2020 省环保督察“回头看”反馈问题。制定《桃江县竹木胶板制造加工企业环境污染整治方案》《桃江县 2021 年畜禽养殖污染治理工作方案》，开展竹木胶板制造业、畜禽养殖污染、建材行业、砖瓦窑企业和乡镇污水处理厂建设等方面环境污染整治行动，完成整改和验收销号。全部办结第二轮中央生态环境保护督察组向桃江县转办 37 件信访件，处罚 8 家企业和个人，共罚款 56.73 万元。

立项争资。落实项目资金 10380 万元，其中下达桃江县 2021 年中央土壤污染防治专项资金 7600 万元（松木塘镇杨家洞石煤矿开采区遗留污染治理项目 2000 万元、松木塘镇日斗石煤矿 1600 万元、松木塘镇黄家坝片区 2000 万元、松木塘镇东山港石煤矿 2000 万元），下达桃江县 2021 年中央水污染防治专项资金 2380 万元〔洞庭湖专项整治工作奖补资金 480 万元、“千吨万人”饮用水水源地规范化建设项目专项资金 400 万元、桃花江干流（石牛江段）河道疏浚与水生态修复项目 1500 万元〕，下达桃江县 2021 年中央大气污染防治专项资金 400 万元。桃江县碧螺港流域综合治理与生态修复污染防治项目、原板溪锑矿周边遗留废矿洞涌水治理项目、原联办锑矿尾砂库重金属污染治理项目、武潭镇农村生活污水治理项目一期工程入围中央生态环境污染防治项目储备库。

环保宣传。设立“美丽桃江”微信公众号，开展“送法下乡”和

“三下乡”活动，组织“6·5”世界环境日主题宣传和“人与自然和谐共生”宣传。建立5个环保志愿者协会乡（镇）分会。在各级主流媒体发信息51条，其中省级5条、市级38条、县级8条。微信转发相关正面宣传题材500余条。

环境监测。推进排污企业自行监测工作，在全国污染源监测信息与共享平台自行监测发布率80%。搞好城区环境空气质量监测、声环境质量监测、重点流域的地表水监测、饮用水源保护区的监测。对全县重点企业按规定频次和项目开展监督性监测，处理相关投诉和信访问题，促进环境违法行为案件的查处和行政执法工作的开展。全力推进和配合重点治理项目监测，开展松木塘石煤矿治理项目、资江流域涉锑治理项目监测，提供相关数据和资料。加强环境监测人员持证上岗培训、考核和监测队伍建设。

污染防治。成立桃江县蓝天保卫战指挥部和蓝天保卫战“百日攻坚行动”领导小组。开展大气污染综合治理，完成益阳万维竹业有限公司等3家重点行业VOCs（挥发性有机物）综合治理任务和桃江县南方水泥有限公司等3家工业窑炉治理任务。

饮用水水源管理。完成全县72个千人工程饮用水水源地保护区划分和千人以上饮用水水源保护区“一源一报告”，开展14个“千吨万人”集中式饮用水水源水质常规监测，完成5个乡镇级千人以上集中式饮用水水源保护区排查整治工作。孟溪（桃花江水库上游支流）生态小流域综合治理工程和獭溪河（又名桃花江）上游河道综合治理工程建设验收合格。县、乡、村三级河长累计巡河16506人次，县级河长交办问题22个，立案查处办结涉河案件5起。

石煤矿山和锑污染治理。强化石煤矿山和涉锑治理后续管理，全面排查矿涌水，制定石煤矿山矿涌水整治工程治理方案。开展涉镉排查、食品和粮食安全管理工作。加强对耕地严格管控区周边和粮食超标区周边涉镉污染源排查。开展土壤污染隐患排查，共整改37个问题。开展危险废物三年整治专项行动和涉铊等重金属企业排查，排查全县6家尾矿库环境问题，整改存在环境问题的尾矿库。完成8个行政村农村生活污水治理工作。（杨　颜）

【信访件整改督办】4月19日，生环分局党组书记、局长周志刚到高桥镇、松木塘镇督办中央环保督察组交办的生态环境问题整治落实情况。周志刚一行到高桥镇罗溪村，察看畜禽养殖场环保设施情况，现场督导粪污处理问题整改落实。到松木塘镇子良岩，检查1家无证经营的樟树油加工企业自行拆除情况，与镇政府主要负责人交换意见，要求乡镇对照交办意见，做到问题不留尾巴。在松木塘拔英湾石煤矿区治理现场，听取施工方的工程进展和污水处理及在线监控系统运行情况汇报，他要求运营方加快设备调试和工程建设进度，确保设备正常运行，确保达标排放。（杨　颜）

【梁成立到桃江调研】8月30日，益阳市生态环境局党组书记、局长梁成立一行到桃江调研。桃江分局党组书记、局长周志刚汇报工作情况，梁成立肯定桃江分局在生态环境保护方面取得的成绩，认为桃江历史遗留环境问题较多，治理任务较重，生态环境保护工作面临的压力较大，县人民政府及相关职能部门重视生态环境保护工作，全县生态环境质量改善效果明显。梁成立要求桃江理清工作思路，压实工作责任，完成污染防治攻坚战和夏季攻势任务。（杨　颜）

【向荣调研生态环境保护工作】10月9日，县委书记向荣在县委常委会议室调研生态环境保护工作，县委副书记、代理县长周登高，县人大党组书记伍令贤、县政协党组书记杨凯波、县委办主任于新胜、县政府党组成员李智敏参加调研。生

▲10月9日，县委书记向荣（中）在桃江生环分局调研（蔡　进／摄）

环分局党组书记、局长周志刚汇报工作。向荣肯定生环分局在生态环境保护方面所做的工作和取得的成绩，认为全县存在历史遗留环境问题较多，污染点多面广，治理任务较重，生态环境保护工作面临的压力较大。向荣要求生环分局在环境空气质量方面力争取得全省真抓实干奖；坚持问题导向，督查反馈问题，扎实推进突出环境问题整改；加大立项争资力度，包装申报项目，争取上级部门资金支持。（杨 颜）

【桃江一个项目为全国典型申报案例】 11月3日，生态环境部组织召开土壤污染防治项目入库申报工作推进视频会，在视频会上，桃江县受污染耕地安全利用项目被生态环境部推荐为全国典型申报案例。县农业农村局局长薛虎军在视频会上代表桃江县汇报项目申报过程的相关情况及工作经验。项目通过技术比对及优选，按照“分区、分类、分级”思路，拟采取“化学钝—叶面阻控—低积累作物品种栽培”的安全利用模式，通过化学钝化降低土壤重金属有效态，通过农艺措施（低积累作物品种栽培—叶面阻控），进一步减少农作物吸收富集重金属镉。

（杨 颜）

经济管理

发展和改革工作

【概况】2021年，县发改局全面落实“三高四新”战略定位，做好“六稳”工作，全面落实“六保”任务，加强战略规划研究、立项争资力度，固定资产投资和重点项目建设、保障能源和粮食安全、优化营商环境、稳定民生物价，完成全年经济社会发展主要目标任务。

发展规划。2021年，县发改局坚持研究和分析全县经济社会发展状况，牵头完善县“十四五”规划纲要、县乡村三级物流、能源发展等专项规划，在全县形成“1+29”发展规划体系。

立项争资。2021年，全县立项争资到位资金38.2亿元，为全年目标任务的100.5%，其中基数资金30亿元，普惠资金3亿元，竞争性资金5.2亿元。牵头谋划包装项目，全年组织申报12个信贷支持县城城镇化补短板强弱项项目、18个中央预算内投资项目、7个国家专项债券项目。

重点项目建设。出台《桃江县重点项目前期工作经费管理暂行办法》，制定《桃江县2021年重点调度建设项目表》，实行县级领导联系项目、重大项目专门调度督办等项目推进机制，助推项目建设。协调组织重大项目集中开工活动，新开工投资5000万元以上项目19个。省级重点建设项目国辰高新科技产业园智能终端制造基地项目，完成投资12.9亿元，为年度目标任务的161.25%；市级重点建设项目61个，年度计划投资71.33亿元，完成投资75亿元，为年度目标任务的105.15%。完成固定资产投资201亿元，较2020年同比增长5.7%，成功完成预期目标，在全市排名相对靠前。推进PPP项目建设，出台《桃江县政府和社会资本合作（PPP）项目管理办法》。全县有10个PPP项目入库国家发改委重大项目库和财政部PPP项目管理库，完成投资21.39亿元，县城防洪工程、县人民医院南院区、县智慧桃江等项目全面推进。

产业融合发展。2021年，以桃江经济开发区、灰山港产业园区为经

▲桃江县城乡客运公司为推进客货邮融合项目改装车辆（胡镇东／摄）

济发展的主阵地，依托国家级农村产业融合发展示范园、省级竹特色产业园、省级双创示范基地等特色，大力培育产业融合发展，谋划产业发展项目。其中灰山港产业区扩区工作获得省发改委开展前期工作的批复。市级重点产业项目完成投资11亿元。推动县乡村三级物流配送体系建设，配合开展全省农村客货邮融合发展试点县（市）创建申报工作，12月，成功申报“全省农村客货邮融合发展示范培育县”。

新能源建设。成功申报10余个能源项目纳入省专项规划，启动大唐华银灰山港100兆瓦农光林光互补复合光伏发电项目前期工作，推进武潭生物质热电联供二期项目前期工作。全面推行重点行业和重点领域清洁生产、绿色化改造，发展绿色建筑，牵头开展能源消耗总量和强度“双控”工作，开展绿色创建行动，完成16家绿色单位创建行动任务，县发改局获国家发改委等4部门授予的“节约型机关”称号。

营商环境优化。成立县优化经济发展环境工作领导小组，出台《桃江县优化营商环境2021年攻坚行动方案》，建立常态督查考评机制，开展专项督查。出台《桃江县2021年工业优势新兴优势产业链高质量发展实施方案》，为中小企业、特色优势企业提供学习平台，引导县内特色优势企业创新发展，新培育省级专精特新“小巨人”企业1家、市级专精特新“小巨人”企业8家，新增省新材料企业1家、市企业技术中心1家。打造惠企政策“直通车”，落实减税降费政策，全年为企业综合减缓免税42803.39万元。开展“全程帮代办”服务，建立《重点项目绿色通道服务制度》，组建代办员队伍，为17个重点项目提供帮代办服务。推进“一件事一件办”，办理“一件事一次办”事项422561件。畅通营商环境投诉举报渠道，建立营商环境投诉台账，受理并协调解决营商环境投诉10件，协办影响营商环境刑事案件31起、行政案件29起，刑事拘留25人。

易地扶贫。持续抓好易地扶贫搬迁后续帮扶工作。完善社区服务配套功能，在安置点安装摩托车棚、充电桩等基础设施，提升安置区搬迁群众居住质量。拓宽就业增收渠道，通过召开专场招聘会、劳务输出、建设扶贫车间等方式实现683人稳定就业。兜底保障无劳动能力的搬迁户。强化产业帮扶，下达易地扶贫搬迁后续产业帮扶项目资金，对后续产业较弱的搬迁户采取股份合作帮扶模式。（徐智明　鲁　霞）

【16家单位成功创建节约型机关】2021年，县发改局践行新发展理念，联合县机关事务管理中心、县财政局对全县副科级及以上党政机关单位分批次开展节约型机关创建活动。全县第一批次16家单位成功创建节约型机关，获得国管局、中直管理局、财政部颁发的“节约型机关”证书。

（龚亚琼　鲁　霞）

【桃江县在全省率先下调殡葬服务价格】12月8日，县发改局组织召开听证会，广泛听取社会各界意见，对桃江县殡仪馆殡葬服务价格开展重新定价工作。结合桃江县的经济社会发展水平和公众的承受能力，考虑殡仪馆的实际经营服务现状，此次对殡仪馆的4项基本殡葬服务项目在2013年制定的价格基础上更加完善和细化并略作下调。对礼厅出租（5个厅）和公墓墓位销售（10种墓型）两项殡葬服务价格下调幅度较大，其中：公墓销售最低降价幅度8.7%，最高降价幅度32.6%，平均降价幅度19.3%，下调最多达到12912元；礼厅出租最低降价幅度8%，最高降价幅度16%，平均降价幅度11.3%；为全省首个对殡葬服务价格下调单位。

（张永华　鲁　霞）

【桃江经济开发区获省政府真抓实干督查激励表扬】桃江经济开发区省级双创示范基地获得省人民政府办公厅2021年度真抓实干督查激励表扬。

（胡镇东　邓智洪）

【桃江县成功申报湖南省农村客货邮融合发展示范培育县】12月，省交通运输厅、省发改委、省邮政局联合公布全省农村客货邮融合发展试点县（市、区）名单，桃江县认定为全省农村客货邮融合发展示范培育县。该项目以桃江县城乡客运有限公司作为实施主体，由桃江县城乡客运有限公司出资成立桃江县城乡客货邮融合服务发展中心，作为县级快递物流仓储中转中心，建成“以城乡客运捎带为主体，货运专线和预约响应为补充”的农村物流配送服务体系。（胡镇东　邓智洪）

自然资源管理

【概况】2021年，县自然资源局根据自然资源领域改革发展要求，以乡镇机构改革和自然资源执法权限调整、下放为切入点，推动构建自然资源执法新格局，提升综合执法工作成效。推动行政审批改革，审批职能权限优化整合，提升行政服务效能。严格耕地保护，加快国土空间规划编制，提升服务城乡统筹发展能力。为全县经济社会发展提供自然资源保障。

用地保障。全年报批项目用地51宗1186亩。其中城镇用地234亩，园区用地316亩，民生用地257亩，产业用地346亩，交通用地33亩。办结出让土地分配方案33宗，实现土地出让总价款4.9亿元，完成财政预算计划任务3亿元的164%；自行储备土地实现出让收入1.89亿元，完成县政府计划任务0.5亿元的378%。县级耕地开垦费收入1776万元，完成财政预算计划任务1200万元的148%。

耕地保护。制定《桃江县卫星动态监测（扣减冻结指标）整改工作方案》。完成桃江县耕地保护专项规划和耕地“一张图”编制工作和基本农田核实整改补足工作。完成桃江县2020年第一批县级耕地占补平衡项目建设施工和2020年第二批县级耕地占补平衡项目验收与市级复核工作，规模面积共1859亩，新增耕地1539亩。启动后备资源调查和标注恢复属性地类分析评价工作。

规划管控。成立桃江县国土空间规划委员会，制定《桃江县国土空间规划委员会工作规则》。完成79个村庄规划的省级编制任务和国土空间规划“一张图”实施监督系统的安装和试运行。组织召开各级规划例会21次，审查项目328个。完成规划核验98起，用地核验98起；开工巡查61宗，竣工巡查115宗；组织放样、定位、定精样292次。

矿业管理。完成《桃江县砂石土开采专项规划（2019—2021年）》的修改，完成《桃江县石灰岩矿矿产资源勘查开发专项规划（2020—2025年）》编制、评审工作。完成25家矿山企业2020年度采矿权信息网上公示，合格率100%。开展矿山企业巡查50多人次。完成砂石土矿与露天矿山专项整治，通过市级审查验收，桃江是全省第一个整治资料报省厅备案的县。编制16家矿山企业绿色矿山建设方案，其中完成8家绿色矿山建设，建成数量占全市任务的80%。

地灾防治。全面排查存在切坡建房的隐患户3850户，制定“住前不住后、住上不住下”措施，在全县开展实施“挪床行动”，挪床813户。全年组织1次综合性应急避险演练和5次小型避险演练。应对多轮暴雨袭击，应急除险17起，紧急疏散转移人员1093人。在地球日、地灾日、土地日宣传地灾防治，召开屋场会15次、进学校2次、进矿区5次，发放宣传资料8万余份，张贴标语1000多条、横幅150条。整改违法用地24宗；批而未供土地处置62.60公顷；处置闲置土地117.16公顷；查处无证采矿2宗；完善新增占耕地建房用地手续14宗，拆除复耕2宗。

政务服务。不动产登记业务办理延伸至乡镇，设立灰山港镇不动产登记办理窗口。化解登记领域历史遗留问题，摸排问题楼盘9个，化解8个，化解率89%。完成易地扶贫搬迁农户登记发证工作，发证518户。推动“交房即交证”改革工作，制定《新建商品房“交房即交证”改革工作实施(试行)》，试点发证96户。

（薛惠芬）

【服务前移】 4月8日，在灰山港镇不动产登记窗口发出第一本不动产登记证。灰山港镇不动产登记窗口服务方式和内容与县不动产登记中心窗口一致，可及时办理全县各地不动产登记业务。在业务大厅设置一台不动产自助查询终端机，凭本人身份证可“秒开”不动产证明。推动不动产登记窗口服务前移工作。

（薛惠芬）

【农房确权】 5月10日，省自然资源厅总规划师申志军到桃江调研农村宅基地和集体建设用地房地一体确权登记颁证工作，了解全县房地一体确权登记颁证工作的进展情况。申志军肯定桃江的工作。桃江全县农村宅基地和集体建设用地房地一体应登记发证1.67万余户，6月20

▲4月8日，灰山港镇不动产登记窗口发出第一本不动产登记证（薛惠芬/摄）

日完成农村宅基地和集体建设用地房地一体确权登记县级质量自查工作，10月26日通过市级验收。登记发证率超过规定的90%。（吴跃光）

【矿山督察】6月，县自然资源局在全国第20个安全生产月，开展全县在建矿山安全生产督察，发现20家在建矿山存在安全生产隐患。要求矿山企业对标对表进行整改，严格按照绿色矿山建设标准、时限要求建设。（杨国荣　詹　斌）

【地灾防治】6月26日至7月5日，县自然资源局派出15个督查组分别到全县各个乡镇，督查指导全县66个地灾隐患点和重点临坡切坡建房户防灾避险工作。其间，发生小型地质灾害39起，其中导致房屋损坏、墙体垮塌16起，未发生人员伤亡事故。（傅建仁）

【执法培训】9月17日，县自然资源局举办自然资源执法业务培训班，全县各乡镇、自然资源生态环境办和执法监察大队等相关人员近200人参加培训。培训班结合全县乡镇执法队伍的实际，授课人员以具体执法案例，讲授违法建设案件的调查取证、查处程序、执法文书的填写以及调查询问笔录的制作。（莫飞虎）

审　计

【概况】2021年，县审计局坚持依法审计，完成审计项目29个，查出违规金额1404万元和管理不规范金额17.55亿元，促进增收节支4.39亿元，编发审计要情26期，移送问题线索12条；完成工程竣工决算审计项目4个，单项工程结算审计项目（审核）40个，核减投资4974万元。

收支审计。组织审计县本级及4个县直单位2020年度预算执行情况、2个乡镇2020年度决算情况、4个单位财务收支，审计2018—2020年县直税收协控联管，查出预算编制不科学、未按规定进行政府采购等问题68个，提出加强《中华人民共和国预算法》学习、规范财务管理等审计建议29条。

经济责任审计。对6名县管领导干部进行经济责任审计和1名县管领导干部自然资源资产离任（任中）审计，查出被审计对象任职期间单位违规金额347万元，管理不规范金额7993万元，促进增收节支3934万元，提出审计建议25条。

民生资金审计。在安化县开展保障性住房专项资金交叉审计，开展对县中医医院等3个民生单位财务收支审计，查出超标准收费、不符合条件违规享受公租房实物保障等问题19个，提出审计建议9条。

政府投资审计。继续开展人民医院南院区建设等4个PPP项目和县妇幼保健院妇幼健康服务综合楼建设项目跟踪审计，出具年度跟踪审计报告，查出SPV（特殊目的机构或公司）未及时提供设计图纸等问题23个，提出SPV公司应加强内部财务资料管理等审计建议17条；开展S324桃江县牛田至安化县大福公路改建工程等4个投资2000万元以上项目决算审计，查出项目建设单位违规分包、施工单位多计工程造价等问题23个，提出审计建议15条。

审计整改。出台《桃江县审计局查出问题整改责任落实制度（试行）》，针对审计发现的165个问题，建立问题清单、整改清单，对比“两个清单”，实行对账销号，通过发整改提醒函、督办函的方式，推动审计查出问题的整改。（薛跃兵）

【县委审计委员会会议】3月11日、9月1日，县委审计委员会召开第五次、第六次会议。分别审议通过《桃江县2020年度经济责任审计综合报告》《2021年审计项目计划》和《关于2020年度县级预算执行和其他财政收支的审计报告（审议稿）》。（薛跃兵　刘　虎）

【委托中介协审项目抽签会议】2月1日，县审计局召开政府投资项目委托中介协审项目抽签会议，分配项目至15家新报名的审计协审中介机构，县审计局负责人要求中介协审机构注重审计质量，严守工作纪律，廉洁从审，遵守保密制度。（莫文雯）

【陶德保调研项目建设】3月31日，市审计局党组书记、局长陶德保调研西部生活垃圾焚烧发电厂项目建设工作。陶德保现场察看项目进展情况后，强调市、县审计机关要高度重视、密切关注该项目建设，加强审计监督力度，确保政府投资资金规范使用。（刘　虎）

统　计

【概况】2021年，县统计工作围绕全县经济社会发展大局，坚持依法统计，推进统计体制改革，强化统计监测调查职能，为桃江高质量发展提供优质统计服务。

创新举措。强化预警预测职能，召开统计核算联管联席会议，与各经济主管部门研判全县经济发展形势，把准经济拐点，为县委、县政府决策提出有益建议。

经济发展。2021 年，全县实现地区生产总值 302 亿元，比上年增长 6.7%；规模工业增加值增长 6.4%；固定资产投资完成 201.6 亿元，增长 5.7%；完成社会消费品零售总额 123 亿元，增长 15%；完成地区一般公共预算收入 8.9 亿元，增长 7.5%；实现全体居民人均可支配收入 26898 元，增长 8.6%。全体居民人均可支配收入增速在市排名第六，地区生产总值、社会消费品零售总额、固定资产投资三项指标增速在市排名第七，规模工业增加值、地区一般公共预算收入两项指标增速在市排名第八。

统计核查。县委、县政府印发《桃江县深化统计管理体制改革提高统计数据真实性实施方案》《关于学习贯彻执行〈统计违纪违法责任人处分处理建议办法〉的实施方案》《桃江县防范和惩治统计造假、弄虚作假责任制实施办法（试行）》，县统计局、县发改局、县商务局、县科工局印发责任制配套文件。4—6 月，县统计局联合乡镇、相关部门对辖区内 382 家规模企业（其中规模以上工业 222 家、批发零售 81 家、住宿餐饮 16 家、建筑业 23 家、房地产 30 家，规模以上服务业 10 家）、104 个固定资产投资项目进行实地核查，清退空壳和僵尸企业。督促乡镇、主要部门完善台账资料。迎接市统计局的 2 次专项检查，受到肯定。

整改反馈问题。2021 年，省委第十巡视组反馈桃江县统计工作问题清单。县委、县政府成立统计专项检查反馈问题整改工作领导小组，印发《关于省委第十巡视组统计专项检查反馈意见整改方案的通知》，明确三大类五小类问题的整改内容、整改措施、责任领导、责任单位、完成时限。7 月，整改问题 4 个，整改报告及佐证资料上报至省统计局并销号。联合县农业农村局制订农业农村统计数据协调配合机制工作方案，6 月 28 日在县农业农村局召开部门联席会议，6 月 30 日，组织相关部门召开全县化肥施用量统计培训会议，规范农业农村统计报表工作，确保部门数据数出有源、数据统一。

第七次全国人口普查工作。上半年，在县政府网站发布全县第七次全国人口普查公报。数据包含全县人口数量、性别、年龄结构、乡镇分布情况。全县常住人口 68.56 万人，城镇化率 52.58%。汇总、梳理村级普查数据。

统计监督。县统计局干部职工全部通过统计系统普法考试，将《中华人民共和国统计法》纳入县行政学院干部培训课程，在县业务培训、媒体宣传普及统计法律法规。全年对 20 家单位进行执法检查，清理空壳项目 2 个、空壳企业 5 家。

（陈　艳）

【全县规模工业统计业务培训会】 1 月 12 日，县统计局召开全县规模工业统计业务培训会，各乡镇、县经开区工业统计员，中央、省、市驻桃工业企业统计员参加会议。会上，县统计局工业专业统计员进行 2020 年年报和 2021 年定报工作培训，讲解年报和定报中各项指标及具体填报事项，要求各单位按时按质完成工业统计报表工作。县统计局副局长曾华要求各乡镇要加强调研，把握工业企业发展形势，夯实工业统计基础，各工业统计员要增强工作责任心，提高工业统计数据质量。（肖海东）

【市统计部门、工信部门到桃江调研】 2 月 22 日，市统计局二级调研员朱清、市工信局副局长汤佩茹一行到桃调研工业经济运行情况。调研组一行在县中小企业服务中心听取县统计局和县科工局关于全县工业经济运行情况的汇报，了解桃江 1—2 月工业经济运行情况和 2020 年对比分析情况。会后，调研组到湖南桃花江竹材科技股份有限公司、湖南鑫政铝业科技有限公司和湖南口味王食品有限公司调研。（肖海东）

【李绍文到桃江调研】 3 月 18 日，省统计局党组副书记、副局长李绍文一行到桃江调研统计督察工作。市统计局局长邓象庭，副局长文世龙，二级调研员朱清，县委副书记、县长黄劲，县委常委、常务副县长李丰，县统计局局长王德祥陪同调研。调研组到灰山港镇湖南临亚新型墙体材料有限公司、益阳金沙重型机械制造有限公司等企业，了解企业生产经营情况，查看企业相关台账及原始凭证依据。李绍文对桃江统计工作表示肯定。要求桃江对标统计督察方案，开展自查自纠，列出问题清单，强弱项、补短板，确保国务院关于统计改革发展各项决策部署落实到位。（陈　艳）

市场监督管理

【概况】 2021 年，县市场监督管理局提高争先创优意识，守牢食品、药品、特种设备、重点工业产品质量安全底线和廉政底线，全力保障市场供应、物价稳定、产品质量安全及社会秩序稳定，确保全年不发生职责范围内重大及以上安全事件。

获全省食品安全工作先进单位，食品安全工作获全市真抓实干奖励，倪明亮获“湖南省消费维权先进个人”、刘毅获“湖南省药品稽查执法‘三十佳’稽查能手”。

服务市场。县市场监督管理局深化商事制度改革，推进全程电子化登记，推行“一件事一次办”便利化改革，新增市场主体6221户，其中新增企业1235户。规范企业开办专区，提供专人指导代办服务；推行“网上办”和“一网通办”，企业登记全程电子化办理2824件，办件数和办件率居全市前列；下放食品经营许可、农民专业合作社登记等审批权限至16个监管所，全年为新开办企业提供免费首套印章282套。实现企业设立登记、公章刻制、申领发票等并联办理时间在3个工作日内；实行行政许可标准化服务“一窗办理、一次告知、一网通办、一次办好”，办理7952件。制定《桃江县“证照分离”改革工作方案》，实施“证照分离”改革，取消登记事项1项、审批改备案1项和事项告知承诺制1项，优化审批服务4项。

企业标准化建设。开展质量月和世界标准日宣传活动，完成9家企业2021年县长质量奖申报工作，完成1家企业2021年省长质量奖申报工作；鑫政铝业、万维竹业获评2021年县长质量奖，桃花江竹材科技有限公司获评第三届市长质量奖。通过桃江县常丰酥脆枣种植基地市级标准化试点示范验收，完成26家企业单位51项企业标准公示工作。

商标申报。全县注册商标5095件，完成马德里国际注册商标申报4件，全县授权专利382件，万人专利拥有量达3.14件。全年股权出质担保债权25.534亿元；帮助企业获得专利质押融资4831万元。

食品安全监管。实现全年无重大食品安全事故的工作目标。强化风险分级管理，对4357家生产、经营、餐饮单位进行量化分级。开展专项行动，排查大米、桶装水、肉制品、食用油、冷链食品、特殊食品、火锅底料、汤汁食品等生产经营主体8500家次，处置138吨不合格稻谷，没收不合格食盐839.06公斤，检查全县中小学校、幼儿园2次，出动执法人员1080人次，下达责令改正通知书600份。抽样检测1590批次，其中1人因生产经营有毒有害食品，移交公安部门查处，列入食品生产经营行业禁入名单。开展示范创建活动，完成全县315家学校及托幼机构食堂“明厨亮灶”示范创建，创建示范食品生产加工小作坊10家，创建特殊食品规范经营示范门店20家。3月15日，在武潭镇嵩辉竹木科技有限公司集中销毁查扣的价值80余万元的假烟、假酒等143个品种的过期及假冒伪劣商品30多吨。全省严厉打击特殊食品与普通食品混放销售及普通食品冒充特殊食品销售等违法行为行动现场推进会在桃江召开。

安全监管。强化药品、医疗器械、化妆品安全监管。依法实施药械零售经营许可，办理药品经营许可63件、三类器械经营许可40件、二类器械经营备案40件。开展农村地区和城乡接合部药品安全专项整治和新冠病毒疫苗流通环节检查16次，检查药品零售企业570家次、医疗器械经营企业385家次、医疗机构592家次，化妆品经营使用单位288家次。上报不良反应709件、医疗器械不良事件216件、化妆品不良反应52件。

特种设备安全管理。开展“3·15”国际消费者权益日、防灾减灾宣传、安全生产月、液化气瓶安全使用常识、安全乘梯宣传活动，展出特种设备安全知识宣传板10块，张贴横幅4条，现场解答市民提问450余人次，发放特种设备安全宣传资料4500余份。出动执法人员2160余人次，检查特种设备使用单位710余家，发现安全隐患240余处，全部完成整改。全县特种设备定检率、气瓶送检率、登记率均达到100%。在特种设备领域立案18件，罚款34万元。

市场计量监督。检定各类计量器具2868台（件），其中检定加油机596枪次，检定衡器1360台（件）

▲3月15日，县市场监督管理局在武潭镇销毁假烟、假酒等假冒伪劣商品（范博琳／摄）

〔含免费检定集贸市场计量器具 1021 台(件)〕，检定天平、压力表、血压计共 912 台(件)。监督巡查全县医疗卫生、贸易结算、安全防护、环境监测、食品生产等领域在用计量器具强制检定及计量器具使用情况 190 余家次；监督检查 1 家自来水企业水表、1 家供电企业电表、1 家管道气企业和 2 家出租车公司的计价器；抽检定量包装商品企业 6 家，责令整改 1 家。

价费监管。开展供水供电供气、教育、医疗服务、粮食市场、校外培训机构、商业银行、中介机构、行业协会等价格收费专项检查 10 余次，检查企业 262 家，指导企业 85 家，发放提醒告诫书 36 份，查处价格违法案件 3 起，清退或罚没 73 万余元。

“双随机、一公开”抽查。制定《桃江县市场监管领域部门联合“双随机、一公开”抽查工作计划》，全县成员单位启动抽查任务 70 项，完成任务 70 项，出动检查人员 373 人，检查 1128 户，检查结果录入系统公示。

综合行政执法。全年参与、组织开展长江禁捕、扫黑除恶、野生动物、海鲜市场、价费清理专项执法行动 26 次，查办各类案件 260 余起，罚没 500 余万元，移送公安局 2 件，公安局刑拘 2 人次，取缔非法加工场所 7 处，收缴假冒伪劣物质 60 余吨，桃江获评省级典型案例 4 件、市级典型案例 4 件。（范博琳）

【国际消费者权益日】 3 月 15 日，县市场监督管理局在鸬鹚渡镇玉溪敬老院、大栗港镇安宁竹谷景区和桃花江镇大汉假日广场，设立咨询台、制作宣传展板、发放宣传资料，宣传普及消费维权知识。召开“3·15”专题新闻发布会，向社会公布 2020 年消费维权案例和消费投诉热点问题。集中销毁查扣的价值 80 余万元的假烟、假酒等 143 个品种和过期、假冒伪劣商品 30 多吨。（詹庆霖）

【全省特殊食品工作推进会在桃江召开】 11 月 16 日，全省严厉打击特殊食品与普通食品混放销售及普通食品冒充特殊食品销售等违法行为行动现场推进会在桃江召开。省食安办副主任、省市场监管局副局长廖健出席会议并讲话。市政府副市长杨智华致辞。市市场监管局局长龚悟云、县人民政府县长周登高、副县长曾国栋参加会议。会后，全省各市、州市场监管局分管负责人、特殊食品监管科科长 60 余人观摩县城特殊食品示范门店。（詹庆霖）

【重大金融风险防控】 2021 年，全面清查涉及投资、融资金融风险企业 76 家，针对盛大金禧集资问题，制定专项治理方案，成立工作专班，排查盛大金禧发展的业务情况，对其在桃江吸收的 4.86 亿元资金，督促其全面清退完毕。（范博琳）

农村调查工作

【概况】 国家统计局桃江调查队归口国家统计局湖南调查总队管理，是国家统计局的派出机构。桃江调查队为正科级机构。队机关设调查业务股、监测与专项调查股、综合执法股、办公室 4 个股室。有工作人员 8 人，临聘人员 3 人。

居民收入。2021 年，全县居民人均可支配收入 26898 元，在全市排第六位，同比增长 7.2%，较全市平均水平高 0.2 个百分点，增速在全市排第二位。农村居民人均可支配收入 20226 元，在全市排第七位，同比增长 9.7 %，较全市平均增速低 0.5 个百分点，增速在全市排第五位；城镇居民人均可支配收入 36196 元，在全市排第五位，同比增长 7.2%，增速在全市排第五位。

粮食产量调查。抽查全县 15 个抽样调查点 45 个样方，跟踪调查双季稻、单季稻播种面积、产量情况，调查各类经济作物面积，蔬菜等农作物面积情况。2021 年，全县粮食播种面积 89.07 万亩，市排名第三位，同比增长 0.12%，排名益阳市第四位，低于市平均水平 0.1 个百分点；粮食产量 37.1 万吨，市排名第四位，同比增长 2.27%，市排名第四位，与市平均增长幅度持平。

生猪生产调查。抽查 15 个畜禽样本村的猪牛羊禽等主要畜种存栏、出售、价格情况，统计全县养殖大户养殖情况。2021 年，全县生猪出栏 65.95 万头，市排名第二位，同比增长 26.15%，市排名第四位；年末生猪存栏 47.05 万头，市排名第二位，同比增长 11.84%，市排名第三位，其中能繁母猪存栏 4.09 万头，市排名第三位，同比增长 9.36%，市排名第二位。

调查数据。加强调查数据的管理和发布，按照法定职能权限，通过县人民政府网站、“桃江调查”平台，将上级审定的居民收支、农产量数据、畜禽监测调查数据、主要农副产品产量等法定数据向全县发布。

（胡盼盼）

【胡国亮到桃江宣布队长任命】 3 月 25 日，国家统计局湖南调查总队党组书记、总队长胡国亮一行到桃江调查队召开队长任免工作会议。会上宣布总队任命李元林担任国家统计局桃江调查队队长的通知。

（胡盼盼）

【霍丙森到桃江指导工作】 3月30日，国家统计局湖南调查总队党组成员、纪检组组长霍丙森一行到桃江调查队指导工作。益阳调查队党组书记、队长李扬，总队执法监督处谢志超，益阳调查队党组成员、纪检组组长蒋英明陪同，县委常委、常务副县长李丰参加调查工作。

（胡盼盼）

农业农村·林业·水利

农业农村工作

【概况】2021年，县农业农村局按照年初确定的农业农村工作目标，深化农业供给侧结构性改革，推进乡村振兴战略实施，巩固拓展脱贫攻坚成果，取得阶段性成效。

农业生产。2021年完成粮食播种面积89.07万亩，产量37.1万吨，超额完成市定任务，其中早稻播种面积23.99万亩，旱杂粮播种面积9.93万亩；完成早稻专业化集中育秧面积7.98万亩，"早专晚优"绿色高质高效模式18万亩，创建万亩示范片4个，千亩示范片16个。全县完成蔬菜播种面积27.52万亩，产量61万吨，新增设施蔬菜基地面积110亩，蔬菜价格持续稳定；茶园总面积8.1万亩，茶叶总产量50364吨，综合产值30.972亿元，提质打造500亩高端高效茶园，引进茶叶加工企业1家。年末生猪存栏48万头，超额完成生猪稳产保供任务，创建省级生猪标准化示范场2家；完成放养水面4.5万亩，水产品总量1.36万吨，同比增长3.5%。开展抛荒排查治理，全县18054.54亩抛荒面积全部整治完成；建立抛荒治理示范点4个，明确沾溪镇为抛荒治理示范乡镇。完成2021年6.44万亩高标准农田建设项目的80%。桃江县获评"全省粮食生产标兵县"，

农业产业化。完成立项争资任务26455万元，同比增长29%，引进企业2家。培育龙头企业，国家级农业产业化龙头企业实现"零的突破"，新增市级农业产业化龙头企业9家，全县有国家级农业产业化龙头企业1家，省级8家，市级38家。新增省级农业产业化联合体4家，其中3家被评为省级示范联合体，8家被评为市级示范联合体。申报2021年湖南省现代农业特色产业园省级示范园1家，认定县级示范园4家；桃江竹业小镇（马武竹业小镇）成为全省第三批特色小镇创建单位，桃江县现代农业核心示范区新落户企业2家，共引进11家企业，总合同金额19.858亿元，完成优质农副产品供应示范基地建设项目和国家农业产业强镇大栗港建设项目。举行"桃江竹叶"农产品地理标志签约仪式，制定《桃江竹叶地理标志产品保护管理制度》，举办2021年首届"桃江竹叶"茶叶评比比赛，实施地理标志农产品保护工程。桃江竹泉米、桃江"竹"福正式上线。投入产业扶贫资金600万元，培育新型经营主体4家，帮扶村集体6个，提供岗位300个，结对帮扶贫困村43个。

农产品质量安全。2021年，创建市级农产品质量安全监管示范站2个和市级农产品质量安全监管示范村1个。主要农产品监测总体合格率稳定在98%以上，未发生重大农产品质量安全事件。6家企业通过绿色食品认证；国家农产品质量安全追溯管理平台注册企业109家，97家企业在湖南省农产品"身份证"管理平台注册，实现市级以上农业产业化龙头企业品牌、农产品区域公共品牌、"一县一特"品牌、"三品一标"认证产品全部纳入。打击非法捕捞、生猪违规调运、私屠滥宰等违法违规行为，立案121起，桃江县获"湖南省农产品质量安全县""全国农作物病虫害统防统治百强县"称号。

农业社会化服务。化肥使用实现零增长，完成测土配方施肥面积153.9万亩，覆盖率95.5%，绿肥种植面积14万亩，水肥一体化应用0.45万亩，农作物秸秆还田115.36万亩次。农药使用量同比减少1.1%，完成主要农作物统防统治面积60.6万亩，绿色防控面积74.6万亩。完成受污染耕地安全利用任务，22.49万亩轻中度受污染耕地已落实1种以上治理措施，1.89万亩重度污染耕地全面完成结构调整并落实农艺措施；完成桃江县洞庭湖流域化肥农药农业废弃物污染整治项目，推进绿色种养循环农业试点工作，落实示范面积10万亩；开展畜禽养殖污染整治“百日攻坚”行动，整治养殖场（户）2450家，清理溪港沟渠180条、山塘水库20座。实施农作物秸秆综合利用重点县项目，新建2个县级收储运中心、8个乡镇收储点。加快信息进村入户，提质改造2家益农信息社；提升农产品产地仓储保鲜冷链设施水平，建成冷链设施26个；培育新型职业农民300人，灰山港镇农技站被农业农村部评定为全国五星级农技推广机构；实施农业生产社会化服务试点项目，完成服务面积18万亩。

农村人居环境整治。全县完成农村户用卫生厕所改（新）建17523个，新建农村公厕13个。申报省级美丽乡村创建村4个、市级美丽乡村创建村7个，申报乡村振兴示范村16个。

农业农村改革。新发展农民专业合作社52家，总数972家，新发展家庭农场112家，总数1279家；创建省级示范社6家、百佳社1家、省级示范区域性农业社会化服务中心1家、省级示范家庭农场9家、县级示范社16家和县级示范家庭农场20家。发展壮大集体经济，实现村级集体经济总收入2.930578亿元，村级总债务化解率12.37%，申报2021年扶持发展壮大集体经济试点村9个。农村土地承包经营权确权登记颁证农户档案入馆率99.5%，证书颁发率99.3%，农村土地承包经营权信息应用平台实现省、市、县互联互通；耕地流转面积比例66.17%，调处土地纠纷19起。

存在的问题。粮食生产压力较大。全县农业生产基础设施投入不足，高标准农田设施基础仍然薄弱。受自然灾害影响，种粮大户资金紧张，化肥、农膜等农资价格上涨幅度较大，种粮收益较低，种粮大户积极性不高。整治耕地抛荒存在压力，复耕复种耕地存在重复抛荒的风险。县农业综合执法大队、农村经济经营服务站等部门工作范围广、领域多、任务繁重，专业技术人员力量不足。各乡镇农业综合服务中心专业技术人员紧缺。农业农村投入不足。县财政在农业产业发展、农业面源污染治理、农村人居环境整治、农业基础设施等方面的投入不足。（刘　涛　胡　琼）

▲4月30日，在全省脱贫攻坚总结表彰大会上县农业农村局局长薛虎军作为先进个人受表彰（胡　琼／摄）

【薛虎军获省脱贫攻坚先进个人称号】4月30日，全省脱贫攻坚总结表彰大会在长沙国际会议中心举行。县农业农村局党组书记、局长薛虎军被授予“湖南省脱贫攻坚先进个人”称号。大会共授予1296人省先进个人、800个省先进集体称号。许达哲、毛伟明等省领导为受表彰的先进个人和集体代表颁奖。

（胡　琼）

【桃江县获湖南省粮食生产标兵县称号】2021年，桃江县获“湖南省粮食生产标兵县”称号。全年完成粮食作物播种面积89.07万亩，比上年增加1.54万亩；完成粮食总产量37.1万吨，比2020年增加1.61万吨。粮食播种面积、总产量分别超任务1.76%、4.54%。（胡　琼）

【桃江首家国家级龙头企业】10月，湖南桃花江竹材科技股份有限公司获国家级龙头企业称号。公司成立于2001年，注册资金5076万元，公司专注于高档竹材产品研发、生产和销售。2005年公司被认定为省级农业产业化龙头企业，是湖南省

竹产业中首家国家林业重点龙头企业和中国竹业龙头企业及中国竹藤品牌集群首批成员单位。（胡 琼）

【"桃江竹福""桃江竹泉米"上线】9月27日，"庆丰收 迎国庆 颂党恩"——桃江县庆祝第四个中国农民丰收节暨"笑满三湘"湖南省文艺志愿服务团走进桃江专场演出活动在桃花江竹海旅游度假区举行。活动中，举行"桃江竹福""桃江竹泉米"上线仪式。（胡 琼）

【桃江成功创建省级示范县】2021年，桃江县成功创建农村一、二、三产业融合发展省级示范县。全年全县笋竹产值突破150亿元，茶叶综合产值30.972亿元。建成农业特色产业园（基地）25家，整合各类项目资金3000多万元，落户8家企业，带动投资超20亿元。桃江农特产品获得各类金奖10余个，2021年全县农产品出口额近1500万美元。乡村旅游和休闲农业消费突破50亿元。

（胡 琼）

【智慧渔政试运行】7月，桃江启动"智慧渔政"监管系统试运行。桃江智慧渔政管理平台实现全县102公里资江段水域24小时实时动态监测。通过监管系统，全县发现非法捕捞（电鱼、放网、地笼等）6起，辅助办案2起，发现违规垂钓130余起。（胡 琼）

【生态稻米协会成立】8月22日，桃江县生态稻米协会成立大会在县农业农村局召开。会议通过《桃江县生态稻米协会章程》，选举桃江县湘桃农机化服务粮油种植专业合作社等8家单位为常务理事单位、桃江县种植业技术推广中心主任符呈祥为协会会长、桃江县生态稻米创建办主任范超跃为秘书长、桃江县拱头山农机服务水稻种植专业合作社负责人昌冬良为理事长。

（胡 琼）

乡村振兴工作

【概况】2021年，县乡村振兴局（2021年4月由桃江县扶贫开发办公室更名）实施"三高四新"战略，围绕"民族要复兴、乡村必振兴"总体目标，弘扬脱贫攻坚精神，推动农业农村全面振兴，促进全县人民共同富裕。

动态监测。建立预警监测机制、联合会商机制、信息比对机制，完成监测对象的识别与录入，2021年有342户743人按程序纳入防返贫监测帮扶，实现"应纳尽纳"。安排县、乡两级领导干部结对帮扶所有监测户，按照"缺什么补什么"的原则制定"一户一策"，逐户张贴党群连心卡和政策明白卡；为建档立卡脱贫户购买"扶贫特惠保"，为县域内所有农业人口购买"防贫综合保险"，未出现规模性返贫现象。

振兴保障。发放小额扶贫贷款2069万元，超额完成放贷任务，按期发放小额信贷贴息，防控贷款逾期风险，小额信贷实现零逾期。发放教育补助资金1310.32万元、"雨露计划"补助资金178.8万元。推进"六重医疗"保障向"三重医疗"保障平稳过渡，建档立卡脱贫人口住院11874人次，住院总费用6183.99万元，报销5158.89万元，综合报销比例83%，建档立卡脱贫人口和监测对象参保率100%，参保缴费补助100%发放到位，家庭医生签约服务率100%，大病保险等医疗保障政策落实到位。排查全县农村所有房屋安全隐患，共调查181234户，存在风险3423户，其中525户低收入群体的危房纳入桃江县农村危房改造工作计划，实际完成532户，拨付资金1104.19万元。巩固提升农村饮水安全工程共41处，自来水普及率82.1%，供水保证率95%，全县饮水安全覆盖率100%。非法定监护人监护的农村留守儿童委托照护协议签订率100%。

易地搬迁与资产确权。全县易地扶贫搬迁安置518户1771人，其中集中安置点6个，集中安置366户1253人；分散安置152户518人。房屋产权办证、发证率100%，6个集中安置点水、电、路配套设施基本完善。全面摸清2013年以来的扶贫资产底数，明确扶贫资产的权属、管护内容、管护责任人，县、乡、村建立扶贫资产登记台账，全县形成的扶贫资产3.2254亿元，资产确权率100%。

乡村产业发展。2021年，培育竹笋生产专业合作社52个、竹笋加工企业12家，建立"公司＋竹笋专业合作社＋农户""公司＋基地＋脱贫户"模式，全县竹笋产业从业人员6万人，其中脱贫人口5468人，带动农民人均增收800多元。

补齐短板。2021年，修建6条乡镇通、旅游资源产业公路，共43.753公里；处治189条村道的安全隐患，共100.736公里；重建改造25座农村公路危桥。乡村医疗卫生医技人员"空白点"动态清零，中医药服务实现全覆盖。完成乡村小规模学校优化提质工程10所，投资1040万元。2021年投入县级福彩公益金49.47万元，建设农村养老服务设施，农村互助养老服务设施村（社区）覆盖率45%以上。新建农村公共卫生厕所13座，完成农村户厕改（新）建14615个，新建农村公厕9座。全部完成行政村农村生活污水治理任务。组织4个村创建申报省级美丽乡村、1个村创建申报省级精品乡村、7个村创建申报市级美丽乡村。全县212个村，22个社区已建立集体经济组织，挂牌、登记赋码、颁证率均达100%。

资金监管。全年共下达财政衔接资金8305万元，安排资金项目297个；安排产业项目128个，资金总额3320万元，占中央、省财政衔接资金5461万元的60.79%。新申报项目1103个。审定2021年实施项目446个、预算总投资8552.8万元，实施267个。（熊思宇）

【县扶贫办获省脱贫攻坚先进集体称号】4月30日，县乡村振兴局党组书记、局长苏双喜出席湖南省脱贫攻坚总结表彰大会。会上，县扶贫办被授予湖南省脱贫攻坚先进集体称号。（熊思宇）

【瞿海调研桃江乡村振兴工作】4月16日，市委书记瞿海到马迹塘镇调研乡村振兴工作，详细了解早稻育秧面积、社会化服务以及农资供应、价格等情况。瞿海肯定马迹塘镇千亩双季稻生产工作。（熊思宇）

【农村人居环境整治】2021年，开展农村人居环境整治行动。全县回收各类低价值废旧物资2100多吨。推进绿色种养循环农业试点，实现全县畜禽粪污综合利用率90%以上，建成农村人居环境整治提升示范村20个、整洁村30个，创建农户美丽庭院“六个一”整治村30个。

（熊思宇）

▲3月25日，新机具推介会现场（夏伟财/摄）

农机事务

【概况】2021年12月2日，县机构编制委员会发出《关于县农机事务中心机构编制事项调整的通知》，县农机事务中心由正科级降为副科级，为县农业农村局所属副科级事业单位。2021年，全县农机总动力86.88万千瓦，新增大中型拖拉机108台，新增自走履带式谷物联合收割机83台，新增谷物烘干机15台，新增水稻插秧机36台，新增抛秧机7台，新增农产品加工机械110台，新增其他设备设施机械588台。水稻机种率40.91%，同比增长5.03个百分点，水稻综合机械化水平82.04%。

农机购置（报废）补贴。县农机事务中心出台《桃江县2021—2023年农业机械购置补贴实施方案》，联合县财政局和县农业农村局，全程监督农业机械补贴的申报审核和机具核验，机具核验率50%以上。全年申报补贴机具947台，发放补贴976.4359万元，受益681户。申报农机报废补贴机具183台，受益153户，总补贴142.554万元。

农机推广。2021年，县农机事务中心推广新型适用农业机械，引进新机具、新技术，召开2次新机具推广演示会。全年推广新型适用机械947台，其中重点推广农业用北斗终端45台（套）、秸秆打（压）捆机15台、抛秧机7台。举办水稻机插机抛育秧培训，向种粮大户推广水稻机插机抛育秧技术，中心派技术人员上门跟踪服务实施水稻机插机抛用户35人次。

农机合作社。2021年，桃江县卫红农机服务水稻种植专业合作社通过自主申请、村委会审查、乡镇初步验收，经县农机事务中心、县财政局、驻县农业农村局纪检组联合验收通过，评为2021年度省级现代农机合作社，获得扶持资金15万元。桃江县鸬驰农机化服务水稻种植专业合作社通过市农机事务中心验收，评为2021年度省级现代农机示范社，获得扶持资金30万元。

机抛秧作业补贴试点。为实施机抛秧作业补贴试点县项目，县农机事务中心举办全县机插机抛秧现场演示培训会，乡镇农机员和机抛秧作业用户共70多人参加培训。全年新增抛秧机7台，完成机抛秧面积3.07万亩，拨付机抛秧作业补贴项目资金200万元，桃江县成为全省首批机抛秧作业补贴项目试点县。

安全生产。开展安全生产检查23次，下发整改通知书45份，均整改到位。县农机事务中心在农机合作社开办新型职业农机安全培训讲座，讲解典型农机事故案例，播放农机安全宣传专题片，培训农机从业人员185人。开展“安全宣传月”“法制宣传日”“送法下乡”活动，宣传农机安全管理法律、法规。全县农机安全生产事故为零。

招商引资。湖南古力科技有限公司在桃江注册成立桃江田新种养有限公司，落地牛田镇金光山村，投资金额1000万元。建设4栋禽舍、1栋饲料仓库、1栋临时工棚及粪污处理系统、沼气池。项目完成土地流转、道路平整拓宽。（夏伟财）

【安全生产检查】2月19日至20日，县农机事务中心联合县农业农村局对15个乡镇开展农机安全生产检查，检查农机合作社45家，排查农机安全隐患2起，发放整改通知单11份，农机合作社整治安全隐患。

（夏伟财）

【早稻机插机抛育秧培训】3月16日，桃江县早稻机插机抛育秧技术现场培训演示会在三堂街镇龙铭农机专业合作社召开，全县15个乡镇的农机技术指导员、农机厂商和种粮大户共70余人参加培训。培训会上，技术人员讲授有序机抛种植的优势、有序机抛育秧技术、流水线播种摆盘——基质育秧技术和大田摆盘——泥浆育秧技术。（夏伟财）

【竹木产业机械化示范项目通过评审】12月23日，湖南省农机事务中心、湖南农业大学、中南林业科技大学、湖南农业大学机电工程学院、桃花江国有林场组成的湖南省农业优势特色千亿元产业项目（竹木组）验收评审组对县农机事务中心组织实施的竹木产业机械化示范项目进行验收评审。评审组通过实地查看黄金塘竹木产业机械化300亩示范基地建设，查阅项目资料，观看机具现场演示，验收评审组认为，项目实施达到项目书任务目标，基地基本实现竹林耕作、抚育、除杂、采伐、转运、预处理等机械化作业，项目成功通过评审。（夏伟财）

畜牧水产事务

【概况】2021年，县畜牧水产事务中心开展产业发展、立项争资、疫病防控、安全生产、信访五项重点工作，畜牧水产业高质量发展。全县存栏生猪47.05万头，同比增长12%；出栏生猪65.95万头，同比增长26%。存栏牛5.29万头，同比增长2%。出栏牛2.21万头，同比增长1.1%。存栏羊4.43万只，同比增长4%；出栏羊5.27万只，同比增长10%。存笼家禽451.67万羽，同比增长4%，出笼家禽459.21万羽，同比下降4%。完成放养水面4.5万亩，其中特色水产面积2.3万亩，水产品总量13450吨，同比增长2.16%。全县养殖业形成以武潭、马迹塘为主的优质生猪生产基地，以灰山港、修山为主的优质蛋鸡生产基地，以灰山港为主的优质肉牛生产基地，2021年创建省级生猪标准化示范场2个。

生猪稳产保供。开展生猪、肉鸡、肉牛保险投保工作，投保畜禽227.19万头（羽），成功申报病死畜禽无害化处理与保险联动机制试点。实时监测生猪生产、新建改扩建规模猪场，完成80个规模养殖场的新建改扩建任务，实施生猪良种补贴项目，改进提升1个种公猪站，开展畜禽种质资源普查。完成生猪稳产保供任务，桃江县被评为市生猪稳产保供先进县、全省第三次畜禽遗传资源普查工作突出县，被农业农村部授予“2020—2021年度畜牧业统计监测工作综合评估优秀生产监测县”称号。

动物防疫。全县排查养殖场10962户，发放消毒药35吨，组织3142个重点场所开展清洗消毒，妥善处置牛布鲁氏菌病监测阳性1起。开展春秋两季集中免疫，全县免疫畜禽1107.19万头（只），在138个养殖场采集1447份血样和拭子样品进行病原检测，免疫密度和免疫抗体水平整体达标。无害化处理病死生猪76438头、禽类42562羽、生猪定点屠宰场三腺产品35005公斤和过期食品2100公斤。桃江县被省防治重大动物疫病指挥部评为全省2021年动物防疫防控绩效考核先进县。

特色水产。新增特色水产养殖面积569亩，其中松木塘镇龙虾养殖基地310亩、石牛江镇剑桥渔村种植养殖基地259亩。开展鱼类人工增殖放流活动2次，投放鱼苗鱼种420万尾。开展水产养殖种质资源普查，录入主体735户。

粪污资源化利用。完成畜禽粪污资源化利用整县推进项目834个主体建设，全县规模养殖场粪污处理设施配套率100%，畜禽粪污资源化利用率92.16%。2021年中央、省环保督察交办的9个问题全部整改销号，在全县开展畜禽粪污整治百日攻坚行动，排查养殖场3298家，整改存在污染问题的养殖场2372

家，清理溪港沟渠180条15.97万米、山塘水库20座，全县养殖环境得到改善。桃江县获全省畜禽粪污资源化利用工作突出县称号。

养殖业技术服务。成立科技服务专家团和技术指导服务队，开展生猪科学饲养、疫病防控、粪污治理等专题培训52次，培训1800余人次，发放资料5000余份，推荐20名农技人员参加全省基层农技推广骨干人才培训班。建成基层农技推广科技示范基地1家、科技示范主体20个，确定养殖业主推技术4项，辐射带动养殖场200余家，畜牧水产科技服务小组被评为全县科技服务团优秀小组。（刘亚丽　聂剑瑜）

【100万尾本土鱼苗放流资江】 4月8日，县畜牧水产事务中心在修山镇资江河段石洞水寨投放鱼苗。放流的鱼苗以青鱼、草鱼、鳙鱼、鲢鱼和鳊鱼本土品种为主，共100万尾，全年放流420万尾。

（刘亚丽　聂剑瑜）

【民生资金清查清理】 5月，县畜牧水产事务中心组织专班，全面清查清理2018年以来发放到人到户的强制免疫、非洲猪瘟扑杀、病死猪无害化处理、生猪调出大县奖励、畜禽粪污资源化利用试点项目、渔民禁捕退捕补偿、渔业成品油价格等民生资金，清查民生资金8027.08万元。

（丁　江　刘亚丽）

【省调研组到桃江调研】 6月7日，省农业农村厅调研组组长杨开吉到桃江调研生猪稳产保供和春季重大动物疫病防控工作，副县长罗歆辉陪同调研。调研组听取汇报、查阅资料，到武潭镇、马迹塘镇和桃仁牧业、顺联食品等企业，调研乡镇动物防疫体系建设、生猪生产发展、重大动物疫病防控工作。调研组肯定桃江所做的工作，要求桃江开展生猪稳产保供工作跟踪督查，完善非洲猪瘟防控临时检查哨卡设施设备，加强生猪定点屠宰场监管。

（刘长青　刘亚丽）

【晋熙生态养殖场成为国家级农业科技示范基地】 9月7日，桃江县晋熙生态养殖场被授予全国基层农技推广体系改革与建设补助项目农业科技示范基地称号。（黄贤明）

【2372家养殖场完成整治】 11月4日，益阳市生态环境局桃江分局、县农业农村局、县畜牧水产事务中心组成联合检查组，专项督查全县养殖场（户）粪污处理利用设施建设、粪污消纳、粪肥还田利用情况。共排查养殖场（户）3298家，整治存在污染问题的2372家养殖场（户）。

（刘亚丽　朱　丹）

【刘少军调研水产苗种基地】 11月25日，中国工程院院士刘少军到桃花江农业生态科技有限公司养殖基地调研，益阳市政协副主席卜铁洪、市畜牧水产事务中心主任谢移科、县人大常委会主任伍令贤、副县长庄立辉陪同调研。调研组一行察看基地水面、基础设施设备建设及养殖尾水处理等情况，听取公司养殖现状、公司运营情况介绍，刘少军对公司养殖基地工作表示肯定。

（刘　佩　文　宇）

林　业

【概况】 2021年，桃江林业用地面积稳定在197万亩，营造林面积1万亩，森林蓄积量增长15万立方米，湿地保护率稳定在72%，林业有害生物成灾率控制在3.3‰以下，森林火灾受害率控制在1‰以内，森林覆盖率64.15%。林业产业总产值增速8%，达到146.63亿元。全年立项争资4452万元，固定资产投资5840万元。

竹产业发展。2021年竹产业达到133.15亿元，其中竹笋产业实现总产值13.06亿元，鲜笋产量0.83亿公斤，竹笋销售12.88亿元，同比增长60%，带动4万人就业。统筹归集竹产业资金3000万元，完成武潭全竹利用集成化生产示范项目建设；引进投资3000万元的桃花江竹材科技第四期落户园区；协助完成马迹塘镇“竹业小镇”建设；竹笋加工企业——桃江县八方食品加工有限公司投产；实施“毛竹全营养有机菌肥研制与应用成果推广示范”中央财政林业科技推广项目，实施面积5800亩，通过省林业局中期评估；实施FSC（森林认证）面积2769.98公顷，其中竹林面积1617.58公顷；完成26家企业“桃江竹笋”国家地理标志证明商标授权，8家企业“桃江竹凉席”国家地理标志证明商标授权。桃花江镇大华村建设全省首家村级直播大楼——直播大华基地，直播销售竹笋产品、竹凉席；桃江县竹缘林科开发有限公司直播带货，在成都双流区百佳市场和郫都区海霸王市场设立销售窗口；湖南桃花江竹材科技股份有限公司、湖南春龙竹艺有限公司、桃江风河智慧竹业有限公司、益阳远洋竹制品有限公司、桃江县远龙竹制品厂开拓海外市场，外贸出口额1000万美元。举办竹笋培育与加工技术培训班15期，培训林农1354人。

资源保护。发放生态公益林补偿资金和天然商品林停伐补助资金1966.66万元；办理占用林地手续25宗，林地面积23.8公顷，收取森林植被恢复费470.79万元；查处各类林业行政案件23起，收缴罚没款71.8万元；推进林长制建设，成立桃江县林长制工作委员会办公室，组建林长制事务中心，出台《桃江县全面执行林长制的实施方案》。

国土绿化。全县全民义务植树120万株，通道绿化30公里；实施营造林8700亩，完成生态廊道建设380亩；建设大栗港镇、武潭镇油茶林示范基地；争取武陵山区生物多样性保护和修复项目资金1055万元；完成第四次石漠化调查。

自然保护地管理。2021年，国家林业和草原局授予“湖南桃江羞女湖国家湿地公园”牌匾，县林业局举办全县湿地知识培训班，培训300人次，修复湿地公园生态岸线洲滩240亩；上报新一轮自然保护地优化整合数据，开展“洞庭清波”自然保护地专项督查，筛查并整改问题图斑7个。

森林防灾防火。清除松枯死木13437株，防治竹蝗4.3万亩，竹蝗成灾率为0；发生森林火灾31起，扑火率100%，处理率100%；出动森林防火宣传车18台次，发放宣传资料2万余份、禁火令5000份，挂置防火横幅100余条，手机平台发放预警信息、防火须知等信息1.9万条；组织50人森林扑火半专业队伍进行森林防火演练，改建森林防火物资储备库，添置防火物资。

野生动植物保护。查处违法违规狩猎、销售野生动物案件15起，罚款4.5万元，公安刑事立案5起；开展野生动物救护13次，救护各类国家陆生保护野生动物28只（头）；102户野生动物养殖场转产转型，发放帮扶奖励资金579.8万元。

▲6月7日，县林业局救治一只国家二级保护野生动物——毛冠鹿（胡胜红/摄）

安全生产。成立安全生产及消防工作领导小组，制定《2021年度桃江县林业局安全生产工作监督责任清单》，指导林业企业、国有林场和苗圃安全生产工作，排查安全隐患36起，督促整改到位。

行政执法。审核林业行政案件11起，接受法律咨询、服务指导270余次，林权证遗留问题来信来访20余次；实现“双随机、一公开”监管在市场监管领域全覆盖，深化“放管服”改革，办理植物检疫证书122份，林木采伐许可证205份，办结率100%，完成督办件6件，调处山林纠纷25起。

（胡建龙　尹　进）

【毛冠鹿获救治】5月31日，三堂街镇九峰村村民赵丽云发现一只受伤动物跑进厨房，经湖南省生物多样性保护中心鉴定，此动物为国家二级重点保护野生动物毛冠鹿。6月1日，县林业局工作人员将受伤的毛冠鹿送往县城动物医院治疗。经诊断，这只毛冠鹿左后腿骨全部断裂，只能截肢，右前腿脱臼，采用外固定手术治疗。6月7日，毛冠鹿被送往湖南省生物多样性保护中心。

（胡胜红　尹　进）

【吴剑波检查桃江林草工作】9月28日，省林业局党组成员、副局长吴剑波到桃江检查林草工作。市林业局党组成员、副局长曹卫平，县领导庄立辉陪同检查。检查组一行到灰山港镇，查看石漠化治理情况，督导组肯定桃江的林草工作。

（尹　进）

【石漠化调查】10—11月，县林业局在松木塘镇、灰山港镇、马迹塘镇开展第四次石漠化调查，完成石漠化图斑外业调查面积13562.12公顷、图斑16861个，拍照复位特征点图斑125个，外业质量抽查图斑856个。（彭新春）

【毛伟明到桃江调研】10月27日，省委副书记、省长毛伟明到桃江调研竹产业发展工作。省政府秘书长邓群策，市委书记、市人大常委会主任瞿海，市委副书记、代市长陈竞，省政府副秘书长、办公厅主任叶仁雄，省工信厅厅长毛腾飞、省生态环境厅厅长邓立佳、省水利厅厅长颜学毛、省农业农村厅厅长袁延文陪同。毛伟明参观湖南桃花江竹材科技股份有限公司和桃江竹文化博览馆并指出，竹产品应用广泛，竹产业前景广阔，要依托本地资源优势，不断创新竹产品、壮大竹产业、打造竹品牌、推广竹文化，加快培育集经济效益、社会效益、生态效益、文化效益于一体的竹产业生态。

（刘迪钦　尹　进）

水　利

【概况】2021年，全县有城关、牛潭河、花果山3个万亩堤垸，形成闭合圈的一线防洪大堤总长度39.222公里（其中城关垸19.297公里、牛潭河垸11.965公里、花果山垸7.96公里）。5公里以上河流82条，水库219座，其中中型3座，小（1）型30座，小（2）型186座；山塘河坝1.3万多处；电排机埠11处38台5720千瓦；电灌机埠483处7982千瓦；灌溉干渠1260公里；102公里资水干流有梯级电站3座，小水电站22座。2021年，县水利局在全市七项重点工作任务考评中列前三名，其中水保、水资源、水利建设列第一名。获评全省"芙蓉杯"水利建设先进单位。

防汛抗旱。全县迎战23轮强降雨，启动资水梯级电站联合调度5次、防汛Ⅳ级应急响应3次、防汛Ⅲ级应急响应2次。投入水毁维修资金近400万元，完成资水武潭天湾段垮塌河道的抢修和22处水毁农村饮水工程的修复。全县未溃一堤一垸、未垮一库一坝，实现零伤亡。

水利建设。水利建设项目投资1.8亿元，完成城市防洪工程建设任务。启动3座中型水库和51座病险小型水库的除险加固。推进资水重要河段治理和7条中小河流的综合治理。巩固提升41处农饮工程。启动花桥—文家渡防洪大堤修建。建设克上冲灌区节水配套工程。实施克上冲水源地综合治理项目。制定《"十四五"水安全规划》《河湖划界》《水利工程划界》《水旱灾害风险普查》《一河一策方案编制》，完成219座水库和3个万亩堤垸白蚁监测与防治工作。

立项争资。落实19座小型水库除险加固项目、克上冲灌区续建配套与节水改造项目、桃江县七星河改道项目和鲇鱼港电排拆除重建工程建设资金，立项争资到位资金1.75亿元，超额完成年度立项争资任务。

河长制工作。河长制工作纳入乡村网格化管理，确定基础网格2425个，网格员12000余人。县、乡、村三级河长巡河10339人次。交办问题20个，立案查处办结涉河案件5起。制定《2021年河长制重点工作任务清单》，完成问题整改15处。立案查处非法捕捞案件34起，移送公安机关10起。清理河道垃圾7000余吨。

行政执法。全年出动行政执法车辆110多台次、行政执法人员310余人次。开展资江桃江段及一级支流等重点水域非法盗采、禁捕退捕、防溺水的日常巡查工作。立案查处办结案件5起，下发责令停止水事违法行为通知书28份，水事违法行为整改通知书18份。完成省河长办、洞办交办核查整改遥感卫星监测问题25处。处理信访交办件7件，接待来访群众5批次。

水土保持与水资源管理。完成22个项目水土保持方案的制定和6处取水许可行政审批，完成3处中型灌区在线监测设施建设、199处取水许可纸制证转换，征收水土保持补偿费和水资源费285.37万元。落实2021年度第一批次遥感监管11个违法图斑的核查，全部整改违法图斑，完成长江委随机抽查的28处水资源管理和5处节约用水评定。

农村安全饮水工程。推动农村供水工程水费收缴工作，实现135处农饮工程全面收费。完成14处实验室的水质自检9项检测培训，完成桃江县"十四五"农村供水保障规划及实施方案的编制和批复。

▲11月30日，桃江县碧螺水库除险加固工程竣工验收会议召开（李　江／摄）

工程监管。全年开展在建工程巡查62次，发现质量问题和安全隐患228处，发出限期整改通知17份，通报3份，质量问题和安全隐患整改到位。 （文　辉）

【沿线防洪避灾转移演练】5月10日，县水利局承办的益阳市资水梯级电站联合调度暨沿线防洪避灾转移演练在修山镇举行，市委副书记、市长张值恒、市防指成员单位领导出席。演练以资水流域防洪为背景，模拟柘桃区间出现强降雨，柘溪水库即将泄洪进行转移演练。张值恒肯定此次演练，他强调：主汛期即将到来，市、县防指要根据牢固树立“防汛责任重于泰山，人民群众利益高于一切”的理念，做好“防大汛、抗大灾”的准备，科学有效地应对强降雨天气，加强会商调度，做好山洪地质灾害防御，严明工作纪律，完善防汛责任制，确保汛期平稳安全。 （文　辉）

【周放鑫考察桃江水利工作】11月9日，益阳市水利局党组书记、局长周放鑫到桃江调研水利工作，副县长庄立辉陪同调研。周放鑫一行到武潭镇资水治理泥潭段水毁工程项目施工现场、马迹塘镇沂溪河二期治理工程、桃花江水库除险加固工程施工现场、桃花江镇花桥横家渡保护圈项目实地考察，检查桃花江镇的镇、村河长制工作台账，了解项目建设情况，听取项目建设中的问题和困难。周放鑫指出，秋冬春水利建设是防汛抗旱的基础性工作，要切实增强风险意识，要进一步强化河长制工作，落实好最严格水资源管理制度，推进中央投资建设项目和中小型水库除险加固和运行管理工作。 （文　辉）

库区移民事务

【概况】2021年，县库区移民事务中心在库区建设发展、移民信访、队伍建设方面取得新成效，促进了我县库区和移民安置区经济社会平稳健康发展。4月，新设二级机构桃江县库区资源中心。

重点移民村建设。建设重点移民村浮邱山乡齐心村基础设施项目7个。生产开发项目3个；建设道路2条，总长1.92公里，维修河坝1处，安装路灯40盏；整治齐心村三峡移民安置点人居环境1处，修建渠道0.2公里，维修加固山塘3座。建设生产开发项目3个，投入资金105万元，其中齐心村光伏发电项目投入资金40万元、齐心村经济合作社投入资金16万元、齐心康养中心项目投入资金49万元。

移民后扶。落实移民后扶政策，更新2021年度全县后扶人口信息，核减移民后扶人口121人，发放移民直补资金995.58万元。

移民产业发展。争取生产开发项目资金379万元，扶持产业项目44个，重点扶持养鸡、养鱼、养虾、水稻、茶叶、楠竹产业，举办移民培训班6期，培训移民323人，其中农业实用技术培训4期235人、就业技能培训保健按摩师培训2期培训移民88人、中长期职业教育56人。推荐参加省、市中心移民就业技能培训19人，超额完成移民培训任务指标。

基础设施建设。完成基础设施建设项目159个，投入资金1118.62万元。其中道路建设项目69个，总长17.06公里、建设便民桥4座、建设机耕道7条长6公里、建设安全饮水6处（包括管网建设4处铺设管网7.77公里、打水井1处、建设蓄水池200立方米），建设渠道26条总长8.56公里，建设涵闸项目2个，建设排灌站1处、治理塌岸项目6个11处，维修加固山塘10口，新建路灯738盏，维修改造路灯240盏，处理污水2处，建设公共服务设施2处，总面积3100平方米。

项目资金监管。按照《大中型水库移民资金管理办法》的要求，严格执行“专款专用、专户存储、转账核算”，实地检查项目实施情况和资金落实情况。9月，县库区移民事务中心制定《桃江县库区移民事务中心水库移民资金内部审计制度》和《桃江县水库移民工程项目建设工作流程》，加强移民项目资金管理。

信访工作。加大库区和移民安置区信访工作力度，走访4个三峡移民乡镇、10个三峡移民安置村，共走访移民369人次。接待移民来访21批次132人次，受理“网上信访”交办件4件，化解移民矛盾纠纷12起。补贴11户房屋损坏严重的三峡移民户15.4万元。

存在的问题。不稳定因素仍然存在，库区和移民安置区各种矛盾问题突出，群众各类诉求不断，电站库区遗留问题和塌岸治理问题群众反映强烈。产业发展压力大。移民安置相对分散，移民产业基本以种养业为主，加上库区自然灾害频繁，移民发展能力薄弱，库区经济发展速度和移民增收幅度仍然落后。 （罗晓琳）

【周波艺到桃江慰问困难移民】1月20日，省水利厅二级巡视员周波艺一行9人到桃江走访慰问困难移民，市、县库区移民事务中心领导陪同。周波艺到桃花江镇栗树咀村和石牛

▲5月12日，库区移民事务中心在马迹塘镇大塘坪村举办柚树栽培技术培训班（赵永娥／摄）

江镇峡山口村慰问困难移民家庭16户，发放慰问金8000元。（罗晓琳）

【柚树栽培管理技术培训班】 5月12—13日，县库区移民事务中心举办水库移民柚树栽培管理技术培训班。培训班上，农业专家讲授果树的发展情况、果树生态区域、种植耕作制度及栽培方式、果树品种的分类与利用、果树产品质量安全知识。培训采取理论学习与实地教学相结合的方式进行，授课专家解答学员提出的柚树施肥管水、病虫害防治及栽培管理等问题。（罗晓琳）

【专项监督检查】 7月，根据省、市、县纪委有关要求，县库区移民事务中心在全县范围内开展惠民惠农财政补贴资金“一卡通”问题专项监督检查。重点清查发放对象是否符合政策、扶持制度执行是否到位、发放和使用管理中是否存在“微腐败”、是否存在违规操作。通过查阅台账、信息比对、调阅档案、走访群众，共清理出错发、重复发放直补资金20.2456万元，追回违规资金10.2906万元。（罗晓琳）

【三峡移民信访问题处理座谈会】 10月26日，副县长庄立辉组织召开三峡移民信访问题处理座谈会，县政府办、县农业农村局、县信访局、县自然资源局、县经管站、桃花江镇、浮邱山乡、石牛江镇、灰山港镇相关负责人参加座谈会。县库区移民事务中心负责人汇报三峡移民主要诉求及处理情况。会议讨论三峡移民反映强烈的宅基地问题、14.5亩自留地争议问题和石牛江镇三峡移民饮用水问题，提出了处理方案。（罗晓琳）

灌区管理

【概况】 桃花江灌区是益阳市唯一的大型灌区，建于1966年，集雨面积128平方公里，正常库容7200万立方米，是一座以防洪为主，结合灌溉、发电、旅游等综合利用的水库。灌区干渠长128公里，有隧洞26处，渡槽8处，倒虹13处，暗涵23处，分洪闸1座，进水闸、泄洪闸52座，河坝2处，量测水设施105处；18条主要支渠总长288公里，支渠以下渠系1000余公里。设计灌溉全县11个乡镇30.7万亩农田，灌区灌溉面积和粮食产量分别占全县的59%和64%。

防汛抗旱。2021年，实现灌区旱涝保收的工作目标。启动防汛三级应急响应2次，举办防汛抗旱知识培训班1期，在桃花江水库组织应急抢险演练1次。完成渠道清淤砍杂27公里，维修养护建筑物53处，在128公里干渠沿线树立责任牌31块。

项目建设。2020年12月11日，桃花江水库除险加固项目动工建设，2021年1月21日关闸蓄水，3月底停止施工建设，9月下旬复工建设，完成帷幕灌浆和双壁钢围堰施工及拆除、导流底孔开挖、溢洪道闸墩及大坝交通桥和上部启闭机房拆除、灌溉引水洞进水口闸墩及上部启闭机房拆除、输水砼压力管道出口段及闸室的拆除、输水砼压力管道出口段钢内衬安装及砼浇筑，完成电气及公用设备、启闭设备、闸门原材料的采购订货和埋件、进口闸门及拦污栅制作。完成总工程形象进度的70%，完成投资2906万元。实施2021年度中央水利发展资金农业水价综合改革项目（中央资金248万元），11月动工建设，增设固定式量测站点和便携式流速测算仪，更新改造原有站点。完成设备采购和定制，完成土建工程的80%。完成2021年省级水利维修养护项目（省级资金80万元），衬砌渠道900米，完成渠道清淤疏浚4218米，加固改造渠系建筑物8处，桃花江渡槽加固2节。完成“夏季攻势”遗留石煤矿山矿涌水应急清淤工程，对西干渠黄家坝、东山港1号、东山港2号、东干渠石板冲、拔英湾矿区等5

个原石煤采矿点入渠口至排洪口的6190米渠道清淤治理。整合县农业农村局高标准农田建设项目资金150万元，衬砌1.5公里干支渠。

水资源管理。加强水库巡查和监管，打捞清理垃圾1100余吨，2021年水库水质达Ⅲ类水及以上标准。5月水质检测达Ⅱ类水标准。联合水利、农业、环保、畜牧等职能部门开展水政执法检查，打击水库（灌区）违法违建行为，组织水政执法人员集中执法4次，联合松木塘镇政府综合执法大队、松木塘派出所开展执法检查，收缴渔网17张。

存在的问题。人员包袱重。复退军人、歇岗人员多，部分人员强烈要求上岗，稳控压力特别大。人员经费预算缺口大。2021年全局在编人员200名，县财政按照99个全额拨款编制安排预算，其余101人全为自收自支且无固定收入来源。2021年资金刚性缺460万元。渠道淤塞严重，通水压力大；病险隐患多，安全运行压力大；维修养护经费短缺，工程运行压力大；库区面源污染广，水质保护压力大。

（胡卫平　任艳军）

【局机关搬迁】 1月18日，桃花江灌区管理局机关举行迁址揭牌仪式，县人民政府副县长罗歆辉出席揭牌仪式并致辞。县政府办、县纪委监委驻县农业农村局纪检监察组负责人、局机关全体干部职工及二级机构、离退休支部负责人参加揭牌仪式。根据县城滨江棚改及獭溪路建设路车行桥项目建设需要，桃花江灌区管理局搬迁至谷山路351号。

（胡卫平　任艳军）

【汤瑞祥检查防汛备汛】 3月8日，益阳市人民政府副市长汤瑞祥检查桃花江水库防汛备汛工作。市水利局、县政府、县水利局相关负责人陪同。检查组实地查看桃花江水库防汛备汛和桃花江水库除险加固工程建设情况，听取度汛工作情况汇报。汤瑞祥肯定桃花江水库汛前准备工作，对如何确保防汛抗旱安全和实施桃花江水库除险加固项目提出要求，要妥善处理桃花江水库除险加固工程施工进度、施工质量与水库安全运行的关系，完善度汛措施，确保平安度汛。

（胡卫平　任艳军）

▲4月30日，桃花江灌区管理局在桃花江水库开展防汛应急演练（胡卫红／摄）

【深夜巡渠处险】 3月15日晚，桃花江灌区鸬鹚渡管理所辖区突降暴雨，2小时降雨62毫米，渠道水位暴涨。鸬鹚渡管理所工作人员冒雨巡渠查险处险。巡查在建工程桃花江灌区龚家湾倒虹吸处时，因倒虹吸进口砼模板支撑较多，上游渠道水位突涨，渣屑陡增，水流不畅，即将漫堤。该所人员迅速采取措施，分组分地段对渠道堵塞处进行清理疏通，经过3个多小时的抢险，16日凌晨5点，渠内水位平稳下降，渠系及在建工程安全得到保证。

（胡卫平　任艳军）

气　象

【概况】 县气象局始建于1956年10月，建有国家气象观测站，是桃江县政府主管气象工作的职能部门，负责行使本行政区域内气象工作的政府管理职能。2021年机关内设综合管理办公室和防灾减灾科。在防灾减灾科加挂桃江县防雷减灾办公室、人工影响天气办公室牌子。有县气象台、县气象服务中心2个二级机构。

天气气候特点。2021年年平均气温18.1℃，较历年平均气温（16.8℃）高1.3℃。极端最高气温37.9℃，出现在8月2日；极端最低气温-4.6℃，出现在1月9日。年内日最高气温≥35℃的高温日有30天；日最高气温≥37℃的高温日有4天。年内日最低气温≤0℃的低温日有12天。年总降水量为1756.1毫米，较历年总降水量（1580.0毫米）多176.1毫米。一日最大降水量为114.4毫米，出现在8月25日。年总日照时数为1452.6小时，年日照百分率33%，较历年（1344.1小时）多108.5小时。

天气的不利影响。5 月 16—23 日连续 8 天日平均气温≤ 20.0℃，达到中等五月低温标准。7 月 11—16 日连续 6 天日最高气温≥ 35℃，达到轻度高温热害标准，7 月 28 日到 8 月 2 日连续 6 天日最高气温≥ 35℃，达到轻度高温热害的标准。9 月 21—26 日连续 6 天日最高气温≥ 35℃，达到轻度高温热害的标准。10 月 14—22 日连续 9 天日降水量≥ 0.1 毫米且过程日平均日照时数≤ 0.1 小时，达轻度连阴雨标准。11 月 5—8 日 72 小时内降温 13.4℃且最低气温≤ 4℃，达到寒潮标准。年气温偏高，降水偏多，日照偏多。出现“五月低温”“洪涝”“高温热害”“连阴雨”，对农业生产有一定的不良影响。

基础业务。测报质量达到省、市考核要求，其中国家气象站各类常规观测资料数据文件有效性以及可用性均为 100%。严格执行各项业务规章制度，地面观测数据质量逐步提高。

区域自动站。完善区域自动站监测维护制度，对全县 24 个乡镇区域自动站进行 2 次大巡检，排除设备故障 10 余处，区域站全年数据到报率 100%，可用率 100%，及时率 100%。每小时对全县 24 个区域站观测数据进行监测，实现区域站社会化维修，国家气象站和区域自动气象站系统均运行良好，为全县各乡镇气象防灾减灾提供保障。

公共气象服务。建立健全气象服务工作制度、领导带班制度、业务值班制度，成立汛期气象服务和应急领导小组，开展气象服务。向县委办、政府办、防汛办、自然资源局、应急局、林业局、农业农村局发布气象服务周报 82 期、重大气象信息专报 9 期、气象专题报告 25 期、旬月预报 44 期、春运气象服务 28 期、自然灾害风险预警 16 期、春耕春播专题气象服务 7 期、夏收夏种专题气象服务 4 期、秋收秋种气象服务专报 16 期、农业气象灾害预警 3 期，通过 MAS 平台发布各类气象服务信息 7 万余条。

汛期气象服务。汛期内通过 MAS 平台向县委、县政府领导、乡镇书记及相关单位人员发送手机短信约 15 万余条。启动 18 次灾害性天气应急响应，应急响应期间领导 24 小时带班，业务岗位 24 小时守班，滚动为县政府、防汛办及相关单位提供滚动预报预警和降水实况。

（王　恺　周　宇）

【维护气象设备备战汛期】 3 月，县气象局全面维护全县 24 个区域站的气象设备。清洗区域站的雨量传感器，测试校准雨量感应装置，测试检查区域站电源系统、数据采集模块，更换存在故障的模块。维护区域站环境。（王　恺　周　宇）

【人工增雨】 8 月 5 日，县气象局在高桥镇高桥村开展人工增雨作业，发射火箭弹 6 枚，全县 15 个乡镇不同程度出现降雨，部分乡镇达到暴雨标准，缓解全县的旱情。

（王　恺　周　宇）

【递进式气象服务】 2021 年，县气象局开展递进式气象服务，在灾害性天气准确预报预警。6 月 27 日 18 时至 7 月 4 日 16 时桃江出现持续性暴雨、大暴雨天气。6 月 27 日 18 时起，县气象局进入暴雨灾害 IV 级应急响应。25 日 17 时至 28 日 08 时，发送预警信号 13 次，其中雷电黄色预警 2 次、暴雨黄色预警 2 次、暴雨橙色预警 4 次、暴雨红色预警 3 次、山洪灾害气象蓝色预警 1 次，强降水监测警报 9 次，通过微信等提供服务 32 次、电话叫应 6 次。6 月 27 日 8 时至 7 月 4 日 8 时发送省级预警信号 18 期、市级预警信号 20 期、县级乡镇强降雨警报 45 期、同县自然资源局发布地质灾害气象风险短临预警 45 期、乡镇强降雨靶向 8 期。

（王　恺　周　宇）

水　文

【概况】 2021 年，县水文局下辖 5

▲ 8 月 5 日，县气象局在高桥镇高桥村开展人工增雨作业（周　宇 / 摄）

个水文水位站，16个雨量自动报汛站，3个国家级水质监测断面，2个市级水质监测断面。按照“围绕中心、服务大局、全面创新、科学发展”的工作思路，围绕防汛抗旱服务，开展水文工作。

基本业务工作。完成桃江（二）站和蒙公塘站缆道主索、循环索打油工作，完成桃江（二）水文站、桃花水文站、蒙公塘水文站、鸬鹚水文站和沾溪水位站的校核标和基本标校测、水尺校测、大断面测量工作，检查和维护缆道、绞车、循环索及各种测验仪器设备。完成高洪过程手持雷达波测流、浮标测流、水质取样等项目建设。维护全县11个水文雨量报汛站，补充或更换部分雨量站自动测报仪的主电源。完成水质采样，桃江（二）站测流85次。

水文资料统计。实测年降水量1900.4毫米，年降水日数148天，年蒸发量793.6毫米，年平均气温18.7℃，年平均水温20.4℃。资水桃江站全年最高水位38.28米，未超警戒水位（39.20米），最低水位31.48米，年平均流量617立方米每秒，实测最大流量4780立方米每秒；资水沾溪鸬鹚水文站8月25日11时30分出现有资料记载以来最高水位65.68米。

防汛备汛。汛期根据雨水预测预报情况，向县主管领导发送《水情简报》，定期向县委、县政府汇报雨情、水情，全年发送《水情简报》13期、水情预警预报15期。

（周梦真）

【水资源管理】 2021年，县水文局依托益阳市洞庭湖水环境检测中心，完成全县4个省级水功能区水质采样点、8个市级水功能区、千吨万人以上农村饮水工程的监督性水质分析工作，为河长制工作“一河一策”提供基础水文数据。

（周梦真）

【王双全到桃江调研】 6月7日，省委常委、省纪委书记、省监委代理主任王双全到桃江调研，省水文中心主任郭世民、市水利局局长孙小华、市水文中心主任易瑾瑜陪同。调研组在桃江水文站察看防汛设施设备，了解防汛备汛情况。县水文局通过电子沙盘等方式汇报资江流域概况、洪水特征特点、水文监测站网分布、水文情报预报服务等情况。

（周梦真）

工 业

核 电

【概况】 2021年，县核电办的主要工作是核电厂址保护、科普宣传（公众沟通）和总部经济基地建设。湖南桃花江核电站位于沾溪镇与三堂街镇交界处的荷叶山，毗邻资水，离县城16.5公里，距益阳市中心城区37.2公里，距省会长沙108公里。核电站主厂区占地面积约3000亩。

厂址保护。全年协同湖南桃花江核电有限公司、沾溪镇、三堂街开展11次厂址保护日常巡查，制止破坏厂址的行为，核电厂址保护完整。

科普宣传。9月，组织全县各机关单位和400余名学生参加全国"魅力之光"杯核电科普知识竞赛。全县机关单位和社会人士到桃花江核电科技馆、沾溪核电厂区参观，核电科技馆展厅共接待40余批次800多人，厂区接待20余批次。

厂址遗留问题处理。县核电办全面收集项目遗留问题。建立项目涉及征拆安置、水系路系恢复、失地农民生活保障等遗留问题台账，实行销号制管理。调查核实桃江港500吨级码头项目部受损情况，形成调查报告，提请县政府常务会议研究。协调核电规划红线内和非居住区居民建房问题。针对核电厂址拆迁户提出的因新增人口需分户建房问题，县核电办与沾溪镇政府和县自然资源局对接，提出建议性意见。按程序协调有关部门和核电公司，审批红线内2户危房户的建房申请。

核电厂址考察调研。核电办与核电公司对接，参与湖北咸宁、江西彭泽、岳阳小墨山等内陆核电厂址的考察和调研。

总部基地。桃江县总部基地商会企业区域占地45160.23平方米，共分为大小不一的14个地块，全部用于桃江外地商会企业。分别是金蕾投资C地块4.85亩、金竹苑D地块5.61亩、德隆旅游E地块4.59亩、国辰投资F地块3.13亩、华浦置业G地块5.56亩、豪哲新材J地块5.87亩、润格建设H1地块7.53亩、弈彩化工H2地块4.69亩、鼎利冶金N地块4.59亩，另有5块地21.32亩尚未出让。2021年，总部经济基地共引进总部企业20家，关联企业37家，全年完成税收3000万元。

【巡察整改】 3月25日，县委第四巡察组向县核电办党组反馈巡察意见，指出26个问题。县核电办党组制定整改方案，召开专题会议研究整改工作，明确各项问题的整改责任人和责任领导。全面整改巡察反馈问题，其中25个问题整改到位。共修改完善机关财务、考勤等制度3项，退缴违纪违规资金13237元。

（陶　皓）

【总部经济示范园建设】 总部经济示范园建设，完成投资2.9亿元，建设1栋大型商务中心、1栋16层楼酒店、1栋人才公寓、8栋写字楼，建设园内景观绿化、休闲健身、仓储泊车、商务交流、宴会活动等设施。

（陶　皓　黄　伟）

【厂区闲置厂房利用】 9月，县核电办与沾溪镇政府同湖南玖竹科技生物有限公司签订合同，该公司落户桃花江核电厂区。项目总投资3500万元，租赁闲置厂房、仓库3栋6

万多平方米，安排核电厂区 200 多户拆迁户就业。（陶　皓）

【光伏发电项目申报】中核汇能中南分公司与县核电办对接，推动 2020 年搁浅的光伏发电项目重新启动。10 月底，县核电办协助中核汇能公司完成桃花江核电厂区光伏发电项目前期申报和相关行政审批工作。（陶　皓）

供　电

【概况】2021 年，国网桃江县供电公司有城乡电力客户 327314 户。落实国网公司、省、市公司和县两会工作部署，明确工作思路、目标和任务，推动电网高质量发展。2021 年供电量 16.32 亿千瓦时，同比上升 7.46%；电网负荷最高 325.3 兆瓦，同比净增 7.18 兆瓦，电网运行安全平稳。

安全生产。公司结合安全活动日、防灾减灾宣传周，集中培训安全生产人员 700 余人建立健全安全管控机制，开展现场稽查和隐患整治，整治安全隐患 1232 处。开展 10 千伏线路检修和防雷专项治理，狠抓线路通道治理、重过载和低电压台区治理，10 千伏线路跳闸率、配变停运率下降，完成 576 个重过载台区、265 个低电压台区治理。

电网建设。国网益阳供电公司与县政府签订全市第一份合作备忘录，共同推进桃江电网向智能智慧绿色的新型电力系统转型，服务桃江经济社会高质量发展。全年投资电网建设资金近 1.8 亿元，110 千伏大屋山变电站输变电工程有序推进，完成 19 个批次 113 个单项工程，新建、改造 10 千伏线路 199.4 千米、配变台区 152 个、低压线路 299.17 千米，全县户均容量提升至 2.27 千伏安。推动政府重点项目建设，为灰山港工业园区、桃花江度假村、凯邦华通物流园、新兴管件、人民医院南院、马迹塘农业示范园等政府重点项目的顺利落地实施争取项目资金。创新施工项目二维码管理，被省供电公司作为典型经验推广；强化台区标准化，着力打造样板工程，洋泉湾村赤光坪 6 号台区获国家电网有限公司配网建设“百佳工程”。

生产运维。突出成片低电压问题治理，精准开展 10 千伏线路状态评价，差异化制定检修策略，扎实提升配网设备可靠性。开展线路集中检修 11 条、防雷治理 20 条、百日攻坚通道治理 2455 处，对 54 条线路开展逢停必检，完成 25 个重过载台区推磨轮换、364 个台区挡位调整和 247 个台区负荷切改。自动化设备减少全线停电 139 次，减少停电台区 6271 台次，减少停电时户数 21166.5 小时。完成 3 条 35 千伏线路 360 只避雷器安装，加装、更换雷击绝缘子 909 片。完成 3 座 110 千伏变电站、1 座 35 千伏变电站提质改造。深化“阳光业扩”，推进业扩报装便利化、透明化、标准化、规范化管理，完成高压新装、增容项目 60 户，平均接电时长 5.75 天。建立客户诉求库，通过服务周报指导各专业对客户诉求进行处理，对未达到客户满意的诉求工单开展二次回访，以“零容忍”惩治人为责任性投诉，压降服务投诉。协调各部门停电计划，坚持“一停多用、能带不停”，对计划停电线路进行预警，通过村广播、微信群等多种方式提前向用户发布停电信息。

生产经营。落实提质增效重点工作总体要求，推进新兴业务开展。签订专变代运维修合同 62 份，完成充电桩建设 17 台。助推“双碳”行动专项工作，全年完成电能替代 3130.56 万千瓦时，专项替代 878.80 万千瓦时。持续开展“‘电力先行’九大行动”，为企业、医院、学校等提供用能优化服务。压减客户办电成本，推广“三零”“三省”服务，惠及客户 8121 户。拓宽群众办电渠道，“网上国网”App 注册客户突破 8.13 万户，微信服务号绑定客户达 13 万户，有力推动用电业务“网上办、

▲7 月 13 日，国网桃江县供电公司在 35 千伏三堂街变电站进行零点检修（李　睿／摄）

掌上办、指尖办”。服务精准扶贫和乡村振兴战略，消纳光伏扶贫电站上网电量64.26万千瓦时，为贫困户结算发电收益28.92万元，为495户易地扶贫用户减免电费2.8万元。

（毛志雄　安　莎　龙姗姗）

【张值恒到桃江指导工作】 2月8日，益阳市委副书记、市长张值恒到国网桃江县供电公司调研指导春节保供电及疫情防控工作。市人民政府副秘书长胡康平，市委组织部、市公安局、市商务局、市应急管理局、市卫健委、市政府经研室、桃江县委县政府有关领导、桃江供电公司主要负责人陪同调研。张值恒听取益阳电网迎峰度冬形势、春节保电、疫情防控以及2021年电网投资计划等情况汇报，详细询问电网负荷、电量增长、电价执行情况。对桃江的春节保电工作给予充分肯定，对供电公司推进电网建设、服务全市重点项目作出的贡献表示感谢，希望继续做好安全供电与优质服务，确保春节期间电网设备安全稳定运行。（龙姗姗）

【刘小阳到供电公司调研】 2月22日，县人民政府副县长刘小阳一行到县供电公司调研指导工作，详细了解企业基本情况及电网建设情况。县政府办、县科工局负责人陪同调研。刘小阳一行到35千伏板溪变电站、220千伏桃江西变电站站址、110千伏大屋山变电站站址、110千伏月明洲变电站站址，察看桃江电网主网建设和项目建设推进情况。座谈会上，刘小阳听取供电公司负责人的情况汇报，对2021年全县电力工作提出指导意见。（龙姗姗）

【农村用电秩序整治工作会】 8月25日，县人民政府副县长刘小阳组织召开农村用电秩序整治工作会议，县政府办、县政法委、县公安局、县科工局、县移民事务服务中心、县供电公司等部门负责人，及桃花江镇、灰山港镇、石牛江镇、浮邱山乡、高桥镇的相关负责人参加会议。会议专题研究桃江三峡移民接纳村用电秩序整治工作，县供电公司作关于推进整治工作的报告及相关行动方案讲解。刘小阳强调，开展三峡移民接纳村用电秩序整治，是加快全县电网建设的需要，要进一步完善工作方案、明确工作步骤、细化工作措施，各乡镇要负责提前开好座谈会，收集移民意见，做好维稳工作。（龙姗姗）

【县人民政府与国网益阳供电公司签订合作备忘录】 12月7日，在县党政大楼签订合作备忘录，共同推进桃江电网向智能、智慧、绿色的新型电力系统转型。县委书记向荣、益阳供电公司总经理、党委副书记张治国出席并讲话。副县长熊跃明、公司党委书记、副总经理黄治国代表双方签约。向荣表示，全县上下要全力支持电力工作，不断优化电网建设环境，维护良好供用电秩序，确保电网建设顺利推进。县副处级干部李仁高，县经济开发区、县政府办、县科工局、灰山港产业园区、县城投集团、桃江供电公司的负责人参加会议。（龙姗姗）

科学技术和工业信息化

【概况】 2021年，桃江县贯彻落实中央、省、市、县决策部署，实施“工业强县、科技兴县”战略，稳步推进产业建设、园区建设和科技创新创业，全县工业经济发展稳中有进，桃江县在省政府真抓实干激励奖项“科技投入产出”指标综合排名中，居全市第一。

工业经济。2021年，全县规模工业产值556.1亿元，同比增长14.9%；规模工业增加值128.5亿元，同比增长6.4%。实缴税收4.7亿元，同比增长7.5%。全县工业用电量73287万千瓦时，同比增长10.5%；工业投资同比增长40.5%，工业技改投资同比增长18.2%，制造业增加值占地区生产总值比重35.5%。

产业建设。出台《桃江县2021年工业新兴优势产业链高质量发展实施方案》，明确通信、竹、建材及装配式建筑、新兴机械铸件、生态绿色食品、清洁能源等6条新兴工业优势产业链。6条新兴工业优势产业链实现总产值496.4亿元，占全部规模工业总产值的89.3%，同比增长14.9%。

重点项目。省级重点项目国辰高科园一期212448平方米厂房及配套工程建设基本完工，可可米、白明英等手机配件公司入驻高科园；紫荆新材进入设备安装调试阶段，35千伏专线、落地变电站建设进展顺利；新兴管件铸造产业园、惠强环保二期、高胜铝业二期、临亚二期、城鉴铝业、至和电缆建成投产；鸬鹚渡竹资源高效循环利用综合加工示范项目开工建设；完成烯富环保二期主体工程建设，盛远包装二期厂房交付。

园区建设。园区新建成标准化厂房8.81万平方米，实现规模工业增加值112亿元，同比增长19.6%。桃江经济开发区获评省级产业高质量发展园区、特色产业园，大众创业、万众创新“双创”示范基地建设获全省真抓实干督查激励表彰奖励，国辰高科园获评全省电子信息类产业园区30强。

工业发展。新增规模工业企业7家。新培育省级专精特新“小巨人”企业1家、市级专精特新“小巨人”企业8家，“小巨人”企业总数达到13家，其中国家级“小巨人”企业2家、省级“小巨人”企业6家；新增市企业技术中心1家，新增省新材料企业1家，新培育1家“上云上平台”标杆企业。

企业帮扶。开展重点企业和产业链帮扶活动，市帮扶办交办的18家企业存在的31个问题，已解决27个，问题解决率87%，居全市第三。开展“纾困增效”活动，走访全县停产退规停报亏损的27家企业，7家企业正在转型；完成拖欠民营企业账款工作，全年清欠账款385万元，基本完成清欠任务。启动县酒厂、县化肥厂企业改制工作。

电力保障。2021年，投入电网建设资金1.76亿元。“三型两网”建设项目有序推进，完成连河冲—紫荆铸业35千伏输电线路工程建设任务，大屋山110千伏输变电工程项目按市“三型两网”办建设里程碑时间节点推进。基本解决鲊埠回族乡路灯拒绝装表计量和拒缴电费问题。制定三峡移民用电秩序整治专项行动实施方案，启动专项整治行动。

“两化融合”（以信息化带动工业化，以工业化促进信息化）。出台《桃江县加快推进第五代移动通信网络建设发展实施方案》，组建工作专班，对5G工作中存在的问题实行清单管理，限时逐项整改。建设5G基站210个，5G网络基本覆盖县城中心城区、工业园区。新兴管件铸造产业园启动信息化系统工程，经开区开展5G+智慧产业园区建设，智能化应用系统运用于信息基础设施、智慧安防、智慧物业、智能停车管理、大数据采集和园区营运管理。

高新企业。培育高新技术企业，组织惊世农业等30家企业申报高新技术企业，26家企业通过认定，净增高新技术企业17家，全县高新技术企业总数达59家，同比增长40.5%。75家企业通过科技型中小企业申报认定，同比增长108%，超额完成市定目标任务。

科技投入。2021年，全县实现高新技术产业总产值361.99亿元，增加值86.02亿元，占生产总值比重28.49%，超过小康考核指标8.49个百分点。2021年度省真抓实干督查激励奖项“科技投入产出”指标完成综合排名居全市第一。

科技服务。出台《桃江县科技专家服务团工作管理办法》，调整充实农业科技园区建设领导小组，组织科技专家和科技特派员开展文化、科技、卫生“三下乡”活动。举办中国流动科技馆湖南巡展益阳桃江站、“大美科技特派员”微视频征集、科技活动周、科技下乡、“科技专家服务团科普季”科技宣传服务活动。桃江新兴管件、鑫辰实业等10家企业与湖南大学、湖南科技大学、长沙理工大学、湖南工业大学签订“产学研”合作协议。

留守企业维稳。出台《桃江县科工局直属企业2021年目标管理考核办法》，安排专项工作经费，走访调研留守企业，维护系统稳定。全年化解赴省进京上访15批180余人次，化解到县上访90批次800余人，全年无人赴省进京上访。（刘　浩）

【高新技术企业授牌】 1月8日，益阳市科技局党组成员、副局长张自强率队到桃江，为波恩贝竹木、鑫盛竹业、麓上住工、长乐新材、烯富环保、新兴机械、风河智慧、桃花江竹材8家2020年湖南省第一批认定的高新技术企业授牌。

（龙孺夫）

【园区安全生产专项检查】 6月24日，副县长刘小阳和县应急局、县科工局负责人到桃江经济开发区开展安全生产专项检查。到风河智慧、高胜铝业、畅浮气体3家企业检查日常防火防爆、突发事件应急处理措施落实情况。刘小阳要求企业落实安全生产管理制度和安全措施，抓好疫情防控和安全生产工作，提升应急处理能力，落实各项安全生产工作任务。（胡李仁）

【毛伟明到桃江调研】 10月27日，省委副书记、省长毛伟明一行到桃江经济开发区湖南福德电气有限公司调研。湖南福德董事长李稳根汇报了在电网特高压、轨道交通、测试电源领域的研发成果，毛伟明要求湖南福德以完全自主知识产权的智能制动技术为核心竞争力、以同源技术为载体，从多个产业方向打造业务架构产业链，为国家碳达峰、碳中和这一战略目标的实现，做好节能后勤保障。

（周陈滔　邓淑娴）

经济开发

【概况】 2021年，湖南桃江经济开发区有企业136家，其中规模以上工业企业87家，高新技术企业35家，纳税企业120家，投资过亿元企业

27家。园区以“一主一特一优势一新兴”产业项目建设为目标，基本形成高端装备制造、竹资源深加工、食品医药产业、新材料等为主的优势产业集群，重点培育新一代以电子信息为主的数字智能新兴产业集群。获评2021年省级产业高质量发展园区、特色产业园，大众创业、万众创新“双创”示范基地建设获湖南省真抓实干督查激励表彰奖励，国辰高科园获评全省电子信息类产业园区30强。

园区经济运行。全年园区实现规模工业总产值324.97亿元，同比增长22.4%；规模工业增加值73.66亿元，同比增长23.65%；实现固定资产投资34.45亿元，同比增长15.33%；完成税收入库2.18亿元。

产业发展。全年完成立项争资2000万元，完成线上零售额2.62亿元，新增规模工业企业10家，新增高新技术企业7家。全年园区企业专利申请数128件，专利申请授权数54件。总投资2亿元的新兴铸管产业园项目全面建成自动化、智能化、绿色制造、节能环保的国内一流铸件生产线，6月顺利投产；国辰高新科技产业园智能终端制造基地第一期项目完成17栋厂房建设和简易装修，达到可交付使用条件；总投资3亿元的高阶光学镜头生产项目，完成厂房装修及部分设备购置并投产；合群爬架、城鉴铝单板、至和电缆、电子工业胶带、温控器等项目全部实现投产；竹材四期、口味王四期、盈达门业等项目全线开工。加快智能制造升级与智慧园区建设，培育发展高新产业，根据省科技厅的最新认定办法制定申报高新园区县直各部门任务分解表，力争2022年申报成功。

招商引资。全年完成新签约项目14个，其中过亿元项目6个、过5000万元项目5个、5000万元以下项目3个。根据“东接东融”工作要求，园区对接宁乡经开区，并依托货运火车站便利优势，于1月签约引进金易物流产业园项目。国辰产业园完成全部厂房建设，手机产业链项目已注册13家在桃公司。完成新开工项目12个，新投产项目11个。按照省商务厅、省财政厅关于做好2021年度招商引资资金申报工作要求，园区对接省、市商务局，并组织申报“产业园区吸引抱团产业链转移项目来湘”，6月3日获湖南省商务厅关于2021年度招商引资支持项目批示，获得150万元扶持资金。

项目建设。2021年园区建成标准化厂房及配套用房13.4792万平方米。国辰高新科技产业园建成标准化厂房97346平方米，其配套工程基本完工；高胜铝业6876平方米、城鉴铝材6000平方米、至和电缆厂房9552平方米、合群模架7482平方米、盛远包装有限公司二期项目6765平方米、口味王四期厂房771平方米全部完工并投入使用。金易仓储物流产业园一期项目完成三通一平；鹏宇电子厂房完成地面改造1459.21平方米；总部经济基地商会地块的市政工程和景观工程完成主体工程；水务投复迁安置地桩基础工程启动建设。新兴管件公司已完善供水供电设施；完成S230新兴管件段、金牛路麓上住工段人行道、排水及绿化工程共1500米；清查园区范围内所有雨水、污水管道，重新设计部分不完善的管道工程；根据企业需求安装变压器2台，迁移横木村杆线。

三大攻坚。园区支持鹅公桥村基础设施建设，扩大玉竹参种植，饮水工程改造项目，无公害厕所改造项目，开展人居环境整治，组织志愿者开展垃圾清除行动。乡村振兴工作取得阶段性成果。全年共融资10.67亿元，其中新增银行贷款等资金5.001亿元、政府专项债券35700万元、替接他盘资金13160万元、调减还款本金7785万元，化解隐性债务1.66亿元；开展安全生产大检查4次，隐患排查4次，出动监管执法人数400余人次，排查安全隐患600余条，下达整改文书150份，立案查处24起，均及时督促整改到位，全年园区安全生产“零事故”。开展园区蓝天保卫战专项行动，签订“环保管家”协议，建成小型空气质量监测站，重新修编了环保应急预案。

要素供给。全年园区共报批土地296亩，平整土地300余亩；完成征地145亩，其中金易物流项目完成征地约125亩；S230项目征地约15亩；牛潭河弃土场5亩。迁坟620家，砍青150余亩，青苗及零星补偿约350万元。组织拆迁协议洽谈220余次，签订房屋征收补偿协议43个，拆除房屋、棚屋、杂屋等60余栋，完成金易物流、S230等拆迁项目。简化审批流程，提升服务效能，为园区企业提供“保姆式”服务，打造营商环境升级版，2021年办理建设用地规划许可证13本，工程规划许可证12本，施工许可证6本，并对开工项目介入质量安全监督。

“五好”园区创建。以“一主一特一新兴”产业布局为统揽，编制园区“十四五”规划。推进“三大基地”建设，科学制定园区功能分区，明确竹产业园空间定位；加快升级整合，实现“一区多园”。创新平台。以竹材科技、紫荆新材、福德电气、鑫政铝业、惊石农业等为基石，建立“中小微科技企业—科技型中小企业—高新技术企业—上市公司”的创新型企业梯次培育机制，培育龙头上市企业，鼓励企业上市融资。以三大产业为导向，与高校院所建立产学研合作基地，支持国辰高科园、竹材科技、福德电气等行业龙头联合科研院所组建产学研用联合体。建设人才服务平台。通过设立创业投资基金、科技孵化资金和知识产权作价入股等方式，搭建科技人才与产业对接平台。大力推进装备制造业，“东接东融”加大力度引进亿元以上先进装备制造产业项目。建立专精特新中小企业梯度培育体系，做强大企业、培育“小巨人”。

（刘锋华　李钰朦）

【获批湖南省（桃江）竹产业特色产业园】经湖南省人民政府同意，湖南省发改委、科技厅、工信厅、财政厅、商务厅等部门批复，认定湖南省（桃江）竹产业特色产业园为省级特色产业园。湖南省（桃江）竹产业特色产业园坐落在湖南桃江经济开发区内，规划面积220.13公顷，集聚规模以上关联企业47家，企业普遍采用国际质量管理体系认证，产品质量、工艺技术处于国际先进水平，拥有省级以上名牌产品5个、著名商标8个，拥有省级创新平台8个，拥有19家高新技术企业、1个众创空间、1个省级双创示范基地、1个省级新型工业化产业示范基地。桃江是中国竹子之乡、全国竹产业示范县。全县共扶持发展竹业专业合作社52个、家庭农场（专业大户）123个、竹业企业202家，竹产业从业人员达15万人。（周春花）

【3家高新技术企业授牌】1月19日，益阳市桃江经开区新认定的湖南麓上住宅工业科技有限公司、湖南省波恩贝竹木科技有限公司、桃江县鑫盛竹业有限公司3家高新技术企业接受授牌仪式。园区共有高新技术企业25家。

（莫佳俐　陈咏芳）

【线圈生产项目落户桃江经开区】3月24日上午，深圳市三通伟业科技有限公司投资的线圈生产项目签约落户桃江经开区，该项目总投资1000万元，主要生产线圈、电子元器件、五金配件、机械设备。

（徐　巧）

【新建供水加压泵站】3月31日，桃江经开区金盆北路供水加压泵站工程通过竣工验收，进入试运行阶段。在县委、县政府的支持下，园区拉通金盆北路至西环线的供水管网，与金牛路共同构成园区双向供水，保障供水量，同时新建一座日供水能力达1万立方米的供水加压泵站。加压泵站建成后园区供水末端压力达到0.25兆帕，确保企业正常用水，有效解决园区用水难问题。

（廖雅璐）

【竹材科技获“湖南省技术发明奖”】在7月21日召开的湖南省科技创新奖励大会上，湖南桃花江竹材科技股份有限公司“木竹材节能减排高效干燥热处理技术”项目荣获2020年“湖南省技术发明奖”二等奖。

（陈　平　吕赛进）

【7.7亿元项目开工奠基】9月26日上午，在桃江经开区金易仓储物流产业园一期工程项目工地举行项目开工奠基仪式。金易仓储物流产业园项目计划总投资7.7亿元。项目分两期建设，用地面积255亩。第一期用地面积约125亩，投资3.2亿元，建设仓储及无车承运物流园，新建封闭式仓库包括煤炭储存仓库、配煤仓库、自动分拣仓库等，设置自动化装卸设备、高空物料传送带、自动化分拣流水线、自动消防系统，环保除尘设施；配套建设网络货运信息综合大楼、地磅及配套地磅房、装卸车辆停车场等；项目第二期用地面积约130亩，投资4.5亿元建设扩大化物流园。项目建成后将带来过亿元的税收，解决1000余人就业。（胡超英）

▲11月17日，国辰高新科技产业园与湖南农业大学签订战略协议现场人员合影（桃江经开区供图）

【2 亿元项目落户桃江经开区】 11 月 2 日上午，竹塑新材料托盘周转箱生产项目合同签约仪式在桃江经开区三楼会议室举行。竹塑新材料托盘周转箱生产项目由箱联天下供应链管理有限公司投资建设，项目总投资 2 亿元，分两期建设，其中第一期项目投资 5000 万元，正式投产后预计年产值可达 4000 万～5000 万元，年税收可达 200 万元以上。该项目主要生产竹塑复合新材料智能一体化托盘周转箱，比普通注塑周转箱生产成本要节约 60%～70%，成本优势巨大，且加装智能云盒，可实现定位追踪、状态识别、物流环境检测和携带物流数据等功能。（李钰滕）

【国辰高科园与湖南工业大学签署合作协议】 11 月 17 日下午，桃江鑫辰实业发展有限公司与湖南工业大学在湖南工业大学崇德楼签订《校企产学研用全面合作协议》。国辰高科园位于桃江经开区，项目总占地面积 400 亩，计划总投资 36 亿元，分两期开发，总建筑面积约 69 万平方米，是益阳地区唯一连续两年湖南省重点建设项目（2020 年、2021 年）、湖南省电子信息类产业园 30 强。截至 2021 年 11 月，第一期项目建设基本完成，形成近 7 亿元固定资产。（李钰滕　胡超英）

产业开发

【概况】 桃江灰山港产业开发区入园企业有 80 家，其中规模工业企业 61 家，高新技术企业 12 家，高新技术产业企业 27 家，湖南科技创新专板挂牌企业 1 家（紫荆铸业），国家级专精特新小巨人企业 1 家（紫荆铸业），湖南省专精特新小巨人企业 1 家（烯富环保）。基本形成主导产业为建材产业，特色产业为先进装备制造产业的发展格局。

▲灰山港产业开发区整体图（灰山港产业开发区供图）

工业经济。2021 年，灰山港产业开发区实现规模工业总产值 171.84 亿元，同比增长 17.63%，实现规模工业增加值 38.34 亿元，同比增长 12.49%，固定资产投资 17.05 亿元，实缴税收 2.39 亿元。新增规模工业企业 4 家（桃江县灰山港镇船形山振兴石料厂、益阳东方新博石料有限公司、益阳东晟建材有限公司、中广核桃江风力发电有限公司），新增 3 家高新技术企业（桃江县正茂福利铸造有限公司、湖南临亚建材科技有限公司、湖南湘怡钙业有限公司）。

基础建设。2021 年，完成安置区配套设施工程建设。完成紫荆新材西侧、北侧挡土墙建设。完成紫荆新材料 35 千伏落地开关站建设、35 千伏线路架设。完成临时燃气站建设。完成园区自来水提质改造、电力设施配套工程的 70%。完成园区污水管网 3 千米建设。完成烯富环保厂房建设，面积 2800 平方米；临亚二期厂房建设，面积 28518 平方米。

招商引资。围绕建材产业，先进装备制造产业为首的“一主一特”产业发展格局招商引资，共接待客商 72 人次，签约临亚集团投资 1.1 亿元的年产 30 万立方米加气蒸压轻质隔热墙板 AAC/ALC 生产项目和湖南全球通管道有限公司、长沙双通管道有限公司年产 15 万吨钢筋混凝土排水管生产项目，桃江县金顺建筑材料厂年产 20 万吨水泥制品建设生产项目。

项目建设。湖南紫荆新材料科技有限公司年产 10 万吨高端装备铸造关键零部件智能制造项目的标准化厂房建成，完成 70% 的主体设备安装和 90% 的配套工程，园区帮助企业完成“三证”（建设用地规划许可证、建设工程规划许可证、施工许可证）的变更，办理不动产权登记证。湖南省金博新材料科技有限公司 5000 吨 / 年精锑深加工项目已完成土地平整，设备基坑正在施工。湖南临亚建材科技有限公司年产 30 万立方米加气墙板项目建成投产。湖南烯富环保科技有限公司二期工程建成投产。

服务企业。实现政务服务全程

代办，推行“两不见面”代办服务，全程代办工商登记、发改立项等手续，指导企业争创企业品牌，邀请多家银行上门为企业解决融资贷款、全力为企业争取项目资金扶持。2021年，开发区以全程代办的方式为临亚建材、烯富环保、金博新材办理建设规划许可证、规划用地许可证、施工许可证等证照，为临亚建材争取135项目标准化厂房奖补资金150万元、2021年湖南省制造强省专项资金补助120万元、紫荆新材料智能制造项目30万元、烯富环保厂房建设补贴资金20万元、九富家居厂房建设补贴140万元，为博威铝业争取厂房建设补贴45万元。

拓园扩区。开发区已取得省发改委同意开展扩区前期工作的函。扩区控制性详细规划编制、土地利用规划方案编制工作、环境影响评价工作已签订合同；产业发展规划编制、可行性研究报告编制、社会稳定风险评估报告编制、区域环境影响评估工作准备开展。

（李　娜　梁菲菲）

【张晓到集中区调研】 3月30日，县委副书记张晓到灰山港工业集中区调研。在听取园区工作情况汇报后，张晓肯定园区取得的成绩，并对园区体制机制、调区扩区、招商引资、项目建设、环境保护等工作进行深入探讨与交流。（梁菲菲）

水泥生产

【概况】 湖南桃江南方水泥有限公司（以下简称桃江南方）成立于2010年9月29日，是国务院国资委直属大型央企中国建材集团有限公司所辖中国建材股份有限公司（HK3323，简称中国建材）旗下的新天山水泥下属中南水泥的独资公司，注册资金4.2180亿元，有一条4500吨/日熟料新型干法水泥生产线配套9兆瓦纯低温余热发电机组、一条4000吨/日熟料新型干法水泥生产线配套9兆瓦纯低温余热发电机组，总资产20亿元，年熟料生产能力310万吨，年水泥生产能力400万吨，是益阳市最大的新型干法水泥生产企业。公司设行政人事部、财务部、采购部、销售部、生产部（安全环保部）、化验室、沅江分公司。员工332人，其中专业技术人员130人。

生产经营。2021年生产熟料222.69万吨；生产水泥209.7万吨；销售水泥、熟料252.73万吨；实现销售收入80118万元，实现税收5600万元。两条生产线综合，吨熟料标准煤耗98.24千克，吨熟料综合电耗49.09千瓦时，吨熟料余热发电量27.9千瓦时。二线吨熟料标准煤耗96.97公斤，综合电耗47.5千瓦时。

精益生产。利用智能工厂的巡检、诊断功能推进设备预维修管理，加强工段、巡检工管理岗位设备责任，处理设备隐患。窑可靠性系数99.01%，比2020年提高0.26%。优化岗位设置，2021年减冗员13人。完成安全类、环保类、改善提高类技改项目29个，投资4860万元。年节电1411万千瓦时，获效益847万元。

安全生产。组织学习习近平总书记关于安全生产重要论述3次，观看安全生产电视专题片2次。进行厂级安全教育培训16次，培训员工672人次，培训覆盖率100%。加强隐患排查。每月一次公司级安全隐患排查，每周一次工段级安全隐患排查，每日进行班组隐患排查。公司级排查安全隐患236起，整改236起，整改完成率100%。加强应急演练，增强员工应急处置能力。开展火灾疏散逃生、灭火应急演练、有限空间应急演练、矿山汛期坍塌应急演练、危险废液泄漏应急演练。实施安全标准化整改项目16项，投入资金1333万元。全年未发生安全事故。

环境保护。公司与各部门、分厂签订《环保目标责任书（2021年度）》，明确各部门、分厂环保监管职责。进行2轮百日整治，完成现场治理960项。全年投入3394万元，实施工业窑炉深度治理，完成一线窑头收尘器电改袋、窑尾收尘器技改，二线窑头电收尘器大修和冷却机噪声治理，完成矿山破碎机噪声治理、3号水泥磨收尘器改造，两条熟料生产线安装精准脱硝HSNCR（精准脱硝）系统项目达到超低排放标准。窑头、窑尾颗粒物排放浓度6毫克/立方米以下，SO_2（二氧化硫）排放浓度5毫克/立方米以下，NO_x（氮氧化物）排放浓度100毫克/立方米以下。

项目建设。2021年，公司建设一条4000吨/日熟料新型干法水泥生产线暨9兆瓦纯低温余热发电项目（含新建年产100万吨水泥粉磨系统）、一条石灰石皮带廊、一座年产400万吨石灰石矿山，总投资12亿元。建成投入运营，公司年熟料生产能力310万吨，年水泥生产能力400万吨。实现煤耗下降1.1%、电耗下降1%、氨水用量下降20%的目标。与新奥环保技术公司合作，建成危废处置项目，该项目年危废处置能力8万吨。

社会责任。2021年，公司履行央企的社会责任，积极参与社会公益事业，筹措资金120万元，为临近村组修路、架设自来水管网，慰

▲ 5 月 31 日，中国建材集团纪委书记杨杰（左三）到南方水泥公司调研

（侯荣华 / 摄）

问贫困村民。（侯荣华）

【杨杰到桃江南方调研】 5 月 31 日，中国建材集团纪委书记杨杰到桃江南方调研。中国建材股份公司副总裁、南方水泥党委书记、总裁肖家祥，中国建材股份公司纪委书记崔淑红，南方水泥执行副总裁、湖南南方党委书记、总裁吕文斌陪同调研。杨杰对桃江南方的党建工作、纪检监察工作、生产经营、优化升级工作给予肯定，并勉励桃江南方发挥国企优势，继续做优做强做大。

（侯荣华）

【东方水泥生产】 益阳市东方水泥有限公司是民营建材企业，成立于 2002 年 7 月，是益阳市第一家回转窑新型干法水泥生产企业。公司有一条 3700 吨 / 日熟料新型干法水泥生产线配套 6 兆瓦纯低温余热发电机组，年水泥生产能力 160 万吨。注册资金 1 亿元，总资产 6 亿元。公司设 7 个部门，有员工 348 人，其中专业技术人员 120 人。2021 年，公司生产水泥 106 万吨，实现销售收入 3.91 亿元，上缴税收 5560 万元，实现利润 4487 万元。公司余热电站上网电量 1500 万千瓦时，创造经济效益 1000 万元。年内公司开展安全生产标准化创建工作，安全生产标准化班组达标率 100%，安全管理相关人员及特种作业人员、特种设备操作人员资格证取证率 100%；员工教育培训合格率 100%。投资近 100 万元，新增监控点位 80 多个，提升公司安全生产信息化建设。公司加强环境管理体系建设，实现公司环境风险事故为零的目标；投资 200 多万元，建成水泥旋窑生产线烟气精准脱硝（HSNCR）系统，项目采用选择性非催化还原烟气脱硝工艺，脱硝效率≧ 80%，NOx（氮氧化物）排放浓度≦ 100 毫克 / 立方米，全年可减排氮氧化物 260 吨。6 月 3 日，益阳市委常委、市纪委书记欧阳艳到东方水泥调研，表示市政府将全力支持企业的发展，为民营企业进一步优化营商环境。（卢　昶）

管件铸造

【概况】 桃江新兴管件有限责任公司是新兴铸管股份有限公司所属全资子公司，隶属于国务院国资委所监管的大型央企——新兴际华集团有限公司，2021 年有员工 500 人。公司主要经营球铁管件和铸造制品设计、生产、销售，拥有球墨铸铁管件 2.5 万吨，铸造制品 1 万吨的生产能力。产品应用于国内南水北调、西气东送、三峡水电站等大型民生工程和 60 多个大中城市的自来水和煤气工程，国内市场占有率 40%，是国内 DN50 ~ 2600 毫米品种规格最齐全的管件生产厂家。自行设计制造的真空消失模铸造生产线全套设备出口印度、韩国等地。2021 年，公司坚持“科技兴企”方针，注重技术研发和投入，注重转型升级，持续做大做强主业。

营业收入。2021 年实现营业收入 1.19 亿元。利润实现 860 万元。职工人均收入 6.1 万元，比 2020 年上涨 4%。主要指标保持较高水平。

生产经营。全年完成管件生产 1.3 万吨，铸件生产 210 吨 . 完成管件销售 1.2 万吨，其中出口销售 0.26 万吨，实现全年预算目标。

管件入库与订单。2021 年，管件入库产量 13107 吨，月均产量 1350 吨，比 2020 年月均产量增加 150 吨，增幅 12.5%。采取精益生产组织，平衡生产工序，打通加工瓶颈环节，完成科威特 UAH（乌克兰格里夫纳）4 个订单的生产与发运，共计 641 件、224 吨。

管件质量。改造闲置的立钻，自制开发多体组合刀具，密封面与水线能一刀成型，工作效率提升 8 倍。利用淘汰的夹紧装置改造成万能夹紧装置，DN300 管件装夹由 5 分钟降至 2 分钟，工作效率提升 1.5 倍。完善调整工艺，加强质量过程控制，管件一打合格率 86.67%，综合合格率 96.31%。改造旧成型机，实行加压加料和合模加料。制作开发新模具48套，小规格的模型实现一模多件的生产。自配修补膏，全面取消美纹纸，大件取消胶带纸，胶缝与模型缺陷采用修补膏修补，提高了模型表面质量，管件整体的工艺质量控制水平得到提升。

产品成本降低。在金属料价格大幅波动的情况下，公司采取措施适应市场环境，建立金属料采购信息群，共同研判采购策略，采用锁定价格的方式化解生铁采购的风险，拓宽采购渠道，把握采购时期，全年新增供方52家，在硅铁从9400元/吨涨至12000元/吨前采购硅铁，有效规避高价，单项采购增效7.9万元。采用新设备与新工艺，降低成本。去掉冲天炉采用中频炉化铁，提高铁水纯净度与浇注温度，球化过程中相应减少20%球化剂的加入，降低成本，提高一打合格率。手工涂刷油漆改为机器喷涂，相同面积涂层节约10%的油漆用量。铸造电炉电耗从720千瓦时/吨降至686千瓦时/吨。废钢加入比由15%提升至39%。

环境保护。2月，完成排污许可证的办理并取得许可证，9月，环保应急预案在环保局备案，11月完成旧区土壤的初步调查报告，拆除旧厂房。公司新增除尘器11台，新增VOCs处理设备5台，新增2台电焊打砣吸烟器、1台洒水车、3台扫地清灰车。

▲7月20日，市委书记瞿海（右二）、市长陈竞（左一）在桃江新兴管件有限责任公司指导工作（薛　敏/摄）

安全管理。配齐专职安全生产管理人员，按照1%的比例由3人增加4人。推行安全管理网格化，公司各级管理人员包班组。完善锅炉、电炉、天车、叉车等的安全连锁装置和报警装置。以天车、熔融金属、叉车为重点，制定检查表，对表检查，提高检查的规范性、专业性。组织安全检查32次，提出整改事项984条，完成整改981条，整改率99%，处罚金额5.2万元，奖励金额3.8万元。（李进军）

【公司整体搬迁】 2020年4月30日，公司整体搬迁到桃江经济开发区。5月，公司铸造产业园开工兴建，总投资2亿元，占地150亩，公司整体搬迁投产后年产铸件5万吨，其中管件及涉水铸件3万吨、其他铸件2万吨。（李进军）

【瞿海、陈竞到公司检查指导工作】 7月20日，益阳市委书记瞿海、市长陈竞到公司检查指导安全生产工作。

财税·金融

财　政

【概况】县财政局是县人民政府主管全县财政收支、财税政策、会计工作的部门。2021年，县财政局加强财政资源统筹，优化支出结构，加强重大战略任务财力保障，落实党政机关过“紧日子”要求，强化预算约束和绩效管理，加强政府债务管理，严防财政运行风险，推动财政高质量发展。

财政收入。2021年，全县完成财政总收入147866.23万元，为目标任务的97.76%，比上年增加8088.36万元，增长5.79%。

主要收入。完成增值税65619.78万元，增长7.5%；完成消费税46.56万元，增长4.77%；完成企业所得税17635.16万元，下降9.23%；完成个人所得税5335.49万元，增长26.32%；完成资源税2189.04万元，增长40.72%；完成城镇土地使用税2043.23万元，增长6.26%；城建税、完成房产税、车船税12759.96万元，增长13.53%；完成耕地占用税1134.42万元，增长20.03%；完成契税14072.75万元，增长23.99%；完成环境保护税320.55万元，下降4.48%；完成非税收入26709.29万元，下降3.54%。税收收入占同期财政收入比重70.%，比上年增长3.44个百分点。

部门收入。税务部门完成127483.02万元，为目标任务的97.58%，增长10.04%；税务部门完成地方一般公共预算收入68628.83万元，为目标任务的101.54%，增长16.53%；财政部门完成20383.21万元，为目标任务的98.91%，下降14.79%。

级次收入。完成地方财政收入89012.04万元，为目标任务的100.92%，增长7.48%；上划中央“两税”（增值税、消费税）32856.45万元，为目标任务的94.32%，增长7.49%；上划中央所得税13782.38万元，为目标任务的91.88%，下降2.88%；上划省“四税”（增值税、资源税、城镇土地使用税、环境保护税）9458.86万元，为目标任务的92.51%，增长0.96%；上划省所得税2756.5万元，为目标任务的91.88%，下降2.88%

产业收入。一产业完成144.22万元，增长13.05%；二产业完成69504.01万元，增长11.64%，其中采矿业完成4777.93万元，增长53.24%，制造业完成38818.54万元，增长4.74%；三产业完成58217.08万元，增长10.32%，其中批发和零售业完成13210.59万元，增长6.52%，房地产业完成19389.13万元，下降9.53%，租赁和商务服务业完成4680.02万元，增长70.59%。一、二、三产业税收呈增长态势，三次产业摆脱新冠肺炎疫情影响，纳税情况恢复到正常水平，实现新常态。

重点企业纳税。35家县级企业纳税34109.26万元，增加265.33万元，增长0.78%，其中久通锑业纳税2909.89万元，增长118.84%；农商银行纳税1264.13万元，增长111.90%；49家乡镇企业纳税37186.28万元，减少1105.69万元，下降2.89%，其中口味王食品纳税9243.43万元、增长25.41%，益阳南方水泥纳税5310.96万元、下降48.28%。

全面小康。优化财政支出结构，加大涉农资金整合力度，挤出资金加大投入力度。安排产业扶贫资金3410万元、专项扶贫资金8305万元，支持贫困村产业发展和群众脱贫；完成8000万元涉农资金整合任务，支持脱贫攻坚。强化财政保障，支持省环保重点督查的石煤矿治理、资江流域治理和镉超标治理。安排环保资金3.5947亿元，其中石煤矿治理资金7600万元、乡镇污水处理及配套管网建设资金3858万元。加大债券额度争取力度，配合做好项目储备和发行工作，安排资金到形成实物工作量的项目，提高项目的落地率和财政资金使用效益。争取新增专项债券7.0300亿元，新增一般债券1.4800亿元，弥补全县公益性建设资金缺口。严控债务增量，化解债务存量，完成债务化解任务，确保平台及全县债务风险可控。

经济建设。安排专项资金29656万元，支持交通、水利建设，安排1500万元，支持“竹八条”“工八条”“旅八条”政策落实到位。投入资金6168万元，实施农业保险项目。安排资金5950万元，推动科技成果转化和产业化，争取专项资金4500万元，支持中小微企业，助推工业经济做大做强。落实减税降费政策，规范涉企收费项目，减征税费1亿元，有效减轻企业负担。投入旅游产业发展资金500万元，助力第三产业发展。

民生保障。搞好惠农资金发放工作。通过“一卡通”发放惠民惠农补贴4.0061亿元，惠及全县103万余人次。城乡居民基础养老金、企业离退休人员养老待遇、城乡低保、城乡居民医疗保险、基本公共卫生服务财政补助标准和农村特困人员救助供养标准实现全面提标。投入资金8933万元，推动保障性安居工程、棚户区和农村危房改造。安排就业补助资金4633万元，发放创业担保贴息贷款6107万元，支持就业和大众创业。

财政管理。严格预算执行约束，加强库款管理，对部门整体支出和项目支出进行绩效自评，开辟抗疫物资政府采购绿色通道，完成政府采购项目242个，采购金额3.1320亿元。完成财政投资评审项目262个，净审减项目资金35400万元，核减率23.06%。清理财政结余结转资金1.85亿元。清理核查县属国有资产，规范公务用车、公务接待、外出考察学习管理。加强专户管理和第三方对账。理顺乡镇体制改革后财政资金管理职责，组织各类涉农资金检查，确保乡镇财政资金安全运行。

财政改革。基本实现“预算统筹统编、收支统编统管”，乡镇基本支出保障水平得到提高。启动财政预算管理一体化平台建设，落实向人大报告国有资产管理制度，出台《桃江县行政事业单位国有资产处置管理办法》，严格实行收支两条线管理，盘活闲置国有资产。（王　书）

【向荣调研财政工作】 12月19日，县委书记向荣、县委常委、常务副县长李丰到县财政局调研财政工作。调研会上，县财政局负责人汇报2022年部门预算和2022—2026年乡镇园区财政体制工作。向荣要求县财政局加强预算管理，严格资金监管，提高预算编制水平；要建立健全乡镇园区财政体制，强化税收征管，做到应收尽收；要鼓励乡镇大力培植财源，夯实税源，增强造血功能。（王　书）

【省财政厅到桃江调研】 3月10日，省财政厅市县财政处苏知立一行到桃江，调研县级预算编制和乡镇财政管理工作，苏知立在浮邱山乡了解财政所的实际运行情况。调研会上，县财政局有关负责人汇报县财政决算审计整改情况。苏知立对桃江财政工作给予肯定，要求切实保障基层工作运转，加大对乡镇财政所的管理和监督，保证资金安全；要加强财源建设，确保财政收入稳定增长。

（王　书）

税　务

【概况】 国家税务总局桃江县税务局是国家行政执法部门，负责贯彻执行税收、社会保险费和有关非税收入法律、法规、规章和规范性文件，研究制定具体实施办法；负责开展税收经济分析和税收政策效应分析，组织所辖区域内各项税收、社会保险费和有关非税收入的征收管理；负责实施税（费）源监控和风险管理，加强重点税源企业和自然人税收管理；负责开展纳税服务、税收宣传、税费收入检查工作，保护纳税人、缴费人合法权益。2021年，实现税费收入26.42亿元，同比增收6.83亿元，增长34.9%，其中县政府口径地方级收入6.23亿元，完成县政府下达的收入任务。

税收收入。2021年实现县政府计划口径纯税收入12.12亿元，同比增收9068万元，增长8.1%，县政府口径包含的23个税费种中20个增长、3个减少。其中增收额较大的是增值税和契税，同比分别增收4577.8万元和2722.2万元，增长7.5%和24%；增长率较大的是资源税、房产税和个人所得税，分别增长40.8%、26.8%和26.3%；减收的主要是企业所得税，同比减收1793.6万元，下降9.2%。

非税收入。完成县政府口径非税收入6326万元，比2020年增收2558.1万元，增长67.9%。其中教育费附加2103万元，增长14.7%；地方教育费附加1401万元，增长14.7%，残疾人就业保障金729.7万元，增长2.5%。

社保费收入。完成各项社保费收入13.149亿元，其中企业职工基本养老保险费3.98亿元，失业保险费852.45万元,基本医疗保险费1.79亿元，工伤保险费2889.33万元，生育保险费0.29万元，城乡居民基本养老保险费1.73亿元，机关事业单位基本养老保险费2.73亿元，城乡居民基本医疗保险费1.94亿元，机关事业单位职业年金6049.44万元。

减税降费。采用线上线下融合宣传方式，全面落实税收优惠政策。线上结合网格化管理要求，建立42个税企微信群，各税源管理单位实行包片包干负责。线下通过纳税人课堂开展多期社保费征收体制改革系统操作培训、企业所得税汇算清缴培训和制造业中小微企业延缓缴纳税费培训，全年480名企业财务人员参训。2021年，新增减税降费8200万元，制造业中小微企业缓税4535.8万元，留抵退税调库3196.7万元，办理各类退税8936.5万元。其中资源综合利用退税3475.1万元，福利企业退税952.6万元，增值税增量留抵退税1448.8万元。

纳税服务。推出的10类33项115条便民措施、实施“放管服”改革10项措施、纳税缴费便利化改革16项措施，对188项业务实行“最多跑一次”的承诺，纳税人缴费人只需要进一次厅，提供一套资料就能办结承诺清单中的业务。推广“非接触式”办税，引导纳税人、缴费人通过电子税务局、湘税社保App、个人所得税App和微信小程序等“非接触式”渠道在线上自助办税缴费，2021年网上办税比例81.45%。

征收管理。实行征管质量5C监控考核，建立“监控、预警、评价、改进、提升”工作机制，强化税种精准监管。清理消化历史遗留征管数据问题，处理监控平台上的错误4365条，上报运维259件；排查清理11174户非正常经营户数，其中企业4091户、个体7083户。

风险管理。2021年，完成协查案件9件，接受举报案件5条。完成风险任务51批次共669条，其中自然人异议申诉风险29批次535条，政策落实风险105条。税收风险管理任务入库2031.46万元。开展商贸企业及农副产品加工企业专项风险排查，针对农副产品抵扣比例过高、商贸企业发票开具异常等风险点，排查17户农副产品加工企业、6户商贸企业,查补入库税费36.58万元。

协同治税。同税收工作密切相关的市监局、住建局、自然资源局、商务局、发改局协作，形成综合治税合力。2021年，通过税收共治机制，精准锁定税收风险疑点，查补19户房地产及建安企业、14户砂石混凝土企业、33户成品油企业、1户驻桃企业、2户园区企业以及其他74户纳税户的税收，共入库8030.56万元。（肖　睿）

【县税务局召开领导干部大会】 8月16日，县税务局召开领导干部大会，会上宣读市局党委关于彭润、鄢跃武的任免决定。宣布鄢跃武任县税务局党委书记、局长。市局党委委员莫国云、县委常委李丰出席会议。（李聪敏　李思洁）

【县税务局办税服务厅获“全国青年文明号”称号】 12月1日，共青团市委副书记谌思羽、市税务局副局长莫国云和共青团县委书记鲁定红到县税务局办税服务厅，授予办税服务厅“第20届青年文明号”牌匾。（姜胜平　李聪敏）

【桃江县税务学会成立】 12月8日，县税务局召开桃江县税务学会成立大会暨第一届会员代表大会，大会一致通过《桃江县税务学会章程》，

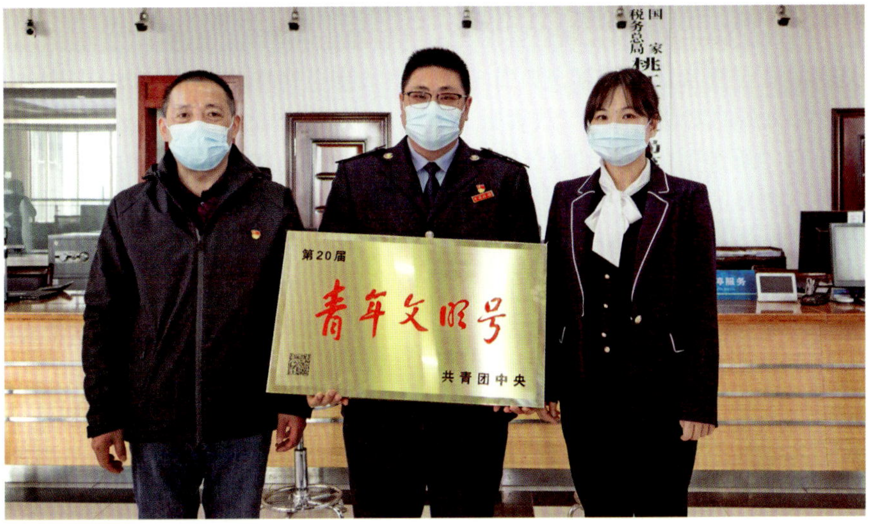

▲12月1日，县税务局办税服务厅获“第20届青年文明号”授牌（李聪敏／摄）

选举产生第一届理事、常务理事，选举龙洋为第一届理事会会长。

（李聪敏）

中国人民银行桃江县支行

【概况】 2021年，全县金融机构聚焦乡村振兴重点领域，信贷规模保持稳步增长，贷款规模突破200亿元大关，各项工作取得成效。

存贷款。2021年，全县存款余额338.55亿元，比年初增加35.53亿元，同比增加9.52亿元，同比增长11.72%；各项贷款余额219.4亿元，比年初增加37.35亿元，同比多增6.86亿元，同比增长20.52%。

疫情防控。2021年，在疫情防控期间，全县银行机构向有需求的小微企业和个体工商户投放贷款258笔，贷款金额3225万元。对12家还款困难的信贷客户进行延本延息，金额共953万元，向161家小微企业和个体工商户提供信用贷款支持，金额共607.66万元，解决小微企业、个体工商户受疫情影响导致经营压力较大的问题。

断卡行动。加强涉案账户管控、关联信息排查及信息共享，加强一线业务人员的培训，结合“放管服”改革和“断卡”行动，约谈3家涉案账户较多的银行机构；开展9次现场暗访督导工作，现场暗访督导机构45家，电话暗访督导机构43家，实现暗访督导全覆盖。牵头组织举办账户业务专题培训会，聘请公安部门的反电诈的一线办案人员专题授课，培训23人次。组织辖内银行机构倒查涉案银行卡600余张，与县公安局联合行动，破获新型电信网络诈骗案件113起，刑拘涉“两卡”犯罪嫌疑人166名，总金额2.7亿元。

一门式服务。全面升级“一门式”服务站点。打造“基础金融业务不出村，综合金融业务不出镇”的金融服务平台——“福祥e站”，办理各类交易4702笔，金额198万元，接受各类业务咨询1000人次，受理信贷业务申请122笔，完成28个“福祥e站”站点升级创建，办理各类业务2674笔，金额302万元。

征信服务。2021年，支行出具企业信用报告932份，提供个人信用报告10096份，其中自助查询机查询10021份、柜台查询75份，满足了个人征信信息的查询需求；办理司法查询5次，为县委组织部、县检察院提供信用报告1024人次；办理个人征信异议申请2笔。

（熊爱武）

【金融风险防控】 2021年，督促县农商银行标本兼治，确保稳定，在发展中化解风险，巩固风险化解成果。截至12月末，农商银行存款106.68亿元，同比增长13.42%；贷款余额57.05亿元，比年初增加8.81亿元，同比增长18.25%。（熊爱武）

【普惠金融高质量推进】 2021年，全县普惠金融贷款余额33.79亿元，较年初新增12.65亿元，新增首贷客户1127户。县农商行依托网点优势，在全县设立“福祥e站”85个；村镇银行新增小额客户3107户，客户总数4403户，户均贷款额仅为13万元。

（熊爱武）

【着力乡村振兴】 人民银行和县金融办联合开展“助力乡村振兴 赋能交通建设”项目推介对接活动，巩固脱贫攻坚成果。县农业发展银行与县政府签订战略合作协议，加大有效信贷投放，净增贷款9.34亿元；县建设银行在乡镇搭建597个“裕农通普惠金融服务点”；桃江农商行完成80个村的整村授信工作。

（熊爱武）

中国工商银行桃江支行

【概况】 中国工商银行股份有限公司桃江支行内设行长办公室，综合管理办公室、营业部、公司业务部、个金部、卡部6个部室，下辖桃花江支行、灰山港支行2个支行。2021年，有员工52人，其中在职员工42人，40人通过银行从业资格考试。

业务发展。2021年，各项存款额19.34亿元，比2020年净增1.13亿元，其中个人存款余额16.08亿元，对公存款余额3.3亿元，各项贷款余额189946万元，比年初净增383395万元，其中公司贷款6.88亿元，个人住房贷款7.89亿元，实现净利润0.37亿元，缴纳税金265万元。

信贷支持。2021年，信贷规模突破15亿，较年初净增1623万元，存贷比89.57%，同比提高16个百分点，超过全县金融机构平均占比。获批2.6亿元授信额度，已投放1.2亿元，支持树人教育项目建设。获批1.5亿元授信额度，新增贷款2000万元，支持中广核桃江风力发电项目。支持小微企业的发展，余额8000万元。其中新增金宙建材1000万元。疫情防控期间，所有个贷（约1000户）由系统自动设置延期1个月还款，其中8户、395万元申请延期1～4个月还款。

（胡　红）

【金融秩序与项目建设】2021年，开展账户实名制清理核查，配合断卡，断网行动，打击电信诈骗，维护境金融秩序。被中国人民银行长沙中心支行授予“湖南省金融消费者权益保护标准化网点”“湖南省普及金融知识示范基地”称号。引领“互联网+”智慧项目建设。实现财政、人行、清算行的纵横直连。实施2021年湖南省人力资源和社会保障“互联网+”智慧项目（含4个子项目），投资实施桃江县中医医院“互联网+”智慧医疗项目。

（胡　红）

【履行社会责任】2021年，分批次完成金沙重机借新还旧的续贷4180万元，协助县委县政府开立金沙重机维稳、环境治理、社保专户。捐赠扶贫资金3万元，支持清凉村脱贫项目。（胡　红）

中国农业银行桃江县支行

【概况】中国农业银行股份有限公司桃江县支行（以下简称桃江支行）有4个二级支行、1个营业部、2个分理处，2个离行式自助网点，有在职员工91人。2021年，桃江支行获农总行“三农”事业部考核达标单位，湖南省分行经营管理先进单位，益阳市分行风险防控、综合管理先进单位称号。桃江支行营业部被评为湖南省银行业协会文明服务“五星级”单位、桃江县消费者权益保护“诚信经营 放心消费”示范网点。

业务发展。2021年，人民币各项存款余额48.7亿元，较年初净增4.3亿元，各项贷款余额23.3亿元，较年初净增1.7亿元，财务指标、不良贷款管控等多项重点指标均超额完成计划。

企业扶持。开展进“百园万企”活动，支持小微企业发展。园区有贷企业11家，贷款投放较年初增加1972万元，有贷客户渗透率8.27%，较年初提升3.01个百分点。支持行业类客户发展。支持6家企业及风电桃江境内项目，投放贷款1.41亿元；支持小微企业46户、投放贷款7318万元；投放农户信息建档惠农e贷等一系列信用产品贷款1.83亿元。

民生服务。全行惠农e贷有贷户较年初净增384户，惠农e贷较年初净增6483万元；建档行政村较年初新增95个，建档农户11047户，全市排名第2；实现有效包村146个，在总行、省分行“深耕乡村市场‘百团争先’”营销竞赛中桃江支行3个网点进入全国排名1000名，7个网点排名进入全省100名。普惠金融贷款计划完成全市第3名，涉农贷款平均增长率超过全省平均水平。桃江支行在省分行穿透式考核中排名第六名，支行营业部、马迹塘分理处在市分行穿透式考核中分别排名第2名、第3名。继续代理社保、医保征缴服务工作，共代缴252586笔，金额7372万元。

转型发展。渠道转型释能作用明显。全年完成2个网点微改、2个网点特色文化打造，3个网点实行轮休、所有网点实行弹性排班，营业网点营销服务客户人员占比超过80%。对公客户营销取得成效。全年新开对公账户322户，其中新增对公有效账户99户。“产品+”模式引入优质客户。个人客户较年初增加4648户，贵宾客户较年初增加1172户，信用卡有效客户净增1507户。场景建设不断突破。扬帆教育集团上线全省首个智慧校园2.0系统。公私联动开通桃江一中食堂、桃江职业中专缴费项目，新增智慧有效场景14个。

（李瑞平）

【支持实体经济】2021年，桃江支行培育六大百亿产业发展，支持实体经济。开展进“百园万企”活动，支持小微企业发展。园区有贷企业、有贷客户渗透率、贷款投放较年初有较大幅度提升。支持县域企业及风电桃江境内项目，支持地方实体经济发展。

（李瑞平）

【农行桃江支行助力乡村振兴】2021年，桃江支行加大“三农”支持力度，打造乡村金融服务领军银行，支持乡村振兴工作。争取政府和职能部门政策支持，有效开展深耕乡村工作。投放惠农e贷款支持乡村实体经济，搞好农户信息建档和包村工作。涉农贷款平均增长率超全省平均水平。（李瑞平）

中国农业发展银行桃江县支行

【概况】2021年，中国农业发展银行桃江县支行结合实际，准确研判面临的形势，紧盯目标抓落实，科学谋划高质量发展，实现了业务发展的预定目标。

业务发展。各项存款余额5.18亿元，比年初增加1.70亿元，增幅48.82%；各项存款日均余额4.64亿元，比年初增加2.47亿元，增幅113.62%；各项贷款余额26.34亿元，比年初增加9.34亿元，增幅

54.95%；实现贷款利息收入 1.03 亿元，贷款利息综合收回率 100%，实现账面利润 1500.59 万元，不良贷款保持“零余额”的记录。

粮食安全。2021 年，支行发放桃江县粮食购销公司县级储备粮贷款 1248 万元、调控贷款 6890 万元。按照“一人一库一站式服务”的标准，跟进收购进度，及时提供收购资金，保证了收购资金及时足额发放和库贷一致。支行共支持收购早籼稻 3367 吨、中晚稻 12268 吨；最低收购价早籼稻 2.44 元/公斤、中晚稻 2.56 元/公斤，做到库存数量与台账一致。

基础工作。按总行要求完成信贷基础管理年各项规定动作，CM2006 系统、综合报表系统、风险统计系统操作进一步规范。信贷资料归档和各项结转工作实行一户一档，在 CM2006 建立完整系统的客户信息档案，建立信贷台账和报表，做好信贷登记工作。

（郭　熙　汤敏萱）

【支持绿色低碳产业】 2021 年，桃江县支行将绿色信贷作为重要工作，加大对绿色经济、低碳经济、循环经济的支持力度，加大对绿色信贷的投放，支行绿色贷款余额 12.53 亿元。

（郭　熙　汤敏萱）

【助力城乡建设】 2021 年，桃江县支行获批 4.2 亿元城乡一体化项目贷款，支持桃江县城东拆迁安置房项目建设，9 月 29 日向县城市建设投资运营集团有限公司投放贷款 1.92 亿元。（郭　熙　汤敏萱）

【助力乡村振兴】 2021 年，桃江县支行共投放扶贫贷款 6.10 亿元。6 月 30 日，支行获批 4.8 亿元农村土地流转和土地规模经营固定资产贷款，年内投放贷款 4.03 亿元，建设现代农业示范基地、现代物流仓储基地及配套基础公共旅游服务设施 3 个子项目，项目总投资 6.08 亿元，其中农发行提供融资 4.8 亿元，发展生态农业、循环农业和休闲农业。

（郭　熙　汤敏萱）

中国建设银行桃江支行

【概况】 中国建行银行股份有限公司桃江支行（以下简称桃江支行）设桃江支行营业部、桃江文化路支行和桃江桃花路支行 3 个营业网点和 1 个支行业务部（包括普惠金融部），有员工 39 人。2021 年，桃江支行服务实体经济，实现各项业务的高质量平稳发展。

业务发展。2021 年，桃江支行一般性存款余额 40.86 亿元，较年初新增 2.44 亿元。其中对公存款余额 7.3 亿元，较年初下降 2.67 亿元；个人存款余额 33.5 亿元，较年初新增 5.1 亿元。各项贷款余额 41.4 亿元，较年初新增 5.2 亿元，其中对公贷款余额 30.1 亿元，较年初新增 4.4 亿元；个人贷款余额 11.3 亿元，较年初新增 0.78 亿元。不良贷款 738 万元，下降 1780 万元。实现净利润 1.06 亿元，上缴税收 1004 万元。

经营业绩。2021 年，桃江支行践行“以人民为中心”的新金融理念，调整结构、优化服务、守正创新。一般性贷款余额 41.4 亿元，年新增贷款 5.2 亿元，存款 40.86 亿元，年新增 2.44 亿元。（王飞跃）

【贷款发放】 2021 年，桃江支行支持地方经济发展。对接城投集团和竹乡公司两个平台，发放贷款 8.2 亿元，用于县城基础设施建设和园区建设。发放贷款 5.82 亿元，支持县人民医院新院区建设，向县一中发放贷款 3500 万元，发放贷款 3700 万元，支持国辰高科产业园等项目建设。为紫荆铸业、桃花江竹业、泉峰建材、新宇建材等民营企业发放贷款 1.52 亿元。（王飞跃）

【乡村振兴服务】 2021 年，桃江支行持续优化金融服务布局，扩大乡镇服务覆盖面，建设 491 个助农普惠金融服务点，年交易 25.3 万笔，金额 8751 万元；全县 233 个行政村委在桃江支行开立农村集体经济组织账户，发放乡村振兴卡 84045 张。创新推出系列涉农信贷产品，为鲊埠回族乡竹产业企业客群、种植客户群、养殖户客群、家庭农场客户发放贷款 6500 万元。（王飞跃）

中国银行桃江支行

【概况】 中国银行股份有限公司桃江支行下设行长办公室、综合管理办公室、支行营业部、劳动支行，有在职员工 29 人。2021 年，加快网点数字化转型发展，实现税后利润 3532.72 万元。

负债业务。2021 年，桃江支行个人存款余额 16.75 亿元，较年初净增 2.03 亿元。日均存款余额 16.60 亿元，较年初净增 1.86 亿元。公司存款时点余额 4.50 亿元，较年初增长 7048 万元，日均余额 5.50 亿元，较年初增长 1.42 亿元。

资产业务。桃江支行加大对小微企业的贷款投放力度。通过中银企E贷系列产品实现普惠客户净增97户，投放金额7638万元，涉及竹木、建材、超市和民生服务。推广“烟商贷”“药店贷”等金融产品，为客户提供信贷资金支持。各项贷款余额10.50亿元，个人贷款余额4.20亿元，较年初增加1.70亿元，公司贷款6.30亿元。不良贷款余额140万元，不良率0.13%，较年初下降0.09%。

民生服务。与桃花江镇中心学校（小学部）、桃花江镇第一初级中学、桃花江镇第二初级中学等6所学校合作，搭建学费云代缴平台，为1万名中小学生费用缴纳提供便利；开展“金融知识进万家”活动，发放宣传资料400余份；以营业网点为阵地，开展打击非法集资宣传和网络金融宣传，发放宣传资料500份；为县域中小企业开立农民工工资专户15户，实现农民工工资代发2000万元。（夏雨时）

【跨境金融及外汇业务】2021年，桃江支行做好做强跨境金融及外汇金融服务，共发生国际汇款业务416笔，个人结售汇业务26笔，结售汇金额276.91美元。（夏雨时）

【文明规范服务】中国银行桃江支行营业部通过打造舒适服务环境，创新服务文化理念，强化优质服务质量，荣获中国银行业协会颁发的“2021年银行业营业网点文明规范服务千佳示范单位”。（夏雨时）

【绿色信贷】2021年，桃江支行落实县级集中推介重点项目企业融资需求工作，为2020年湖南省制造强省专项资金拟支持的重点企业“年处理100万吨建筑垃圾（固体废料）综合处理利用”项目提供授信300万元。（夏雨时）

桃江农商银行

【概况】2021年，桃江农村商业银行股份有限公司内设办公室、人力资源部、科技电子银行部、财务会计部、稽核审计部、业务发展部、信贷管理部、风险管理部、安全保卫部、纪检监察室、党群工作部、内控合规部、资产管理中心等13个职能部室。下辖50个营业网点，其中1个营业部、1个直属分理处、支行17个、分理处30个，从业人员474人。全年桃江农商行确保业务工作稳步发展。

公司业务。2021年，各项存款余额106.68亿元，较年初增加12.62亿元；日均存款余额101.14亿元，较年初增加10.54亿元；各项贷款余额57.05亿元，较年初增加8.8亿元；一般性贷款余额47.78亿元，较年初增加6.23亿元；不良贷款余额2.27亿元，较年初下降547万元，不良率3.98%，较年初下降0.84个百分点；关注类贷款余额1.69亿元，较年初下降9800万元；关注类贷款占比2.97%，较年初下降2.58个百分点；资本充足率8.35%，较年初下降1.07个百分点；拨备余额2.4亿元，拨备覆盖率105.82%，较年初上升1.26个百分点；存贷比53.48%。

营业收入。实现总收入5.04亿元，较上年增加3240万元，其中利息收入3.05亿元，较上年增加2103万元；总支出4.99亿元，较上年增加2820万元；实现经营利润1.06亿元。

不良压降。2021年，公司通过自主清收、行政清收、司法清收、公安追赃挽损、委外清收等措施，全力现金清收不良贷款。共现金清收表内外不良贷款本金7303.28万元、利息1169.2万元。

息诉。公司专设金融消费者权益保护办公室，负责接待、登记、解释和处置投诉事宜，成立信访工作领导小组，制定舆情处置、信访工作、流动性风险及挤兑风险处置4个应急预案。根据信访及网络舆情现状，向县委、县政府、政法委、公安局、维稳办、网信办汇报，争取支持，加强与相关职能部门的联动协作，实维护了金融安全稳定。

普惠金融。公司与县委、县政府商讨《深化金融服务推进经济社

▲6月11日，桃江农村商业银行在鸬鹚渡镇宣讲存款保险知识（肖　忠/摄）

会高质量发展合作协议》相关事项，在助力乡村振兴、稳企业保就业、支农支小、支持特色产业、强化金融服务等方面达成合作。与15个乡镇、247个行政村（社区）签订合作协议，建立三级共建合作模式。授信县内特色竹产业、修山面业、新能源产业、牲猪养殖业共547户、金额17887万元，用信360户、金额11898万元。为湖南临亚建材科技有限公司、桃江鑫辰实业发展有限公司、益阳扬帆教育科技管理有限公司投放信贷资金11200万元，为益阳竹缘林科开发有限公司、湖南嵩辉竹木科技有限公司、湖南惠泽生态农业科技有限公司投放信贷资金2777万元。

减费让利。公司对受疫情影响的315家小微企业实行利率优惠，贷款11675万元，下调利率2.62%，少收贷款利息305万元；对小微企业、小微企业主、个体工商户的122笔，金额3627万元的贷款延期还本付息。

便民金融。2021年，公司在全县搭建“基础金融服务不出村、综合金融服务不出镇”的“一门式”金融服务平台，布放192台助农金融服务终端、配备52台自助存取款设备。将85个服务平台升级为福祥e站。（莫丽城　胡　芳）

【支持特色产业】2021年年初，鲊埠回族乡军功嘴村4家细木工板企业出现不同程度的流动资金短缺，桃江农商银行鲊埠支行开展“暖春”行动，根据实际需求创新“运输贷”，灵活使用“企易贷”“商易贷”“惠农贷”等信贷产品，提升贷款额度，从10万元、20万元提升至单户480万元，共投放信贷资金750万元。

（莫丽城　胡　芳）

【乡村振兴金融服务】11月5日，桃江农商银行在三堂街镇天子仑村开展金融服务，助力乡村振兴，在天子仑村开展金融服务乡村振兴试点村，为客户发放了第一张乡村振兴卡。

（莫丽城　胡　芳）

【“移动银行·金融背夹”服务上线】9月28日，桃江农商银行“移动银行·金融背夹”服务上线。在桃江喜龙餐饮和美人谷办理工资卡，共开立银行卡51张、手机银行36个。

（莫丽城　胡　芳）

桃江中银富登村镇银行

【概况】湖南桃江中银富登村镇银行股份有限公司（以下简称桃江中银富登村镇银行）以“建设新时代一流村镇银行”为目标，致力于“立足县域，支农支小”，为县域三农小微客户提供全方位的金融产品与服务。

业务发展。2021年，存款余额37022.51万元，比2020年减少13842.81万元；贷款余额52371.83万元，比2020年净增10861.4万元；实现营业收入4214.19万元，利息净收入3406.32万元。

信贷政策。2021年，桃江中银富登村镇银行针对小微企业和三农客户缺乏合格抵押品融资难题，创新抵质押担保方式，将农村自建房、集体土地纳入准抵押范围，允许通过与借款人、村委签订房屋三方协议，采取农村房产准抵押（实际为信用方式）的方式落实授信约束，增加客户违约的道德成本。各条线贷款采取信用或准抵押担保方式发放，大额贷款准抵押加信用额度最高150万元，小额贷款准抵押加信用额度最高35万元。针对“三农”小微客户财务数据不全、管理不规范，经营状况难确定的难题，授信政策在客户数据采集上采取完全不同于传统商业银行看报表、查流水的方式，通过上门核查，从客户水电消耗、产品库存、实际销售、银行流水等多角度现场采样、交叉验证确认客户的实际经营情况，注重客户的实际经营行为与上下游客户的评价，在风险政策与产品政策上解决了“三农”小微融资难的问题。

普惠产品。推出一款纯信用的线上随借随还的经营性贷款产品（中富翼贷），产品最高授信金额5万元，授信期限1～3年，客户通过手机银行自主申请，自助还款。产品已下沉至小商小贩、农户家庭，产品授信金额小、涉及客户多、涵盖层面广。

整村推进。在网点10公里范围内选择有经济特色与经济活跃的行政村，上门联系营销，与村委共同开展普及金融知识宣传活动与村行业务推介会，并通过村委联系村内经商办企业的小微企业主或者种养殖户进行跟进对接，与有需求的客户建立业务关系，由客户经理单人通过PAD（平板电脑）进件后系统自动审批，实现线下小额贷款秒批秒贷，从审批到提款全流程自动化，提供全方位的金融服务。（胡　旭）

【业务能力提升】2021年，桃江中银富登村镇银行建成以CRM（客户关系管理）、CBS（核心银行系统）、CMS（信贷管理系统）为核心，包括几十个外围系统的IT系统平台，实现数据大集中。优化手机银行、网上银行、移动发卡、移动业务审批平台功能，推出移动PAD单人核查，实现客户经理上门开卡、上门审批、上门放贷全业务流程。优化O2O移动业务平台和线上贷款。通过PAD移动业务审批平台，发放贷款3000余笔，金额超2亿元。

（胡　旭）

【延期还本付息和信用贷款】2021年，桃江中银富登村镇银行落实人行延期还本付息和信用贷款支持政策，实施延期还本付息91笔，延期金额7667万；发放符合信用贷款支持计划政策贷款7872万元，涉及贷款户数300余户。落实3000亿元支小再贷款计划，投放支小再贷款近1032万元。（胡　旭）

【服务实体经济】2021年，桃江中银富登村镇银行普惠小微企业贷款余额36595.69万元，增速26.83%，较各项贷款增速高0.66个百分点。获2021年度县金融服务真抓实干先进单位称号。（胡　旭）

中国邮政储蓄银行桃江县支行

【概况】中国邮政储蓄银行桃江县支行内设综合管理部、零售金融部、公司金融部3个部室，下设支行营业部、桃花路支行、鸬鹚渡支行3个二级支行，有干部职工56人。2021年，桃江县支行获益阳市分行2020年度“消费信贷业务发展”第二名、益阳市分行2020年度“三农金融业务发展”第二名、益阳市分行2020年度“小企业贷款业务发展”第一名、益阳市分行2020年度“一级支行业务发展先进单位”一等奖，被县人民政府评为桃江县2020年金融工作创新单位。

个人业务。2021年，个人存款余额14亿元，个人存款余额11亿元，年日均净增5416万元；信用卡净增发卡1874张,新增客户1589户，数字人民币6945户，手机银行激活客户新增3081户，快捷支付绑卡新增4893户，医保电子凭证激活客户新增711户。

信贷业务。2021年，贷款余额9.03亿元，净增1.11亿元，“三农”贷款余额3.69亿元,净增6837万元；消费贷款余额3.52亿元，净增1437万元；小企业贷款1.82亿元，净增2870万元。

公司业务。2021年，存款余额3亿元，年日均净增4009万元。公司拓户143户。新增5个其他机构类账户。缴费平台有效户5户。企业网银265户，开通率98.92%。

内控管理。2021年，各项不良金额1638万元，净增1049万元，不良率1.44%。“三农”贷款不良金额974万元，净增499万元，不良率2.64%；消费贷款不良金额248万元，净增134万元，不良率0.7%；小企业贷款不良金额417万元，净增316万元，不良率2.29%。收回不良贷款789.19万元（移交233.93万元），已核销收回37.57万元；收回信用卡逾期金额18.95万元。起诉不良贷款17笔，11笔调解，2笔判决，2笔公告期，1笔待判决，1笔调解期间结清；起诉信用卡3笔，1笔调解，1笔待判决，1笔调解期间结余不良贷款存量客户数166户，达成还款协议或意向4户，待起诉3户。

金融扶持。2021年，县支行与再就业服务中心合作，扶持创业和再就业，投放创业基金贷款186户，金额3688万元。与农信担合作，扶持水稻种植等民生项目，投放农担贷款58户，金额3021万元。

数字转型。2021年，县支行采用新技术与业务融合，通过互联网+大数据的模式，实现金融服务“窗口化”，推广极速贷线上产品，极速贷产品实现放款2512笔，金额30834.8万元。推出移动展业服务，从受理到放款通过移动展业完成全流程操作，实现放款207笔，金额4068.6万元。

信用村创建。2021年，县支行

▲3月15日，邮政储蓄银行桃江县支行在鸬鹚渡镇开展消费者权益保护宣传活动（周子明/摄）

扩大普惠金融受益面和农村市场客户群，解决农户“融资难”问题。支行下乡村进社区开展金融知识宣讲，完成230余户种养殖户及个体工商户信息搜集，完成28个信用村、840个新用户系统创建工作，实现整村授信、批量用信。（周子明）

【消费者权益保护宣传活动】3月15日，邮储银行桃江县支行在鸬鹚渡镇开展消费者权益保护教育宣传活动。发放宣传资料100余份，咨询人次50余人，提高人民群众金融知识水平和风险防范意识。

（周子明）

【王仕明到桃江调研】12月30日，邮储银行益阳市分行行长王仕明到桃江调研。王仕明参观湖南九富家居材料有限公司参观生产车间，了解企业生产、销售情况。在县人民医院，王仕明与医院负责人在业务合作、医疗健康等方面进行交流。医院负责人表示，新院区建设后期资金需求与邮储银行会进一步开展增信合作。在县一中，王仕明表示，桃江县支行将加快实现学校贷落地。

（周子明）

华融湘江银行桃江县支行

【概况】华融湘江银行桃江县支行（以下简称支行）有营业网点1个，职工12人（在编人员9人）。2021年，支行围绕桃江经济社会发展战略，坚持“服务地方经济、服务中小企业、服务广大市民”的市场定位，重点支持地方基础设施建设、民生领域项目和产业发展，服务小微企业，实现稳健发展。

存贷规模。2021年，支行对公贷款余额13.99亿元，公司贷款12.41亿元，小微贷款余额0.57亿元，个贷1.01亿元。一般性存款4.84亿元，其中对公存款1.95亿元、储蓄存款2.89亿元。实际存贷比289.05%，存贷款倒挂差9.15亿元。

对公业务。支行加大项目储备力度，重点对有自偿性的政务类项目、优质产业金融客户和民生领域三类客户营销，支持桃江县殡仪馆及陵园项目建设1.9亿元，桃江各干线公路项目1.68亿元，贷款余额3.58亿元。支持桃江县竹乡国有资产运营有限公司流动资金贷款0.3亿元。支持县妇幼保健院0.4亿元。做到项目投放前有项目资本金注入、投放中资金留存饱和、投放后资金回笼及时。

普惠贷款。华融湘江银行总行普惠贷款20亿元落地桃江支行，10月22日，该项目做好了系统建设，11月22日，成功落地6.5亿元。华融普惠贷款年利率6.5%，按照税收缴纳规则，以贷款余额年日均10亿元测算，可为桃江创造2000万元税收。

（范　彬）

【普惠金融】2021年，县域小微实体经济小微企业类贷款余额5704万元，客户62户（含线上贷款），线下小微企业贷款20余户。加强与农信担、益阳市融资担的合作，解决小微企业无抵押担保的融资难问题。

（范　彬）

【金融知识宣传】2021年，支行开展宣传活动20余次，进社区10次，接待咨询1000余人次，发放宣传资料1000余份。普及宣传金融知识，提高公众识别和防范金融风险的能力。（范　彬）

长沙银行桃江支行

【概况】长沙银行股份有限公司桃江支行成立于2015年12月，有在编员工19人。

业务发展。2021年，存款余额10.5亿元，其中对公存款3.24亿元、个人存款7.26亿元，表内外贷款余额20.6亿元，其中表内贷款余额14.2亿元，占贷款总额的68%；表外授信余额6.4亿元，占贷款总额的32%。按贷款结构分，政务类贷款9户，余额17.3亿元，占比84%，中小微贷款56户，余额1.67亿元，占比8%；零售贷款余额1.63亿元，占比8%。工资代发单位9家，代发人数5575人，月代发金额2500余万元；签约农金站点78个，基础客户4.3万余户，教育系统、拆迁户、农金站和医保四个大客群是桃江支行的重点客群。

存款。2021年，支行存款总额10.5亿元，较年初增长5569万元；时期余额9.3亿元，较年初增长1317万元。其中对公存款3.24亿元，较年初下降1.38亿元，时期数2.91亿元，较年初下降1.88亿元。储蓄存款7.26亿元，较年初增长1.94亿元，时期数6.38亿元，较年初增长2.0亿元。

贷款。支行表内外贷款余额20.6亿元，较2020年下降2500万元，其中表内贷款余额14.2亿元，较2020年下降2413万元，占贷款总额的68%；表外授信余额6.4亿元，较2020年下降100万元，占贷款总额的31%。

基础客群。2021年，基础客户43000余户，较2020年新增4700余户，增幅12%，其中金卡客户数2231户，白金客户数496户，钻石客户数 51 户。

储蓄存款。支行储蓄时期数新增 2 亿元，完成全年任务的 132%，国际业务非息收入、普惠贷款及三项小指标、对公有效结算户、授信户、新增对私管理资产余额达标数、新增财富客户数、个经贷款投放等指标完成全年任务。

中小贷款投放。中小贷款投放 56 户，余额 1.67 亿元，比年初增加 4000 万元，投放笔数增加 10 笔，其中新增绿色贷款投放 4939.8 万元，较年初新增 1420 万元，资产业务结构转型态势良好。

合法合规运营。2021 年，坚持合法合规运营，强化员工的合法合规意识，开展“懂法，守规”系列主题活动，禁止员工参与非法金融高风险活动，提高员工守法与廉洁自律意识，落实合法合规责任，集中排查与日常检查，发现问题及时整改，全年未发生重大违规事件。

（袁珂舟）

【乡村振兴投资】 2021 年，长沙银行桃江支行抽调 2 名员工在桃花江镇鹅公桥村开展乡村振兴工作，为鹅公桥村投入振兴资金 10 万元。

（袁珂舟）

【第二家二级支行筹备】 9 月 21 日，桃江第二家二级支行筹备会议召开。会议决定了新支行地址、装修入驻及竣工日期。12 月 8 日，新支行装修完工。（袁珂舟）

财产保险桃江支公司

【概况】 2021 年，公司“三湾改编”重组部门，内设经理室、综合部、业务管理部、个险直销团队、综拓营销团队、续保服务团队、车商团队、商团团队、农险团队、社保团队 10 个部队，下辖灰山港、桃花江 2 个营销服务部和 15 个营销服务分部。2021 年有在职人员 52 人，持证营销代理人员 133 人，协保员 215 人。开办的主要险种有机动车辆保险、企业财产保险、责任险、意外险、健康险、货运险、农业保险等 40 多个险种。

经营状况。2021 年，公司完成保费收入 9442 万元，县域市场份额 37.25%。其中车险承保车辆 16417 台，保费 3570 万元；财货险、责信险、意建险等商业非车险保费 1548 万元；农业保险承保 2971 万元；社保保费 1353 万元。缴纳各项税收 531.4 万元。

客户服务。2021 年，公司进一步加强理赔服务，优化理赔流程，加快理赔速度，全年处理赔案 18458 件，支付赔款 8435.33 万元。其中车险赔案 3745 件，赔款 3160.1 万元；商业非车险赔案 1754 件，赔款 465.37 万元；农险赔案 11930 件（已剔除水稻巨灾案件），赔款 3971.74 万元；社保赔案 1029 件，赔款 838.12 万元。（文　玲）

【猪疫受损赔付】 7 月，桃江爆发生猪疫病，公司 24 小时现场查勘，核实受损标的、受损数量，与养殖户沟通，直接赔款 2354.79 万元。

（文　玲）

【防范非法集资宣传】 5 月 13 日，在公司门口设立咨询台，发放防范非法集资宣传资料和洗钱案例宣传彩页，宣传“守信用、担风险、重服务、合规范”的保险理念，咨询人数 150 人。公司电子屏定期滚动播放“防范非法集资”宣传标语。（文　玲）

中华联合保险桃江支公司

【概况】 中华联合财产保险股份有限公司桃江县支公司成立于 2006 年 1 月 5 日。2021 年公司内设经理室、综合科、理赔科、农险科、商险科，下辖灰山港营销服务部。2021 年签约员工 17 人，设立乡镇农业保险办公室 15 个，村级农业保险服务点 231 个；聘请乡镇专干及村级协保员 276 人，农业技术专家 4 人。2021 年公司农业保险承保的品种有水稻、油菜、玉米、茶叶、柑橘、葡萄，为全县农户提供亿万元风险保障。

经营情况。2021 年实现保费收入 5268.75 万元，其中车险保费收入 1107.39 万元、非车险保费收入 941.93 万元、农险保费收入 2624.85 万元、政策健康险保费收入 594.58 万元。上缴各项税收 285.87 万元。

（文　艺）

【理赔服务】 2021 年公司在全县 14 个乡镇承保了水稻完全成本保险 2021 年支付水稻赔款 760.7 万元，通过“一卡通”将赔款支付到受灾农户账上。（文　艺）

【基层服务体系建设】 2021 年公司对全县 15 个乡镇农业保险办公室和 231 个农业保险服务点网点的承保、理赔流程制度和牌匾进行更新。

（文　艺）

【疫情防控】 8 月 13 日至 8 月 14 日公司派出 12 名志愿者协助灰山港镇金沙坪村疫情防控，上门走访 850 余户，排查 2950 余人，上门接送27名应接未接人员接种疫苗。

（文　艺）

【乡村振兴帮扶】2021年，扎实开展驻村帮扶工作，指定专人负责乡镇振兴工作。公司抽调1名正式员工专职驻点在灰山港镇金沙坪村开展乡村振兴工作，投入振兴资金3万元。

（文　艺）

中国人寿保险公司桃江支公司

【概况】中国人寿保险股份有限公司桃江支公司成立于1949年10月20日。2021年，公司下设综合管理部、营销发展部、团体业务销售部、银行保险业务部、客户服务中心、教育培训部、收展部，下辖三堂街、马迹塘、鸬鹚渡、灰山港、石牛江、栗山河、武潭等营销服务部。2021年实现总保费收入1.99亿元，支付各类满期金、生存金、理赔金6969万余元，缴纳各项税金84万余元。

民生保障。2021年，妇女四癌保险服务人数68239人，理赔人数659人，支付理赔金425万元；民政特困人员保险服务人数6100人，理赔人数1136人，支付理赔金85万元；建档立卡贫困户扶贫保险服务人数21000人，理赔人数2100人，支付理赔金129万元；中小学生意外保险服务人数42150人，理赔人数2954人，支付理赔金251万元；大病保险服务人数707568人，理赔人数9005人，支付理赔金4513万元。

防范风险。公司把合规经营放在首位，成立风险防范领导小组，设立了举报箱及举报电话，每月组织全员进行反洗钱、非法集资等风控专题学习，开展防范和打击各类非法集资，反洗钱等违法活动，守住风险防控底线，确保公司稳健经营。（李　丽）

【计生系列保险工作会议】1月15日，桃江县召开2021年计生系列保险工作会议。会议传达全市计生系列保险工作会议精神，解读2021年桃江县计生系列保险工作实施方案，安排部署2021年计生系列保险工作。修山、牛田、武潭3个乡镇的计生协会负责人在会上作典型发言。

（李　丽）

【皮建平到桃江支公司巡察】6月28日，分公司党委委员、副总经理、纪委书记皮建平到桃江开展巡察工作。皮建平提出要求，要坚持实事求是的科学态度；要畅通渠道保障民主权力；要强化责任意识、严肃工作纪律；要处理好巡察检查和正常业务工作的关系。桃江支公司党支部书记习佩婷作表态发言。

（李　丽）

太平洋财产保险股份有限公司

【概况】2021年，太保财险桃江支公司坚持“以人民为中心”的发展理念，提升品牌形象，实现公司业务规模、客户数量和社会效益的稳步增长。

经营概况。2021年，完成保费收入2962万元，同比增长9.09%，市场份额13.5%。完成车险保费1772万元。拥有车险客户近1万名，同比增长28%。受理报案1520笔，赔付总支出2263万余元，案均赔款1.62万元，简单赔付率76.4%，客户整体满意度99.8%。每亿元保费投诉量为零。

业务发展。完成税收金额320万元，纳税金额在全县保险机构中排名第二。完成楠竹保险承保面积35万亩，保费560万元，涉及12个主要的竹产品生产和加工乡镇。楠竹保险赔付405万元。支出赔款2263万余元，为3000余名客户家庭送去理赔款。车损险赔付支出近400万元。（傅　艳）

【监护人责任保险】3月1日，公司开办监护人责任保险，为全县11个乡镇的中小学生提供监护人责任保障，较过去单纯的学平险提供更为全面的学生保障保险服务。

（傅　艳）

【“防非、处非”宣传活动】6月15日，太保财险桃江支公司参加县金融办举办的“防非、处非”宣传活动，为群众讲解非法集资的危害和如何识别非法集资，发放宣传资料100多余份。（傅　艳　文来熹）

【开办防贫保障保险】9月1日，县乡村振兴局与中国太平洋财产保险股份有限公司桃江支公司在马迹塘、大栗港镇、鸬鹚渡镇、浮邱山乡、桃花江镇，为建档立卡的脱贫对象开办防贫保障保险。（傅　艳）

商　贸

商　务

【概况】 县商务局主要承担国内外贸易、国际经济合作、流通产业结构调整、招商引资、电子商务、商贸流通监管、市场经济秩序规范与调整等十六大项职责职能。系统有县百货公司、县肉联厂、县机电设备公司3家未改制企业，已改制企业20家。2021年，全力推进电商示范、招商求效、内贸提质、外贸增速、外经拓展等各项工作。

招商引资。2021年，全县引进省外境内资金97.05亿元，完成全年任务的106.1%，引进域外省内资金4.03亿元，完成全年任务的100.75%；引进外商直接投资108.08万美元；引进亿元以上项目8个，5000万元以上项目10个；新开工项目38个，完成全年任务的126.67%，新投产项目22个，完成全年任务的110%。引进中国光大环境（集团）有限公司投资的益阳市西部片区生活垃圾焚烧发电厂工程项目、中国光大环境（集团）有限公司投资的炉渣综合处理厂建设项目、新兴铸管股份有限公司投资的桃江新兴绿色铸造园建设项目。大力推进产业链招商。重点围绕通信产业、竹产业、建材和装配式建筑产业、新兴机械铸件产业、生态绿色食品产业、清洁能源产业等6条工业新兴优势产业链，对接一批重点项目。开展会节招商。组织参加首届中国国际消费博览会、中非经贸博览会、第四届进博会。全县新签约项目69个，签约资金51.67亿元。

电子商务。完成电商产业园搬迁。完成电商站点升级改造103个，新增招商服务型企业5家，跨境电商企业10家，新增园区入驻电商企业8家。举办“居家嗨购·网上过年”、“元宵喜团圆”、“三八”国际妇女节、“竹乡粽礼”、“决战618”等活动6场，举办电商普及知识培训6场次，开展跨境电商讲座1次，举办数字化智慧经营高峰论坛1场。开展“竹乡臻品”产品创新创业活动21次，新增竹乡臻品目录库产品147种。抖音宣传号、微信公众号、视频号共推送短视频作品100余条。电子商务实现交

▲9月1日，2021年桃江县招商引资重点项目集中签约活动（胡艳琼/摄）

易额 110.46 亿元，同比增长 10.14%。

商贸流通。新增限额以上商贸企业 11 家，大个体 20 家。实现社会消费品零售总额 123.2 亿元，同比增长 15%，全市排名第七；完成立项争资 618.785 万元，完成目标任务的 123.75%；完成固定资产投资 50842 万元，完成目标任务的 101.68%；中国供销·桃江农商城一期项目完成主体建设，部分投入运营。桃江现代商贸物流园第二期项目正在进行土地挂牌出让前期工作。组织国泰农业等 6 家特色农产品生产、销售企业参加 2021 年第六届中国国际食品餐饮博览会，接待顾客 8000 多人，现场成交额 5 万余元，现场签订订单 400 多万元，与惠州、衡阳、广州、长沙、北京、陕西等地 327 家省内外大型餐饮连锁企业和社区电商平台达成合作意向。2021 年外贸“破零倍增”企业 15 家，对接融资平台 1 个。（文署成）

【外贸工作获全省先进称号】 1 月 26 日，湖南省商务厅授予桃江县商务局全省商务工作（外贸）先进单位称号。全省 16 个单位获该奖，益阳市仅桃江获此殊荣，这是桃江县外贸工作首次在全省获奖。（文署成　赵建坤）

【桃江竹制品走俏首届中国国际消费品博览会】 5 月 7—10 日，在海南省海口市举行的首届中国国际消费品博览会上，桃江县春龙竹艺、山坡坡竹艺两家公司生产的竹凉席和竹制快消品、工艺品在展会上受到企业、媒体的关注。参展 4 天，签订订单超 1000 万元。

（赵建坤　文署成）

【桃江签约项目 6 个总投资 17 亿元】 7 月 29 日，2021 年益阳—粤港澳大湾区 5G 应用产业链推介会暨重大项目签约仪式在深圳举办，粤港澳大湾区的企业家代表、商会代表 180 多人出席会议。会上，签约项目 60 个，总投资 263.03 亿元，其中三类 500 强项目 6 个。桃江签约高阶光学镜头生产、金易仓储物流产业等重大项目 6 个，总投资 17 亿元。

（孙　俊　蒋　慧）

【集中签约 14 个招商引资重点项目】 9 月 1 日，桃江县举行 2021 年招商引资重点项目集中签约活动，14 个项目集中签约，签约总金额 17.2 亿元。签约的有宁波钜亿新材料、东莞市金圆迪塑胶电子、深圳市博明英光电科技等 14 家企业，签约项目涵盖通信、装配式建筑、生态绿色食品、文化旅游、现代农业、竹产业等多个领域。（谢佳良　胡艳琼）

【桃江组团参加第六届食餐会】 9 月 10 日至 12 日，第六届中国国际食品餐饮博览会在长沙举行，县商务局组织国泰农业、强龙食品、世莲食品、羊奶源生物科技、豪云电子商务和桃花湖商贸 6 家企业参展。活动期间，接待顾客 8000 多人，现场成交 5 万余元，现场签订订单 400 多万元。

（贺世军　文署成）

【向荣率队到浙江、广东地区招商考察】 9 月 10 日至 12 日，县委书记向荣率队到浙江、广东地区招商考察，县委副书记冷亮，副县长刘小阳，县经开区、县商务局、灰山港镇、大栗港镇的主要负责人参加考察活动。在浙江，考察组实地考察临亚集团有限公司，双方就户外家具如何植入竹元素、发展竹产业，如何开发好水资源、矿产资源进行交流。在广州，考察组考察好莱客创意家居股份有限公司，洽谈莱客计划在桃江投资的年产 30 万立方米无醛竹板材项目。在深圳，考察组考察思摩尔国际控股有限公司，了解公司的发展历程、生产规模、运营情况及投资规划。思摩尔国际控股有限公司表示，桃江的资源优势、区位优势明显，双方可在乡村振兴、全域旅游、竹产业等方面进行交流。

（李京铃　胡　露）

【桃江 4 家企业参加中非经贸博览会】 9 月 26—29 日，第二届中非经贸博览会在长沙国际会议中心主办，湖南省春龙竹艺有限公司、湖南鼎煌制造有限责任公司、益阳市科惠汽配有限公司、桃江县杰鑫乐器有限公司 4 家桃江优质企业参加展会。参展期间，春龙竹艺展出凉席、沙发垫、坐垫、枕套、茶叶枕、糖果枕等各类夏凉家居用品和“碳烧传奇”升级版新款，科惠汽配展出车用压缩机电磁阀、双向活塞，鼎煌制造的伸缩雨棚和四角帐篷等优质产品签订意向订购协议金额近 20 万元。（高　锋　文署成）

【特色网货产销对接活动和电商培训会举行】 12 月 24 日，“竹乡臻品·甄选桃江” 2021 首届桃江特色网货产销对接活动暨县、乡、村三级干部电商培训会在华美达举行。鱼山鱼海食品、世莲食品、知己中蜂、民食竹笋、三亩大叔、桃花江酒业等企业与 6 家采购商现场签订 2200 万元采购意向协议。全县 200 多名县、乡、村干部参加电商专业培训。

（卢　静　杨学文）

供　销

【概况】 县供销合作社联合社（以

下简称县供销社）是县政府直属参公管理的正科级事业单位，负责全县合作经济的指导、协调、监管和服务。2021年，县供销社围绕县委、县政府中心工作，深化供销综合改革，做好垃圾分类减量，全面完成各项工作任务。县供销社获“湖南省基层改革探索100例”称号。

供销社综合改革。制定《供销社综合改革重点工作实施方案》和《供销社“生产、供销、信用三位一体”综合合作试点县工作方案》，申报“供销综合服务体”建设项目，创办国家级示范社灰山港镇佛座坳蔬菜合作社，评定三星级农村综合服务社25家、四星级农村综合服务社1家（三堂街龙铭综合社）、五星级农村综合服务社1家（高桥镇横马塘村综合社）。建立农药集中配送网点3个、化肥网点3个、农副产品网点15个、日用消费品网点15个和再生资源回收利用网点16个。成立桃江新三湘供销农业服务有限公司，改造修山、石牛江两家薄弱基层供销社。开展供销社“三位一体”综合合作和“两个到户”工作试点，建立鸬鹚渡、三堂街、大栗港、石牛江4家为农服务综合体。

为农服务。帮扶驻点村松木塘村，指导村支“两委”组建松木塘村供销社和松木塘村竹笋专业合作社，建设高标准笋用林150亩，指导100多户农户建设300多亩高标准油菜种植基地；利用参股、奖补等方式支持带动养蜂、中药材等专业合作社发展，支持村级发展项目建设；调动社会各界力量，共投资220万元，引进扶贫“832”平台，组建桃江县供销社消费扶贫体验馆实体店，集中展示本地12家扶贫企业30多种扶贫农特产品，通过“线上＋线下”消费扶贫模式，为贫困户和扶贫企业拓展销售渠道。

废弃物资源化利用。2021年新增废旧农膜、地膜及农药化肥包装废弃物回收业务，建成并运营县废旧物资分拣中心。全县回收处理废旧金属、废旧塑料、废旧衣服、废旧家电、废旧玻璃、废旧纸制品和有毒有害农村废弃物24410.6吨，其中低值物2582吨。

社有资产管理。制定《桃江县供销社社有企业管理办法》，规范社属企业行为，加强资产监管，保障职工权益；完善供销社企业内部审计制度和财务管理制度，成立集中会计核算中心；激活资产管理经营中心职能职责，对社有资产进行全面调查摸底，建立社有资产台账，澄清社有资产家底。

安全生产。与下属单位签订安全生产和消防工作责任书，召开4次全系统安全生产工作会议，组织安全生产培训和应急演练。印发宣传材料500多份，张贴宣传标语100多张。下发《桃江县供销社系统“安全生产月”活动方案》，组织开展“119”消防宣传月、安全生产月、安康杯竞赛、安全生产宣传、森林防火宣传等活动。在安全生产专项整治行动中，发现并整改安全隐患28起。　（文庆勋　汤迎重）

【全县供销合作社工作会议】 3月16日，县供销社组织召开2021年全县供销社工作会议。县社党委书记、理事会主任王坚代表县社理事会作题为《推进从严治社　勇于担当作为在服务乡村振兴中开创全县供销新局面》的工作报告。党委副书记、监事会主任卢用主持会议，党委委员、理事会副主任曾建、李望秋分别宣读系统2020年度先进工作集体和先进个人的表彰决定。县政府办副主任邱四兵、县纪委监委驻县交通运输局纪检监察组长莫毅雄出席会议。第六届理事会、监事会全体成员，城关供销社、各社有企业行管人员、资产中心全体干部职工参加会议。　（文庆勋　汤迎重）

【孔庆凯到桃江考察】 4月12日，中国再生资源开发有限公司副总经理孔庆凯一行到桃江浮邱山乡人形山村通过现场踏勘、听取介绍等方式，考察县级废旧物资分拣中心建设地块选址工作。

（文庆勋　汤迎重）

【胡毅君到桃江调研】 4月16日，湖南省供销合作总社科教处副处长胡毅君一行到桃江，就省供销合作社农特产品品牌建设情况到湖南惊石农业科技有限公司、马迹塘镇竹聚缘竹笋专业生产合作社调研，对2家企业充分利用当地资源优势，以市场需求为目标，以品质为核心，注重农产品的精细化生产与管理，推进企业品牌价值提升所做工作给予肯定。

（文庆勋　汤迎重）

【安全生产月宣传】 6月16日，县供销社在大汉假日广场开展供销安全生产月主题咨询日活动，通过悬挂横幅，设置展板和安全宣传咨询台，发放宣传材料等形式，向群众宣传安全法律、法规和安全知识，发放宣传材料200余份，接受群众咨询40人次。　（文庆勋　汤迎重）

【庆祝中国共产党成立100周年大会】 7月1日，县供销社庆祝中国共产党成立100周年大会召开。会上，党委委员、理事会副主任李望秋宣读桃江县供销社2020年度先进基层党组织、优秀共产党员、优秀党务工作者的表彰决定和“光荣在党50年”老党员名单，对3个先进基层党组织、23 名优秀共产党员、3 名优秀党务工作者和 34 名老党员进行颁奖授牌。党委书记、理事会主任王坚上党课。（文庆勋　汤迎重）

【可利用生活垃圾回收处理工作推进会】7 月 27 日，县供销社组织召开全县农村可利用生活垃圾回收处理工作推进会。全县 15 个乡镇人居办主任、分拣中心负责人、资源物质回收有限责任公司全体人员参加会议，县推进办主任刘伟民出席，县供销社党委副书记、监事会主任卢用主持会议。（文庆勋　汤迎重）

【严文凯到桃江调研】10 月 18 日，市供销社党组书记、理事会主任严文凯一行到桃江调研，走访鸬鹚渡镇惠农综合服务中心、石牛江、桃花江镇分拣中心及桃江县废旧物质分拣中心、桃江县消费扶贫体验馆等地。严文凯对桃江的供销合作社综合改革和农村人居环境整治工作表示肯定，并强调要发挥供销社优势，在再生资源回收利用上做出可操作可复制的样板。

（文庆勋　汤迎重）

中石化益阳桃江分公司

【概况】中国石化销售股份有限公司湖南益阳桃江石油分公司（以下简称桃江石油公司）主要负责桃江县公司加油站的规划、建设、运营管理和经营石油及制品、易捷便利店非油品业务。公司有员工 56 人，其中高级技师 1 人、技师 1 人、高级工 5 人、中级工 20 人、初级工 22 人，公司机关设安全数质量、综合办、财务股、非油股 4 个股室，下辖 11 座直营加油站、1 座联营站、1 座他有我营站。

公司业务。2021 年，桃江公司销售成品油 3.02 万吨，占全县成品油消费总量的 50%，完成率 103%。非油基础品类营业额 955 万余元，完成年度任务的 102%。加大对信息管理系统投入，建立 ERP（企业资源计划）、经营平台、液位仪、加油机管控、远程监控等多种信息化平台。

安全环保管理。推进 HSE（安全、安保、环境）责任建设。签订 HSE 责任书 65 份、安全承诺书 65 份。每月组织加油站员工开展 2 次应急预案演练，完成 11 座加油站二代身份证采集器的安装使用。严格把关散装汽油销售，安装 11 座加油站油气回收设备，降低废气排放。疫情防控期间，公司配置口罩 10 万余个、手套 2 万余双、体温枪 20 支、消毒液 300 千克。

质量计量管理。发挥成品油供应主渠道作用，实现运输车辆智能管理和远程电子铅封管理，确保油品运输过程中的质量、数量。全程监控运输车辆定位专车专运，防止汽油、柴油污染。确保运油车的清洁度，站长参与卸油操作，抽取底部油样，检查颜色、气味、水杂等情况，确保不超标。在油品质量计量管理过程中，查记录、查系统、查现场，不定时对加油站进行质量检测，全年无质量安全事故。

服务管理。推广“加油中石化”App，客户只需在线注册并完善企业或个人信息，可查询最新油价、周边网点，体验油卡充值、一键加油和扫码洗车。全年加油站服务顾客 168 万余次，加油卡客户服务占比 35%，使用微信、支付宝、一键加油等客户服务占比 30%。10 月，建成“司机之家”五加仑加油站，为司机提供停车、加油、住宿、餐饮、加水、洗浴服务，加油站为 100 多名司机提供服务。

事业发展。县石油分公司与县政府签署战略合作协议，与桃江城投集团签订合资合作协议，成立合资公司，在空白区域建设新网点，扩销增量。11 月，首座联营加油站投入运营。中石化与桃江城投合资建立城北加油站，加油站总用地面积 3332.79 平方米，总建筑面积 694.91 平方米，集加油、爱心驿站、便利店、洗车、休闲为一体。2021 年城北加油站销售成品油 2000 吨，实现利润 127 万元。（高　娟）

【油品供应保障】2021 年，县石油分公司发挥成品油供应主渠道作用，以 11 座加油站为主，保障全县工农业生产、交通运输和人民群众生产生活用油。在洪涝干旱和雨雪冰冻时期，坚持保民生、保重点、保畅通。（高　娟）

【安全督导检查】2021 年，县石油分公司配合市场监督部门进行成品油质量抽检，质量抽检合格率 100%。全年对 11 座加油站 43 个加油机 71 把油枪检查 44 次。排查出问题 79 项，整改闭环率 100%。

（高　娟）

烟草专卖

【概况】2021 年，县烟草专卖局（分公司）围绕省烟草局党组“三高三进”发展思路和市局“1255”工作思路，全局上下一心，稳步推进各项工作。

卷烟营销。2021年，销售卷烟28776箱，同比增长0.51%；单箱均价3.54万元,同比增长0.19万元/箱，增幅5.69%。销售额10.19亿元，同比增加5981万元，增幅6.23%。省外烟销售8863箱，占销售权重30.8%。实现各项税费4162.53万元，同比增长3.35%。

终端提质建设。开展现代终端体系建设一体化改造。收集客户改造意向与诉求，通过现场答疑、实地查看为客户提供合理改造意见，助推零售终端经营形象和经营意识向现代化营销全方位转变，优化终端发展生态。2021年完成改造939户，覆盖率29.5%。建立非烟商品团购会优质平台，引入修山官厅面、桃江竹制品等助农产品，助力农业品牌建设。2021年，全县召开非烟商品团购宣讲会160余次，实现非烟商品销售收入40万余元，为零售户创造利润8万余元。

打假打私。坚持打假打私，突出重点对象和重点线索摸排打击，完善联合打假打私协作机制，与市监、铁路、交通等部门联合开展打击烟草领域违法犯罪专项行动，与邮政深化联合打击寄递渠道涉烟违法行为协作机制。处理违法违规584次，查办涉烟违法案件171起，查获违法卷烟496.4万支，其中假冒烟39.94万支，同比减少67.46%；查获国产真烟455.844万支，同比增加3.18%；查获走私烟0.616万支，走私烟叶烟丝0.0881吨。

证件管理。按照《益阳市烟草制品零售点合理布局规定》，规范许可证办理，办理零售许可证49户，撤回申请90户，延续86户，变更106户。强化许可证后续监管，全面清理辖区内专销许可证，歇业31户，审批注销19户，收回38户。

监督管理。监督卷烟经营全过程，加强内部规范管理，开展日常检查，每月对自营店、零售户、专卖、营销部门开展检查。共下达专卖、营销整改通知32份，停供限供降档120户次。检查卷烟价格自律小组建设、卷烟陈列、明码标价、悬证经营、客户基本信息和卷烟配送，开展卷烟市场暗访及跟车配送1000户次，全面摸底辖区电子烟生产销售情况，将电子烟实体经营门店6家纳入监管范畴。

宣传服务。在县城城区中小学校设置宣传展板，宣传卷烟、电子烟的危害，向中小学校周边卷烟零售户发放法律法规宣传资料及告知书，增强卷烟零售户守法经营意识。制作“禁止中小学生吸烟”“禁止向未成年人销售卷烟”等标语，张贴在经营场所显著位置，引导卷烟零售户不向未成年人售烟。共发放宣传资料300余份，制作展板5块。

（卢　行）

【县领导调研烟草工作】9月23日，县委副书记、代理县长周登高，县人大常委会党组书记伍令贤，县委常委、县委办主任于新胜，副县长刘小阳调研烟草工作。调研座谈会上，县烟草专卖局主要负责人汇报工作。周登高肯定桃江烟草在服务地方经济发展、服务乡村振兴大局等方面所做的工作，并指出，政府相关部门要高度重视，推动县域烟草专卖执法环境再优化。（卢　行）

【开展反诈宣讲】9月24日，县烟草专卖局联合县反诈中心开展零售客户金融防诈骗知识宣讲。宣讲会上，反诈中心工作人员宣讲常见的诈骗陷阱、基础金融知识、技术反诈知识，结合生动案例讲解，教客户安装使用“国家反诈中心”App。

（卢　行）

教育

综　述

【概况】 县教育局机关内设股室 11 个，下属二级单位 35 个，乡镇中心学校 15 个，县属学校 6 个，民办学校 2 个，局直二级机构 12 个（含教师发展中心 1 个）。全县有中小学校 174 所（个），其中普通高中 5 所、职业高中 2 所（1 所民办）、初中 35 所、九年一贯制学校 9 所、十二年一贯制学校 1 所（桃江玉潭学校，民办）、小学 90 所、教学点 30 个、特殊学校 1 所、教师发展中心 1 个。2021 年秋季在校学生 89485 人，其中义务教育阶段 71301 人，高中阶段 18184 人；幼儿园 162 所，幼儿 21683 人。全县在职教职工 6083 人，离退休人员 4074 人。在职教职工中中小学教师 5499 人（含乡镇幼儿园教师 53 人），职业高中教师 238 人，机关、二级机构（含特校、幼儿园）210 人。

项目建设。石牛江镇芙蓉学校、县教师发展中心及附属九年一贯制学校初中部和幼儿园、桃谷山九年一贯制学校、灰山港镇二中等 4 所学校秋季投入使用，新增学位 8953 个。芙蓉学校项目获省政府后续评估奖励 200 万元。完成改扩建、维修项目 67 个。高桥、曾家坪、白羊坡等 3 所小学完成初步设计。牛田镇彭家村小学、三官桥中学进入招标程序。紫金湾九年一贯制学校建设完成前期工作。

教育信息化。组织参加市中小学教师信息技术语言能力提升培训工程 2.0 专项培训、省教育技术协会举办的人工智能管理员培训，培训 29 人；举办全县人工智能教育编程普及活动教师培训线下培训，培训 270 人。开展全县小学“人工智能小创客”线上编程活动，12948 人参与，4929 人获课程结业证书。投入资金 5489350 元，配备网络多媒体教室设备 326 套，补充部分乡镇学校网络多媒体设备 157 套；桃花江镇桃花江小学自筹资金采购 15 套，桃江四中 25 套，县职业中专 67 套。完成常规电教设备征订采购计划 64.5 万元。组织九年级学生信息技术学业水平考试，8227 名参考，满分率 38%，优良率 53%，平均分 17.5 分。举办第一届微课大赛，参选个人微课作品 421 个，团队作品 10 个，获评个人作品一等奖 138 个、二等奖 152 个、三等奖 131 个。参加市第五届微课大赛个人作品 52 个，团队作品 10 个。完成“基础教育精品课”征集活动，共征集精品课 173 堂，其中县级优课 65 堂、市级优课 42 堂，送省参评 13 堂。

财务管理。自审基建维修项目 108 个，送审金额 950.89 万元，审减金额 61.28 万元，审减率 6.4%。会同审计、财政部门审核基建维修项目共计 37 个，送审金额共计 6813 万元，审减金额 882 万元，审减率 12.9%，获 2021 年度市级先进集体。

督导改革。完成 188 所中小学校幼儿园办学水平督导评估，迎接市对县特殊教育工作专项督导和特殊教育学校办学水平督导评估、县职业中专、扬帆职校办学水平督导评估。开展“双减”工作、安全工作专项督导。

教育扶贫。精准资助建档立卡等家庭经济困难学生，重点关注和帮扶易返贫致贫家庭子女，发放各学段国家资助资金 2791.142 万元，48375人次，其中建档立卡学生26943人次。争取各类社会助学资金408.8万元，奖助师生1071人。完成了1109名大学生贷款，共贷出资金1091.52万元，排名全市第一。完成教育扶贫"一单式"信息系统大数据比对核查，核实71个未匹配学生和6个边缘户。

学校安全管理。全县中小学校基本实现全封闭管理，全部安装一键式报警装置，视频监控接入县局监控平台并联网公安"雪亮工程"。城镇学校、公办幼儿园及规模较大农村学校配备专职保安，实现安防"三项建设"100%要求。落实"安全教育日"，针对性开展安全教育和应急演练。明厨亮灶网络系统覆盖率100%。协同公安部门建设"护学岗"86个。落实传染病防控要求，排查信息2万余条。悬挂疫情防控宣传板报700多块，开展"开学第一课"和疫情防控演练2100多堂、500多次，培训人数2万余人次。实施错峰开学，全县师生新冠肺炎零感染、零病例。开展交通安全应急疏散，2万余人次参与演练、校车安全培训730人次、安全隐患大排查3次。投入资金30余万元，安装防护栏12383米、凸面镜65块、标识标牌115个（组），完成国省干道、县道校车停靠点标识标牌441个，乡道、村道建设校车停靠点标识标牌共765个，建设停靠站点标识标牌469个，完成任务数1206个，为全县400多名照管员办理照管员证，开展校车安全运营专项整治行动80余起，通过监控平台上报违法信息23条，下发线路停运通知单2个，查处违法违规行为56起，打击非法接送学生"黑校车"5起，发放校车安全管理"一条例一办法"宣传单5000多份，安排宣传车在全县范围开展3天宣传活动。

师资队伍建设。召开桃江县师德师风建设推进会，出台《新时代师德师风建设实施方案》，建立师德考核负面清单，开展师德师风建设督查、下发通报3次，在桃江教育公众号开辟师德师风专栏。向省、市报送师德师风亮点工作信息25条。补员315人，其中边远乡镇定向补充教师126人。送培公费师范生187名（高中起点38名、初中起点149名）。以教师工作坊研修为主，推进全员培训，全年培训近5000人次，推荐"湖南好人"1人、师德典型48人，评选"五优"教师200名。加强工会管理，设立工会专门账户，完成工会法人登记和工会法定代表登记。

教育事业发展。公办学位占比50.3%，认定普惠性民办幼儿园72所，学前三年毛入园率92%，普惠比93.8%。中考总平均分、九科合格率全市第三。学考合格率99.4%，全市第二，平均分各学科全市第一。高考特殊本科（一本）上线996人，上线率29.4%，居各区县第一；二本以上上线2022人，上线率达59%，居各区县第二。县职业中专对考升学二本以上上线72人，上线率达28%，居全市第二。开展2021年全县中小学班主任、思政课教师基本功展示交流活动。小学思政课获市级一等奖，省级二等奖，初中组思政课获市级二等奖。开展"从小学党史 永远跟党走"党史国史知识竞赛，获"最佳组织奖"。开展"红心向党少年志"主题实践征文活动，获省级奖4篇。开展"放下手机 爱上阅读"系列读书活动，"学习雷锋好榜样""种下一棵树 守护一片绿"等主题活动，学生参与率达95%以上。举行"红心向党 阅读润成长"阅读节启动仪式暨"书香校园"评选颁奖典礼，评出"阅读教育工作组织奖"5个、"书香校园"5所、"书香传播人"10名、"书香园丁"20名、"优秀阅读课（视频）"18堂、"优秀阅读成长手记"50张。教育部双减监测平台13项指标全部达标。参加"益阳市2021年小学美术教学展示活动"，桃花江镇狮子山小学刘中柱老师获教学比武一等奖。参加省青少年田径运动会，获田径单项第一名1个、第二名3个、第三名3个。参评第42届湖南省青少年科技创新大赛，获省一等奖2个、省二等奖3个、省三等奖7个。桃江县幼儿园被选定为湖南省游戏试点园，沾溪镇中心幼儿园的大型建构游戏"桃花江竹玩"荣获益阳市幼儿园自制玩教具一等奖，并推送参加省赛。

（夏 琛）

【县教育局获评教育部读书活动先进集体】 2021年，县教育局组织参加"新时代好少年·美好生活 劳动创造"主题教育读书活动。8月，经评审，灰山港镇中学刘晶莹的朗诵作品获二等奖，县教育局获评"新时代好少年·美好生活 劳动创造"主题教育读书活动先进集体。

（温 柳 夏 琛）

【完成省对县小康考核的主要任务】 2021年年初，省政府下达任务：桃江县新增公办园学位4551个、学前三年毛入园率85%以上、普惠性幼儿园覆盖率80%以上、公办园在园幼儿占比50%以上。2021年，全县改扩建17所幼儿园，收回2个小区配套园，改制10所民办园，增设16个幼教点，新增公办学位4551个。公办园在园幼儿占比50.62%，全县学前三年毛入园率85.2%，普惠性

▲石牛江镇芙蓉学校（夏 琛/摄）

幼儿园覆盖率 86.65%。完成省对县小康考核的主要任务。（夏 琛）

【石牛江镇芙蓉学校建设】2021 年 7 月，石牛江芙蓉学校竣工验收并交付使用。2020 年 3 月，经省政府批准，石牛江镇中心学校纳入全省乡镇芙蓉学校建设项目计划。7 月启动建设，项目总投资 2500 万元，占地面积 25812 平方米，规划总建筑面积 19382.27 平方米（其中，新建建筑面积 7979.27 平方米，改造建筑面积 9328 平方米）。新建教学楼、综合楼、学生食堂，改造原有综合楼、学生宿舍和教师周转房。学校可容纳 24 个班、1200 人。（夏 琛）

职业教育

【概况】2021 年，县职业中专学校开设旅游服务与管理、信息技术应用和智能制造技术应用三大专业群，其中旅游服务与管理专业群设置酒店服务与管理、导游服务、文秘、英语专业；信息技术应用专业群设置计算机应用、平面设计、淘宝商务、影视后期制作专业；智能制造技术应用专业群设置电子电器应用与维修、机电技术应用、智能主板维修、电子工艺自动化（SMT）、通信设备装配、工业机器人技术应用专业。旅游服务与管理专业是省级示范性特色专业，计算机应用专业是省级特色专业，工业机器人专业是学校重点建设专业。2021 年有“省十百千万名师”3 人、市级学科带头人 13 人，在编教师高级职称教师比率 27.05%，双师型教师比率 24.3% 人，研究生学历教师比例 0.03%，本科学历教师比例 89%。全日制中专毕业生 931 人，一年级注册新生 1629 人，一年级招收新生人数首次超过计划招生人数，居益阳地区同类学校第一名。成人职业技能创业短期培训学员 382 人。上学期在校学生 3162 人，下学期在校学生 3814 人。县财政下发春季学生免学费 379.44 万元，补助 3162 人；一、二年级国家春季助学金 52.8 万元，补助 528 人；下发秋季一、二、三年级学生免学费 457.68 万元，补助 3814 人；一、二年级秋季助学金 56.2 万元，补助 562 人。

教师队伍。学校行政管理处室由 10 个合并为 9 个，教研组由 9 个增加为 10 个，新增思想政治教研组。电子专业教师杨国贤主编、由国家高等教育出版社出版的教材《电子技术基础与技能实训指导》一书（第三版），被列为省“十四五”规划教材，并由省教育厅报送教育部参加首届全国教材建设奖评审。他编写的《农村电工》《电工技能实训》定为中职学校全国通用教材。旅游管理专业教师胡进辉在教师进修培训中表现突出，分别获得湖南省现代物流职业技术学院精品课程建设优秀学员、省级专业教学团队建设研修优秀学员称号，市级中职学校课程建设培训优秀学员称号，被评为市教育局高中教育阶段骨干教师、县优秀共产党员。

升学与就业。县职业中专学校升学与就业两条腿走路，两手都要抓、两手都要硬，升学与就业两个轮子驱动，提升对口升学率与职业教育水平。学校依据新生入学成绩与个人意向，按升学与就业分班级实施专业教学，升学班择优录取成绩较优学生，学习三年参加普通高校招生考试，就业班学生采取订单式培养教学模式，学生在校学习文化专业知识两年半，进企业顶岗实习半年，面向全国大中企业定向输送中专毕业生，服务国家经济建设。选派年级组长、备课组长，从严抓好教师备课及课堂教学，实行每月不定期抽查教师的备课、作业、阅卷，期末优秀备课、作业、阅卷及高考成绩优异者，实行表彰奖励。2021 届中专毕业生 931 人。对口升学（高考）参考人数 252 人，二本以上上线人数 72 人，专科单招入学 290 人。本科上线率 28.6% 人，本科录取 75 人，本科录取率 29.8%，专科上线率95%以上，上线人数、上线率位居益阳市同类学校前茅，比较2020年本科上线总人数有所增加。与香港唐宫饮食集团、广东TCL集团、广东省惠州市海盈电子科技、深圳奋达实业有限公司、深圳芙蓉宾馆、长沙饮食集团长沙玉楼东有限公司等大中型企业签订校企合作协议、学生顶岗实习协议，输送就业班321名学生走上工作岗位，自主择业16人，就业率达94.4%。评为省级优秀学生4人，市级优秀学生13人，市级优秀班集体2个。其中省级“三好学生”2人，省级“优秀学生干部”1人，省级“优秀实习生”1人，省级“先进班集体”1个。

技能与创业。经过学校筛选，省级、市级激烈对抗比赛，县职业中专学生技能竞赛年度获市级以上奖项53个。省赛一等奖2个，职业技能竞赛酒店管理项目一等奖1个，获奖选手为旅游142班赵梓茜、罗慧怡，指导老师为姜国忠、汪明月；机电一体化设备组装与调试项目一等奖1个，获奖选手为机电29班陈文宇、文畅，指导老师为符旭东、昌厚田。省二等奖4个，省三等奖9个。市级职业院校技能竞赛一等奖12个、二等奖14个、三等奖12个，省级技能竞赛一等奖的同学将获免试就读普通专科大学的资格。湖南黄炎培职业教育奖创业规划大赛自5月启动，于9月底结束，经过校赛（市赛）、省赛初赛（网评），省赛决赛，以语文组高级教师李灿明、计算机组高级教师文卫平为首的两个竞赛团队，均以优异成绩夺得省赛优胜奖；市级主体赛一等奖1个，综合模拟专项赛一等奖1个，综合模拟专项赛二等奖2个，学校获得益阳市黄炎培职业教育创业规划大赛优秀组织奖。

专业建设。投入1258.7048万元，新建一体化智慧教学系统教室，改善专用计算机房及综合布线，建立电子专业工业机器人实训室，为计算机专业应用与学习、电子与机电技术专业现代化技术平台建设创造条件。拥有旅游专业省级中职学校教学团队建设项目1个，3个省级中职教育优质精品课题研究项目（旅游管理与计算机应用专业），1个省级职业教育专业教学资源库立项项目（计算机应用），1个种植专业省级教学改革研究项目。二年级学生参加普通话测试1018人，二甲142人、二乙554人、三甲304人，全校普通话合格率为98.23%，创历史最高。

教研教改。2021年，学校以教研组为单位组织团队进行教学改革研究，有2个省级教学改革研究项目（语文与思想政治）。获得省级竞赛中奖团队3个，市级竞赛得奖12个。其中省赛二等奖1个、省三等奖2个、市一等奖4个，4个教学团队评为益阳市优秀教学团队。计算机教研组编写的《中职计算机校本实训教材研发》，获市职业教育教学成果三等奖。龚杨艳、刘艳红、吴汝晴在市中等职业学校班主任业务能力比赛中荣获三等奖。市教育局组织的年度论文评比二等奖3个、三等奖4个，优秀奖1个。青年教师参加县局教学比武，一等奖1人，二等奖1人。

安全与健康教育。学校制订与完善安全管理制度、工作制度预案及新生入学教育专题材料，装订成册并下发至各处室，签订班级、处室、教师、学生安全管理责任状，组织新生学习入学教育专题。严肃班主任日常管理签到考核制度、班级日常管理登记制度。周一进行学生班级“传染病防治”“防溺水”“法制伴我行”“艾滋病防范”“道路交通安全”等法治安全教育，评比班刊6次；组织学生参加县教育局组织的体育与健康、阳光大课间活动，二等奖3个，学校评为先进单位。9月，“新时代好少年·红心向党”主题教育读书活动中，获得一等奖7个、二等奖3个、三等奖6个。获得县委教育工委关于开展庆祝中国共产党成立100周年“奋进百年路 竹乡颂党恩”征文一等奖3个、二等奖6个，学校获得优秀组织奖。

（薛建军　文　莉）

▲ 2021年5月，学生在旅游专业实训大楼排练啦啦操团体操（李灿明／摄）

【中职学生获国家奖学金】 1月4日，县职业中专会议室首次举行中等职业教育国家奖学金表彰会，郭林海、贺备、文福强、昌晴易、徐顺涛5名同学领取教育部、人力资源和社会保障部颁发的国家奖学金和荣誉证书，国家助学金为6000元/人。

（薛建军　文　莉）

【督导评估促发展】 11月3日，省督学、市政协副主席、市政府主任督学李长庚率评估组到县职业中专，开展四年一轮的中职学校办学水平督导评估。评估组以听取学校工作汇报、察看校园环境及生活学习设施设备、听课、查阅档案资料、召开教师座谈会、发放学生问卷调查等方式，对学校的办学思想与办学行为、办学条件、教师队伍建设、学校管理、专业建设与技能培养、办学特色与水平等方面进行量化计分。

（文　莉）

【工业机器人专业验收成功】 2021年县职业中专学校新增设工业机器人专业，经市教育局专家组考核验收，评定为市级中职学校合格专业。投入453.68万元，兴建工业机器人教室，为专业建设提供教学、实训场所。 （文　莉）

桃江一中

【概况】 2021年，桃江一中以教学改革创新为突破口，全面推进教育课程改革，培养学生的创新精神和实践能力，提高教育教学质量，学考合格率居市同类学校第一名，高考本科上线率居益阳市第二名。有教职工304人，其中正高级教师4人，特级教师1人，有硕士学位教师32人，国家级、省级、市级骨干教师47人，县级以上学科带头人15人，高级教师占教师总数的50%。2021年上学期，有高三20个班、学生1224人，高二20个班、学生1144人，高一22个班、学生1213人，共3581人。2021年下学期，有高三22个班、学生1142人，高二22个班、学生1213人，高一23个班、学生1152人，共3507人。2021年完成高中国家助学金及其他社会助学金发放工作。享受助学金1239人次，占学生人数的35.4%，享受金额187万元。县一中获2021年益阳市普通高中教育教学质量综合考评优胜奖、益阳市普通高中教育教学质量综合考评进步奖、益阳市体育工作突出贡献奖，获空军招飞工作先进单位称号。

学考高考成绩。2021年1233人参加学考，1227人合格，正考合格率99.68%。学考一次性合格率99.68%，居市同类学校第一名。2021年高考特本上线率60%，本科上线率90%，600分以上考生107人，650分以上考生13人，均居益阳市第二名。专业特长生美术生高考一本美院录取率50%，全市第一名。音乐、舞蹈专业生专业成绩100%过线。

学生竞赛成绩。2021学年，学校在省级以上教育行政部门组织的学科竞赛及科技活动中，获数理化生学科奥赛省二等奖11个、省三等奖22个。11月，学校获益阳市唯一体育工作突出贡献奖。在湖南省青少年运动会锦标赛中，获1个第一名、3个第二名、3个第三名；在湖南省第四届中学生田径运动会上，获2个第二名、1个第三名。桃江一中获县2021年中小学生艺术比赛优秀组织奖。在益阳市第七届中小学生艺术展演活动中，获中学组戏剧类一等奖、篆刻类一等奖、书法类二等奖。在益阳市2021年中小学生艺术比赛中，获高中组独舞一等奖、独奏二等奖、书法二等奖。参加县中小学生艺术节，获县一等奖7个。

教师队伍建设。学校加强师资队伍建设，做好教师队伍管理与培训工作。成立数理化名师工作室，开办语数外教师工作坊。开展以教研组为单位的校本研训活动，师徒结对5对、上展示课18堂、学习研讨9次。2021年，教师获省一等奖6个，发表论文7篇。2人获教学课件省一等奖，4人获教学设计省一等奖；在五市十校教学比武中4人获一等奖。在全县教学比武和备课调阅大赛中，樊荣、王渭苹获教学比武一等奖，廖淑芬获二等奖，熊筱丞、游剑、廖双花获备课调阅大赛一等奖。83人参加“一师一优课、一课一名师”活动，晒课100堂，获县“活动最佳组织奖单位”称号。教学比武共获县一等奖4个、县二等奖9个，市一等奖7个、市二等奖14个、市三等奖5个，省二等奖1个、省三等奖2个。

教研教改。开展课题研究。市级立项课题，新申报县微型课题13个。在湖南省中小学教师信息技术与学科教学融合创新应用在线集体备课大赛中，李灿历史团队主备的《王安石变法》获省二等奖；杨固安语文团队主备的《短歌行与归园田居比较阅读》获省三等奖。参加“五市十校教研教改共同体”组织的研讨、比武、联考，在五市十校高二教学比武中，詹婷艳、夏毅获一等奖，在全市普通高中九科命题比赛中，政治科、地理科获一等奖。在益阳市第五届微课大赛中，周亮亮、许湘娟获市一等奖。在省、市第二届中小学青年教师教学竞赛中，詹琼获市一等奖、省三等奖，詹琼、王渭萍获“益阳市教学能手”称号。

群团工作。学校凤凰山文学社开展“我爱自然”“学党史、知党恩、跟党走”“爱国爱党爱人民·爱校爱师爱学习”“我和我的祖国”主题活动，开展“护河行动”“大手牵小手，快乐度暑假”志愿服务活动。6月，县教育局授予共青团桃江一中委员会“五四红旗团总支部”称号，臧青老师和夏毅老师获县优秀共青团干部称号。在湖南省第七届“建设伟大祖国，建设美丽家乡”演讲比赛中，桃江一中获省二等奖，臧青老师获湖南省优秀指导老师奖。

（苏　丽）

【学校宣传工作】2021年，学校加强新闻宣传工作，新闻上稿66篇，全年播放政策性电子屏宣传标语110多条，制作各类宣传板报30多块、各类宣传标语40多条、各类标牌200多块。在县、市、省媒体上，宣传学校的办学理念和办学成果。

（陈缀缀　苏　丽）

【辅导培优】2021年，学校制定高三优生培养方案，成立名师团队，进行月考诊断分析，有针对性地辅导培优。邀请专家举办高考考前讲座。4—5月，邀请长郡中学语文老师马继德，英语老师郭天明、长沙市一中龚日晖老师给高三物理、历史的尖子学生上课。学校正高级教师胡芳举和彭巨洪进行数学高考专题讲座。（苏　丽）

【乡村支教】2021年，学校派出8名教师到县二中、县六中支教，孙若斌老师到凤凰县支教，促进乡村教师队伍整体水平和教育教学质量的提高，推动教育均衡发展。

（苏　丽）

教师发展工作

【概况】县教师发展中心前身为桃江师训班（1969—1977年）、桃江师范学校（1978—1980年），1981年更名为桃江县教师进修学校，2016年更名为桃江县教师发展中心。2021年，县教师发展中心贯彻新时代党和国家的教育方针政策，加强教师队伍师德师风教育，分层分类开展研训活动。以教师工作坊研修、新教师培训、校本研修指导为重点，培训教师5923人次。被湖南省中小学教师发展中心授予“网络研修（工作坊研修）工作先进单位”称号。

国培、省培。2021年组织桃江一中的龙云、县幼儿园集团的贾海燕、伍绘齐3人参加国家级示范性项目，组织刘敏、汪华等7人参加国家领航培训，6人参加教育部中国银行“智慧创新未来教育”培训，4人参加新技术背景下的“双师教学”教学组织与实操培训，2人参加骨干校长、党组书记高端研修，1人参加全省帮扶学校校长培训。252人参加国培和省培，755人参加国培工作坊项目，参训率、结业率均为100%。

市培、县培。参加市级培训项目11个，参培197人，参训率和及格率均为100%。组织县级培训13项5474人，其中普通话提高培训、测试151人，培训2020年新招聘教师324人，培训教师工作坊主持人团队95人，培训小学思政课教师110人，培训中学思政课教师45人，培训中小学心理健康教育教师146人，2021年新招聘教师岗前集中培训313人，2021年新招聘教师跟踪培训313人，31个教师工作坊研修培训1555人，基地项目校全员培训1053人，幼儿园教师普通话水平抽测培训、测试124人，中小学教师信息技术应用能力提升工程2.0培训1055人，小学校长任职资格培训60人，校本研修管理者与培训者培训70人。组织全县首届中小学班主任论坛，60人参加论坛活动。

校本研修指导。2021年，教师发展中心组成由校领导丁吉飞、李云高、封学武、文正才、王震宇、刘沭波担任组长的校本研修指导小组6个，校本研修指导小组下乡指导6批次180人次，举办乡镇作校本研修指导讲座18场。

校本研修考评。年终派出3个考评组检查考评15个乡镇和县幼儿园、县特校、玉潭学校等18个单位的师训工作，评出师训工作先进单位5个、先进个人10名。

教师学分登记。完成2021年度5545名教师的培训学分登记任务，纸质档案、电子表册、平台记录数据一致。

教师培训宣传。在省、市、县三级媒体报道教师培训工作35次，文正才老师撰写的《桃江：150名心理健康教师集中接受培训》成为红网、腾讯网、网易新闻、搜狐网的热搜新闻。黎霞等老师撰写的《桃江：教师工作坊整校推进 真正实现校本研修》成为湖南教育影像新闻、华声在线热搜新闻。

教师科研成果。湖南省国培十年（2011—2020年）成果总结评比活动中，全省评出10个“国培十年优秀培训资源”，县教师发展中心文正才的《教学点校本研训如何弱中

谋强》和封学武的《网络研修与校本研修整合培训研究》获评。教师发展中心成为益阳市唯一获奖单位。（文正才）

【全县师训工作会议】 4月14日，桃江县2021年度师训工作会议在县教育局召开，全县15个乡镇中心学校、5所高中学校以及县幼儿园、县特校、玉潭学校的校长、人事校长参加会议。县教育局局长汪小明在会上强调，2021年是人事校长分管师训工作的第一年，人事校长要加强学习，迅速进入角色，落实各项工作任务，各单位一把手要把师训工作提高到“事关全县教育发展大局、事关人民满意教育”的高度，扎实推进师训工作。（文正才）

【新教师岗前培训】 8月24—25日，县教师发展中心在桃江一中组织对2021年新招录的313名教师进行岗前培训。县教育局局长汪小明出席开班仪式并讲话。人事副局长钟建湘作辅导报告。24日下午和25日，新教师分成高中、初中、小学3个组，分别在桃江一中、桃花江镇中心学校初中部、桃花江小学进行培训。（文正才）

【教师工作坊】 桃江作为湖南省2021年教师工作坊整校推进试点县，成立了从幼儿园到高中阶段主要学科的教师工作坊31个，参加工作坊研修学习的学员1555人，卷入基地项目校30所，组织工作坊研修活动186场次，工作坊研修成果和经验在湖南省教师发展中心2021年年会上交流。（文正才）

文体·旅游

综　述

【概况】 2021年，桃江县基本建成以县级公共文化设施为骨干，以乡镇综合文化站、村（社区）综合文化服务中心文化设施为基础，覆盖县、乡、村三级的现代公共文化服务体系。全县建立12个图书馆分馆，10个文化馆分馆，人均拥有文化设施面积1.6平方米，人均接受文化场馆服务次数1.0次，公共文化机构开展活动5.2次/万人。县文化馆获评国家一级馆，桃花江镇综合文化站、马迹塘龙溪村综合服务中心被评为湖南省最美潇湘文化阵地，获益阳市2021年公共文化服务体系建设真抓实干督查激励奖励。

文艺创作。创作微话剧《师长献盐》、花鼓戏《工运先驱张昆弟之——正太风暴》《大美竹乡》、地方特色花鼓戏表演唱《回汉乡民唱乡风》等一批精品作品，原创音乐作品歌曲《我的旗帜》《百年的故事》已被录入“艺心向党·云游湖南”优秀征集作品展示，花鼓小戏《大美竹乡》获评第七届湖南省艺术节“三湘群星奖”优秀作品奖。

文化惠民。开展戏曲进乡村惠民演出、图书服务宣传、电影汇映月、文化科技卫生“三下乡”等系列活动，共送戏下乡60场，送电影下乡3298场次，送图书下乡2000余册次。

文化活动。围绕庆祝中国共产党成立100周年这条主线，制定《桃江县红色文化旅游节系列活动方案》,举办“奋进百年路 竹乡颂党恩”群众合唱大赛、群众广场舞比赛等一系列群众文化活动；举办2021世界读书日暨桃花江第四届全民阅读活动，开展线上有奖阅读答题活动，答题超230万人次。

非遗保护。“桃花江回民武术”入选传统体育、游艺与杂技类省级非遗项目，“羞山官厅面条”“刘氏酒曲”分别入选传统技艺类省级、市级非遗项目。

文物保护。全国重点文物保护单位腰子仑春秋墓群安防工程通过省文物局最终验收，夏思痛烈士墓申报省级文物保护单位成功。对县域内的国家、省、市、县级文物保护单位安装保护标志、说明词及界桩，在全国第十六个文化和自然遗产日开展文物和非遗图片展示和宣传教育活动。

专干队伍建设。开展全县文化专干队伍业务培训，完善“桃花江合唱团”管理制度，开展新团员招募工作，增强文化专业队伍力量，年内全县文艺团队达428支，注册的文化志愿者达2385人。

广播电视播出。制定迎接中国共产党成立100周年全县广播电视和网络视听安全播出保障专项工作方案，落实元旦、春节、“七一”中国共产党建党日等重要时段安全播出工作；指导农村广播“村村响”开展“防溺水”“校车安全”“疫情防控”等主题宣传，被评为2021年全市广播电视行业安全播出保障工作先进集体。

红色文化旅游。启动张昆弟广场暨陈列馆项目建设，推出红色记忆地图，对外发放1.5万余份，举办重走青年毛泽东励志游学之旅红色文旅活动；“张子清故居”被列入中国共产党百年湖南精品红色旅游路线。

核心旅游产品建设。桃花江旅游度假区建成益阳首个冰雪乐园，桃花江竹海景区纳入益阳市旅游专项规划，修山秀美小镇完成镇区改造升级，旅游厕所、停车场、游步道等基础设施已完善；三堂街水岸小镇完成游客中心、旅游标牌、湖湘文化走廊等旅游设施建设；浮邱山景区完成停车场、游客服务中心等旅游设施建设；三堂街镇水岸湿地度假庄园、石牛江镇京湖湾生态农庄建成四星级乡村旅游点；引进魅力罗溪生态旅游开发项目、救十寨明蜀文化园项目，新增固定资产投资1.08亿元。

旅游设施。建成特色民宿20栋以上，喜龙美人谷、云麓木居等文旅特色酒店民宿对外营业，全县100余家酒店、宾馆、民宿共有14516个床位，其中2021年新增2168个。

文旅品牌宣传。发布“山水桃花江 天下美人窝”文旅形象片和11个文旅招商项目，开展“诗画桃花江”创作作品集首发式活动，桃花江竹海景区竹文化博览馆（益阳小郁竹艺）、凤山石砚传习所（舞凤山石砚制作技艺）入选湖南省非遗主题（研学）旅游线路，村倌一号土特产店获评湖南省旅游购物示范点，桃江山水美人系列文创艺术茶旗和擂博士自动擂茶机分别获2021年湖南文化旅游产业博览会商品大赛金奖、铜奖，桃江县登上“2021年全国县域旅游发展潜力百佳县”榜单，排名第59位。

文旅产业收入。2021年1—12月，全县共接待游客1440万人次，同比增长20%；创旅游综合收入120亿元，同比增长19%。获益阳市2021年度旅游总收入及增长率真抓实干督查激励奖励。

群众体育。承办“北斗杯”全国青少年体育大赛北斗智慧定向赛，吸引中小学生以及家庭亲子850余人参加；举办第五届全民健身运动会，全县116个单位、近万人次报名参与；组队参加益阳市大众运动会，乒乓球混合团体赛获第一名，代表益阳市参加湖南省全民健身知识大赛，获全省第二名。

竞技体育。承办2021年湖南省青少年健美操锦标赛，桃江县运动员文晓燕随国家队出征东京残奥会，夺得3枚金牌，破两项世界纪录；组队参加青少年比赛，全年在各类省级比赛中获1枚金牌、7枚银牌、5枚铜牌。

体育技能公益培训。支持桃江县气排球协会开展交流比赛、技能培训；聘请专业老师对青少年进行羽毛球技能健身培训；为中老年人开设广场舞、健身气功等技能培训，共计开展公益培训4次，培训项目3个，培训人数达1200人次。

体育基础设施建设。为全县40个村（社区）配置发放健身器材38套、篮球架13套、乒乓球桌7台，新增健身步道13.6公里；对县体育馆相关设施全面维修升级，提升健身运动环境和服务质量。

专项整治。针对县城范围内文化娱乐场所、酒吧进行集中整治，依法取缔无证照KTV 1家，取缔无证游艺场所1家，引导办证1家；在全县范围内开展涉旅业务巡查，打击2起不合理低价游、无证经营等非法经营旅游业务行为。开展网吧管理，将全县网吧市场分组包干，采取不分时段，突出重点，日常检查与集中整治相结合的办法，打击接纳未成年人上网的违规行为。共开展集中整治行动10次以上，出动执法车辆200多台次，检查经营场所500多家次，出动执法人员2000多人次，查处违规网吧3家，处理举报21起，回复率和满意率100%。

扫黄打非。对全县出版物发行单位摸排造册，重点对书店、书摊、文印室等经营场所定期与不定期督查。共检查经营单位20余家，出动执法人员110余人，查处违规经营单位2家，发放宣传材料400余份，接受群众咨询300余人次。

非法卫星设施整治。开展整治行动7次，出动执法人员130人次，车辆33台次，查处销售非法卫星设施设备商家6家，责令下架非法卫星设施设备8套。（蔡雪纯）

【群众合唱比赛】 6月29日，“奋进百年路 竹乡颂党恩”桃江县庆祝中国共产党成立100周年群众合唱比赛在县影剧院举行。全县24支合唱队伍、2400多名党员干部群众参与演出。县经开区获乡镇合唱队特等奖，桃花江镇、鲊埠回族乡获乡镇合唱队一等奖。县教育局获县直合唱队特等奖，县人民医院、财政银行保险队获县直合唱队一等奖。

（蔡雪纯）

【文旅形象片上线仪式】 2月18日，《山水桃花江 天下美人窝》桃江文旅形象片在县文化馆小剧场举行上线发布仪式。《山水桃花江 天下美人窝》桃江文旅形象片分为3个篇章，第一篇为山和水吟唱，倡导人与自然和谐共生，传递绿水青山就是金山银山的理念。第二篇为人与物共生，通过非物质文化遗产和美食文化的展示，构筑物我交融贯通。第三篇为美和梦同行，凝聚桃江力量，以开放包容的心态迎接未来，共圆桃江梦、中国梦。（蔡雪纯）

【“诗画桃花江”创作作品集首发式】 4月24日，以“奋进百年路 竹乡颂党恩”为主题的桃江县创建国家全域旅游示范区“诗画桃花江”创作作品集首发式暨作品展开幕式在希舜艺术中心举行。“诗画桃花江”作品集刻画桃江山水、书写桃江故事，展现桃江历史文化的底蕴。

（蔡雪纯）

【重走青年毛泽东游学社会调查之路】 4月29日，2021湖南红色文化旅游节重走青年毛泽东游学社会调查之路桃江分会场启动仪式在鸬鹚渡镇张子清村举行，200余人从张子清村村部出发，经张子清烈士纪念馆，到张昆弟广场。

（蔡雪纯）

【全国青少年体育大赛北斗智慧定向赛】 5月9日，第十二届中国卫星导航年会“北斗杯”全国青少年体育大赛北斗智慧定向赛（桃江站）在桃花江竹海旅游度假区举办。活动主旨为普及北斗卫星导航知识，弘扬中国共产党百年红色文化，竞赛形式为短距离趣味定向赛。赛事设高中男子组、高中女子组、亲子组（低年龄）、亲子组（高年龄）4个组别，共有850名中小学生亲子家庭参加。

（蔡雪纯）

【省青少年健美操锦标赛】 12月9—11日，2021年湖南省青少年健美操锦标赛在桃江举办，比赛包括男子单人操、女子单人操、混合双人操等竞技类项目和涵盖全国全民健身操推广套路1～6级、第三套全国大众锻炼标准规定动作1～6级等在内的普及类项目，全省各市（州）中小学校的45支代表队、537名运动员参赛。

（蔡雪纯）

【县第五届全民健身运动会】 4月23日，桃江县第五届全民健身运动会开幕式在县体育馆举行。该届全民健身运动设有篮球、登山、游泳、拔河、社区趣味运动、美丽乡村越野跑等12个运动项目，共近万人参加。

（蔡雪纯）

森林公园管理

【概况】 湖南桃花江国家森林公园总面积3153.05公顷，由桃花江竹海、浮邱山、桃花湖3个景区组成。2021年，管理处以加快森林公园开发建设为重心，扎实工作，取得一定的成绩。

PPP项目建设。桃花江森林公园生态旅游PPP项目定位传承桃江美人文化、竹文化、民俗风情，创建多功能高品质生态旅游目的地，打响“山水美人窝·天下桃花江”品牌，发展成继张家界、凤凰之后的湖南旅游重要一极。2021年，完成SPV公司组建的股东协议和公司章程谈判、银行贷款对接等前期工作。

森林康养产业。以桃花湖景区为载体，成功申报国家级森林康养基地试点单位。编制森林康养专项规划，加大森林康养宣传推介，加强专业人才培训。

公园建设管理。2021年，争取千亩国家战略储备林建设、千亩笋用林基地巩固提升等项目。开展森林公园范围内的乱搭、乱建、乱占、乱种、乱养、乱经营等违法违规建设与经营情况的排查监管。协调规范景区内S324、浮邱寺等其他主体的建设行为。履行公园内建设项目审查等法定职责，实现景区森林旅游资源的有效保护、规划的严格落实、经营的规范推进。

公园资源保护。狠抓营林生产，改善林分，大力开展林相改造，新建和改造储备林、笋用林各1000亩，中幼林抚育近2000亩。森林防火常抓不懈，通过宣传车、标语等形式加强防火宣传，林场发放防火宣传单1000余份，张贴森林防火戒严令500余份。森林防火特护期实行24小时值班制度和领导带班制度，景区、林场范围内没有发生森林火警火灾。安全生产责任明确，成立安全生产领导机构，制定安全

▲5月9日，第十二届中国卫星导航年会“北斗杯”全国青少年体育大赛北斗智慧定向赛（益阳桃江站）暨桃江县首届家庭教育文化节（李成刚／摄）

生产领导岗位责任制，与各二级机构签订安全生产责任状，坚持隐患排查并建立台账，发现问题，限期整改。

公园形象提升。报送资料、图片、视频，组织人员参加2021年自然保护地知识竞赛，公园宣传图片及土特产专栏展出。深入景区周围调研，挖掘人文历史，编写富有深厚人文底蕴的文章，策划开展相关景区推广活动。（周骤辉）

【植树活动】 3月12日，共青团桃江县委、桃花江国家森林公园管理处、桃江县机关事务服务中心、桃花江国有林场联合开展义务植树活动，种下100多棵树苗。（周骤辉）

【刘凌云到桃江调研】 6月17日，市政协党组成员、副主席刘凌云，文教卫体和文史委主任王楚奇一行到桃江，调研康养产业发展情况，县政协党组书记、主席李质彬，副主席黄平陪同调研。调研组听取桃花江国家森林公园管理处的情况汇报，到森林公园康养PPP项目地察看，了解康养产业管理模式、人才引进、政策资金支持等情况。调研组肯定管理处康养产业发展工作取得的成绩。（周骤辉）

【庄立辉到桃花江林场督查】 9月26日，县人民政府党组成员庄立辉一行到桃花江国有林场督查防灭火工作，桃花江国家森林公园管理处党组书记、主任赵立峰一同督查。督查座谈会上，桃花江国有林场负责人就林场基本情况、森林防灭火工作经验以及工作中存在的问题进行汇报。庄立辉对林场的森林防灭火工作表示肯定，并指出，连续的高温天气，导致森林火险等级较高，要高度重视防火灭火工作，要加强防火值班调度，加强野外火源管理，加强森林防火巡护和瞭望监测，加强火险隐患排查，确保无森林火灾发生。（周骤辉）

【防火灭火演练】 11月12日，桃花江国家森林公园管理处组织单位二级机构工作人员举行防火灭火演练。8：40，桃花江国有林场办公室接到辖区龙虎山工区报警电话，称工作人员在例行巡山时发现火情，请立即支援。工作人员启动应急机制，十分钟内召集林场扑火队员整装集中。指挥长命令装载扑火设备的车辆、扑火队员按既定应急预案抵达火险区。扑火队员经过半个小时灭火，控制了火情。整个过程有序、高效，演练达到预期效果。（周骤辉）

▲11月12日，公园管理处举行防灭火演练（赵 勇／摄）

媒体融合

【概况】 2021年，县融媒体中心加快推进媒体深度融合，推进融媒体中心建设，以“创新新闻宣传、促进队伍建设、构建媒体矩阵、加快事业发展”为工作思路，以展示全县经济社会发展成果、反映人民群众心声、弘扬社会正能量为工作目标，媒体融合事业有新的发展。

主题宣传。做活主题报道，做优民生报道，做细巡礼报道，用一系列桃江速度、桃江元素、桃江智慧，讲好桃江故事。播发电视新闻3200多条，新闻信息15000多条，新媒体发稿1800多条，均为历年之最。

对外宣传。累计在央媒上稿192条，省媒上稿680条，市级上稿952条。连续几个月在湖南卫视、益阳电视台等省市主流媒体上稿排名第一。

融媒矩阵。拥有官方发布平台20余个，形成一体策划、一次采集、多元生成、移动优先、全媒覆盖的融媒体传播矩阵，实现传播效果最大化，形成强大主流舆论影响力。

新媒体影响。桃江县人民政府网、桃江新闻网日访问量达10万人次，桃江广播电视台官方微信在全省县级媒体影响力排名中位居前10，全国影响力排名前50强。“掌上桃江”App成为桃江县信息量、点击率最高、最受关注的综合性服务平

▲6月，县融媒体中心记者胡卫红（右）在资水修山段采访桃江蓝天救援队员开展救援训练（钟 锴／摄）

台，传播能力稳居全市前列。抖音号、快手号、百姓号、头条号等平台日流量破20万人次。

专题节目。专题片成为县融媒体中心的一个新的高度和叫好的品牌。制作推出近100个群众喜爱、刷屏热传的融媒体爆款产品。《纪委监委廉政文化宣传——二十四节气系列》被省纪委三湘风纪网、中央纪委监委网站直接约稿。综合网络点击总量超千万人次，超预期的社会反响和网络影响力，为全国廉政文化创新宣传提供有益尝试。

广播电台。桃江人民广播电台立足强大的农村广播宣传平台，突出“农味”，开展农业科技、涉农政策以及与群众息息相关的法律法规和健康知识宣传，在题材筹划、内容选择、节目形式上逐步完善，播发各类音频节目3000余条。

服务群众。通过直播产销对接，让桃江产品进入更广阔的市场，助力企业发展。2021年，共开展融媒直播70余场，观看直播人数达200余万人次，帮助扶贫企业销售产品400余万元。在“掌上桃江”App开设民生新闻、医疗服务、周边服务、社交传播等民生服务，让桃江人的衣食住行服务都能在移动端实现。开办广电星新少儿主持培训学校、广电未来之星艺术学校，培训学员达800余人次。

内部管理。制定新的绩效考核和薪酬分配制度，统一实施“积分制考核体系”，对在编、聘任等所有人员打破身份限制，实现能者上、平者让、庸者下，先后有7名编外人员走上中层管理岗位。

分流安置。桃江网络公司58名事业人员通过“考核＋笔试”模式，根据总分由高到低的名次确定岗位选择的顺序，分别安排15名全额事业编制、16名差额事业编制到融媒体中心，27名全额事业编制到乡镇。该项工作在全省范围内为融媒体改革树立标杆。

事业建设。适应技术“更新”迭代升级，全面推进农村广播“村村响”应急广播建设，购置一批摄像机、照相机、无人机等专用设备，新闻采编制播工作条件得到改善。

队伍建设。通过每月开展“融媒讲堂”，邀请宣传领域专家讲课，有针对性地使每位采编人员适应媒体融合业务要求。同时，打造7个融媒工作室，派单式管理，短视频生产力、影响力明显提升。

产业经营。在稳固主业的基础上，多点开花，打通全媒体资源、打造立体化营销模式，与部门、乡镇、企业等开展战略合作，实现产业经营与媒体改革融合后的衔接，逐步形成与媒体融合形态相适应的产业经营格局，经营效益保持平稳增长。

（钟 锴）

【2021年第三期“融媒讲堂”】 3月20日，县融媒体中心2021年第三期“融媒讲堂”在县党政大楼一楼电视电话会议室开讲，县委宣传部、县委网信办、县融媒体中心全体干部职工和兄弟区县（市）融媒体中心负责人、业务骨干和县内宣传工作者共100多人到场听课。

（李 丹 余 漾）

【县融媒体中心取得互联网新闻信息服务许可证】 4月9日，湖南省县级融媒体中心互联网新闻信息服务许可证颁发仪式举行，会上，全省首批县级融媒体中心互联网新闻信息服务许可证颁发，桃江县融媒体中心作为首批82家县级融媒体中心之一获得该证。（李成刚）

【县融媒体中心与中国铁塔益阳分公司签约】 5月25日，桃江县融媒体中心与中国铁塔益阳分公司举行战略合作签约仪式。签约后，县融媒体中心独家运营桃江境内所有铁塔广告业务。（杨雅靖）

【县首届青少年朗诵大赛决赛】 6月13—14日，由县融媒体中心主办，县教育局协办，桃李天下冠名，桃江县新华书店特约赞助，桃江县广电传媒产业有限公司、桃江县广电星新文化艺术学校承办的红心赞颂新时代——首届“星光奖”桃江青少年朗诵大赛复赛在桃江农商城举行。经过两天的角逐，300余名少儿晋级决赛。

（陈　明）

【桃江广电5G智慧云（APK电视）上线】 6月10日，桃江广电5G智慧云（APK电视）上线仪式在县融媒体中心举行。县委常委、宣传部部长戴文宣布上线，副县长王建国出席。桃江融媒广电5G智慧云（APK电视）覆盖政府端—产业端—便民端等多环节业务承载及运营服务的融媒体平台。设有“桃江融媒”“健康”“教育”“生活”“文旅”“经济”“乡村振兴”七大板块。

（谢佳良　李　丹）

【星新小主播学员通过文化和旅游部考级】 7月7日，“语见未来”广电星新小主播2021主持考级颁奖典礼在县融媒体中心举行，100余名小主持和家长参加典礼。此次主持考级有87人获得文化和旅游部语言艺术考级证书，最小的学员4岁。

（李　丹　杨雅靖）

【7个融媒工作室成立】 4月13日，县融媒体中心7个融媒工作室成立。形成上下贯通和上下联动的融媒传播矩阵共同打造声音、视频和文字等多个精品栏目。（杨雅靖）

图书发行

【概况】 湖南省新华书店有限责任公司桃江县分公司（以下简称县新华书店）是湖南省新华书店集团公司在桃江县的分支机构。公司在职员工32人，临聘员工29人。内设综合管理部、资产财务部、图书业务部、市场拓展部、教材业务部5个部室，下设中心门市部、灰山港门市部、马迹塘门市部、三堂街门市部4家门店和7家校园书店（桃江一中、桃江二中、桃江四中、桃江六中、桃江七中、桃花江镇中心学校、玉潭学校校园书店）。2021年，县新华书店秉承读者至上的经营理念，提高市民文化素质，建设书香城市，取得较好的社会效益和经济效益。

营销模式。2021年，县新华书店注重线上线下融合发展，核心业务向线上运营转移，政策类产品、校园阅读产品向阅达教育归集。阅达教育平台征订8.9万户，阅达教育线上支付率和新华服务平台线上支付转换率95%；数字音像教材快点听注册1.7万人，进入全省先进序列。教育期刊、主题活动用书实现家长及学生在线征订支付。市场类教辅基本实现线上支付，销售额超过900万元。

校园阅读图书市场。2021年，深耕教育服务市场，坚守“售借阅一体、活动拉动”的经营模式，实现校园阅读图书的稳步增长。线上销售四维阅读图书912.07万元。做好“学习新思想，做好接班人”系列主题活动用书发行和校园党史教育主题活动用书的发行。做好中小学生导刊及幼儿画刊的征订发行工作。发行主题活动用书437.45万元，中小学导刊销售645.46万元。

全民阅读阵地。5月12日，中心卖场重新开业，成为桃江的文化地标、市民的网红打卡地。6月10日，省委政法委巡视组组长朱建纲、省公司董事长周亦翔考察桃江公司中心门店并给予肯定。中心门店获全国“2021年度阅读空间新榜样示范基层店”称号。

中心门店图书销售。中心门店在幼儿园、公益组织和学校开展社会实践活动120余场次。“六一”国际儿童节期间，销售图书7.42万元，同比增长203.32%，获全省“六一销售增长奖”。中心门店图书码洋110万元，文化用品20万元、水吧15万元。门店办理各类储值卡场内25.4万元，场外40万元，各项销售218.4万元，同比增长119万元，增长118%。

时政图书发行。按照省、市公司的统一部署，开展“大学习拥抱新时代”读书学习活动，推动党史、新中国史、改革开放史、社会主义发展史宣传教育常态化。发行《论党的宣传思想工作》669册，销售码洋4.35万元；发行《芳华岁月》1200册，销售码洋10.56万元。发行党史学习教育用书27681套，覆盖全县党员人数的72.8%，发行码洋391万元，发行习近平“七一”讲话单行本37800册、《新征程面对面》4200册，发行码洋21.8万元，发行“大学习拥抱新时代”学习用书，发行码洋85万元。发行时政图书903万元。

图书区域负责制。出台《桃江县分公司机关阅读区域负责制方案》，采取“区域经理认领、包干负责到底”办法，14名政企服务经理实行网格化管理，覆盖119个政企单位。公司销售书香卡、VIP卡共140万元，建设党建学习书屋44家。

事业发展。加速网点建设，推进校园书店建设，构筑校园阅读活动平台。5月10日，县玉潭学校校园书店开业。中心门店提质改造升级，为读者提供更舒适多元的阅读体验环境。（李　明）

【朱建刚一行到桃江考察】 5月10日，原省文化厅党组书记、局长朱建刚，省新华书店集团有限公司党委书记、董事长周亦翔到桃江考察桃江新华书店中心门店，朱建刚对桃江新华书店取得的成绩给予肯定，对改造升级后的中心门店给予较高评价，要求桃江新华书店继续强内功，提服务，优品种，更好地服务桃江人民，建设好书香桃江。

（李　明）

【中心门店开业】 4月23日，桃江新华书店中心门店举行开业仪式，县委常委、宣传部部长戴文，副县长王建国、益阳市分公司党委书记、总经理邓京科分别在开业仪式上致辞。中心门店由原来的360平方米升级为980平方米，具有浓郁的竹文化特色的体验式书店，成为桃江新的文化地标。（李　明）

卫生健康

综 述

【概况】2021年，全县卫生健康工作坚持以人民健康为中心，深化医药卫生体制改革，巩固疫情防控成果，履行职能职责，推动工作落实，卫生健康事业实现稳步发展。全县有医疗卫生机构542家，公立医疗卫生单位27个（包括5所县级公立医院、3个公卫机构、15所乡镇卫生院和与局机关混岗的乡镇卫生院财务集中核算中心、避孕药具管理服务中心、健康教育中心、紧急医学救援中心），行政村（社区）卫生室241个，集体所有制医院2家，民营医院3所，个体诊所27家，14家医务室，61个分院分所门诊部。编制床位3731张，实际开放床位4727张；卫生技术人员4444人，其中执业（助理）医师1724人，注册护士1995人。每千常住人口拥有医疗卫生机构床位数6.90张、执业（助理）医师2.52人、注册护士2.91人。

新冠肺炎疫情防控。科学有效防范和应对新冠肺炎疫情，实现“零感染、零新增”目标。精准管控入境抵桃370人次、国内重点地区抵桃7330人次，集中隔离856人次，核酸检测45.91万份。设置新冠疫苗接种单位19个、接种单元92个，分阶段落实18岁以上人群、12～18岁人群、3～11岁人群的全程接种和18岁以上人群加强针接种，接种新冠疫苗137.71万剂次，规范医疗卫生机构发热门诊（诊室）、预检分诊、“三区两通道”建设。设置全员核酸检测采样点279个。调派100名医护人员，驰援市中心城区、张家界开展全员核酸检测。

医药卫生体制改革。县人民医院成为40家省级现代医院管理制度试点医院之一。县人民医院、高桥镇卫生院、三堂街镇中心卫生院、大栗港镇中心卫生院和石牛江镇卫生院开展全面预算管理试点。巩固医联（共）体与同质化提升工程试点成效建设，人民网刊发《益阳市桃江县推进同质化医疗服务，基层医疗能力稳步提升》报道，推介桃江医改经验。公立医院综合改革真抓实干工作获益阳市人民政府表彰奖励。

医疗卫生服务能力。在全系统开展病历书写评比技能竞赛活动，卫生技术人员参加率100%。新增市级临床重点专科6个（县人民医院眼科、急诊科、消化内科、检验科和县妇幼保健院妇科、产科），县人民医院与中南大学湘雅二医院肾病内科组建专科联盟。大栗港镇中心卫生院进入“全国标杆乡镇卫生院300强”。

基本公共卫生服务。有246个村（社区）组建公共卫生委员会。新增居民电子健康档案38929份，在管档案729648份，电子健康档案建档率91.72%，健康档案使用率69.77%，人脸识别识别率68.97%，健康档案查阅率66.02%。组建236个家庭医生签约服务团队，签约居民39.54万人，签约率49.70%，落实5类特殊人群、4类慢病人群、3类重点人群以及部分一般人群的签约服务工作，推进巩固脱贫攻坚成果与健康扶贫的有效衔接。完成桃花江镇、浮邱山乡、鸬鹚渡镇和武潭镇4个乡镇的脑卒中调查；13所乡镇（中心）卫生院启用公卫智慧体检平台；基本公卫项目实行绩点制管理，获湖南省二类地区第三名、益阳市第一名。

中医药事业。完成高桥镇卫生院、沾溪镇卫生院标准化中医馆建设；推广中医优势病种诊疗方案20种、中医适宜技术10项，实现基层中医药全覆盖。推动中医药参与传染病防治，发放预防性中药2000余剂。开展“中医药服务基层惠民行动”“学党史 我为群众办实事——中医药‘五进’(进机关、进学校、进乡村、进社区、进家庭)活动，组织宣讲30余场，受益群众达1910余人次，中医药知识进入寻常百姓家。县中医医院组织编写的《桃江县中药志》，获评2021年“第十届湖南省优秀科普作品三等奖”。县人民医院熊卫红、县中医医院王奋强、大栗港镇中心卫生院肖劲松获评“益阳市名老中医”。

妇幼健康。全县孕产妇建档率91.07%，早孕建册率61.29%，产后访视率97.22%，健康管理率99.85%，高危孕妇筛查率56.09%。全县艾滋病、梅毒和乙肝免费孕期门诊初筛2735人，初筛率99.85%，孕早期检测率84.06%。免费婚检率95.02%、叶酸增补率96.88%。全年剖宫产率40.04%，较2020年(40.98%)略有下降。签发出生证3661份，首次签发率98.35%。新生儿疾病筛查率98.73%、听力筛查率98.38%、访视率99.05%，0～6岁儿童健康管理率97.04%、眼保健视力检查覆盖率97.84%。5岁以下儿童死亡率3.31‰，婴儿死亡率1.36‰，新生儿死亡率0.97‰，均控制在省定指标内。完成适龄妇女“两癌”免费15031人，孕前优生健康检查5007对，产前筛查4407人，均已完成省定重点民生实事目标任务。县人民医院、县妇幼保健院、桃花江中心医院、武潭镇中心卫生院产科门诊规范化建设，通过县、市达标验收。

卫生应急与疾病预防控制。全年调查处置传染病、食源性公共卫生应急事件34起，调查196人，波及6930人。报告传染病2692例，报告发病率为338.41/十万，较上年同期(3396例)下降20.73%，无甲类传染病报告，其中乙类传染病共报告1647例，报告发病率为207.04/十万，较上年同期(1800例)下降8.5%；丙类传染病共报告1045例，报告发病率为131.36/十万，较上年同期(1596例)下降34.52%。新发现并管理肺结核444例、艾滋病52例、梅毒141例、丙肝106例。落实疟疾、碘缺乏、燃煤型氟中毒等慢性病监测。全县适龄儿童国家免疫规划疫苗总接种115162针次，免疫规划疫苗接种率99.87%。全县162所托幼机构、117所小学春秋季入托、入学儿童预防接种证查验15868人，查验率99.83%，补种率96.15%。规范完成89例疑似预防接种异常反应(AEFI)病例的报告、调查、处置和信息平台上报工作，其中新冠病毒疫苗相关66例。抽筛8所学校2454名学生，近视率为57.73%。全年死亡报告5835例，报告率为733.5/10万，死因监测顺位前五依次为心脏病、脑血管病、恶性肿瘤、呼吸系统疾病、损伤及中毒。

精神卫生。新增严重精神障碍患者档案134份，在册管理患者3812人、管理率100%，规范管理3527人、规范管理率92.52%，面访3772人、面访率98.95%，服药3525人、服药率92.47%，规律服药2710人、规律服药率71.09%，体检3219人、体检率84.44%，各项工作指标均达省定要求。癫痫病人入组管理780例，入组率0.98‰，其中服用苯巴比妥治疗393例，丙戊酸钠治疗387例，无失访退组病例，疗效评价在75%以上。落实566名严重精神障碍患者家属“以奖代补”看护补贴，共补贴资金135.84万元。

卫生监督执法。全年立案131起(含2020年立案2021年结案案件10起)，其中无证行医14起、医疗卫生13起、传染病防治19起、学校卫生(饮用水)23起、放射卫生3起、职业卫生20起、公共场所卫生39起，结案125起，共计罚款人民币41.52万元，移送县公安局案件2起。卫生监督检查医疗卫生机构339家、中小学校及公办(民办)幼儿园321所、农村安全饮水工程135家、城镇集中式供水单位7家和农村千吨万人工程13家，出具意见书700余份，指导建立学校、饮用水单位、医疗机构、公共场所、食品安全线索、职业卫生等协管台账，收集协管巡查信息467条。完成国家“双随机”检查任务122户、完成率为100%，查处案件15起、案件率12.3%。

人口监测与老龄健康。新增出生人口5457人，自然增长率-1.06‰，符合政策生育率为96.24%，出生人口性别比114。办理一孩、二孩生育服务证805份、910份。三孩政策执行前，审批再生育证149份。计生审查6000多个单位或个人，190余人未通过审查。补登纠错全员信息3万余条，全员人口覆盖率与准确率均达95%以上。新增奖扶对象795人、特扶对象101人，“两扶”对象退出232人，落实计生特殊对象利益导向资金2030.99万元。为2891名符合条件的独生子女和特扶对象，进行城乡居民基本医疗保险参保缴费。完成3家托育机构备案，年度每千人托位数达4.37。1.9万名适龄老人购买“银龄安康”保险，收缴保费150万元。7家医疗机构通过老年友善医疗机构市级验收，县中医医院获“省级老年友善医疗机构”称号。

职业健康。完成尘肺患者的随访与回顾性调查716人，随访率100%。完成40家企业的工作场所职业病危害因素监测和240人健康体检，企业职业病危害申报率达100%。开展以“共创健康中国，共享职业健康”为主题的第19个《中华人民共和国职业病防治法》宣传周活动。救治救助农民工尘肺病患者43人次，救助金额共计7.98余万元。依法开展职业病防治监管执法，立案2起，结案1起，罚款2万元。督促120家用人单位对工作场所开展职业病危害因素检测和三年内职业病危害现状评价。灰山港镇中心卫生院尘肺病康复站通过省级验收，并投入运行。湖南桃江南方水泥有限公司获得2021年度益阳市“职业健康示范企业”，24人获评2021年度益阳市“职业健康达人”。

健康桃江行动。实施健康桃江行动，印发《健康桃江行动实施方案》《健康桃江15个专项行动》，成立健康桃江行动推进委员会与专家咨询会，如期完成各阶段工作任务。创建省级卫生镇2个（修山镇、石牛江镇），创建省级卫生村41个和市级卫生村29个。开展第33个爱国卫生月活动，发放各类宣传资料30万余份。县城区鼠、蚊密度控制继续保持国家C级标准，蟑、蝇密度控制继续保持国家B级标准。开展“控烟行动”，与县融媒体中心联合制作控烟宣传短视频。推进“无烟机关（单位）”创建，93个机关事业单位成功创建“无烟党政机关”；县城区有18所幼儿园、中小学校和中等职业学校创建“无烟学校”；至年底全县卫健系统医疗卫生单位已全部创建“无烟医院（单位）”。组建健康科普专家库，组织开展健康知识宣传活动5次，接受群众咨询500余人次，发放宣传资料6600余份。

▲ 4月16日，中共桃江县卫生健康工作委员会成立仪式举行（胡浩良／摄）

项目建设。县人民医院南院区和县妇幼保健院整体搬迁项目有序推进，县中医医院完成传染病病区建设项目，启动卫生健康信息化建设项目、县疾控中心公共卫生检验检测能力提升项目和“120”紧急医学救援中心建设。争取省卫生健康委乡镇卫生院修缮项目资金60万元和医疗设备配备11台。

其他工作。办理96名新考聘专业技术人员入编手续，签订农村订单定向本科医学生4人、本土化专科医学生招录培养协议10人。受理政务服务办件1589件，办结率100%。完成无偿献血现场采集4859人份共189.12万毫升。县人民医院开展新技术项目16项，获得实用型专利6项，发明专利1项。

（胡浩良　刘　佩）

【县委卫健工委成立】 4月16日，中共桃江县卫生健康工作委员会成立，县委常委、组织部部长蒋耿，县委常委、宣传部部长戴文共同为县委卫健工委揭牌。蒋耿强调，卫健系统要健全完善党建领导体制，强化党建引领，切实提升医疗卫生单位党建引领水平。（胡浩良　刘　佩）

【夏大率调研组到桃江调研卫生健康工作】 6月10日，市卫生健康委党组书记、主任夏大率调研组到桃江开展“学党史 我为群众办实事”暨卫生健康重点工作调研。调研组到大栗港镇中心卫生院、鸬鹚渡镇卫生院、县中医医院以及县人民医院南院区、县妇保院整体搬迁项目现场实地查看，了解各单位常态化疫情防控、新冠疫苗接种工作、学科建设、项目建设等情况。调研组重点对常态化疫情防控及项目建设提出具体要求。（胡浩良　刘　佩）

【启动全面预算管理试点】 2021年，确定县人民医院、三堂街镇中心卫生院、大栗港镇中心卫生院、高桥镇卫生院和石牛江镇卫生院5家医院为全面预算管理试点单位。通过全面预算管理，规范医院经济运行，提高资金使用和资源利用效率，加强医院内部运营各环节的设计、计划、组织、实施、控制和评价，实现对医院人、财、物、技术等核心资源科学配置和精细管理。

（胡浩良 刘 佩）

【新增6个市级重点专科】12月23日，益阳市卫生健康委员会行文确认，桃江县人民医院眼科、急诊科、消化内科、检验科，桃江县妇幼保健院妇科、产科6个专科为益阳市临床重点专科。（胡浩良 刘 佩）

【多家医院获表彰】2021年度，县人民医院被中国县域卫生评为“学科建设优秀医院”，被健康县域传媒评为“全国县级医院能力建设达标示范医院”；县中医医院获评“湖南省先进基层党组织”。大栗港镇中心卫生院获评“全国标杆乡镇卫生院300强”，院长刘志华获“全国优秀乡镇卫生院院长”称号；县第三人民医院获“华医奖·2021全国最佳百姓放心示范医院”称号，院长陈俊芝获“2021全国优秀医院院长”称号。（刘 佩 王 珺）

新冠肺炎疫情防控

【概况】2021年，全县上下坚持“坚定信心、同舟共济、科学防治、精准施策”疫情防控总要求，实施“外防输入，内防反弹”总策略，落实落细常态化疫情防控各项措施，全县全年实现“零感染、零新增”阶段性目标，人民生命健康得以守护。

组织领导体系。2021年，完善提级指挥、扁平化管理体系，调整县委疫情防控工作领导小组，县委书记和县长任双组长，下设疫情防控指挥部，由县长任总指挥长，常务副县长任常务副总指挥长，其他分管副县长任副总指挥长，指挥部建立12个工作组与7个工作专班，负责各行业和部门的疫情防控工作，建立专用工作体系，实行专班专员集中办公。

风险人员管控。县、乡、村三级联动，强化公卫、公安、社区协调配合的涉疫人员信息排查工作，实行“大数据+网格化”相结合，加强入境人员、中高风险人员、涉疫人员等重点人群的双向排查，分级分类落实重点人员集中隔离、居家隔离、居家健康监测、核酸检测、闭环转运等措施。

风险岗位管理。定期开展进口冷链食品、快递、农贸市场、医疗机构、集中隔离场所、交通站场等重点岗位人员、环境、物品核酸检测，按国家、省、市要求落实检测频次，建立信息管理台账，及时汇总分析人群监测数据，发现、排查可疑症状者，全年核酸检测样品45.91万份。

重点场所管控。全县各公共场所和重点场所均设立健康监测点，落实出入人员戴口罩、测体温、查验健康码、查行程卡、查接种记录等常态化疫情防控措施。各机关、企事业单位和人群聚集性场所、公共场所“健康码”查验和亮码通行率100%。严控聚集性活动，坚持“非必要不举办，谁举办谁负责”原则，严格50人以上聚集性活动方案审批，全年指导举办大型活动120余场。

新冠疫苗接种。1月4日启动重点人群紧急接种，3—10月启动18岁、60岁、12岁、3岁及以上人群全程接种和18岁及以上人群加强针接种。创新开展寻找未接种人员行动、敲门行动和志愿者行动，采取接种单位定点接种、临时接种点流调接种、接种车巡回接种、上门接种等多种方式，推进疫苗接种工作。全县设置接种单位19个、接种单元92个，设置流动接种点85个，配备接种工作人员377人，派出医护人员200余人。完成3岁及以上人群接种137.71万剂次，接种进度79.79%。针对异常反应救治环节，成立疑似异常反应处置专家组和疑似异常反应救治专家组，疑似异常反应调查诊断16人，其中认定（不排除）异常反应3人。

流调溯源。印发《桃江县新冠肺炎疫情联合流行病学调查工作方案》，成立联合流行病学调查工作协调小组，组建由公卫、公安、工信、交通、市监、教育、文旅广体等部门和村（社区）组成的联合流行病学调查机动队，共储备流调溯源471人、消毒处置78人、信息排查2011人。按照“平战结合”要求，明确职责分工与工作流程，做到常态化与战时状态的迅速转换。

全员核酸检测。成立县核酸筛查检测指挥中心，指挥中心设10个工作组，印发《桃江县新冠肺炎疫情防控全员核酸检测实施方案》，完善应急机制与全员核酸检测流程。全县储备采样人员1323人、检测人员72人，设置全员核酸检测采样点279个，配备采样台594个，建设核酸检测实验室6个，有核酸扩增仪11台，日最大检测能力1.32万管；与第三方长沙金域检测试验实验室签订合作协议，24小时最大检测量10万管。确保一旦发生疫情可在24小时内完成全员核酸检测。

医疗救治。确定县人民医院为集中救治定点医院，肿瘤医院院区作为传染病医院建设标准化床位36个，必要时可将肿瘤院区整体搬空，扩增至80个标准床位，集中收治新冠肺炎疑似病例、轻症、中症确诊病例。乡镇（中心）卫生院均预留独立病房，设置发热留观床位，配置院感管理专干。

隔离管控。全县储备集中隔离场所21处，有隔离房间1468间。2021年，启用君御酒店、锦园宾馆、中海城大酒店、县委党校、金座大酒店、武潭镇枫田宾馆、灰山港紫荆宾馆等7处场所作为集中隔离医学观察场所，严格落实规范化管理和在“三区两通道”标准化改造。强化内部管理，加强人员培训，由公安、卫健、乡镇隔离点政府或县文旅广体局管理人员组成工作专班，实行轮岗值班值守，工作人员持证上岗，全员实行闭环管理。

物资保障。在物资保障组（县科工局）开立疫情防控指挥部财政专户，用于疫情专款定向拨付和费用实报实销。全年先轮换后采购防疫物资2批次；并在协议储备物资外为集中隔离点、医疗机构储备1个月防疫物资；储备全员核酸检测所需物资及检测设备、试剂等物资10000人份，其他各类物资按全县68.58万常住人口10%完成储备，做到“宁可备而无用、不可用而无备”。2021年，投入用于疫情防控资金8619.28万元，其中上级财政拨付890.73万元，本级财政安排2231.90万元,各部门垫付资金5496.65万元。

防控实战。为提升新冠肺炎疫情专业技术队伍应急处置实战能力、快速反应能力，全年组织疫情防控各类业务培训70余场，培训3000余人。为增强县、乡、村三级应急处置实战能力，2021年2月9日，桃江县举行2021年农村地区冬春季新冠肺炎疫情防控应急演练。

（王小林）

【县疫情防控领导小组调整】 7月，湖南省发布相关确诊病例后，调整桃江县新冠肺炎疫情防控领导工作小组，由县委书记向荣任第一组长，县委副书记、代理县长周登高任组长，副县长龚胜芳任常务副组长，县委副书记冷亮及其他县委常委、其他副县长任副组长，各乡镇及相关部门单位负责人为成员。领导小组全年高频调统筹调度疫情防控工作。（王小林）

【全县启动应急响应】 7月31日，县疫情防控工作领导小组发布《关于进一步加强全县疫情防控工作的通告》，全面取消各级各单位休假，8月1日调整升级管控措施，安排3名县级领导在乡镇坐镇指挥，乡镇班子人员到村（社区）全面督导。8月2日，发出《关于调整桃江县城疫情防控措施的通告》，暂停各类大型现场会议和群体性活动，全面暂停培训机构、娱乐场所、宗教聚会场所对外开放。8月22日，有序开放室外文旅场所。（王小林）

【80名医护人员驰援核酸检测】 8月5日7时，根据益阳市新冠肺炎疫情防控领导小组办公室安排，桃江县抽调30名医护人员前往益阳支持市中心城区开展全域核酸检测，其中，县人民医院15名、县中医医院10名、县妇幼保健院5名。8月13日22时，紧急抽调50名医护人员驰援张家界开展全员核酸检测采样工作，其中县人民医院25名、县中医医院15名、妇幼保健院5名、脑科医院5名。2批医护人员先后于8月6日、8月23日安全返桃。

（刘　佩　王小林）

【县疫情防控指挥部成立】 12月17日，桃江县新型冠状病毒感染的肺炎疫情防控指挥部成立，县长周登高任总指挥长，县委常委、常务副县长李丰任常务副总指挥长，各副县长任副总指挥长。指挥部共设12个工作组、7个工作专班，由牵头部门负责人担任组长。全县疫情防控工作进入提级指挥和扁平化管理阶段。（王小林）

桃江县人民医院

【概况】 2021年，县人民医院统筹

▲8月14日，桃江县医护人员驰援张家界市桑植县开展全员核酸检测采样（罗　玲/摄）

推进疫情防控、项目建设和医疗业务发展，加快建设现代医院管理体系，推动医院高质量发展，较好发挥县域医疗中心的示范、支撑和引领作用。

疫情防控。严抓院内感染防控，落实分区管理要求，完善预检分诊和发热门诊工作流程，全年接诊发热病人 2052 人次，留观 25 人次，接待黄码人员 346 人次；完成核酸采样并检测 21.47 万余人次，日最高筛查达 3200 人次；抽调 100 余名医护人员配合乡镇疫苗接种工作，接种 2.69 万剂次；支援益阳、张家界市核酸检测 40 人次，采样 3 万余人次。全年无院感事件发生，确保发展大局稳定。

业务指标。2021 年门诊量 48.20 万人次，比 2020 年增长 46.37%，年服务出院病人 4.78 万人次；手术 16956 台次，比 2020 年增长 12.35%，微创手术 4251 台，比 2020 年增长 103.01%，技术难度大、风险高的复杂 III、Ⅳ级手术占手术量 35.00%，微创介入 1525 台，比 2020 年增长 1.33%；CD 型病例（克罗恩病）占出院量的 62.34%，比 2020 年增长 9.77%。全年经济总量基本保持稳定，收入结构逐步改善。

医疗质量。医疗业务大查房 15 次，“三基”知识考核 16 次，应急演练 8 次，学术沙龙 18 次，疑难病例多学科会诊 54 次。组织开展临床技能大比武、质量改善项目、病历书写、教师教学等竞赛活动，修订完善管理制度、岗位职责、操作规程等 100 余件。加强围手术期督查，首台手术准点开台率提高 36.31%。全院入出院诊断符合率 99.30%，术前诊断与病理诊断符合率 98.30%，病历合格率 99.92%。无医疗事故和重大纠纷发生。

人才培养。招聘、安置各类人员 57 名，引进研究生 4 名，培养高级职称人员 17 人（其中正高 3 人），专科护士 4 人，选送 32 人到国内大型三甲医院进修学习，选派管理及业务骨干参加全国、省、市级学术会议 300 余人次。组织线上线下培训 50 次，培训总人次 3000 余人。

学科发展。加强与湘雅医院等省级三甲医院的专科合作，挂牌中南大学湘雅二医院肾脏病中心、桃江血液透析质量控制中心。获批市级重点专科 4 个，启动省级重点专科申报 4 个。承办省卫健委脑卒中同质化院前管理与急救适宜技术推广项目；接受市级危重孕产妇救治中心及危重新生儿救治中心评估工作。启动医防结合能力建设项目和重点学科建设配套设备的购置。全年开展新技术新项目 16 项，学术沙龙 12 次，多学科会诊 25 次。

医院管理。按照三级公立医院绩效考核标准，对标对表持续改进。实施全面预算管理，总收入预算执行率为 96.15%，总支出预算执行率为 91.46%，收支结余达到预算目标。开展清廉医院、清廉医保建设。规范耗材遴选和带量采购工作，每月开展耗材与后勤物资的库存盘点和有效期预警。后勤物资实行磋商降价，同比节约资金约 20 万元，库存引进较前下降 55%；在高值耗材零库存管理基础上，新增价格昂贵普耗零库存扫码管理，医院运营成本降低。

教学科研。2021 年培育见习、实习、规培学生近 417 名，完成长沙医学院理论课时 519 课时，见习课 2313 课时；完成湘潭医卫职院理论课时 564 课时，见习课 1422 课时，实训课 75 课时。助理全科医生授课 33 次 66 课时。6 月获批省卫健委“现场救护第一目击者培训”培训单位，10 人获培训导师资格。获实用型专利 6 项、发明专利 1 项，市自然科学优秀学术成果二等奖 1 个、三等奖 1 个。主（承）办省、市、县各类技术培训、学术交流大会 10 次，培训学员 3000 余人次。

项目建设。南院区项目土建主体、钢结构全部完工，外立面幕墙工程处于扫尾阶段。屋面、室外回填及管网施工大面积展开。正负零以上的内部装饰装修工程基本完工；地下室大面积装修施工，项目装修工程整体进入收边收尾阶段。完成供水、供电、燃气等管网铺设。

同质化提升工程。组织专家小分队下乡 20 次，通过门诊、教学查房、病案讨论等方式，“一对一”带教基层学员 200 余人次，接诊患者 2000 余人次。

服务大局。落实结核病防治深度省级试点工作，接诊患者 1844 人次，免除费用 56701 元。承担政府公益责任，为疫情防控、公务执法、体育比赛等重大社会活动提供救护保障 355 次。“120”免费出车 8816 车次，为群众节省费用 200 万余元。为建档立卡农村贫困户、四类九大疾病、五保户等特殊群体 3850 人次减免费用 250 余万元。无偿献血 11.58 万余毫升，捐款近 20 万元。

品牌美誉。2021 年，县人民医院登艾力彼中国县级医院百强榜单第 97 位，是全省入全国百强的 5 家医院之一；获评“中国县域学科建设优秀医院”“中国县域急诊急救大平台建设示范医院”“全国县级医院能力建设达标示范医院”；获批现代医院管理制度改革省级试点单位，急诊医学教研室获长沙医学院优秀教研室，在省优质护理服务现场评估中获专家组充分肯定；获批益阳市

眼科质量控制中心。中国县域卫生、湖南卫视、湖南经视、县融媒体等各级媒体报道近100次。（邹令纯）

【县人民医院创建省级试点医院】4月1日，湖南省医改办印发《关于开展建立健全现代医院管理制度省级试点的通知》。经各地各单位申报、推荐，省医改办遴选确定中南大学湘雅医院等40家单位，县人民医院名列其中。（邹令纯）

【县人民医院入选全国县级百强】4月17日，艾力彼2021中国医院竞争力大会公布2020年度中国县级医院百强名单，县人民医院综合实力位列97名，全省仅5家医院进入全国百强。（邹令纯）

【省医学会肾脏病学会议在桃江召开】6月26日，湖南省医学会肾脏病学专业委员会议在县人民医院召开。县委常委、宣传部部长戴文主持会议，湖南省卫生健康委党组成员、副主任祝益民，原中南大学湘雅二医院党委书记、湘雅医学院常务副院长、中南大学肾脏病研究所所长刘伏友，省肾脏病学专业委员会全体委员、县卫健局党组书记詹国辉出席会议。会上，县人民医院被确认为“中南大学湘雅二医院肾脏病中心”。（邹令纯）

【驰援张家界全员核酸检测】8月13日晚10点，县卫健局按照全市统一安排部署，抽调50名医护人员驰援张家界开展全员核酸检测采样工作，其中县人民医院25名、县中医院15名、妇幼保健院5名、脑科医院5名。（邹令纯）

【向荣调研南院区建设】9月8日，县委书记向荣到县人民医院调研南院区建设项目。县委常委、县委办主任于新胜，县领导龚胜芳，县卫健局、县自然资源局、县征拆事务中心和县城建投的主要负责人陪同调研。向荣实地查看建设现场，听取项目建设情况介绍，了解项目建设中存在的问题和困难。（邹令纯）

桃江县中医医院

【概况】2021年，县中医医院有在职职工495人，其中高级职称65人，研究生学历7人；设有19个临床专科和5个医技科室，有1个国家级农村特色优势中医重点专科骨伤科，3个省级重点专科、7个市级重点专科。拥有重症监护室（ICU）、介入治疗中心，有1.5T超导型磁共振成像系统、64排螺旋CT等先进医疗设备200余台（件）。

运行指标。2021年，医院医疗收入增长6.19%，全年接待门急诊病人137240人次、同比增长19.03%，出院病人18860人次、同比增长3.43%；完成手术5378台次、同比增长6.98%，其中微创手术813台次、同比下降4.24%；三、四类手术1376台次，同比下降8.08%；介入手术64台，同比增长23.08%。CD型病历2401例；同比增加221.85%。推进医联体建设，与各乡镇卫生院双向转诊1947人次，同比增长975.96%。

疫情防控。成立疫情防控工作领导小组，科学防治、精准施策，抓实各项工作。在辖区内开展群众新冠疫苗接种工作，累计接种29400人次，做好党校外来人员隔离点集中医学观察工作，先后派出25名医务人员支援益阳市、张家界桑植县全民核酸采样。核酸采样点完成核酸采样46489人次，基因扩增实验室（核酸检测室）累计完成103313人次的核酸检测。扎实做好预检分诊、核酸检测、常规消毒、病房防控管理等工作。传染病病区项目已建设完工。

医疗服务能力。完成康复科、血透中心提质改造及中医经典病房建设，开设中医护理特色门诊，推进卒中中心建设，启动中医外科、中医肿瘤科市级重点学科的申报。成立“现场救护—第一目击者行动”基地、医师定期考核委员会。落实

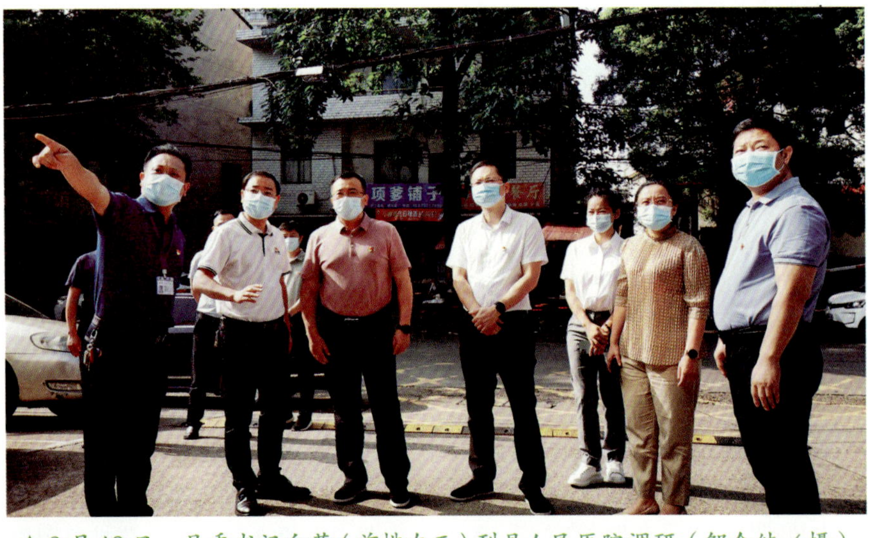

▲8月19日，县委书记向荣（前排左三）到县人民医院调研（邹令纯／摄）

基层医疗机构同质化工程有关任务和要求，完成灰山港镇中心卫生院、石牛江镇卫生院的教学查房、专家门诊、疑难病例讨论、现场授课等业务指导工作。8月26日，医保新平台顺利上线并开展医保报账业务。

医疗质量管理。邀请湘雅医院、省人民医院、益阳市中心医院专家到医院授课、查房和手术254人次。选派3名骨干医师到上级医院进修深造。开展输尿管软镜钬激光碎石术、电子呼吸内镜、腹腔镜下腹股沟疝修补术等新技术新项目4项。开展全院性大查房12次，每月开展医疗质量讲评、护理质量安全分析1次。护理部修订病房管理、基础护理、护理安全等质量评价标准10余项。无医疗事故和重大纠纷发生。

教学科研。全年培育见习、实习学生45名，选派管理及业务骨干参加省、市级学术会议85人次，组织院内培训13次，培养专科护士4人。作为益阳医专临床教学单位，完成2019级康复治疗技术专业4班1年教学任务。有序推进医院6个学术团队管理工作。向湖南省中医药管理局递交4份科研课题申报书。

中医药工作。坚持中西医结合，中西药并用，医院免费向医务人员及就诊患者提供调制预防汤剂，为市民及县城各隔离点提供预防汤剂2000余剂，助力复工复产。选派中医专家对外医疗援助工作154人次。成立中医药服务“基层惠民”领导小组、省市级名中医团队，开展“适宜技术进基层”培优行动。组织全县15个乡镇卫生院及68个行政村乡村医生，开展10项中医药适宜技术、20个基层常见中医优势病种诊疗方案的集中培训与定点指导，受益达200余人次。做好湖南省第三批基层老中医药专家学术经验继承工作。以开展中医特色临床治疗为主，培养高层次中医药人才和新一代名中医，提升中医药服务能力。与湖南福源生态农业综合开发有限公司签订中药材种植合作框架协议，合作开发黄精种植基地1000亩。通过采取中医药知识与技能培训、中医健康讲座、参加省市级科普比赛等活动，利用广播电视官网、健康墙报、健康宣传手册等媒介和形式，开展中医药文化科普及宣传活动。编写的《桃江县中药志》被评为2021年“第十届湖南省优秀科普作品三等奖”。申报的中医药文化科普宣传教育基地建设项目，已入省发改项目库。

项目建设。落实医疗服务能力提升、中医院经典病房特色建设、中医文化建设、中药代煎中心、第三批基层师承项目、基层中医药服务能力建设项目6个，争取项目资金313万元。医院按照三级中医医院信息化建设标准进行信息化系统改造，新建机房已投入使用。

（谢建红）

【县中医医院获“湖南省先进基层党组织”称号】 6月30日，湖南省“两优一先”表彰大会在长沙召开。桃江县中医医院党委获2020年“湖南省先进基层党组织”称号，医院党委书记何强出席表彰大会。

（廖艳萍　谢建红）

【县中医医院获“益阳市巾帼建功先进集体”称号】 7月5日，县中医医院被益阳市妇女联合会评为“益阳市巾帼建功先进集体”，是桃江县唯一获此荣誉的单位。

（廖艳萍　谢建红）

【王奋强获“益阳市名中医”称号】 7月8日，益阳市中医药大会上，县中医医院骨伤科主任王奋强被授予“益阳市名中医”称号。

（廖艳萍　谢建红）

【104岁老人接受县中医医院手术】 11月13日，县中医医院骨伤科、麻醉科、手术室、心内科顺利完成一例骨折闭合复位PFNA（新型股骨近端髓内钉）内固定手术。病人已达104岁高龄，创县中医医院手术患者年龄最高纪录。

（廖艳萍　谢建红　汤倩芳）

【开发黄精种植基地1000亩】 6月

▲8月14日，县中医医院15名护士支援张家界核酸采样工作留影（卜　兵／摄）

8日，县中医医院与湖南福源生态农业综合开发有限公司签订中药材种植合作框架协议，在桃江县鸬鹚渡镇花桥村露尖山，开发黄精种植基地1000亩。（廖艳萍 谢建红）

【驰援张家界核酸采样】8月13日23时40分，县中医医院15名护士到张家界支援核酸检测采样工作。这是县中医医院医务人员第二次支援其他市县疫情防控工作。

（廖艳萍 谢建红）

卫生健康综合监督

【概况】2021年，县卫生健康综合监督执法局（以下简称县卫健执法局）履行卫生监督执法职责，获2021年度全县卫健系统绩效考核一类单位（优秀）、2021年度全市卫计综合监督执法工作优秀单位、全县"七五"普法先进工作单位。全年无卫生监督执法投诉举报，无行政复议撤销和行政诉讼败诉案。

新冠肺炎疫情防控。全年检查医疗机构的预检分诊点和发热门诊339家，下发卫生监督意见书339份，发出卫生监督通报4期，责令停业整顿12家。检查公共场所536户次，暂停营业公共场所217家。疫情防控期间对18家城镇集中式供水单位监督检查1次；对1家餐具饮具集中消毒服务单位监督检查1次。对县委党校、中海城等6个定点隔离单位和有暴露史集中管理单位进行卫生监督。制作卫生监督意见书12份，提出整改意见累计25条。与县委县政府督查室联合开展疫情防控常态化督查。

医疗执业。开展桃江县新冠疫苗接种点、医疗机构"两废"处置、打击非法医疗美容服务、非法应用人类辅助生殖技术、打击非法行医专项整治等工作共检查医疗机构511家，出动卫生监督执法人员175人次。

学校传染病与饮用水卫生。制定《学校卫生监督工作方案》，监督检查全县321所中小学校及公办（民办）幼儿园传染病防治和饮用水2次。春季检查县疾病预防控制中心对其中244所使用自备水、农村安全饮水工程及乡镇集中式供水的中小学校及公办（民办）幼儿园进行现场抽样（1个样/校），采集水样244个，检测项目28项，所检项目指标全部合格的（样品）有237个，合格率97.1%。秋季共采集水样232，检测项目为微生物4项，所检项目指标全部合格的（样品）有201个，合格率86.6%。对监督检查7家城镇集中式供水单位和13家农村千吨万人工程4次；出具卫生监督意见书80份。监督检查全县135家农村安全饮水工程2次，出具卫生监督意见书270份。约谈28家饮用水抽检不合格的学校和幼儿园负责人，发出通报2期。

公共场所创建。建立438户公共场所档案，开展住宿场所和游泳场所、二次供水和集中空调系统专项检查，监督检查2000多户次，对检查中发现的问题提出整改意见，对120个承诺制办证公共场所开展事中事后监督，完善许可资料。

职业卫生。建立142家厂矿企业档案，开展《中华人民共和国职业病防治法》宣传周活动，发出整改意见书284份，约谈违法违规企业37家。64家单位组织工人进行职业健康体检，体检率45%；111家企业进行作业场所有毒有害因素检测，占78%。对全县28个医疗放射机构进行专项检查。

卫生监督协管服务。制定桃江县2021年卫生监督协管工作计划和方案；组织全县卫生监督协管员举办培训班2期，培训90多人次；开展了协管工作督查4次，指导卫生监督协管员建立学校、饮用水单位、医疗机构、公共场所、食品安全线索、职业卫生等协管台账，共收集协管巡查信息467条。

信息报告与宣传工作。按要求对省信息系统进行日常监督数据录入和档卡维护。全年上报卫健执法工作情况报表52次、疫情周报表9次。完成122家双随机抽检任务的录入。完成1323户次日常监督和118起案件查处信息的录入。按月报告许可信息和处罚信息。充分宣传正能量。在省、市、县发布卫生健康监督执法新闻稿件38篇，单位无负面舆情。办理的《某健康服务中心未取得医疗机构执业许可证开展诊疗活动案》获全市优秀案卷二等奖；办理的《蒋某未取得医疗机构执业许可证开展诊疗活动案》获全市优秀案卷三等奖。

（高宇香）

【刘晓雄到桃江指导工作】1月27日，湖南省卫生计生综合监督局二级调研员刘晓雄一行到桃江督导疫情防控工作。益阳市卫生计生综合监督执法局、县卫健局、县卫生健康综合监督执法局相关负责人陪同。督导组一行实地督查桃江绿十字血浆站、县人民医院、桃花村大酒店、桃江县鑫康消毒餐具服务中心的疫情防控工作。刘晓雄对桃江卫生健康综合监督执法工作及疫情常态化卫生监督给予肯定，强调要进一步督促重点单位落实疫情防控各项措施，加强行程卡、健康码的查验，

维护好广大人民群众身体健康和生命安全。（高宇香）

【卫生监督协管培训】3月25日，县卫生健康综合监督执法局举办卫生监督协管员培训班。各乡镇卫生监督协管员和部分卫生监督员50余人参加培训。会上，县卫生健康综合监督执法局组织学习《桃江县2021年卫生监督协管工作方案》，通报各乡镇2020年卫生监督协管服务工作开展情况。（高宇香）

疾病预防控制

【概况】2021年，县疾病预防控制中心（以下简称县疾控中心）以新冠肺炎疫情防控为重点，统筹做好疾病预防控制工作，完成年度各项目标任务。

新冠肺炎疫情防控。2021年，追踪入境、高中风险和疫情重点地区到桃江人员，指导乡镇、社区、隔离点进行规范管理。规范核酸采集和检测，采集和检测次密接者、集中隔离点、公安监管等特定人群样品；检测冷链食品、环境及相关人员样品。检测结果全部阴性。加强重点场所指导。对党校等集中隔离场所指导24次；对全县中小学和托幼机构指导检查2次；对6个高考、学考和中考考点及23处食宿点驻守指导；对两会会场、酒店、交通工具驻守指导。规范、快速处置县外疾控协管公函及涉疫推送；调查管理密接者、次密接者、其他重点人群、桃江籍在外地，并完成密接者流调报告；接待、接听健康码黄码解码咨询，完成健康码解码及流调工作；调查处置桃江县5起疫苗株核酸外溢事件和1起重点地区返桃发热病人事件；选派3名青年技术骨干支援赫山、高新区流调和数据统计。采购疫苗，及时配送，全程冷链。全年采购疫苗1348561剂，指导完成接种1301244剂。

重点传染病防控。2021年报告甲、乙、丙类传染病2692例，报告发病率为338.41/十万，较上年同期（3396例）下降20.73%，无甲类传染病报告。及时、规范处置传染病预警信息131起。调查处置卫生应急事件34起。

结核病防控。新发现并指导管理活动性肺结核病人423例。追踪疑似和中断服药患者294名。秋季入学新生肺结核检测32372人，发现PPD强阳性者405人，活动性肺结核5人。规范处置学校结核病疫情16起。在8个乡镇、村进行肺结核防控宣传。

艾滋病防控。新发现并管理艾滋病感染者及病人52例（累计发现536例，存活398例）、梅毒141例、丙肝106例。指导对176142人进行HIV抗体筛查（确证阳性27人）。在5所学校开展艾滋病防控宣传。

预防接种工作。指导乡镇完善数字化和规范化接种门诊建设，推进全县预防接种信息化建设；开展春秋两季入学入托儿童预防接种证查验，严格接种率调查，完成冷链运转12次，下发国家免疫规划疫苗10.63万针次，报告接种国家免疫规划疫苗10.86万针次；调查处置疑似预防接种异常反应23例（不含新冠疫苗接种）。

公共卫生服务。加强糖尿病、高血压等慢性病预防指导，提质提量老年人健康和居民健康档案管理；组织乡镇集中培训6次，制订可行的督导、考核细则，完成季度、半年度、年度督导和考核，落实公共卫生绩效考核和奖罚并重等工作要求。公共卫生服务实现指导更专业、培训更到位、督导更合理、考核更公平。

民生实事服务项目。免费开展预防性健康体检26021人，职业健康体检2627人。采集并检测浓氮水、托幼机构、学校等各类水质样品994个。完成15家医疗机构、448家公共场所的卫生学监测，采集检测样品1515个。

项目建设。完成院内16户住户拆迁和旧宿舍楼拆除，完成发改立项、可研批复、招投标批复、初步设计评审、概算审批、收回红线图、地籍土地核准、招投标等前期工作。（邹波涌）

【县疾控中心被评为省先进单位】2021年，县疾控中心对全县232所学校及托幼机构开展春秋两季传染病防控指导和生活饮用水监测；完成近视调查与近视率核定工作。获“全省学生常见病和健康影响因素监测与干预工作先进单位”。（邹波涌）

【县疾控中心被评为市先进单位】2021年，县疾控中心开展重点职业病监测项目工作，对750人职业性尘肺病人进行回顾性流行病学调查，对45家企业开展职业病危害因素现场监测；报告食源性疾病1292例，调查处置食源性疾病事件5起。在7月全市总结表彰会上，桃江县疾控中心获市先进单位。（邹波涌）

【健康宣教】2021年，县疾控中心开展健康宣教进村庄、进社区、进校园、进养老院活动。组织开展“减盐行动”、世界肝炎日、世界结核病日、中国学生营养日、全国爱眼日

▲ 3 月 24 日，县疾控中心在县职业中专开展世界防治结核病日宣传活动（刘国辉／摄）

等主题宣传 12 次，健康咨询 9 次，健康讲座 12 期，省市县主流媒体上稿 19 篇，获“2021 年度全省疾控系统新闻宣传和健康教育宣传先进单位”称号。（邹波涌）

妇幼保健

【概况】2021 年，县妇幼保健院（以下简称妇保院）以提高人民健康水平为目标，团结带领全院干部职工和全县广大妇幼健康工作者，恪尽职守、扎实工作，在疫情防控、医疗业务、公卫服务、项目建设、法治建设等各领域取得成效。

医院运行指标。2021 年接诊门急诊病人 76047 人次（其中体检人次 11176 人），比 2020 年增加 13228 人次；新冠疫苗接种人次 56141 人次、儿童接种人次 20665 人次；出院病人 4890 人次；手术总例数为 929 例；医院在院分娩人数为 1037 人，住院病人抗菌药物使用率 49.2%（其中妇科 49%、产科 49%、儿科 59%）。净资产比 2020 年增加 2494.64 万元（包括专项债券和中央预算内项目资金 2480.25 万元）；医疗收入结构：医占比 43.43%，药占比 16.25%，材料占比 5.68%，均符合医改政策要求。

妇幼健康服务。辖区孕产妇死亡率为零，婴儿死亡率为 1.36‰，均控制在目标范围；产科门诊规范化建设工作通过县、市验收；开展助产机构剖宫产率控制工作，剖宫产率 40.04%，同比下降 0.94%；孕产妇建档率 91.07%，产后访视率 97.22%，健康管理率 99.85%，高危孕妇筛查率 56.09%，高危妊娠管理率 100%；完成“两癌”免费筛查 15031 名，完成任务数的 100.21%；艾滋病、梅毒和乙肝免费孕期门诊初筛 2735 人，初筛率 99.85%；5 岁以下儿童死亡率 3.31‰，婴儿死亡率 1.36‰，新生儿死亡率 1.36‰，均未超过省级控制指标；免费婚检率 95.02%；免费孕前优生健康检查率 100.14%；免费叶酸增补率 96.88%；免费开展产前筛查率 100.16%；新生儿疾病筛查率 98.73%；新生儿听力筛查率 98.38%。

新院区建设。2021 年度完成项目总投资 1.5 亿元，其中妇幼健康服务综合大楼基本完工。完成投资 1.4 亿元。债券资金 7500 万元和中央预算内项目资金 1200 万元，省级配套 290 万元均已到位。资产处置资金 4600 万已到位 3000 万元。新增债券资金 3000 万元，其中有 2000 万元已到县财政。儿童医院门急诊楼建设已完成负一层底板浇筑，完成投资约 1000 万元。

队伍建设。完成妇幼健康服务工作培训 9 次；招考聘专业技术人员 6 名；从乡镇卫生院借调专业技术人员 8 名；招聘临聘人员 34 人；选送 6 名技术骨干进修，参加院外培训 12 次；院内理论培训 24 次，操作培训 4 次，业务考试每季度举行一次。

学科建设。新增妇科、产科两个市级重点专科，12 月 10 日，益阳市卫生健康委员会评审组专家按照评审标准，通过现场评审与查阅文件资料的形式，从专科规模、疫情防控、科室管理、临床医学教育与科研能力、学科队伍、医疗服务能力与水平、医疗质量安全管理与持续改进技术水平、护理队伍建设等多方面对桃江县妇幼保健院进行全方位考核检查。12 月 23 日，经益阳市卫生健康委员会行文，确认桃江县妇幼保健院妇科、产科两个专科为益阳市临床重点专科。

医疗质量管理。落实医疗核心制度，增强质量意识，实施医疗质量的动态管理，加强对医疗环节的全程监控。重点加强病历质量管理，全年共检查在架病历 20 次，计 240 份，终末病历 3000 余份；加强业务学习，强化专业培训与技术考核；全年外送进修培训 23 人次，参加省市级短期培训 48 人次，全年医院组织业务专题讲座12场次、技能操作培训2次，组织全院全员人员进行心肺复苏操作培训与考核；参加益阳市母婴安全急救技能竞赛中获得团体三等奖，产科刘萍、胡威分别获护理个人一、二等奖。儿科主任高小芸参加市级病历竞赛获优胜奖，全县“三基”（基础理论、基础知识、基本技能）竞赛获喜人成绩。

疫情防控。统筹做好新冠肺炎疫情防控与正常医疗服务工作，建立常态化管理和应急管理动态衔接的管理机制。抓严各类人员出入院管理；严格核酸检测，规范探视和陪护管理；抓好全员培训，及时更新防控方案并做好演练；抓实预检分诊闭环管理；抓细院感防控，落实个人防护，加强诊疗环境消毒；守好疫情防控底线，确保疫苗安全接种，疫苗接种工作稳妥有序。

（丁科系）

▲5月11日晚，县妇幼保健院庆祝建党100周年暨5.12护士节文艺会演，党组书记詹国辉（二排左六）、局长李静（二排左七）观看会演（丁科系/摄）

【糖尿病一日门诊开诊】 3月27日，县妇幼保健院糖尿病一日门诊开诊，对产检的孕妈实施全程微信群管理，为孕妈提供群内咨询、解惑、预约、结果查询等个性化服务，对妊娠糖尿病孕妈进行规范化管理，开展健康教育讲座，给孕妇医学营养饮食控制及运动指导。（李　雨）

【“5·12”护士节文艺会演】 5月12日晚，县妇幼保健院在医院七楼大会议室举办庆祝中国共产党成立100周年暨“5·12”护士节文艺会演。（丁科系）

【驰援张家界核酸检测】 8月13日，县妇幼保健院根据市卫健委安排部署，选派5名队员驰援张家界，14日凌晨，队员们从桃江出发，抵达张家界桑植县后，开始全民核酸检测工作。（丁科系）

【省儿童医院专家到桃江调研】 9月14日，省儿童医院专家一行5人到县妇幼保健院调研医联体工作，就医疗服务体系、分级诊疗模式、儿科医疗服务能力、儿童保健服务能力等方面同县妇幼保健院进行交流探讨。

（丁科系）

社会生活

民　政

【概况】 2021年，桃江县民政局落实县委县政府和上级主管部门决策部署，树立“民政为民，民政爱民”的工作理念，提高全县民政服务能力和水平，强化特殊困难群体基本生活保障，加强和改善群众关切的基本社会服务，提升基层社会治理水平，推动民政事业转型升级发展，民政事业有新的发展。

疫情防控。按照压实疫情防控责任要求，成立3个督导检查组，对全县所有养老机构、救助站、殡仪馆等重点单位的疫情防控措施落实情况进行不定期查访，督促加强重点单位和重点人员疫情防控管理。全县封闭管理27家养老机构、1个救助站、58个留守儿童之家，暂停居家养老服务中心养老服务活动，各养老机构及县救助站设置观察隔离区，殡仪馆、婚登中心等服务机构对外开放实施严密防控，确保民政服务机构的平安运行。

社会救助。完成重点民生实事项目，完成城乡低保、特困人员提标工作。农村低保一类提标到360元/月，二类225元/月，三类205元/月；城市低保一类提标到400元/月，二类380元/月，三类360元/月；农村特困提标到5616元/年，城市特困提标到676元/月。发放农村低保资金4147万元、城市低保资金2682万元、分散特困供养人员资金3055万元、集中供养人员资金608万元、精简退职人员补贴资金37.6万元。为分散供养特困老人购买护理保险，发放护理补贴。做好禁捕退捕上岸渔民生活救助工作。开展低保专项治理行动，清退不符合低保条件人员130人。加强低收入家庭经济状况认定核对工作。对所有低保、特困对象进行比对、发现疑似信息6764条，入户进行核实，重新认定把关，做到社会救助“凡进必核”。建立社会救助兜底保障对象档案，实行信息化管理。

养老服务体系建设。启动桃花江养老公寓和城企联动桃江县玉溪康养中心项目建设，完成重点民生实事项目鸬鹚渡镇中心敬老院建设任务，新增床位100张，其中护理床位80张。完成牛田敬老院、沾溪敬老院提质改造工程。争取福彩公益金10万元，支持民办养老机构。联合消防、市监等部门检查28家养老机构的服务质量，对存在的问题限时整改，消除重大隐患，养老机构消防设施均符合标准。出台《桃江县养老服务机构非法集资风险排查工作方案》，排查全县19家民办养老机构，发放4.5万份防非宣传手册，张贴400张海报，收集养老服务领域非法集资线索，提高社会公众风险防范意识，从源头上防范非法集资。做好养老服务综合管理平台录入工作。

社会组织管理。全年成立社会组织30家，变更社会组织19家，注销民办非企业单位8家。年检289家社会组织，合格133家，对年检不合格的社会组织进行行政处罚并向社会公示。组织开展打击整治非法社会组织专项行动，发布《桃江县民政局关于进一步打击整治非法社会组织的通告》，发出《关于印发〈关于开展行业协会商会乱收费专项清理整治工作实施方案〉的通知》，在全县15个乡镇摸底排查，清理整治乱收费协会商会40家，规范和引导县级行业协会商会合法合理收费。发展培育社区社会组织，全县有1490家社区社会组织录入湖南省民政厅社会组织管理平台，全县社会组织开展乡村振兴工作，惠及15个乡镇212个村和35个社区，发放资金511.6万余元。

社会治理。公开民政领域行政服务事项70余项，窗口进驻行政审批事项105项，下放乡镇18项。完成全国基层政权建设和社区治理系统录入工作。完成全国第二次地名普查成果的转化，出版图、录、典、志四书，推进不规范地名的清理整治工作。

社会事务管理。残疾人福利权益有效落实，全县享受困难残疾人生活补贴5832人，享受重度残疾人护理补贴12483人，发放资金1539万元，"两补"数据实现实时监测、比对和动态管理。严把孤儿身份审核关，加强公示公开，新增办理孤儿登记6件。全年发放89名孤儿基本生活费107万元、17名孤儿助学金17万元、287名事实无人抚养儿童基本生活补贴226万元。全年办理结婚登记3144对，离婚登记938对，补发结婚登记532对，补发离婚登记82对。登记合格率100%，查询及调取婚姻档案200来份，婚姻登记服务水平得到提升。开展"夏季送清凉""寒冬送温暖"专项行动，救助流浪乞讨人员732人。县殡仪馆共火化遗体520具，悼念厅承办悼念活动361次，骨灰寄存18起，汽车接运遗体280次，公墓销售44穴，全年收入160万余元。全县福彩投注站40家，销售福彩1634万元。

（邓　强　高　啸）

【慈善公益活动】2021年，全县慈善社工和志愿服务活动共募集善款262.1万元，资助困难学生92名、贫困大学新生36名，发放助学金14.5万元，返教育系统一日捐给教育基金会15.78万元。开展慰问活动，发放慰问金95.13万余元，慰问困难群众380户1100余人；慈善助医帮助3名患重病的贫困群众1.1万元；支持11个"四点半学校"（为下午4:30放学的小学生安全和健康考虑而提供的免费场所）站点建设33万元，"四点半学校"运营费27.5万元；救助慰问"一老一小"99.73万元，共1619人；开展社区活动76场、小组活动30场、个案服务31个，发展志愿者302人。（邓　强　高　啸）

【第十一（十）次村（居）委换届选举】2021年，桃江县完成第十一（十）次村（居）委换届选举工作，212个村35个社区实现干部交叉任职和村委主任和党支部书记1人肩任，每个村（社区）至少配备1名35岁以下、大专以上的年轻干部。

（邓　强　高　啸）

社区服务指导

【概况】2021年，桃锰社区服务指导中心围绕全县重点工作，强服务，促和谐，保稳定，不断改善民生，各项工作取得较好成绩。

民生改善。2021年，维修职工三楼平房台阶空塌处及2处垮塌护坡。配合松木塘镇政府，完成辖区污水管网末端改造。完成200米居民出行道路改造及社区办公楼屋面维修。修整辖区内100多株行道树。完成100余平方米室外健身场建设。筹措解困资金，春节期间给172名困难群众发放解困慰问金126400元，慰问老党员和困难党员10多人次。

维稳平安。在中共十九届六中全会、省、市、县党代会等特护期，落实领导带班的24小时轮流值班制度。中心工委做好相关人员思想工作，全年没有发生集体访、越级上访事件。

安全生产。成立安全生产工作领导小组，建立健全安全生产规章制度，全年进行4次安全生产隐患大排查、大整改，制定完善汛期山洪灾害防灾预案，领导带班24小时轮流值守，防止"小火亡人"火灾事故的发生，没有发生任何安全事故。

特殊工种人员退休。整理完善原桃江锰矿特殊工种人员相关档案资料。协助人社部门完成原桃江锰矿特殊工种人员前置审批，实现"一次性审批，逐年办理退休"的目标，30名到龄（55周岁）特殊工种人员办理退休。

乡村振兴。选派1名正科级干部到松木塘镇天子山村开展乡村振兴工作。同牵头单位县法院一道，与村支"两委"制定乡村振兴规划，拨付帮扶资金3万元，协助村支"两委"开展疫情防控、项目建设和矛盾纠纷调处工作。（朱金良）

【川门湾社区居委会换届选举】1月28日，按照换届选举要求，川门湾社区居委会完成换届选举工作，朱金良、胡妮、王飞跃、文波当选为川门湾社区居委会委员，朱金良任社区居委会主任。（朱金良）

【老党员之家创建】2021年，桃锰社区服务指导中心筹措资金，整合资源，修建老党员会议室和活动室，成立老党员志愿服务队，完成桃锰社区"美在金秋"老党员之家创建。

（朱金良）

▲ 11 月 3 日，县路灯公司在社区内安装照明路灯（钟　敏 / 摄）

【桃冶社区服务指导中心】 2021 年，桃冶社区服务指导中心启动桃冶片区棚改项目，小区 13 栋 292 户纳入棚改红线范围。组织召开代表会议 21 次，接待来访职工 800 多人次，完成涉改区域内的实物量调查评估，签约 23 户。开展防火防盗、防一氧化碳中毒、防溺水安全教育和新冠肺炎疫苗接种知识科普宣教活动 2 次，开展楼栋长安全生产培训 4 次，针对辖区 5 栋 D 级危房和护坡等地质灾害开展安全隐患排查整治 12 次，全年没有发生一起安全生产事故，桃冶小区 488 户安居乐业。实行 24 小时领导带班制，明确专人值班，配好 19 名楼栋长，组建由 5 名职工组成的“综治安全环保双创巡查志愿服务队”，定期摸排辖区矛盾纠纷，管控流动人口，消除不稳定因素。投入近 20 万元，帮扶困难职工、军队复退人员、特困党员。完成 490 多名退休职工养老金年度身份认证工作。申办特殊工种提前五年退休手续，将 30 名特困职工纳入县总工会救助范围，推荐 21 名下岗职工再就业，72 名特困职工纳入低保救助范围。开通养老认证绿色通道，帮助 400 多名退休职工完成养老金待遇发放实名认证。维修加固家属区 4 栋。此外，争取县路灯公司在家属区实施“亮化工程”，新装路灯 15 盏，为 488 户职工住户安全出行提供保障。（钟　敏　王　琼）

人力资源和社会保障

【概况】 2021 年，县人力资源和社会保障局（以下简称人社局）贯彻县委、县政府工作部署，紧扣民生为本工作主线，围绕省、市、县目标任务，以真抓实干、重点民生实事、立项争资工作为重点，务实创新，攻坚克难，实现全县人力资源和社会保障事业的新发展。在真抓实干督查激励中，桃江县获评全省根治拖欠农民工工资工作成效明显县、全市社会保障工作先进县。

就业创业。新增城镇就业 5278 人，新增农村劳动力转移就业 3010 人，城镇登记失业率 0.83%。发放创业担保贷款 6107 万元，发放创业载体补助资金 67 万元。评定 2020 年度县级优质初创企业 10 家、竹产业明星企业 9 家，推荐参评的 6 家企业被评为 2021 年市级优质初创企业。开展职业技能培训 5313 人，创业培训 1690 人。聚焦重点人群就业，完成退捕渔民转产就业 436 名、失业人员再就业 2708 人、就业困难人员就业 812 人，全县享受“311”就业服务人数 4001 人，完成青年见习和高校毕业生就业跟踪服务工作。开展“春风行动”“重点企业用工服务专项活动”、定点用工帮扶、现场招聘会等多项招聘服务活动，为企业解决用工 4416 人。发放就业帮扶车间稳定解决劳动力就业补贴资金 25.5 万元、失业保险稳岗返还资金 34.2 万元。

社会保障。完成养老保险征缴 82391 万元，新增养老保险参保 8938 人；工伤保险参保单位 931 家，参保人员 5.2 万人，征缴收入 2300 万元；失业保险参保单位 363 家，参保人员 3.49 万人。为 176533 名离退休人员发放养老待遇 150428.34 万元，全县养老保险待遇水平稳步提升，机关养老保险人均增资 164 元 / 月，企业养老保险人均增资 110 元 / 月，城乡居民养老保险人均保障水平 137.12 元 / 月。受理工伤保险事故快报 570 起，支出工伤保险待遇 2205 万元，发放失业保险金 190 万元。开展社保基金风险防控和养老保险待遇核查“回头看”工作，核查全县城乡居民参保和持卡情况 51.48 人、养老保险领待人员 22.58 万人、工伤保险领待人员 323 人、失业保险待遇人员 510 名和 42 家享受稳岗补贴单位，排查核实省人社厅下发的 19516 条疑点数据。追缴需整改的多发违规资金，完成率 100%。

人事人才。完成校园招聘、教师直招、公开招聘、县外编制内教师选调、公费师范生安置、卫生系统人才引进和直招等招聘考录工作，招聘考录事业单位人员 353 人，其中教育系统 315 人，卫生系统 38 人。开展专业技术人员职称申报评审工作，完成高级职称材料报送 230 份，中级职称材料报送 89 份。完成 2020 年度 13290 名事业单位人员年度考核工作及考核增资工作。办理机关事业单位退休审批 320 人次、企业职工退休审批 620 人次，完成 5 批次病退企业职工资料的收集、初审和实地调查和特殊工种企业职工提前退休的资料收集、初审和送审工作，办理丧葬抚恤审批 180 人次、遗属困难补助审批 69 人次。

劳动维权。开展农民工工资支付检查巡查 9 次，覆盖全县 100 多家用工企业，追回拖欠农民工工资 2418 万元，惠及民工 6000 多人。全县 19 个在建工程项目 100% 落实用工实名制管理、工资专用账户、工资保证金等制度。接待投诉举报 121 起，立案 3 件，结案 3 件，法定期限内结案率 100%，移送公安的案件 1 件。无上级交办核实的工程建设领域及其他领域欠薪案件。处理劳动争议仲裁案件 229 起，其中立案 154 件，调解处理 98 起，案外处理 75 件。1320 家企业新签订或解除或终止劳动合同 24242 人次，劳动用工备案率达 100%。完成企业薪酬调查 85 家，完成率 100%。（文永坤）

【跨省追回拖欠工资】 1 月 4 日，桃江县酝味桃花江餐饮部老板彭某拖欠 16 位员工工资 86742 元，外逃浙江。县人社局与县公安局到浙江东阳联合执法，于 4 月 24 日将彭某捉拿归案，追回被拖欠的员工工资。（文永坤）

【重点企业用工服务招聘会】 4 月 22 日，“民营企业招聘月”暨 2021 年“重点企业用工服务”专场招聘会在松木塘镇召开，省内 8 家重点企业、桃江经开区 7 家企业、广东省肇庆市 9 家企业和求职人员近 800 人参加招聘会，提供岗位 2278 个。达成意向 286 人。（胡妙芝　熊照宇）

【人力资源市场清理整顿】 4 月 20 日至 5 月 28 日，县人社局、县公安局、县市监局在全县开展清理整顿人力资源市场秩序专项执法行动，出动检查人员 80 人次，检查人力资源服务机构 7 家，劳务派遣机构 3 家，用人单位 2 家，责令 1 家劳务派遣机构限期整改，用人单位补签劳动合同 30 份。（汪赛兰　李盛姣）

▲ 9 月 23 日，全县首届劳动关系协调员培训班开班仪式举行（周　芳 / 摄）

【社保基金管理风险防控专项整治】 2021 年，县人社局核查养老保险领取待遇人员 22.58 万人、工伤保险领取待遇人员 323 人、失业保险待遇人员 510 名和 42 家享受稳岗补贴单位，排查核实省人社厅下发的 19516 条疑点数据。追缴需整改的多发违规资金，整改完成率 100%。（李盛姣　熊照宇）

【湘女素质提升工程】 2021 年，县人社局、县妇联联合启动“湘女素质提升工程”。在全县举办 10 期培训班，培训内容包括职业技能培训、家庭教育、妇女维权知识等课程，每期培训班招收妇女学员 50 名，共培训 500 余人。（廖诺承　李盛姣）

【劳动保障守法诚信等级评价】 11 月 5 日，县人社局组织开展全县劳动保障守法诚信等级评价，评定湖南桃花江竹材科技股份有限公司等 10 家单位为劳动保障守法诚信 A 级企业（诚信单位），湖南宙盾防化设备科技开发有限公司等 14 家单位为 B 级企业（合格单位），1 家公司为 C 级企业（失信单位）。（胡　斌　熊照宇）

医疗保障

【概况】 2021 年，县医保局围绕县委、县政府的工作部署，完善基本医保制度体系，提高医保待遇水平，推动全县医疗保障工作健康发展。

基金征缴。2021 年，城乡居民参保 755860 人，按常住人口参保率 95%，其中城乡居民基本医疗保险

▲ 4 月 1 日，桃江县打击欺诈骗保专项整治行动会议（莫慧明 / 摄）

707568 人，职工医疗保险 48292 人。实现基本医疗保险应保尽保，建档立卡贫困人口参保率 100%。

门诊用药保障。普通门诊报销 308393 人次，报销 1375.49 万元。"两病"门诊用药保障、普通门诊统筹、特殊门诊三项累计高血压共报销 64295 人、170626 人次、994.17 万元；糖尿病共报销 25107 人、80045 人次、980.73 万元。受理特殊门诊新申报 4889 人次，专家鉴定通过 4518 人。特门报销 50201 人次，总费用 6035.61 万元，基金支付 4479.25 万元，特药报销 2130 人次，总费用 1832.88 万元，基金支付 1102.70 万元。

医疗救助。落实脱贫人口资助参保和待遇保障，建立健全防贫返贫监测机制，做实脱贫人员动态管理。全县脱贫人口 43368 人全部参加城乡居民基本医疗保险，参保率 100%。县域内脱贫人口住院 11381 人次，总费用 5063.16 万元，综合补偿 4480.38 万元，综合报销比例 88.49%。落实医疗救助政策，资助参保脱贫人口、低保户、特困人员、孤儿等困难群众 23174 人，资助参保金额 525 万元；一站式内医疗救助 14146 人次，救助金额 1063 万元，临时救助 772 人，救助金额 160 多万元。

基金监管。2021 年，县医保局对全县 23 家协议医疗机构、192 家协议药店、10 家诊所、282 家村卫生室开展日常稽核，抽查住院病历 3000 份，查处挂床住院 43 人，收缴违规资金 710.9 万元。开展医药机构专项治理"回头看"、打击欺诈骗保专项整治、民生资金清理专项整治共 3 次，上解违规资金 462.05 万元。"清廉医保"专项督查和打击欺诈骗保套保挪用贪占医保基金集中整治工作。对照《湖南省人民政府办公厅关于印发〈湖南省开展打击欺诈骗保套保挪用贪占医保基金集中整治工作方案〉的通知》文件要求，联合相关部门开展督查，发现各类问题 168 个，全部整改到位；落实市集整办督办函 11 个；办结案件线索 7 条；收缴违规资金 457.78 万元，其中各协议医药机构自查自纠 139.11 万元，分院分所自查自纠 14.12 万元，查处花果山卫生院 106.45 万元，查处博爱医院 95.57 万元，查处中西结合医院 79.36 万元，查处人民医院肿瘤院区 4.51 万元，查处药店 0.93 万元，联合督查查处 17.73 万元；对 11 名责任人移送县纪委处理。

疫情防控。做好新冠病毒疫苗接种费用保障工作，上解省级疫苗财政专户疫苗费用 7566 万元，上解市级财政专户疫苗接种费用 1201 万元，支付医疗机构疫苗接种费用 1193.39 万元。组织和督促各定点医疗机构完成国家组织的药品集采各批次的报量采购审批工作，超额完成国家、省、市布置的集中带量采购工作。根据省、市核酸检测收费文件要求，对全县 6 家二级医疗机构核酸检测单人单采收费由年初的最高 75 元 / 人次下调至最高 34.1 元 / 人次，混检 20 元 / 人次下调至 10 元 / 人次。

支持中医药事业。根据县人大常委会关于《全县中医药工作情况审议意见》和《益阳市医疗保障局关于进一步支持中医药传承创新发展的通知》精神，将县中医院住院报销比例由 70% 提至 80%；追加县中医院基金总额指标 200 万元 / 年，次均费用由 5200 元提高到 5700 元；中医院 6 种中医自制制剂纳入医保目录报销，6 种自制制剂自主定价并上架销售。（莫慧明　符放纯）

【冠脉支架集中带量采购】 按湖南省医保局《关于做好国家组织冠脉支架集中带量采购结果执行工作的通知》精神，2021 年 1 月 1 日起，在桃江县相关医疗机构住院就诊的相关患者按中选价格使用国家冠脉支架集中带量采购中选产品。2021 年冠脉支架采购需求量省医药集中采购平台实际报量 300 个，按报量数平台中选价格全年实际应付 19.46 万元，按报量数平台中选前价格全年应付 228.88 万元，节约医疗支出 209.42 万元，降幅 91.5%。（莫慧明　符放纯）

【获评"全省医保基金监管工作优秀单位"】 3 月，湖南省医疗保障局

公布2020年医疗保障基金监管工作绩效考核结果，桃江县医疗保障局获评“全省医保基金监管工作优秀单位”。（杨运军）

【市纪委监委到桃江督导检查】12月6日，市纪委监委“清廉医保”专班到桃江开展专项督导检查。市督查组肯定桃江在医保基金整治工作和“清廉医保”监督检查工作中取得的成绩，并对“清廉医保”监督检查工作提出要求。（杨运军）

退役军人事务

【概况】2021年，县退役军人事务局始终围绕“争先进位保一类”的总目标，开拓创新，狠抓落实，各项工作稳步推进。（夏　平）

【权益维护】2021年，县退役军人事务局建立退役军人“兵支书”资料库，组建退役军人志愿者服务队。开展“退役军人创业标兵”评选，完成推荐人选的资料审核与实地考察工作，经部门联评，评选出“退役军人创业标兵”。（夏　平）

【安置培训和补助救助】2021年，县退役军人事务局委托智海人力公司与自主就业退役士兵签订就业创业技能培训意向书。与县人社局共同举办招聘会2场，组织退役军人参加市退役军人事务局举办的适应性培训。完成转业士官和转业干部的安置任务。发放2020年转业士官待安置期间生活补助、2020年度自主就业退役士兵一次性经济补助、2019年度自主就业退役士兵一次性经济补助。完成2021年转业士官待安置期间医、社保交纳工作，完成困难企业军转干部困难救助、住院救助，慰问困难企业军转干部、自主择业军转干部。办结部分退役士兵补缴养老保险办结，发放入库养老保险金额。（夏　平）

【优抚待遇落实】2021年，县退役军人事务局开展优抚对象数据核查，完成异常数据核查。新评、补评、新增伤残军人、伤残警察7人。足额发放优抚经费。完成全县伤残军人、伤残警察、伤残公务员伤残证的换发证工作。做好优抚对象短期疗养工作，选送烈属、重点优抚对象到市第五人民医院、养老康复医院短期疗养。（夏　平）

【拥军褒扬】2021年，县退役军人事务局做好新入伍士兵光荣牌悬挂和信息采集。为部队立功受奖人员送喜报，送达7名荣获二等功的现役军人“二等功臣之家”牌匾，送达荣获三等功的现役军人立功受奖证书。清明及“七一”前夕，走访慰问烈士家属。“八一”中国人民解放军建军节期间，县领导看望慰问驻桃江部队官兵，县、乡退役军人事务部门走访慰问退役军人，慰问边防海防现役军人家属、现役军人家属和烈士家属，慰问重点优抚对象，发放慰问金、慰问物资；为部队解决具体问题3个，为重点优抚对象解决难题51个。开展“烈士纪念日”活动。承办温涛烈士骨灰迎接和安葬仪式。（夏　平）

【学习宣传】2021年，县退役军人事务局组织学习宣传《中华人民共和国退役军人保障法》，县政府第五次常务会议组织集中学习《中华人民共和国退役军人保障法》，县直部门，各乡镇、村（社区）利用电视台、广播、宣传栏、横幅、标语开展宣传活动。全县组织集中学习28场次，悬挂横幅180多条，制作宣传栏30多个，发放宣传资料10000余份，发放《退役军人保障法辅导读本和释义》300套，并提供法律咨询。（夏　平）

【迎新春走访慰问】1月26日起退役军人事务局到15个乡镇走访慰问困难退役军人、重点优抚对象、荣立二等功退役军人、边防海防现役军人和常态化联系对象家庭。活动

▲6月22日，县退役军人事务局举行“光荣在党50年”纪念章颁发仪式（夏　平／摄）

持续10天，赠送年画和慰问信，发放慰问金。（夏　平）

【全县退役军人事务工作会议】4月29日，全县退役军人事务工作会议在县民政局召开。副县长郭清平出席会议并讲话，县人武部副部长李建锋宣读《关于表彰2020年度退役军人工作先进单位和先进个人的通报》，县退役军人事务局局长张云飞作工作报告，县政府办副主任邓小鹏主持会议。各乡镇退役军人工作分管领导、服务站站长、业务专干，退役军人事务工作领导小组成员单位分管领导，县退役军人事务局班子成员、股室及二级机构负责人参加会议。（夏　平）

【“光荣在党50年”纪念章颁发】6月22日，县退役军人事务局举行“光荣在党50年”纪念章颁发仪式。局全体班子成员到县军休所，为4名有50年党龄的军休人员颁发“光荣在党50年”纪念章。（夏　平）

【钟晓安登上“湖南好人榜”】7月，“湖南好人”榜单正式揭晓，县退役军人事务局干部钟晓安获评见义勇为类“湖南好人”称号。（夏　平）

【县荣誉军人短期疗养中心挂牌】11月11日，桃江县荣誉军人短期疗养中心在桃江县养老康复医院挂牌成立。马迹塘镇、鸬鹚渡镇、高桥镇和鲊埠回族乡的40名伤残军人、参战军人等重点优抚对象在疗养中心短期疗养10天。（夏　平）

民族宗教事务管理

【概况】2021年，全县有1个民族乡（鲊埠回族乡），2个民族村（三堂街镇晚谷村、花桥坪村），有26个少数民族，少数民族人口1.1万余人。有佛教、道教、基督教、天主教、伊斯兰教5个教派，均成立县级宗教团体。

工作部署。贯彻中央民族工作会议、全国宗教工作会议，以及习近平总书记2021年第1号批示精神，县委常委会会议3次听取民族宗教工作汇报，将民族宗教工作纳入全县绩效考核和“两办”常态化督查内容。“两办”督查室开展民族宗教工作专项督查4次，发现的问题已全面整改。县委统一战线工作领导小组专题部署6次具体工作，依法治理宗教活动场所、宗教渗透专案、涉疆服务管理等工作有序推进。

政策法规宣讲。县委将民族宗教政策法规作为各级理论中心组学习内容，县委组织部分别在5月、11月全县基层党组织中，以宣讲民族宗教政策法规为主要内容，开展主题党日活动；县委党校开设民族宗教政策法规课程主体班两期；在全县村（社区）党组织书记、发展对象、农村党员冬春训等各级各类培训班，宣讲党的民族宗教政策法规80余场次。在民族宗教界开展中共党史、新中国史、改革开放史和社会主义发展史教育，在县伊协代表会上，宣讲党的十九届六中全会精神和中央民族工作会议精神；组织五大宗教团体班子成员学习民族宗教政策法规。深入群众开展宣传，开展民族宗教政策法规宣传10余场次，发放宣传资料5000余份。

宗教事务管理。依法治理宗教活动场所，开展“走基层”宗教问题调查，全面掌握宗教活动场所财务、人员、安全等基本情况。按照市定目标要求，组织召开全县依法治理专题会议，明确治理目标、范围、内容及责任要求。在9月全市专项推进会上，桃江县作经验介绍。县委组织部、县妇联，开展抓党建促农村宗教问题治理和“春风化雨”行动，加强综合治理。开展宗教活动场所规范化建设，完善宗教工作县乡村三级网络和乡村两级工作责任制，调整完善宗教活动场所责任制。组织举办宗教信息化建设和财务业务培训班，指导5个宗教团体、106处宗教活动场所开设对公账户，规范财务管理。指导宗教活动场所开展消防安全标准化管理创建，检查验收县级5处示范场所和各乡镇创建的38处场所，对不达标的发出整改通知。排查处置消防安全问题8个、宗教用房C级以上危房3处，协调处理涉及宗教的信访件11起。指导宗教活动场所落实常态化疫情防控措施，组织5轮专项督查，督促整改问题11处。宗教团体组织开展爱心捐赠活动12次、传统文化宣讲20余场次，发放慈善款物80余万元，资助贫困家庭1500余户。

民族团结进步工作。支持民族乡村振兴，全年向省、市争取民族资金200余万元，实施项目16个，其中落实乡村振兴中央衔接资金（少数民族方向）78万元，落实项目5个。鲊埠回族乡成功申报为省级首批民族乡村振兴试点乡。开展民族团结进步示范创建工作，扎实开展民族团结进步创建活动，在全省少数民族传统体育运动会期间，在全县推广少数民族健身操，培训少数民族传统运动队员。回民武术申报为省级非物质文化遗产。南京湾村被评为“省级民族团结进步创建示范单位”。落实党的民族政策，为262名少数民族中考、高考学生办理加分审核，为4家民贸民品企业核发贷款贴息资金60.25万元。加强少数民族流动人口服务管理，动态摸排全县少数民族流动人口，组织举办专题培训班3期。（李嫔斌）

【全县统战（民族宗教）工作推进会议召开】 4月22日，全县统一战线（民族宗教）工作推进会议召开。各乡镇、县直正科级以上单位分管副职和专干，县委统战部、县民宗局、县侨联、县工商联干部共280人参会。县委常委、统战部部长于新胜出席会议并作讲话。会议肯定2020年统战（民宗）工作成效，对2021年统战（民宗）工作提出具体要求。会议还就《中国共产党统一战线工作条例》和党外代表人士、民族宗教、侨务等工作进行解读和业务辅导。

（李嫔斌）

【"感党恩 报桑梓 同心共筑中国梦"爱心捐赠活动】 6月17日，益阳市梅山道教文化研究院、安化县道教协会、深圳益阳商会在浮邱山乡敬老院联合举办"感党恩 报桑梓 同心共筑中国梦"爱心捐赠活动。益阳市委统战部副部长、工商联党组书记陈孟球，桃江县政协副主席、县工商联主席龚胜芳，湖南省道教协会常务副会长马涌奇出席活动并讲话。安化、桃江相关部门负责人、两县宗教界、商业界爱心人士代表，部分受赠代表共80余人参加捐赠活动。此次活动由益阳市梅山道教文化研究院名誉院长、安化县道教协会会长黄维国倡议提出，并发动宗教界、商业界等各界别代表人士参与。77位爱心人士捐款捐物，募集善款31．9166万元、爱心物资折价43052元，善款和爱心物资全部捐助给困难群众、孤寡老人和困难家庭学子等，接济桃江、安化577个困难家庭。（吴建辉）

【向恩明到鲊埠回族乡调研】 7月6日，省民宗委党组书记、主任，省委统战部副部长（兼）向恩明一行到鲊埠回族乡调研民族宗教工作，并授予军功嘴村"湖南省民族团结进步示范村"匾牌。市委统战部副部长李万红，县委常委、统战部部长于新胜陪同调研。在军功嘴村，调研组详细了解该村经济发展、民族团结进步创建、特色产业等情况，向恩明对该村工作给予充分肯定，对乡村振兴及细木工板产业发展提出指导性意见。（郑雪峰　龙宇辉）

▲6月17日，益阳市梅山道教文化研究院、安化县道教协会、深圳益阳商会联合举办"感党恩 报桑梓 同心共筑中国梦"爱心捐赠活动（刘　俊／摄）

【向荣调研民族宗教工作】 9月23日，县委书记向荣和县主要领导调研民族宗教工作，民族宗教事务局党组书记、局长吴建辉汇报民族宗教工作。向荣充分肯定全县民族宗教工作，并对民族宗教工作提出具体要求。（李嫔斌）

【宗教活动场所消防安全大检查】 国庆节前夕，县民宗局联合县消防救援大队开展宗教活动场所国庆节前消防安全大检查，检查人员先后检查城关基督教堂、城关天主堂、廖家洲基督教堂，详细询问场所消防安全情况，查看场所应急疏散预案、消防安全管理制度、人员分工组织架构、消防安全教育培训情况以及电路、消防设施等。同时，对场所管理人员进行消防安全知识宣传，指导学习疏散逃生自救的方法及灭火器的使用、检查、维护等。针对存在的隐患问题，提出整改意见。

（邓赛红）

【民族宗教政策法规宣传】 11月9日，县委统战部、县民宗局、县侨联组织全体机关党员干部到马迹塘镇百乐村开展结对帮扶活动，到农户家中宣讲党的民族宗教政策法规，组织党员、村民组长、网格员学习《宗教事务条例》《湖南省宗教事务条例》和中央民族工作会议精神，发放政策法规宣传资料600余份。

（李嫔斌）

乡镇概览

桃花江镇

【概况】2021年，桃花江镇聚焦优势产业、乡村振兴、城镇建设、民生工程等领域，实现“十四五”良好开局。全镇财税收入1.68亿元，实现地区生产总值39.5亿元，同比增长8.4%；工业总产值32.7亿元，社会消费品零售额8.8亿元，固定资产投资3.57亿元。全镇有规模以上工业企业10家、限额以上商贸企业31家。

农业产业。创建2个万亩双季稻生产示范片、2个千亩双季稻生产示范片以及1个百亩高标准生态稻米生产基地。整治抛荒耕地3000余亩，种植油菜3000余亩，绿肥种植800亩，获评全市粮食生产先进单位。建成笋竹两用林示范基地2400亩，创建省级示范家庭农场1家、市级示范家庭农场1家、县级示范家庭农场3家、县级示范合作社2家。大华村“直播大华”馆正式开播，入选全国农村创业园区（基地）目录。株木潭村、石高桥村入选2021年淘宝村，桃花江镇入选淘宝镇。

招商引资。新引进鹏程机动车检测、维也纳国际酒店、民泰农业等3个项目，总投资1.9亿元；对接入园项目1个，投资3000万元；大华竹笋生产加工、生物质环保炭生产和湖南云麓酒店建设等3个项目开工；爱尔眼科和农商城开发建设等2个项目投产。

村级经济。有效化解村级集体债务52.36万元，化债率8%。整合村集体资产、资源、资金等要素，推动村级集体增收，26个村（社区）集体经济组织均实现年收入5万元以上，其中10万元以上的村达17个，占比达65%。

城镇建设。做好县城规划区内各项目区及重要地段巡查工作，全年依法拆除违建188处38534平方米，整治抢栽抢种苗木18亩3800余株。镇村抽调人员成立工作组，在重点项目建设期间安排专人现场值守，协调解决建设中的各种矛盾纠纷，打击破坏施工环境的违法犯罪行为，保障教师发展中心、美人谷度假山庄以及常益长高铁建设等项目顺利完工。策划开展传统节日活动30余次、创文主题活动60余场以及各类志愿服务活动189次。完成19处重点城中村、城乡接合部的环境卫生整治，完成46处废旧物品回收和汽车拆解市场专项治理，共清理陈年垃圾300余吨、牛皮癣1万余条以及违规菜园100多处。43名专职志愿者共劝导不文明行为4000余起。

生态治理。全年劝阻焚烧秸秆、焚烧垃圾行为400余起。各级河长累计巡河2643次，巡河率100%，开展河湖“清四乱”专项行动，整治“乱占、乱采、乱堆、乱建”现象14起，退养沿河养殖场所61处，整治洗沙场2处，取缔砂石厂1处，建成污水处理厂3处，关闭所有涉河排污口，确保污水零直排。立案查处非法捕捞事件5起，行政处罚2.3万元，没收各类渔具75套。查处农村违法用地建设15起，依法拆除占用基本农田建筑5处。以摸底、排查、整治、关停、减量的方式，完成畜禽粪污处理设施改造199户，清理黑臭水体27处。

乡村振兴。开展人居环境整治，桃益线人居环境整治、乡村振兴示范区建设启动规划设计。全年清运陈年垃圾300多吨，完成农村改厕2240户，打造“六个一”示范性菜园50处，对境内老桃益线、桃灰线、桃高线等主要公路沿线进行统一治理。桃花江镇获评全市第三季度农村人居环境整治“五好乡镇”以及全市2021年度十佳乡镇，花园洞、大华、川门湾、梨树桥等4个村被命名为湖南省卫生村，大华村获评全省村庄清洁行动先进单位。巩固脱贫成果，开展防返贫监测与帮扶工作，实施乡村振兴项目17个，完成危房改造30户，2021年前扶贫资产均已进行确权登记，并设有管护责任人和管护制度，确保不出现扶贫资产流失和损毁。加强美丽乡村建设，大华村中心文化广场、民居改造、旅游公厕、墙壁涂鸦已完工，枫叶湖环湖公路、莫应丰故居及道路建设获推进，成功主办“益阳市第二届乡村马拉松运动会”“中国好声音2021年桃江赛区总决赛”等活动，被评为省级美丽乡村示范村。桃花江镇获评2021年益阳市乡村振兴工作先进乡镇。

民生事业。新建镇中心敬老院投入使用，养老服务软硬件环境全面改善。全年发放各类社会救助资金2100万元，临时救助资金78万元，保障困难群众的基本生活。计划生育奖扶952人、特扶234人，“两癌”筛查6208人。3周岁以上人群新冠疫苗接种14万余人，接种率97.8%。新增城镇就业1030人，农村劳动力转移就业321人。完成城乡居民医疗保险参保103891人、养老保险参保27839人，参保覆盖率、续保率持续增长。开展庆祝中国共产党成立100周年、送戏下乡等系列文艺活动，镇综合文化站被命名为2021年全省“最美潇湘文化阵地”。开展行政执法检查60余次，办理行政处罚案件18例、行政征收案件8例。社会治安，调处矛盾纠纷1678起，办结市长、县长、镇长热线612件，化解群众来信来访119件。安全生产，聘请专家对涉及危化、建材、运输、食品等14家行业企业开展风险评估及隐患排查治理。组织执法行动17次，检查生产经营单位196家，取缔关闭非法经营烟花爆竹门店5家。组建“两站两员”，全域开展“一盔一带”和源头治超，交通顽瘴痼疾整治成效明显。被评为全县安全生产先进单位。

政务服务。镇党群和政务服务中心完成改造升级，实现服务环境和业务功能双提升。全年累计办理事项77729件，办结率、好评率均为100%，获评全县2021年度政务服务先进乡镇。

基层建设。选聘村级便民服务员15名，考聘社区工作者3名。全镇278名镇村干部、282名联户党员、470名小组长、网格长和妇联执委完成对13401户群众的上门走访，解决群众困难诉求86个。网格化管理系统录入人口信息11万余条，开展志愿服务活动168次，解决群众诉求1848条。

武装工作。完成征兵、兵役登记、民兵整组等工作任务。完善村(社区)退役军人服务站建设，发放各类优抚金，走访慰问困难退役军人。镇武装部获评省“五星”级基层人民武装部。 （高　超）

【新建中心敬老院投入使用】 投资1800万元的桃花江镇拱头山村敬老院于2021年3月投入使用。敬老院占地6300平方米，共有床位150个，其中护理床位120个，每个房间内设有独立卫生间，院内配有护理室、学习室、康复室、理发室、休闲场所等多功能服务设施，提供生活照料、精神慰藉等全方位服务。

（高　超）

【组建综合应急救援队伍】 2021年，桃花江镇成立应急管理委员会，抽调精干力量成立应急办，并分设11个战时指挥部，组建一支20人的镇应急救援队伍，统一协调蓝天义工救援队、工程机械救援队等应急力量，引入无人机、搜救艇等装备，致力建设“一队多用、一专多能”的综合应急救援队伍，确保能够有效处置各类突发公共事件。各村（社区）相应设一

▲3月，新建的桃花江镇中心敬老院投入使用（高　超/摄）

名兼职安全员和一支应急救援队伍，社区建有微型消防站。（高　超）

【81个网格受表彰】 4月23日，桃花江镇在全镇376个网格中评选出81个优秀网格进行表彰，31个村（社区）分别对优秀网格员、志愿者进行表彰。（高　超）

【大华村直播馆开播】 4月30日，"直播大华"开播，50多名桃江本地网红以及外地百万级粉丝的网络大咖，一同走进设计新潮、装修精致、设施齐全的直播馆内，带货竹笋、茶叶、豆腐乳、擂茶等农副产品。在桃花江镇和各后盾帮扶单位的支持下，大华村支"两委"带领全体村民，依托丰富的竹林资源、浓厚的竹郁文化，大力发展乡村旅游和笋竹产业，并积极争取项目资金，建设起集"孵化村播""直播带货""传播清廉文化"于一体的"直播大华"村级直播馆，邀请"网红""村播"走进直播间进行直播带货，帮助当地及周边村民销售竹笋等特色农副产品。（高　超）

【488名老党员获颁"光荣在党50年"纪念章】 6月28日，桃花江镇召开庆祝中国共产党成立100周年暨"七一"表彰大会，488名党龄达到50年的老党员获颁"光荣在党50年"纪念章，10个先进基层党组织、133名优秀党员和党务工作者接受表彰。（高　超）

【打击非法占用耕地行为】 8月25日，桃花江镇联合县城市管理执法局，依法拆除该镇罗家潭村一处非法占用基本农田的建筑物。自年初开展乱占耕地建房专项整治行动以来，桃花江镇整合力量实行"常态化巡查"，对非法占用耕地行为从严打击，已整治占用基本农田建房行为5起，拆除违法建筑2226平方米，并通过党员干部带头自查、上门宣讲、微信普法等方式，提高群众知晓率，从源头上控制违建，守住耕地保护红线。（高　超）

【疫情防控宣传】 7月底，省内新冠肺炎疫情形势发生变化，桃花江镇在各网格开展全员"三码联查"的同时，加大疫情防控宣传力度。在县城各居民小区、大街小巷，近百支疫情防控小分队，身着红马甲、手持高音喇叭，用方言号召居民遵守防疫措施，讲解最新防疫政策。全镇600余个"村村响广播"向村民喊话宣传防疫政策，提醒及时接种新冠疫苗；50余辆流动宣传车路线覆盖城区各小区及主要干道，流动播放防疫公告、防疫知识等内容。这些"大小喇叭"以最接地气、最通民心的方式和"全覆盖、零死角"的宣传格局，实现桃花江党群"联防联控、群防群治"。（高　超）

【熊丹当选桃花江镇镇长】 8月31日，桃花江镇第四届人民代表大会第一次会议召开。会议听取并审议通过镇人民政府工作报告、镇人大工作报告和镇财政工作报告。大会选举贺立辉为镇人大主席，熊丹为镇人民政府镇长，贺龙辉、龚用之、李芩芹、曾俊为副镇长，袁立华为镇人大副主席。（高　超）

【39个居民小区党支部接受考评】 11月底，桃花江镇对39个居民小区党支部，开展第一次年终综合考评。考评根据小区党支部日常工作开展情况和居民满意度，评选出先进小区党支部10个，给予4000～8000元不同额度的奖励，并为每个小区党支部配套工作经费，激发和调动小区党支部发挥作用的主动性和积极性，确保基层治理的科学化、规范化、长效化开展。（高　超）

【安全隐患排查整治】 9月，桃花江镇聘请第三方安全生产技术专家，对涉及危化、建材、运输、轻工、食品等行业的14家企业开展安全隐患排查。在前期企业自查自纠的基础上，镇应急办协同专家逐个对企业进行排查，现场查找诊断问题，提出具体整改意见。通过政府购买服务、专家指导等方式，对企业开展一次全面的安全检查，通过专家现场教学指点，镇村安全监管人员业务水平获得提升，企业生产安全得到维护。（高　超）

浮邱山乡

【概况】 浮邱山乡总面积122平方公里，辖17个行政村，人口5.8万人，耕地面积3753.7公顷，水田2920公顷，林地面积5608.9公顷。2021年，浮邱山乡完成地区生产总值11.21亿元，实现固定资产投资3.14亿元，完成财税收入1370万元。

农业产业。完成县定早稻生产任务，全乡专业化集中育秧4800亩，创建绿色高效高产水稻示范片13800亩，创建2个千亩以上早稻示范片。引导土地规范有序流转2万余亩，打造两个千亩"稻蔬"示范片和两个千亩"稻油"示范片；遏制耕地抛荒、杜绝"非农化"、防止"非粮化"，开展耕地安全利用、严控区耕地产业结构调整，对全乡552.5亩严控区耕地统一施石灰翻耕、开沟，并种植玉米等旱杂粮，开展稻谷抽检650余个，确保粮食收储溯源安全；鼓励发展笋竹产业，“立华竹笋”等3家竹笋加工规模企业通过县级验收；培育精品农业，已形成“白家河”蔬菜、水果采摘、水口山苗木等一批具有乡域特色的农业产业。

工业产业。2021年，园内4家企业完成固定资产投资2.4亿元，均实现投产，创税约400万元。新引进桃江县泉峰建材有限公司1个入园项目。

第三产业。完成桃浮公路提质改造；配合浮邱山景区建设，新建景区停车场，停车位120个，新建游客服务中心；以浮邱山景区为依托，乡村休闲旅游、农家乐等产业发展较快；在全乡17个村建立商务中心，入驻快递、助农取款等业务，助力电商产业发展。

营商环境。落实班子成员联系服务企业和重点项目制度，优化营商环境，打击非法阻工等各类违法行为。市人防疏散地域浮邱山示范点建设项目、“三所合一”、城西加油站、县殡仪馆搬迁项目、原脑科医院征拆项目顺利推进。2021年新引进浮邱山乡茶旅综合体项目和浮邱山麦秋生态农业园与天然饮用水生产2个上亿元签约项目。

社会事业。申报符合标准的低保户73户95人，调查核实申报残疾人生活补贴38人、护理补贴192人；开展残疾人无障碍改造60户，12月9日，浮邱山乡人形山村残疾人无障碍改造顺利承接全国残联召开的困难重度残疾人家庭无障碍改造现场会；走访慰问“一老一小”困难群体117人，慰问留守儿童48人，为159名困难群众申请临时救助；完成危房改造40户；2021年新农保征缴率先完成县定任务，合作医疗收缴完成市级任务指标；不断优化医疗服务，全面启动全乡65岁及以上老年人免费体检工作，让老年人在家门口享受“一站式”健康体检服务；完善乡村文化服务设施，组织开展“学党史、悟思想、担使命”主题宣讲竞赛等庆祝中国共产党成立100周年系列活动。

社会大局。及时处理群众急难愁盼问题，处理市（县长）热线159件，化解存量信访2起；完成行车卫士安装400台；规范宗教活动场所管理，2021年对全乡18处宗教场所撤销4处，合并6处，保留8处。检查和增添水库及资江沿岸低洼地带的防汛储备物资，组织参与市级防汛演练；组织开展全乡房屋建筑和市政设施调查34700宗，房屋安全隐患调查1700宗，全年建房安全事故零发生；继续开展安全生产三年专项整治行动，对乡域内21家企业、25家烟花爆竹门店、6家治超源头企业每周进行两次巡查，筑牢安全生产“防火墙”。

基础设施建设。完成雷公岩大桥便道建设、农村公路建设14.68公里，整治公路隐患里程2.6公里，完成桃浮线6.2公里提质改造，修建林道15公里；完成4个农网改造项目；完成1.6万亩高标准农田建设；完成齐心村210万元的移民整村推进项目。

污染防治。开展化肥减量增效工作，大力推广测土配方施肥、秸秆还田、水肥一体化技术，发展绿肥种植，创建一个“稻肥”1000亩示范片。开展畜禽污染整治工作，对全乡192家养殖场（户）摸底造册，发放整改通知书并指导整改160家，对资江沿河等重点区域的16家养殖场(户)全部退养；落实河长制，明确责任人员，不定期巡河，强化河流环境保护；落实禁捕退捕要求，不定时巡查，及时发现和制止非法捕捞和垂钓行为，2021年对非法捕鱼行为等行政立案2起，罚款6000余元，收缴地笼子、鱼竿若干。

人居环境整治。推进村庄清洁行动,在全乡开展“最美庭院”评选、生活污水治理、陈年垃圾清理，实行奖惩制度；推进农村“厕所革命”，已改农厕2700户；推进水口山集镇美化亮化，规范商店广告牌等标识标牌及群众停车行为等；排查整治侵占耕地等违法建房行为。

（杨加华）

【“一站式”健康体检服务】 5月11日，浮邱山乡卫生院启动全乡65岁及以上老年人免费体检工作。为让老年人在家门口享受免费体检服务，该乡卫生院精心组织准备，配备新的体检设备，抽调8名医护骨干组成体检小组到该乡17个村，免费为老年人提供体格、视力、血压、血脂、血糖、肝肾功能、血尿常规、心电图、B超等项目检查服务。（杨加华）

【杨许公路浮邱山段完成提质改造】 2021年，浮邱山乡党委政府将杨许公路（桃花江镇杨家坳—高桥镇许家洲）浮邱山段提质改造作为全乡重点目标任务之一来抓，依托浮邱山茶旅综合体项目申报获批，9月动工将路基拓宽至8米，改建双车道四级公路，12月正式通车。该路段途经浮邱山乡新桥村、齐心村、西峰寺村，止于浮邱山村梅林组，全长6.2公里。（文逸文）

【首家公德爱心积分超市营业】 2021年11月9日，浮邱山新桥村公德爱心积分超市揭牌开张。村民通过做志愿服务活动赚取公德积分兑换超市商品，1个积分等同于1元人民币。凡主动维护环境卫生、善行公益、积极配合村上工作、参加文化活动、在本村自主创业等，都可获得相应积分，同样，对于有违法乱纪行为的也将视情况进行扣除。为保障“公德爱心积分超市”有序运营，新桥村成立领导小组，制定管理办法和积分管理实施细则，由村党支部书记担任组长，设专人负责，做好捐赠、物品进出、积分卡的详细台账，定期向上级报告情况和需求信息。（文逸文）

【微信“小程序”防范廉政风险】浮邱山人民政府委托南京某网络科技有限公司开发制作“浮邱山乡采购管理系统”微信小程序，于2021年6月启用。小程序包含派车申请、接待用餐、工作用餐、采购申请四个部分，单位干部职工在手机上填写好相关信息，及时提交申请，相关负责人逐级审批，全程手机操作，无需见面，系统即可通过短信形式通知审批人。“浮邱山乡采购管理系统”微信小程序实现对租车、用餐、采购等项目进行实时申报和实时监管，所有数据存放在网络服务器，后台查询、统计、管理方便、快捷。三公经费同比下降18.1%。（文逸文）

【“稻蔬千亩示范片”建成】2021年，浮邱山乡因地制宜发展特色农业，实行“水稻+蔬菜”水旱轮作模式，在西峰寺村、白家河村建成两个稻蔬千亩示范片。“稻蔬水旱轮作”作为一种绿色生态种植模式，是桃江县重点推广的项目，不仅解决冬季农田闲置问题，带动农民增收，还有效降低土壤重金属含量，提高有机质含量，改良土壤，实现农作物增产。（文逸文）

▲浮邱山乡稻蔬千亩示范片里长势良好的包菜和红菜薹（浮邱山乡党政办供图）

【科技助力“天眼”防溺水】2021年，浮邱山乡在资水桃江段易溺水区域安装防溺水智能系统，24小时监视勘察资水桃江县城及附近重点危险区域。通过该系统，工作人员能随时通过手机App及个人计算机端全方位远程监督。监控辐射范围周围可达3公里，一旦发现有市民靠近重点及危险水域，该系统会及时发出警告提醒，工作人员可以通过手机远程喊话，劝返市民防溺水。（熊瑾为）

【竹笋加工】2021年，浮邱山乡田家冲村的桃江田美竹笋专业合作社引进国内同行业中自动化程度与科技含量最高的自动化竹笋初级加工机械设备，省去竹笋蒸煮后的转运、人工辅助冷却和机械人工定时加压过程，整合压榨仓占用空间，方便榨笋出仓，解决人工加压因力度控制不好而坏笋的问题，比传统加工工艺节约人工成本28%，提高加工竹笋品质，首年完成鲜笋收购18.625万公斤，并全部完成加工与销售，实现总产值近60万元。（乡党政办）

【交通问题顽瘴痼疾整治】11月12日，浮邱山乡组织执法人员集中整治水口山集镇道路两侧的违规广告牌和违建搭棚，整治对象主要是早餐店、快餐店、蛋糕店、卤菜店等餐饮店面的广告牌和临时搭建的棚子。执法人员调派铲车并聘请专人实施拆卸，耐心劝导拒不配合的群众，及时化解矛盾纠纷。当日上午，9块违规广告牌和1户违建棚均顺利被依法拆除。（文逸文）

高桥镇

【概况】高桥镇地处桃江县城西南15公里，东邻石牛江，西接鸬鹚渡，南毗松木塘，北连桃花江。辖10个行政村，总人口31589人，面积96平方公里，耕地面积2.7万亩，山林面积10万亩，辖区内有罗溪、静乐庵、张家冲等3座上型号水库。2021年高桥镇实现地区生产总值3.88亿元，同比增长5.4%；实现规模工业增加值3.65亿元，同比增长5.8%。完成固定资产投资4.2亿元；实现社会消费品零售总额1.98亿元，同比增长7.5%；完成公共财政总收入1675万元。

现代农业。落实万亩粮食生产高产创建，早稻面积14200亩，集中育秧710亩，早稻专业化集中育秧3800亩，投入资金2700多万元开展1.2万余亩高标准农田建设，打造化肥减量增效千亩示范片1280亩，粮食总产量2.56万吨，燕军水稻种植专业合作社获评省级示范社；新建罗溪笋竹两用林基地1个，建成石井头竹笋加工企业；引进投资5000万元省科协葛产业园项目，落户横马塘村，流转400亩土地进行葛苗栽种，新建湘葛1号示范园；扶持桃花虾稻虾共养产业基地项目新流转土地300亩；推进茶叶种植、加工、销售一体化，支持资江缘茶叶打造茶旅文化基地，天问茶叶、罗溪生态农业专业合作社参与战略合作，罗溪高山野生富硒黑茶获全国茶叶产品推选活动金奖。

工业企业。设立“重点项目绿色代办通道”，为企业项目立项办理、土地流转、土地报建等工作提供全程代办服务，提高企业生产效率，优化企业营商环境。引进投资2000万元的钜富新材料科技有限公司落户经开区，投资5000万元的臻盈五金铸造厂开工投产，投资6亿元的石井头石洞矿山开发项目逐步完善前期工作，推进投资1.08亿元的景田饮用水生产项目建设，完成土地报批和拆迁协议的签订。

全域旅游。支持罗溪村申报中国地质文化村，建设网红玻璃直播间，逐步完善景区基础设施，全年景区游客量8万人次。

基础建设。投入12万元在辖区内增加减速带1063.08平方米；在松柏村、横马塘村安装防护栏373米，凸面镜3个，投入物资30万元，对7月大暴雨导致的罗溪村、横马塘村等24处路段严重损毁，15处轻微损毁开展隐患清除工作。采取“群众自愿、村级为主、社会捐赠”的方式，启动石井头路口至罗溪景区公路拓宽黑化建设，路基拓宽至8米，路面黑化6米，预计投资2000万元。收到捐资53万元，路基建设将于2022年8月底前完成，黑化工程将于2022年年底前完成。完成集镇污水支管网建设项目4公里建设。投入3万元增设荷叶塘供水工程进水管道600米，投入8.3万元巩固罗溪供水工程质量。整治黑臭水体2处，严查河道采砂行为，开展“清河行动”，落实禁捕退捕，改善河流水质，恢复河道生态环境。投资800万元，改造石井头、千秋和石头坪村电力设施，新增台区10个，改造线路25公里。

乡村振兴。开展脱贫攻坚质量大排查、大整改，摸清脱贫不稳定户、边缘户情况，建立防返贫长效监测机制，完成29户危房户住房改造。以产业联动、理念打造、产业集聚等方式，有机整合农业生产、农产品加工销售、文化、旅游、餐饮、住宿等产业，协同发展一、二、三产业，延伸产业链，拓宽村民增收致富渠道。结合本地农业、旅游业等优势产业，打造休闲特色茶园、高山野生茶园、高山果园与旅游相结合的农旅一体化发展模式，延伸发展特色农家乐、氧吧木屋、退伍军人之家等服务行业，让游客在旅游过程中，体验采茶、摘果、休闲娱乐乐趣。挖掘文化历史资源融入旅游发展，探索毛泽东第一首七律诞生地——石龙关历史线索，推进红色旅游基地打造。

社会保障。新增农村劳动力转移就业人员160人，城镇新增转移就业人员237人，就业服务登记介绍86人。推动高桥小学迁址新建项目，完成选址和规划设计，该项目占地60亩，能容纳800人以上。

疫情防控。加强返乡人员管理，加大门店防疫措施，防疫物资准备充足，完成新冠疫苗12周岁以上接种第一针15658人次、第二针12091人次、第三针3393人次，加强针592人次,完成接种率98.89%。3～11岁儿童接种第一针1951人次、第二针1658人次。

社会治理。开展安全生产“打非治违”行动，总计罚款15400元，消除企业安全隐患，新增应急救援设备空呼机2台、消防服10套、头盔10顶、消防靴10双，应急能力建设得到加强。强化平安建设，安装“行车卫士”，安装上线“雪亮工程”“六进六护”；劝返2名涉嫌缅北电诈人员；信访工作形成“五包一”工作责任制，做好全年各项特护期维稳工作；全年化解矛盾纠纷调处179起。风险防范：坚持“防打结合、标本兼治”基本原则，全年无非法集资案件和涉众型非法经营活动，保障金融安全稳健运行。全年协助追收回农商银行不良贷款150余万元。

人居环境。投入资金50余万元，维护和更换勾臂箱、中转站等环卫设施，选聘村级保洁员46名，开展桃高线、S230等主要公路砍青扫障以及罗溪河、新河等主要河道疏浚清理工作,完成卫生厕所改造1200个，开展畜禽养殖污染整治百日攻坚行动，排查高桥镇114个养殖场，限期整改不符合要求的养殖场。争取上级面源污染综合整治项目，投入资金90余万元，新建横马塘村沼气池3个、三格池20个，整治山塘黑臭水体。排查整治高桥村千人以上饮用水水源地。开展双创工作，推进荷叶塘村市级美丽乡村建设和高桥村“六个一”〔一(菜)园、一(畜禽)圈、一(杂)屋、一(排水)沟、一(化粪)池、一(沤肥)凼〕示范创建工作，横马塘村和松柏村成功创建省级卫生村，高桥村、荷叶塘村建成市级卫生村。（刘秀芝）

【邓友良督导高桥镇党委换届工作】5月26日，市纪委副书记、市监委副主任邓友良带队，与派驻桃江县换届选举风气现场督导组到高桥镇督导乡镇党委换届工作。督导组通过现场查验、举报受理、明察暗访、个别访谈、查阅资料等方式，全面深入了解高桥镇换届工作情况，坚持挺纪在前、全程监督和从严查处，确保换届过程风清气正。（莫朝苏）

【党史学习教育“八个一”活动】6月18日，高桥镇党委中心组先后到桃江烈士陵园和金家堤党支部陈列馆开展党史学习教育实践。自开展党史学习教育以来，高桥镇党委围绕“学党史、悟思想、办实事、开新局”的目标，不断丰富学习形式、创新学习载体，将党史学习教育贯穿全年。在全县首倡“八个一”系列活动，通过挖掘一个红色故事、举行一次讲党史宣讲比赛、开展一堂党史主题授课、举行一次现场党史学习教育体验、建设一个红色文化广场、党员干部撰写一份心得体会、探索出一条红色之路、组织一次探寻红色记忆活动八项特色举措。（彭劲松）

【“摩托车巡逻队”防疫、防溺两不误】7月19日，高桥镇镇村干部、党员组长、妇联执委、驻村工作队和志愿者联合组成多个摩托巡逻队，在镇域范围内开展防溺水和疫苗接种工作。巡逻队以网格为单位，在高桥镇易发生溺水事故的重点区域巡查走访、检查救助设备。同时挨家挨户上门动员疫苗接种工作，对年龄较大和出行不便的群众由摩托车送至村部，推进接种速度。（田清吉　莫朝苏）

【镇首本“三孩”生育服务证发放】8月25日，高桥镇政府为千秋村村民方女士发放该镇第一本“三孩”生育服务证。自“三孩”政策发布以来，该镇组织相关工作人员学习政策，通过多种形式讲解宣传，及时为群众答疑解惑，确保群众及时认识和了解计生新政策。（刘秀芝）

【“五个到户”活动】10月29日，高桥镇组织机关党员干部开展党员干部联系服务群众“五个到户”行动，逐户发放党群连心卡、惠民惠农政策明白卡、民情走访卡。“五个到户”即党员联系到户、民情走访到户、政策落实到户、产业对接到户、精准服务到户。该镇党员干部全年结对农户6519户，发放民情登记本417本、党群联系卡6780张、政策明白卡7550张、民情走访卡6780张。（刘秀芝）

▲高桥镇“摩托车巡逻队”（高桥镇党政办供图）

修山镇

【概况】修山镇下辖3个社区、9个行政村，总人口3.84万人，常住人口2.9万人，总面积93平方公里，镇区建成区面积2.5平方公里，耕地面积1496公顷，林地面积6066公顷，其中竹林面积7.6315万亩，立竹1593.4843万株。2021年，实现生产总值21.9亿元，同比增长10%，其中工业总产值12.3亿元，同比增长11%，规模工业总产值6.01亿元，同比增长10.2%，农业总产值3.8亿元，固定资产投资3.1亿元，同比增长41%。实现财政收入2426.2万元，同比增长6%。先后获评“湖南省卫生乡镇”“益阳市平安建设先进乡镇”“益阳市农村空心房整治先进乡镇”“益阳市乡镇农产品质量安全监管示范站”等荣誉称号，资水修山段被评为“湖南省2021年美丽河湖段”。

乡村建设。投资1400万元完成峡康线（峡康线是贯穿修山镇九都村、花桥港村、康家村三个村的一条重要乡道）8.9公里拓宽、黑化、靓化；投资450万元完成修山老渡口码头小商业中心的硬化、黑化，新建一个群众文化广场，50个停车位，重整装修临街商铺；投资418万元完成羞女山游步道建设，新建爬山步道1100余米，完成山顶平台、风雨长廊建设，完成熊湘亭修缮；新修建修山卫生院救护通道、镇区人行道、陈家冲金矿进厂公路等基础设施建设项目。全面清淤35公里，清淤泥5000余立方米，清塌方1200立方米，疏通堵塞隧洞1处，完成2座小（2）型水库除险加固工程，完成3座危桥改造建设。新增加勾臂箱20个、果皮箱50个，资江沿线新增设37盏路灯。

乡村产业。修山面业企业与10多家国有企业、长沙黄花机场、长沙高铁站、中国邮政邮乐购、深圳怡亚通供应链股份有限公司等建立合作伙伴关系；羞山官厅面业传统制作工艺成功申报“湖南省非物质文化遗产”；大队长农业综合服务基地和美鳗基地投产；创办2个千亩高产示范村、2个生态示范基地，完成集中育秧463.2公顷，绿色高产创建面积616公顷，早稻直播面积241.33公顷，开展病虫综合防治面积2266.67公顷，推广测土配肥技术面积3346.67公顷，秸秆还田面积1624公顷，商品有机肥推广60吨，绿肥种植面积240公顷，油菜种植880公顷，创办油菜千亩示范片1个。

乡村文明。完成5公里污水支管网建设和360户三格化粪池建设，完成全县垃圾分类减量示范乡镇试点工作，11月通过省级卫生乡镇复检，舒塘社区、月明山村、九都村成功创建省级卫生村（社区）、麻竹垸村成功创建市级卫生村；全镇1408名镇村干部和党员、680名网格员和妇联执委联系服务8998户群众，组织召开屋场会、户主会75场次，收集群众诉求495个，现场解决320个，镇村解决162个，其余13个问题报相关部门解决；花桥港村建成省级文明村和市级美丽乡村示范村，康家村建成市级文明村。

民生保障。制定修山镇防止返贫动态监测和帮扶工作方案，标识13户40人动态监测对象；率先在全县开展社会救助权力下放试点工作，全年为群众办理民生业务7600人次；完成3万余人养老保险待遇核查工作，追缴款项4万余元；全年发放救助资金14万余元，发放残疾人补贴60.73万元；开展社区服务活动12次，服务人数近500人次；发放关爱资金2.8万元，完成计生系列保险40万余元；全年完成理赔案件97起，理赔款35万余元；全年监控疫情防控红码人员8人，黄码人员123人，追踪电话3700多个；完成27台农机补贴录入，为农户申请补贴资金近30万元。

社会治理。全年完成各类执法案件31宗，登门检查60余次，重点整治对街面占道、门前乱堆乱放、非法小广告等违法行为；接待来信来访群众260余次，协商调解215起矛盾纠纷；有注册志愿者106人，开展83次主题志愿活动，活动开展率150%，实现志愿服务常态化，舒塘社区获评“2021年益阳市优秀志愿服务社区”；组建99个微信网格群，入群率超过87%，收集办结686条各类诉求，村社一级办结率超过99%，群众诉求满意率99.9%；组织安全生产检查50余次，检查各类生产场所100余家，发现安全隐患49次，立即整改46次，限期整改3次，取缔无证经营烟花爆竹场所4家，收缴烟花爆竹130余件；全年完成36处卫片图斑举证，受理村民建房61起，批准34户，发现查处违规建房11起，完成106个设施农业用地上图入库。（阳　婷）

【S319枫林港路段发生山体滑坡】4月14日，S319枫林港路段发生多次山体滑坡，垮塌树木和落石堆积在公路上造成交通堵塞，修山镇政府工作人员第一时间赶到现场，清除树木落石等障碍物，及时设置警示牌、指挥交通，现场无人员伤亡。同时，在该路段设立围挡，安排巡查人员24小时值班巡查，确保交通与行人安全。（阳　婷　刘　毅）

【在省展销会上推介修山面业】9月10—13日，2021（第六届）中国国际食品餐饮博览会暨第五届湖南名优特新粮油产品展示展销会在长沙湖南国际会展中心开幕。修山镇面业协会在粮油展销会上对修山面业开展推介。展销期间，修山面以水质特色和独特口感，受到消费者广泛关注。（刘　毅）

【通过省级卫生乡镇复检】11月9日，省市考核验收组带队领导王建群现场宣布修山镇创建工作成功达标。修山镇投入500余万元新建、改建游客服务中心和修山中学2处停车场，提质黑化道路1000余米，补缺整改人行道100米、延伸污水管网3千米，建造添置环卫设施，建设修山老渡口码头小商业中心，新建农产品赶集市场。（阳　婷）

【峡康线黑化通车】12月1日，投

▲ 9月10日，修山镇面业协会参加省粮食局主办的展会（刘　毅／摄）

资1400余万元的峡康线公路正式建成通车。峡康线公路全长8.9公里，路面宽6米，是修山镇九都村、花桥港村、康家冲村1.1万人口唯一出行通道，也是桃江县连接益阳市资阳区和常德市汉寿县的重要通道。（阳　婷）

【县四大家领导到修山调研】 12月8日，县委书记向荣等四大家领导到修山调研重点项目。领导们先后赴益阳市修山钟氏面业有限公司、桃江修水水利水电建设有限公司现场调研。调研组肯定钟氏面业有限公司通过提质改造以加大面业生产规模的做法，认可修水水利水电建设有限公司搬迁新址、并扩大机械制造规模的做法。向荣提出，特色产业企业要提高责任感和担当意识，搭建好平台，将特色产品推广到更广阔的消费市场，以此助推乡村振兴。（阳　婷　刘　毅）

【38家省直单位到修山调研】 12月10日，省人大常委会办公厅、省委组织部、省委宣传部老干处等38家省直单位50余人到修山镇调研“创百”工作，看望百岁老人。修山镇自开展“创百”工作以来，坚持试点引路，依托“一门式”公共服务和“五个到户”活动，普及健康知识，弘扬“孝老敬亲”传统美德，全镇有90～99岁的老人217人、100岁以上长寿老人4人。（阳　婷）

【资水修山段入选“美丽河湖”】 12月28日，资水益阳修山段入选湖南省2021年“美丽河湖”。资水益阳修山段全长14.43公里，贯穿修山镇5个村（社区）。自建立河长制管理体系以来，修山镇在资水北岸修建1500米沿江风光带，组建河道环保志愿者工作站，聘用河道保洁员10名，定时清运河道河岸垃圾，建成资水北岸生态休闲区。（阳　婷）

沾溪镇

【概况】 沾溪镇地处资水中游南岸，桃江县中部，距桃江县城16.5公里，与三堂街、修山、浮邱山、鸬鹚渡、大栗港5个乡镇搭界，全镇辖7个村、2个社区，总人口30218人，其中农业人口23415人。总面积66平方公里，其中耕地面积21723亩，山林面积100320亩，森林覆盖率达48.8%，属典型的丘陵地貌。2021年，沾溪镇完成地方生产总值6.23亿元，同比增长10.5%，固定资产投资3亿元，同比增加42.9%，实现财政收入2474万元，同比增长6.3%；规模工业3.13亿元，同比增长10.5%，城乡居民可支配收入达22179元，同比增长12.3%。

产业发展。成功打造县级万亩绿色高质高效双季稻种植示范片，完成县定双季稻生产目标任务，沾溪镇获评“市级粮食生产先进乡镇”，镇长刘矿安获评市级粮食生产先进个人，长田坊村殷先民获评市级种粮大户先进个人。盘活核电厂区存量资产，引进6家竹制品优质出口创汇企业落户核电厂区。提质升级洋泉湾村东坤电机扶贫车间，打造洋泉湾村电机研学产业园项目，电机研学产业园一期8条电机成品生产线已建成投产；2021年该镇招商引资工作年终考核获评全县第一名。洋泉湾村旅游基础设施不断完善，旅游环境不断美化，建成省级美丽乡村。

基础设施。拓宽硬化九螺坊至伍家洲段公路4.3公里，完成沾溪至卫红村公路8公里、沾白公路（沾溪镇沾溪村—白竹洲水电站）沾溪段3公里路基工程建设，解决上万名群众出行难问题；争取项目资金1600万元，整镇推进高标准农田建设；筹措项目资金300万元，在重点村、薄弱村进行农村电网改造。

生态环境。建成市级文明乡镇，获评市生活污水治理先进乡镇，农村人居环境整治工作年终考核全县排名第二，完成3公里沾溪镇污水处理厂支网建设，1898 个农村户用厕所改（新）建通过县验收。

社会治理。创新基层治理，构建以“网格化”为基础的社会基层治理体系，全镇建立镇级网格 9 个，村级网格 86 个，招募网格员 468 名，对口联系农户 8107 户。500 余起矛盾纠纷化解在镇村两级；停滞近 10 年的沾溪加油站项目 2021 年启动并完成建设，12 月实现试运营。获评市级平安建设先进乡镇，综治（平安建设）工作县年终考核为优秀。压实安全生产责任，严格落实安全生产专项整治三年行动，获评市级安全生产（含消防、森防）优秀乡镇。

社会民生。统筹常态化疫情防控与安全生产。3 岁以上在家接种人群新冠疫苗第一、二、三针全部接种，“加强针”接种人群接种工作有序推进。落实安全生产专项整治三年行动，排查整治安全隐患 85 起。2021 年，沾溪镇安全生产责任事故“零发生”，乡镇应急能力建设通过验收。镇中心学校获评县教育教学质量综合考评优秀中心学校、县教育教学质量综合考评优秀初级中学；镇卫生院长夏永利被评为县向上向善青年，卫红村青年钟声获桃江青年五四奖章；荷叶山、杉木村、白沙洲、伍家洲、洋泉湾 5 个村（社区）妇联被评为全县优秀基层妇联组织。

（申　星　曾慧珊）

【隋忠诚到沾溪调研】 3 月 18 日，副省长隋忠诚到沾溪镇调研粮食生产工作。省政府副秘书长欧阳煌、省农业农村厅厅长袁延文、市政府副市长汤瑞祥、市政府副秘书长匡维波、县长黄劲、副县长罗歆辉陪同调研。在该镇双季稻绿色高质高效万亩示范片，隋忠诚仔细询问合作社 2021 年春耕备耕情况，以及桃江落实粮食生产的具体做法和措施。

（申　星　曾慧珊）

【全竹循环利用链项目参展】 7 月 29 日，沾溪镇全竹循环利用生产链项目代表桃江参加益阳—粤港澳大湾区 5G 应用产业链推介会暨重大项目签约仪式。该镇引进全竹循环利用生产链项目落户核电厂区，打造全竹循环产业园，该产业园引进 6 家竹制品优质出口创汇企业。

（申　星　曾慧珊）

【洋泉湾电机产业园投产】 9 月 10 日，洋泉湾电机研学产业园项目正式投产，县政协副主席蒋胜丰出席仪式。洋泉湾电机研学产业园是桃江县 2021 年招商引资集中签约的 14 个重点项目之一，是桃江县首个体验式工业旅游试点项目，项目计划总投资 12000 万元，规划用地 20 亩，建设 40 条电机成品生产线、1 个电机研发中心、1 个电机科普园。已投产的华锦成电机洋泉湾新厂是该产业园的一期项目。该厂已完成投资 1600 多万元，生产电机近 40 万台。

（申　星　曾慧珊）

【全县农村工作现场会在沾溪召开】 9 月 16 日，全县耕地抛荒治理暨农村厕所革命、冬季农业生产现场会在沾溪镇召开。会议先后观摩该镇沾溪村、白沙洲社区两个抛荒治理示范点，及杉木村“厕所革命”示范点，了解该镇在耕地抛荒治理、农村厕所革命和冬季农业生产等方面的工作进展。副县长庄立辉出席会议并讲话。各乡镇长、农业分管领导、农业综合服务中心主任参会。

（申　星　曾慧珊）

【县四大家领导到沾溪调研】 12 月 18 日，县委书记向荣等四大家领导到沾溪调研重点项目。领导们先后赴洋泉湾电机产业园、竹产业园现场调研。向荣要求，沾溪镇要加强党建工作，强化人员、资金和要素保障，突出抓好笋竹、文旅等产业发展和基础设施建设；要增强底线思维，提升安全生产意识，严防金融风险，统筹做好常态化疫情防控、

▲ 7 月 29 日，沾溪镇全竹循环利用生产链项目，参加益阳—粤港澳大湾区 5G 应用产业链推介会暨重大项目签约仪式（沾溪镇党政办供图）

疫苗接种、森林防火等工作；要对标对表年初目标任务，强化落实，齐心协力打好年底收官战。

（申　星　曾慧珊）

三堂街镇

【概况】 三堂街镇辖15个行政村和1个社区，总面积173平方公里，其中耕地面积3200公顷，年末人口数6.7万人。2021年，全镇实现财政总收入5400万元，完成税收1180万元，完成固定资产投资3.1亿元，规模以上工业总产值达16.9亿元。完成全镇16个村、社区全年账务处理及互联网+监督工作；完成2021年集体经济收入统计和上报工作，全镇16个村、社区集体经济收入均达5万元以上。

招商引资。完成招商引资固定资产投资4.05亿元。全年共立项争资项目10个，争取项目资金近2000万元。进一步盘活存量资产，处置存量土地12亩。成功引进投资5000万元的湖南鑫祥铝业有限公司。新开发包装2个旅游开发项目，1个农业观光体验项目。湖南水岸湿地度假庄园第二期工程已进行投资建设，七里村、七里坳特色旅游商品生产加工项目及黄土洲、占宝洲、瓦屋州特色休闲旅游开发项目已提上日程。

乡村振兴。全面推进乡村振兴，对防返贫检测对象22户48人落实一项以上针对性帮扶措施。与上级衔接乡村振兴资金215万元，实施项目23个，小额信贷发放150元。深入开展“三帮一”劝返复学行动，全面落实教育资助等政策，未发现一人因贫失学辍学。落实慢病家庭医生签约服务，脱贫户和监测户参保率达100%，同时，加大医疗救助力度，坚决防止因病返贫致贫，全年共发出临时困难救济31万元。深入开展住房安全排查及农村危房改造，全年完成危改28户。为全镇所有农村户籍人口购买防贫综合保险，为所有已脱贫户购买特惠保（人身意外险）。2021年11月，合水桥村通过全市巩固拓展脱贫攻坚成果秋季攻势行动工作的督查。

农业农村工作。整治耕地抛荒撂荒1350亩，发展双季稻14800亩，油菜种植面积12000亩，紫云英种植面积3500亩、各类中药材2000亩、特色水产2500亩，新成立合作社2家；对全镇农业耕地面源污染进行调查摸底造册，并组织改良10000亩超标稻田。开展病虫防治，做好松材线虫病防控工作，有效治理竹蝗。定期进行山林防火巡查，规划天然商品林21000亩。开展春季动物防疫工作，规范新增畜禽养殖场10处；普查全镇畜禽水产，有规模养殖场18家，中小型养殖场130家，水产面积4500余亩；按国家强制疫苗“先打后补”政策发放全镇13家规模养殖场资金5万元；发放农机补贴58万元，移民项目补贴90万元。开展禁捕退捕工作，全年出动日间宣传车30台次、夜间巡逻60批210人次，查处电站禁区垂钓21起62人次，劝退禁区钓鱼21起65人次；开展资江河道执法巡河30批150人次，销毁“三无”船舶20艘，打捞销毁非法渔网、地笼2300公斤。加强基础设施建设，完成450亩造林计划和18公里林道建设。管养县道、乡道、村道119公里，列养率达100%；完成县道X023线提质改造及镇内11.2千米拓宽黑化工作；完成王母村邹家村危桥改造工作。处置易家仑水库、乌旗坳水库隐患，对刘新村山塘、新塘嘴山塘等12口山塘除险加固，排查摸底全镇29座上型号水库和重要骨干山塘及其他隐患涉水工程。完成赤塘水厂提质改造及3270米管网铺设工作；投入40万元完成合水桥和合村水厂提质改造。

城镇建设。投入近30万元完成镇区4公里新建路段亮化工程，投入320万元完成290米老街栈道建设和度假庄园到新建路段800余米路面黑化工程。全面完成1500吨污水处理厂建设并投入使用，完成镇区6公里污水管网建设。完成黄金山农村公益性公墓园建设并已投入使用。

社会事业。开展疫情防控常态化工作，全年，累计完成接种70000剂次，确保应接尽接。全年共计发出临时困难救济27万余元，全面落实慢病家庭医生签约服务。对31名事实无人抚养儿童按季度发放补助金，实时关注留守儿童、留守老人生活情况，及时解决生活困难。开展残疾人辅助器具适配工作，全年完成配发轮椅、三角手杖凳、坐便椅等各类辅具109件，为9户贫困残疾人家庭进行无障碍改造，完善残疾儿童康复服务体系，开展残疾少年儿童促学工作，实现贫困残疾学生从小学到大学乃至研究生阶段教育救助全覆盖，全年上报贫困残疾大学生、贫困残疾中学生20余人次。加强社会治安综合治理，开展禁毒、禁赌、禁黄、消防、道路交通安全、治理超限超载等联合行动100余次，打击违法犯罪31起，行政拘留27人、刑事拘留14人。强化矛盾排查调解，共受理办结群众来信、来访11起，未出现一起进京、赴省、到市上访现象发生。开展安全生产工作，全年累计检查企业479

家，督导问题133个，行政处罚14家，责令停产整顿5家，暂扣吊销证照2家，罚款1.3万元。开展各类安全生产宣传和联合检查47次，排查整改安全生产隐患154处，全年未出现一次较大以上安全事故。强化教学设施，完成投资近700万元的赤塘小学食堂、教师租转房与综合楼建设项目并交付使用，完成投入290万元的三堂街完小教师租转房和运动场塑化项目，镇完小食堂获评市级标准化食堂。完成全镇学校“护学岗”建设，配备专职或兼职保安，学生安全得到持续保障。（刘永辉）

【获评“全省脱贫攻坚先进集体”】4月30日，省委办公厅印发《关于召开全省脱贫攻坚表彰大会的通知》文件，正式确定中共三堂街镇委员会为湖南省脱贫攻坚先进集体。

（刘永辉）

【获评“省级文明乡镇”】2月8日，湖南省精神文明建设指导委员会文件印发湘文明委《关于表彰2020届湖南省文明城市、文明村镇、文明行业、文明单位、文明标兵单位、文明家庭、文明校园、文明标兵校园的决定》，确定三堂街镇为“省级文明乡镇”。

（刘永辉）

【花田风筝节】3月13日，三堂街镇湖莲坪村举办第二届花田风筝节，县委副书记、县长黄劲宣布开幕，县领导黄丽、王军华出席开幕仪式。活动以“不羡梦中桃花源·只因纸鸢遍花田、百鸢齐飞·献礼建党100周年”为主题，依托湖莲坪村打造的“万亩油菜花田”资源优势，融合花田和风筝元素。同时依托省文旅厅重要项目建设的政策优势，持续推进“湖莲坪文创园”项目建设。投入资金300多万元，新建旅游设施，提供游客赏花玩乐场所。

（刘永辉）

【发现国家重点保护动物黑鹿】5月31日，三堂街镇九峰村发现国家重点保护动物黑鹿，县林业局野生动物保护股、镇农业综合服务中心、九峰村现场辨认发现黑鹿一只前腿一只后腿受伤骨折。三堂街镇湿地公园赵林洲上还曾出现中华秋沙鸭。

（刘永辉）

【行政执法】2021年，三堂街镇共办理渔政案件9起，销毁渔网、地笼600余个，规范垂钓行为40余起；规范宅基地建房审批程序，共批准宅基地115宗，批准宅基地面积15258.75平方米；集中巡查4次，卫片监测巡查3次，处置12起违规建房问题；开展林业执法工作，巡查40余次，现场批评教育、督促整改10人次，行政处罚2起，罚款17334元；推进自然资源执法工作，核查卫片监测图斑80余个，所涉违法建设面积170.59亩；开展违法建设巡查100余次，行政处罚5起，罚款近10万元（其中擅自非法开采矿产资源1起，占地建设5起）；拆除整改违法占用耕地建房建坪3起、挖塘养鱼问题10起，恢复水稻种植面积15亩。

（刘永辉）

鸬鹚渡镇

【概况】鸬鹚渡镇北邻浮邱山乡、沾溪镇，东毗高桥镇，西与大栗港镇接壤，南靠安化县大福镇，国道536线贯穿境内，是革命烈士张子清、张昆弟的故乡。总面积116.4平方公里，耕地面积1553公顷，山林面积7904公顷。辖10个行政村，2个社区，147个村民小组，有户籍人口39532人。2021年，全镇实现生产总值15.2亿元，同比增长5%；完成固定资产投资2.4亿元，同比增长9%；实现财政地方一般公共预算收入2375万元，税收完成850万元。

现代农业。全镇双季高产创建面积3500亩，稻油水旱轮作种植面积

▲3月13日，三堂街镇湖莲坪村举办第二届花田风筝节（县融媒体中心供图）

1200 亩。治理长年抛荒面积 523 亩。新增农用机械 35 台，成功创建县级示范合作社和家庭农场两家，农业现代化进程加快。发展规模养殖，全镇规模养殖场发展到 35 个，养殖专业户 236 户，其中千头猪场 5 家，万羽鸡场 5 家。发展和培育笋竹两用林基地。新增笋竹两用林面积 1000 亩，新增竹笋生产加工线 1 条，全镇全年共挖鲜笋 420 万公斤，笋农增收明显。

工业发展。镇域内的 7 家规模工业企业，47 家竹制品加工厂，8 家绿茶生产企业均发展势头良好，有 5 家企业累计完税金额在 10 万以上。竹产业走上绿色循环发展道路。推进竹资源高效循环利用综合加工示范小区建设，由湖南桃花江竹材科技股份有限公司投资 2000 万元，采用先进生产设备与技术，于 11 月建成投产，年加工原材可达 4 万吨，年产值 3000 万元。

红色旅游产业。张子清村举办湖南省红色文化旅游节桃江分会场启动仪式，该村全年共接待社会各界人士 356 批次 7351 人。张子清村红色美丽村庄建设试点工作有序开展，红色教育拓展基地已全部完成征地拆迁、土地调规、报批、工程建设招投标等前期工作，龙塘湾村红色农庄完成建设，新编大型花鼓戏《工运先驱张昆弟》《正太风暴》公开演出，昆弟文化广场知名度提升，鸬鹚渡镇红色旅游品牌逐步树立。红色文化小镇初具雏形，已成为桃江全域旅游重要一环。

基础设施建设。完成林道建设 16.2 公里，完成公路建设 5 公里，共衬砌河堤 4900 米，疏通河道沟渠 2400 米，危桥改造 4 座，新建中型灌溉水坝 1 座。全面完成全镇 10 千伏电力线路防雷治理，完成大塘村双塘片、鸬鹚渡社区百亩片的农村电网改造。顺利完成沙河社区 506 个、鸬鹚渡社区 290 个卫生厕所改造；完成龙塘湾村整村农村生活污水治理项目；完成大塘村、鸬鹚渡社区等 6 座公厕修建。全面完成镇区污水管网 5 公里建设任务，镇区污水实现规范收集处理，镇区形象得到提升。鸬鹚渡镇中心文化广场建成投入使用，已成为社区居民的娱乐健身中心。

环保工作。开展竹木胶板行业整治，对第二轮中央环保督察反映的问题已全部解决。开展畜禽养殖环境污染治理，畜禽粪污资源化利用率已达到 95% 以上，171 家养殖场户粪污处理设备配套率达到 100%。在全镇范围内集中开展 12 次人居环境整治大行动，建成省级卫生村 2 个、市级卫生村 5 个。

民生福祉。龙塘湾村菌菇基地生产创收，开创村级集体经济发展新局面。文化生活。举办“久通杯”全民广场舞大赛、重阳节文艺演出、送戏下乡。开展生育关怀慰问活动，慰问失独家庭、计生贫困家庭和农村“三留守”人员等弱势群体 74 户，共计发放生育关怀资金 29600 元。落实惠民政策。发放低保金 282.03 万元，特困金额 107.82 万元，发放残疾人护理补贴 59.46 万元，残疾人生活补贴 28.84 万元。城乡居民养老保险待遇回头看共排查 33608 人，追缴金额 66088.6 元。社会保障到位，全年共发放临时救助 16.07 万元。

平安建设，统筹发展与安全，落实常态化疫情防控工作。开展信访工作，调处各类矛盾纠纷 200 多起，成功率达 90% 以上。成功创建市级信访工作“三无乡镇”（无越级访、无集体访、无重复访）。加强应急能力建设，组建 18 支镇、村、部门及志愿者应急队伍，开展 2 次综合性培训、演练。消防应急出动 9 次。开展安全生产专项整治三年行动，2021 年打击非法生产经营 2 起，行政处罚 16 起，罚款 1 万余元。加强交通顽瘴痼疾整治，设鸬板线路口 12 个固定劝导站，24 名劝导员。开展禁毒、防溺水、消防安全、道路交通安全等入户宣传“敲门行动”。全年未发生安全生产责任事故。

（邓婷娥　梁　敏）

【曹赛青捐赠口罩 11 万个】 8 月 8 日，鸬鹚渡镇玉溪村在外办厂的爱心人士曹赛青夫妇，以惠州市巨星科技有限公司的名义向玉溪村村委捐赠 11 万余个口罩，助力家乡疫情防控工作。曹赛青在书信中表示，虽然身在外地，但一直关注着家乡的疫情，希望这批物资能够为家乡的防疫工作解决物资上的困难。

（梁　敏）

【留守儿童接受红色教育】 6 月 26 日，县资水志愿者协会组织 20 多名来自农村的留守儿童，到鸬鹚渡镇张子清生平事迹陈列馆参观学习。在张子清烈士纪念馆，张子清村党总支书记张建军为孩子们讲述革命烈士张子清的故事。随后，县资水志愿者协会的志愿者为孩子们讲解防溺水相关知识，送上学习用品。

（梁　敏）

【禁毒知识进校园】 6 月 25 日，鸬鹚渡镇组织社会治安和应急管理办、司法所、派出所、妇联等部门在鸬鹚渡镇完全小学开展“6·26”禁毒知识进校园活动，600 余名师生参加。活动中，禁毒工作人员讲解禁毒知识。讲座结束后，师生参观禁毒展板，并在禁毒横幅上签名。　（梁　敏）

【“母亲节”献礼活动】 5 月 7 日上

午，鸬鹚渡镇妇联联合镇计生协开展“关爱女性健康献礼母亲节”主题活动。县妇幼保健院易新颜医生以“女性‘两癌’预防与治疗”为题为大家授课。易医生向大家讲解“两癌”的成因及早期症状、日常的预防保健、癌症的有效治疗等知识，并以抢答互动的方式检验妇女同胞们的学习成效，引导广大妇女关注自身健康，培养科学文明健康的生活方式，养成预防为主，治疗为辅的健康理念。（梁 敏）

【送军鼓送喜到优秀现役军人家】 2021年，鸬鹚渡镇共有多名荣立三等功的现役军人和多名“四有”优秀士兵。4月21日，党委委员、副镇长贺志华同退役军人服务站站长、党政办主任开展送军鼓送喜到家活动，并发放奖金。（梁 敏）

【广场舞大赛】 6月26日，以“奋进百年路 竹乡颂党恩”为主题的全民广场舞大赛在镇中心文化广场举行，共同庆祝中国共产党成立100周年、中国计生协成立41周年。全镇共11支队伍登台演出，鸬鹚渡社区代表队获一等奖，沙河社区代表队、长江村代表队获二等奖、千工坝村代表队、板溪村代表队、梅山村代表队获三等奖。（梁 敏）

【红色文化旅游节】 4月29日，湖南省红色文化旅游节系列活动“循伟人足迹，颂红色潇湘”重走青年毛泽东游学社会调查之路桃江分会场启动仪式在鸬鹚渡镇张子清村举行，县委副书记、县长黄劲出席并致辞，县委常委、宣传部部长戴文主持启动仪式，县五大家在家领导出席活动。黄劲带领在场全体干部一起重温入党誓词。全体人员重走青年毛泽东游学社会调查之路，从张子清村村部出发，经张子清生平事迹陈列馆到龙塘湾村张昆弟广场。在张昆弟广场，全体人员为张昆弟烈士默哀，向张昆弟雕像敬献鲜花，深切缅怀革命先烈的丰功伟绩。（梁 敏）

【镇中心文化广场落成】 4月27日，鸬鹚渡镇中心文化广场竣工。工程于1月27日开工建设，投入资金200万元，工期3个月，工程改造前坪总面积2844.8平方米、改造围墙97米、改造前坪道路1400.5平方米及室外人行道活动场等附属工程、路灯工程、绿化景观工程。该文化广场集群众休闲健身、红色文化传播为一体。（梁 敏）

▲4月21日，为获立三等功的现役军人家属送奖（鸬鹚渡镇党政办供图）

大栗港镇

【概况】 大栗港镇地处湘中偏北，资水中游，东与鸬鹚渡镇、沾溪镇毗邻，北与鲊埠、三堂街镇相连，西南与马迹塘镇接壤。总人口67999人，镇域面积17200公顷，耕地面积3669.2公顷，林地面积10400公顷（竹林面积6300公顷），辖区内16个行政村和1个社区，共有党总支18个，59个党支部，党员2137人。2021年，全镇实现地区生产总值28.98亿元，同比增长5%；完成固定资产投资5.25亿元；实现财政总收入4127.66万元，其中税收收入880万元，同比增长9%。

现代农业。早稻播种面积1170公顷，创建绿色高质高效农田面积960公顷，完成油菜播种566.66公顷；推广先进农业机械79台，发放购机补贴金额62.08万元；治理抛荒耕地82.77公顷；培育新型农业经营主体，“米儿生态农场”获评省级示范农场，“新盛农业”获评桃江县现代农业特色产业示范园，杨氏合作社获评桃江县示范合作社。

招商引资。2021年全镇新引进企业2家，新开工企业2家，新投产企业2家，新增入规企业1家，现有规模工业企业5家，商贸企业5家；农业产业强镇全面完成建设，培育壮大以汇泉农业、宏威竹笋等为代表的9家企业和10家合作社，建成竹笋基地333.33公顷、竹笋加工线4条和冷链物流交易中心1个。

文旅融合。推进竹旅康体养融合发展，全镇收购春笋258.5万公斤，竹农获益近410万元；依托安宁竹谷，“全国乡村旅游重点村”刘家村、“中国美丽休闲乡村”朱家村等重点旅游路线，完善配套基础设施，打造19段“路净、水清、户美”的示范路段；全年共接待游客近26万人次。

乡村振兴。新纳入防治返贫动态监测帮扶机制监测对象25户50人；新实施危房改造29户；全年享受教育助学838人，“雨露计划”154人；完成全镇四类人员慢性病签约服务工作，实现镇内农村户籍人员防返贫综合保险全覆盖；实施产业项目19个，覆盖629户1725人次；栗山河村确定为省级重点帮扶村，朱家村获评省级特色精品乡村，并确定为省级乡村振兴示范创建村。

人居环境。完成户改厕1666户；实现“网格会议”全覆盖，全年召开屋场会150余场，发放《庭院整治倡议书》3700余份，制定“双月考评”+“周巡查”制度，评选“最美农户”600余名；投入近30万元打造G536黄栗洑段示范路段，刘家村获评美丽庭院创建示范村，黄栗洑村、筑金坝村获评省级卫生村，黄道仑村、松木桥村、先锋桥村获评市级卫生村，德茂园村建成镇人居环境整治示范村。

文明创建。开展志愿者创建服务活动，开展“门前三包”专项行动，镇域群众知晓率达到100%；开展新时代文明实践活动10次、志愿者服务活动200余次，举办省文联“笑满三湘”送戏下乡活动，德茂园村获评“市文明村”，黄道仑村郭美华获评“市级文明家庭”。

生态环境。及时处理中央及省环保督察组交办件1件，完成安宁水库水源保护区整改销号；严格河（湖）长制、林长制责任落实；完成秸秆禁烧工作，实现全年全域卫星巡察“零火点”；拆解“三无”船舶8艘，收缴渔网渔具近1.2吨，查处非法捕捞案件2起；完成18个型号水库、五大灌区共47.1公里渠道维护维修、砍青扫障工作。

城镇建设。改造农村公路9公里，路基加宽8.2公里，完成“旅游路”6.8公里、镇区“产业路”1.7公里的黑化、亮化工程；投资381万元建设大栗港镇区污水管网铺设工程，并逐步投入使用；完成集中供水工程；镇中学新建礼食堂1栋，罗兴小学新建教学楼1栋、食堂1栋，镇小学维修改造教学楼1栋；镇区校车路线停靠点新增停车牌50块、安全警示标识标牌70块；投资30万元完善大栗港镇完全小学门前交通标志线、安装路灯、设置红绿灯；完成危桥改造3座。

社会保障。开办创业培训班5期，累计培训190人（含30名小微企业老板）；新增城镇就业275人，失业人员再就业128人，就业困难人员实现就业32人；对全镇困难家庭、重病家庭、临时救助469人，发放救助资金27.6万元；加强残疾人关爱救助，发放残疾人辅助器具92件，无障碍改造9人，申报贫困残疾人子女助学金人员18人；符合纳入低保条件的应纳尽纳；完成惠农补贴项目68项、扶贫补贴项目11项；完成15座零散烈士墓就地保护与迁移，落实优抚安置政策。

社会治理。组织黄赌毒专项整治行动30次，处理毒品犯罪治案14起，禁毒成效受到市禁毒协会表扬作为桃江经验推广至全市；全年化解各类矛盾7起，稳控9类群体，完成省委巡察组巡查交办件8件；规范和取缔马路市场，整改违法建筑5起，清理交通隐患5起，打击非法经营烟花爆竹行为8起；做到控税率100%；2021年，获评全市信访工作“三无”乡镇优秀单位。

安全生产。对标对表“六有”（有班子、有机制、有队伍、有预案、有物资、有培训演练）标准，建立应急（消防）指挥中心，新增5个视频监控点位，实现县镇村三级互联；开展安全生产专项整治三年行动，全年发出安全生产现场检查文书86份、责令限期整改指令文书67份、行政处罚决定书17份，移交“打非治违”案件1起、水上交通安全违规作业6起，全年无较大事故发生；获评2021年市级安全生产（含消防、森林）示范乡镇。

“放管服”改革。全镇实现所有村（社区）网格化管理和志愿服务工作全覆盖，共搭建网格173个，发动网格员1102名，联系农户15040户，搭建线上“网小格”平台156个；2021年镇党群和政务服务中心“线上+线下”共受理便民事项117256件，其中各村（社区）便民服务中心受理办件85432件，政务数据上传及时性100%，评价数据镇、村二级覆盖率100%，居全县第一；企业、群众对政务服务实际评价无一起差评，主动评价率100%，满意率100%；大栗港镇是2021年全县唯一获评益阳市“放管服”和“一件事一次办”改革真抓实干工作督查激励乡镇。 （李　纯　张瑞梅）

【集中供水工程】 6月30日，大栗港镇集中供水工程全线试通水。该工程位于许家洲村组山上，主体工程包括新建综合楼、取水泵房、管网建设、反应沉淀池、重力无阀滤池、清水池、进厂公路及电力等配套工程，工程造价1800余万元。新水厂供水设计规模达5000立方米/日，能够满足供水范围包括刘家村、先锋桥村等10个村共3万余名群众用水需求，极大改变以往水压不足、水量不足的情况。

（向　峰）

【张兴凯到大栗港镇调研】9月8日，全国政协常委、中国安科院院长张兴凯到大栗港镇调研农村安全生产工作。县委常委、常务副县长李丰，县委常委、副县长胡志远，县政协副主席胡喜明陪同。张兴凯一行先后前往大栗港镇米儿农场、强龙食品公司和应急救援仓库等地实地调研。张兴凯在调研中指出，要加强食品行业领域的危险源、安全风险和事故隐患排查力度，着力解决安全生产数据信息不系统、不完整、不全面的问题。要加强农村安全生产工作，将涉农安全纳入乡村振兴战略；要健全涉农安全法规标准体系，建立农村人员集聚场所安全风险监测信息平台；要把加强农村安全基础和能力建设、实施美丽乡村建设工程同步解决农村安全问题、安全宣传教育覆盖农村、农村事故及其人员死亡等情况纳入美丽乡村建设指标体系。（李　纯）

【“一门式”服务】大栗港镇党群和政务服务中心推进“一个窗口对外受理，多部门内部联动运行”机制，在全县率先创造性办理村级生育服务登记、林木采伐许可证办理、镇级宅基地建房审批、再生育三孩服务登记4个事项，并制作《群众办事不出镇》一次性告知书，形成大栗港工作特色。镇党群和政务服务中心全年“线上+线下”受理便民事项117256件，其中各村（社区）便民服务中心受理办件85432件。政务数据上传及时性100%，评价数据镇、村二级覆盖率100%，居全县第一。企业、群众对政务服务无一起差评，主动评价率100%，满意率100%。全年共接待“一门式”政务服务现场参观学习交流9场次，成为全县2021年唯一获评益阳市“放管服”和“一件事一次办”改革真抓实干工作督查激励乡镇。

（伍　杨）

【迎萧振汉烈士遗像活动】7月13日，“寻烈士遗像，送英雄回家——纪念萧振汉130周年诞辰暨赴法勤工俭学102周年”活动仪式在大栗港镇黄栗湫岩板村举行。仪式由县档案馆馆长周群锋主持，县委常委、县委办主任肖立新，大栗港镇党委书记王锋，黄栗湫村党总支部书记肖化龙，烈士家属代表分别讲话，并向烈士致以敬意和哀悼。（李　纯）

【安全生产月咨询日活动】6月16日，大栗港镇社会治安和应急管理办、司法所、综合行政执法大队等多部门联合在镇卫生院门口开展“安全生产月咨询日”活动。活动受理现场咨询40余人次，发放宣传资料500余份，向群众宣传安全知识，并根据夏季火灾事故特点提醒居民定期检查家中电气线路、燃气管道、家用电器等，排查家中火灾隐患，加强安全防范，严防火灾的发生。

（肖　雪　曾海强）

鲊埠回族乡

【概况】2021年，鲊埠回族乡工农业总产值突破23亿元，同比增长15%；税收收入完成2400万元，同比增长71%；人均生产总值突破10万元，人均纯收入3.2万元。

产业建设。推进“产业特而强、功能聚而合、形态小而美、机制新而活”特色小镇发展；打造“中国南方最大的细木工板生产基地”品牌，培育规模以上企业8家，打造2家省级龙头企业和2个湖南省名牌产品，竹木胶板产业生产总值达到19亿元。牛肉销售和特色餐饮行业

▲7月13日，“寻烈士遗像，送英雄回家——纪念萧振汉130周年诞辰暨赴法勤工俭学102周年”活动仪式在大栗港镇黄栗湫岩板村举行（夏正君/摄）

年销售额突破1.5亿元。打造万亩油菜示范基地，治理陈年抛荒并恢复耕种500多亩，完成上级下达的粮食稳产任务。农商银行2021年存款余额1.35亿元，贷款余额1.1亿元，存贷比达到81%。

现代农业。超额完成上级下达的粮食生产任务4320亩；落实早稻集中育秧面积1300余亩；创建花园台村高产双季稻千亩示范片；完成水稻种植面积19400亩；推广“兆优5431”“昌两优8号”“H优518”等一众杂交稻面积2500亩；粮食产量达7200吨。筛查和重新认定全乡700余个抛荒图斑涉及面积585.35亩和1000余个非粮化图斑涉及面积1100亩；对乡境内325个抛荒图斑进行销号。对抛荒区块，动用5台挖机改善水利、交通条件，及时翻耕播种，遏制抛荒。因地制宜进行抛荒治理282.2亩，基本实现四级公路主干道无抛荒。推荐12户种、养大户和农场主及村农业专干参加省、市、县农业技术培训，开展12项水稻新品种、新农药、配方施肥的展示试验和对比试验。开展科技示范户上门服务12次，指导科技示范户带动周边农户65户推广使用农业新技术。

乡村振兴。鲊埠回族乡建立健全动态监测帮扶机制，对15户42人纳入监测提供针对性帮扶；投入专项资金55万元，实现全乡农村户籍人口防贫综合保险全覆盖，新增小额信贷11笔55万元；建立村企联建机制，引进艾华集团等龙头企业帮扶村级发展。主动对接市乡村振兴学院走入鲊埠指导工作，取得初步成效。11月，鲊埠回族乡被确定为省级民族乡村振兴试点乡镇。

基础设施。完成5千米污水管网、支网建设，完成花水公路、周九村公路扩宽、庙子塘危桥改造、颜溪杏山湾机耕道桥梁建设工程；完成卫生院地质灾害工程治理、颜溪颜家山地质灾害治理；新架10千伏武庙线3.5公里，新增低压台区15个，改造低压线路3.5公里。

人居环境。创建“党建引领+网格管理+志愿服务”的人居环境整治新模式，全年投入资金80余万元，积极推广网格化管理和志愿服务的“颜溪模式”、人民群众筹工筹劳打造“六个一”（村民每户建设一个规整的菜园、一个集中圈养畜禽的栏舍、一个堆放生产生活资料的杂屋、一条排水沟、一个处理厕所粪污的三格式化粪池、一个可沤制腐烂垃圾的带盖密闭式沤肥凼）农户庭院的“南京湾模式”，全乡人居环境持续好转，获评市级垃圾分类减量先进单位，第四季度考核获益阳市“五好乡镇”，全年在全县人居环境考核中位列第一，南京湾村、颜溪村获评桃江县农村人居环境“六个一”创建先进单位，鲊埠社区获评桃江县农村人居环境整治示范创建单位，车门塅村、军功嘴村获评桃江县农村人居环境清洁村庄创建先进单位。

民生事业。完成乡中学改扩建，有序推动瓦渣湾小学旧教学楼拆除重建和花园台幼儿园重建项目；加大就业创业服务，加大社保基金征缴力度，稳步提高优抚对象、城乡低保、农村五保等医疗救助保障水平，全年推动农村劳动力转移就业66人，新增就业174人；开展全乡养老保险基金风险防控整治工作，全乡完成进度100%；实施“文化惠民”工程，《回汉乡民唱乡风》节目代表湖南省参加农业农村部第二届县乡长说唱移风易俗优秀节目展播；开展中国共产党成立100周年系列活动，举办演讲比赛、群众文艺会演、首届全民大众运动会等，展现新时代鲊埠人民良好的对外形象。

民族团结。推动少数民族政策落地落实，落实少数民族考生降分录取政策125人；11月，“回民武术”被确定为第五批省级非物质文化遗产。

基层治理。发挥妇女在乡村治理中的主力军作用，江家坝村、颜溪村、车门塅村、军功嘴村、陶公庙村妇联获评桃江县优秀基层妇联组织；推进“双创”工作，打造宜居宜业生活环境，鲊埠社区，颜溪村、车门塅村、南京湾村、大水田村成功创建省级卫生村，陶公庙成功创建市级卫生村；试点推进车门塅村“村务直播”、南京湾村“数字乡村”建设，探索数字技术助力乡村振兴，11月该乡被确认为省级乡村治理示范乡镇。全乡451个党员干部结对联系3774户常住人口，通过走访摸排，搜集处理问题305个。

平安建设。建立健全风险预警和化解机制，“雪亮工程”“六进六护”超额完成任务，法治建设各项工作任务有效落实，调整成立鲊埠回族乡人民调解委员会等11个人民调解委员会，开展专题业务培训2次，在安全生产月、国家安全日、交通安全日、国家宪法日等节点开展法律“六进”200余场，联合数据资源服务中心、三堂街交警中队、鲊埠派出所等多部门开展集中普法宣传7次；全年开展禁毒宣传100余场，印制张贴禁毒宣传画100余幅，发放宣传单页3000余页，营造良好氛围。禁毒民调分别为全县上半年第2名、下半年第6名；建立村（社区）级的非法集资风险摸排报送机制，上门劝导清退资金、开展多种形式处非宣传60余次，其中集中宣传4次；鲊埠回族乡荣获全市“平安乡镇”、平安建设“先进乡镇”、市级安全生产优秀乡镇、市级安全发展示范乡镇、市级信访“三无乡镇”称号。（郑雪峰　龙宇辉）

【“最美鲊埠人”评选】 3月1日，鲊埠回族乡召开2021年经济工作会议暨第二届“最美鲊埠人”表彰大会。会议回顾总结2020年经济工作，表彰先进，部署2021年经济工作，表彰10名“最美鲊埠人”、24名“身边好人”、12个“优秀网格”和20名“优秀网格员”。（龙宇辉）

▲3月1日，鲊埠回族乡开展“最美鲊埠人”评选（县融媒体中心供图）

【“五个到户”走访活动】 12月14日，鲊埠回族乡军功嘴村联村干部在重点帮扶对象李某家中进行“五个到户”走访。李某于6月在长沙市湘雅医院查出肺癌，其父亲因意外摔断肋骨而丧失工作能力，母亲、妻子留在桃江县人民医院照顾罹患重症的李某，家中还有两个在读书的孩子。乡党委了解情况后将李某一家纳入防返贫监测信息系统，安排联村干部开展结对帮扶，并组织召开针对李某家的民情分析会，帮助其全家申请低保。“五个到户”（结对到户、走访到户、政策落实到户、产业对接到户、精准服务到户）行动开展以来，全乡已收集“问题清单”208件，其中解决155件，跟踪解决35件，列入规划18件。累计召开屋场会30余次，发放“惠民惠农政策明白卡”3800余份。（李　奕）

【“乡长说唱乡风文明”展演】 11月29日，农业农村部社会事业促进司、国家乡村振兴局政策法规司联合举办第二届“县乡长说唱移风易俗”优秀节目展演。鲊埠回族乡、县农业农村局选送的花鼓戏表演唱《回汉乡民唱乡风》代表湖南省在中国三农各网络平台展演。该花鼓戏由桃江县鲊埠回族乡党委副书记、乡长李鹏辉主演，当地群众同台表演。故事原型为该乡网格化管理第一次“屋场会”，节目语言出自当地方言。9月27日，该节目曾在县“农民丰收节”演出，一经播出，很受群众喜欢，演出视频点击率高达37万多人次。（胡卫红　郭　咏）

【首届大众运动会】 6月1日，由中共鲊埠回族乡委员会、鲊埠回族乡人民政府主办，桃江二中承办，桃江全民健身服务中心协办的鲊埠回族乡首届大众运动会在桃江二中举行。12支参赛队伍由全乡各村（社区）、乡直部门的300多名回汉同胞选手自行组织。比赛共有6个项目，分别为羽毛球混合双打、拔河、两人三足跑、运丰收粮、100米男女混合接力赛跑、1500米赛跑。军功嘴村荣获团体第一名，车门堰、鲊埠社区名列第二、三名。（胡卫红　郭　咏）

【演讲比赛】 6月18日，鲊埠回族乡举办“奋力建功‘十四五’，忠诚为党谱新篇”主题演讲比赛，9个村（社区）、乡直部门和乡政府机关的20名选手参加比赛。（王益平　郑雪峰）

武潭镇

【概况】 武潭镇位于资江北岸，南靠资江，北与常德市鼎城区、汉寿县相连，西与安化县相接，G207、S205等公路贯穿全境，二广、益马、马安高速在境内交会互通，是桃江县西部重要交通枢纽，总面积228平方公里，人口8.1万余人，下辖21个行政村、2个社区。2021年，全镇实现财税收入3280万元，完成固定资产投资6.05亿元，实现规模工业增加值62.68亿元。

污染防治。监管11家涉污的竹木企业、竹筷厂，督促竹木胶板企业完成环保设施改造升级。完成全镇624户畜禽养殖户整改升级环保设施设备，实现粪污无害化利用。

下发责令整改通知书364份，其中工业企业24份，畜禽养殖企业340份，立案查处1起。出动环保宣传车70余天，悬挂横幅80余条，发放《关于加强畜禽养殖污染整治的通告》200份。配合县级部门完成洞庭清波、页岩砖厂整治、泥潭村畜牧养殖业整治、通达混凝土公司整治、鹏辉混凝土公司整治并销号。开展6月5日世界环保日的宣传活动，悬挂横幅7条、展板5块，发放宣传资料1500份。

重点项目。G207武潭镇改线工程2019年10月启动，全长3.977公里，投资2.2亿元，至年底，完成工程路基工程，鹅公垭隧道已双向贯通，琅琊村二号隧道右幅已贯通36米左右，杉树村桥梁全部上梁、琅琊村隧道正在施工。2021年5月，完成马迹塘电站至镇区4.4公里路段的黑化提质升级工程。投资1100万元，长达30公里，辐射14个村的5条高压线路改造工程基本竣工。完成投资600万元的低压线路改造。稳步推进镇区污水管网建设一期工程，新建污水管网1公里。华莱御园建设情况：御园酒店建筑面积21135平方米，建筑层次8层，已完成主体建设。华莱御园住宅小区建筑面积42373平方米，层次19层主体工程已竣工并开盘销售，2022年12月可交付使用。华莱茶旅一体化项目茶厂及住宿楼已完成主体结构，2021年新修建的4公里茶园道路路基已建成。先田智慧农业完成生产道路的沙石铺设、冷库设备提质升级。特色水产养殖完成园内道路建设和绿化，获利近200万元。2021年新签约项目4个，总签约资金9000万元。其中投资5000万元的项目1个。

民生保障。征缴城乡居民合作医疗保险1614.295万元，参保人数63771人，参保率81%。城乡居民养老保险参保29080人，参保率92.51%。全面核查社保信息，追回多领、冒领资金15.9万余元。发放农村低保金400余万元，发放城镇低保金60余万元，发放特困资金300余万元。临时救助300余人，共计10万余元。为外出务工贫困劳动力提供交通补贴28起，共计9000元。为事实无人抚养儿童10人发放补贴30193元。为6名孤儿发放补贴34200元。开展志愿者活动8次，慰问百岁老人5名，提供洗澡洗衣服务和卫生清洁帮助。召开“5·29”计生协会活动，关爱计生特困户40户，关爱留守儿童610名，奖励计生优秀工作者23人。做好常态化疫情防控，录制4期“村村响”疫情防控广播，推广注册健康码6万多条，完成目标的97%。

农业生产。全镇粮食播种面积4万多亩，其中双季稻种植3000亩，再生产稻种植4000亩，优质稻种植2000亩，农业综合水平达60%，机械化插秧1000多亩，实现粮食总产20250吨。发放6期共1万余份农作物病虫害防治宣传资料，建立农作物病虫害监测机制。完成县下达的油菜种植任务5000多亩。完成农产品农药残留检测300多例，水稻镉检样400余次。免疫注射猪口蹄疫16万余头、羊口蹄疫1万只、牛口蹄疫8000头、禽流感45万羽。发放强制动物免疫卡3万余张，组织全镇21名村级防疫员，养殖大户600多人开展春秋两季动物集中免疫培训，强制免疫率100%。年底存栏生猪83000头，出栏11万余头，为全县生猪存、出栏量最多的乡镇。

人居环境整治。采用一体化三格化粪池模式，按照农业农村局改厕工程施工设计要求，全镇农村改厕800余户。全镇道路沿线除草清杂，全面清理整顿废品回收点、马路市场等易于产生零散垃圾点。推动莲花坪村市级美丽乡村创建成功。完成高峰村、崇山坪村、牛溪村、汤家塅村、石桥村省级卫生村创建工作，完成新铺子村、龙拱滩村、景致村、天湾村、善溪村、杨家坪村市级卫生村创建工作。指导完成莲花坪村、杉树村、牛溪村项目验收工作。

社会稳定。调解矛盾纠纷900余起，承办市长热线226件，办结率、回访率均为100%。处理网信平台信访件17件，赴省接访2起，进京接访1起，无极端上访、群体性上访事件。综合行政执法大队立案查处行政违法案件61起，其中一般程序案件43起，简易程序案件13起，移交县局涉刑案件5起，罚款39万余元。违规建房巡查80余次，发现未批先建、乱占耕地等违规案件22起。全镇15处违法图斑已全部整治到位，整治土地28.08亩，其中基本农田17.47亩。

政务服务。新配置1台叫号机和6个评价器，维护大厅秩序。接待办事群众1.7万余人，为群众办事1.7万余件，行政审批事项办结率达100%。“帮办代办”窗口专为有需要的群众办理指纹录入、养老认证、代缴医保、发放残疾证等业务300余次。引导群众使用“一件事一次办”小程序，累计推广8000余人。

安全管理。组织自然灾害受灾群众灾后重建维修28户，下拨资金4万元。拨付冬春救助资金14万元，发放冬春救助物资。发动镇村干部、网格员开展防溺水危险水域排查、劝导管控工作，投入救生圈94个、救生绳780根，设置隔离带 3000 米，更换警示牌 230 块，调整优化综合应急救援队伍 21 人，组织村（社区）建立志愿者应急救援队伍 166 人，建立健全应急物资储备、仓库管理、应急救援资源共享及应急救援补偿制度，设立镇区应急装备物资仓库 3 个，储存实物达 74 种，其中新增应急救援物资 20 余种（含无人机、橡皮艇）。为 23 个村（社区）量身配备 10 余种应急救援装备物资。2021 年，成功创建市级安全发展示范乡镇，通过益阳市第一批乡镇应急能力建设考核验收。（刘大鹏）

【应急救援（消防）演练】 3 月 1 日下午，武潭镇组织综合应急救援队开展应急救援（消防）演练，镇全体班子成员，各村（社区）党（总）支部书记、部门负责人到场观摩。演练期间，演练负责人讲解初期火灾扑救方法、消防水枪的使用原理及相关注意事项，参训队员逐一参与实际操作和演练，有效掌握现场处置和应对火灾事故的措施，安全意识得到提高。（刘　敏）

【校车安全检查】 3 月 18 日，武潭镇党委委员、武装部部长张冠军，副镇长刘剑带队镇校车办、应急办联合开展校车安全突击检查。检查组技术人员对校车信息资料、校车司机驾驶资格、校车安全性能和随车配备的安全应急器材设备等逐一进行检查。对发现的问题当场要求整改到位。同时，检查组叮嘱校车驾驶员和照管员，必须增强安全意识、责任意识，严格执行出车前、中、后的检查与维护保养，引导学生养成系安全带的习惯。（刘　敏）

【畜禽污染整治】 2021 年，武潭镇组织镇农业综合服务中心、镇自然资源和生态环境办公室、镇综合行动执法大队等工作人员，采取一名班子成员、一名镇干部、一名村（社区）干部和一名畜牧技术人员包养殖场的“四包一”责任制，对全镇 23 个村（社区）进行地毯式排查，共排查出养殖户 624 户，其中需要整改 595 户，在改 450 户，经过 20 天的集中整治，170 户已完成整改，1 户被依法强制拆除，2 户被依法立案查处。（胡卫红　詹妮薇）

【中国共产党成立 100 周年文艺会演】 6 月 21 日晚，由中共武潭镇委员会、武潭镇人民政府主办的“礼献百年华诞 建设魅力武潭”——武潭镇庆祝中国共产党成立 100 周年先进表彰暨文艺会演活动在武潭镇桃花新城广场举办。活动表演节目大部分由群众自发组织，同时，邀请光荣在党 50 年老党员、优秀共产党员、道德模范等各类典型代表和人大、政协代表观演。活动表彰一批先进党组织、优秀共产党员、道德模范和在党 50 年老党员。（薛　备）

【瞿海到武潭观摩农业产业】 10 月 21 日，全市乡村振兴流动现场（山区）会在武潭镇召开，市委书记瞿海带队到现场观摩农业产业。县领导向荣、周登高、冷亮、庄立辉陪同。瞿海和与会人员来到武潭镇现代农业核心示范区，先后前往先田智慧农业观摩桃江特色农业产业促推乡村振兴现场和农村产业融合发展现场。瞿海强调，示范园要结合测土配方施肥和蔬菜绿色增产模式，做好减量施肥的试验和示范工作，通过农业配方肥和化肥减量等方法发展好生态化、机械化和规模化的现代农业，促进农业产业绿色高效。要不断推进农村一、二、三产业融合发展，发挥好龙头企业的带头作用，带动周边农户共同致富，为乡村振兴注入新动能。（陈右琦）

马迹塘镇

【概况】 马迹塘镇位于资江与沂溪河交汇处，东与大栗港镇相连，南

▲ 6 月 21 日晚，歌唱演员周海燕在庆祝中国共产党成立 100 周年文艺晚会为家乡武潭人民演唱《我家住在资江边》（夏正君 / 摄）

与安化县长塘镇、大福镇接壤，西连安化县滔溪镇、小淹镇，北邻武潭镇。辖20个村、2个社区，面积221.6平方公里，常住人口67189人。2021年，实现规模以上工业总产值1.87亿元，限额以上批发零售住宿餐饮企业零售额1.17亿元，固定资产投资6.15亿元，实现入库税收2045.32万元，财政收入4420.78万元。成功申报省级特色竹业小镇，南山村、京华村获评全省“一村一品”重点村，龙溪村获评“湖南省最美潇湘文化阵地”，粮食生产工作、农村宅基地管理工作获市级真抓实干表彰，益阳仑村获评市级文明村。

疫情防控。成立疫情防控联合督查组，对全镇疫情防控工作进行不间断监督检查，累计督查14批次，发现并整改问题31个，发出疫情通报3期，通报批评4人次，辖区未发生疫情。

产业发展。全年收购剥壳春笋2650多万公斤，为笋农带来直接经济收益5300多万元，全镇人均增收约800元，竹笋产业全产业链总产值24亿元。新增京华村300亩标准示范基地，完成竹缘林科等企业的设备、厂房改造升级和17公里的林道建设。发展林下经济，引进湖南村菇生物科技有限公司投资5180万元进行食用菌菌种研发及生产基地项目建设，实现“种植+”模式新突破。笋竹产业发展受到新华社关注，相关新闻浏览量达102万人次。马迹塘战史陈列馆获评湖南省青少年教育基地，全年接待参观人员近3万人次。

农业生产。全年新增双季稻300多亩、油菜种植近5000亩。治理抛荒稻田700余亩，实施秸秆还田86470亩，绿肥种植5250亩。严控区稻田全部退出水稻种植，实现油菜+大豆、玉米轮作。投资300多万元，对百乐村、金塘村、大塘坪村实施高标准农田建设，新建河坝2座、机埠2处、灌渠1882米、排渠4056米、高效节水150多亩，改善3个村农田基础设施，增加粮食产量，促进农民增收。

重点项目。益阳西部片区生活垃圾焚烧发电项目完成征拆安置工作，征地75.22亩，支付征地补偿款491.86万元，拆迁房屋61栋，支付拆迁补偿款8180.79万元，安置人口320人，迁坟259冢，支付120万元，项目主厂房建设整体完成85%，项目完成投资约1.7亿元，完成总投资的53.13%，施工进度领先益阳北部片区垃圾焚烧发电项目7个多月。

民生事业。完成镇区老街2公里污水管网建设；基本完成马王公路11.2公里提质改造路基工程、百乐村6.1公里窄路加宽、京华村4.2公里路基拓宽、夹大线路面2.2公里全面黑化。配合市、县公路建设养护中心、施工方完成泗里河大桥改造过程中的拆迁、绕行、施工环境维护工作，完成罗家村桥、田村里桥、楸木塘桥的危桥改造。修复“6·28”洪灾水毁公路158处，自来水取水口上移工程完工，沂溪河二期护坡工程取得实效。开展“百日攻坚”畜禽污染整治行动，完成畜禽污染整治养殖户496户，沟渠疏浚54800米；开展行政执法检查，查处非法捕捞案3起、擅自改变林地用途案件5起、滥伐林木案件1起；完成九岗山水库水生环境治理和堤坝巩固，泗鹿河道荣获益阳市“美丽河湖”；全年完成造林任务378亩，争取生态廊道建设项目375亩、武陵山区生物多样性保护项目9275亩。九岗塅村、月形湾村、马迹塘社区、石门村等4个村获评省级卫生村，京华村、百乐村、九岗塅村、金塘村等四村完成改厕任务，省级卫生村占全镇村（社区）总数的50%。评选“美丽农户”191户，投入20余万元，在三里村、金塘村、月形湾村97户农户家开展“六个一”人居环境整治创建示范试点工作。完成免费优生健康检测418对，出生缺陷筛查325人次；开展计划生育特殊家庭重病大病护理补贴申报工作，9人受益，发放农村计生奖励扶助金108万元、特扶扶助金56万元、手术并发症补助12万元，普及特扶对象人文关怀，慰问到位率100%；核发生育服务证266本。共发放特困救助资金277万元、低保资金425万元，共计救助困难家庭369户次；桃江县第三人民医院荣获“华医奖·2021全国最佳百姓放心示范医院”荣誉称号；院长陈俊芝被授予“华医奖·2021全国优秀医院院长”荣誉称号。投入2000多万元，完成马迹塘镇小学等工程建设，2021年中考，马迹塘镇中学总平均分为全县第八，综合排名进入全县前十，小六调考总体排名进入乡镇前五。

综合治理。强化治安网络建设，全镇村（社区）主要路口、重点地段安装监控50个；发挥民间调解优势，化解矛盾纠纷700余件；加强特殊人群帮教管理，共697人录入社会治理网格化系统；全年调解处理网上信访案件15件，办理市长热线206起，工作效率受到益阳市市长热线公众号表扬。严格落实安全生产责任制，开展安全检查348次，下发《责令整改通知书》234份，简易程序立案28起，开展安全生产专项整治三年行动成果显著。开展消防演练2次，规划消防通道5处，全年收到消防报警15起，出动15次。全年未发生生产安全责任事故。

（郭大为）

【生活垃圾焚烧发电项目开工建设】益阳市西部片区生活垃圾焚烧发电项目位于桃江县马迹塘镇京华村枫树坳，占地面积60亩，项目总处理规模500吨/日，服务于桃江县西部6个乡镇、安化县全境，年处理量约为18.25万吨。该项目总投资3.2亿元，项目运作方式为特许经营模式，项目合作期30年（含建设2年），由中国光大环境（集团）有限公司独资建设，由项目公司光大环保能源（桃江）有限公司负责项目建设运营具体工作。3月16日，项目正式动工建设。截至12月底，全面完成征拆安置工作，共计征地75.22亩，支付征地补偿款491.86万元，拆迁房屋61栋，支付拆迁补偿款8180.79万元，安置人口320人，迁坟259冢，支付120万元，项目主厂房建设整体完成85%，项目完成投资约1.7亿元，完成总投资的53.13%，施工进度领先益阳北部垃圾焚烧发电项目7个多月。（郭大为）

【马迹塘镇获评省级竹业小镇】7月9日，《湖南省发展和改革委员会关于公布2021年新增省级特色产业小镇名单的通知》文件公布，马迹塘镇入选省级特色产业小镇。马迹塘镇有林地248523亩，其中竹林面积121856亩，适合培育笋用林面积近6万亩，已建成笋用林基地16875亩。现有年加工100万罐清水笋罐头企业惊石农业项目，有年加工500万公斤鲜笋的竹缘林科有限公司，还有亿阳仑、易家坊、鸬鹚湾、丫峰等6家布局全镇的传统竹笋加工企业。2021年，全镇共收购春笋2550万公斤（剥壳肉笋），直接为竹农带来近5100多万元的经济效益。（郭大为）

【许达哲到马迹塘调研】4月20日，省委书记、省人大常委会主任许达哲到马迹塘镇考察马迹塘双季稻千亩示范片。省委常委、省委秘书长张剑飞，副省长隋忠诚参加调研。市委书记瞿海陪同调研。许达哲与种粮大户肖胜年及其儿子湖南省杂交水稻研究所农学博士肖贵深入交流，勉励他们继续努力，带动老百姓共享更多发展红利，为确保国家粮食安全做出更大的贡献。（郭大为）

【益阳市乡村振兴流动现场会】10月21日，益阳市乡村振兴流动现场会在马迹塘镇召开。市委书记、市人大常委会主任瞿海强调，要坚持党建引领，以产业发展带动农民增收，将乡村打造成宜居宜业宜游的美丽家园。市领导李铁华、杨爱云、欧阳艳、胡安邦、刘勇会、陈佑才、汤瑞祥、卜铁洪，市委二级巡视员陶世群等出席会议。（郭大为）

【龙溪村举办农民丰收节】9月23日，“迎国庆、颂党恩、庆丰收”——第四届中国农民丰收节暨“笑满三湘”湖南省文艺志愿者服务桃江专场演出活动在马迹塘镇龙溪村村民文化活动中心举行。1000多人参加活动。中央电视台《新闻联播》对活动进行报道。（郭大为）

【马迹塘战史陈列馆获“省级青少年教育基地”授牌】3月25日，团省委官网公示，经团省委初审、复审、专家评审，认定桃江马迹塘战史陈列馆为湖南省青少年教育基地。（郭大为）

【谢建辉到马迹塘调研】12月16日，省人大常委会党组副书记谢建辉一行到马迹塘镇调研人大工作，调研组一行先后到马迹塘镇代表联系群众工作室、马迹塘镇民生实事票决生活垃圾焚烧发电厂建设项目现场了解代表联系群众站室“建管用”情况、乡镇民生实事代表票决制工作取得的成效、面临的困难和存在的问题等等。省人大常委会副秘书长、办公厅主任刘文新，省人大常委会委员、联工委主任程水泉，省人大常委会研究室副主任刘明政

▲10月21日，全市现代农业与乡村振兴流动现场会在马迹塘镇召开，市委书记、市人大常委会主任瞿海（前排左三）与现场人员交流（郭大为/摄）

参加调研。 （郭大为）

【龙溪村入选“湖南省最美潇湘文化阵地”】 12月20日，湖南省文化和旅游厅官网发布公示，经市州推荐、实地检查、专家评审等工作流程，确定2021年“最美潇湘文化阵地”拟命名名单，马迹塘镇龙溪村综合文化服务中心成功入选。

（郭大为）

石牛江镇

【概况】 石牛江镇位于县城南部，桃花江东西两岸，距县城4公里，总面积63.85平方千米，是桃江的农业大镇，辖9个村、1个社区，耕地面积2764.76公顷。2021年，全镇人口38281人，财政收入2417万元，固定资产投资2.54亿元，规模工业生产总值3.27亿元。

经济发展。天乐公司逐步转型，与香港鲜活贸易合作进行“四大家鱼”（青鱼、草鱼、鲢鱼、鳙鱼）养殖，所产产品直供香港。桃花虾稻虾米种植成为桃江试点单位，公司真空包装的麻辣虾尾在拼多多实现线上销售。良友蔬菜通过采取降低租金、核减面积等措施，实现平稳过渡并得到优化。总投资3000余万元的京湖湾项目投入运营。捌壹园林新建高标准农贸市场，牛剑桥古桥及周边环境提质改造工程初步完成，休闲游、乡村游、周末游的基础条件逐步改善。

城镇建设。投入资金1600余万元，完成镇区污水处理厂和污水主管网、支管网建设，实现全线运营，日处理污水600吨，总投资50余万元，硬化小街小巷5处1000多米，完成集贸市场改造升级。投资300万元，完成塘石线Y536提质改造黑化工程；完成黄家塘危桥改造；协助完成桃灰线石牛江段的中修工程。承接全县乡村振兴暨现代农业综合改革现场会。在垃圾分类减量“六字法”（卖、沤、烧、填、喂、送）的基础上，引进易诚环保科技有限公司，投资100余万元建立物理化生活垃圾回收利用分拣中心，垃圾回收利用率得到提升。

民生事业。落实652户、1467人已脱贫群众的常态化帮扶措施，健全防返贫动态监测和帮扶机制，确定边缘户4户11人，脱贫不稳定户15户18人，突发严重困难户2户8人，采取针对性帮扶措施。复核535户862名农村低保人员家庭情况，实行动态管理，发放低保、五保等各类救助金501万余元；推动殡葬改革，完成上七里公益性公墓建设。改善教育条件，投资3000万元，完成镇中学“芙蓉学校”改扩建项目，启动镇完小改扩建、牛剑桥幼儿园新建项目，教育教学质量稳居全县前列。

农田水利。全年完成早中晚稻生产52400亩，收储超标稻谷1500多吨，指导农户开展农药化肥减量576人次，推广测土配方施肥25480公斤，成功打造增塘双季稻生产“千亩示范片”，粮食质效得到双提升。完成高标准农田1500亩；投入15万元完成南山支渠、和尚坝、立功坝等小型水利设施维修维护；完成石牛江溪电站闸门的改造及石牛江溪400多米的护坡护脚工程；完成田庄湾村农村面源污染综合防治示范项目；獭溪河竹金塘桥至花田冲桥成功创建市级美丽河湖；投入10万余元完成黄泥田、游伏沙供水工程提质改造。

畜牧生产。加强禽流感、牲畜五号病等重大动物疫病的强制免疫及病死猪无害化处理。对出售的猪、牛、羊、禽等进行常规检测及“瘦肉精”尿样抽检，全年共完成生猪养殖户123户、散养户423户的产地检疫，涉及生猪2万多头。全年造林1079.5亩（包括荒山造林、四旁植树），抚育监伐240亩。

就业创业。全镇新增城镇就业31人，输出农村劳动力72人，核实新毕业未就业大学生21人，失业人员再就业31人，就业困难人员申报社保补贴33人，全面完成就业再就业工作目标任务。

社会大局。开展治超治限行动，先后出动执法车260余次，出动执法人员1300人次，查处报废车辆路上行驶3起、非法改装车辆1起，农机驾驶员参与办理农机驾驶证和培训6次。查处非法载人1起。核查卫星版图12处，下达停工通知书6起，责令整改通知书2宗，立案调查处理2宗。查处非法占地1起，责令整改恢复原状。查处集镇规划区违规建房2起。 （李　翰）

【参观红色教育基地】 4月13日，石牛江镇组织机关党支部和农业农村联合党支部党员38人赴浏阳市开展党史学习教育。全体党员参观秋收起义文家市会师纪念馆及会师旧址、胡耀邦同志纪念馆、胡耀邦同志故居，听取浏阳市故居管理局专题党史学习教育课《心在人民 利归天下的为民情怀》。 （彭　畅）

【“学党史”演讲比赛】 4月20日，石牛江镇团委在镇政府举行“学党史、颂党恩、跟党走”演讲比赛初赛和党史知识竞赛。26名选手参赛。

（戴　真）

▲4月20日，石牛江镇团委举行2021年"学党史、颂党恩、跟党走"演讲比赛初赛和党史知识竞赛（戴　真/摄）

【禁毒宣传月】 6月16日，石牛江镇禁毒办组织禁毒社工及志愿者在辖区市监所门口开展"6·26"禁毒宣传月集中宣传教育活动。活动现场，工作人员通过悬挂宣传横幅、现场展板展览、发放宣传资料、现场讲解等形式向群众进行禁毒知识宣传。（卢　杰　戴　真）

【到张家塞乡富民村考察学习】 12月22日，石牛江镇党委政府组织机关干部赴益阳市张家塞乡富民村考察学习。考察组参观富民村村庄环境、芥菜种植园。富民村负责人介绍该村发展情况；双方就产业发展、乡村治理等方面进行交流和探讨。（戴　真）

牛田镇

【概况】 牛田镇毗邻石牛江镇、松木塘镇和灰山港3个乡镇，距离县城17公里，省道223线、541线、321线通过境内，区位优势明显。镇域面积73.88平方公里，总人口约3.59万人，在册党员1415名。2021年，完成税收1000万元，财政收入3121.9万元，全镇实现全年生产总值13.99亿元，完成固定资产投资3.5亿元，实现社会消费品零售总额6902万元，实现全体居民人均可支配收入28026元。

产业项目。完成固定资产投4.2亿元，新签约项目（已完成签约）2个，新开工、新投产项目各1个，以往招商引资项建设投资稳定。2021年重点招商项目兴华茶叶已完成2条绿茶生产线1条黑茶生产线建设，项目投资超过4000万元。全镇经济发展全面克服疫情影响，全面恢复生产，工业方面红五建材、华泰建材、中源钢铁等企业强势带动，不断发挥建材之乡内生动力。农业方面。打造杉树仑和以三塘湾、金光山为核心的双季稻生产千亩示范片，实现全镇双季稻面积17580亩，一季稻面积13000亩；冬季农业油菜生产以严格管控区为主，种植面积达到3000亩以上；笋竹两用林和林地经济全面完成170.5亩的油茶春季造林任务，义务植树2万株，竹林培育600亩，全镇共挖笋85万公斤，林道建设4公里，间伐抚育400亩；生猪生产得到恢复，年底共登记能繁母猪3660头，较2020年增加100%，新投入建设大规模养殖场1个。文旅方面。印象康养旅居基地二期已投入900万元报批37亩建设用地，用于建设森林康养旅居项目已开工建设。

乡村振兴。建立健全防返贫动态监测和帮扶机制。按照省市县相关工作要求，建立健全返贫动态检测和帮扶机制，全镇监测户9户17人已全部纳入监测。按照缺什么补什么的原则，根据监测对象的风险类别、发展需要等在义务教育、医疗保障、住房安全保障等10个重点开展针对性帮扶，157名建档儿童已全部上学，建档立卡贫困户已全部缴纳新农合，2021年申报危房改造的46户已全部搬迁入住，易地搬迁户住房不动产证发放率均达到100%且实现入住。通过盘活现有资源、利用土地入股项目和项目外包、稳固经济收益等方式，探索村级集体经济发展新路子，金光山村、小桃村已取得成果，村级集体经济收入稳定。

城镇建设。开展畜禽污染"百日攻坚"，对全镇40家畜禽养殖场进行环境污染大排查，对存在的问题下达限期整改文书，杜绝畜禽污染。对"秸秆焚烧"进行全天候检查，利用村村通广播宣传150余小时，出动巡查宣传车120多次，共发现火点20多处，对生火的农户及时宣传政策并提出批评教育。完成污水处理厂支管网5公里建设；投入资金20余万元完成大石龙山塘"千人以上"饮水工程保护地的设施完善；争取资金17.5万元，完成峡山口水厂、清泉水厂、临市街水厂的巩固提升改造；完成水质检测4批20余次，全部检测合格，确保农饮水供水安全。完成S223牛田段中修改造任务，全镇新建、修缮农村公路10余公里，新装路灯350余盏，新建、修缮水渠2.5公里。拨款94.3万元完成四类对象农村危房改造46户，基本农田保护巡查60余次，制止村民乱占耕地建设、毁坏基本农田12宗。

民生事业。2021年全镇新增农村低保68户84人，异动、清退60人，低保达435户667人，全年发放低保金1857925元。新增特困23户23人，特困分散供养288人，全年发放特困资金1700126元。城镇低保18户21人，清退不符合享受待遇人员2人，全年发放104500元。儿童、老人、残疾人等人群的相关工作稳步开展，做到摸排到位、保障到位、救助（补助）到位，发放补助、救助近30万元。公墓建设进入全县先进行列。镇敬老院已通过四星级敬老院验收。

社会治理。全镇行车卫士智能管控登记500余台。扫黑除恶专项斗争方面，出动流动宣传车10台次，悬挂横幅50余条，张贴标语500余份，制作固定宣传栏展板10块，发放宣传资料1.3万余份；开展校园、校车安全专项行动十余次。社会心理服务方面，对在册的精神障碍患者积极管控，完成精神病人危险评估9名。全镇共调解各类矛盾纠纷758件，妥善处置各类突发事件20起。集中开展城镇秩序政治行动60余次，参与马路市场集中整治10余次，受理群众信访举报18起，办结18起，清理占道经营流动摊贩90余次，清理违法广告100余条，纠正非机动车乱停乱靠行为300余次。受理非法开采和环保问题信访件举报件16起，联合自然资源和生态环境办联合开展环保执法行动24次，联合镇农业农村办开展执法活动40余次，没收违法捕捞渔获物23公斤，取缔违禁渔具6件，收缴非法捕鱼工具18台，清理水库两岸违法设置广告30条。

社会服务。政务服务大厅全面升级，窗口添置办公座椅3套、电脑4台、打印机2台、来访群众座位26个。完成村级服务中心外网检修，全年办件27629件，且全部按时办结，无红黄牌记录，办结率100%，满意率100%。完善办理系统“三化”改革，全年修改系统数据5000余条。镇、村两级服务大厅共计推广“一件事，一次办”微信小程序注册600余人。通过智慧人社对年满60周岁的群众进行资格认证5350人，贫困劳动力外地就业享受交通补助政策3人，安排公益性岗位30人，实现合作医疗参保信息准确率100%、解款工作完成率100%、特殊人员参保率100%。

教育事业。2021年中考一中上线30人，一、四中上线65人，镇中学在全县45所初中中名列第八，乡镇综合排名全县第五。先后投入300万元新建杉树仑学校宿舍楼一栋，投入400万元对彭家冲小学进行提质改造，投入500万元新建镇中小科技楼1栋、塑胶运动场1个，并对路面进行黑化，镇中小已成为全县最漂亮的农村小学之一，被授予益阳市“书香校园”美誉。

（岳　邦）

【妇联换届】2月27日，牛田镇10个村（社区）完成新一届村（社区）妇联组织换届选举工作，共选举产生妇联执委164名，其中妇联主席10名，副主席20名，新一届妇联执委队伍整体呈年轻化、知识化、专业化。（王冠准）

【牛田镇突发龙卷风】7月7日下午，桃江县遭受雷电天气。受强对流天气影响，牛田镇突发龙卷风，造成当地4个村受灾严重。当天14时，牛田镇峡山口村、杉树仑村、小桃村、三塘湾村突发龙卷风，造成当地房屋不同程度受损，工棚倒塌，大量树木折断，部分农作物受灾。该镇李家湾村组一个近百平方米的工棚被龙卷风吹至5米开外的道路中间，造成道路交通中断。该镇杉树仑村印象花海景区遭遇龙卷风之后一片狼藉，景区部分竹制建筑物垮塌，无人员受伤。此次龙卷风造成牛田镇4个村400余户房屋受损，1200余人受灾，无人员伤亡。

（刘　超）

【“红码”姑娘的隔离日记】8月6日，牛田镇三塘湾村“红码”姑娘胡婷的隔离日记走红网络。2021年暑假，胡婷在江苏南京一考研学校补习。7月29日，她从南京回到牛田，向村委会报告行程后开始居家隔离。7月31日，胡婷的健康码变红，转为集中隔离。8月4日，胡婷写下“隔离日记”，向网友分享桃江县上下一心共同抗疫的温暖故事，正面宣传桃江县疫情防控工作。（刘　超）

【重阳暖心活动】10月14日，牛田镇党委、村（社区）、妇联、蓝天志愿者开展系列重阳暖心活动。镇党委组织机关老干支部在三楼召开重阳节庆祝会，党委书记蔡亮等领导参加活动。青年志愿者到敬老院行动不便的老年人家中，为老人送去节日的祝福和问候，并为老人们提

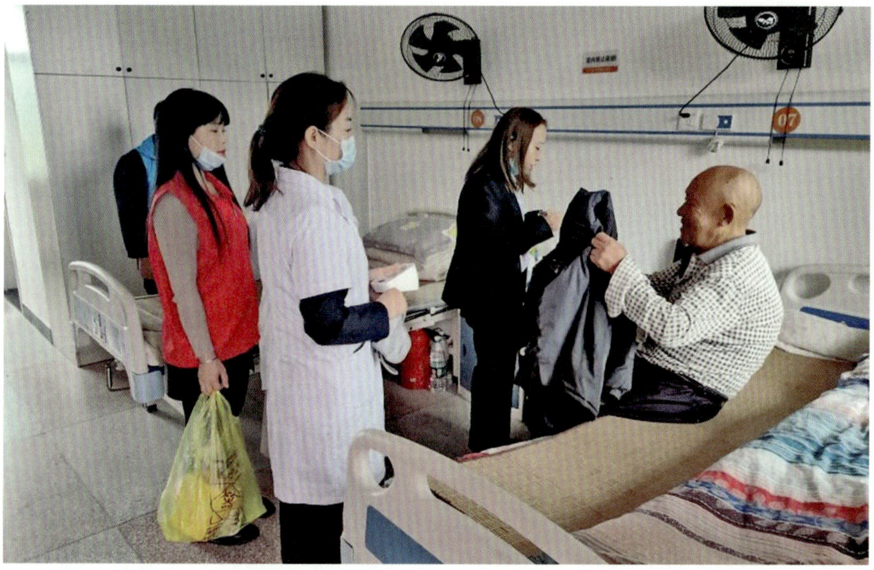

▲10月14日，牛田镇开展重阳节系列活动，图为志愿者在敬老院慰问住院老人（胡　伟/摄）

供测血压、测血糖等义诊服务，帮助老人疏通电路、水管等。

松木塘镇

【概况】 2021年，松木塘镇有村（社区）15个，土地面积228平方公里，总面积2.32万公顷，农用地面积1.73万公顷，耕地面积1115公顷，林地面积1.44万公顷，在籍人数3.73万人。规模以上商贸销售额2272.40万元，固定资产投资5.67亿元，完成税收收入860万元。

农业农村工作。双季稻种植面积1200亩。修建林道14公里、笋竹两用林基地2个。完成高标准农田建设项目（竹山村、苍霞锻村、樟溪村）3个。完成年度生猪生产4500头。实施畜禽粪污治理，排查养殖户176家，下达整治通知112份。水毁河堤工程修复520米，水毁饮水工程修复10处。组织各村清理河湖垃圾130吨，完成巡查乡级河长220次，村级河长782次，治理河湖问题27个。实施移民项目12个，全部完工并验收合格。温塘村新建100吨自来水塔，完成主管道整改两千米，全镇自来水合格率99%以上。

乡村振兴工作。完成贫困户教育助学（春季、秋季）、雨露计划学生摸排登记工作，并发放助学资金到位。协助贫困户申请特惠保险理赔3次。每月摸排登记全镇贫困户（边缘户）家庭务工情况，易地搬迁贫困劳动力公益性岗位安置3人。追踪扶贫产业发展情况，完成2021年度扶贫企业和易地搬迁产业（门面）分红工作。完成精准扶贫档案管理工作。维护更新国办省办系统，核实处理跟踪系统风险预警，将有风险的人员按程序纳入检测户范畴。完成巩固脱贫攻坚和乡村振兴重点帮扶村摸底调查及申报工作。完成全镇1.54万处农村房屋建筑和市政设施工程安全隐患排查。完成9户危房改造，完成1处地灾隐患点的隐患消除工作，排查农村切坡建房。完成龙塘村、樟溪村、三节塘村、松木塘村、竹山村的村庄规划编制镇村意见征询工作。

文明创建。利用在S324沿线、4个集镇开辟的30余处爱国主义、公民道德建设宣传栏以及各村其他宣传栏进行宣传，利用微信公众号、“村村响”广播、流动广播车、文明劝导等方式进行宣传，动员群众投入创建活动，加强对全镇18支新时代文明实践志愿服务队的管理，发动志愿者参与“爱国卫生运动”、文明劝导活动等志愿服务活动。成立文明节俭操办婚丧喜庆事宜工作督查组，督促各村遵守村规民约，定期召开会议，开展刹人情歪风督查整治行动和移风易俗劝导督查，遏制红白喜事大操大办，文明风尚逐步形成。

民生事业。各项惠农补贴资金全部实现“一卡通”发放。打卡发放各种补贴80项，资金1895.85万元。清理不符合政策低保户，清理响涛源社区城镇低保户6户6人，将1户1人城市特困转为城镇低保。临时救济补助220人，慰问困难群众72人。清理到期和不符合享受补贴条件的残疾人73名，68名残疾人申请两项补贴，6名困难残疾人申请无障碍改造，1名困难残疾人申请创业扶持补贴，37名残疾发放辅助器具，农历三月三发放补贴和5月助残日、国际盲人节发放慰问金，对困难残疾人上门评残和系统认定。温塘村申报并成立留守儿童之家。留守老人107人全部录入系统，走访慰问全镇9位百岁老人（新增2人）。为敬老院内老人进行文艺会演。整体完成公益性公墓建设。交通补贴申报17人，发放交通补贴5400元。

安全生产。统筹疫情防控和企业复工复产、安全生产工作，开展岁末年初安全生产大检查、烟花爆竹行业专项检查、清明、“五一”节前安全生产大检查、“七一”特护期安全生产大排查、安全生产百日行动、岁末年初安全生产百日大会战等安全隐患排查工作，对各矿山工贸企业、加油站、渡口、烟花鞭炮店、液化气门店等进行安全生产检查，检查企业230家，发现隐患171处，全年行政处罚20起。开展校园安全（含校车安全）、交通安全、建筑施工、特种设备、烟花爆竹、危化、非煤矿山、液化气、防溺水等行业专项整治。开展安全生产知识宣讲4次，以矿山管理、非法采砂、禁捕退捕、安全生产、耕地保护、林业生态环保工作为重点宣传内容，播放宣传音频，出动车辆巡回宣传12台次，出动执法人员10余人次，派发宣传资料1000余份。通过湖南省乡镇能力建设验收，获得益阳市安全发展示范乡镇称号。

综合执法。开展违法安全生产执法30余次，打击取缔无证经营储存烟花爆竹门店7家，行政处罚4家。打击非法采山石12起，行政处罚7起。多次巡查无证液化气经营门店，下达违法停工通知书3次，对5家经营、使用液化气的商铺进行专项执法大检查，查出一般安全隐患3条，现场整改2条，责令限期整改1条。办理违法占用耕地建房案件5起，非法电力捕鱼案件1起，对辖区露天烧秸秆行为劝导10处，野外用火野炊14处，强制整改5处。立案查处1起未办理采伐许可证私自盗采林木案1起。完成全年72个图版核查举证，立案查处5起村民未经规划许可擅自在基本农田上建房案件。开展治超行动8次，交通顽瘴痼疾联合整治行动7次，按周上门巡查管理源头企业。

石煤矿山治理。完成梅溪工程建设，梅溪工程、拔英湾提质改造工程竣工。完成牛田镇至安化县大福镇公路S324沿线边坡、石咀巴不稳定边坡裸露石煤矿应急治理。完成山塘饮用水水源保护区的划定，设置饮用水水源保护区标志、隔离网，通过省级“夏季攻势”验收销号。

（王世荣）

【松木塘镇代表队获县党史知识赛冠军】 5月8日上午，在桃江县“不忘初心 争当先锋”党史知识竞赛决赛中，松木塘镇代表队以高分夺得冠军。4月中旬松木塘镇选拔3名年轻干部组成代表队参赛。在5月7日复赛中，松木塘镇文云伟、方碧莲、陈景洲3名选手从全县50支代表队中脱颖而出，与其他11支队伍一起进入桃江县党史知识竞赛决赛。

（刘 瑜）

【冷亮到松木塘督导安全生产工作】 6月28日，县委副书记冷亮到松木塘镇督导安全生产工作。冷亮听取镇党委政府负责人安全生产工作汇报，实地走访新鑫石料有限公司建设工地，肯定松木塘镇在安全生产工作中取得的成绩，并强调后阶段要加强对矿山、交通、消防、食品、防溺水等方面的安全隐患排查，杜绝安全事故，保护群众生命财产安全。

（王世荣）

【张军督察石煤矿整治工作】 11月23日，生态环境部华南督察局一级巡视员张军带队到松木塘镇拔英湾石煤矿督察石煤矿整治工作。副市长杨智华，省、市生态环境部门相关负责人，县委副书记、县长周登高，副县长李智敏陪同。督察组一行先后到灰山港镇源嘉桥石煤矿、松木塘镇拔英湾石煤矿，通过看现场、查台账、听汇报，了解桃江石煤矿山整治工作情况。督察组一行肯定桃江县委、县政府对生态环境保护工作的重视，尤其在石煤矿山整治方面。督察组对桃江生态环境管理工作提出具体要求。

（肖 玉）

灰山港镇

【概况】 灰山港镇与长沙市宁乡县、益阳市赫山区接壤，居于三县（区）交界之处，是“大益阳城市圈”“东接东进”战略辐射的中心点。镇域面积229.7平方公里，辖29个村、4个社区，人口约14.2万人，城区规划面积10.8平方公里，建成面积5.8平方公里，城区常住人口约5万人。全镇共有各类规模以上工业企业54家，投资过亿元的湖南桃江南方水泥有限公司、益阳市东方水泥有限公司、益阳金沙重型机械制造有限公司是全市的水泥、钢铁行业龙头企业。2021年，全镇实现财政总收入4.56亿元；规模工业总产值实现153.42亿元，同比增长20.41%；规模工业增加值实现38.7亿元，同比增长18.18%；限额以上商贸零售额实现3.02亿元，同比增长15.53%；固定资产投资预计完成17.47亿元，累计上报固定资产项目32个，其中有7个亿元项目。

项目建设。灰山港镇污水处理厂提质扩容及配套管网项目工程竣工验收。湖南剑鑫控股（集团）有限公司总部基地项目桩基础建设已动工。东方新博矿区扩界项目已完成迁坟300座，土地流转300亩，红线内房屋拆迁40栋，完成临时采矿许可证延期一年的办理。南方二期、东方建材拆迁安置小区配套设施建设项目完工。克上冲灌区续建配套与节水改造工程启动，连河冲至紫荆铸业35千伏线路建设完成。

招商引资。全年对外招商考察2次，对接项目30余次，新引进投资5000万元以上项目3个，其中，入园项目1个。新开工项目4个，新投产项目5个，在谈项目3个。林光互补光伏发电项目，计划投资4亿元。湘西北国际智慧物流产业园项目，计划投资12亿元。开展立项争资工作，灰山港镇污水处理厂扩容提标及配套管网工程获中央奖补资金1400万元。向省发改委申报2022年志溪河流域（桃江段）水环境综合治理项目，申请2022年重点流域水环境综合治理中央预算内项目资金4000万元。连河冲敬老院服务大楼和泵房建设项目向省发改委申报2022年度养老领域中央资金储备项目，申报项目资金1408万元。克上冲大坝除险项目落实落地。

城乡建设。谋划镇区开发建设利用，拉开城镇框架，城区康复路、新建路、花明路、花果山路、南方连接线均已通车；向阳花小学入校路段建设已完成；S223马颈坳至万功塘村道路提质改造已完成。加大人居环境整治力度，推进垃圾分类减量，2021年全年共转运垃圾12616吨，相比2020年减少2000余吨，彻底整治8处非正规垃圾堆放点。整村推进汪家冲、刘家湾、栗子山、檀树界厕改，共完成厕改1335户。完成杨家湾、麻元坳等村“六个一”示范创建，指导创建12个省级卫生村，7个市级卫生村，授牌“无烟党政机关”。上级环保督察涉及事项均已整改销号，绿色矿山建设通过验收。关停10家违法砂（碎）石场。全面落实河长制工作，完成志溪河道综合治理，荣获市级河长制工作“十好乡镇”称号，示范河段（河溪水至肖家堰）获评桃江县“美丽河流”称号。落实规划例会制度，全年共发放城区规划和用地工程许可证18份，发放乡村建设规划许可证105份。

社会治理。加快推进乡镇应急能力建设，开展安全生产隐患大排查、大整治行动，聘请注册安全工程师和专家到企业查隐患。为澄泉湾村安装3处地质灾点远程视频预警系统，建立5支综合应急救援队伍，编制综合应急救援预案和9个专项应急预案，制作应急资源分布图，获“全市应急救援先进集体”称号，通过省应急能力建设试点乡镇验收。开展扫黑除恶专项斗争，对涉黑涉恶犯罪的九类案件立案9起，行政处罚11人，刑事拘留5人。强力推进反电诈工作，办理网络信息犯罪案件8起，刑事拘留13人，捣毁2个电诈团伙。严厉打击非法开采，对18起非法开采点立案调查，责令恢复土地平整2000平方米，移送县森林公安刑事立案1人，执收罚没收入152519.2元。强力推进交通顽瘴痼疾整治：全面整治建材企业和运输市场。督促源头企业“四包一”责任人对合法货物源头企业依法监管到位。突出抓好“五包一”和“一岗双责”的信访工作机制，做到去增量、减存量。稳步推动金沙重机脱困化险方案实施，督促企业落实主体责任，化解短借户的多次大规模集访。制定处置民营企业社会集资问题专项整治行动工作方案，开展防范和处置非法集资集中宣传，督促辖区内企业签订《抵制非法集资承诺书》。清收农商银行不良贷款1015.67万元，完成全年任务的211.6%。

社会事业。推进新冠疫苗接种工作，落实常态化疫情防控举措，疫苗接种达7万人15万针次。健全妇女、儿童、残疾人、老年人等关爱服务体系，落实村级公共卫生服务，抓好“两癌”筛查、孕前优生监测等基础医疗工作。发放救助资金60.8万元，发放孤儿生活费5.7万元。追缴农民工工资10万元。新农合参保率达95%，新农保参合全面覆盖。镇中心医院区域医疗分中心建设有序推进，镇二中投入使用，桃江四中提质扩容完成，镇区中小学校大班额问题得到化解。

乡村振兴。推动实现巩固脱贫攻坚成果同乡村振兴衔接，建立健全防止返贫动态管理监测和帮扶长效机制，对全镇59户监测对象开展针对性帮扶，全面落实“两不愁三保障”（农村贫困人口不愁吃、不愁穿；保障其义务教育、基本医疗和住房安全）及饮水安全、重点产业帮扶、小额信贷、易地扶贫搬迁后续扶持、扶贫资产项目管理等各项政策。申报省级乡村振兴重点驻村帮扶2个（甘泉山村、金沙坪村）、省级乡村振兴示范村1个（杨家湾村）。维修山塘30多口、水渠维护清淤近7千米，完成21个水库防汛演练，通过省市县防汛督查。整治公路安全设施隐患50余处，完成严控区2748亩土地产业结构调整，创建双季稻万亩示范片、千亩示范片各1个。灰山港农技站被授牌“全国五星级农技推广机构”。（肖　洋）

【1380亩茶园助农民产业致富】 甘泉山茶叶专业合作社由返乡青年罗明强带头创立，拥有55名社员。在湖南农业大学茶叶专家的技术指导下，合作社通过采取“公司＋合作社＋基地＋农户”的生产模式，带动农民致富。2021年，全村已流转3000多亩荒山，开垦出1000余亩新茶园，复垦300多亩野生茶园。

（肖　洋）

▲2月，灰山港镇杨家湾村被评为“湖南省精品乡村”（肖　洋／摄）

【村级应急调度指挥系统形成】2021年，灰山港镇通过“政府指导＋企业帮扶”模式，在33个村（社区）按照有队伍、有制度、有装备的“三有”要求全面开展应急能力建设，成立以村民小组长、安全信息员、网格员为主要力量的志愿者应急救援队，配备灭火器、打火把、喷雾器、安全绳、救生衣、救生圈等应急救援器材装备，具备初期应急处置能力。在此基础上，在全镇33个村（社区）安装摄像头等应急调度指挥系统相关设备，应急统一调度指挥系统的安装能在紧急状态就近调集力量快速部署，该镇整体应急处置能力和效率得到提升。（肖　洋）

【杨家湾村被评为省级精品乡村】2021年，灰山港镇杨家湾村被评为“湖南省精品乡村”。杨家湾村地处灰山港镇区南部，自然风光秀美，资江一级支流志溪河穿村而过。2021年，杨家湾村科学规划，因地制宜打造留得住乡愁的美丽村庄，完善乡村道路、停车场等基础设施，投资600万元完成志溪河生态绿化环保护坡改造和沿河风光带建设。（肖　洋）

【G234灰山港段公路改建】11月，G234谢林港至桃江石洞灰山港段公路改建项目已启动实物量调查，完成红线放样和边沟开挖，标志该项目建设正式拉开序幕。该段公路途经灰山港镇刘家湾村、源嘉桥村、檀树界村、金沙坪村和河溪水村，路线全长9公里。项目全线采用二级公路技术标准，设计行车速度60公里／小时，路基宽12米，为沥青混凝土路面，施工期为2年。（肖　洋）

【村级交通安全劝导站】10月，灰山港镇在农村道路主要路口、车流量较大的农村道路交会处等位置，设置河溪水村和绿稼湾村两个交通安全劝导站并投入使用。劝导站成立后，劝导员以劝导、提示、宣传、告诫等方式，对过往行人、非机动车、汽车驾驶人等进行劝导、纠违，对摩托车未戴安全帽、电动车安装遮阳伞、挡风篷以及摩托车超员等交通违法行为进行劝阻，把交通事故降到最低点，实现农村交通安全管理覆盖率和农村车辆投保率“双提高”。（肖　洋）

【违法建设专项整治】2021年，灰山港镇人民政府联合自然资源办、农业农村办采取信息共享、共同巡查、共同处理新模式，开展违法建设专项整治行动，共对镇规划区内8起31310平方米的违法建筑实施行政处罚，强制拆除违法建设5处，共计3590.74平方米。（肖　洋）

人　物

先进人物

胡红艳　女，汉族，1969年4月出生，中共党员，县妇女联合会（以下简称妇联）党组书记、主席。2017年任职以来，她带领县妇联一班人围绕中心、服务大局，取得突出业绩：2021年，县妇联被评为“湖南省妇联系统宣传工作先进单位”，被省妇联、省卫健委、省财政厅联合评为“湖南省‘两癌’免费检查重点民生实事项目先进集体”。她个人也先后被全国妇联办公厅、人力资源和社会保障部办公厅评为2021年度“全国巾帼建功标兵”“全国妇联系统先进工作者”。

2017年，为加强基层妇联执委队伍建设，胡红艳带领妇联一班人到乡镇、村（社区）调研，听取基层意见，赴外地考察学习，多次汇报争取领导重视，经过一年的谋划，桃江在全省率先出台《桃江县基层妇联组织、“妇贤”评选奖励办法》，全县基层妇联组织及妇联执委参与社会治理的热情与活力被激发，她们参与矛盾调解、环境治理、疫情防控、脱贫攻坚等工作，发挥妇女的独特作用，成为基层治理的得力助手。2020年，《今日女报》两个专版推介桃江妇联改革经验；2020年7月23日，湖南省妇联主席姜欣到桃江调研工作，称赞桃江妇联是发挥巾帼力量的一个“范本”，桃江县成为全省唯一深化妇联组织建设改革实施“破难行动”试点县。

胡红艳组织制定《桃江县基层妇联设岗定责岗位职责》，明确工作职责和重点，引导妇联执委参与村级事务管理。同时，利用“线下培训”和“桃花妹子”公众号、县乡村三级微信群“线上学习”等平台开展履职能力培训，使镇村妇联执委的综合素质和工作水平得到提升。她坚持扶贫与扶志相结合，引导贫困妇女增强脱贫信心；发动3660名妇联执委结对帮扶1220名贫困妇女儿童，定期开展“姐妹守望、邻里相助”妇联执委帮困行动；通过扶贫车间（合作社、女企业家、网红）+贫困妇女等形式，解决贫困妇女就业1000余名，带货帮销产品300余万元。此外，在人居环境、信访工作、乡风文明、禁黄赌毒、疫情防控等各领域组织开展“巾帼志愿服务”活动，红马甲成为活跃在桃江城乡的一道亮丽风景。

胡红艳把全县妇女儿童的困难放在心里，用心用情解决，让妇联成为全县广大妇联儿童真正的“娘家”。她组织构建妇女维权多元服务体系，与公安部门合作，在各派出所设立家庭暴力举报中心；与法院合作，成立妇女维权合议庭；与司法部门合作，设立妇女法律援助联络站；在县政务服务中心民政窗口成立“有话好说”婚姻家庭纠纷调解工作室，共调解299对，劝回109对，劝和79对，指导协议离婚111对，劝返率为62.9%；她组织开展“爱心妈妈”结对农村留守儿童关爱活动，组织社会各界妇女结对农村留守儿童300余名；联合教育等部门构建县、乡、村三级家庭教育网络，建立家长学校152所；组织开展“情暖童心·爱筑梦想”爱心助学活动，争取社会各界对困难妇女儿童群体的关爱和捐赠，每年为400余名贫困妇女儿童捐款捐物20余万元。

（何　婷）

钟建明 男，汉族，1972年2月出生，中共党员，县退役军人事务局拥军优抚股股长，1991年入伍，2004年转业。2005年在县民政局军休所工作，2015任县民政局优抚股股长，2012年任县民政局社会救助局副局长，2019年3月任县退役军人事务局拥军优抚股股长，在服务保障退役军人的岗位上一干就是13年。他视退役军人如亲友，竭心尽力服务，赢得“贴心优抚人”的口碑，2021年11月，他被退役军人事务部、中央军委政治工作部评为“退役军人服务保障先进个人”。

10多年来，钟建明对退役军人实行“迎进来热心办事、走出去热心服务、经常性热线联系”的“三热”服务。他每年接待退役军人咨询300多人次，总能及时准确做出解释，对爱扯皮的对象，总是耐心细致解读政策，不厌其烦做思想疏导，让他们带着疑惑而来、心满意足而返。优抚对象类别多，享受标准各不相同，人数每年都呈动态变化，每到发放定期补助之际，钟建明总要反复核实，晚上加班吃方便面成常态。每年经他手下拨优抚资金高达5000多万元，均无一差错。农村籍满60周岁退役军人申报认定、伤残军人的新评补评升级、优抚对象短期疗养等，都由他亲自办理，全面筛选，及时通知符合条件的对象上报资料，办理申报手续。

钟建明将全县重点优抚对象装在心里，时刻关注他们的身体健康与家庭情况，发现特殊困难第一时间想办法给予帮助。他负责优抚工作时，尚无退役军人信息采集系统，他每年轮流前往各乡镇，翻山越岭，两腿沾泥，上门入户，跟重点优抚对象交谈沟通，拍下照片，留下联系电话，全县200多个村落都有他辗转奔波的足迹。桃花江镇退役军人吴某2019年身患癌症，用去医药费30多万元，成为因病返贫的困难户。按正常途径，吴某走合作医疗程序报销的钱杯水车薪。钟建明跑民政、医保等部门申请解困救助资金，在政策允许范围内为其提供最大限度的帮助。2017年3月初的一个黄昏，钟建明下班后发现伤残军人蔡某突发癫痫倒在地上抽搐，便立即拨打“120”急救电话，并背其上救护车，又替其办理入院手续，取药换药，悉心陪护，直到2小时后蔡某侄子从外地赶到医院才离开。

钟建明严于自律，不徇私情，将每一分优抚经费都用在刀刃上。优抚股掌握着优抚对象的申报认定，每年下拨资金几千万元。于是，转弯抹角攀关系的、请客送礼的人事时有发生，钟建明总是严词拒绝。一次，有个亲戚找他，白天请他吃饭，晚上敲门送礼，被钟建明婉言谢绝。事后，亲戚骂他六亲不认。某单位熟人老马，办理退休手续后请求解决参战待遇，钟建明知道不符合政策，他对老马苦心解读政策，使其心悦诚服。（刘文奇）

符志军 男，汉族，1976年5月出生，大学文化，1994年8月参加工作，1999年6月加入中国共产党，2017年11月任桃江县纪委常委。2018年中共中央、国务院启动打赢脱贫攻坚战三年行动以来，他全身心投入脱贫攻坚战中：发挥纪检监察监督保障作用，护航脱贫攻坚；深入调研，解决群众反映的突出问题；奔赴抗疫一线，推动扶贫车间复工复产。他以高度的使命感和责任感推动全县各项扶贫政策高质量落实，2021年，他被湖南省委省政府评为“全省脱贫攻坚先进个人”。

2019年，符志军在入村督查中发现，贫困群众就近看病中存在不合理检查、不合理用药，存在亡故人员续领补贴等问题，他立即组织深挖细查，严肃查处部分乡镇卫生院利用贫困户、低保户虚开药品、检查费用等套取医保资金问题，对亡故后续领补贴的相关人员严肃问责，并先后向县医保局、县民政局、县库区移民事务中心党组及各乡镇卫生院发出监察建议书，要求全面清理整顿相关问题。2019年组织督促县医保局开展打击欺诈骗保专项整治行动，共查处医药机构39家，其中约谈医疗机构2家，叫停医保医师处方权3人，暂停服务协议零售药店7家，拒付不规范费用130.0608万元，自查自纠不规范费用243.665581万元，全额缴入医保基金专户；督促县民政局对低保发放情况开展“再回头看”，当年停发农村低保130人、城镇低保320人，收回城镇低保违规资金10.5万元，清理对养老机构资金，退还违规收取的入住预付款50多万元。

2020年，桃江县在省市纪委监委指导下探索施行“扶贫领域监督清单”制。作为此项工作的具体负责人，符志军主动对标对表中央、省市要求，牵头组织将全县脱贫攻坚主要任务分解成52项监督重点，形成监督清单，逐一明晰责任主体职责任务，压紧压实各级纪检监察组织的专项监督职责，形成全县“一盘棋”，确保全县各项扶贫政策高质量落细落实。同年，桃江县探索形成的“扶贫领域监督清单‘三四三’工作机制”被省、市纪委监委内刊专题推介。2018年至2020年，全县及时发现和受理、办理扶贫领域腐败和作风问题，退还群众资金184.77万元，获干部群众一致好评，获《中国纪检监察报》、《湖南日报》、湖南经视、湖南卫视、三湘风纪网等中央、省市媒体多次实地宣传报道。桃江县专项治理考核2018年居全市非贫困县（区、市）排名第一，2019—2020年为全省一类单位并位列前茅。

2020年疫情防控期间，符志军第一时间主动要求到全县各扶贫车间，组织各级扶贫干部看实情、问困难，协调解决体温枪、口罩、消杀用品等防疫物资短缺难题，督促保障各项稳岗优惠政策优先在扶贫车间落实，推动扶贫车间复工复产。2020年3月17日，全县19家扶贫车间率先全部复工复产，安置的172名贫困劳动力全部到岗到位。

（何林焱）

文有洪 男，汉族，1976年7月出生，中共党员，先后任桃江县松木塘镇党政办主任、县总工会办公室主任、县委组织部干部组副组长、县政府办副主任科员、县政府办副主任，2016年2月调任高桥镇党委书记、四级调研员。他率先垂范，工作严谨，脚踏实地，任劳任怨。2017—2020年连续4年获得全县个人绩效奖；2016—2020年连续5年被评为优岗；2017年、2018年被县人民政府记三等功；2020年4月被桃江县委、县政府表彰为“经济贡献先进个人”；2020年4月被中共桃江县委表彰为“党建工作先进个人”；2021年被中共湖南省委评为“湖南省优秀党务工作者”。

文有洪把党建工作摆在首位，严格履行第一责任人责任；把党建工作作为主责主业，认真落实党建“一岗双责”责任制。他示范带头上党课，抓实“三会一课”，组织开展主题党日活动，牵头整顿软弱涣散基层党组织，贯彻中央、省、市、县各级有关基层建设文件精神，推进党支部“五化”（支部设置标准化、组织生活正常化、管理服务精细化、工作制度体系化、阵地建设规范化）建设，推行网格化管理和志愿服务，加强疫情防控、脱贫攻坚、防汛抗旱等工作，推行“一村一品”“一村一策”，发展村级集体经济，实现空白村清零、薄弱村减半；党建带妇建工作经验曾获全市推广；探索创新村级商务中心运营模式，基层公共服务（一门式）实现全覆盖。高桥镇党建工作年度考核连续5年居全县前列，其中2020年是第一名。

文有洪以党建引领为抓手，团结带领全镇党员群众，推进高质量发展和乡村振兴。他深入部门企业、田间地头调研，倾听群众心声，提出打造“旅游名镇、精品集镇、文明乡镇、活力新镇”的发展思路。在他主导下，高桥镇已形成茶叶、葛种植和稻虾养殖的特色农业；他牵头引进景田集团、科惠汽配、钜亿新材料等重点项目，组织建成罗溪村湖南省四星级乡村旅游区重点旅游景点，实现税收翻两番。水利、公路、电力、通信、教育、卫生、城镇、民生等基础项目顺利实施，2018年实现撤乡建镇，2017—2020年高桥镇连续4年获评全县绩效考核一类乡镇，先后获湖南省造林绿化单位、益阳市无信访乡镇、益阳市卫生乡镇、益阳市脱贫攻坚先进乡镇等30余项荣誉，罗溪村获评全省脱贫攻坚典型村。2021年全镇实现生产总值3.88亿元，同比增长5.4%；实现规模工业增加值3.65亿元，同比增长5.8%。完成固定资产投资4.2亿元；实现全体居民人均可支配收入22048.68元，同比增长3.2%。新增农村劳动力转移就业人员153人，城镇新增转移就业人员226人；核实计生新增奖扶28人，特扶6人，新建村级文化广场2个。开展扫黑除恶专项斗争、禁毒、平安建设等工作，获评全市综治平安先进乡镇。

（刘秀芝）

薛虎军 男，汉族，1975年11月出生，中共党员，2019年12月，担任桃江县委农村工作领导小组办公室主任、县农业农村局党组书记、局长。在脱贫攻坚工作中，薛虎军带领干部职工走村入户解民忧，助力产业发展促脱贫，为贫困群众做实事好事，得到群众的一致好评。2021年4月，他被湖南省人民政府授予“湖南省脱贫攻坚先进个人”称号。

薛虎军带领局机关帮扶干部共帮扶联系贫困户8285户，多次召开会议专题部署研究推进脱贫攻坚工作，为准确把握马迹塘镇京华村、益阳仑村、龙溪村、泗里河村4个帮扶村情况，有针对性地做好精准扶贫工作，经常徒步奔赴贫困户家中了解情况，及时掌握贫困户出现的新问题。

推行直接帮扶、委托帮扶、股份合作产业扶贫帮扶模式，依托“桃江竹笋”等特色扶贫产业，建立“主体＋贫困户”的长效利益联结机制。2016年以来，全县贫困户获得产业帮扶收益共计2711.64万元，其中贫困户自主发展小产业获得奖补资金384.37万元，平均每户收益1836.46元；直接帮扶项目收益1423.23万元，平均每户收益1144.05元；委托帮扶和股份合作项目收益904.04万元，平均每户收益828.71元。

高位推进产业扶贫项目实施。结合实际，制定《桃江县2020年产业扶贫实施方案》，突出重点围绕“一特两辅”(“一特”即桃江竹笋,“两辅”即茶叶和特色种植业）产业构建利益联结机制，就全县产业扶贫工作做出系统部署。合力推动各乡镇、县直有关部门落实扶持措施，营造全社会齐抓共管、全力推进产业扶贫民生工程的良好局面。

精准选择重点产业扶贫项目。通过大力支持特色扶贫产业主体发展，涌现以惊石农业、洋泉湾文旅等为代表特色主体，实现有产业发展能力、意愿的25184户贫困人口产业帮扶全覆盖。以打造百亿竹产业作为“脱贫攻坚战”突破口，不断完善产业扶贫链，2016年以来，帮扶贫困户6053户，带动2460户贫困户发展笋用林，培训林农5000人次。

严格规范项目监督管理。通过科学设置目标，做到“六个统一”（统一购买新型经营主体产业扶贫服务的资金标准；统一量化到贫困人口的资金标准；统一帮扶年限标准；统一贫困人口保底收益比例标准；统一帮扶收益发放程序；统一公开公示标准）。通过系统评估主体风险，化解了潜在风险。通过对全县2016年以来实施产业扶贫项目监督检查“回头看”做到了“四个到位”（制度建设到位、公开公示到位、财务专账到位、分红收益到位），扶贫成效得到巩固。（胡　琼）

吴铁梅　女，汉族，1970年10月出生，中共党员，1994年12月进入桃江县人民法院工作，2011年4月任审判委员会委员，2018年3月任刑事审判庭庭长。自扫黑除恶专项斗争打响以来，她始终站在审判一线，凭着对法律事业的执着追求和真挚热爱，无私奉献，不负使命。2021年，她被湖南省扫黑除恶专项斗争领导小组评为“湖南省扫黑除恶专项斗争先进工作者”。

自扫黑除恶专项斗争开展以来，作为院扫黑办主任的吴铁梅，不仅要正常办案，还要主持扫黑办的日常工作。为将每一件涉黑恶案件办成“铁案”，她通宵达旦学习相关法律；为保证案件办理进度，她长期利用午休时间加班加点，曾在一个月内审结案件82件；女儿高考那年，她白天上班，晚上去学校陪读，却从未耽误过工作。她始终如一的精神状态和工作热情令庭里的同事很佩服。2019年以来，刑庭在她的带领下共结案近1600件，结案率98%以上。

作为庭长，她事事奋勇争先，处处率先垂范，带头承办大案要案难案。王某锋、王某升等四人寻衅滋事罪、敲诈勒索涉恶案，系益阳市扫黑办交办的涉恶案件，影响恶劣。从接手案件之日起，她就一直为开庭审理做准备。该案单案卷就多达几十本，堆积起来足有一人高，再加上被告人拒不认罪，审理该案的难度可想而知。为此，每天在完成紧张忙碌的日常工作后，她就把自己埋在成堆的卷宗里，连续加班数月，反复查阅案卷，不放过任何一个细节，撰写阅卷笔录达数万字，数次组织公安、检察机关研究案情，召开庭前会议……长期“5+2”“白+黑”,使她成为家人口中的“夜归人”。开庭当日，12小时的庭审她都正襟危坐，言辞规范，指挥得当，撰写的判决书更是长达百页，4万余字。主犯王某锋一审被判处有期徒刑9年，王某升一审判决有期徒刑7年6个月，市中院二审维持原判。她所参与和主审的涉恶案件无一件改判或发回重审。

为确保扫黑除恶专项斗争“六清”（线索清仓、逃犯清零、案件清结、伞网清除、黑财清底、行业清源）行动中的行业清源取得实效，吴铁梅认真梳理办过的涉黑涉恶案件，制发涉及行业监管、学校安全、基层政权建设、党建工作等方面的司法建议10份，均获采纳，改变对案犯重审判轻监管的情形。她执笔撰写的要求某单位加强行业管理的司法建议发出后，该单位举一反三，将行业治理扩大到其他领域，该举措受到中央扫黑除恶督导组肯定和表扬。（李燕妮）

符潜知　男，汉族，1985年12月出生，研究生毕业，2011年9月参加工作，先后任桃江县人民检察院反渎职侵权局科员、助理检察员、公诉科检察员、副科长、一级检察官，第二检察部主任、一级检察官、院扫黑办主任。从检十年，他一直在刑检办案一线，几乎每年都被评为检察工作先进个人。他践行“立检为公、执法为民”的工作宗旨，带头办理疑难复杂案件及大案、要案，所办案件在按时保质审结的同时，不漏过任何诉讼监督事项，将每一起案件办成“铁案”，让人民群众在每一个司法案件中感受到公平正义。他年均办理批捕、起诉类案件150余件，居全院前列。2021年2月，他在湖南省检察机关扫黑除恶专项斗争中被省人民检察院记二等功。

在2018—2020年为期3年的扫黑除恶专项斗争中，符潜知先后承办沅江市教育局原局长胡某某玩忽职守、受贿、巨额财产来源不明案，王某某、周某等三人寻衅滋事、非法持有枪支等案，协办“10·15”陈某某涉黑案，所办案件均定性准确，被法院作出有罪判决。作为公诉人，他对办理的每一起案件负责，确保把每一起案件都办成经得起法律和历史检验的“铁案”。面对众多案卷材料、疑难复杂案情，他认真审查全案卷宗，细致分析组织架构、依法审查事实证据、科学研判法律适用，克服新冠肺炎疫情带来的影响，共审查案件卷宗76册，认定犯罪事实23起，形成162页9万余字的审查报告、63页33718字的起诉书。2020年7月31日，该案进行一审公开宣判，16人分别被判处二十五年至一年零八个月不等有期徒刑。

在办理“10·15”陈某某涉黑案中，符潜知发现该组织有违规发展党员、控制村支“两委”操作基层政权、违规挪用及使用村级资金、垄断工程、诈骗国家财物等问题。经调查核实，他于2020年3月11日向中共益阳某工业集中区工委会发出检察建议。7月14日，该工委会党工委委员、纪工委书记到桃江县人民检察院反馈整改措施和过程，并提交书面回复函。

查办胡某某案件中，为强化“一案四查”（一由政法机关严查黑恶势力犯罪，二由纪委监委深查涉黑涉恶腐败“保护伞”和部门单位不担当不作为，三由组织部门追查涉黑涉恶党员干部的日常管理监督和基层组织建设，四由执法监督专项组督查黑恶案件办案质效）工作机制，符潜知仔细核实相关事实和证据，详细研究“保护伞”线索梳理等问题，多次提交检察官联席会议讨论。经与市监察委会商并提前介入引导侦查，对胡某某案进行案情和证据梳理，引导调查取证，固定证据，成功认定胡某某为沅江市夏某某黑社会性质组织的“保护伞”。

（文哲远　周再明）

劳动模范

王烨　女，汉族，1986年12月出生。2008年5月起在浮邱山乡卫生院从事临床护理工作，2017年3月至2018年6月在益阳市卫生健康委协助管理基层卫生工作，2018年7月，在县卫生健康局协助开展疾病预防控制相关工作。2016年在全国基层卫生技能竞赛和岗位练兵中获桃江县护理组个人一等奖；益阳市单项一等奖、综合一等奖，被授予“益阳市五一劳动奖章”和“2016年益阳市基层卫生技能标兵”称号；湖南省综合一等奖，被授予“湖南省五一劳动奖章”和“湖南省基层卫生技能标兵”称号；全国综合三等奖；2016年浮邱山乡卫生院杰出贡献奖；2017年桃江县人民政府授予三等功；2019年桃江县总工会授予“桃江县五一劳动奖章”；2021年4月中华全国总工会授予“全国五一劳动奖章”。

王烨参加工作以来，爱岗敬业，严于律己。2020年因受新冠肺炎疫情影响，她几乎全年无休，认真协助完成疫情防控各项工作。同时，按时按质按量完成股室其他业务工作和单位安排的工作，做到一项不落。她工作严谨、细致、扎实，服务贴心、以诚待人，在多年医院临床工作中获得领导、同事和患者的一致好评，曾被授予浮邱山乡卫生院“微笑服务天使”称号和桃江县2012年“十佳护士”称号。

她好学深思、学以致用。在完成繁重的业务工作之余，她注重学习，自身专业水平不断提升：2008年10月通过国家专业技术人员资格考核，获护士执照；2012年5月通过全国护师资格考核，同年10月获资格证书；2019年5月通过全国主管护师考核，同年6月获资格证书。2021年收获湘南学院网络教育本科毕业证书。

她勤勉上进、吃苦耐劳。2020年新冠肺炎疫情出现后，她第一时间投入紧张的防控工作中，在县新冠肺炎疫情防控指挥部负责收集整理上报新冠肺炎疫情相关信息，几乎全年无休，不分白天黑夜，同时，联合公安、工信等部门及时落实入境和国内重点地区抵（回）桃人员的核查和管控等工作，协助核查管理入境和国内重点地区抵（回）桃人员3万余人。（刘　佩）

道德模范

龚丽姣　女，汉族，1995年12月出生，中共党员，县养老康复医院院长。她从医40多年，先后担任县级公立医院院长、书记20余年，历任省、市、县人大代表，曾被评为全国优秀基层医院院长、湖南省“三八红旗手”。2018年，龚丽姣从桃花江中心医院院长、党支部书记岗位退下后，牵头创办桃江县养老康复医院，并受聘担任院长，2021年7月，荣获第三届全国“敬老爱老助老模范人物”称号。

2018年年初，县社会福利中心医疗康复楼采用委托经营管理的模式委托桃花江中心医院经营管理。受县民政局、县卫健局委托，龚丽姣负责组建桃江县第一所公建公办公营、医养结合的养老康复医疗机构。她争取县委、县政府和县卫健、民政、发改、编制等有关部门的政策支持，推动建立跨部门的组织协调机制，获取人员编制 30 个；她筹措资金 1200 多万元，开展房屋装修、购置医疗设备、组建医疗团队、健全医疗服务管理体系，使县养老康复医院（桃花江中心医院养老康复分院）于 2018 年 12 月投入运营。医院设有床位 98 张，招考聘医护人员 50 余人，开设 9 个综合职能科室。她担任养老康复医院院长以来，身先士卒，全力推进医疗卫生与养老服务相结合，着力加强老年人养老康复服务供给，拓展服务范围和内容，满足群众健康养老需求。至 2020 年 8 月，该院已收治住院病人 2 万余人次，临终关怀服务 30 余人，得到患者及家属的交口称赞，先后收到锦旗、感谢信 200 余面（封），深受桃江和周边县市区广大群众的信赖。

她多方奔走，特聘省内三甲医院中医、康复等专家教授到院定期坐诊、查房、指导。医院收治的脑梗、中风、车伤、脑外伤、脑手术后后遗症需康复治疗的病人占总住院人数的 50% 以上，经结合中西药诊治与康复治疗，病情得到控制和好转，康复治疗效果明显。她带领医护人员像亲人般地照顾病人，对行动不便的患者不撒手，对病人的询问不厌烦，对病人诉求解决不过夜，为特殊病人提供不间断服务。2019 年 6 月，在她的引领下，该院被评为湖南省残疾人康复协会肢体残疾康复专业委员会技术指导单位。2020 年新冠肺炎疫情防控中，她在强化医院内部疫情防控的同时，组织加班加点熬制汤药，为其他养老院、光荣院老人和社区一线防控人员及居民免费发放口罩 2 万个、预防汤剂 1 万份、熏药 6000 份，组织爱心捐款 4 万余元，为一线环卫工人送上医用口罩、预防汤药和新鲜蔬菜。

该院住院的老年患者中，25% 的患者子女在外地工作，无暇照顾老人，龚丽姣成了他们的托付者。在她的倡导下，医院开展“敬老文明号”创建活动，秉持儿女般的关怀、亲人般的服务，为老年患者提供优待。她亲力亲为服侍病人，对病人的情况了如指掌，对病人的需求倾力解决，时时事事为患者盘算考虑：冬天提供姜茶驱寒，夏天提供凉茶解暑；对食堂就餐予以补贴，给病人提供炖汤做菜场所；经常组织茶话会，开展健康知识讲座、举办小型晚会；为他们改善伙食，自己家里炖的鸡汤、排骨汤，都要给他们送一碗，让病人感到家的温暖。2020 年新冠肺炎疫情防控期间，住院患者探视受限。她便购买土猪，亲手为全体病人熬肉末汤，为特困患者添置内衣内裤，还定期为养老公寓入住老人进行免费健康体检，开通养老就医绿色通道，实现集团健康卡一卡通。同时为医院所在地桃花江镇桃谷山社区 5000 多名居民建立健康档案，开展家庭医生签约服务 4000 多次，免费开展健康体检，对签约服务对象免收挂号费。她还组织医院投入 10 多万元，为失能半失能老人、贫困老人提供物质帮助和精神关爱。

湖南文明网、湖南省人民交通网、中国廉政建设网、中国访谈网等国家、省、市级媒体先后报道她的先进事迹。（周弟初　吴　姣）

先进名录

2021 年桃江县获全国（条线）先进集体一览表

表 1

获奖单位	奖项名称	授奖单位
县政务中心办税厅	第 20 届全国青年文明号	全国创建青年文明号活动组委会
县纪委监委	节约型机关	国家机管局、中央直属机管局、国家发改委、财政部
县税务局办税厅	第 20 届全国青年文明号	共青团中央
县司法局	2016—2020 年全国依法治理创建活动先进单位	全国普法办
县司法局	全国维护妇女儿童权益先进集体	中华全国妇联
县发改局	节约型机关	国家机管局、中央直属机管局、国家发改委、财政部
县农业农村局	全国农作物病虫害统防统治百强县	农业农村部种植业管理司
县科工局	节约型机关	国家机管局、中央直属机管局、国家发改委、财政部
大栗港镇朱家村	全国民主法治示范村（社区）	司法部、民政部
灰山港镇农业综合服务中心	全国五星乡镇农技推广机构	全国农业技术推广服务中心

2021 年桃江县获全国（条线）先进个人一览表

表 2

获奖个人	所属单位	奖项名称	授奖单位
胡红艳	县妇女联合会	全国妇联系统先进工作者	人社部办公厅
胡红艳	县妇女联合会	全国巾帼建功标兵	全国妇联办公厅
王烨	县卫生健康局	全国五一劳动奖章	中华全国总工会
钟建明	县退役军人事务局	退役军人服务保障先进个人	退役军人事务部、中央军委政治部

2021 年桃江县获湖南省（条线）先进集体一览表

表 3

获奖单位	奖项名称	授奖单位
县委办公室	2020 年度全省党委信息工作先进单位	湖南省委办公厅
县委机要局	2020 年度全省党政机要密码工作先进单位	湖南省委办公厅
县委办公室	“十三五”时期保密工作成绩突出的单位	湖南省委保密委员会
县关工委	湖南省关心下一代工作先进集体	湖南省关心下一代委员会
县委党校	全省党校（行政学院）系统科研工作先进单位奖	湖南省委党校（湖南行政学院）
县档案馆	2020 届湖南省文明单位	湖南省精神文明建设指导委员会
县史志编纂室	2020 年度全省党史工作先进单位	湖南党史研究院
县数据资源服务中心	湖南省五四红旗团支部（团总支）	共青团湖南省委
县政务服务中心	2020 届湖南省文明单位	湖南省精神文明建设指导委员会
县政务服务中心	第七届湖南省“人民满意的公务员集体”	湖南省委、省政府
县纪委监委	全省纪检监察信息先进单位	湖南省纪委监委
县妇联	湖南省妇联系统宣传工作先进单位	湖南省妇联
县妇联	湖南省“两癌”免费检查重点民生实事项目先进集体	湖南省妇联、湖南省卫健委、湖南省财政厅
县工商联	湖南省“五好”县级工商联	湖南省工商联
县计生协	全省计生协重点工作优秀单位	湖南省计生协
县公安局	全省禁毒工作先进集体	湖南省人社厅、湖南省禁毒委
县公安局刑侦大队	全省 2019—2020 年度优秀刑侦队	湖南省公安厅
县公安局离退休干部党支部	全省示范离退休干部党支部	湖南省委离退休干部工委
县检察院	全省检察机关扫黑除恶专项斗争先进集体	湖南省检察院
县公安局交警大队	2021 年全省公安交警部门春运交通安保和疫情防控先进单位	湖南省公安厅交警总队
县移动分公司	2020 届湖南省文明单位	湖南省精神文明建设指导委员会
县住建局	湖南省脱贫攻坚先进集体	湖南省委、省政府
县人防办	全省人民防空先进集体	湖南省人社厅、人防办
县农业农村局	湖南省农产品质量安全县	湖南省农业农村厅
县乡村振兴局	湖南省脱贫攻坚先进集体	湖南省委、省政府
县林业局	湖南林业 70 周年先进集体	湖南省林业局
县林业局	2021 年度全省森林防火工作优秀单位	湖南省林业局
羞女湖国家湿地公园	2021 年全省湿地公园质量管理优秀单位	湖南省林业局
石井头国有林场	2021 年度全省国有林场质量管理十佳单位	湖南省林业局

续表 3

获奖单位	奖项名称	授奖单位
县气象局	2021 年度重大气象服务先进集体	湖南省气象局
县科工局	2021 年度全省工信系统规范行政执法示范单位	湖南省工业和信息化厅
县科工局	2021 年中小企业运行监测工作先进单位	湖南省工业和信息化厅
桃江经济开发区	湖南省（桃江）竹产业特色产业园	湖南省发改委、科技厅、工信厅、财政厅、商务厅
马迹塘税务所支部委员会	全省税务系统先进基层党组织	湖南省税务局委员会
县税务局	全省税务系统个人所得税改革先进单位	湖南省税务局
县税务局	全省税务系统社保费征收体制改革先进单位	湖南省税务局
桃江农商行罗家坪支行	先进基层党组织	湖南省农信社联社委员会
县商务局	2020 年度全省商务工作（外贸）先进单位	湖南省商务厅
旅游英语 133 班	2020—2021 年度湖南省中等职业学校“先进班集体”	湖南省教育厅
桃江一中	湖南省文明标兵校园	湖南省精神文明建设指导委员会
县融媒体中心	2021 年度“湖南基层传播智慧融媒体”先进单位	湖南广播电视台广播传媒中心
县人民医院手术室	全省优质护理服务表现突出科室	湖南省卫健委
县中医医院	湖南省先进基层党组织	湖南省委
县疾控中心	2021 年度全省疾控系统新闻宣传与健康教育宣传先进单位	湖南省卫健委
县疾控中心	“十三五”期间性病防治工作先进单位	湖南省疾控中心
县疾控中心	实施《湖南省“十三五”结核病防治规划》先进集体	湖南省卫健委
县疾控中心	湖南省学生常见病和健康影响因素监测与干预工作先进单位	湖南省疾控中心
县疾控中心	2021 年度全省梅毒检测实验室室间质量考评优秀	湖南省疾控中心
桃花江镇大华村	全省村庄清洁行动先进单位	湖南省委农村工作领导小组
修山镇	湖南省卫生镇（乡）	湖南省爱卫会办公室
修山镇	2021 年湖南“美丽河湖”	湖南省河长制工作委员会办公室
修山镇花桥港村	省级文明村镇	湖南省文明办
修山镇莲盆嘴村	2021 年度湖南省乡村振兴示范创建村	湖南省乡村振兴局
沾溪镇洋泉湾村	省级美丽乡村	湖南省农业厅
三堂街镇	湖南省脱贫攻坚先进集体	湖南省委
三堂街镇	湖南省 2020 届文明乡镇	湖南省精神文明建设指导委员会
鸬鹚渡镇龙塘湾村	湖南省卫生村	湖南省爱卫会
鸬鹚渡镇长江村	湖南省卫生村	湖南省爱卫会

续表 3

获奖单位	奖项名称	授奖单位
鲊埠回族乡	省级乡村治理示范乡镇	湖南省农业农村厅
鲊埠回族乡	湖南省民族乡村振兴试点单位	湖南省民族宗教事务委员会
武潭镇莲花坪村	省级“同心美丽乡村”示范村	湖南省委统战部
马迹塘镇龙溪村	最美潇湘文化阵地	湖南省文化和旅游厅
石牛江镇	省级美丽乡村建设示范镇	湖南省委农村工作领导小组

2021 年桃江县获湖南省（条线）先进个人一览表

表 4

获奖个人	所属单位	奖项名称	授奖单位
刘　赞	县委办	2020 年度全省党委信息工作先进个人	湖南省委办公厅
黄煦琦	县委办	2020 年度全省党政系统先进机要工作者	湖南省委办公厅
杨俗华	县关工委	全省关心下一代工作先进个人	湖南省关心下一代委员会
刘连喜	修山镇关工委	全省关心下一代工作先进个人	湖南省关心下一代委员会
汪小明	县教育工委	全省关心下一代工作先进个人	湖南省关心下一代委员会
李梦飞	县档案馆	湖南省地方志系统 2021 年度先进个人	湖南省地方志编纂院
李　丰	县政府	湖南省第七次全国人口普查先进个人	湖南省人社厅、省统计局、省第七次全国人口普查领导小组办公室
符志军	县纪委监委	全省脱贫攻坚先进个人	省委、省政府
胡婷郁	县妇联	湖南省妇联系统宣传工作先进个人	湖南省妇联
王　珑	县公安局马迹塘派出所	湖南省岗位学雷锋标兵	湖南省委宣传部
吴铁梅	县法院	湖南省扫黑除恶专项斗争先进工作者	湖南省扫黑除恶专项斗争领导小组
符潜知	县检察院	全省检察机关扫黑除恶专项斗争记二等功	湖南省检察院
姚蘅桉	县司法局	2016—2020 年湖南省普法工作先进个人	湖南省司法厅
石　刚	县公安局交警大队马迹塘中队	全省交警系统建党百年大庆交通安保工作成绩突出民警	湖南省公安厅交警总队
李微微	县公安局交警大队交通管理中队	2021 年全省公安机关春运交通安保工作成绩突出民警	湖南省公安厅交警总队
陈　苍	县公安局交警大队灰山港中队	全省交警系统建党百年大庆交通安保工作成绩突出辅警人员	湖南省公安厅交警总队
刘羽亮	县公安局交警大队灰山港中队	全省交警系统建党百年大庆交通安保工作成绩突出辅警人员	湖南省公安厅交警总队
薛惠芬	县自然资源局	2021 年全省自然资源系统新闻宣传先进个人	湖南省自然资源厅

续表 4

获奖个人	所属单位	奖项名称	授奖单位
倪明亮	县市监局	湖南省消费维权先进个人	湖南省市监局
刘毅	县市监局	湖南省药品稽查执法“三十佳”稽查能手	湖南省市监局
薛虎军	县农业农村局	湖南省脱贫攻坚先进个人	湖南省政府
尹　志	县农业农村局	全省农村承包地确权登记颁证工作先进个人	湖南省农业农村厅
邹　丽	县农业农村局	农民教育培训工作先进个人	湖南省农业广电学校、农民科技教培中心
吴政良	县税务局	全省税务系统社保费征收体制改革先进个人	湖南省税务局
黄　萍	县税务局	全省税务系统巾帼建功标兵	湖南省税务局党建工作领导小组
胡伟玲	县人民医院	全省优质护理服务表现突出先进个人	湖南省卫健委
彭国新	县中医医院	2020 年度最美防控老科技工作者	湖南省老科学技术工作者协会
易新颜	县妇保院	全省“两癌”免费检查重点民生实事项目先进个人	湖南省妇联、省卫健委、省财政厅
汪伶俐	县妇保院	全省“两癌”免费检查重点民生实事项目先进个人	湖南省妇联、省卫健委、省财政厅
文有洪	高桥镇政府	湖南省优秀党务工作者	湖南省委
李文平	石牛江镇政府	湖南省 2021 年村庄清洁行动先进个人	湖南省农业农村厅

2021 年桃江县获益阳市先进集体一览表

表 5

获奖单位	奖项名称	授奖单位
县委办	2020 年度全市党委信息工作先进单位	益阳市委办
县行政审批局、政务中心、数据资源中心	益阳市“放管服”和“一件事一次办”改革工作先进单位	益阳市政府
县纪委监委	益阳市扫黑除恶专项斗争先进集体	益阳市扫黑除恶领导小组
县妇联	益阳市先进基层党组织	益阳市委
县残联	益阳市参加东京奥运会等综合性运动会突出贡献奖	益阳市政府
桃花江灌区	益阳市 2020—2021 年度市级文明标兵单位	益阳市精神文明委
桃江一中	体育工作突出贡献奖	益阳市政府
桃花江镇	2016—2020 年益阳市脱贫攻坚先进乡镇	益阳市扶贫开发领导小组
桃花江镇	益阳市农村人居环境整治工作十佳乡镇	益阳市委农村工作领导小组
桃花江镇	益阳市实施乡村振兴战略先进乡镇	益阳市委农村工作领导小组
桃花江镇	益阳市粮食生产工作先进乡镇	益阳市委农村工作领导小组
浮邱山乡	益阳市先进基层党组织	益阳市委
浮邱山乡	益阳市安全生产（含消防、森林）优秀乡镇	益阳市委办、市政府办

续表 5

获奖单位	奖项名称	授奖单位
修山镇	2021 年度全市乡镇（街道）平安建设先进乡镇	益阳市委办、政府办
修山镇	2021 年度全市农村“空心房”整治先进乡镇	益阳市委农村工作领导小组
修山镇康家村	市级文明村	益阳市文明办
修山镇舒塘社区	2021 年益阳市优秀志愿服务社区	共青团益阳市委、市文明办、市委政法委
沾溪镇	益阳市粮食生产先进乡镇	市政府
沾溪镇	益阳市基层社会治理创新示范乡镇	益阳市平安办
沾溪镇	益阳市文明乡镇	益阳市文明委
沾溪镇	益阳市平安建设先进乡镇	益阳市委、市人民政府
沾溪镇	益阳市安全生产和消防工作先进乡镇	益阳市委、市人民政府
鸬鹚渡镇大塘村	益阳市卫生村	益阳市爱国卫生运动委员会
鸬鹚渡镇梅山村	益阳市卫生村	益阳市爱国卫生运动委员会
鸬鹚渡镇蒋家冲村	益阳市卫生村	益阳市爱国卫生运动委员会
鸬鹚渡镇沙河社区	益阳市卫生村	益阳市爱国卫生运动委员会
鸬鹚渡镇花桥村	益阳市卫生村	益阳市爱国卫生运动委员会
大栗港镇	2020 年度全市信访工作“三无”乡镇优秀单位	益阳市人民政府
大栗港镇	市级安全生产（含消防、森林）优秀乡镇	益阳市人民政府
鲊埠回族乡	全市信访“三无”乡镇	益阳市委办、市政府办
鲊埠回族乡	市级安全生产优秀乡镇	益阳市委办、市政府办
鲊埠回族乡	全市“平安乡镇”	益阳市委办、市政府办
鲊埠回族乡陶公庙村	2021 年度益阳市卫生村	益阳市爱卫会
鲊埠回族乡	市级安全发展示范乡镇	益阳市委办、市政府办
武潭镇	全市第一批应急能力建设合格乡镇	益阳市安委会
武潭镇	市级安全发展示范乡镇	益阳市政府
马迹塘镇益阳仑村	2020—2021 年度市级文明村	益阳市文明办
石牛江镇	益阳市卫生镇	益阳市爱卫会
石牛江镇	农村生活垃圾分类处理先进乡镇	益阳市委农村工作领导小组
石牛江镇	市级十大美丽河湖	益阳市河长办
石牛江镇	2021 年市级文明乡镇	益阳市精神文明委
牛田镇	市级平安建设工作先进乡镇	益阳市委办
松木塘镇	市级安全发展示范乡镇（街道）	益阳市委、市政府
松木塘镇	平安建设年度先进乡镇	益阳市委、市政府
灰山港镇综合应急救援队	益阳市应急救援先进集体	益阳市安委会

续表 5

获奖单位	奖项名称	授奖单位
灰山港镇	益阳市 2020 年度河长制湖长制十好乡镇	益阳市河长制工作委员会
灰山港镇	益阳市食品安全示范乡镇	益阳市食品安委会

2021 年桃江县获益阳市先进个人一览表

表 6

获奖个人	所属单位	奖项名称（全称）	授奖单位（全称）
贺大军	县委办	2020 年度全市党委信息工作先进个人	益阳市委办
王　珑	县公安局马迹塘派出所	益阳市脱贫攻坚先进个人	益阳市扶贫开发领导小组
熊卫红	县人民医院	益阳市名中医	益阳市委办，市政府办
王奋强	县中医医院	益阳市名中医	益阳市委办，市政府办
肖劲松	大栗港镇中心卫生院	益阳市名中医	益阳市委办，市政府办
丁振华	桃花江镇武装部	益阳市银城十佳专武干部	益阳市军分区
丁振华	桃花江镇武装部	益阳市优秀专武干部	益阳市军分区
刘矿安	沾溪镇政府	益阳市粮食生产先进个人	益阳市政府
邓凌云	大栗港镇政府	优秀专武干部	益阳市军分区

2021 年桃江县荣立二等功以上退役军人一览表

表 7

序　号	姓　名	性　别	家庭住址	服役部队	立功情况
1	丁　阳	男性	灰山港镇	某部	一等功
2	罗胜科	男性	修山镇	某部	一等功
3	王志刚	男性	沾溪镇	某部	二等功
4	胡文浩	男性	鲊埠回族乡	某部	二等功
5	詹志明	男性	鲊埠回族乡	某部	二等功
6	谢　峅	男性	武潭镇	某部	二等功
7	文　丰	男性	桃花江镇	武警	二等功
8	龚凯雄	男性	桃花江镇	陆军	二等功
9	文　军	男性	桃花江镇	某部	二等功
10	周　宇	男性	灰山港镇	某部	二等功
11	肖　亮	男性	马迹塘镇	某部	二等功
12	丁　傥	男性	灰山港镇	某部	二等功
13	刘　桦	男性	灰山港镇	某部	二等功

桃江特产

修山面

羞山（修山通常也称羞山）面条是桃江县乃至益阳市的代表性食品，该食品通过企业的诚信经营和积极拓展，已遍布湖南各县市区，并在北京、广州、上海“开花结果”，得到各界食客的赞美与青睐。据《桃江县志》记载：“修山面始于清代，取修山泉水和制而成，由于水质纯美，面条柔软而耐煮，色、香、味俱佳。”修山脚下沿江有一条纤夫路，远近的人到修山，都沿着纤夫路品尝修山面，修山面之名由此流传到汉口、宜昌。清末民国初，长沙、汉口等城市谓之“修面”，市民争相购买。

一口羞泉、一门手艺造就一碗好面，“修山面”选用当地富含偏硅酸元素的山泉水和制，坚持非遗制面技艺、六小时太阳晒制。汩汩羞女泉水色清、质纯、味醇，富含多种人体所需矿物质和微量元素。获“湖南省非物质文化遗产”的羞山官厅面条面片油亮光洁、久煮不浑汤、不粘口、回锅如初、飘汤如带、口味幽香，无任何食品添加剂，经历任传承人继承和发展，其制面传统制作工艺渐趋完善，已浓缩为 4 个主要环节、9 道工序，每一个步骤都融汇匠人几百年的辛勤汗水与无穷智慧，成为蕴含深刻文化内涵的中国传统面条百年老字号品牌，将修山面条作为地方特产送亲友，已成为游客游历桃花江时一项必不可少的体验。

至 2021 年底，修山有面业企业和手工作坊 34 家，拥有各类专利 11 项，有创新创业企业 2 家、研发中心 2 个，年产量约 13 万吨，年产值约 10.5 亿元，年销售量 10.5 万吨，年销售额 8.4 亿元，就业人数 4400 人，面业是修山镇的特色主导产业。2018 年以来，修山镇当地面业企业“化零为整”，推广“面业协会 + 龙头企业 + 家庭作坊”的产业化联合体模式，形成以“羞美人”“羞山官厅”等品牌为核心的行业龙头企业，在资源利用、资产租赁、经营业务等领域建立多样化、深层次的合作机制，实现多元主体的资源整合、分工协作、共生发展。其中，“羞山官厅”于 1996—2000 年连续 5 年被湖南省食品检测部门评为一级产品；2005 年被消费者协会评为“消费者满意单位”；2011 年被湖南省工商局评为“湖南省著名商标”；2014 年，

▲太阳晒制修山面（龙希牛 / 摄）

被湖南省商务厅评为首批“湖南老字号”企业；2015年，羞山官厅面条传统制作工艺被评定为“益阳市非物质文化遗产”；2021年，羞山官厅面条传统制作工艺被评定为“湖南省非物质文化遗产”。

（修山镇党政办　供稿）

洗耳溪印子粑粑

修山柳溪洗耳溪印子粑粑是孔子拜访陆通而诞生的一道美食，已有2000多年历史。千百年来是当地用来祭祀的神品，也是桃江县乃至益阳市的代表性食品。洗耳溪印子粑粑主要以当地原产香米、糯米为原料，经浸泡、磨浆、蒸熟、擂打、搓揉、压模、干燥、包装等八道工序制作而成。用修山泉水捣成米糊制作的印子粑粑，是天然的绿色食品，口感绵粘甜糯、筋道十足，别有风味。修山泉水甜爽清润，能使人肌肤细嫩洁美，也能有效预防心脑血管疾病，是优质的矿泉水源；修山香米为温补强壮食品，具有补中益气，健脾养胃等功效。用香米、糯米制作印子粑粑在修山柳溪的历史十分悠久，它不仅是当之无愧的传统美食，也是湘中地区农耕文化的一个缩影。2015年，修山柳溪洗耳溪印子粑粑注册“洗耳溪”商标。其工艺不断推陈出新，在益阳饮食文化中占有重要地位，2017年，其传统制作工艺被评定为“益阳市第六批非物质文化遗产”。

（修山镇党政办　供稿）

▲当地妇女手工制作印子粑粑（修山镇党政办供图）

凤山石砚

凤山石砚是桃江特有的民间工艺，清道光元年（1821）始凿石造砚，因石质呈凤尾花纹，产于湘楚名山桃江县舞凤山而得名。舞凤山中青岩叠页，石中富含上亿年素松化石和粉砂质绢云母，是制砚的上等原料，一块块千年古石通过工匠精心打磨，成为文人雅士案上之珍，舞凤山石砚的声名不胫而走，明清时代便享有“凤舞天池墨生香”之美誉，石砚漂洋过海，成为书画家视若珍宝的收藏。陶澍当年慕名而来，啧啧赞叹：湘砚有四，凤山居首也。毛泽东终生偏爱青石砚，据湘砚考察学者论证，主席所用的第一方青石砚就是桃花江舞凤山青石所制，现仍藏于韶山毛主席纪念馆。

凤山石砚质地纯净、坚密细润、无砂无杂、色泽晶莹、抗风化腐蚀、坚而不脆、发墨如油、磨墨无声、荡笔起锋不损毫，墨色晶莹放亮，落纸经久不变。呈凤毛花纹，八角饱满，美观光滑，着字晶莹放亮。经过近两百年的发展，已成为特色鲜明、技艺精湛、广受赞誉的湖南特有民间工艺，制作流程包括采石、维料、设计、雕刻、题款、配盒、打磨等十多道工序。2007年，凤山石砚注册“舞凤山”商标。其第八代传人钟健以桃江历史人文为题材，设计雕刻“资江垂钓”“浮邱山传说”“美人窝”等系列作品，带着浓浓湖湘文化气息的石砚，走出国门，走向世界。

2016年，凤山石砚入选第四批“湖南省非物质文化遗产代表性项目”名录。2021年5月，凤山石砚传习所（舞凤山石砚制作技艺）入选“鱼米之湘非遗环湖之旅”。

（彭　翔）

统计资料

2021年桃江县土地资源情况表

表8

	单　位	2021年
土地面积：	平方公里	2068.15
	万公顷	20.6815
1.耕　地	万公顷	3.733199
2.园　地	万公顷	0.191016
3.林　地	万公顷	12.960847
4.草　地	万公顷	0.053021
5.城镇村及工矿用地	万公顷	1.941717
6.交通运输用地	万公顷	0.413970
7.水域及水利设施用地	万公顷	1.121951
8.其他用地	万公顷	0.265779

2021年桃江县水资源情况表

表9

	单　位	2021年	2020年
5公里以上河流	条	81	81
5公里以上河流（境内长度）	公里	1140	1140
其中：资　江	公里	102	102
敷　溪	公里	16.2	16.2
善　溪	公里	10.3	10.3
沂　溪	公里	23.15	23.15
碧螺港	公里	28.2	28.2

续表 9

	单　位	2021 年	2020 年
沾　溪	公里	43.1	43.1
獭　溪	公里	57.2	57.2
志　溪	公里	27	27
河川年经总流量	亿立方米	27.7	25.44
淡水面积	千公顷	10.65	10.65
水产养殖面积	千公顷	3.75	3.75
天然水资源总量	亿立方米	39.58	33.88
水利资源蕴藏量	万千瓦		22.22
水　库	座	219	219
塘　坝	座	15421	15644
一线堤防长度	公里	34.68	34.68

2021 年桃江县矿产资源情况表

表 10

	单　位	2021 年
煤　炭	万吨	0
石　煤	万吨	0
铁　矿	万吨	103.7
锰　矿	万吨	723.3
锑　矿	万吨	58.87
锑	吨	99494
金　矿	万吨	302.84
金	千克	9240
硫铁矿	万吨	0
水泥用灰岩	万吨	6373.5
建筑用花岗岩	万吨	1253.7

说明：矿产资源各数据为年末保有资源储量

2021 年桃江县农田水利基本情况

表 11

	单　位	2021 年	2020 年
一、有效灌溉面积	千公顷	41.1	38.69
1. 水　田	千公顷	36.88	35.21

续表 11

	单　位	2021 年	2020 年
2. 旱　土	千公顷	4.22	3.48
二、喷灌面积	千公顷	2.1	2.1
三、旱涝保收面积	千公顷	32.79	32.47
1. 水　田	千公顷	31.1	30.9
2. 旱　土	千公顷	1.69	1.57
四、机电排灌面积	千公顷	11.69	11.69
其中：电力排灌	千公顷	10.01	10.01
五、易涝面积	千公顷	11.16	11.16
六、除涝面积	千公顷		
七、水土流失面积	千公顷	14.329	15.324
八、治理面积	千公顷	0.995	0.316
九、建成水库	座 / 亿立方米	219/1.98	219/1.98
1. 中　型	座 / 亿立方米	3/1.11	3/1.11
2. 小（1）型	座 / 亿立方米	30/0.49	30/0.49
3. 小（2）型	座 / 亿立方米	186/0.38	186/0.38
十、塘　坝	万处 / 亿立方米	1.27/0.45	1.27/0.45
十一、水轮泵	处 / 台	11.0/23	11.0/23
十二、机电排灌站	处	212	212
功　率	万千瓦	2.46	2.46
十三、蓄引提水量	亿立方米	2.92	2.92
其中：蓄水量	亿立方米	2.13	2.13
十四、现有堤防长度	公里	41.33	41.33
保护耕地面积	千公顷	17.72	17.72
堤防保护人口	万人	26.5	26.5
十五、旱灾经济损失	万元	140	60
十六、洪灾经济损失	万元	9278.44	4200
十七、水利建设总投入	万元	13052.6	13460

2021 年桃江县国民经济主要指标及比例关系情况表（一）

表 12

	单　位	2021 年	2020 年
一、生产总值（当年价）	万元	3019367	2798785

续表 12

	单　位	2021 年	2020 年
第一产业	万元	472264	469629
第二产业	万元	1425531	1296364
工　业	万元	1131067	1026879
第三产业	万元	1121572	1032792
人均生产总值（按常住人口）	元		
二、一般公共预算收入	万元	147866	139778
上划中央两税	万元	32856	30566
上划中央所得税	万元	13782	14191
上划省四税	万元	9459	9369
上划省所得税	万元	2757	2838
地方财政收入	万元	89012	82814
一般公共预算支出	万元	502162	519675
三、金融机构存款余额	万元	3385503	3030225
金融机构贷款余额	万元	2194043	1820525
城乡居民储蓄余额	万元	2901682	2521031
城乡居民人均储蓄余额	元 / 人	33136	28789

2021 年桃江县国民经济主要指标及比例关系情况表（二）

表 13　　单位：万元

	2021 年	2020 年
一、生产总值	3019367	2798785
第一产业	472264	469629
第二产业	1425531	1296364
第三产业	1121572	1032792
二、农林牧渔业总产值	925696	909153
农　业	456846	425496
林　业	76423	64526
牧　业	294859	331682
渔　业	21271	16465
农林牧渔服务业	76296	70984
三、地方财政收入	89012	82814

续表 13

	2021 年	2020 年
增值税	24607	22219
企业所得税	4938	5440
个人所得税	1494	1183
城市维护建设税	3398	2967
资源税	1641	1167
其他工商税收	9362	8273
耕地占用税	1134	945
契　税	14073	11350

2021 年桃江县固定资产投资总额情况表

表 14　　单位：万元

	2021 年	2020 年
固定资产投资总计	2015830	1907264
一、按产业分		
第一产业投资	124780	119162
第二产业投资	781578	556415
第三产业投资	1109472	1231687
二、在投资总额中：		
其中：建安投资	1720705	1614359
房地产开发投资	159048	154429
工业投资	781578	556415
工业技改投资	301213	254938

2021 年桃江县 500 万元以上固定资产投资构成情况表

表 15　　单位：万元

	2021 年	2020 年
自年初累计完成投资	2015830	1907264
1. 按登记注册类型分		
内资企业	1998247	1893196
国有企业	491438	607111
集体企业	13209	0
股份合作企业		
有限责任公司	530047	500916

续表 15

	2021 年	2020 年
股份有限公司	639	17306
联营企业	0	0
私营企业	916525	728192
其他企业	46389	39671
外商投资企业	0	0
个体经营	17324	12327
港、澳、台商投资企业	259	1741
2. 按建设性质分		
新　建	1337660	1287337
扩　建	175265	153595
改建和技术改造	305432	284178
3. 按构成分		
建筑工程	1560735	1445484
安装工程	174783	168875
设备工器具购置	144898	168081
其他费用	135414	124824
4. 按国民经济行业分类		
（1）农林牧渔业	162762	139474
（2）采矿业	37368	7500
（3）制造业	673515	489454
（4）电力、燃气及水的生产和供应业	70695	59461
（5）交通运输、仓储和邮政业	116495	110804
（6）批发零售业	32232	7585
（7）住宿和餐饮业	55405	40316
（8）房地产业	434648	432863
（9）水利、环境和公共设施管理业	299267	420590
（10）居民服务、修理和其他服务业	16707	6450
（11）教　育	38494	79874
（12）卫生和社会工作	15054	41293
（13）文化、体育和娱乐业	43377	8370
（14）公共管理、社会保障和社会组织	12164	21360
（15）建筑业		

续表 15

	2021 年	2020 年
（16）信息传输、软件和信息技术服务业	0	8574
（17）金融业		
（18）科学研究和技术服务业	2826	5297
（19）租赁和商务服务业	4821	27999

2021 年桃江县医疗卫生事业基本情况表

表 16

	单位	2021 年	2020 年
一、机构	个	26	25
1. 县级医院	个	6	6
2. 乡镇医院	个	15	15
3. 其他医院	个	5	4
二、诊所	个	27	24
三、卫生技术人员	人	4444	4539
其中：县级医院	人	2417	2492
四、病床	张	4727	4650
其中：县级医院	张	2892	2965
五、医院诊疗人数	万人次	145.93	145.06
其中：县级医院	万人次	83.62	86.79
六、入院人数	万人次	16.19	16.47
其中：县级医院	万人次	9.32	10.19
出院人数	万人次	16.23	16.46
其中：县级医院	万人次	9.36	10.08
治愈出院人数	万人次	14.61	14.78
其中：县级医院	万人次	8.42	9.04
七、每千人拥有卫生技术人员数	人	6.49	5.7
每千人口拥有病床数	张	6.90	5.85

2021 年桃江县医疗保险基本情况表

表 17

	单位	2021 年	2020 年
一、医疗保险参保情况			
1. 城镇职工医疗保险	人	46803	46517

续表 17

	单位	2021 年	2020 年
其中：在职	人	24382	24121
退休	人	22261	22396
特殊人员（离休、副退、伤残等）	人	379	381
2. 城镇职工生育保险	人	23067	22680
3. 城镇居民医疗保险	人	707568	704008
二、医疗保险基金征缴情况			
1. 城镇职工医疗保险	万元	19862	17777
2. 城镇职工生育保险	万元	979	583
3. 城乡居民医疗保险	万元	19842	17667
三、医疗保险基金支出及享受待遇情况			
1. 城镇职工医疗保险			
基金支出	万元	17684	15593
住院享受待遇情况	人次	15503	14746
2. 城镇职工生育保险			
基金支出	万元	511	621
住院享受待遇情况	人次	374	468
3. 城乡居民医疗保险			
基金支出	万元	65832	58301
住院享受待遇情况	人次	147774	148255

2021 年桃江县社会养老保险基本情况表

表 18

	合计		企业		事业		机关	
	2021 年	2020 年	2021 年	2020 年	2021 年	2020 年	2021 年	2020 年
一、基本养老保险情况								
1. 参保职工人数（人）	71616	68237	54558	51348	12372	12318	4686	4571
实际缴费人数（人）	68347	65339	51289	48450	12372	12318	4686	4571
离退休退职人数（人）	45588	43761	36310	34895	6750	6628	2528	2238
其中：离休（人）	7	75	7	8	0	34	0	33
退休（人）	45581	43686	36303	34887	6750	6594	2528	2205
2. 应发养老金总额（万元）	141408	129488	89808	80771	37668	35563	13932	13154
3. 实发养老金总额（万元）	141408	129488	89808	80771	37668	35563	13932	13154

续表 18

	合计		企业		事业		机关	
	2021 年	2020 年	2021 年	2020 年	2021 年	2020 年	2021 年	2020 年
二、养老保险基金缴拨情况								
1. 缴费基数总额（万元）	311532	286369	206055	166415	76984	87625	28493	32329
2. 应缴纳金额（万元）	70551	66836	43746	38047	19568	21030	7237	7759
其中：个人（万元）	37471	35720	28536	25791	6523	7343	2412	2586
3. 实际缴纳金额（万元）	66140	62417	38813	32628	19568	22030	7759	7759
4. 应拨付金额（万元）	141408	121703	89808	74221	37668	34662	13932	12820
5. 实际拨付金额（万元）	141408	131703	89808	84221	37668	34662	13932	12820

2021 年桃江县普通中小学教育基本情况表

表 19

	单位	2021 年	2020 年	备注
一、学校数	所	139	170	—
高中	所	6	8	民办 1 所
初中	所	45	43	—
小学	所	88	119	不含教学点 31 个
二、毕业生数	人	20105	19981	—
高中	人	4164	5028	—
初中	人	8342	7723	—
小学	人	7599	7230	—
三、招生数	人	19601	20945	—
高中	人	4343	6111	—
初中	人	7866	7318	—
小学	人	7392	7516	—
四、在校学生数	人	84379	89395	—
高中	人	13282	17124	—
初中	人	22984	23380	—
小学	人	48113	48891	—
五、教职工数	人	5701	5744	—
其中：专任教师	人	5256	5287	—
行政人员	人	140	162	—

续表 19

	单 位	2021 年	2020 年	备 注
其中：中学教师	人	2267	3927	—
小学教师	人	3434	1817	—

2021 年桃江县职业中学教育基本情况表

表 20

	单 位	2021 年	2020 年	备 注
一、学校数	所	3	2	其中含教师发展中心
二、招生数	人	2006	1628	—
三、在校学生数	人	5266	4082	—
四、毕业生数	人	1164	1389	—
五、教职工数	人	366	317	—
1. 专任教师	人	316	275	—
2. 行政人员	人	21	50	—
3. 工勤人员	人	15	25	—
4. 其　他	人	14	19	—

2021 桃江县基础教育普及情况表

表 21

	单 位	2020 年	2019 年
一、小学			
学龄人口数	人	48113	48891
在校学龄人口数	人	48113	48891
入学率	%	100	100
二、初中			
学龄人口数	人	22984	23380
在校学龄人口数	人	22984	23380
入学率	%	100	100

2021 年桃江县幼儿教育基本情况表

表 22

	单 位	2021 年	2020 年
一、幼儿园数	所	149	165
二、班数	个	251	785

续表 22

	单　位	2021 年	2020 年
其中：学前班	个	258	210
三、在园幼儿数	人	21538	21685
其中：学前班幼儿	人	8181	6720
四、教职工人数	人	2350	2249
其中：园长	人	170	414
专任教师	人	919	861
保健员	人	850	690

2021 年桃江县特殊教育基本情况表

表 23

	单　位	2020 年	2019 年
一、学校数（盲聋哑学校）	所	1	1
二、班数	个	15	13
三、招生人数	人	167	173
四、在校学生	人	880	748
五、教职工人数	人	32	30
其中：专任教师	人	27	25

2021 年桃江县普通中学、职业中学专任教师学历和技术职务情况表

表 24　　　　单位：人

	合计		普通中学		职业中学	
	2021 年	2020 年	2021 年	2020 年	2021 年	2020 年
专任教师合计	3050	3158	2734	2945	316	213
一、学历情况	—	—	—	—	—	—
大学本科毕业及以上	2751	2742	2461	2563	290	179
大学专科毕业	297	411	272	377	25	—
高中阶段毕业	1	5	1	5	—	—
高中毕业以下	1	—	—	—	1	—
二、技术职务情况						
正高级	5	4	5	4	—	—
中学高级	600	692	524	625	76	67
中学一级	1412	1595	1298	1499	114	96
中学二级	604	577	504	534	100	43

续表 24

	合计		普通中学		职业中学	
	2021 年	2020 年	2021 年	2020 年	2021 年	2020 年
中学三级	71	290	71	283	—	7
未评级的	358	—	332	—	26	—

2021 年桃江县小学专任教师学历和技术职务情况表

表 25

单位：人

	2021 年	2020 年
专任教师合计	2496	2217
一、学历情况	—	—
大学本科毕业及以上	1463	1331
大学专科毕业	1003	833
高中阶段毕业	30	53
高中毕业以下	—	—
二、技术职务情况	—	—
中教高级	—	0
小教高级	222	187
小教一级	1350	1249
小教二级	472	407
小教三级	152	295
未评级的	300	—

附　录

专文选登

在县委经济工作会议上的讲话

中共桃江县委书记　向　荣

（2022 年 1 月 24 日）

同志们：

这次县委经济工作会议的主要任务是，认真贯彻党的十九届六中全会和中央、省委、市委经济工作会议精神，全面落实县第十三次党代会精神，总结 2021 年经济工作，分析当前经济形势，部署 2022 年经济工作。下面，我讲四点意见。

一、充分肯定 2021 年工作，切实增强信心决心

2021 年，面对复杂严峻的国内外形势，我们坚持以习近平新时代中国特色社会主义思想为指导，统筹疫情防控与经济发展，直面风险挑战，勇于攻坚克难，积极担当作为，团结带领全县广大党员干部群众，齐心协力、砥砺前行，全力确保了全县社会大局和谐稳定、经济发展稳中有进，实现了“十四五”良好开局。2021 年，预计全县实现生产总值 302 亿元，同比增长 6.7%；规模工业增加值同比增长 6.4%；完成地方一般公共预算收入 8.9 亿元，同比增长 7.5%，其中县级税收收入 6.23 亿元、同比增长 13.02%；固定资产投资同比增长 5.7%；完成社会消费品零售总额 123.2 亿元，同比增长 15%；全体居民人均可支配收入达到 26898 元，同比增长 8.6%。

（一）这一年，我们学党史、迎大庆，党心民心充分凝聚。纵深推进党史学习教育，广泛开展党的十九届六中全会精神宣讲，深刻感悟思想伟力，汲取奋进精神力量，在全县营造了知史爱党、知史爱国的浓厚氛围；扎实开展“我为群众办实事”实践活动，30 多万人次的上门服务，把好事实事做到了群众心坎上。热烈庆祝中国共产党成立 100 周年，一系列庆祝活动绽放在全县大街小巷。胜利召开县第十三次党代会，圆满完成县乡村三级换届选举，全县上下紧紧围绕“推动桃江高质量发展，建设富饶美丽幸福新桃江”奋斗目标，层层开展大调研大讨论活动，进一步凝聚了发展共识、汇集了发展智慧、增强了发展合力。

（二）这一年，我们提质效、促发展，经济形势稳中有进。“三农”基础持续夯实，牢牢端稳“桃江饭碗”，粮食播种面积、产量超额完成市定任务；竹材科技成为全县首家国家级农业产业化龙头企业、首家获评市长质量奖企业；桃江竹泉米、桃江“竹”福礼盒正式上线；获评湖南省农产品质量安全县。园区实力稳步提升，桃江经济开发区、灰山港产业开发区共实现园区规模工业增加值112亿元，同比增长19.6%，建成标准化厂房8.81万平方米，省级重点项目国辰高科园获评全省电子信息类产业园区30强。主导产业蓬勃发展，狠抓新兴工业优势产业链建设，新增规模工业企业10家、高新技术企业17家，新培育省级、市级专精特新“小巨人”企业分别为1家、8家；新兴管件、高阶光学镜头、烯富环保二期、合群爬架、城鉴铝单板、至和电缆等9个项目建成投产，竹材科技四期、口味王四期、盈达门业等10个项目全线开工；张子清烈士纪念馆列入中国共产党百年湖南精品红色旅游路线，桃江跻身“2021年全国县域旅游发展潜力百佳县”；完成电商产业园搬迁，新增跨境电商企业10家。营商环境不断优化，建成全市首家“政务服务旗舰店”，县政务中心获评第七届全省“人民满意的公务员先进集体单位”；2021年全县新签约项目69个，签约资金51.67亿元；引进外资108万美元，实现“零的突破”；立项争资到位资金38.2亿元。

（三）这一年，我们听民情、解民忧，民生福祉持续改善。着力改善县城环境，金盆广场新妆登场，居士巷焕然一新，县城多条主次干道贯通提质，张家码头生态停车场、桂花园小学人行天桥等一大批便民项目全面建成并投入使用，强力推进复迁安置攻坚工作、建成安置房3039间，保障性安居工程建设让927户城区群众住进“幸福房”，全县重点移民村建设成效显著，158座散葬烈士墓全面整修完成。着力办好民生事业，持续夯实“六稳”“六保”基础，城镇登记失业率稳步下降，社保核查工作全面完成，城乡居民保障水平实现提标，桃谷山九年一贯制学校等4所学校全面投入使用，县关工委获评全国青少年普法教育先进单位，基层基本医疗服务能力同质化提升工程试点经验全省推广，成功获批“城乡客运一体化示范县”，实现县、乡、村三级现代公共文化服务体系全面覆盖，获评省公共文化服务体系高质量发展五年行动计划绩效评价优秀单位。着力推进巩固脱贫攻坚成果与乡村振兴有效衔接，荣获全省医保乡村振兴工作表现突出县区；全国“十四五”困难重度残疾人家庭无障碍改造现场会在我县召开；灰山港镇农技站被授牌“全国五星级农技推广机构”；全方位推进农村人居环境整治，打造“六个一”[1]美丽庭院，以村民小家美推动乡村美、民风淳。

（四）这一年，我们保安全、护稳定，平安建设不断深化。统筹发展与安全，严格落实常态化疫情防控举措，创新开展“敲门行动”“寻找未接种人员”等行动，3岁及以上人群新冠疫苗接种率超过81%，基本构建了全民免疫屏障，成功实现“零感染、零新增”目标。精准有力防范政府债务风险和涉众型非法经营风险；成功化解盛大金禧金融风险；安全生产、道路交通、防溺水、消防等重点领域风险隐患得到有效处置，应急能力建设获得全省通报表扬；鲊埠回族乡被认定为省级乡村治理示范乡镇；政法队伍教育整顿、常态化扫黑除恶斗争扎实推进，县综合指挥中心、“雪亮工程”投入使用；获评全省第一批法治政府建设示范区，群众安全感进一步增强。

（五）这一年，我们抓党建、转作风，党风政风全面优化。大力弘扬和践行社会主义核心价值观，牢牢守住意识形态主阵地；持续加强基层党组织建设，25个软弱涣散党组织如期摘帽，集体经济空壳村全面清零、薄弱村减半目标如期实现；创新开展网格化管理和志愿服务工作，“五个到户”[2]工作经验入选全省抓党建促乡村振兴会议典型经验案例汇编。积极做好省委巡视整改及省对县审计整改“后半篇文章”，省委第三巡视组、第十巡视组反馈问题得到有序整改落实。坚持党要管党、全面从严治党，严格落实中央八项规定精神，扎实推进五轮县委巡察，开展“强作风、优环境，共建清廉桃江”活动，建成湖南首家竹廉文化教育基地，科学运用“四种形态”监督执纪问责，驰而不息纠“四风”、反腐败，推动党风政风持续向好。

（六）这一年，我们讲担当、善作为，真抓实干取得历史性突破。我县获评了全省营商环境改善先进县、实施“六大强农”[3]行动先进县、信访工作“三无”县[4]、根治拖欠农民工工资工作先进地区，桃江经济开发区获评湖南省“双创”[5]示范基地（全省仅四个园区获此殊荣），以上5项工作均获得了省政府真抓实干表彰奖励，获奖数量创历史新高。迄今为止，我县有加快推进新型城镇化、食品安全、农业农村、公立医院综合改革、“放管服”和“一件事一次办”改革、产业园区高质量发展、科技投入产出、年度旅游总收入及增长率、公共文化服务体系建设、教育、社会保障、重点民生实事、生态环境保护、粮食安全等14项工作获得全市真抓实干督查激励。这些奖项的取得，离不开各位牵头县级领导的挺身在前、统筹调度，离不开发改、农业农村、信访、人社、经开区、住建、市监、卫健、政务服务中心、政府办、数据资源服务中心、科工、文旅广体、教育、生环等部门的齐心协力、担当作为，成绩来之不易，值得充分肯定。全县各级各部门要向先进看齐，进一步弘扬“挺抢”精神，增强创先争优意识，全力以赴推动桃江各项工作再创新佳绩、高质量发展再上新台阶。

在看到成绩的同时，我们也要清醒地认识到当前全县发展面临的困难和问题。一是经济下行压力较大。2021年有多项主要经济指标在全市排名靠后。二是财政收支矛盾突出。部分行业企业税收出现明显减收，隐性债务化解、民生政策落实等刚性支出难以压减，县乡财政保运转压力巨大。三是实体经济底子薄弱。发展先进制造业尚在起步阶段，行业领军企业、具有核心竞争力的优质企业数量不多，产业发展结构不优、效益不高的问题较为突出。四是防范和处置非法集资形势依然严峻。非法集资受损群众多，追赃挽损难度大。五是营商环境仍需更加优化。干部不敢担当的问题依然存在。

二、准确把握发展形势，科学确定思路目标

（一）认清形势。谋划推进2022年经济工作，必须以全面、辩证、长远的眼光加强形势分析研判。从国际看，存在诸多不确定性，新冠疫情冲击下，百年变局加速演变，外部环境更趋复杂严峻，世界经济仍处于加速恢复当中，但经济全球化根本方向没有改变，发展的“时”与“势”对我国总体有利。从全国看，经济发展面临“需求收缩、供给冲击、预期转弱”三重压力，困难和挑战明显增多，但经济发展韧性强，宏观政策、微观政策、结构政策、科技政策、改革开放政策、区域政策、社会政策将保持连续性、稳定性，更加注重精准精细、全面协同发力，经济长期稳定向好的基本面没有改变。从省市来看，省第十二次党代会、市第七次党代会胜利召开，都把全面落实“三高四新”战略定位和使命任务作为战略指引，并提出了一系列重大部署，为未来五年全省、全市全面推进社会主义现代化建设描绘了宏伟蓝图、指明了前进方向。

具体到我县而言，我们要抢抓政策机遇，牢牢把握乡村振兴、湖南自贸试验区、长株潭一体化、强省会、益阳市现代农业综合改革试点等重大战略机遇，深度对接湖南“一核两副三带四区”[6]、益阳“一核一圈两翼”[7]发展格局，落实十部委联合印发的《关于加快推进竹产业创新发展的意见》，省委提出的培育农业优势特色千亿产业、“新增规模以上工业企业”行动，市委提出的实施区县（市）企业上市“破零倍增”计划等产业政策和工作部署。立足资源禀赋，发挥“长沙一小时经济圈”的区位优势，充分利用全国第三、湖南第一的竹资源，以及宜人的生态环境和众多的风景名胜，增强“桃江竹凉席”“桃江绿茶”“桃江竹笋”“桃江竹叶”等国家地理标志证明商标、“山水桃花江、天下美人窝”的品牌效应。做强特色产业，进一步巩固拓展六大百亿产业培育成果，做大做强“一县一特”笋竹产业，提质升级建材、装备制造、食品加工等先进制造业，推动一、二、三产业融合发展，走出一条符合上级精神、切合桃江实际的产业发展之路，为建设富饶美丽幸福新桃江厚植产业根基、打牢物质基础。

（二）凝聚共识。县委在广泛听取各级各部门、社会各界意见建议的基础上，经过反复酝酿、充分讨论，最终形成了未来五年的“12345”工作思路：围绕“奋力打造‘一心四区’[8]，建设富饶美丽幸福新桃江”一个主题；擦亮“楠竹之乡、美人窝”两张名片；牢记“全面从严治党、壮大县域经济、增进民生福祉”三项责任；实施“生态立县、产业强县、文旅活县、科教兴县”四大战略；推动高质量发展，加强“五大建设”：“三农”建设、产业建设、民生建设、环境建设和平安建设。全县各级各部门要切实把思想和行动统一到县委工作思路上来，凝心聚力，真抓实干，努力推动全县经济发展水平迈上新台阶。

（三）明确目标。做好2022年经济工作，要以习近平新时代中国特色社会主义思想为指导，全面贯彻落实党的十九大和十九届历次全会精神，坚决落实中央、省委、市委经济工作会议及省、市、县党代会精神，弘扬伟大建党精神，坚持稳中求进工作总基调，完整准确全面贯彻新发展理念，服务和融入新发展格局，全面深化改革开放，坚持创新驱动发展，推动高质量发展，坚持以供给侧结构性改革为主线，统筹疫情防控和经济社会发展，统筹发展和安全，继续做好“六稳”“六保”工作，全面落实“三高四新”战略定位和使命任务，扎实办好发展经济这个最大实事，大力建设富饶美丽幸福新桃江，以优异成绩迎接党的二十大胜利召开。

2022年经济社会发展的主要预期目标是：地区生产总值同比增长8%以上，规模工业增加值同比增长9%以上，社会消费品零售总额增长11%以上，固定资产投资增长11%以上，地方一般公共预算收入增长8.5%以上，全体居民人均可支配收入同比增长9%以上。

三、抓好抓实各项重点任务，建设富饶美丽幸福新桃江

2022年是第二个百年奋斗目标新的赶考之路的第一年，做好2022年的经济工作，必须紧紧围绕县委工作思路，加强“五大建设”，推动富饶美丽幸福新桃江建设开好头、起好步。

（一）加强“三农”建设，推动乡村振兴取得新进展

农业农村农民问题是关系国计民生的根本性问题，全县上下要坚持以做好“三农”工作为重中之重，以更大力度推动乡村振兴，促进农业高质高效、乡村宜居宜业、农民富裕富足。

巩固拓展脱贫攻坚成果。继续按照“四个不摘”要求，进一步抓牢防返贫动态监测和帮扶“两个环节”，加强信息系统数据分析和监测，对全县342户未消除风险监测户，全面落实“一对一”结对帮扶责任，确保早日消除风险。进一步抓住产业和就业“两个关键”，重点支持扶贫产业“补短板”，强化龙头带动，促进产业提档升级；拓宽就业渠道，促进脱贫劳动力就地就近就业。进一步抓实项目资金监督管理和易地搬迁后续扶持“两个重点”，摸清扶贫项目资产底数，完成资产确权和绩效评估，确保持续发挥效益；完善后续扶持政策体系，分类落实帮扶措施，着力强化集中安置点就业产业帮扶，确保搬迁群众稳得住、有就业、逐步能致富。

加快乡村振兴示范建设。突出示范引领带动，强力推进桃江“竹海”“龙溪”片区乡村振兴示范创建，全面加快规划设计编制、项目建设进度，充分发挥一、二、三产业融合发展的优势，将其打造成为竹旅文体康融合发展的示范区；坚持统一规划、分步实施，着力打造“一江、两片、三路、多点”[9]示范建设模式；深入实施林长制、河长制，扎实做好治山、理水工作，推动实现山更绿、水更清；积极支持桃花江镇大华村申报全国乡村振兴示范村与中国美丽休闲乡村，加快推进17个省级乡村振兴重点帮扶村[10]、17个省级乡村振兴示范创建村[11]建设，为全县全面推进乡村振兴探索成功经验和有效模式。

推动现代农业提质增效。持续推进“六大强农”行动，强化农业产业化龙头企业引领，巩固提升笋竹、茶叶、蔬菜“一特两辅”特色区域产业质效，擦亮桃花江农产品名片；加快国家农村产业融合发展示范园建设和农业基础设施建设，鼓励村集体探索建立资源、资产、资金“三资融合”的发展模式，利用村集体土地或流转土地，因地制宜，通过建设笋竹两用林基地、发展特色种养业等方式，进一步发展壮大村级集体经济；以抓实县电子商务进农村综合示范项目（升级版）为契机，鼓励企业充分利用“直播带货”“网红推销”“企业网售”等新业态新模式，促进线上线下融合发展，促推农产品上行，不断提升桃江农业在全市乃至全省的影响力和知名度。

扛稳粮食安全政治责任。不断巩固和提高粮食生产能力，全面完成6.44万亩高标准农田建设，持续做好严格管控区产业结构调整，提高粮食生产科技水平，严防死守耕地保护红线，稳定粮食播种面积88万亩、产量36万吨。切实保护种粮积极性，建立健全粮食购销存储及监督执法的各项规章制度，建设标准化、智能化“现代粮仓”，确保粮食供应和价格稳定。大力推进节粮减损和健康消费，培育1家以上省级粮食龙头企业，做好优质粮食工程国家级示范县建设申报工作，稳步提高我县粮食产业发展水平。

（二）加强产业建设，推动实体经济实现新跨越。实体经济是经济社会发展的基石。要把园区作为经济建设“主阵地”，把产业作为高质量发展“主引擎”，把招商作为投资拉动“主动力”，坚定不移做强做优实体经济，夯实富饶美丽幸福新桃江的产业根基。

提质升级园区平台。进一步理顺桃江经济开发区、灰山港产业开发区、马武现代农业核心示范区和马迹塘笋竹产业特色小镇的管理体制机制，形成资源共享、优势互补、共同发展的园区发展格局，大力创建“五好”园区[12]。桃江经济开发区要深化竹乡公司市场化转型；加大僵尸企业清理力度，盘活现有资源；强力推进产业项目建设，推动竹材科技四期、福德电气二期项目动工建设，金易物流、盈达门业二期尽快建成投产，新兴管件二期、口味王四期、盛远包装二期、国辰高新科技产业园、合群新型建筑爬架、高胜铝业、至和电缆、科惠汽配等项目转型升级，创建省级高新技术产业开发区。进一步建好用好总部经济基地平台，做实做强总部经济。灰山港产业开发区要持续推进拓园扩区，完善基础设施，主动对接长株潭一体化，加快承接产业转移步伐，巩固新型建材和有色金属冶炼加工业发展优势，完善物流、电子商务等配套服务业，积极创建省级化工园区。马武现代农业核心示范区要继续推进国家现代农业产业园创建，示范带动全县农村一、二、三产业加快融合发展。马迹塘笋竹产业特色小镇要继续做好竹资源培育和竹笋健康美食文章，加快推进惊石农业三期项目落地，发挥龙头引领作用，打造竹笋产业集群，努力创建省级特色产业小镇。

做大做强主导产业。要立足桃江资源基础，结合上级产业政策要求，重点发展壮大笋竹、先进制造、文化旅游等产业。要着力发展“一县一特”笋竹产业。抢抓笋竹产业前所未有的政策机遇，全力将笋竹产业打造成为富民强县的重要支柱产业。要大力推进竹林基地和林

道建设，提高竹材采伐机械化水平，着力破解竹子“下山难”问题；加快推进五个乡镇初级加工园区建设，为竹业企业提供稳定优质原料保障。全力支持竹材科技、惊石农业等龙头企业发展壮大，加强产学研合作，积极探索“以竹代塑”“以竹代木”等新产品应用，不断提升产品附加值和市场竞争力。要探索发展新型竹林经济，全力争取成为全省发展碳汇经济第一批先行先试点，更好地发挥全县115万亩竹林的经济和生态效益。要创新发展先进制造业。抢抓全省打造国家重要先进制造业高地机遇，推动我县先进制造业加快发展。坚持高端化发展，实施高新技术企业增量提质行动，支持紫荆铸业、福德电气等专精特新“小巨人”企业做大做强；确保国辰高新科技产业园、深圳可可米手机产业链等项目顺利投产。坚持集群化发展，在支持传统建材产业发展的同时，大力发展PC构件、装配式建筑、铝模、爬架等新型建材，培育打造国家级装配式建筑示范产业基地。坚持绿色化发展，推动“桃江竹笋”“桃江绿茶”“桃花江擂茶”“修山面”“鲊埠牛肉”等食品加工产业提质增量。要融合发展文化旅游产业。以创建国家全域旅游示范区为抓手，注重发挥“楠竹之乡”“美人窝”品牌效应，积极做好“美人、美景、美竹、美食”文章，推动竹旅文体康融合发展。着力抓好桃花江竹海景区开发，积极推进美人窝文体公园建设，加快完善张子清烈士纪念馆、张昆弟文化广场和马迹塘战役战史陈列馆等红色文化景点，创新打造“网红”旅游产品，激发文化旅游消费潜力，积极扩大内需，增强发展内生动力。

全力提升招商实效。要科学制定招商引资优惠政策，按照项目投资额、纳税强度精准设置奖励标准，增强招商吸引力；要加强招商队伍专业化建设，大力实施驻点招商，迅速组建2—3支专业的招商小分队，重点在长三角、粤港澳、长株潭等区域开展驻点招商，深入研判产业发展形势和产业转移动向，全力做好承接产业转移大文章；要纵深推进乡友招商，积极开展“迎老乡、回家乡，共建新桃江”活动，积极引导乡友为家乡建设牵线搭桥、推动实现以商招商。要突出产业链招商，聚焦优势主导产业和本地资源禀赋，既要积极对接“三类500强”[13]企业、行业领军企业，着力招大引强；又要精准引进“政策有支持、产品有优势、市场有空间、未来有想象”的“小而美”项目，力争全年新引进亿元以上项目6个、5000万元以上项目8个以上。要强化项目为王理念，把“亲商、爱商、兴商、护商”的服务理念贯穿于项目建设全过程，推动引进项目早日投产达效。

（三）加强民生建设，推动共同富裕开创新局面。民生是人民幸福之基。要牢固树立以人民为中心的发展思想，努力在推动共同富裕的过程中补齐民生短板、破解民生难题、兜牢民生底线，让发展实绩更有“温度”、惠民答卷更有“厚度”。

加强生态保护应民盼。坚持以省级生态文明建设示范县创建为抓手，全力打好打赢蓝天、碧水、净土保卫战，推动生态环境质量持续优化。要大力开展工业废气、秸秆禁烧、汽车尾气、工地扬尘、餐饮油烟专项整治，加快淘汰落后产能，全力推动风电、光伏发电等新能源项目落地，切实守护好“一片蓝天”；持续发挥“河长制”作用，巩固禁捕退捕成效，强力推进黑臭水体治理，稳步推进资江流域锑污染整治、饮用水源地生态保护和河湖生态修复成效，切实守护好“一江碧水”；接续推进农业面源、重金属、石煤矿山、废弃矿山和尾矿库污染整治，促进土壤环境质量持续稳定，切实守护好“一方净土”。

改善城乡环境舒民心。不断完善城乡交通网络，加快启动省道223牛田至灰山港公路、桃花江航电枢纽工程建设，确保国道207武潭镇区绕线工程建成通车、国道234谢石线工程完成路基工程，持续推进“三路”[14]建设，积极创建“客货邮融合发展培育县”。以创建全国文明城市、国家卫生县城为抓手，加大老旧小区改造、棚户区改造力度，加快推进“三型两网”[15]建设、农村电网改造，加快城镇地上杆线治理和地下管网建设，鲇鱼港污水提升泵站、城南垃圾中转站建设，逐步打通县城“断头路”，持续推进“微工程”项目，不断提升城市品质。全面推进农村人居环境整治和美丽乡村“三级同创”，全力推进益阳西部片区生活垃圾焚烧发电站、农村废弃物资源化利用等项目，不断提高城乡垃圾分类、转运、资源化利用水平，持续改善农村人居环境，确保创成国家卫生县，创建1个国家级卫生镇、2个省级卫生镇。

办好社会事业顺民意。坚持办好人民满意教育，全面推进小规模学校和乡镇寄宿制学校建设，加快紫金湾九年一贯制学校、高桥九年一贯制学校建设步伐，确保新增学位1200个以上；促推桃花江女子旅游学校升格为职业技术学院，扎实推进职业教育高质量发展；认真贯彻《家庭教育促进法》，积极深化家庭教育“五个一”工作举措，统筹资源主动服务家庭教育，构建覆盖城乡的家庭教育指导服务体系，推动“双减”[16]工作落实落地。着力推进县级公立医院综合改革，全力整合县域医疗资源，加快推动县人民医院、县妇幼保健院整体搬迁和县疾控中心检验检测能力提升工程建设，积极打造马迹塘、三堂街、灰山港3个区域医疗次中心，大力推广中医药适宜技术与发展中医理疗项目，科学构建县、乡、村三级医疗卫生服务体系，持续加大卫生健康服务供给。持续增加高品质文化供给，大力发展群众体育运动和青少年体育运动，持续开展“悦读桃江”建设，不断完善全县文化馆、图书馆、新华书店服务功能，鼓励开展各类群众性赛事，叫响桃花江“中国定向越野之乡”的品牌，不断提升公共文化服务质量。

强化兜底保障解民忧。坚持把扩大就业摆在经济社会发展的优先位置，用好用活稳岗就业各项惠民政策，拓宽灵活就业渠道，确保城镇登记失业率控制在4.5%以下。继续做好社保参保扩面工作，不断完善社保体系、织密社保网络。大力推进根治欠薪工作，确保农民工工资按时足额发放。加强保障和改善民生，加快推进残疾人基本公共服务体系建设与完善，为残疾人健康生活保驾护航。完善多层次养老服务体系，加快建设专业、公益性的公办养老机构，确保老有所养。加大保障性住房建设力度，探索多主体供给、多渠道保障、租购并举的住房制度，推动从住有所居迈进安居宜居。

（四）加强环境建设，推动营商环境呈现新气象。营商环境是市场经济的培育之土，是市场主体的生命之氧，只有切实优化营商环境，才能真正解放生产力、提高竞争力。

优化政务环境。持续深化“放管服”改革，全面落实简政放权要求，大力推进基层政务服务“一门式”全覆盖工作，切实提升乡镇和园区承接能力与审批效率，实现“一件事一次办”；大力推进工程建设领域改革、不动产登记“交房即交证”改革及农村宅基地审批等改革事项，着力回应群众期盼。严格落实县级领导联系帮扶企业（项目）制度，深入推进重点企业（项目）全程帮办代办，完善服务机制及流程，变“坐等审批”为“上门服务”。健全政务服务评价机制，积极开展“好差评”工作，确保完成6个以上乡镇政务大厅“好差评”系统建设。

优化法治环境。要全力营造遵法守法的良好氛围，各级领导干部要带头尊法学法守法用法，自觉运用法治思维和法治方式推动工作；创新推出群众喜闻乐见的普法宣传作品，促进群众形成“办事依法、遇事找法”的行为自觉。要积极探索规范执法的长效机制，建立涉企检查备案制度，严格落实行政执法“三项制度”[17]，规范行政执法自由裁量权，努力实现监管效能最大化、对市场主体干扰最小化。要牢牢守住公平正义的司法“底线”，加强知识产权司法保护，充分调动企业创新积极性；审慎立案和采取强制措施，最大限度地降低企业诉讼时间和成本，减少司法活动对企业正常生产经营的影响。

优化人文环境。要积极营造“守信践诺”的社会氛围，党委、政府要大力弘扬诚信文化，带头讲诚信守契约，决不能“新官不理旧账”；同步加强诚信企业建设和诚信公民建设，让“信用桃江”成为发展经济、吸附优质生产要素的强大磁场。要积极营造“开放包容”的社会氛围，努力创造各类企业平等竞争、健康发展的市场环境；要不断弘扬“崇德、尚美、务实、图强”的桃江精神，积极传递正能量、倡导清风正气，营造“一心一意谋发展、聚精会神搞建设”的良好风尚。要积极营造“重商亲商”的社会氛围，鼓励支持优秀企业家参政议政，引导企业家履行社会责任，彰显企业担当；大力宣传优秀企业家的典型事迹，引导社会正确认识企业家群体，让优秀企业家成为社会的新榜样。

强化要素保障。要大力推进财源建设，发展壮大骨干税源，提升税收征管质效，做大财政收入“蛋糕”，确保财政脱困化险三年行动取得实质性突破；要在盘活现有存量资产、提高资金使用效益的同时，积极争取上级债券资金；要大力开展立项争资，进一步修改完善立项争资考核、保障和奖励办法，激励全县各部门、乡镇全力以赴跑项目、争资金，力争全年完成立项争资45亿元以上；充分利用县级财政性资金“以存引贷”，引导和撬动银行加大信贷资金投放力度。要科学开展国土空间总体规划编制工作；有序推进土地报批、征拆、出让等工作，大力清理整治闲置土地、低效用地，确保项目用地需求得到有效保障、节约集约土地水平持续提升。要建好用好“智慧桃江”平台，挖掘数据要素价值，探索发展数字经济。要全力保障“水电气讯”供应安全稳定，及时有效满足项目落地、企业经营需求。

（五）加强平安建设，推动安全发展取得新成效。安全是发展的前提，发展是安全的保障。必须坚持统筹发展和安全，增强风险意识、树立底线思维，注重堵漏洞、强弱项，有效防范化解影响全县经济社会发展的各类风险挑战。

常态抓好疫情防控。始终把疫情防控作为头等大事，坚持“外防输入、内防反弹”方针不动摇，压紧压实“属地、部门、单位、个人”四方责任，抓紧抓实抓细各项防控措施，进一步完善常态化疫情防控体系；加快补齐核酸检测、流调溯源、集中隔离、医疗救治、社区管控等短板，适时开展人员培训和应急演练，构建与桃江发展水平相适应的疫情应急处置能力体系；全力以赴做好疫苗接种，筑牢全民免疫屏障，持续巩固来之不易的防控成果。

严密做好风险管理。要牢固树立“过紧日子”的思想，全力完成隐性债务化解任务。要加强涉众型风险监测预警，高度关注、警惕部分房企违约风险升高引发连锁反应，严密防范和化解涉老涉企非法集资、扶贫小额贷款逾期等风险；继续抓好桃江农商行不良贷款清收，加快推动金沙重机重组，妥善处置都好养老公寓后续事宜，坚决守住不发生区域性系统性风险底线。

坚决守好安全底线。牢固树立安全生产红线意识，深入开展安全生产专项整治三年行动，推进综合防灾减灾救灾能力和应急体系建设，整合现有安全生产和应急管理职能，理顺应急管理体系，完善安全生产考核体制，坚决落实“一票否决”工作制度，争创全省安全生产先进县。加大老旧管道、非煤矿山、道路交通、消防安全、建筑施工、食品药品、特种设备、学校学生等重点领域隐患排查整治，持续抓好防汛抗旱、地质灾害治理、森林防灭火等工作，坚决杜绝较大以上安全事故发生，确保全县安全生产形势持续稳定向好。强力推进省级食品安全示范县创建工作，守护桃江人民“舌尖上的安全”。

切实维护和谐稳定。推进“阳光信访、法治信访”，优化信访工作机制，加快推进乡镇人民来访接待室标准化建设，加强信访积案化解。坚持和发展新时代“枫桥经验”，继续大力创建“三无”乡镇[18]、无信访村（社区）；持续深化巩固政法队伍教育整顿成果，常态化开展扫黑除恶斗争，突出抓好各类电信诈骗和黄赌毒打击治理工作，持续推进多层次平安创建工作，高水平建设“平安桃江”。

四、坚持和加强党对经济工作的领导，打造坚强发展保障

坚持党的领导是事业成功的根本保证。要以新时代党的建设总要求为根本遵循，纵深推进全面从严治党，高水平建设“清廉桃江”，为建设富饶美丽幸福新桃江提供坚强政治保证。

（一）弘扬建党精神，提升推动高质量发展的政治自觉。伟大建党精神是我们党的精神之源，是我们砥砺初心、践行使命的强大动力。要汲取历史自信力量。深入学习贯彻党的十九届六中全会精神，进一步坚定历史自信、担当历史使命、掌握历史主动，在学史知史中提高“政治三力”，扛牢推动发展的政治责任，把忠诚捍卫“两个确立”、坚决做到“两个维护”体现在实干实效上。要抓紧抓牢意识形态。推动党史学习教育常态化、长效化，切实把党史学习教育焕发出的爱党爱国热情转化为推动改革发展的实际行动；深入贯彻落实中央、省委民族宗教工作会议精神，引导宗教与社会主义社会相适应，推进少数民族“一乡两村”[19]乡村振兴，铸牢中华民族共同体意识；建强用好县融媒体中心等宣传阵地，牢牢掌握意识形态工作领导权和主动权，把握正确舆论导向，强化正面典型宣传，讲好“桃江故事”，唱响“桃江声音”。要充分凝聚发展合力。更好发挥党的领导这个最大的政治优势，进一步加强党对人大、政府、政协、人民武装、法院、检察院以及民主党派、工商联、侨联、无党派、新的社会阶层等社会各界人士的全面领导，发挥总工会、妇联、团县委、科协、残联、文联、计生协会、红十字会等群团组织的桥梁纽带作用，充分调动广大干部群众的积极性、主动性、创造性，形成一条心干事业、一盘棋抓工作、一股劲促发展的生动局面。

（二）强化组织建设，筑牢推动高质量发展的政治堡垒。基层党组织是党的事业最坚强的战斗堡垒，加强党的基层组织建设，是推进县域经济高质量发展的必要保证。要夯实基层基础。深化向基层“赋能、减负、强基”行动、党支部“五化”建设提质工程，持续整顿软弱涣散基层党组织，统筹推进机关、两新组织、学校、医院、小区、国企等各领域党建工作，让每一个党组织都成为坚强有力的战斗堡垒。要建强基层班子。着力抓好换届后村（社区）党组织书记教育培训，采取“理论＋实践”“请进来＋走出去”等多种方式开展履职培训，不断提升村（社区）党组织书记抓发展的能力。村（社区）党组织书记要带头严格落实“三会一课”等制度，切实抓好村级班子和党员的教育和管理，积极带领党员群众参与公益事业、加快地方发展，进一步增强村（社区）党支部的凝聚力和战斗力。要引领基层治理。巩固拓展“党建带妇建”成果，发挥基层妇联执委作用，创新开展“党建带群建”，释放群团组织活力，赋能基层治理新局；继续做好网格化管理和志愿服务、党员干部联系服务群众“五个到户”工作；创新激励机制，引导农村党员、群众自发参与志愿服务和公益活动，进一步丰富基层治理内容形式，增强基层治理效能。

（三）压实责任担当，涵养推动高质量发展的政治生态。看地方发展就是看干部，看干部能不能担当重任、能不能执行落实、能不能守住底线。要调优配强干部队伍。树立正确用人导向，重点从乡村振兴、项目建设、争资引资、信访维稳、安全生产、防疫防汛等急难险重工作一线发现培养干部，积极为干部成长“铺路子、搭台子、给位子、压担子”，确保敢担当、善作为的干部“有为有位”；

加大年轻干部、女干部、党外干部的培养选拔力度，进一步优化干部结构；科学用好考核和省市真抓实干激励措施“指挥棒”，将省、市对县考核与县对各级各部门的考核有机结合起来，明确责任、强化奖惩，推动广大党员干部积极主动抓落实、全面深入抓落实、勇于争先抓落实。要持续改进干部作风。深化拓展“强作风、优环境，共建清廉桃江”活动成果，持续推进落实不力、执行不强，消极应付、为官不为，服务不优、效率不高，徇私枉法、执法不公，阻工闹事、法治不严，慵懒散漫、作风不正等六大专项整治，全力打通“中梗阻”，切实提升干部执行力。要严格守好清廉底线。科学用好“四种形态”，坚持抓早抓小防微杜渐，一体推进“不敢腐、不能腐、不想腐”的长效机制建设。扎实推进县委巡察，压紧压实各级党组织管党治党主体责任。坚持严的主基调不动摇，以党内监督为主导，做实专责监督，推动人大监督、民主监督、行政监督、司法监督、审计监督、财会监督、统计监督、群众监督、舆论监督贯通协调、形成合力，将正风肃纪反腐进行到底；常态化开展警示教育和纪律教育，落实关于加强新时代廉洁文化建设的意见，引导党员干部从思想上固本培元，提高党性觉悟，增强拒腐防变能力。扛实“清廉益阳”建设试点责任，聚焦“六清”目标，推进“六大建设”[20]，创建“六类单元”[21]，全力构建风清气正的政治生态。

同志们，新使命呼唤新担当，新征程要有新作为。让我们更加紧密地团结在以习近平同志为核心的党中央周围，永葆“闯”的精神、“创”的劲头、“干”的作风，奋发有为，笃行不怠，为全面建设富饶美丽幸福新桃江而努力奋斗，以优异成绩迎接党的二十大胜利召开！

名词解释

【1】**“六个一”**：“一园”、“一圈”、“一屋”、“一沟”、“一池”、“一凼”，即一个规整的菜园、一个集中圈养畜禽的栏舍、一个堆放生产生活资料的杂屋、一条排水沟、一个处理厕所粪污的三格式化粪池、一个沤制可腐烂垃圾的带盖密闭式沤肥凼。

【2】**“五个到户”**：党员联系到户、民情走访到户、政策落实到户、产业对接到户、精准服务到户。

【3】**“六大强农”**：品牌强农、特色强农、产业融合强农、科技强农、人才强农、开放强农。

【4】**“三无”县**：“无进京非访登记和进京重复越级访，无到省级以上集体访，无极端恶性事件”的县（区、市）。

【5】**“双创”**：创业、创新。

【6】**“一核两副三带四区”**：“一核”是大力推进长株潭区域一体化，打造中部地区崛起核心增长极，带动“3+5”城市群发展；“两副”是建设岳阳、衡阳两个省域副中心城市；“三带”是建设沿京广、沪昆、渝长厦通道的三大经济发展带；“四区”是推动长株潭、洞庭湖、湘南、湘西四大区域板块协调联动发展。

【7】**“一核一圈两翼”**：“一核”是指中心城区，“一圈”是指大益阳城市圈，“两翼”是指湖区经济翼和山区经济翼。

【8】**“一心四区”**：益阳城市副中心、环长株潭高质量发展先行区、全省千亿竹产业核心引领区、中部地区国家现代农业样板区、国家生态文明建设示范区。

【9】**“一江、两片、三路、多点”**：“一江”指桃花江，“两片”指桃江“竹海”“龙溪”两个乡村振兴示范片区，“三路”指桃灰线、桃马线、江北线等三条公路沿线，“多点”指各乡镇因地制宜建设乡村振兴示范创建点。

【10】**17个省级乡村振兴重点帮扶村**：大林村、王母村、龙塘湾村、高峰村、甘泉山村、苏团村、樟溪村、龙塘村、鹅公桥村、毛家桥村、金沙坪村、金光山村、栗山河村、九螺坊村、大水田村、九都村、京华村。

【11】**17个省级乡村振兴示范创建村**：大华村、石牛江村、朱家村、竹山村、杨家湾村、杉树仑村、小桃村、莲盆嘴村、罗溪村、军功嘴村、湖莲坪村、莲花坪村、洋泉湾村、张子清村、新桥村、百乐村、板溪村。

【12】**“五好”园区**：“规划定位好、创新平台好、产业项目好、体制机制好、发展形象好”园区。

【13】**“三类500强”**：世界财富500强、中国企业500强和民营企业500强。

【14】**“三路”**：旅游路、资源路、产业路。

【15】**“三型两网”**：“三型”即打造枢纽型、平台型、共享型企业；“两网”即建设运营好智能电网和泛在电力物联网。

【16】**“双减”**：减轻义务教育阶段学生过重作业负担和校外培训负担。

【17】**行政执法“三项制度”**：行政执法公示制度、行政执法全过程记录制度、重大执法决定法制审核制度。

【18】**“三无”乡镇**：“无进京越级上访、无大规模集体上访、无因信访问题引发的极端恶性事件”的乡镇。

【19】**“一乡两村”**：鲊埠回族乡，三堂街镇晚谷村、花桥坪村。

【20】**“六清”目标、“六大建设”**：聚焦政治清明，着力廉洁执政的根本建设；聚焦政府清廉，着力权力运行的规范建设；聚焦干部清正，着力拒腐防变的能力建设；聚焦政商亲清，着力经济发展的环境建设；聚焦社会清和，着力“清廉单元”的带动建设；聚焦文化清朗，着力竹廉桃江的品牌建设。

【21】**“六类单元”**：清廉机关、清廉企业、清廉学校、清廉医院、清廉乡村、清廉家庭。

桃江县人民代表大会常务委员会工作报告

——在桃江县第十八届人民代表大会第一次会议上

桃江县人大常委会主任　符凤文

（2021 年 10 月 20 日）

各位代表、同志们：

现在，我受桃江县第十七届人民代表大会常务委员会委托，向大会作工作报告，请予审议。

过去五年的工作回顾

县十七届人大常委会任期的五年，是桃江经济社会高质量发展的五年。五年来，县人大常委会以习近平新时代中国特色社会主义思想为指导，深入贯彻党的十九大和十九届二中、三中、四中、五中全会精神，坚持党的领导、人民当家作主、依法治国有机统一，认真履职尽责，主动担当作为，为推动全县经济社会高质量发展和民主政治建设作出了积极贡献。

五年来，我们坚定制度自信，强化政治引领，在依法履职中把牢人大工作正确政治方向

一是坚持党的全面领导。将党的领导贯穿于人大工作始终，充分发挥人大党组的核心作用，确保党的主张、县委的决策得到贯彻落实。五年来，常委会围绕“三大攻坚战”“三高四新”战略、高质量发展、民主法治建设和保障改善民生等党委的重大决策部署开展工作、促推落实，紧紧依靠广大人大代表的共同努力，使县委的主张变成全县人民的共同意志和自觉行动。在人事任免工作中，坚持党管干部与依法选举任免的有机统一，既严格遵循法定程序，加强法律监督，充分发扬民主，又全面落实了市委和县委的人事安排意图。五年来，共任免国家机关工作人员 336 人次，撤销职务 1 人，接受辞职 55 人，补选市代表 9 人。

二是依法决定重大事项。常委会认真贯彻县委出台的《关于健全人大讨论决定重大事项制度、各级政府重大决策出台前向人大报告的实施意见》，深入调查研究，广泛集中民智，依法行使了重大事项决定权。五年来，共作出决议决定 57 项，其中依据法律规定必须由人大常委会审议决定的 25 项，围绕县委中心工作、县政府重点工作讨论决定的重大事项 22 项，关系群众切身利益的重大事项 10 项。主要包括审查和批准了国民经济和社会发展计划、决算和预算调整方案，表决通过了《桃江县“十三五”规划部分经济指标调整方案的议案》《桃江县国民经济和社会发展第十四个五年规划和二〇三五年远景目标纲要》，审议了县城总体规划和县城四个区域控制性详细规划，就城市防洪工程、县教师发展中心及九年一贯制学校、人民医院南院、智慧桃江等 4 个 PPP 项目财政支出责任纳入财政预算的议案进行了审议，通过了关于高桥乡撤乡设镇、法治桃江行、加强检察公益诉讼、法制宣传教育、深化代表工作等决议决定。

三是主动服务发展大局。常委会充分发挥人大优势，就事关全县经济社会发展的一些重大问题开展调研，提出了许多有价值的意见建议，形成了一批有分量的调研报告，为人大常委会履职和县委决策提供了参考。五年来，人大常委会和各专门委员会共完成调研课题 20 多项，撰写调研报告 80 多篇，提出意见建议 1200 多条。比如，围绕桃江“十四五”发展定位，前瞻性开展调研，提出了“积极向东对接益阳高铁新城，着力加强交通、水利等基础设施建设，结合桃江实际培育发展主导产业”等意见建议。就国土空间规划编制这一事关桃江中长期发展的战略问题，认真开展专题调研，形成的调研报告为助力科学划定“三区三线”提供了重要参考。关于“传染病防治”“农村人居环境整治”“国有资产管理”等重点课题的调研成果，为县委相关文件的出台提供了重要依据。常委会主任会议成员主动参与中心工作，积极支持经济建设，五年来共联系服务重点项目 20 个、重点企业 29 家。牵头

组织并成功创建湖南省全域旅游示范区，联系桃花江竹海旅游度假区、美人谷生态酒店等重要文旅项目建设卓有成效。牵头组织协调益阳西部片区垃圾焚烧发电项目，克服重重困难，取得了阶段性成果。联系国辰高新技术产业园、风力发电等重点项目建设，促进了桃江经济的发展。

五年来，我们立足改革发展，坚持有效监督，在支持发展中彰显担当作为

县人大常委会认真贯彻监督法，坚持问题导向，综合运用多种监督方式，加大工作力度，着力增强监督实效。共听取和审议“一府一委两院”专项工作报告92个，开展专题调研、视察和执法检查102次，规范性文件备案审查85件。

一是紧跟中央，聚焦贯彻落实上级决策部署加强监督。助力提升脱贫攻坚的质量和成色。连续两年听取和审议了全县脱贫攻坚情况报告，支持县人民政府及有关部门强化责任、补齐短板、落实政策，加大工作力度，促推全县所有贫困村全部出列，贫困户全部脱贫，顺利完成脱贫攻坚各项任务。助力打好污染防治攻坚战。连续四年听取和审议了全县环境状况和环境保护目标完成情况报告，组织对石煤矿山关闭治理和生态修复情况进行了实地督查，专题调研了乡镇污水处理厂建设运营情况，并就上述工作提出了意见建议，促进县人民政府和有关部门加强源头治理，推动全县生态环境持续改善。助力防范化解地方债务风险。认真落实党中央、国务院防范和化解地方政府债务风险的相关要求，听取和审议了政府性投资计划，切实加强政府性投资项目的监督；充分考虑发展的实际需要和桃江财政承受能力，依法严格把关PPP项目，科学审慎决定实施PPP项目，主动防范财政风险；加强政府债务管理，作出了《关于进一步规范政府购买服务的决议》，对债务情况进行全方位监督，地方政府债务规模控制在上级政府批准的限额内，确保了任期内没有发生债务风险。

二是紧扣大局，聚焦促进经济高质量发展加强监督。着力加强经济运行监督。每年定期听取和审议国民经济和社会发展计划执行情况报告，结合复工复产、规模工业运行、优化营商环境等专题调研，加强经济运行的分析研判，提出对策建议，推动提质增效。专题视察了园区经济发展情况，提出“着力理顺园区管理模式，破解土地资金难题，优化企业服务环境，提升园区经济效益”等建议，支持和促进县人民政府强化工作举措，提升园区招商质量，进一步激发园区发展活力。着力加强预决算审查监督。认真贯彻新预算法，深化预算审查监督重点向支出预算和政策拓展改革，严格预算批准关、执行关、调整关和决算关，监督和支持政府管好“钱袋子”。建立预算联网监督中心，制定管理办法，优化监督系统，定期梳理预警信息，提高了财政预算监督的水平。着力加强“同级审”整改监督。为了加强对预算执行情况的监督，常委会制定了《关于监督审计查出问题整改的若干规定》，连续四年听取了县审计局提出的《县级预算执行和其他财政收支审计工作报告》，对27个单位的204个问题的整改落实情况进行审议和票决，督促各单位认真整改审计查出的问题。听取和审议了县监委关于审计部门移送问题线索办理情况报告，促进加大问责力度，切实维护预算执行的权威性和严肃性。着力加强国有资产管理监督。组织对行政事业性国有资产、国有自然资源和国有资产管理情况，开展深入调研和审查监督，认真分析研究国有资产管理存在的问题，提出意见建议，促进县人民政府及相关部门加强国有资产管理，实现国有资产保值增值。

常委会还听取和审议了茶产业、竹产业、文化旅游产业等工作情况的报告，促进了特色产业的转型升级和健康发展。

三是紧贴民意，聚焦保障改善民生加强监督。常委会每年选择3至5个人民群众普遍关注的热点难点问题，有计划有重点地加强监督。高度重视“大班额”和学前教育、高中阶段教育质量问题。常委会调查组深入乡镇和全县各类学校，详细了解学校基础设施、教师队伍构成、教育教学水平等具体情况，就改善办学条件，提高教学质量提出了建议，就有效化解“大班额”问题提出了意见，通过县人民政府和相关部门的共同努力，我县“大班额”问题得到有效化解。共同促进疫情防控工作。将传染病防治工作确定为重点监督议题，听取和审议了关于传染病防治工作情况报告，促进县人民政府压实联防联控责任，补齐公共卫生应急体系短板。组织对全县中医药发展现状进行调研，提出了“加强中医人才培养、加大财政支持力度、突出差异化特色化发展，推进医疗项目建设”等建议，督促加快推进中医医养结合中心、传染病病区和急救指挥中心建设，推动中医药事业健康发展。密切关注就业创业工作。开展了全县就业创业工作调查，审议了工作报告，提出了工作建议，为疫后的经济复苏和复工复产提供了有力支撑。促推有效解决征地拆迁安置问题。对2012年以来县城中心城区房屋拆迁安置情况开展深入调查，就存在的问题及原因进行了认真分析，提出了“统筹

规划征地拆迁安置工作，启动安置方式转型试点，下力气推动拆迁安置转型”的审议意见，促进征地拆迁安置转型取得了良好效果。督促政府工作报告中民生实事项目落实。针对每年政府工作报告中承诺的民生实事重点项目，常委会坚持年初建账、年中对账、年底结账，督促各部门抓好落实。五年来，共督促落实民生实事项目30多项，如舒牛公路、资江雷公岩大桥、县教师发展中心及九年一贯制学校、人民医院南院等重点项目。

此外，我们还对县城棚户区改造、农村饮水安全工程建设管理、医疗保障、妇幼健康、民族政策落实情况等30多项工作进行了专题监督。持续开展了“农产品质量安全行”“环保世纪行”“三湘农民健康行”和“民族团结进步行动”等专项活动。认真做好群众来信来访工作，五年来共接待、处理来信来访260多件次，督促解决合理诉求，维护群众切身利益。

四是紧盯问题，聚焦法治桃江建设加强监督。促推法律法规实施。配合开展环保法、土壤污染防治法、传染病防治法、《湖南省动植物资源保护条例》、《益阳市农村村民住房建设管理条例》等执法检查，推动相关法律法规在我县贯彻实施。参与《湖南省饮用水水源保护条例》《安化黑茶文化遗产保护条例》等立法调研，积极建言献策。加强行政执法和司法工作监督。连续三年听取和审议了公安执法规范化建设情况报告，督促县公安局加强队伍管理，强化案件监管，提升执法水平。连续四年监督和支持检察院诉讼监督和查出问题整改工作，促进检察机关健全工作机制，加强工作力量，补齐诉讼监督短板，督促各相关单位加强改进诉讼监督工作。听取和审议了城市管理执法案件监督情况报告，提出了系统解决城管综合执法问题的措施和建议。推动普法宣教工作。听取审议“七五”普法决议执行情况报告，督促科级领导干部参加集中普法考试，促推“法治教育进课堂”活动深入开展，营造了良好的法治环境。依法开展备案审查。听取和审议了规范性文件备案审查情况报告，督促落实“有件必备、有件必审、有错必纠”的要求，五年来，共审查规范性文件85件，切实维护了法制统一和权威，促进了依法行政。

五年来，我们践行人民至上，尊重代表主体地位，在深化拓展中激发代表履职活力

一是优服务，代表履职渠道更加畅通。建立完善常委会组成人员联系代表、代表联系选民制度，推动“双联”工作具体化、经常化和制度化。五年来，建立健全四级人大代表联系群众工作室103个，通过上门走访、邀请座谈、电话联系等方式，常委会组成人员联系代表1300多人次，代表联系选民15万多人次，协助解决问题1900多个。扩大代表对常委会工作的参与，邀请代表列席常委会会议300多人次，参加常委会、专委会组织的调研视察活动320多人次，参与“一府两院”组织的听证会、庭审旁听等活动90多人次，有效保障了代表的参与权、表达权和监督权。

二是重督办，代表建议办理高质高效。坚持把代表建议办理作为常委会工作的重中之重，做到及时办理、重点督办、跟踪问效。坚持和完善“常委会领导牵头督办、各委室对口督办、联工委协调督办、联合政府集中督办”的代表建议督办制度，开展了建议办理集中评议和满意度测评，推动代表建议的办理和落实，促进相关问题得到有效解决。五年来，累计向“一府一委两院”交办代表建议333件，在常委会及各承办单位的共同努力下，建议办理回复率、办结率均为100%、满意率为98%。

三是强保障，代表履职活动有声有色。完善代表活动经费使用管理办法，逐步提高经费标准，及时发放无固定收入代表误工补助，有效激发代表的履职活力。丰富闭会期间代表活动，指导各级代表小组开展调研、视察活动380多次，实现了闭会期间代表履职活动常态化、制度化。抓好代表的学习培训，组织代表参加集中轮训20多批次，不断提高代表的履职能力。严格代表履职考核，推行代表履职情况报告制度，评选了一批履职优秀代表，并通过电视台、报纸和网络等媒介，宣传推介了一批代表典型事迹，引导和激励代表立足岗位、积极履职。

四是善作为，代表票决制落地见效。出台了《桃江县开展乡镇民生实事项目人大代表票决制工作的实施意见》，指导乡镇把推行民生实事项目人大票决制作为履职行权的切入点，激发代表履职的积极性和创造性。自2020年票决制工作启动以来，乡镇人大共确定候选项目30件，代表票决22件，提升了代表决策参与度，促进了决策的民主化和科学化。

五年来，我们坚持与时俱进，加强自身建设，在守正创新中提升人大工作质效

一是突出学思践悟，强化理论武装。按照党中央统一部署，在县委的领导下，高质量开展“两学一做”学习教育、“不忘初心、牢记使命”主题教育、党史学习教育，不断增强“四个意识”、坚定“四个自信”、做到“两个维护”。抓实常委会党组中心组集中学习，深入学习贯彻习近平法治思想、习近平总书记关于坚持和完善人民代表大会制度的重要思想和关于湖南工作的系列重要讲话精神。办好常委会会前专题讲座，组织开展宪法、代表法、监督法等法律法规和业务知识培训辅导40多场次，进一步强化思想引领和理论武装，坚定人大工作的正确政治方向。

二是突出改革创新，激发内生动力。认真贯彻党中央和省委、市委关于加强县乡人大工作和建设的决策部署，加强了人大组织建设，常委会组成人员专职委员比例保持在60%以上，设立了7个专门委员会，优化了专委会组成人员结构。县人大常委会机关充实了工作人员，建立了一支素质优良、结构合理、充满活力的机关干部队伍，激发了干事创业的热情。常委会注重制度建设，根据新时期人大工作的新情况、新要求，组织对常委会议事规则、代表建议督办等15项制度进行了全面修订；建立健全了常委会议题质量评价、审议意见跟踪督办、重点议题持续监督机制，提升了常委会调研、审议、监督的质量和水平。

三是突出真抓实干，保持清廉作风。坚持把加强调研作为改进作风、促进工作的重要手段，围绕县委重大决策和全县重点工作，深入基层开展了一系列调查研究。健全了常委会党组党风廉政建设责任制，认真落实中央八项规定精神和省、市县关于作风建设的要求，力戒形式主义、官僚主义，支持纪委监委派驻人大机关纪检监察组履行职责，主动接受人大代表和人民群众的监督。

四是突出指导协同，提升整体水平。注重加强乡镇人大建设，坚持和完善常委会领导牵头、各委室分片联系乡镇人大制度，指导乡镇人大在闭会期间开展工作，督促一年开好两次乡镇人大会议，依法做好县乡人大换届选举工作，乡镇人大工作规范化建设工作经验在全市推介。

各位代表！五年来常委会工作所取得的成绩，是县委正确领导，常委会组成人员、全体代表和人大工作者共同努力，“一府一委两院”和社会各界大力支持配合的结果。在此，我谨代表县十七届人大常委会表示崇高的敬意和衷心的感谢！

通过五年来的工作实践，我们深切地体会到：做好新时代人大工作，更好地推进我县民主法治建设，服务和促进桃江经济社会高质量发展，要始终做到“四个必须”。一是必须深刻领会人民代表大会制度的显著优势，始终坚定制度自信。人民代表大会制度是坚持党的领导、人民当家作主、依法治国有机统一的根本政治制度。常委会要深刻领悟人民代表大会制度的强大生命力、巨大优越性，进一步强化制度自信，坚定不移走中国特色社会主义政治道路，切实把人民代表大会制度坚持好、完善好、发展好。要充分调动和激发全县各方积极性、主动性、创造性，努力把制度优势充分发挥出来，为桃江改革发展各项事业激发更大活力、凝聚更强合力。二是必须把党的领导贯穿于依法履职的全过程，坚定正确的政治方向。毫不动摇地坚持党的领导是做好人大工作的根本政治保证。五年来，常委会始终把人大工作置于县委的领导之下，坚持重大事项、重点工作、重要情况向县委报告制度，切实把党的领导贯穿于人大工作全过程、各方面。坚持党管干部的原则，确保县委推荐的人选通过法定程序成为国家政权机关领导人员。三是必须始终坚持服务发展大局，以高效能履职服务高质量发展。五年来，常委会坚持把服务发展作为第一要务，聚焦推动县域经济高质量发展的重大课题，围绕县委决策部署和人民群众关心关注的热点问题，精心选择议题，突出监督重点，提升工作实效。在依法履职过程中，常委会注重把握好决定与执行、监督与支持的辩证关系，对“一府一委两院”的工作，既敢于监督，又善于监督，着力让人大监督的过程，成为发现问题、改进工作、推动发展的过程。四是必须始终坚持改革创新、求真务实，推动人大工作与时俱进。五年来，常委会积极探索实践，将继承与发展、贯彻上级精神与桃江实际紧密结合起来，创造性地做好各项工作，一些好的做法和经验得到省、市人大的高度评价。如在全省人大预算联网监督系统研讨会上，我县作为县（市）区唯一代表作了经验交流；在纪念市人大常委会成立25周年大会上作了《践行四个坚持，创新五项制度——谱写人大监督工作新篇章》的典型发言。

各位代表，过去五年我县人大工作虽然取得了一些成绩，但也要正视工作中存在的薄弱环节，比如，监督的形式和手段较为单一，监督的实效有待进一步增强，特别是预算监督的广度和深度需要进一步拓展；尊重代表主体地位、发挥代表主体作用仍然不够，服务代表水平有待进一步提高；对乡镇人大工作指导还需进一步加强，等等。对于这些问题，相信新一届人大常委会将会高度重视，切实加以解决。

今后的工作建议

各位代表，党的十八大以来，以习近平同志为核心的党中央高度重视人大工作。习近平总书记就坚持和完善人民代表大会制度、发展社会主义民主政治，全面依法治国发表了一系列重要讲话，为新时代加强和改进人大工作指明了前行方向、提供了根本遵循。2015 年中共中央下发了《关于加强县乡人大工作和建设的若干意见》，省委、市委相继出台了实施意见。今年 7 月 26 日、8 月 20 日省委、市委先后召开人大工作会议，省委研究制定了《关于加强和改进新时代人大工作的意见》，市委也作了研究和部署，举措之多，要求之高，前所未有，彰显了各级党委对人大工作的高度重视，新时代人大工作必将迎来更大的发展机遇。

2022 年是新一届人大常委会依法履职的开局之年。县人大常委会将重点做好以下几个方面的工作：一是坚持以习近平新时代中国特色社会主义思想统揽人大工作，切实增强人大工作的政治性、思想性和时代性。强化党的创新理论武装，牢牢把握人大工作的根本遵循。始终坚持党对人大工作的全面领导，坚定不移贯彻落实中央、省委、市委和县委重大决策部署，围绕中心、服务大局，增强人大工作与党的工作的融合度。严格对标落实各级党委关于加强人民当家作主制度保障、加强和改进新时代人大工作和建设的各项新部署、新要求，充分展现新时代人大工作的新气象、新作为。二是认真依法履职，切实行使好监督权、决定权和任免权。认真贯彻监督法等法律法规，加强对“一府一委两院”工作的监督，善于把工作监督和法律监督有机结合起来，创新和改进监督方式，促进“一府一委两院”依法行使行政权、监察权、审判权和检察权。认真落实《关于健全人大讨论决定重大事项制度、各级政府重大决策出台前向人大报告的实施意见》，依法有效行使重大事项决定权；围绕桃江经济社会发展的重大问题、人民群众关心关注的热点难点问题加强监督，切实增强监督的刚性和实效。依法任命国家机关工作人员，探索加强任后监督的有效形式，力促国家机关工作人员牢记职责使命、积极担当作为。三是保持同人民群众的密切联系，切实做好代表工作。坚持和完善“双联”工作制度，虚心听取人大代表和人民群众的意见建议，切实办理好代表议案和建议，发挥好党同人民群众密切联系的桥梁纽带作用。建立代表小组和专业代表小组，加强新一届代表的业务培训，切实增强代表履职责任和履职能力。深入贯彻《湖南省乡镇人民代表大会工作条例》，实现乡镇民生实事项目代表票决制全覆盖，切实提高代表参与基层治理的积极性、主动性和有效性。

我们相信，在县委的坚强领导下，在“一府一委两院”及相关部门、全体人大代表和全县广大群众的大力支持与共同努力下，新一届县人大及其常委会一定能够不负重托、不辱使命，谱写好新时代桃江人大工作的新篇章。

各位代表，新时代承载新使命，新使命呼唤新担当。让我们更加紧密地团结在以习近平同志为核心的党中央周围，在县委的坚强领导下，不忘初心、牢记使命，锐意进取、真抓实干，以永远奋斗的姿态把人民代表大会制度坚持好、把新时代人大事业发展好，为建设富饶美丽幸福新桃江贡献力量！

政府工作报告

——在桃江县第十八届人民代表大会第一次会议上

桃江县人民政府代理县长 周登高
（2021 年 10 月 21 日）

各位代表：

现在，我代表县人民政府向大会作工作报告，请予审议，并请各位政协委员和其他列席人员提出意见。

2021 年工作回顾及过去五年主要成就

2021 年，我们坚持以习近平新时代中国特色社会主义思想为指导，全面贯彻党的十九大和十九届二中、三中、四中、五中全会精神，落实省委省政府、市委市政府和县委决策部署，团结带领全县人民，接续用力战疫情、谋发展、促改革、惠民生，经济社会平稳健康发展。2021 年全县实现生产总值 305 亿元左右（预计数，下同），增长 8%；完成地方一般公共预算收入 8.9 亿元左右，增长 8%；固定资产投资增长 9.5% 左右；完成社会消费品零售总额 117.4 亿元左右，增长 9.5%；全体居民人均可支配收入达到 27000 元左右，增长 9%。一年来，我们主要做了以下工作：

精准防控疫情，守护群众生命健康。全力防控新一轮新冠肺炎疫情，摸排管控重点地区来桃人员 7297 人次，送检核酸检测样品 31.7 万份，集中隔离 599 人次。落实县、乡、村三级责任，开展“敲门”行动和走村入户、寻找未接种人员等活动，疫苗接种工作扎实推进，50 名勇士逆行出征、驰援张家界，数万名党员干部、医护人员、网格员、志愿者连续奋战，全县疫情防控期间无一人感染，企业正常生产，市场供应充足，物价保持平稳，展现了桃江干群众志成城、守望相助、共克时艰的良好风貌。

聚焦农业农村，加快乡村振兴步伐。严格落实“四个不摘”[1]要求，严密开展防止返贫监测预警和巩固帮扶，为农业人口购买“防贫综合保险”，“雨露计划”[2]等政策措施有效落实，未出现规模性返贫现象。乡村振兴示范区创建工作全面启动，省级乡村振兴示范创建村、重点帮扶村建设有序推进。现代农业稳步发展。完成 4.2 万亩高标准农田建设，开展生态稻米种植试点，预计实现粮食总产量 36 万吨。存栏生猪 47 万头。建成竹制品初级加工基地 1 个，培育笋用林 2 万亩，鲜笋产量超 1.6 亿斤。新增设施蔬菜基地 100 亩、高效茶园 500 亩、特色水产 500 亩。培育省级示范合作社（家庭农场）15 家、市级农业产业化龙头企业 9 家，竹材科技获评农业产业化国家重点龙头企业。桃江“竹福”特色农产品上市，桃江竹笋产品标准成为全国首个复水笋深加工产品团体标准，成功申报省级现代农业产业园，荣获省级农产品质量安全县。马迹塘获批省级“竹业小镇”。完善农村人居环境常态化清扫保洁机制，完成 30 个村农户美丽庭院“六个一”[3]整治，生活垃圾分类减量工作获省市肯定。城乡基础设施持续完善。国道 207 武潭段、国道 234 灰山港段完成提质改造，桃灰公路维修工程即将启动，新（改）建农村公路 50.4 公里，改造危桥 28 座，建成安防工程 100 公里。治理资水重要河段及中小河流 21.6 公里，完成 6 座水库除险加固，桃花江水库除险加固工程顺利推进。

突出产业支撑，保持经济平稳运行。重点项目推进有力。全县确定 65 个重点项目，金易仓储物流产业园、高阶光学镜头生产基地等一批项目开工建设，新兴管件铸造产业园、旭显电子、至和电缆、合群爬架、惠强环保二期等一批项目建成投产，盛远包装二期、城鉴铝单板、钜亿新材竹木餐具、金圆迪电子、烯富环保二期、临亚加气墙板等项目年底可完成建设。工业经济平稳增长。预计新增规模工业企业 10 家、规模工业增加值增长 8.5% 左右。两大省级工业园区新建标准化厂房 8.7 万平方米，报批土地 314 亩、平整 311 亩。国辰高科园获评全省电子信息类产业园区 30 强，桃江竹产业园成为省级特色产业园。全域旅游稳步发展。桃花江旅游度假区、喜龙美人谷酒店建成营业，张子清故居列入中国共产党成立百年湖南精品红色旅游路线，获评全国县域旅游发展潜力百佳县。消费市场持续活跃。成功举办农民丰收节，桃江首届消费购物节加紧筹备。培育限上商贸企业5家。中国供销桃江农商城实现试运营，雪峰山农贸市场完成主体工程，预计实现电商交易额110亿元。新投放贷款33.7亿元，存贷比达到62.68%。

坚持绿色发展，提升城乡宜居指数。全力打好蓝天、碧水、净土保卫战。办结中央环保督察第二轮交办事项36件。县城空气质量优良率排名全市前列。灰山港镇污水处理厂扩容提标主体工程完工。完成农村改厕14875户、行政村生活污水治理8个，整改规范畜禽养殖场（户）2372家。资江流域锑浓度、饮用水源水质达标。耕地严控区退出水稻种植。河长制、林长制有效落实，“大棚房”和乱占耕地建房整治有力有序，“智慧渔政”全面建成，“十年禁捕”建立长效机制，益阳西部垃圾焚烧发电厂、县级废旧物资分拣中心建设进展顺利。城镇功能日趋完善。国土空间总体规划编制有序推进。金盆路桂花园小学段人行天桥投入使用，文明路等9条道路建设、6条道路雨污分流工程、居士巷棚改一期工程年内可完成建设。滨江二期育英巷东片区棚改、9个老旧小区改造稳步实施。拆除违建4.1万平方米，“智慧城管”“智慧交通”上线运行。电力“三型两网”[4]建设全市领先。建成5G通信基站203个，县城中心城区实现5G网络全覆盖。

深化开放创新，增强改革发展动能。营商环境日益优化。推行重点企业（项目）“全程代办”服务、涉企经营许可事项告知承诺制，重点项目审批提速80%以上，办理影响营商环境刑事案件21起。改革创新持续深化。新下放园区权限55项，入学等“一件事一次办”赢得群众点赞。商事制度改革、现代农业综合改革、农村宅基地房地一体确权登记颁证改革等扎实推进，供销社综合改革入选湖南基层改革探索100例。出台加强财源建设等措施，财政预算体制等改革全面落实。预计全年报批土地1000亩。培育高新技术企业10家以上，新增创业实体4700家。对外开放不断强化。完成立项争资32亿元。招商引资成效明显，好莱客等优质企业有望进驻桃江，引进投资过亿元项目6个、过5000万元项目8个。培育外贸“破零倍增”[5]企业10家，实现外贸进出口总额1.8亿元。总部基地引进企业6家，预计实现税收3000万元。

紧盯群众关切，加快社会事业发展。省市重点民生实事可如期完成。新增城镇就业5220人。社会保险基金风险防控专项整治成效显著。推进DIP按病种分值付费改革[6]，国家医保信息平台上线运行。新增养老床位100个，发放城乡低保5299万元、残疾人“两项补贴”[7]1300万元，追回农民工被拖欠工资2218万元。省困难残疾人家庭无障碍改造现场推进会在桃举行。县殡仪馆整体搬迁启动建设。完成1个重点移民村建设。评选退役军人创业标兵，拥军优属氛围更加浓厚。出台集体土地与房屋征收补偿安置暂行办法，年底可安置县城被拆迁群众1103户。石牛江镇芙蓉学校、教师发展中心暨九年一贯制学校、桃谷山九年一贯制学校、灰山港镇二中全面投入使用，高考、中考成绩保持全市领先。基层基本医疗服务能力同质化提升工程试点经验全省推广，县妇幼保健院新院区年底可投入使用，大栗港镇中心卫生院入选“全国标杆乡镇卫生院300强”。隆重开展中国共产党成立百年系列庆祝活动，成功举办全国青少年体育大赛北斗智慧定向赛。县融媒体中心传播力、影响力日益提升。县工人文化宫启动建设。完成第七次全国人口普查。部门志编纂工作有序推进。国防动员、民兵预备役、武警、森林公园、民族宗教、行政学校、机关事务、老干老龄、农机、核电、妇联、共青团、科协、工商联、侨联、文联、计生协、红十字会、水文、气象、石油、烟草、公积金、邮政、新华书店、桃锰社区、桃冶社区等事业得到新发展。

持续改进作风，提高治理能力水平。始终把政治建设摆在首位，认真开展党史学习教育，坚守意识形态阵地，政府行政效能、治理能力不断提升。统筹发展与安全，突出食品药品、道路交通、防溺水、消防等重点领域，安全生产集中整治三年行动成效显著。高度关注养老机构非法集资问题和政府债务风险，健全扫黑除恶治乱长效机制，县综合指挥中心、“雪亮工程”高清治安视频监控投入使用，“三所一队”[8]主体工程完工，网格化治理初见成效，群众安全感进一步增强。坚持民主与法治，自觉接受人大、政协和社会监督，依法执行县人大决议决定，办理人大代表建议69件、政协委员提案49件。制定政府部门权责清单，扎实做好省委巡视、上级审计整改“后半篇文章”，行政复议体制改革取得实效，获评全省第一批法治政府建设示范创建单位，法治桃江建设迈出新步伐。强化纪律与规矩，全面落实作风建设、廉洁从政各项规定，开展“强作风、优环境，共建清廉桃江”活动，加强政法队伍教育整顿，强化审计监督，干部作风持续好转，广大干群同心同向，凝聚了共建富饶美丽幸福新桃江的磅礴力量。

各位代表，承前启后、继往开来的2021年，为第十七届县人民政府工作画上圆满句号。这五年，我们紧紧依靠全县人民，积极应对新冠肺炎疫情等不利影响，胜利完成“十三五”规划，启动实施“十四五”规划，较好完成了县十七届人大一次会议确定的目标任务，为全面奋进新征程奠定了坚实基础。

这五年，我们综合实力全面增强。地区生产总值从206.3亿元增加到305亿元左右，年均增长7%；全体居民人均可支配收入从17637元增加到27000元左右，年均增长8.9%；地方一般公共预算收入从6.8亿元增加到8.9亿元左右，年均增长5.5%；固定资产投资、规模工业增加值、社会消费品零售总额年均增长分别达到11%、7%、7.5%左右。

这五年，我们全面小康圆满收官。坚持以三大攻坚战为抓手，不断补足补齐发展短板，全面小康实现程度达97.6%，如期实现全面小康目标。脱贫攻坚成果显著。全县43819名建档立卡贫困人口全部脱贫，43个贫困村全部出列，“五个一”[9]工作机制全省推广，连续三年省级脱贫攻坚成效考核综合评价等次均为“好”。生态环境持续改善。全力整改中央、省环保督察反馈问题，石煤矿山整治、资江流域砂石禁采、锑超标整治等难题得到有效解决，乡镇污水处理厂全面建成，河长制、洞庭湖水环境综合治理、禁捕退捕等重大任务扎实推进，农村人居环境整治工作获2020年度全省先进。风险防范有力有效。政府债务风险可控，融资平台稳步转型。妥善处置涉老涉众金融风险，桃江农商行信贷风险成功化解，处非工作获省通报表扬。扫黑除恶、反诈禁毒成效显著，安全生产连续两年、消防工作连续三年获评全省先进。

这五年，我们产业发展质效双升。出台四个“八条”[10]政策措施，实现“六大百亿产业”[11]和规模工业增加值百亿园区培育目标。粮食生产稳中有进，笋竹特色产业影响提升，蔬菜、茶叶、水产、生猪等产业加快发展，“桃江竹笋”“桃江竹叶”（绿茶）获评国家农产品地理标志。省级农民专业合作社、家庭农场分别增至14家、24家，获批国家农村产业融合发展示范园，大栗港镇获评国家农业产业强镇，马迹塘镇京华村入选全国“一村一品”示范村。规模工业企业达到222家，培育高新技术企业42家、国家级专精特新“小巨人”企业2家，新增省级院士专家工作站1家、工程技术研究中心2家，南方水泥成为首家年纳税过亿元企业。灰山港产业开发区进驻企业6家。经开区建成标准化厂房40.1万平方米，引进投资过亿元企业21家，获评国家（桃江）楠竹产业示范园、省级产业高质量发展园区。高标准执行承办第十届中国竹文化节，桃花江旅游度假区、中国（桃江）竹文化博览馆、安宁竹谷等景区景点投入运营。建成商贸物流园和一批农贸市场，县、乡、村电商运营体系全面建立。金融机构各项存、贷款余额分别是2016年末的1.5倍、2.3倍。房地产业稳步发展。

这五年，我们改革开放走深走实。完成新一轮政府机构改革、综合行政执法改革，“放管服”改革持续深化，县、乡、村三级便民服务体系建成运行。农村土地承包经营权抵押贷款、集体产权制度改革等试点任务全面完成，供销合作社综合改革成效突出，成为全国“百强县级社”。财税体制改革深入推进，财政管理、电子支付等工作走在全省前列。清欠民营企业中小企业账款3.56亿元，减税降费2.66亿元，重点项目推进机制进一步理顺，营商环境更加优化。争资引资持续向好，累计争取上级资金155亿元，引进投资过亿元项目40个、过5000万元项目53个。新培育创新市场主体32366家，总部基地入驻企业34家。

这五年，我们民生福祉持续改善。城乡基础更加扎实。县域4条高速建成通车，完成常益长高铁建设省市下达任务，新（改）建各类公路1074公里，建成安防工程1434公里，改造危桥224座。建设高标准农田10.8万亩，完成城市防洪工程等一大批水利项目建设，农饮工程提质改造惠及36.35万人。实施新一轮城乡电网改造，“智慧桃江”加快建设，光纤宽带实现全覆盖，迈入5G新时代。全县常住人口城镇化率由45%提升到50.2%，县城建成区面积扩大到16平方公里，雷公岩大桥、雪峰山路等建成通车，创成省级卫生县城、文明城市，获得全国文明城市提名资格。三堂街镇获评国家级卫生镇，创建省级卫生镇3个、文明镇3个、美丽乡村示范镇1个、美丽乡村4个。大栗港镇朱家村、刘家村获评中国美丽休闲乡村和全国乡村旅游重点村，石牛江镇田庄湾村获评全国乡村治理示范村，鲊埠回族乡军功嘴村获评省级民族团结进步示范村。社会保障更加细密。新增城镇就业2.44万人。基本养老保险实现全覆盖，城乡居民医保参保率稳定在95%以上。改造棚户区12025户、农村危房7729户。新（改）建敬老院8家，退役军人服务体系基本建立，低保五保、残疾人“两项补贴”连续提标，农民工工资有效保障。完成7个重点移民村建设。公共服务更加优化。新增学位31727个，义务教育阶段“大班额”全面化解。“省医—桃医”医联体[12]建设入选国家医联体建设成绩单，县人民医院跻身全国县级医院百强，县人民医院、县中医医院成为三级医院。文艺创作、群众文体活动蓬勃开展，文晓燕东京残奥会破两项世界纪录、喜获三金，桃江定向越野成为国内有影响力的体育品牌。

五年来，我县先后荣获“中国竹凉席之都”、全国综合油料大县、竹产业先进单位、平安渔业示范县、农作物病虫害专业化“统防统治百县”、支持农民工等人员返乡创业试点县、农村创业创新典型县、义务教育基本均衡县、计划生育基层群众自治示范县、最佳康养休闲旅游百县、电子商务进农村综合示范县（升级版），以及省农村一、二、三产业（桃江竹笋）融合发展示范县、茶叶千亿产业十强县、出口食品农产品质量安全示范区、创新创业带动就业示范县、知识产权建设强县、首批城乡客运一体化示范县、全域旅游示范区、公共文化服务体系示范区、广播电视服务优秀县、教育信息化创新应用示范县、人口和计划生育工作优秀单位、深化妇联组织建设改革实施“破难行动”试点县、食品安全工作先进单位、无邪教创建示范县、禁毒工作绩效综合评估先进县、平安建设（综治工作）先进县、信访工作“三无”县等称号，6 项工作获省政府真抓实干表彰奖励，桃江影响力和美誉度不断提高。

各位代表，五年的发展实践，我们深刻体会到：坚决贯彻中央、省、市和县委决策部署，是我们推动经济社会持续健康发展的政治保证。五年来，我们坚持政治统揽，坚定不移贯彻落实上级和县委决策部署要求，把牢“一体两翼”[13]总体布局，抓实“六稳”“六保”[14]工作，保持了经济社会持续健康发展。县人大、县政协和社会各界的监督支持，是我们加强和改进政府工作的重要法宝。五年来，我们认真落实县人大及其常委会的决议决定，积极吸收县政协的协商成果，办理人大代表建议、政协委员提案 717 件，规范行政程序和行政行为，建立政务督查“一单四制”[15]，政府效能不断提高。坚持民生为基、务实清廉，是我们保持定力、奋勇前行的力量源泉。五年来，我们坚持人民至上，正视困难差距，坚决反对“四风”、惩治腐败，连续三年压减一般性支出 10% 以上，70% 以上财政资金用于保障和改善民生，人民群众幸福感、获得感日益提升。全县干群同心同德、真抓实干，是我们有效应对和克服一切困难的坚强后盾。五年来，我们坚持担当作为，敢于打破常规，努力破解项目建设、产业发展、民生改善等方面的制约瓶颈，在三大攻坚战第一线、防疫防汛最前沿、项目建设主战场，广大干群凝心聚力、攻坚克难、成效显著，各级各部门累计获得 200 多项国省级奖励，一大批各行业优秀代表获国省级表彰，让我们倍感光荣自豪。成绩来之不易，创业蕴含艰辛。在此，我代表县人民政府，向为桃江发展付出辛勤劳动的各位代表、委员和全县人民，向所有关心、支持、参与桃江经济社会发展的各界人士，致以崇高的敬意和衷心的感谢！

回顾五年来的工作，我们也清醒地看到，全县经济社会高质量发展还存在不少困难和问题，主要是：发展质量仍然不高。实体经济面临的困难和挑战不断增多，产业规模和层次仍然较低，企业科技创新能力较弱，领军企业偏少、总体效益不高，导致地方收入结构不优，财政收支矛盾十分突出，税收规模与经济总量不匹配；投资强度大、产业关联度高的大项目、好项目不多，招商引资项目投资完成率不高，政策扶持、要素保障不具可比优势，项目建设推进不快，发展后劲不足、增长乏力。稳定风险仍然不小。安全生产形势不容乐观，道路交通安全事故频发，政府债务、涉老涉众型金融风险、社会稳定风险和自然灾害风险等防控形势依然严峻。民生短板仍然不少。城镇建设管理水平不高，背街小巷提质改造任务较重，乱停乱靠、交通拥堵等问题较为突出；污染防治任务繁重，城乡基础依然薄弱，车位、床位、学位、厕位等供需矛盾在一定范围内仍然存在。营商环境仍然不优。少数干部不敢担当、不善担当和不作为、慢作为、乱作为的现象仍然存在，部分群众“急难愁盼”问题处置不够及时，项目推进机制仍然不顺，行政效能需进一步提升，等等。对此，我们将紧紧依靠全县人民，始终坚持问题导向，按照高质量发展要求加快解决。

未来五年工作思路

未来五年是开启全面建设社会主义现代化国家新征程、向第二个百年奋斗目标进军的第一个五年。我国仍处于大有可为的重要战略机遇期，稳中向好趋势没有改变。湖南“三高四新”[16]战略、长株潭国家中心城市建设、益阳“东接东融”[17]战略纵深推进，为桃江经济发展打开了新空间。站在新的发展起点，赶超跨越正得其势，加快崛起正当其时。我们将乘势而上、主动作为，坚持一张蓝图干到底，努力在现代化建设新征程中走在前列。

今后五年，政府工作的指导思想是：坚持以习近平新时代中国特色社会主义思想为指导，全面贯彻习近平总书记对湖南工作系列批示指示和考察湖南重要讲话精神，按照县第十三次党代会部署，坚定不移贯彻新发展理念，统筹发展与安全，认真落实“三高四新”战略，强化“一体两翼”发展布局，实施生态立县、产业强县、文旅活县、科教兴县战略，树牢“项目为王”理念，弘扬“挺抢精神”，狠抓项目建设，大力引资争资，全面推进乡村振兴和农业农村现代化，扎实提升治理效能，切实改善民生，将桃江打造成为益阳城市副中心、环长株潭高质量发展先行区、全省千亿竹产业核心引领区、中部地区国家现代农业样板区和国家生态文明建设示范区。主要工作目标是：全面推动县域经济社会高质量发展，实现经济实力明显增强，生态环境持续改善，社会民生不断进步，文化事业繁荣发展，努力建设富饶美丽幸福新桃江。今后五年，力争年均实现生产总值增长7%以上、地方一般公共预算收入增长8%以上、固定资产投资增长8.5%以上、规模工业增加值增长8%以上、社会消费品零售总额增长7.5%以上、全体居民人均可支配收入增长7.5%以上。未来五年主要工作思路是：

凝心聚力推进乡村振兴。严格落实“四个不摘”要求，加强防返贫致贫动态监测和帮扶，确保不出现规模性返贫致贫。坚持统筹谋划、分步实施，全力创建桃花江竹海乡村振兴示范区及马武、石牛江和牛田乡村振兴示范片，统筹推进省级乡村振兴重点帮扶村、示范村建设，示范引领全县巩固拓展脱贫攻坚成果同乡村振兴有效衔接，带动全县人民奔向共同富裕新目标。突出产业振兴。坚持精细农业发展方向，扛稳粮食安全政治责任，守牢耕地红线，巩固生猪调出大县地位，稳步发展笋竹、茶叶、蔬菜、生态稻米、水产等特色产业。推进国家农村产业融合发展示范园建设，积极培育国省级农业龙头企业和新型经营主体，加快农机、农技推广和农业信息化建设，努力创建国家现代农业产业园和现代农业示范区。全面推进农村人居环境整治提升五年行动，抓好美丽乡村、精品乡村建设。大力实施文化惠民工程，深入挖掘和传承特色文化，开展文明乡村创建，弘扬文明乡风、淳朴民风。探索政治、自治、法治、德治、智治相结合的社会治理模式，加快村级集体经济发展，实施“乡土人才”培养工程，为乡村振兴提供坚强保障。

全力以赴提升发展质量。牢牢把握高质量发展方向，全面践行“三高四新”战略，推动经济总量提升、结构优化。发挥园区支撑作用。对标对表“五好”园区[18]建设要求，促进产城融合、产业融合，创新建设管理模式，统筹土地、资金、人才等要素配置，加强标准化厂房等基础设施建设，力争进入全省园区50强。经开区大力发展高端装备制造、竹精深加工、新材料、通讯电子信息等产业，灰山港产业开发区着力在建材、先进轨道交通装备、有色金属精深加工等产业上做文章，打造具有核心竞争力的科技创新、改革开放新高地。发挥产业主导作用。持续推进笋竹、建材、装备制造、电子商务、文化旅游、食品加工等主导产业转型升级、提质增效。突出笋竹产业发展，紧跟“以竹代塑、以竹代钢”新趋势，大力引入和培育壮大龙头企业，强化科技创新和品牌建设，探索发展竹林碳汇[19]、竹康养等新路径，做大做优竹材料、竹家具、竹工艺品等传统产业，做强做实“楠竹之乡”品牌，全面提升竹资源利用率、竹产业附加值，加快“竹旅文体康”[20]产业融合发展，争创全国笋竹产业强县。推动传统建材、装备制造产业通过开展技术创新，向新型装配式建筑、再生建材、先进轨道交通装备零配件和汽车零部件、智能终端设备等中高端领域迈进，打造全省先进铸造装备产业基地。充分运用“旅游+”“电商+”等模式，突出“美人、美竹、美景、美食”和运动休闲康养主题，推进桃花江竹海、安宁竹谷、浮邱山、羞女山、罗溪瀑布、“美人窝”湿地公园、印象森林康养等景区景点建设，打造美容美体、竹林康养、生态民俗等特色产品，推动笋竹、文化、旅游、康养、食品、电商等产业深度融合，擦亮“美人窝”品牌，积极创建国家全域旅游示范区。发挥财源建设引领作用。着力实施重点产业税收提升、骨干税源企业培育、园区产业发展提质和乡镇财源建设推进“四大计划”，提升产业发展的产出效益和财税贡献。

积极作为提升城乡品质。践行“绿水青山就是金山银山”理念，健全河长制、林长制、田长制、路长制等长效机制，大力发展低碳经济、循环经济，积极创建国家森林城市，为实现碳达峰、碳中和目标作出桃江贡献。强化源头治理、系统治理，抓好资江流域锑超标治理、饮用水源保护、石煤矿山后续治理、工业企业污染防治、农业面源污染治理等污染防治重点工作，坚决打赢蓝天、碧水、净土保卫战。统筹水、电、路、气、通信、物流等城乡基础设施建设，力争建好桃花江航电枢纽、国道207马武改线、桃灰公路复线，完成金塘冲水库、呼南高铁建设市定任务，继续争取桃花江核电持续推进，加快“三型两网”电力建设。以提高城镇品质为核心、创建国家卫生县城和全国文明城市为抓手，突出国土空间总体规划引领约束作用，全面提升城镇建设管理水平，加快县城老旧小区、棚户区、背街小巷提质改造，完善城市公园、公共绿地、地下管网、停车场、充电桩等基础设施，因地制宜建设一批特色鲜明的中心镇、留住田园乡愁的美丽村。

坚定不移深化改革开放。深化“放管服”改革，强力推进工程建设项目审批制度改革，推行极简审批服务，抓好商事制度、农业农村、供销社、教育医疗、国有资产管理等重点领域改革，加快平台公司市场化转型，形成有利创新发展的体制机制。把创新创业摆在重要位置，依托总部基地、电商产业园、国辰高科园等平台，打好政策组合拳，吸引、培育一批企业和创业者入驻，推动电子商务、电子信息等新业态壮大规模。紧跟国省政策和资金走向,争取更多项目落户桃江。聚焦延链补链强链，完善招商引资政策措施，强化项目准入评审和履约监管，发挥乡友商会作用，着力引进一批投资大、效益高、带动性强的好项目。主动对接粤港澳大湾区、中国（湖南）自由贸易试验区，与发达地区商会、园区深度合作，积极承接产业转移，大力发展开放型经济。

始终不渝坚守民生初心。坚持民生投入只增不减，扎实办好省市重点民生实事，务实解决“岗位、学位、车位、床位、厕位、价位”等群众“急难愁盼”问题，让群众更有获得感。积极跟进社会保障政策优化服务，强化劳动者权益保障，持续关注关怀老弱病残幼和特殊困难群体，增强社会保障广度、深度、细度，让群众更有安全感。大力发展公办学前教育、职业教育，实施农村义务教育提升计划，加快教育资源均衡布局，落实“双减”[21]政策要求，持续提升教育教学质量，擦亮桃江教育品牌。抓好县域医共体[22]和医疗次中心[23]建设，健全重大疾病、重大疫情防控体系，推动中医药事业传承创新发展，不断提高基本医疗服务能力，着力打造“健康桃江”。加快城乡公共文化服务体系建设，积极组织文艺创作和文体赛事活动，让群众更有幸福感。

驰而不息提升治理能力。坚持党的全面领导，主动接受人大、政协和社会各界监督，增强政府工作的连续性、计划性和可控性，善于在复杂局面和繁重任务中抓住主要矛盾和矛盾的主要方面，强化法治理念和诚信精神，充分运用互联网技术和信息化手段开展工作，不断提升政府治理体系和治理能力现代化水平。严格履行党风廉政“一岗双责”和意识形态工作责任,强化审计监督，将清廉桃江建设融入经济社会发展各方面，建设更加清正廉洁的政府。统筹发展与安全,加强国防后备力量建设，常态化抓好疫情防控，全面防范政府债务风险、涉众型金融风险和公共安全领域风险，力争创建安全生产示范县，完善立体化社会治安综合防控体系，常态化开展扫黑除恶斗争，巩固专项斗争成果，健全纠纷矛盾调处化解机制，积极创建“平安桃江”。坚持社会治理创新，发挥新时代文明实践中心、网格化治理以及志愿者、乡贤妇贤等作用，建设更加安定和谐、团结奋进的新桃江。

2022 年重点工作

2022 年全县经济社会发展的预期目标是：地区生产总值增长 7% 以上，固定资产投资增长 8.5% 以上，地方一般公共预算收入增长 8% 以上，社会消费品零售总额增长 7.5% 以上，全体居民人均可支配收入增长 8% 以上。重点推进以下八个方面工作：

（一）以更大力度推进乡村振兴，加快农业农村现代化。坚持农业农村优先发展，全面推动巩固拓展脱贫攻坚成果同乡村振兴有效衔接，努力探索乡村振兴的“桃江路径”。

巩固拓展脱贫攻坚成果。保持政策不断档、工作不脱节，扎实抓好防返贫致贫动态监测和帮扶，强化易地扶贫搬迁后续扶持，规范扶贫资金资产管理，巩固提升产业帮扶成果，建立健全因病因灾因意外等形成的生活困难人员帮扶措施，防止出现新的致贫和返贫，让脱贫基础更加稳固、成效更可持续。

有效衔接乡村振兴战略。完善和落实有效衔接政策，突出示范引领带动，为全县乡村振兴战略提供可复制、可推广、可引领的经验。全面加快桃花江竹海乡村振兴示范区建设，力争“一年见成效、两年出形象、三年出成果”，着力打造全省乡村振兴的标杆、全国“面上县”的样板，稳步推进马武、石牛江和牛田乡村振兴示范片建设；突出以点带面，串点成线，加快推进 17 个省级乡村振兴重点帮扶村、16 个示范创建村建设，每个乡镇重点打造一个乡村振兴示范村、每个村重点打造一个示范点。支持少数民族“一乡两村”[24]乡村振兴，重点推进鲊埠回族乡全省民族乡村振兴试点乡镇创建工作。

加快推进现代农业发展。完成 6.44 万亩高标准农田建设，抓好耕地严控区产业结构调整，确保粮食总产量达到 36 万吨以上，为粮食安全贡献“桃江力量”。围绕设施蔬菜、生态养殖、特色水果、生态稻米等产业，加快国家农村产业融合发展示范园建设，引进农副产品加工企业 1 家以上，完成 4 家以上企业“二品一标”[25]认证，开展新型经营主体以及现代农业产业园、特色产业园、特色小镇、农业强镇“四级同创”，争创省级特色产业园 1 个。加强农产品质量安全监管、动植物防疫和农业保险、农机农技推广，护航农业健康发展。

大力实施乡村建设行动。完成 59 个村庄规划编制，实施“百村美丽、千村振兴”工程，深化“文明村镇”“文明家庭”创建，打造省级美丽乡村、精品乡村各 1 个。完成国道 234 谢石线路基工程，加快推进桃花江航电枢纽、桃花江通用机场等项目。新（改）建农村公路 116 公里、安防工程 70 公里,改造危桥 75 座,争创省级“四好农村路”[26]示范县。全力推动城乡供水一体化项目建设，开展资水重要河段及浉水河治理，完成桃花江水库、克上冲水库和13座小型水库除险加固，推进金塘冲水库建设。建成大屋山110千伏输变电工程，基本完成全县5G规模组网。抓好农村人居环境整治，巩固生活垃圾分类减量成果，推进建筑垃圾资源化利用，建成运营益阳西部生活垃圾焚烧发电项目，完成20个村农户美丽庭院“六个一”整治，建好一批美丽屋场。加强致富能手、电商人才、乡村工匠等“乡土人才”培养，积极培育新型职业农民。

（二）以更大力度加快动能转换，促进经济高质量发展。坚持理念创新、技术革新和业态更新，做优做强主导产业，在融入新发展格局上实现新突破、落实“三高四新”战略中展现新作为。

全力发展笋竹产业。完善笋竹产业扶持政策，支持竹业企业参与政府采购，大力营造“爱竹用竹”氛围。新建笋用林5000亩、林道400公里，实现鲜笋产量2亿斤以上。以国家（桃江）楠竹产业示范园区、省现代农业产业园建设为抓手，确保惊石农业三期、竹材科技四期等项目投产，新建初加工基地1个，力争新增竹业省级龙头企业2家、农业产业化龙头企业1家，新引进全国性龙头企业1家。启动竹林碳汇工作，制定更多笋竹加工生产标准，力争国家竹子研究开发中心等科研院所在桃建立基地。

做大做强桃江制造。坚持“工业强县”战略，新增规模工业企业10家以上，实现规模工业增加值增长8%以上。推动产业链集聚发展，加快建材、装备制造、食品加工等产业发展，实现工业新兴优势产业链规模工业总产值占全县规模工业总产值的85%以上。强化项目推动，力争紫荆新材、盈达门业二期、口味王四期、景田饮用水等项目投产，南方水泥技改、新兴铸件产业园二期等项目启动建设。强化创新驱动，梯度培育“专精特新”中小企业，继续开展“县长质量奖”评选，新增高新技术企业6家以上、省级“小巨人”企业1家以上、马德里商标1个以上。

加快培育新型消费。加大招商合作力度，启动桃花江竹海景区提质升级，规范浮邱山景区管理运营，启动马迹塘战史陈列馆提质改造、张子清红色美丽村庄建设，促推“壹方山水”、洋泉湾等项目加快推进，争取“桃花江绿道”[27]动工建设、桃花江旅游度假区创建AAAA景区，新增省级星级乡村旅游点1个以上。加强旅游线路规划与宣传，扩大桃江“竹福”等旅游产品影响力，丰富桃江旅游元素。抓好全国电子商务进农村示范县（升级版）项目建设，启动商贸物流园二期、湘西北国际智慧物流产业园建设，建成中国供销桃江农商城冷链物流仓储中心。新增限上商贸企业5家以上、外贸“破零倍增”企业10家以上。科学把控供地节奏，抓好房地产市场调控，促进健康有序发展。

（三）以更大力度强化项目建设，培育持续发展驱动力。坚持“产业为要、项目为王”的理念，以投资结构优化产业结构，以项目建设获取经济产出，千方百计稳投资、稳增长。

树牢项目为王理念。坚持以项目建设实绩论英雄，按照“储备一批、落地一批、推进一批、投产一批”的原则，谋划推进重点项目60个以上，完成投资100亿元以上，有序推动已入库的PPP项目落实落地，形成项目梯次推进新格局。完善考评体系，制定重点建设项目和前期项目清单，严控政府投资项目超概算等问题，认真落实“五个一”[28]推进机制，切实强化项目调度，做到精力、资金、土地、服务跟着项目走，高质量推进项目建设。

实现争资引资突破。瞄准主导产业、新兴优势产业方向，强化招商引资选资，狠抓产业链招商、乡友招商和以商招商，鼓励“飞地经济”[29]招商，力争引进“三类500强”[30]项目1个、投资过亿元项目6个以上、过5000万元项目8个以上，在引进产业链关键环节项目上实现突破。健全招商引资体制机制，开展招商项目履约、开工、投产率和亩均产出效益综合评价考核，提升招商引资质量效益。浓厚立项争资氛围，加强争取上级竞争性资金考核激励，抓好项目谋划、包装与储备，及时跟进已纳入国省计划“笼子”的项目，完成立项争资38亿元以上。

（四）以更大力度提升城镇品质，打造宜居宜业生态城。坚持以“创卫巩文”[31]为抓手，推进以人为核心、以县城和中心镇为重点的新型城镇化，建设高颜值、高品位城镇体系。

稳步推进城镇建设。完成15个乡镇总规修编。全面拉通桃谷山九年一贯制学校、教师发展中心周边道路和獭溪路豪苑小区至桃花路桥段，启动汽车东站建设，完成5条街道雨污分流改造、鲇鱼港电排污水提升泵站建设。新建停车场2个、停车位300个以上，黑化道路1.1万平方米以上，改造背街小巷5条。加快马迹塘“竹业小镇”建设，支持修山申报“面业小镇”。

着力提升城镇品位。加快建成区提质改造，完成金盆广场、獭溪河绿化带和沿线楼宇亮化升级改造，完成县工人文化宫主体工程，推进美人窝湿地公园等城市公园建设，为市民提供更多休闲场所。全面解决县城规划区复迁安置遗留问题，全力推进以货币、商品房为主的安置转型。加快滨江二期育英巷东片区、弄溪桥片区棚改，完成居士巷棚改二期和8个老旧小区改造，支持多层老旧小区安装电梯，提升市民生活幸福指数。

不断强化城镇管理。瞄准“成功创建国家卫生县城、通过全国文明城市提名城市复审”目标，以“智慧交通”“智慧城管”等为依托，突出农贸市场等重点场所，加强城区市容市貌、环境卫生和交通秩序整治，严厉查处越门经营、占道经营、乱停乱靠、乱搭乱建等违规行为，提高城市精细化管理水平。

（五）以更大力度优化营商环境，提升实体经济承载力。坚持以改革为主动力、园区为主战场、要素为主保障，着力打造营商环境“高地”，形成实体经济集聚“洼地”。

向改革创新要活力。组织开展“三集中三到位”[32]、放权赋权“回头看”行动，落细落实“互联网+政务服务”“一件事一次办”“三即”[33]承诺制等改革，推进政务服务事项“三化”[34]管理，优化重点企业（项目）“全程代办”服务，实行建设工程联合验收制度，提升审批服务效率。完善创业就业扶持政策，新增创业实体4800家以上。积极发展总部经济，完成总部基地示范园建设，引进企业10家以上，实现税收3000万元以上。大力发展“数字经济”，深化“智慧桃江”建设，建好公共数据库，加快5G技术在物联网、教育、医疗健康等领域应用及项目引进，为经济发展注入新动力。

向园区发展要动力。理顺经开区、灰山港产业开发区管理体制，加快推进拓园扩区，积极创建“五好”园区。经开区新引进投资过亿元项目3个以上，过5000万元项目5个以上，确保金易物流园一期等项目投产达效，促推国辰高科园一期进驻企业10家以上。新增规模工业企业8家以上，实现税收收入2亿元以上。加强僵尸企业、闲置用地清理，腾空标准化厂房1万平方米以上。灰山港产业开发区新建标准化厂房3万平方米，平整、报批土地各150亩以上，完成港城大道北段等3条道路和燃气站建设，新引进投资过亿元项目1个以上，过5000万元项目2个以上。

向要素保障要潜力。完善产业扶持措施，落实减税降费政策，向产业发展倾注更多要素资源。建立泛财政性资金存放与银行贡献度挂钩机制，深化政银企对接合作，发挥农信担桃江办事处作用，引导桃江农商行等银行加大小微企业放贷力度，逐步提高存贷比。强化节约集约用地和存量土地盘活，保障民生和优质项目用地需求。开展涉企优惠政策落地清查行动，大力整治重点项目和企业周边环境，为企业发展保驾护航。启动牛潭河九年一贯制学校建设，加快经开区商业用地开发，以优质环境留住园区人才。

（六）以更大力度满足群众期盼，顺应人民幸福新期待。坚持以人民为中心，聚焦民生最突出短板，顺应群众最急切期盼，努力让群众有想头、有盼头、有奔头。

提升公共服务水平。扎实办好省市重点民生实事。慎终如始抓好常态化疫情防控，确保不出现规模性输入和反弹。推动县城医疗资源整合优化，强化医防融合、中西医结合，完成县人民医院整体搬迁、县疾控中心检验检测能力提升工程，加快县妇幼保健院整体搬迁二期及配套设施建设。加大乡村教育投入，建成紫金湾九年一贯制学校主体工程，启动高桥九年一贯制学校等学校建设，推动桃花江女子旅游学校建设升级，新增学位1200个以上，进一步满足群众对优质教育的需求。建强用好融媒体中心，力争完成应急广播体系建设。推进乡村公共文化服务“家门口十小”[35]示范工程，积极举办文体赛事活动，丰富群众精神文化生活。

提升社会保障水平。新增城镇就业4800人以上。落实社保医保全民参保登记，建立保险基金监管长效机制，严厉打击欺诈骗保行为，依法确保农民工工资支付。积极推进殡葬改革落实，完成县殡仪馆整体搬迁。继续实施敬老院提质改造工程三年行动计划，做好高龄补贴、低保金、残疾人“两项补贴”、计生特殊家庭住院护理补贴、临时困难救助金、优抚金等发放工作，有效保障和改善特殊群体生活。

提升各项事业水平。持续加大妇女儿童关心关爱力度，浓厚拥军氛围，维护退役军人合法权益，完成2个重点移民村建设。统筹抓好国防动员、民兵预备役、武警、老干老龄、民族宗教、行政学校、机关事务、核电、史志档案、共青团、科协、工商联、侨联、文联、计生协、红十字会、水文、气象、石油、烟草、公积金、邮政、新华书店、桃锰社区、桃冶社区等工作。

（七）以更大力度防范化解风险，筑牢安全稳定防护网。坚持统筹发展与安全，以更实举措、更大力度，维护一方稳定、守护一方平安，建设和谐有序的发展环境。

守住安全发展底线。坚持去存量和控增量并重，逐步化解政府性债务，支持县城投集团加快发展，完成竹乡公司转型。继续狠抓桃江农商行不良贷款清收，加快推动金沙重机重组，严密防范化解涉众型非法集资、扶贫小额贷款逾期风险。深入开展安全生产专项整治三年行动，推进综合防灾减灾救灾能力和应急体系建设，积极创建全省食品安全示范县，不断强化道路交通、食品药品、特种设备、学校学生等重点领域安全监管，持续抓好防汛抗旱、森林防灭火等工作，坚决杜绝较大以上安全事故发生。

守住生态环境底线。以污染防治攻坚战“夏季攻势”为抓手，持续打好蓝天、碧水、净土保卫战，完成中央、省环保督察和“回头看”反馈问题整改。深入开展工业排放、餐饮油烟、机动车尾气、道路工地扬尘、秸秆焚烧等专项整治行动，确保空气环境质量综合指数全省排名进位争先。发挥各级河长作用，巩固“十年禁渔”[36]成效，抓好石煤矿山矿涌水问题后续治理，实现乡镇污水处理厂全面运营达效，确保资江流域锑浓度持续达标、国省控断面水质长期保持在Ⅲ类以上，保障饮用水源地水质安全。健全林长制工作体系，持续开展农药化肥减量，推进绿色循环种养。

守住社会稳定底线。建立矛盾纠纷常态化排查化解机制，压降电信网络新型违法犯罪发案，打好新一轮禁毒人民战争，争创省级平安县。扎实开展“八五”普法，推进民主法治示范村创建、基层司法所“四化”[37]建设，强化社区矫正人员监管，加强老年人、青少年和农村地区群众法制教育，依法严厉打击阻工扰工、强揽工程等破坏项目建设的行为。深入推进信访“三无”[38]县、乡、村（社区）创建，巩固拓展群团社会组织、乡贤妇贤在社会治理中的作用，优化网格化管理和志愿服务，推动社会更加和谐有序。

（八）以更大力度加强自身建设，提振干事创业精气神。坚持以政治建设为统领，不断增强政治判断力、政治领悟力、政治执行力，打造忠诚、担当、诚信、有为、廉洁的人民满意政府。

强化政治引领。坚持把政治建设放在首位，深学笃用习近平新时代中国特色社会主义思想，把党的领导贯穿于政府工作的各领域、全始终，扛牢压实党建主体责任和意识形态工作责任，严格遵守政治纪律和政治规矩，坚决贯彻落实上级和县委的决策部署。持续加强干部队伍建设，提升干部执行能力、落实能力，做到政令畅通、令行禁止，建设更讲政治的忠诚政府。

坚守为民初心。坚持把为人民谋幸福作为政府工作的神圣使命，全面提高预算执行效率和财政资金使用效益，压减“三公”经费和一般性支出，将有限财力向民生一线倾斜，以政府部门的“紧日子”，换取群众的“好日子”。落实县级领导接访坐班制度、党员干部联系服务群众“五个到户”[39]要求，充分发挥“县长热线”、县综合指挥中心作用，有效畅通民意交流和信访投诉渠道，及时回应“民生呼唤”，建设更具担当的责任政府。

坚持依法行政。坚持把法治理念贯穿政府工作全过程，健全重大决策事前评估和事后评价体系，强化规范性文件、重大行政执法决定和政府合同合法性审查，依法处置发展中的各类问题，规范公正文明执法，全面建设法治政府。认真执行县人大及其常委会决议决定，自觉接受人大法律监督、政协民主监督，高质量办理人大代表建议、政协委员提案。建立完善政府践信守诺机制，做好政务公开等工作，建设更可信赖的诚信政府。

弘扬“挺抢精神”。坚持领导干部挺身在前，在加快发展、推进工作、化解矛盾、守牢底线等方面彰显担当、积极作为、率先垂范；引领全县上下抢抓机遇，强化创先争优意识，齐心协力抢项目、抢资金、抢工期、抢“位置”，力争在国、省、市真抓实干表彰激励方面取得新突破。深化“强作风、优环境，共建清廉桃江”活动，落实党风廉政建设责任制，强化重点领域、关键环节、核心岗位全程监管和审计监督，建设更加风清气正的有为政府。

各位代表，奋斗创造历史，实干成就未来。让我们更加紧密地团结在以习近平同志为核心的党中央周围，将思想和行动高度统一到党中央决策部署上来，在省、市和县委的坚强领导下，同心同德、群策群力，奋力奔跑在社会主义现代化新征程的康庄大道上，为建设新时代富饶美丽幸福新桃江而努力奋斗。

2022 年政府工作报告名词解释

【1】**“四个不摘”**：摘帽不摘责任、摘帽不摘政策、摘帽不摘帮扶、摘帽不摘监管。

【2】**“雨露计划”**：国家专门针对农村贫困人口而实施的一项劳动力转移培训就业脱贫工程，由各级扶贫部门负责组织实施。

【3】**“六个一”**：一园（规整菜园）、一圈（圈养畜禽）、一屋（堆放农具、农药、化肥、柴草等生产、生活资料的杂屋）、一池（粪污处理的三格式化粪池）、一沟（清理房前屋后的排水沟）、一凼（沤制可腐烂农村生活垃圾、餐厨垃圾、菜园杂草菜叶的密封式沤肥池）。

【4】**“三型两网”**：2019 年由国家电网公司提出，原为“三型两网，世界一流”，是新时期国家电网的战略目标。“三型”是指：枢纽型、平台型、共享型；“两网”是指：坚强智能电网、泛在电力物联网。

【5】**“破零倍增”**：“破零”是指各县市区上一年度外贸进出口零实绩的外贸备案登记企业，要实现进出口“零的突破”；“倍增”是指以上一年度外贸进出口实绩为基数，县市区增长率达 30% 以上，外贸企业进出口额年度增长率达 100% 以上。

【6】**DIP 按病种分值付费**：按病种分值付费是指按照 DIP（Diagnosis-Intervention Packet）方法，在基本医疗保险统筹基金支付本统筹区内住院医疗费的总额预算内，根据各病种均次费用与某固定值（或基准病种）的比例关系确定相应的病种分值，按照医疗机构服务能力和水平确定医院系数，年终医保经办部门根据医院得到的总分值和系数，按约定规则进行住院费用结算的付费方式。

【7】**“两项补贴”**：重度残疾人护理补贴与困难残疾人生活补贴。

【8】**“三所一队”**：看守所、行政拘留所、戒毒所和武警中队。

【9】**“五个一”**：“一月一研究、一月一宣传、一月一通报、一月一调度、一月一排名”的脱贫攻坚工作机制。

【10】**四个“八条”**：《关于支持工业经济发展的八条政策措施》《关于支持竹产业发展的八条政策措施》《关于支持和促进旅游产业发展的八条政策措施》《关于构建“亲”“清”新型政商关系的八条措施》。

【11】**“六大百亿产业”**：实现笋竹产业、建材、装备制造、电子商务、文化旅游、食品加工等六个产业产值突破百亿元。

【12】**医联体**：医联体是指区域医疗联合体，是将同一个区域内的医疗资源整合在一起，通常由一个区域内的三级医院与二级医院、社区医院、村医院组成一个医疗联合体。目的是解决百姓看病难的问题，发烧感冒的就不用再挤进三级医院，在小医院也能解决，解决看病难的问题。2020 年 7 月 17 日，国家卫生健康委在官网公开发布与国家中医药管理局联合印发的《医疗联合体管理办法（试行）》，提出加快推进医联体建设，逐步实现医联体网格化布局管理。

【13】**“一体两翼”**：“一体”指县城，“两翼”指灰山港和马迹塘、武潭地区。

【14】**“六稳”“六保”**：“六稳”是指稳就业、稳金融、稳外贸、稳外资、稳投资、稳预期；“六保”是指保居民就业、保基本民生、保市场主体、保粮食能源安全、保产业链供应链稳定、保基层运转。

【15】**“一单四制”**：对重大决策部署、重点工作任务，形成任务清单，实行交办制、台账制、销号制、通报制管理，问题不解决不放过，任务不落实不销号。

【16】**“三高四新”**：即“坚持创新引领开放崛起，着力打造国家重要先进制造业、具有核心竞争力的科技创新、内陆地区改革开放的高地，在推动高质量发展上闯出新路子，在构建新发展格局中展现新作为，在推动中部地区崛起和长江经济带发展中彰显新担当，奋力谱写新时代坚持和发展中国特色社会主义的湖南新篇章”。

【17】**“东接东融”**：市委、市政府提出对接长株潭一体化，服务省会城市发展，融入长沙都市圈。

【18】**“五好”园区**：2021 年 6 月，省委、省政府提出创建“五好”园区，即“规划定位好、创新平台好、产业项目好、体制机制好、发展形象好”园区。

【19】**碳汇**：指通过植树造林、植被恢复等措施，吸收大气中的二氧化碳，从而减少温室气体在大气中浓度的过程、活动或机制。

【20】**“竹旅文体康”**：笋竹产业、旅游产业、文化产业、

体育产业、康养产业。

【21】“双减”：减轻义务教育阶段学生过重作业负担和校外培训负担。

【22】县域医共体：指医疗服务共同体，是以县级医院为龙头，整合县乡医疗卫生资源，实施集团化运营管理，形成服务共同体、责任共同体、利益共同体、管理共同体，促进县域内医疗卫生资源合理配置、医共体内人员正常流动、基层医疗服务能力明显提升、就医秩序合理规范，逐步实现“制度强、服务强”“人民健康水平高、对医改满意度高”的“两强两高”目标。

【23】医疗次中心：指在县城以外，以县内乡镇卫生院为依托，合理布局打造区域医疗服务次级中心。

【24】少数民族“一乡两村”：鲊埠回族乡和三堂街镇晚谷村、花桥坪村。

【25】“二品一标”:“二品”指绿色食品、有机农产品；“一标”指农产品地理标志。

【26】“四好农村路”：把农村公路建好、管好、护好、运营好。

【27】“桃花江绿道”：将獭溪河沿岸道路全面拉通，打造成居民、游客户外健身休闲运动的“绿道”。

【28】“五个一”：即对县委、县政府确定的重点项目，实行一个项目、一名县级领导、一套班子、一个方案、一抓到底的联系推进工作机制。

【29】“飞地经济”：指打破区划限制，以园区为主要载体，在平等协商、自愿合作的基础上，以生产要素的互补和高效利用为直接目的，通过规划、建设、管理和利益分配等合作和协调机制，实现互利共赢的区域经济发展模式。

【30】“三类500强”：世界500强、中国500强和民营500强企业。

【31】“创卫巩文”：创建全国卫生县城，巩固国家文明城市创建成果。

【32】“三集中三到位”：县级各相关部门审批服务职能向一个股室集中、审批服务股室向本级政务服务大厅集中、审批服务事项向政务服务大厅和电子政务平台集中；审批服务事项和人员入驻县级政务服务大厅到位、县级各相关部门对政务服务大厅窗口授权到位、审批服务电子监察到位。

【33】“三即”：领照即开业、交房即交证、交地即开工。

【34】“三化”：政务服务标准化、规范化、便利化。

【35】“家门口十小”：家门口的基层公共文化服务阵地要有一个小广场、一个小书屋、一个小讲堂、一个小戏台、一个小法制宣传栏、一套小体育健身设施、一套小型数字文化服务设备、一个乡风文明理事小组、一支小业余文艺队伍、一支小文旅志愿服务队伍。

【36】“十年禁渔”：农业农村部发布通告自2020年1月1日起实施长江十年禁渔计划，长江干流和重要支流除水生生物自然保护区和水产种质资源保护区以外的天然水域，最迟自2021年1月1日零时起实行暂定为期10年的常年禁捕，期间禁止天然渔业资源的生产性捕捞。

【37】“四化”：规范化、法治化、专业化、现代化。

【38】“三无”创建：创建“无进京越级上访、无大规模集体上访、无因信访问题引发的极端恶性事件”的乡镇和村（社区）；创建信访“三无”区县。

【39】“五个到户”：即党员联系到户、民情走访到户、政策落实到户、产业对接到户、精准服务到户。

政协桃江县第九届委员会常务委员会工作报告

——在政协桃江县第十届委员会第一次会议上

桃江县政协主席　李质彬

（2021 年 10 月 18 日）

各位委员、各位同志：

我受政协桃江县第九届委员会常务委员会的委托，向大会作工作报告，请委员们审议，并请列席会议的同志提出宝贵意见。

五年来的工作回顾

五年来，县政协坚持以习近平新时代中国特色社会主义思想为指导，在县委的坚强领导下，牢牢把握团结民主两大主题，紧紧围绕全县高质量发展大局，认真履行政治协商、民主监督、参政议政三项职能，用忠诚、担当、情怀谱写了创新、务实、奋进的精彩华章，向中国共产党成立 100 周年交上了一份合格的履职答卷。

一、抓学习重引领，“两个维护”更有定力

讲政治，强化思想引领。县政协坚持“两学一做”学习教育、“不忘初心、牢记使命”主题教育和党史学习教育常态化，紧扣学习贯彻习近平新时代中国特色社会主义思想这条主线，把“两学一做”“不忘初心、牢记使命”“党史学习教育”作为党员干部的终身课题，严格按要求开展集中学习、研讨，广泛征求各方面的意见，深入检视班子及个人存在的问题，扎实开展专项整治，努力使政协工作队伍不断增强“四个意识”、坚定“四个自信”、做到“两个维护”。定期组织机关党员深入村（社区）、贫困户家庭开展志愿服务活动，为群众答疑解惑，解决实际困难，把老百姓的切身利益装在心里，落实在行动上，取得了令人满意的实效。

重学习，加强理论武装。县政协坚持把筑牢思想根基放在突出位置，以学习培训为抓手，组织委员认真学习中共十九大及历次全会精神，学习习近平新时代中国特色社会主义思想、习近平总书记在“七一”中国共产党成立百年庆祝大会重要讲话等精神，强化理论武装，提高政治站位，确保政协工作在县委的领导下沿着正确的方向笃定前行。制定并实施委员履职能力提升三年培训计划，先后委托全国政协培训中心、厦门大学、浙江大学、中国政法大学、华声红色教育学院等专门机构，培训政协委员、政协工作者近 300 人次，提升了委员的综合素质和履职能力。深入开展习近平关于加强和改进人民政协工作重要思想学习研讨，征集理论文稿 52 篇，其中 10 篇被省、市政协评为优秀论文。

抓落实，推进协商民主。五年来，县政协对中共中央《关于加强社会主义协商民主建设的意见》《关于加强人民政协协商民主建设的实施意见》《关于加强和改进人民政协民主监督工作的意见》《关于加强新时代人民政协党的建设工作的若干意见》等重要文件和中央政协工作会议精神，做到第一时间传达与学习，结合省委、市委和县委的精神一道抓好贯彻落实。每年年初，县委组织县政府、县政协制定协商监督计划，召开协调会议，将协商意见落实情况纳入相关单位绩效考核的内容，提高了协商的针对性和权威性。县政协组织委员深入调研，召开座谈会，督促相关部门确保全年协商监督计划落到实处，在全县改革发展稳定大局中发挥了专门协商机构的独特优势和作用。

二、抓履职勤作为，协商民主更有合力

强化议政协商，建言献策有分量。县政协围绕县委、县政府的中心任务遴选重点协商课题，组织专题调研组广泛深入开展调查研究，不断拓展协商内容、丰富协商形式、建立健全协商机制，形成和放大了协商民主的“乘数效应”，协商议政水平显著提高。每年年初，县政协根据我县经济发展、社会建设、民生保障的所急所需所盼，在广泛听取意见、征集议题的基础上，经县政协主席会议协商，报县委常委会会议研究，确定 6 个重点协商议题。每个议题明确一名副主席带队，与党政部门、智库专家联合，组成专题调研组深入开展实地调研，准确掌握实情，广泛听取各方意见建议，确保建言资政有的放矢。加强政策研究，反复与相关部门协商沟通，精心提炼调研成果，努力为解决问题提供言之有据、行之有效的政协方案，促进协商成果转化。五年来，县政协就笋竹产业发展、现代农业建设、文旅产业融合、桃江经济开发区提质、国有资产归集、“十四五”规划编制、电子商务产业发展、医疗服务体系建设等全县经济社会发展重大议题，开展专题协商36次，形成《参阅件》36期《调研内参》12期，其中有25篇次得到了省、市、县有关领导的批示，被县委、县政府决策时参考和采纳。

拓展监督方式，民主监督有力度。扎实开展民主评议。县政协常委会每年选择1至2个重点部门、重点领域，就人民群众反映强烈的热点、难点问题进行民主评议。五年来，县政协常委会会议对农村饮水安全、建材产业发展、智慧政务建设、规范生猪生产、加大品牌建设力度促进高质量发展等工作的10多个责任单位进行了公开评议，提出了客观实在的评议意见，促进了工作提升。认真开展民主测评。在每年的政协全会上，组织全体政协委员对县政府工作部门和法、检两院的工作进行民主测评，引起各级各部门的高度重视，促进了作风转变。寓监督于调研之中。县政协每年在重点协商课题中选取一部分作为监督性调研课题，派驻民主监督小组，将监督贯穿调研协商全过程。五年来，县政协共完成31个监督性调研课题，更好地发挥了民主监督作用。

强化提案办理，落实结果有成效。县政协从提高提案质量入手，加强提案选题引导，严把审查立案关，加大提案督办协商力度，提案撰写质量和办理质量不断提高。建立健全了提案办理新机制。所有提案建立了由县委、县政府分管领导牵头领办，主办单位具体承办，相关部门、乡镇协助办理的机制。加强了重点提案督办。县政协主席会议每年选择1至2件重点提案进行公开督办，组织县政府分管领导和提案人、相关部门负责人，就提案办理进行全方位监督，办理结果在桃江公众信息网公开，促进了提案办理的落实，延伸了提案监督的触角。五年的提案见面率、办复率、满意率（含基本满意）均为100%，办理落实率达78%以上。

三、抓团结助和谐，高质量发展更有动力

高举团结民主大旗，凝聚各界澎湃力量。县政协立足联系面广、界别代表性强等特点，以活动为纽带，广泛联系社会各界，凝聚各阶层力量，在构建和谐桃江中发挥了重要作用。县政协注重加强同新的社会阶层人士、工商联及其他各界别人士的联系沟通，注重发挥民族、宗教界代表人士在政协中的作用，促进了民族团结、宗教和睦；支持工会、共青团、妇联等各界别的委员从大局出发，积极关注不同社会阶层的利益诉求，协助党委政府妥善处理各方关系，团结鼓励各阶层人士共同致力于全县的稳定、改革和发展。创新推动经促工作，五年来，指导完成了北京、上海、广州、深圳、长沙五个分会的换届工作，新成立了青岛、惠州、天津、武汉、广西、海南等经促分会（联络处），加强了与知名乡友的联络与交流，更好地凝聚了在外桃江籍知名人士服务家乡的力量。自去年新冠疫情发生以来，各地经促分会及知名乡友捐款捐物累计达500万元以上。

发挥政协优势，助推高质量发展。人才荟萃、联系广泛、智力密集是人民政协的优势所在。桃江高质量发展活力四射。县政协领导班子根据县委县政府的统一安排，在产业发展、重点项目建设、重点工作推进上，下沉一线加强调度，确保各项工作高质量、高标准完成。例如，县政协牵头负责的竹产业，2020年全县笋竹两用林和丰产竹林达到30万亩，竹材、竹笋加工企业发展到202家，全年竹业产值达到130亿元。县经促会工作突出以招商引资、立项争资和招才引智为重点，着力助推县域经济发展。近五年来，我县引进的投资项目70%以上是县经促会和县商务局牵线搭桥促成的，桃江籍企业家回乡创业投资1亿元以上的企业达15家。例如，2018年引进的益阳首个县级总部经济园区，注册总部经济企业66家，2019年、2020年累计上缴税收6000多万元，其中引进的惠州经促会副会长周义辉先生回乡注册的润格建设工程有限公司每年实现税收1000万元以上。县政协常委胡治国先生回乡拟投资36.86亿元，开发建设及招商运营国辰高科技产业园，已被列为省级重点项目。

助力脱贫攻坚，扶贫助学蔚然成风。县政协组织全体政协委员扎实开展“三个一”扶贫行动和“助力万户帮扶”行动。五年来，县政协委员先后结对帮扶建档立卡贫困户1100余户，累计投入扶贫帮困资金1000余万元，全力助推如期脱贫。钟渭贤、卢光辉、汪卫东等乡友筹资1300万元建立桃江育才奖学基金，已连续14年重奖育才学子，累计颁发奖金1000多万元。曹实凡、何大兵、文高永权等乡友分别成立了百万元以上的扶贫助学基金会。指导武潭镇、桃花江镇成立了乡友教育基金会，分别募集资金达600万元、1000万元。

四、抓管理强基础，队伍建设更有活力

创新思路，拓展履职平台。进一步完善了《参阅件》《调研内参》《社情民意直通车》三大履职平台，将政协委员的建议意见直接反馈给县委、县政府主要领导，再经领导阅批后交由相关部门落实，确保件件有回音。加强了县政协智库建设，吸纳社会各界精英人才55名，提高了智库的开放度与聚智的能力。建立了文史工作队伍，聘任8名兼职文史委员，组织编辑出版了《美人・竹・茶历代诗联集萃》《我的政协情怀》《桃江人物新编》《桃花江地名趣谈》《有事好商量》等文史资料专辑，为助推国家全域旅游示范区创建发挥了积极作用。规范了政协委员工作室建设，建立了桃花江镇近桃社区委员工作室等5个示范委员工作室，15个乡镇和6个县直委员联络组实现了委员工作室全覆盖。将政协云应用作为打造智慧政协的有力抓手，政协云学习、智慧提案、微建议、线上值班等履职应用实现了委员全覆盖，推荐11名委员进入上级委员智库，推动了履职工作创新。

创新机制，激发委员活力。完善县政协常委会和乡镇、县直政协委员联络组及机关干部职工目标管理考核办法，做到工作目标明确，考核指标量化，进一步激发了委员履职的积极性。强化了委员管理，五年来，对因工作岗位异动的20多名委员及时进行调整，对履职不力或涉嫌违纪违法等原因的5名委员，撤销委员资格。

加强宣传，提升政协影响力。认真落实政协党组意识形态工作责任制，牢牢掌握党对意识形态工作的领导权。利用全国、省、市政协的媒体平台，用心讲好桃江故事，传递政协好声音。五年来，在新华网、人民网、《人民政协报》等国家级媒体刊发推介桃江政协工作文稿50余篇，在省级媒体刊发新闻信息100余篇，宣传优秀委员30人次。五年来，省政协李微微主席两次来桃江专题视察政协工作，并给予了充分肯定。先后有12个省、市、自治区38个兄弟政协单位来我县考察交流。

各位委员、各位同志！五年来，县政协的工作取得了一些可喜的成绩，这是县委坚强领导的结果，是县人大、县政府和历届县政协老领导、老同志关心支持的结果，是各级政协组织、政协各参加单位和广大政协委员共同努力的结果。在此，我谨代表县政协第九届常委会，向各级领导和有关部门，向全县各界人士，向所有关心支持人民政协事业发展的同志们、朋友们，表示衷心的感谢和崇高的敬意！

五年政协工作的经验

回顾五年来的工作，我们积累了三大经验：

——坚持党的领导，是做好政协工作的根本原则。中国特色社会主义最本质的特征是中国共产党领导，中国特色社会主义制度的最大优势是中国共产党领导。发挥政协党组把方向、管大局、保落实的重要作用，把县委的主张通过民主程序转化为政协组织的决定，做到政协一切重要工作在县委的领导下展开，一切重要活动围绕县委中心任务进行，一切重要安排在广泛征求意见基础上报县委审批后实施。

——服务高质量发展，是政协认真履职的基本遵循。政协工作要聚焦县委、县政府的中心任务，紧扣人民群众生产生活，紧扣经济社会发展实际，精准建言出实招，集合众智克难关，把更好满足人民日益增长的美好生活需要作为政协工作的出发点和落脚点，努力让人民群众感到政协离自己很近、政协委员就在身边。

——发挥委员主体作用，是做好政协工作的活力所在。人民政协是庄严的政治组织，政协委员是荣誉更是责任，必须重视发挥委员作用、建设过硬委员队伍。尊重委员主体地位，保障委员民主权利，完善委员联络制度，发挥政协专委会、界别等联络服务委员的作用，让每一位委员都有组织依托、有联络渠道、有平台发挥作用，把人民政协打造成团结之家、民主之家、和谐之家。

在总结经验的同时，也必须清醒认识到，我们的工作还存在一些差距：例如，专门协商机构的作用有待进一步发挥，民主监督的实效还需进一步提升，参政议政成果的转化还需进一步加强。这些问题，需要新一届政协予以高度重视，切实加以改进。

今后五年工作的建议

未来五年，县政协将以习近平新时代中国特色社会主义思想为指导，在县委的坚强领导下，紧紧围绕县第十三次党代会确定的目标任务，认真履行政治协商、民主监督、参政议政三项职能，提高建言资政和凝聚共识水平，更好发挥专门协商机构作用，在全面落实“十四五”规划、助推乡村振兴中再立新功。

一、加强理论学习，把牢政治方向

持续学习贯彻习近平新时代中国特色社会主义思想、党的建设创新理论、加强和改进人民政协工作的重要精神，在学习中不断增强“四个意识”、坚定“四个自信”、做到“两个维护”。把讲政治放在首位，善于从政治上观察和分析问题，善于把握政治大局，不断提高政治判断力、政治领悟力、政治执行力。坚持党对政协工作的全面领导，落实新时代党的建设总要求，不断提高政协党建工作质量，更好发挥党建对履职的引领作用。进一步强化意识形态责任，把握正确政治方向，围绕重大履职活动加强宣传策划、开展深度报道，传递好声音，广泛凝聚共识。

二、服务高质量发展，展现政协担当

一是以服务“十四五”规划实施为主线，增强协商建言实效。着眼全县大局，围绕高质量发展实体经济、持续改善生态环境、促进乡村振兴、增进民生福祉等重大议题开展协商。二是科学制定协商监督计划，以敢于较真碰硬发现问题为导向，以形式多样的监督活动为抓手，围绕“十四五”规划实施中的重大问题和县委“强作风、优环境，共建清廉桃江”的部署，认真谋划好、组织好民主监督活动，助推县委重大决策部署落实。三是深入开展政协委员“三助三建”主题活动。即：助力经济发展，建设富饶之乡；助力乡村振兴，建设美丽家园；助力社会和谐，建设幸福桃江。四是广聚各界共识，为建设富饶美丽幸福新桃江凝心聚力。支持和保障工商联、党外人士通过政协履行职能、发挥作用。加强同党外知识分子、非公有制经济人士、新的社会阶层人士的沟通联络。贯彻党的民族宗教政策，促进民族和谐、宗教和睦。五是创新经促招商，积极引进战略投资商，助推桃江高质量发展。

三、夯实工作基础，提高履职水平

加强委员队伍建设，制定强化委员责任担当的意见。加强专委会建设，组建由具有专业特长的委员和参政议政人才库成员参加的专业组，提高专委会工作质量。加强机关干部队伍建设，突出政治强、能力强、服务强、作风强要求，进一步提升履职保障能力。加强委员工作室建设，进一步打通协商履职最后一公里。加强政协云应用工作，打造委员履职更便捷的平台。加强委员教育培训，委托国家认定的专业培训机构，对委员进行系统培训，不断增强委员履职能力，努力提升履职水平。

各位委员、各位同志：让我们重温一首《万疆》歌词作为报告的结束语。“红日升在东方，其大道满霞光；我何其幸生于你怀，承一脉血流淌；难同当，福共享，挺立起了脊梁；吾国万疆以仁爱，千年不灭的信仰！唯炎黄，心坦荡，一身到四方；唯华夏，崭锋芒，道路在盛放。”

“骏马追风扬气魄，寒梅傲雪见精神。”携手新时代，奋进新征程。让我们更加紧密地团结在以习近平同志为核心的党中央周围，在中共桃江县委的坚强领导下，同心同德，群策群力，为建设富饶美丽幸福新桃江作出新的贡献！

文件选登

中共桃江县委
关于进一步加强自身建设的决定

桃发〔2021〕17号

各乡镇党委、人民政府，县委各部办委，县直机关各单位：

中国共产党桃江县第十三次代表大会，对认真落实“三高四新”发展战略、建设富饶美丽幸福新桃江作出了全面部署。面对新的历史重任，为更好地发挥县委领导核心作用，不断提升能力素质，持续改进工作作风，激发干事创业激情，努力锻造忠实践行习近平新时代中国特色社会主义思想的坚强领导集体，现就进一步加强县委自身建设，作出如下决定。

一、强化理论武装，时刻站稳政治立场

1.着力建设学习型领导班子。带头抓好个人自学，高标准高质量开展中心组集中学习，系统了解掌握马克思列宁主义、毛泽东思想、邓小平理论、“三个代表”重要思想、科学发展观、习近平新时代中国特色社会主义思想等科学理论成果，做到先学一步、深学一层，将理论学习作为武装头脑、指导实践、推动工作的重要抓手，真正把学习成果转化为行之有效的工作思路和具体措施。

2.严守政治纪律和政治规矩。坚持旗帜鲜明讲政治，带头做政治上的明白人。以政治建设为统领，聚焦强化政治领导，不断提高“政治三力”，增强“四个意识”，坚定“四个自信”，做到“两个维护”，深入贯彻落实习近平总书记重要讲话重要指示批示精神和党中央决策部署，严明政治纪律政治规矩，始终在思想上、政治上、行动上同以习近平同志为核心的党中央保持高度一致。严格执行重大问题请示报告制度，坚决批评制止查处违反政治纪律的行为，认真落实党委意识形态工作责任制，充分发挥好县委把方向、管大局、保落实的重要作用。

3.带头践行党的路线方针政策。高举中国特色社会主义伟大旗帜，带头贯彻执行党的基本理论、基本路线、基本纲领、基本经验和基本要求，做到对“两个大局”“国之大者”了然于胸，做到在重大问题和关键环节上立场坚定、头脑清醒，全力推动中央、省委、市委各项重大决策部署在桃江落地落实落细。

二、强化责任担当，全力提升发展质量

4.保持奋发有为的精神状态。自觉肩负发展使命，带头解放思想，围绕落实县第十三次党代会提出的目标任务，结合各自工作实际，勇于挑重担、攻难关，发扬艰苦奋斗、甘于奉献的精神，主动到情况最复杂、矛盾最突出的地方去发现问题、解决问题，在贯彻新发展理念、落实“三高四新”发展战略、建设富饶美丽幸福新桃江的工作实践中发挥表率作用，以更加坚韧的勇气、更加高昂的斗志、更加振奋的精神，团结带领全县人民意气风发向第二个百年奋斗目标迈进。

5.锤炼真抓实干的工作作风。带头发扬“钉钉子”精神，坚持“一分部署，九分落实”，把更多时间和精力放在抓落实上，及时纠治各级党组织在落实上不主动、不及时、不准确等政治偏差，着力打通“中梗阻”，增强干部执行力，推动形成一级抓一级、层层抓落实的工作局面。树立正确政绩观，不贪一时之功，不图一时之名，多干打基础、利长远的事，决不搞劳民伤财的“形象工程”和“政绩工程”。坚持党管干部原则，坚持新时期好干部标准和正确用人导向，统筹推进素质培养、知事识人、选拔任用、从严管理、正向激励干部五大体系。科学用好容错免责机制，为敢于担当干部担责、撑腰、鼓劲，充分调动和保护干部的积极性、创造性，营造干事创业的浓厚氛围。

6.营造安全稳定的发展环境。坚持底线思维，统筹发展和安全，坚决扛稳粮食安全重任，坚持最严格的耕地保护制度，守住粮食安全底线；防微杜渐、未雨绸缪，加强风险隐患排查化解，努力把矛盾化解在基层，把问题消灭在萌芽状态；在应对重大安全事件、重大突发事件、重大自然灾害等事件中，深入一线、靠前指挥，保障人民群众生命和财产安全，建设更高水平的平安桃江，为县域经济社会高质量发展保驾护航。

三、坚持人民至上，切实增进民生福祉

7. 健全联系服务群众制度。牢固树立以人民为中心的发展思想，始终站稳人民立场，坚守人民情怀，践行为民初心，更好贯彻党的群众路线，增强群众工作能力，团结引领全县人民群众学党史、感党恩、听党话、跟党走。坚持和完善县委常委联系乡镇、村（社区）、重点企业、重点项目、困难群众制度，持续深入推进网格化管理与志愿服务工作，畅通联系服务群众的“最后一公里”。

8. 解决群众“急难愁盼”问题。坚持问政于民、问需于民、问计于民，带头深入基层、深入群众开展调查研究，密切关注网络舆情热点，及时发现、研究和解决群众“急难愁盼”问题，维护人民群众切身利益。落实信访接待制度，热情接待信访群众，积极开展积案化解，切实帮助信访群众解决合理合法诉求。

9. 努力推动发展成果共享。坚持把人民群众对美好生活的向往作为奋斗目标，坚持生态优先、绿色发展，全面实施乡村振兴战略，健全完善城乡基础设施，全力推动就业、教育、医疗、社保等民生事业高质量发展；积极承办和组织开展群众喜闻乐见的文化体育活动，丰富群众精神生活；坚持人民主体地位，尊重群众首创精神，更好保证人民当家作主，激发创新创造创业活力，在汇聚民力、凝聚民心、改善民生中走好共同富裕之路，让桃江人民充分共享改革发展成果，不断增强获得感、幸福感和安全感。

四、推进民主法治，广泛凝聚发展合力

10. 严格执行民主集中制。增强贯彻落实民主集中制的思想自觉、政治自觉、行动自觉，进一步完善党委议事制度和民主决策机制，坚持“三重一大”事项以会议形式集体讨论决定。认真听取各方面意见建议，提高决策科学化、民主化水平。

11. 发挥县委领导核心作用。坚持党总揽全局、协调各方的领导核心地位，积极支持人大、政府、政协依法依章程开展工作；坚持党管武装原则；领导和支持工会、共青团、妇联等群团组织发挥作用；支持各民主党派、工商联和无党派人士积极发挥作用，提供渠道平台，营造良好环境，为建设富饶美丽幸福新桃江团结一切可以团结的力量。

12. 全面提升依法治县水平。坚持以习近平法治思想为引领，带头学法用法尊法守法，全面推进依法治县，积极运用法治思维和法治方式深化改革、推动发展、化解矛盾、维护稳定，坚持和发展新时代“枫桥经验”，完善“基层吹哨、部门报到”机制，以政治、自治、德治、法治、智治“五治”融合为抓手，探索有地方特色、时代特征的社会治理新模式，不断推进基层社会治理实践创新。

五、从严管党治党，全面净化政治生态

13. 扛稳全面从严治党主体责任。带头严格落实全面从严治党政治责任，坚持把党风廉政建设与经济社会发展同研究、同部署、同落实。按照“一岗双责”的要求，抓好分管部门、分管领域的党风廉政建设；坚持严于律己、以身作则，时刻自重自省自警自励，以革命前辈的浩然正气、坦荡襟怀和清廉本色为榜样，注重家庭家教家风，严格管好亲属和身边工作人员，自觉接受组织和群众监督，做到忠诚干净担当。支持纪检监察机关履行监督职责，坚持反腐败无禁区、全覆盖、零容忍，坚持重遏制、强高压、长震慑，一体推进不敢腐、不能腐、不想腐体制机制建设。

14. 严肃认真开展党内政治生活。严格执行《关于新形势下党内政治生活的若干准则》《县以上党和国家机关党员领导干部民主生活会若干规定》等相关规定，严肃认真开展党内政治生活，带头落实双重组织生活制度，用好批评与自我批评的有力武器，着力增强党内政治生活的政治性、时代性、原则性、战斗性，发展积极健康的党内政治文化。

15. 加强“四风”突出问题整治。带头贯彻落实中央八项规定及其实施细则精神，以马不离鞍、缰不松手的定力和韧劲，持之以恒纠“四风”、改作风，力戒形式主义、官僚主义，推动基层减负，倡导精简高效的文风会风。狠抓正风肃纪，严查群众身边的不正之风和腐败问题，严防“四风”问题反弹回潮，持续涵养风清气正的政治生态。

中共桃江县委

2021 年 7 月 30 日

中共桃江县委
关于印发《桃江县七个一律免职暂行规定》的通知

桃发〔2021〕22号

各乡镇党委、人民政府，县委各部办委，县直机关各单位：

现将《桃江县七个一律免职暂行规定》印发给你们，请认真贯彻执行。

中共桃江县委

2021年9月14日

桃江县七个一律免职暂行规定

第一条　为进一步加强干部作风建设，保障经济社会持续健康发展，根据有关国家法律法规、党内法规和上级作风建设规定，结合我县实际，制定本规定。

第二条　本规定适用于我县各级党的组织、人大、政府、政协、监察、法院、检察机关及其所属部门和人民团体、事业单位及其工作人员，村（社区）两委成员，以及其他经授权、委托具有公共事务管理职能的单位及其工作人员。

第三条　对有下列七种情形之一造成不良影响或者严重后果的，一律予以免职（停职）：

（一）工作中因庸懒散拖、推诿扯皮等导致出现重大失误的；

（二）在执纪执法、行政审批（许可）、项目资金安排等工作中“索拿卡要”的；

（三）参与、煽动、幕后操纵阻工闹事或蛊惑群众缠访闹访的；

（四）违规接受管理服务对象宴请的；

（五）违规收送红包礼金的；

（六）违规饮酒或酒后驾车的；

（七）工作时间打牌，涉黄涉赌涉毒的。

除上述七种情形之外，有其他违反作风建设规定，严重影响单位和工作人员形象的，按相关规定予以处理。

第四条　有本规定第三条所列情形，构成违纪违法的，给予纪律处分；涉嫌犯罪的，移送司法机关依法处理。

第五条　本规定由中共桃江县纪律检查委员会、中共桃江县委组织部、桃江县监察委员会负责解释。

第六条　本规定自印发之日起施行。原《中共桃江县委桃江县人民政府关于印发〈桃江县十个一律免职和十八个一律问责暂行规定〉的通知》（桃发〔2013〕16号）同时废止。

中共桃江县委
关于贯彻落实市委清廉益阳建设要求全力推进清廉桃江建设重点工作任务分工的通知

桃发〔2021〕25 号

各乡镇党委，县委各部办委，县直机关及省、市驻桃各单位党组（党委、工委）：

现根据《中共益阳市委关于贯彻落实〈中共湖南省委关于推进清廉湖南建设的意见〉的通知》（益发〔2021〕10 号）精神，结合“强作风、优环境，共建清廉桃江”活动，聚焦“六清”目标，着力“六大建设”，以系统治理一体推进清廉建设向各领域延伸，实现全方位落实、全领域覆盖、全社会共建，为建设富饶美丽幸福新桃江营造良好政治生态和发展环境。现将重点工作任务分工明确如下：

一、聚焦政治清明，着力廉洁执政的根本建设

1. 把党的政治建设摆在首位。不断提高政治判断力、政治领悟力、政治执行力，始终在政治立场、政治方向、政治原则、政治道路上同以习近平同志为核心的党中央保持高度一致，不断增强“四个意识”、坚定“四个自信”、做到“两个维护”。严明党的政治纪律和政治规矩，全面强化政治监督，杜绝“七个有之”，坚决防止和反对个人主义、分散主义、自由主义、本位主义、好人主义，坚决防止和反对宗派主义、圈子文化、码头文化。对违反政治纪律和政治规矩的行为“零容忍”，坚决纠正自行其是、各自为政，有令不行、有禁不止，上有政策、下有对策等行为，确保党的路线方针政策和省委、市委、县委决策部署不折不扣落到实处。（牵头单位：县委办、县政府办，责任单位：全县各级党组织）

2. 进一步严肃党内政治生活。严格执行《关于新形势下党内政治生活的若干准则》，增强党内政治生活的政治性、时代性、原则性、战斗性，坚持民主集中制原则，落实“三会一课”、谈心谈话等制度，强化党内政治文化建设，进一步形成清清爽爽的同志关系、规规矩矩的上下级关系、干干净净的政商关系，大力弘扬忠诚老实、公道正派、实事求是、清正廉洁的价值观。结合年度考核，定期对所有县管领导班子和领导干部进行政治建设考察。（牵头单位：县委组织部，责任单位：各乡镇党委、县直各单位党组织）

3. 严格落实意识形态工作责任制。压紧压实意识形态工作责任制，健全意识形态领域重大情况分析研判、应急处置、定期通报等机制，注重发挥单位党组织理论学习中心组的示范带动作用，完善经常性学习教育机制，引导全县党员干部解决好世界观、人生观、价值观这个“总开关”问题。加强对公众号、视频号、微信群、QQ 群等各类意识形态阵地管理，坚决抵制各种错误思想和言行。（牵头单位：县委宣传部，责任单位：全县各级党组织）

4. 着力推动监督“四个全覆盖”。强化自上而下的组织监督，改进自下而上的民主监督，发挥同级相互监督作用，常态化加强纪委对同级党委和人大、政府、政协党组的监督。健全完善大监督工作机制，构建全方位、动态化干部监督体系，加强和改进派驻机构监督，探索行之有效的机制制度和方法途径。严格落实县委巡察工作规划，深化政治巡察，实现一届任期内巡察全覆盖，严格巡察整改，确保巡察整改成效。建立健全纪律监督、监察监督、派驻监督、巡察监督“四个全覆盖”的权力监督格局，推动“四个监督”贯通融合。（牵头单位：县纪委监委，责任单位：全县各级党组织）

5. 切实加强基层党组织建设。认真落实《中国共产党支部工作条例（试行）》，对存在管理混乱、办事不公、优亲厚友、财务不公开、财务审计问题较多、信访多发等问题的村级党组织，坚决纳入软弱涣散党组织整顿范围。加强基层党组织带头人队伍建设，严格落实村级班子部门联审、村级党组织书记县级党委组织部门备案管理制度。压实各级单位党组织抓基层党建工作责任，健全完善基层党建考核评价机制。坚持突出政治标准，严把发展党员政治关。强化党员教育管理监督，常态化开展党员清廉教育，稳妥有序开展不合格党员处置工作。（牵头单位：县委组织部，责任单位：全县各级党组织）

二、聚焦政府清廉，着力权力运行的规范建设

6.着力加强法治政府建设。发挥示范引领作用，在更高起点推动法治政府建设，自觉运用法治思维和法治方式推动工作，不断提高依法行政的能力和水平。紧盯权力集中、资金密集、资源富集、资产聚集的重点部门、重点领域、重点环节和重要岗位，完善权力清单制度，压缩权力任性空间，促进行政决策科学化、民主化、法治化，让行政权力始终在法治轨道和阳光下运行。（牵头单位：县司法局，责任单位：各乡镇、县直各单位）

7.充分发挥联合监督作用。将党内监督与国家机关监督、民主监督、司法监督、群众监督、舆论监督、审计监督有效结合，推动党内监督和党外监督优势互补，同向发力。注重发挥审计监督作用，重点关注就业、教育、社保、医疗、住房、养老、国有资产、国有资源等的管理、分配、使用情况。（牵头单位：县委办、县人大办、县政府办、县政协办、县委宣传部、县委政法委、县人民法院、县人民检察院、县审计局，责任单位：各乡镇、县直各单位）

8.切实加强公共资金管理。加强“四本预算”统筹衔接，实行收支“一个盘子”管理，把分散在各个口子、游离于财政监管之外的各类资金全部纳入预算。规范预算支出管理，推进财政支出标准化。尽快出台各类专项资金管理办法，明确资金使用方向和分配，强化资金管理、使用、拨付和监管责任，提高资金使用效益，提升专项资金管理科学化、精细化、规范化水平。（牵头单位：县财政局，责任单位：各乡镇、县直各单位）

9.加强金融领域风险防范监督。做大做优金融信贷，引导各类金融资源更好服务实体经济，加大对科技创新、小微企业、绿色发展、乡村振兴等方面的金融支持力度。大力开展“一非三贷”和金融领域涉黑涉恶专项整治，牢牢守住不发生系统性金融风险的底线。（牵头单位：县金融办，责任单位：县发改局、县财政局、人民银行桃江县支行，县打击和处置非法集资领导小组成员单位，各乡镇）

10.着力规范市场经营秩序。确保公共资源交易的相关制度落实，斩断权力插手交易的链条。严格落实“强化反垄断和防止资本无序扩张”要求，坚决打击行业资源垄断和不正当竞争行为，切实降低企业生产经营成本。完善市场信用体系，建立健全诚信典型“红名单”和严重失信“黑名单”制度，实行守信联合激励和失信联合惩戒制度。（牵头单位：县公管办、县发改局、县市监局，责任单位：县司法局、县商务局、各行政监管部门、县社会信用体系建设协调小组成员单位，各乡镇）

三、聚焦干部清正，着力拒腐防变的能力建设

11.坚持正确选人用人导向。聚焦重大斗争一线考察识别干部，坚持“五个突出”“五个坚决不用”，优先提拔使用在中心工作、重点工作中挑重担、打硬仗的干部，大力选拔使用政治过硬、具备领导现代化建设能力的高素质干部。加大选人用人信访举报查核工作力度，从严查处违规用人问题和选人用人中的不正之风，严肃追究失职失察责任。（牵头单位：县委组织部，责任单位：全县各级党组织）

12.持之以恒推动作风建设。重点整治违反中央八项规定精神及实施细则、省委“约法三章”问题；党员干部慵、懒、散、推、拖、冷等作风突出问题；在民生领域搞优亲厚友、小贪小占、截留挪用等群众身边腐败和不正之风；党员干部涉黄、涉赌、涉毒、酒驾等违纪违法问题。持续纠治乡村振兴、教育医疗、养老社保、生态环保、安全生产、食品药品安全等方面干部不作为、慢作为、乱作为等违纪违法的突出问题。（牵头单位：县纪委监委，责任单位：全县各级党组织）

13.坚持严管与厚爱并重。严格落实新提拔和进一步使用干部任前廉政谈话制度，系好岗前“风纪扣”。将“查剖改”“惩治防”贯通起来，开展同级同类警示教育，深化以案促改、以案促治，着力健全“三不”一体长效机制。强化各级党组织管理责任，重点抓好“关键少数”监管，突出干部日常管理。健全完善正向激励、职务与职级并行等制度措施，探索建立日常考核、分类考核、近距离考核的知事识人体系，切实激发干部的干事创业激情。认真落实“三个区分开来”要求，用好容错纠错免责机制，旗帜鲜明为担当者担当、为负责者负责。严厉打击诬告、陷害，及时为被诬告陷害者澄清正名。（牵头单位：县纪委监委、县委组织部，责任单位：全县各级党组织）

14.聚焦重点领域腐败问题查处。重点查处政治问题和经济问题交织的腐败案件，聚焦政策支持力度大、投资密集、资源集中的领域和环节，坚决查处基础设施建设、项目审批、国企改革、公共资源交易、科研管理等方面的腐败问题，以及“雅贿”“影子股东”等隐性腐败。持续惩治涉黑涉恶腐败和“保护伞”问题，深入开展政法队伍教育整顿“回头看”，建立健全政法系统惩治“六大顽瘴痼疾”长效机制。进一步完善纪检监察系统与政法系统问题线索相互通报与移送机制，强化线索处置、重点督办、限期办结、通报曝光。（牵头单位：县纪委监委、县委政法委，责任单位：全县各级党组织）

四、聚焦政商亲清，着力经济发展的环境建设

15.深入推进“最多跑一次”改革。重点整治“放管服”改革不彻底；“一件事一次办”“一次性告知”、政务服务一网通办、“三集中三到位”落实不到位；企业、群众多头跑、重复跑；容缺审批服务落实不到位，审批事项久拖不议、议而不决，效率低下；政务服务一体化平台作用发挥不充分；转嫁中介费给企业，指定或变相指定第三方机构，通过行业职能优势垄断经营，增加企业成本；利用政务服务“索拿卡要”，不给好处不办事、给了好处乱办事等问题。（牵头单位：县行政审批服务局、县政务服务中心，责任单位：各乡镇、县直各单位）

16.大力推行“互联网+政务服务”。严格执行重大决策程序规定，健全完善党务信息公开工作机制，根据《中国共产党党务公开条例（试行）》，做好本地本部门本单位党务公开的具体工作，负责统筹协调和督促指导本地党务公开工作。加强政务信息公开平台与湖南省一体化在线政务服务平台的资源共享，及时、准确、高效发布信息。创新公开方法，用群众喜闻乐见的方式方法公开政府信息。优化升级县级一体化平台建设，依托智慧大平台大数据交换中心，实现数据交换共享服务，真正做到“让数据多跑路、群众少跑腿”。（牵头单位：县委办、县政府办，责任单位：各乡镇、县直各单位）

17.进一步规范政商交往。进一步细化完善政商交往正面清单和负面清单，明确行为规范，划出红线底线，对在政商交往中反映比较突出的“亲而不清”“清而不亲”各种行为做到早发现早纠正早处理。（牵头单位：县纪委监委、县委办，责任单位：各乡镇、县直各单位）

18.多渠道受理营商环境问题线索。加强纪检监察机关与统战、工商联、优办等有关机构的工作联系，建立健全涉及政商交往和营商环境的问题线索受理、移送和督办机制，畅通信访举报途径，及时受理和处置相关投诉举报，及时处置党员干部滥用监管职权、吃拿卡要、乱收费乱摊派、违规干预经营，以及在政务服务中不作为、慢作为、乱作为等违纪违法行为。（牵头单位：县纪委监委，责任单位：各乡镇、县直各单位）

19.完善领导干部联系重点企业制度。开启“民企评议党政部门”活动，提升党政部门服务企业水平，倾心做好企业精准帮扶，发挥线上线下服务平台作用，及时有效回应企业诉求。梳理惠企纾困政策清单，不折不扣落实减税降费政策，确保各项政策直达基层、直接惠及市场主体。（牵头单位：县委统战部，责任单位：各乡镇、县直各单位）

20.开展优化营商环境专项整治。重点整治堵路阻工、强揽工程、强买强卖、欺行霸市等妨碍企业正常生产经营秩序和扰乱工程建设秩序行为；工程建设项目招投标违法犯罪行为；恶意缠访、闹访；“双随机、一公开”监管落实不到位，搞随意性、选择性执法；涉企检查执法不规范、多头重复检查和无法定依据检查；滥用行政执法权，随意立案、罚款；“两法衔接”机制不畅；滥用行政执法自由裁量权；同案异罚，畸轻畸重，办关系案、人情案等执法不公正行为。（牵头单位：县纪委监委、县委政法委，责任单位：各乡镇、县直各单位）

五、聚焦社会清和，着力“清廉单元”的带动建设

21.积极开展“清廉细胞”建设。对标对表省委、市委清廉单元建设要求，由分管县级领导领衔，明确县委组织部、县科工局、县教育局、县卫健局、县乡村振兴局、县妇联分别作为全县清廉机关、企业、学校、医院、乡村、家庭等“清廉细胞”建设的牵头单位，其他有关部门单位依据各自职能职责共同参与。切实强化行业管理责任，加强统筹协调，印发六类“清廉细胞”建设的实施方案，全面推进“清廉细胞”建设工作，以社会基本单元的“细胞”清廉，促进全县社会“肌体”清廉。（牵头单位：县委组织部、县教育局、县科工局、县卫健局、县乡村振兴局、县妇联，责任单位：全县各级党组织）

22.组织开展县级“清廉细胞”评选。各“清廉细胞”建设的牵头单位制定出台县级“清廉细胞”动态评价管理办法，每年年底组织开展当年度的县级“清廉细胞”评选。县纪委监委加强对县级“清廉细胞”评选的审核把关和复核复查，不断修改完善动态评价管理办法，总结试点经验，逐步以点带面、全面推广，在全县范围内形成争创县级“清廉细胞”的良好风气。（牵头单位：县纪委监委，责任单位：县委组织部、县教育局、县科工局、县卫健局、县乡村振兴局、县妇联）

23.解决一批社会各行业各领域的疑难问题。坚持问题导向，聚焦各类不担当、不作为、索拿卡要、“看客”心态、避责心理、“翻书式”落实等“机关病”；贱卖国资、靠企吃企、关联交易、利益输送等企业顽疾；乱收费、违规招生、违规补课等教育乱象；收受回扣、虚假宣传、不合理检查、不合理用药、不合理治疗和欺诈骗保等医疗病灶；贪污侵占、优亲厚友、漠视和侵害群众利益等“蝇贪”“蚁腐”；领导干部家属违规从事盈利性活动、“提篮子”“打牌子”“拉款子”、搞“家族式”腐败等家风问题，以及各行业各领域存在的群众反映强烈的突出问题，下大力气、下真功夫进行整治，以实际成效作为检验清廉细胞建设的重要标尺，做到一个行业一个行业抓实，一个领域一个领域提升。（牵头单位：县纪委监委，县委组织部、县教育局、县科工局、县卫健局、县乡村振兴局、县妇联，责任单位：全县各级党组织）

六、聚焦文化清朗，着力竹廉桃江的品牌建设

24. 合力营造良好氛围。加强清廉桃江建设的理论研究、经验总结，打造一批有影响、有实效的清廉品牌，充分利用广播、电视、新媒体等平台，采取专题解读、开设专栏、在线访谈等方式，加大对清廉桃江建设的宣传力度，制作廉政宣传节目，鼓励支持清廉艺术作品创作，开展群众性清廉宣传教育活动，努力形成全县上下齐抓共建清廉桃江的良好氛围。（牵头单位：县委宣传部，责任单位：全县各级党组织）

25. 建强“竹廉桃江”宣教品牌。注重清廉思想、清廉文化的引领和滋养，巩固深化创新纪法教育、警示教育、廉洁文化建设等实际举措，建实建强“竹廉桃江”宣教品牌，持续拍摄好廉政教育微视频。（牵头单位：县纪委监委、县委宣传部，责任单位：全县各级党组织）

26. 加强廉政宣传阵地建设。建好益阳竹廉文化教育基地，与益阳市反腐倡廉警示教育基地、马迹塘战史陈列馆、鸬鹚渡张子清烈士纪念馆等爱国主义教育基地串点成线，形成“益阳—桃江”廉政文化教育带，潜移默化地影响和增强社会大众的心理认同和行为趋同，引导全社会形成“以清为美、以廉为荣”的价值观、荣辱观。（牵头单位：县文旅广体局，责任单位：全县各级党组织）

各乡镇、各部门单位推进清廉桃江建设情况和开展“清廉细胞”建设情况将纳入县委、县政府绩效考核的重要内容；对推进不务实、不尽力、不到位的单位和个人，县委、县政府将依纪依规追责问责。

中共桃江县委
2021 年 11 月 18 日

桃江县人民政府
关于印发《桃江县人民政府重大行政决策程序规则》的通知

桃政发〔2021〕3号

各乡镇人民政府，县直各单位：

《桃江县人民政府重大行政决策程序规则》已经县人民政府2021年第三次常务会议审议通过，现印发给你们，请遵照执行。

桃江县人民政府

2021年3月17日

桃江县人民政府重大行政决策程序规则

第一章 总 则

第一条 为健全科学、民主、依法决策机制，规范重大行政决策程序，提高决策质量和效率，明确决策责任，促进全县经济社会发展，根据《重大行政决策程序暂行条例》《湖南省行政程序规定》《益阳市人民政府重大行政决策程序规则》等规定，结合我县实际，制定本规则。

第二条 县人民政府重大行政决策的作出和调整程序，适用本规则。

第三条 本规则所称重大行政决策事项（以下简称“决策事项”）是指县人民政府作出的涉及全县经济社会发展全局、社会涉及面广、专业性强、与人民群众利益密切相关的下列行政决策事项：

（一）制定有关公共服务、市场监管、社会管理、环境保护等方面的重大公共政策和措施；

（二）制定经济和社会发展等方面的重要规划；

（三）县本级财政预算、决算、预算调整方案的确定和一次性安排超过3000万元的财政资金或减、缓、免涉及3000万元的财政资金；

（四）政府对重大公共建设项目直接投资1亿元以上；

（五）处置2000万元以上的国有资产；

（六）制定开发利用、保护重要自然资源和文化资源的重大公共政策和措施；

（七）重要行政事业性收费以及政府定价的重要商品、服务价格的确定和调整；

（八）行政管理体制改革重大措施；

（九）决定对经济社会发展有重大影响、涉及重大公共利益或者社会公众切身利益的其他重大事项。

法律、法规、规章对本条第一款规定事项的决策程序另有规定的，依照其规定。突发事件应急处置决策不适用本规则。

第四条 重大行政决策必须坚持和加强党的全面领导，全面贯彻党的路线方针政策和决策部署，发挥党的领导核心作用，把党的领导贯彻到重大行政决策全过程。

县人民政府制定的决策事项目录、标准，报县委同意后，向社会公布，并根据实际情况变化作相应调整。

重大行政决策出台前按照规定向县委请示报告。

第五条　作出重大行政决策应当遵循科学决策原则，贯彻创新、协调、绿色、开放、共享的发展理念，坚持从实际出发，运用科学技术和方法，尊重客观规律，适应经济社会发展和全面深化改革要求。

第六条　作出重大行政决策应当遵循民主决策原则，充分听取各方面意见，保障人民群众通过多种途径和形式参与决策。

第七条　作出重大行政决策应当遵循依法决策原则，严格遵守法定权限，依法履行法定程序，保证决策内容符合法律、法规和规章等规定。

第八条　县人民政府作出重大行政决策，依法接受县人民代表大会及其常务委员会的监督，根据法律、法规规定属于县人民代表大会及其常务委员会讨论决定的重大事项范围或者应当在出台前向县人民代表大会常务委员会报告的，按照有关规定办理。

县人民政府作出重大行政决策，依法接受国务院、省、市人民政府的监督。决策事项依法需要报告市人民政府批准的，由县人民政府提出决策意见后，按程序报告市人民政府批准。

县审计局按照规定对重大行政决策落实情况进行监督。

第九条　县人民政府重大行政决策由县人民政府全体会议或常务会议审议决定。

县长代表县人民政府对重大行政事项行使决策权。县人民政府副县长和县政府办主任协助县长决策。

重要紧急情况必须立即决策的，可以由县长或副县长按职权决定，并及时在县人民政府全体会议或常务会议上通报，相关副县长要及时向县长报告。

第二章　决策草案的形成

第一节　决策启动

第十条　对各方面提出的决策事项建议，按照下列规定进行研究论证后，报请县长决定是否启动决策程序：

（一）县长、副县长和县政府办主任提出决策事项建议的，交有关单位研究论证；

（二）县人民政府所属部门或者乡镇提出决策事项建议的，应当论证拟解决的主要问题、建议理由和依据、解决问题的初步方案及其必要性、可行性等；

（三）人大代表、政协委员等通过建议、提案等方式提出决策事项建议，以及公民、法人或者其他组织提出书面决策事项建议的，交有关单位研究论证。

第十一条　县长决定启动决策程序的，应当明确决策事项的承办单位（以下简称“决策承办单位”），由决策承办单位负责重大行政决策草案的拟订等工作。决策事项需要两个以上单位承办的，应当明确牵头的决策承办单位。

第十二条　决策承办单位应当在广泛深入开展调查研究、全面准确掌握有关信息、充分协商协调的基础上，拟订决策草案。

决策承办单位应当全面梳理与决策事项有关的法律、法规、规章和政策，使决策草案合法合规、与有关政策相衔接。

决策承办单位根据需要对决策事项涉及的人财物投入、资源消耗、环境影响等成本和经济、社会、环境效益进行分析预测。

有关方面对决策事项存在较大分歧的，决策承办单位可以提出两个以上方案。

第十三条　决策事项涉及县人民政府所属部门、乡镇等单位职责，或者与其关系紧密的，决策承办单位应当与其充分协商；不能取得一致意见的，应当向县人民政府说明争议的主要问题、有关单位的意见以及决策承办单位的意见、理由和依据。

第二节　公众参与

第十四条　决策承办单位应当采取便于社会公众参与的方式充分听取意见，依法不予公开的决策事项除外。

听取意见可以采取座谈会、听证会、实地走访、书面征求意见、向社会公开征求意见、问卷调查、民意调查等多种方式。

决策事项涉及特定群体利益的，决策承办单位应当与相关人民团体、社会组织以及群众代表进行沟通协商，充分听取相关群体的意见建议。

第十五条　决策事项向社会公开征求意见的，决策承办单位应当通过政府网站、政务新媒体以及报刊、广播、电视等便于社会公众知晓的途径，公布决策草案及其说明等材料，明确提出意见的方式和期限。公开征求意见的期限一般不少于 30 日；因情况紧急等原因需要缩短期限的，公开征求意见时应当予以说明。

对社会公众普遍关心或者专业性、技术性较强的问题，决策承办单位可以通过专家访谈等方式进行解释说明。

第十六条　决策事项直接涉及公民、法人、其他组织切身利益或者存在较大分歧的，可以召开听证会。法律、法规、规章对召开听证会另有规定的，依照其规定。决策事项听证的具体操作办法由县人民政府另行制定。

第三节　专家论证

第十七条　对专业性、技术性较强的决策事项，决策承办单位应当组织专家、专业机构论证其必要性、可行性、科学性等，并提供必要保障。

专家、专业机构应当独立开展论证工作，客观、公正、科学地提出论证意见，并对所知悉的国家秘密、商业秘密、个人隐私依法履行保密义务；提供书面论证意见的，应当署名、盖章。

第十八条　决策承办单位组织专家论证，可以采取论证会、书面咨询、委托咨询论证等方式。

选择专家、专业机构参与论证，应当坚持专业性、代表性和中立性，必要时也可以面向社会招标，由中标的咨询机构或者咨询专家对决策事项开展咨询论证。要注重选择持不同意见的专家、专业机构，不得选择与决策事项有直接利害关系的专家、专业机构。

第十九条　决策承办单位应当对专家、专业机构的论证意见进行归类整理，并对提出的合理意见予以采纳；拟不予采纳的，应当及时与专家、专业机构沟通协商。

第二十条　决策承办单位应当将论证意见的采纳情况反馈给参与论证的专家、专业机构，未予采纳的，应当说明理由。

决策承办单位应当在公布决策草案的媒体上向社会公布专家、专业机构的论证意见及采纳情况。

第四节　风险评估

第二十一条　重大行政决策的实施可能对社会稳定、公共安全等方面造成不利影响的，决策承办单位或者负责风险评估工作的其他单位应当组织评估决策草案的风险可控性。

按照有关规定已对有关风险进行评价、评估的，不作重复评估。

第二十二条　开展风险评估，可以通过舆情跟踪、重点走访、会商分析等方式，运用定性分析与定量分析等方法，对决策实施的风险进行科学预测、综合研判。

开展风险评估，应当听取有关部门的意见，形成风险评估报告，明确风险点，提出风险防范措施和处置预案。

开展风险评估，可以委托专业机构、社会组织等第三方进行。

第二十三条　风险评估结果作为重大行政决策的重要依据。县人民政府认为风险可控的，可以作出决策；认为风险不可控的，在采取调整决策草案等措施确保风险可控后，可以作出决策。

第三章　合法性审查和集体讨论决定

第一节　合法性审查

第二十四条　决策承办单位向县人民政府报送决策草案，应当提交下列材料，并对提交材料的真实性、可靠性、完整性负责：

（一）决策草案的文本和起草说明，涉及其他部门重要职责的，还应当提交相关部门的意见及意见采纳情况；

（二）决策承办单位法规机构或法律顾问、公职律师的合法性审查意见，决策草案涉及市场主体经济活动的，应当包含公平竞争审查的有关情况；

（三）决策事项的有关法律、法规、规章和政策依据；

（四）履行公众参与、专家论证、风险评估等程序的有关材料。

第二十五条　决策草案报送县人民政府后，县人民政府办公室要对材料的完备性、规范性进行审查。符合要求的，转送县司法行政部门进行合法性审查；不符合要求的，可以退回，或者要求决策承办单位在规定时间内补充材料或说明情况。

送请合法性审查，应当保证必要的审查时间，一般不少于 7 个工作日。不得以征求意见等方式代替合法性审查。

第二十六条　合法性审查的内容包括：

（一）决策事项是否符合法定权限；

（二）决策草案的形成是否履行相关法定程序；

（三）决策草案内容是否符合有关法律、法规、规章和国家政策的规定。

第二十七条　县司法局应当及时提出合法性审查意见，并对合法性审查意见负责。在合法性审查过程中，应当组织法律顾问、公职律师提出法律意见。决策承办单位根据合法性审查意见进行必要的调整或者补充。

第二十八条　决策草案未经合法性审查或者经审查不合法的，不得提交县人民政府讨论。

第二节　集体讨论决定和决策公布

第二十九条　决策草案经县人民政府分管副县长、县政府办主任审核后，由县长决定提交县人民政府常务会议或者全体会议审议。县长在集体讨论的基础上作出同意、不同意、修改、暂缓或再次审议的决定。

作出暂缓决定超过 1 年期限的，决策草案退出重大行政决策程序；作出再次审议决定的，应当按程序重新审议。

第三十条　讨论决策草案，会议组成人员应当充分发表意见，县长最后发表意见。县人民政府组成人员因故不能参加会议的，可以采用书面形式在会上发表意见。县长拟作出的决定与会议组成人员多数人的意见不一致的，应当在会上说明理由。

集体讨论决定情况应当如实记录，不同意见应当如实载明。

县政府常务会议或者全体会议研究决定重大行政决策时，县司法行政部门负责人应当列席会议。

第三十一条　县人民政府通过县人民政府公报和县政府网站以及报纸等途径及时公布重大行政决策。对社会公众普遍关心或者专业性、技术性较强的重大行政决策，说明公众意见、专家论证意见的采纳情况，通过新闻发布会、接受访谈等方式进行宣传解读。依法不予公开的除外。

第三十二条　县人民政府建立重大行政决策过程记录和材料归档制度，由有关单位将履行决策程序形成的记录、材料及时完整归档。

第四章　决策执行和调整

第三十三条　县人民政府明确负责重大行政决策执行工作的单位（以下简称“决策执行单位”），县人民政府督查室应当加强对重大行政决策执行情况的督促检查。决策执行单位应当依法全面、及时、正确执行重大行政决策，并向县人民政府报告决策执行情况。

第三十四条　县人民政府督查室和决策执行单位发现重大行政决策存在问题、客观情况发生重大变化，或者决策执行中发生不可抗力等严重影响决策目标实现的，应当及时向县人民政府报告。

公民、法人或者其他组织认为重大行政决策及其实施存在问题的，可以通过信件、电话、电子邮件等方式向县人民政府或者决策执行单位提出意见建议。

第三十五条　有下列情形之一的，县人民政府可以组织决策后评估，并确定承担评估具体工作的单位：

（一）重大行政决策实施后明显未达到预期效果；

（二）公民、法人或者其他组织提出较多意见；

（三）县人民政府认为有必要。

开展决策后评估，可以委托专业机构、社会组织等第三方进行，决策作出前承担主要论证评估工作的单位除外。

第三十六条　开展决策后评估，可以采用数据采集、抽样调查、实地调研、专家论证等方法收集整理决策实施效果信息，运用定性分析与定量分析相结合、案例分析与理论归纳相结合以及大数据等方法对决策实施效果进行综合分析。

开展决策后评估，应当注重听取社会公众的意见，吸收人大代表、政协委员、人民团体、基层组织、社会组织参与评估。

第三十七条　县人民政府对决策后评估结果应当及时研究处理，评估结果应当作为重大行政决策继续执行、停止执行、暂缓执行、修改决策方案、完善配套措施和改进贯彻执行方式等调整重大行政决策的重要依据。

第三十八条　依法作出的重大行政决策，未经法定程序不得随意变更或者停止执行；执行中出现本规则第三十四条规定的情形、情况紧急的，县长可以先决定中止执行；需要作出重大调整的，应当依照本规则履行相关法定程序。

第五章　责任追究

第三十九条　决策承办单位或者承担决策有关工作的单位未按照本规则规定履行决策程序或者履行决策程序时失职渎职、弄虚作假的，由县人民政府责令改正，对负有责任的领导人员和直接责任人员依法追究责任。

第四十条　决策执行单位拒不执行、推诿执行、拖延执行重大行政决策，或者对执行中发现的重大问题瞒报、谎报或者漏报的，由县人民政府责令改正，对负有责任的领导人员和直接责任人员依法追究责任。

第四十一条　承担论证评估工作的专家、专业机构、社会组织等违反职业道德和本规则规定的，予以通报批评、责令限期整改；造成严重后果的，依法承担相应法律责任。

第四十二条　对县人民政府重大行政决策及其实施造成严重后果的责任追究，法律、法规另有规定的，依照依律、法规的规定执行。

第六章　附　则

第四十三条　本规则自发布之日起施行。

桃江县人民政府
关于印发《桃江县集体土地与房屋征收补偿安置
暂行办法》的通知

桃政发〔2021〕4号

各乡镇人民政府，县直各有关单位：

《桃江县集体土地与房屋征收补偿安置暂行办法》已经县人民政府2021年第四次常务会议审议通过，现印发给你们，请认真组织实施。

桃江县人民政府

2021年4月26日

桃江县集体土地与房屋征收补偿安置暂行办法

第一章　总　则

第一条　为规范集体土地与房屋征收补偿安置工作，维护被征收人的合法权益，切实贯彻执行城市规划区安置政策，转变传统安置方式，促进经济社会持续健康发展。根据《中华人民共和国土地管理法》《中华人民共和国城乡规划法》等相关法律法规规定，结合我县实际，制定本办法。

第二条　本县行政区域内因征收集体所有的土地，涉及土地、房屋征收补偿安置，其他地上附着物及青苗补偿的，适用本办法。

农村集体经济组织成员成建制转为城镇居民后，其原有未征收的土地需要征收的，按照本办法执行。

非农建设用地经批准使用国有农场、渔场、牧场、林场、茶场等国有农用地，参照执行集体土地征地补偿标准；乡镇、村（社区）公共设施、公益事业建设需要使用集体土地，涉及房屋征收补偿安置的，参照本办法执行。

国务院、省、市人民政府对公路、铁路、水利、水电工程、生态环境等基础设施建设关于集体土地征收涉及房屋及其他附着物补偿安置另有规定的，从其规定。

第三条　全县集体土地与房屋征收补偿安置工作遵循“依法征收、合理补偿、科学安置、公平公开”的原则。

被征收人应当服从公共利益建设需要，积极支持和配合征收工作。

第四条　本办法所称县城规划区，是指《桃江县城市总体规划（2016—2030）》中心城区远景规划图所标定的区域范围（见附件1）。

本县行政区域内除县城规划区外的区域为其他区域。

第二章　征收管理

第五条　县人民政府统一领导全县集体土地与房屋征收补偿安置工作，负责本行政区域内集体土地与房屋征收补偿安置工作，是集体土地及房屋、地上附着物征收补偿安置的法定主体。

县人民政府授权县征地拆迁安置与房屋征收补偿事务中心（以下简称“县征拆事务中心”）负责管理全县集体土地与房屋征收补偿安置工作，具体实施县城规划区内的集体土地与房屋征收补偿安置事务性工作。

各乡镇人民政府、相关部门单位按照各自职责，完成县人民政府下达的土地房屋征收补偿安置工作任务。县纪委监委、审计等部门对征收补偿费用的确定、拨付、使用和征收行为等进行监察和审计。

村（社区）、村民小组应配合做好工作。

第六条　县人民政府建立统一的集体土地征收补偿安置工作联席会议制度（以下简称“联席会议”），联席会议由县公安、自然资源、农业农村、人社、财政、住建、城管执法、审计、司法、民政、城投、征拆事务等部门及纪检监察机关、征收机构、被征地乡镇人民政府等部门、单位组成，负责研究处理集体土地征收补偿安置工作中出现的新问题和重大疑难问题。

第七条　集体土地与房屋征收补偿安置资金必须在征收工作实施前，足额拨付到经财政部门批准的县征拆事务中心征地拆迁资金专用账户，实行统一管理。未按规定足额缴纳征地拆迁资金的项目，不得实施征收工作。

第八条　被征地农民的就业培训与社会保障工作按县人民政府有关规定办理。

第九条　县人民政府将征地拆迁补偿安置工作列入年度绩效考核范畴，根据考评结果对在征收补偿安置工作中作出突出贡献的有关单位和个人，给予适当奖励。

第十条　征拆工作经费按征地拆迁安置补偿总费用的比例实行计提。县城规划区内的征拆工作经费按5%提取，一次性到位；其他区域征拆工作经费的计提与分配方案另行确定。

第十一条　县城规划区内征地拆迁项目启动前，由县城管执法部门牵头，县公安、自然资源、住建、农业农村等职能部门和乡镇、村（社区）参与，根据拟征收区域新一轮农村宅基地调查确权登记发证工作调查底图及成果，负责项目用地范围内的查违、控违、定违、拆违工作，出具定违结论。其他区域的由乡镇人民政府组织实施。

第十二条　建立健全征地拆迁补偿安置档案归集、管理、利用制度。征地拆迁实施单位应当将征地公告、征地补偿安置方案、征收协议、经费审批，被征收土地房屋的不动产权证书、用地审批、规划许可、现状调查图表及影像，安置对象的户籍信息，相关单位的证明材料，征收区域1∶2000不动产基础数据（DOM航拍影像及CAD线划图形）等资料分类整理，立卷归档，妥善保管。

被征收人办理纳税、不动产登记、社会保障等手续，需利用征收档案的，征地拆迁实施单位是征地拆迁档案查询结果出具的唯一机构。

第三章　土地征收程序

第十三条　拟征收土地范围确定后，征收土地方案报批前，县人民政府应当在拟征收土地的乡镇、村（社区）、组发布《土地征收预公告》。

《土地征收预公告》内容包括征收范围、征收目的、开展土地现状调查的安排及相关禁止行为等。

县人民政府发布《土地征收预公告》的同时，应当书面通知公安、农业农村（畜牧水产）、市场监督、住建、城管执法、住房保障、民政、林业等有关行政主管部门，相关部门自收到书面通知之日起1年内在拟征收范围内依法暂停办理户口迁入、分户、房屋交易等相关审批确认手续。

第十四条《土地征收预公告》发布后，由县征拆事务中心组织对拟征收土地的权属、地类、用途、位置、面积、范围，以及农村村民（社区居民）住宅、其他建（构）筑物、地上附着物和青苗等权属、种类、数量进行现状调查，以收集权属资料、影像留存、测绘上图、表单登记等形式完成。

对尚未进行不动产权登记的农村村民（社区居民）住宅，由联席会议根据《湖南省自然资源厅湖南省农业农村厅湖南省财政厅湖南省住房和城乡建设厅关于做好农村宅基地和集体建设用地房地一体确权登记工作的指导意见》（湘自然资发〔2019〕40号）等文件要求进行合法性认定，由县自然资源部门根据联席会议结论出具合法性认定书。

（一）建筑面积按照《建筑工程建筑面积计算规范》的原则结合本办法的规定认定；

（二）房屋按其结构进行类别认定，使用性质分为居住用房和配套用房；

（三）房屋建设使用年限按折旧率乘以类别补偿单价作为该房屋计算补偿的单价。

同时应当查明收集被征收人的户籍、家庭常住人口等信息资料，征集被征收人的安置意向。县自然资源、公安、民政、住建、市监、不动产登记等部门应当配合做好相关调查工作。

拟征收集体经济组织土地的调查结果由村（居）民委员会盖章签字确认；拟征收农村村民（社区居民）住宅、其他地上附着物和青苗等调查结果由所有权人签字确认。

被征收人对调查结果拒不签字盖章的，县征拆事务中心可根据其房屋原始建房批准档案与记录或采取照相、摄像、勘测等方式取证，并将调查取证结果（包括文字、表格、有关数据、现场照相及摄像资料、相关证明材料等）由3名以上集体经济组织代表签字证明或予以公证。确认或调查取证结果作为土地与房屋征收补偿补置的依据。

第十五条　县人民政府应当组织或委托相关评估机构开展拟征地社会稳定风险评估，出具结论性意见报告。报告应载明拟征收土地概况、用途、所在村组意见等，研判社会稳定风险点，提出风险防范措施和处置预案。

第十六条　县人民政府依据土地现状调查情况，结合社会稳定风险评估结果，组织县征拆事务中心等相关部门编制《征地补偿安置方案》，并在拟征收土地所在的乡镇和村、组范围内发布《征地补偿安置方案公告》，听取被征地的农村集体经济组织及其成员、村民委员会和其他利害关系人的意见，公告时间不少于30日。

《征地补偿安置方案》应当包括下列内容：

（一）征收范围，包括四至位置、面积、征地图、界址点坐标等；

（二）土地现状调查结果；

（三）征收目的；

（四）补偿标准、数额、支付对象及支付方式；

（五）过渡、安置和社会保障方式；

（六）被征收房屋的《拆迁补偿安置明细表》，包括被征收人姓名，实际测量认定的房屋结构、面积，其他地上附着物，家庭人口情况及补偿金额等；

（七）办理补偿登记期限、地点；

（八）异议反馈渠道。

第十七条　在征地补偿安置公告期内，多数被征地农村集体经济组织成员认为征地补偿安置方案不符合法律、法规规定申请听证的，由县人民政府在公告期满后依法组织听证。

根据听证情况和相关法律、法规的规定，认为确需修改征地补偿安置方案的，应当依照有关法律法规和征收土地批准文件进行修改。

第十八条　被征地集体经济组织、村民或其他土地使用权人应当在征地补偿安置公告规定的期限内持土地、房屋权属证书或宅基地审批、规划许可等合法证明材料原件，到指定地点办理补偿登记手续。

被征收房屋已进行不动产权登记的，以证载内容进行补偿登记；经联席会议进行合法认定的，以确定的房屋占地面积、建筑面积、使用性质、建筑年限等进行补偿登记。

未在规定期限内办理补偿登记的，以土地现状调查确认的结果为准。

第十九条　自《土地征收预公告》发布之日起，任何单位和个人在拟征地范围内实施下列行为的，不予补偿安置：

（一）新建、改建、扩建房屋或其他建（构）筑物，办理房屋或土地流转，核发房屋或土地权属证书；

（二）新批宅基地或其他建设用地；

（三）改变土地、房屋性质和用途；

（四）突击进行室内室外装修（饰）等；

（五）办理“农家乐”、生态农业、畜牧水产养殖等手续；

（六）办理户口迁入和分户（立户）、子女收养等涉及户籍、人口变动的手续，但因出生、婚嫁和军人转业退伍等确需办理户口迁入且符合户籍管理规定的除外；

（七）以拟征收房屋为经营场所办理工商、税务或其他注册登记手续；

（八）抢种抢栽花卉、苗木、中药材或超正常密度补植及葬坟、修坟，抢养殖等；

（九）其他骗取补偿的行为。

《土地征收预公告》发布前被认定为违章建筑的，不予补偿。

第二十条　县人民政府根据经公告或听证情况确定的《征地补偿安置方案》及《房屋拆迁补偿安置明细表》授权县征拆事务中心与拟征收土地的所有权人、使用权人签订征收补偿安置协议。

征地补偿安置协议和房屋补偿安置协议应当包括下列内容：

（一）生效条件或者附生效期限；

（二）补偿金额及其支付时间和方式；

（三）腾地期限；

（四）违约责任；

（五）当事人约定的其他事项。

第二十一条　征收土地批准文件下达后1个月内，县人民政府应当按规定在被征收土地所在的乡镇和村（社区）务公开栏、村民小组显著位置公开发布《土地征收公告》。

公告内容包括批准征地机关、批准文号、征收土地的用途、权属、范围、面积以及征地补偿标准、农业人员安置办法和办理征地补偿的期限等。

对个别未签订征地补偿安置协议的，县人民政府应当自土地征收公告后1个月内，依据征地补偿安置方案和补偿登记结果作出征地补偿安置决定。

第二十二条　土地征收公告期满后，经审核批准后的征收补偿经费由县征拆事务中心通过征地拆迁资金专用账户拨付至被征收人账户。对确权到农户或个人的农村集体土地上青苗补偿、农村村民（社区居民）住宅及其他建（构）筑物、地上附着物补偿、奖励等资金直接拨付至个人账户；对土地征收补偿及奖励等资金拨付至集体经济组织或村民委员会账户。

被征收人在征地补偿安置协议和房屋补偿安置协议约定期限内拒不领取征收补偿安置费用的，由征收实施单位以被征收人的名义专户储存或公证提存并书面告知。

第二十三条　被征收的土地依法办理审批手续并给予补偿后，原用地单位、组织或者个人在规定的期限内拒不腾地的，由县自然资源局发出限期腾地决定。逾期不执行的，由县自然资源局申请县人民法院依法强制执行。

第四章　土地征收补偿

第二十四条　被征收土地的补偿按照《湖南省人民政府关于调整湖南省征地补偿标准的通知》（湘政发〔2018〕5号）和《桃江县人民政府办公室关于调整桃江县征地补偿标准的通知》（桃政办发〔2018〕34号）公布的标准执行（见附件2）。

土地按该土地原用途、土地所处区片等级及地类补偿。

补偿面积按照水平投影面积计算。

第二十五条　青苗补偿费按下列规定支付：

（一）征收土地的青苗按不同种类和标准给予补偿（见附件3）；

（二）征收果园、茶园，成片的油茶、油桐、苗木、花卉、药材等其他经济作物的，视作物的种类、生长期和生长状况，按苗期、管理期、产果期划类，按面积予以补偿，零星栽植的折合成亩计算补偿；

（三）混栽、混种、混养的按其中主要产出物的标准予以补偿，季节性套种的按原有土地类别补偿；

（四）未种植作物的土地不给予青苗补偿；

（五）补偿后的青苗，由其所有者在规定期限内自行处理，逾期未处理的，由用地单位处理；

（六）经县林业、农业农村、市场监督等主管部门批准的大型名贵花卉苗木基地，由征拆机构核实，给予搬迁移栽补助（见附件4）。

第五章　房屋征收及其他附着物补偿

第二十六条　被征收房屋及其他建（构）筑物的补偿按照《益阳市人民政府关于印发〈益阳市集体土地征收与房屋拆迁补偿安置办法〉的通知》（益政发〔2018〕8号）公布的标准执行（见附件5）。

第二十七条　被征收人利用住宅从事经营性用途的按住宅补偿。在土地征收预公告发布前办理了营业执照，并事实经营的，经集体经济组织证明，征收机构核定后，按实际营业净面积（剔除厨房、厕所及配套用房）增加20%的补偿费，商品和营业用具等自行处置，不再另行补偿。

利用住宅从事生产加工制造，在《土地征收预公告》发布前办理了营业执照，并事实生产的，经集体经济组织证明与征收机构核定后，其生产用房可按照所属房屋结构的补偿标准另增加30%的补偿费（包括停产停业及设备拆除安装搬运、调试、处置、人员过渡等因征收需要补偿的全部费用）。

征收合法学校、幼儿园、医院等非个人居住用房，按房屋及附着物补偿之和的50%增加补偿费，用于解决物品搬运处置、人员过渡、重建地取得等因征收需要补偿的全部费用。

第二十八条　征收经有关部门批准的寺庙、教堂、涉外房屋，由征收机构会同县民族宗教、外事部门，按本办法规定予以补偿。

第二十九条　征收唯一住房且被征收人家庭困难，其房屋及其他地上附属设施补偿总额低于7万元的，经本人申请、集体经济组织同意和所在乡镇人民政府审查、县征拆事务中心批准后，可以补足7万元。

第三十条　征收特殊的建（构）筑物、明显超出本办法补偿标准的，以及本办法未定补偿标准的生产生活设备设施、装饰装修等，经联席会议审定，由第三方评估机构进行评估，按评估值给予补偿。

实施评估时由被征收人在市级自然资源行政主管部门建立的评估机构库中选定评估机构，评估机构在评估时不得将土地价值评估在内，评估费用纳入征收总成本。

第三十一条　征收房屋应当支付搬家费。搬家费为2000元/户，需要过渡的，支付两次搬家费。

第三十二条　征收房屋后需要过渡的另行支付过渡费。过渡费为1000元/户·月，过渡期不超过12个月。过渡费应一次性支付，被征收人不服从安排或自身原因造成的超期过渡，不得增加过渡费。

第三十三条　同一栋房屋有2户以上家庭成员居住的，凭公安机关已进行分户登记的户籍证明、婚姻登记机关核准的结婚证和经征收机构认定达到分户条件的，经集体经济组织签署意见，可分户享受搬家费、过渡费。

第三十四条　经县农业农村主管部门批准的，具有专业养殖场所的规模化养殖户，按养殖规模支付家禽畜类动物规模化养殖转运补助费（见附件6）。养殖的活体动物或生产经营用具应由原所有权人在规定时间自行处置。

第三十五条　被征收范围内需要迁移的坟墓，其坟主应当向征收机构和集体经济组织报告坟墓具体位置、数量，以及与坟主的关系并提供有效证据，经核实后按本办法规定的标准给予补偿（见附件7）。坟主应在规定的期限内迁移坟墓；逾期未迁移的，由征收机构组织坟墓所在地集体经济组织实行统一迁葬或就地深埋。

实行统一迁葬和就地深埋的，迁坟补助费由集体经济组织统一使用，并接受监督。

县城中心城区内由桃花江镇人民政府、县征拆事务中心、桃江经济开发区管委会选址确定坟墓迁葬地，迁葬地征地建设等成本列入项目土地征收总成本。

第三十六条　被征收范围内需要迁移电力、通信、燃气、给排水等公共设施的，由征收机构会同用地单位和业主单位，按照国家相关法律法规、行业标准，组织具备相关行业资质的社会企业重建或按重置成本交由业主单位重建。已废弃或未利用的不予补偿（见附件10）。

第三十七条　经征收机构确认，农田灌溉水塘确需重建的，按水塘实际蓄水量支付13元/立方米的还塘补助，原塘基的砖、石、混凝土护坡等按本办法规定补偿。水渠、道路需要重建的，由用地单位恢复或按本办法规定给予补偿。

第三十八条　被征收房屋主体以外的其他设施和其他地上附着物，按本办法规定的标准执行（见附件8、9）。

第三十九条　被征收房屋拆除的安全监管由县住房建设行政主管部门和项目所在地乡镇人民政府履行安全监督管理职责的部门按职权分工负责。

被征收房屋的拆除应当由具有相应资质的建筑施工企业承担，建筑施工企业在拆除时应符合环保要求，做好防尘处理、建筑垃圾无公害处理，建筑施工企业法定代表人和拆除工程项目负责人对承接的房屋拆除工程承担全部责任。拆除费用纳入征收总成本。拆除施工企业应当为房屋拆除施工人员办理意外伤害保险。

第四十条　对积极支持配合征收安置工作的实行奖励。

实行搬家腾地奖。对按期搬家腾地的实行奖励，奖励标准为160元/平方米，以合法正房面积（偏、杂屋、棚屋等配套用房面积除外）计算奖励。未按期腾地的，不得奖励。

实行整体腾地奖。单个项目征收范围内所有被征收房屋，在规定期限内完成征收工作并交付土地的，按照每户5万元给予奖励。未按期完成全部搬家腾地的，不予奖励。

以上奖励，经县征拆事务中心验收合格后支付。

第六章　安置对象认定

第四十一条　安置对象是指因集体土地上房屋被依法征收在获得征收补偿的基础上，可享受房屋安置等政策的农村村民或社区居民。

符合安置条件，按人口予以安置的，应同时具备下列条件：

（一）享有土地承包经营权或享有集体经济组织权益的在册实际人口；

（二）被拆迁房屋为合法建筑；

（三）除被拆迁房屋外，本集体经济组织范围内无宅基地和住房，及未曾实施住房安置的（安置住房二次拆迁的除外）；

（四）有下列情形之一的，按实有安置对象进行安置：

1. 原属本村集体经济组织成员，经征地“农转非”或取得蓝印户口后未享受城镇居民待遇，仍保留承包经营土地并实际居住、生活在原地（原籍）的人员；

2. 原户口在所在村组的现役和退伍军人（不含现役军官、已享受转业安置待遇的士官、在外结婚定居人口）、大中专院校在校学生、强制戒毒以及服刑人员；

3. 被征收人为本村集体经济组织成员，其配偶在本集体经济组织虽没有承包经营土地、也未享受农村本集体经济组织成员权利但户口已迁入的（因特殊原因，户口未能及时迁入，但符合户籍迁移政策的，经征收工作联席会议认定，待户口迁入后享受安置待遇）；

4. 法律、法规规定的其他人员。

（五）有下列情形之一的，按增加1个拓展性安置对象予以安置：

1. 经有关部门认定，符合国家独生子女政策的，或者已婚尚未育有子女的；

2. 独身者（达到法定婚龄未婚）、丧偶者、离异者（离异1年以上）；

3. 家庭成员中既有集体经济组织成员又有非集体经济组织成员，其非集体经济组织成员无其他房产且长期（五年及以上）在被拆迁房屋内居住，不论人口多少，总计在该户集体经济组织成员基数上增加1人享受安置待遇，但行政、事业单位和国有企业在编的干部职工（含离、退休人员）除外；

4.家庭成员全部为非本集体经济组织成员，通过继承房屋等方式长期（5年及以上）居住且取得常住户口，没有其他房产或未享受“房改房”和其他福利房政策的，该户可以计算1人享受安置待遇。

在今后的征地拆迁安置中，已增加1人享受安置待遇的，不得重复安置。

（六）其他未列入情形由征地拆迁工作联席会议审定。

第四十二条 符合安置条件，按户予以安置的，具体规定如下：

（一）夫妻双方及其未达到法定婚龄的子女按1户对待；

（二）已结婚或者达到法定结婚年龄的子女，经集体经济组织同意，可按1户对待。

第四十三条 与被征收人房屋有关人员，有下列情形之一的，不予认定为安置对象：

1.农村集体土地上的房屋所有权人，在征收时属非本集体经济组织成员；

2.征收时寄居、寄养、寄读的非本集体经济组织成员；

3.房屋征收补偿安置协议签订前死亡的；

4.法律法规和政策规定不应纳入安置的人员。

第四十四条 县城规划区内已列入近期开发建设范围，暂未启动土地预征收工作，有下列情形的，经本户申报登记和审核确认，可列为拆迁安置对象，进行提前拆迁安置，具体办法由县征地拆迁安置工作领导小组制订：

（一）因房屋严重破损或经房屋鉴定部门鉴定为D级危房，按城市规划要求不能就地改建、重建的；

（二）因婚姻等原因需要进行分家拆户，且原房屋住户愿意整体拆迁的。

第四十五条 安置对象资格认定以《征收土地补偿安置方案公告》发布日期为认定截止日。

第四十六条 县人民政府应组织县农业农村、自然资源、公安、住建、征拆等部门及乡镇（含桃江经济开发区、灰山港工业集中区）、村（社区）等对被安置对象资格进行审查。具体程序如下：

（一）申请。按属地管理原则，由符合条件的安置对象向所在村（社区）申报登记。

（二）初审。由安置对象所在地乡镇人民政府（含桃江经济开发区、灰山港工业集中区）严格按相关条件进行初审。

（三）公示。乡镇人民政府（含桃江经济开发区、灰山港工业集中区）初审后，由安置对象所在村（社区）进行公示，公示时间为10个工作日。

（四）确认。经公示无异议后，由县征地拆迁安置工作领导小组办公室审核，确定为安置对象。

第七章 安置方式

第四十七条 县城规划区内农村村（居）民房屋被征收的，采取货币补偿或提供安置房的方式进行安置。桃江经济开发区安置政策另行制订。

其他区域采用重新安排宅基地建房的方式进行安置。桃益一级公路沿线非中心城区的区域，国、省道沿线区域，引导村民根据规划采取“集中迁建”，鼓励集中建设具有地方特色的民居村落，创建美丽乡村和生态旅游示范村。有条件的地方也可探索货币补偿或提供安置房的方式进行安置。

具体安置方式由征拆实施机构根据实际情况在制定补偿安置方案时确定。

被征收人选择货币安置或安置房安置的，不再享受申请宅基地建房权利。

第四十八条 安置对象选择货币补偿安置的，在享受征收补偿及奖励后，按照以下规定执行：

1.按安置对象每人15万元的标准予以一次性货币补偿安置，政府不再对其进行实物安置；

2.县人民政府以成本价（均价）给予每个安置对象50平方米商品住房的优惠购买指标，由安置对象自主选择，购买面积、小区位置等在签订房屋征收补偿安置协议书时予以约定。不选择或未足额选择的，视为放弃，不再享有。超购买指标面积的，按同楼盘商品住房销售的市场价格购买。楼层、户型、朝向等的价值差异找补与开发企业结算。

3.安置过渡补偿费发放至开发企业通知交房之日后第6个月。

商品住房成本价（均价）由县人民政府根据当年度物价水平，于每年初按不同区域的建筑成本（含地价）另行确定，具体在《征地补偿安置公告》中予以公布。

第四十九条 安置对象选择安置房安置的，在享受征收补偿及奖励后，县人民政府以成本价（均价）提供不同套型面积的商品住房供安置对象选择。按照以下规定执行：

1.以应安置地基面积为基数，按6倍面积提供购买指标，由安置对象按成本价（均价）向开发企业购买商品住房。其户型、面积及其他附属设施与开发企业的其他商品住房一致。

2. 安置对象自愿放弃、不购买足额安置指标内房屋，剩余购买房指标由县人民政府收回。

3. 超购买指标面积的，按同楼盘商品住房销售的市场价格购买。楼层、户型、朝向的价值差异找补与开发企业结算。

4. 安置过渡补偿费发放至开发企业通知交房之日后第6个月。

被征收房屋临现有城市道路，安置对象愿意以商品住房安置指标置换商业门面的，经联席会议审定，可按征收房屋底层面积1:1置换商业门面，置换的商业门面按成本价（均价）提供。

商品住房、商业门面的成本价（均价）由县人民政府根据当年度物价水平，于每年初按不同区域的建筑成本（含地价）另行确定，具体在《征地补偿安置公告》中予以公布。

第五十条　其他区域的村（社区）采取重新安排宅基地异地建房的，用地面积按村民建房相关规定控制，安置的宅基地必须符合土地利用总体规划和城乡规划，采取统一规划、集中联建或一户一基自主建房方式建设。

采取集中联建方式建设，安置地块的土地及地上附着物拆迁补偿、三通一平、报批报建、水电、道路等配套设施相关费用按实核算。

采取一户一基自主建房方式建设的给予重建安置补助。补助标准为5万元/户。

第五十一条　县人民政府鼓励原联户安置方式进行转型。本办法实施前，补偿单位与被补偿人已签订房屋拆迁补偿安置协议书，并约定采取“联户安置”方式进行安置，尚未启动建设的，由政府引导安置对象以“安置地基”置换安置房。

具体转型方案由县人民政府根据各安置小区实际情况另行制定。

第五十二条　安置房选址、规划与设计应当遵循“统一规划、设施配套、布局合理、户型多元”的原则，其房源采取由有关单位统一建设、新规划出让地块中适当配建等多种形式筹集。安置房达到交房条件后，建设方按照县人民政府的交房方案进行交付，交付给县人民政府的不动产权委托登记至征收实施机构名下，由县人民政府相关部门负责组织选房分房。

安置房交房标准为同小区商品住房标准。

安置房建设、选房分房、面积找补、楼层方位价差等操作细则另行制定。

第五十三条　拆迁安置发生的相关费用纳入项目用地征地拆迁总成本，由用地单位承担。

第八章　法律责任

第五十四条　单位及党员干部和相关国家公职人员有下列情形之一的，按管理权限依纪、依规给予组织处理、纪律处分；构成犯罪的，依法移送司法机关追究刑事责任：

（一）违法违规擅自组织土地征收补偿安置，扰乱土地征收补偿安置秩序的；

（二）擅自设置征拆补偿标准，损害国家、集体利益或被征收人合法权益的；

（三）图谋个人私利，不顾大局、漫天要价、无理取闹，拒不配合、支持土地征收补偿安置工作的；

（四）参与或变相参与违法搭建、抢栽抢种，或拒不拆除违法建筑，以及拒不执行拆违决定的；

（五）唆使、纵容、庇护直系亲属或他人不配合土地征收补偿安置工作，放任直系亲属为谋取非法利益而干扰、阻挠、抗拒土地征收补偿安置的；

（六）在土地征收补偿安置工作中索贿受贿，擅自违规承诺，利用职务之便截留、侵占、挪用征补资金和工作经费，造成全局工作被动，影响恶劣的；

（七）在土地和房屋丈量（测量）登记、房屋补偿面积认定、青苗及地上附着物清点登记、安置人口认定、家庭分户（立户）、证照材料等方面弄虚作假，为他人套取骗取征收补偿资金和安置面积的，或为他人谋取不当利益打招呼、递条子的；

（八）违规变更房屋土地性质、用途和条件，违规确权，擅自涂改征收档案资料、提供虚假证明材料，为自己或他人谋取非法利益的；

（九）故意曲解政策法规，传播、散布负面舆论信息阻碍土地征收工作进度，或煽动、支持群众越级上访、聚众上访、闹访、缠访的；

（十）在土地征收补偿安置工作中玩忽职守，导致引发群体性事件或重大安全责任事故的。

第五十五条　被征收人有下列情形之一，情节轻微的，由相关行政机关依法处理；情节严重构成犯罪的，依法移送司法机关追究刑事责任；造成经济损失的，依法承担民事责任：

（一）敲诈勒索财物的；

（二）煽动、组织或参与闹事，影响社会稳定的；

（三）围攻、谩骂征收工作人员，阻碍征收工作，妨碍依法执行公务的；

（四）被征收人采取弄虚作假，伪造、涂改土地权属、房屋、人口等证明材料等违法手段骗取补偿或补助的，应当依法追回违法所得，并依法予以处罚；

（五）阻碍征收工作正常进行的其他违法行为。

第九章 附 则

第五十六条 本办法实施前，已发布《征地补偿安置方案公告》的，按原公告的方案执行。

第五十七条 本办法自公布之日起实施，其他涉及本县制定的集体土地与房屋征收补偿安置相关政策文件与本办法规定不一致的，以本办法规定为准。

第五十八条 本办法实施过程中，国家、省、市出台新的相关政策的，按新的政策执行。

第五十九条 本办法由县人民政府办公室负责解释。

附件：1.《桃江县城市总体规划（2016—2030）》中心城区远景规划图

2. 桃江县征地补偿标准

3. 青苗补偿标准

4. 花卉苗木基地搬迁补助标准

5. 房屋征收补偿标准

6. 家禽畜类动物规模化养殖转运补助标准

7. 迁坟补助标准（略）

8. 室外其他设施及其他地上附着物补偿标准

9. 其他地上附着物补偿标准

10. 网络、有线电视、空调装移等补偿标准

《桃江县城市总体规划（2016—2030）》中心城区远景规划图

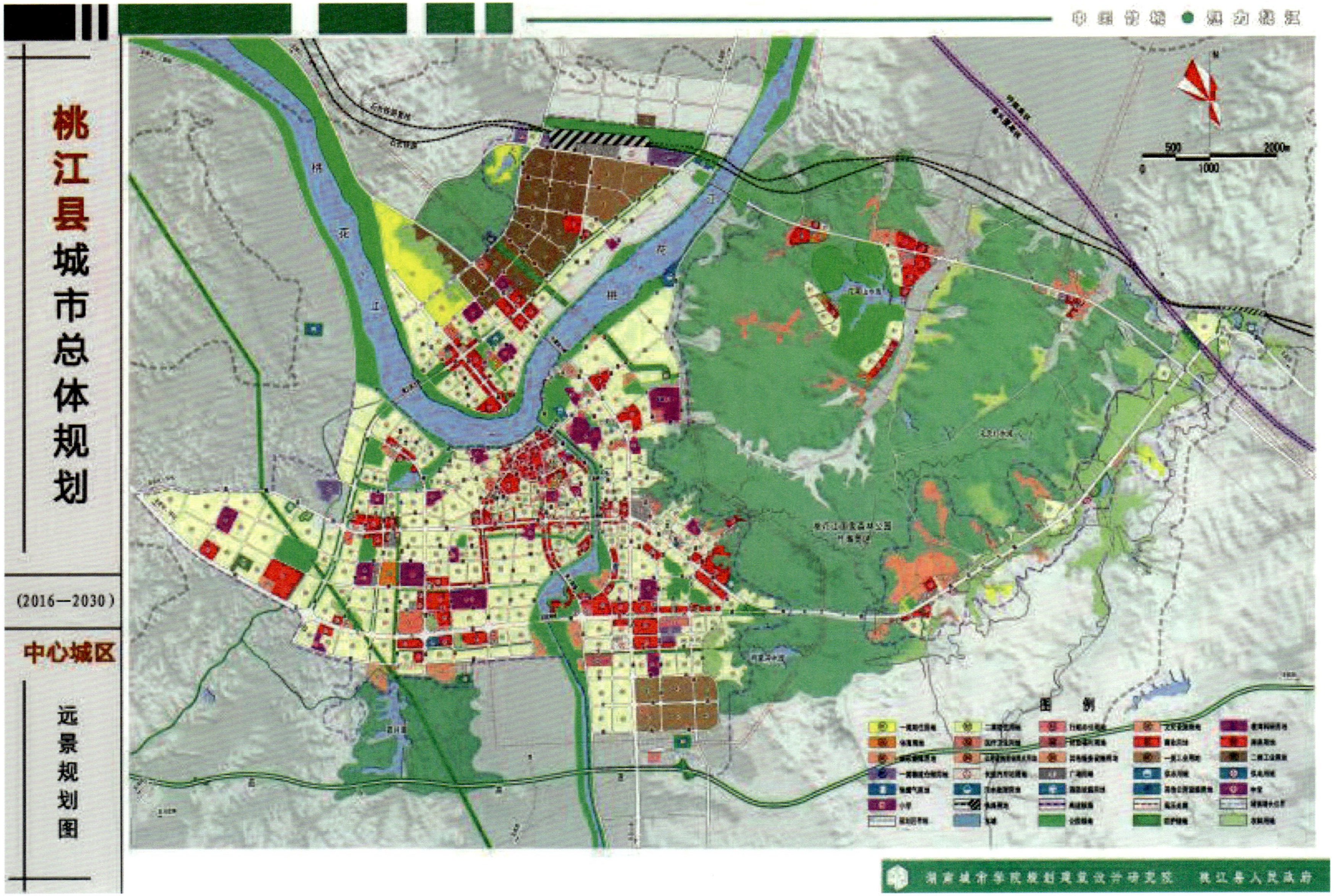

附件 2

桃江县征地补偿标准

单位：元 / 亩

区　域	补偿标准		地类修正系数	
	Ⅰ区	Ⅱ区	园地	林地
桃江县	62500	56200	1	0.8

备注：1. 本征地补偿标准包含土地补偿费和安置补助费之和。土地补偿费和安置补助费分别占 40% 和 60%。

2. 征收水田的，按本标准的 1.2 倍执行；征收耕地（除水田）、草地（除其他草地）、农村道路、水库水面、坑塘水面、沟渠、设施农用地、田坎、建设用地的，按本标准执行；征收未利用地的，按本标准 0.6 倍执行；征收园地、林地的，按照附表地类系数执行；征收基本农田的，按照所在区片水田标准执行。

桃江县征地补偿标准等级区域划分表

所属乡镇	区片等级	区域范围
桃花江镇	Ⅰ区	凤凰山社区、团山社区、桃花江社区、桃花路社区、近桃社区、资江路社区、富民社区、金凤社区、桃谷山社区、株木潭村、杨家坳村、石高桥村、崆峒村、创业村、打石湾村、桃江县原种场、牛潭河村、半稼洲社区、横木村、罗家潭村、花园洞村、金花桥村
	Ⅱ区	道关山村、花果山村、拱头山村、大华村、栗树咀村、梨树桥村、鹅公桥村、青山村、川门湾村、人和桥村
浮邱山乡	Ⅰ区	人形山村、新桥村、枳木山村、回龙湾村、齐心村
	Ⅱ区	水口山村、黄鹤桥村、炭山桥村、西峰寺村、黄南冲村、担水坝村、金盆村、白家河村、毛家桥村、浮邱山村、大水洞村、田家冲村、浮丘山林场
高桥乡	Ⅰ区	高桥村
	Ⅱ区	罗溪村、松柏村、石井头村、赵家山村、石头坪村、荷叶塘村、横马塘村、千秋村、大林村村、石井头联办林场、石井头国营林场、高桥乡林场
鸬鹚渡镇	Ⅰ区	鸬鹚渡社区
	Ⅱ区	花桥村、梅山村、龙塘湾村、板溪村、张子清村、大塘村、玉溪村、长江村、蒋家冲村、千工坝村、鸬鹚渡镇林场、桃江县板溪林场、桃江县国有板溪林场
大栗港镇	Ⅰ区	大栗港社区、先锋桥村、德茂园村、黄栗坿村
	Ⅱ区	五羊坪村、黄道仑村、刘家村村、红金村、筑金坝村、卢家村村、张家村村、兴坪村、松木桥村、栗山河村、牌形上村、朱家村村、童子山村、大栗港镇林场、大栗港镇茶场
马迹塘镇	Ⅰ区	天府庙社区、三里村、九岗墈村、马迹塘茶场、马迹塘社区
	Ⅱ区	泗里河村、谭家园村、南山村、石门村、月形湾村、鸬鹚湾村、范家园村、双江口村、丫峰村、益阳仑村、金塘村、龙溪村、易家坊村、京华村、百乐村、大塘坪村、小丰溪村、九岗山村
武潭镇	Ⅰ区	新铺子村、武潭社区、杉树村、莲花坪村
	Ⅱ区	清凉村、基固庙村、罗家坪村、熊家村、牛溪村、勤耙田村、杨家坪村、龙拱滩村、八家村、石桥村、崇山坪村、景致村、泥潭村、天湾村、善溪村、梅林村、汤家墈村、高峰村、碧螺水库、西冲金矿

续表

所属乡镇	区片等级	区域范围
鲊埠回族乡	Ⅰ区	鲊埠社区
	Ⅱ区	车门塅村、花园台村、大水田村、军功嘴村、南京湾村、颜溪村、陶公庙村、江家坝村、长烟村茶场
三堂街镇	Ⅰ区	三堂街村、三堂街社区、湖莲坪村
	Ⅱ区	乌旗山村、接龙桥村、晚谷回族村、合水桥村、九峰村、天子仑村、胡家坳村、赤塘村、王母村、郭家洲村、龙牙坪村、花桥坪回族村、大屋山村、合水桥林场
沾溪镇	Ⅰ区	沾溪村、荷叶山社区、卫红村、长田坊村、白沙洲社区、杉木村
	Ⅱ区	九螺坊村、伍家洲村、洋泉湾村
修山镇	Ⅰ区	修山社区、连盆咀村、三官桥村 、邹家湾社区、舒塘社区
	Ⅱ区	麻竹垸村、洪山村、月明山村、康家冲村、花桥港村、八都村、九都村、修山镇林场
石牛江镇	Ⅰ区	石牛江村、九家塅村、游伏沙社区
	Ⅱ区	小坡头村、上七里村、增塘村、牛剑桥村、黄泥田村、田庄湾村、苏团村、石牛江镇茶场
牛田镇	Ⅰ区	牛田社区
	Ⅱ区	金光山村、清塘村、临市街村、观庄村、小桃村、杉树仑村、峡山口村、金凤山村、三塘湾村、牛田镇林场、杉树仑林场
松木塘镇	Ⅰ区	响涛园社区、松木塘村、桃花江国有林场
	Ⅱ区	龙山湾村、桥头河村、南河冲村、子良岩村、关山口村、下干沙村、三节塘村、樟溪村、温塘村、天子山村、苍霞塅村、竹山村、龙塘村、桃花江苗圃、桃花江水库、桃江县林科所、下洞林场、松木塘镇林场
灰山港镇	Ⅰ区	灰山港村、杨家湾村、向阳花村、万功塘村、河溪水村、天子坡村、连河冲村、金沙坪村、紫荆花社区、跑马坡社区、河源社区、司马冲村
	Ⅱ区	企石村、源嘉桥村、汪家冲村、周家潭村、澄泉湾村、麻元坳村、曾家湾村、陈家湾村、栗子山村、甘泉山村、克上冲村、绿稼湾村、大桥塘村、滩口上村、刘家湾村、软桥村、肖家塅村、檀树界村、雪峰山村、金沙洲村、灰山港镇林场、克上冲水库

附件 3

青苗补偿标准（一）

土地种类	补偿标准	说　明
水田	3000（元/亩）	在插秧前已投成本的，按补偿标准的 50% 补偿；插秧后按统一补偿标准补偿
旱（菜）地	3000（元/亩）	修建有固定温室和高标准大棚，具有高产出的菜地按 150% 补偿
藕田（塘）	3200（元/亩）	河流、湖泊等自然水域的按 50% 补偿
鱼塘	3200（元/亩）	鱼苗池、鱼种池、亲鱼培育池按补偿标准的 120% 予以补偿。鳖、龟、蛙、虾、蟹等特种养殖一般按补偿标准的 140% ~ 160% 补偿

续表

土地种类	补偿标准	说 明
水塘	2240（元/亩）	未进行二次改造的自然水面，按鱼塘补偿标准的 70% 补偿
水库湖泊	1600（元/亩）	按鱼塘补偿标准的 50% 补偿

青苗补偿标准（二）

单位：元/亩

类 别		苗期管理期	产果期	说 明
果园		6600	14400	1. 苗期种植密度 1000 株/亩以上，管理期种植密度 400 株/亩以上 2. 产果期含初果期、盛果期和衰老期，初果期和衰老期下浮 30% 3. 橘类种植密度按 80 株/亩，桃、苹果、李、柚、奈李、板栗按 100 株/亩；葡萄按 200 株/亩 4. 未达到规定种植密度和不成片的按以上规定密度予以折算补偿
一般茶叶、油茶、油桐、金银花、木本药材等经济作物		5400		1. 新植良种油茶林、标准化茶园补偿标准上浮 30% 2. 以省定油茶育苗定点单位或区县（市）以上林木种苗站发放的“良种苗合格证”为认定依据
林地	竹林和人工营造的用材林	5000		竹林需立竹达到 150 根/亩
	天然松、杉、阔用材林	3600		
	疏残林	1800		

附件 4

花卉苗木基地搬迁补助标准

单位：厘米

直 径	计算方式	补助标准	备 注
Φ3 以下	按亩计算	8500 元/亩	每亩 700 株以上
Φ4			每亩 500 株以上
Φ5			每亩 400 株以上
Φ6			每亩 300 株以上
Φ7			每亩 200 株以上
Φ8			每亩 150 株以上
Φ9			每亩 100 株以上
Φ10			每亩 80 株以上

续表

直　径	计算方式	补助标准	备　注
Φ11 ~ 20	每增加 1 厘米增加 20 元	120 ~ 300 元 / 株	1. 直径、高度、冠径其中二项达到标准，可按该标准规定予以补偿 2. 直径：取树高离地 0.8 ~ 1.2 米直径 3. 冠径：取树枝、树叶水平投影的平均直径 4. 表中的以上，均不含本数；表中的以下，均含本数 5. 直径每增加 Φ1 厘米，补偿标准将在相应范围内提高
Φ21 ~ 30	每增加 1 厘米增加 50 元	350 ~ 800 元 / 株	
Φ31 ~ 40	每增加 1 厘米增加 60 元	860 ~ 1400 元 / 株	
Φ41 ~ 50	每增加 1 厘米增加 70 元	1470 ~ 2100 元 / 株	
Φ51 ~ 60	每增加 1 厘米增加 80 元	2180 ~ 2900 元 / 株	6. 人工绿化花坛及其他绿化造型，按绿地面积 50 元 / 平方米的标准补偿 7. 按亩算需达到规定株数，未达到规定株数的，按实际数量打折 8. 有工商、税务登记的花卉苗木公司或经有权单位批准备案的苗木种植户 9. 美化、绿化环境的移栽苗木、花卉 10. 耕地植树，按林地补偿土地征收款 11. 抢栽抢种不予补偿；死树不予补偿
Φ61 ~ 70	每增加 1 厘米增加 90 元	2990 ~ 3800 元 / 株	
Φ71 ~ 80	每增加 1 厘米增加 100 元	3900 ~ 4800 元 / 株	
Φ81 及以上	每增加 1 厘米增加 110 元	4910 元 / 株及以上	

苗木移栽后养护补助表

移栽月份	按总额补偿	备　注
6 月、7 月、8 月、9 月	30%	–
其余时段	10%	–

注：按苗木移栽季节给予苗木移栽后的培育养护补助，补助标准按苗木移栽补偿额为基数计算；经技术部门认定移栽成活率低、养护成本高的个别花卉苗木，可据实适当提高养护补助。

附件 5

花卉苗木基地搬迁补助标准

单位：元 / 平方米

结构	类别	结构装饰装修要求	补偿标准
厂房（砖混）	一	24 厘米眠墙、标准梁、柱；内外墙粉水泥灰；现浇钢丝网屋面；水泥地面；双开门、三开玻璃窗；现浇天沟；砖砌明沟排水；横跨度在 8 米以上；室内水电齐全；高度 4.5 米以上	1100
厂房（砖木）	二	24 厘米眠墙；内墙粉水泥灰；普通木屋架；双开门、三开玻璃窗；瓦屋面；水泥地面；砖砌明沟排水；室内水电齐全；高度 4.5 米以上	680

续表

结构	类别	结构装饰装修要求	补偿标准
砖混（部分框架）	三	1. 桩基础或深度在 2.5 米 以上的开挖基础，承台、圈梁结构 2. 全部为眠砖、水泥或混合砂浆砌筑；现浇楼梯、客厅、厨房、卫生间地面；有圈梁、过梁、挑梁、砼柱、天沟；有隔热层，现浇屋面或坡屋面盖瓦；房屋结构完整，标准层高为 3.2 米以上 3. 外墙满贴外墙砖，有琉璃饰物及石质材料贴面 4. 客厅、卧室为实木地面；其余为石质或瓷砖地面 5. 木制或石膏、金属装饰吊顶；木制墙裙；固定壁柜；门、窗套装饰 6. 防盗门、防盗窗、铝合金门窗 7. 厨房、卫生间设施配套齐全，室内水、电、卫设施齐全 8. 进户水、电及排水设施齐全	1320
砖混	四	1. 桩基础或深度在 1.5 米以上的砼、砖石基础，承台或圈梁结构 2. 全部为眠砖、混合砂浆砌筑；现浇楼梯、厨房、卫生间底板，其余为预制构件；有圈梁、过梁、挑梁、砼柱、天沟；有隔热层，现浇屋面或坡屋面盖瓦；房屋结构完整，标准层高为 3.2 米以上 3. 外墙全粉饰部分贴外墙砖；有琉璃饰物及石质材料贴面 4. 客厅、卧室、生活配套房地面为瓷砖或石质材料贴面；部分实木地面 5. 木制或石膏角线；木制或其他材料墙裙；固定壁柜；有门、窗套装饰 6. 防盗门、防盗窗、铝合金门窗；部分木制门窗带纱 7. 厨房、卫生间设施配套齐全，室内水、电、卫设施齐全 8. 进户水、电及排水设施齐全	1210
砖混	五	1. 深度在 1.5 米以上的砼、砖石基础，承台或圈梁结构 2. 眠砖墙、部分空斗砖墙，现浇楼梯、厨房、卫生间地板，其余为预制构件；有圈墙、过梁、挑梁、砼或砖柱、天沟；有隔热层或坡屋面盖瓦，房屋结构完整，标准层高 3.2 米以上 3. 外墙部分粉饰，有瓷砖或石质材料贴面 4. 客厅、卧室、生活配套房地面为瓷砖或石质材料贴面，部分为水泥或其他饰面材料地面 5. 木制角线或石膏线，有固定壁柜，部分墙裙、门套；木制门、窗带纱，普通防盗门、窗，部分铝合金窗 6. 厨房、卫生间设施齐全，室内外水、电及排水设施齐全	1100
砖混	六	1. 深度在 1.5 米以上的砼、砖石基础，承台或圈梁结构 2. 眠砖墙、部分空斗砖墙，现浇楼梯、厨房、卫生间地板，其余为预制构件；有圈墙、过梁、挑梁、砼或砖柱、天沟；有隔热层或坡屋面盖瓦，房屋结构完整，标准层高 3.2 米以上 3. 外墙部分粉饰 4. 客厅、卧室、生活配套房部分为水泥或其他饰面材料地面 5. 普通防盗门、窗 6. 厨房、卫生间设施齐全，室内外水、电及排水设施齐全	900

续表

结构	类别	结构装饰装修要求	补偿标准
砖木	七	1. 深度在1.5米以上砼、砖石基础，承台或圈梁结构 2. 空斗砖墙，部分眠砖墙；有圈梁、过梁、挑梁、砖柱结构；天沟、隔热层或坡屋面盖瓦；房屋结构完整，标准层高3.4米以上 3. 客厅、卧室、生活配套房水泥地面或部分瓷砖，石材贴面，外墙有部分粉饰或瓷砖贴面 4. 普通内墙面、顶棚装饰、木制门窗带纱；防盗网，部分铝合金窗 5. 厨房、卫生间设施齐全，室内外水、电及排水设施齐全	680
	八	1. 深度在1.2米以上砼、砖石基础，承台或圈梁结构 2. 空斗砖墙，部分眠砖墙，有圈梁、过梁、挑梁、砖柱结构；天沟、隔热层或坡屋面盖瓦，房屋结构完整，标准层高3.4米以上 3. 客厅、卧室、生活配套房水泥地面或部分瓷砖，石材贴面，外墙有粉饰 4. 普通内墙粉饰、木制门窗带纱；有防盗网 5. 厨房、卫生间设施齐全，室内外水、电及排水设施齐全	
砖（土）木	九	1. 深度在1.2米以上砖石基础，有圈梁或承台 2. 空斗砖墙，部分眠砖或土砖、土筑墙；有隔热层、坡屋面盖瓦；房屋结构完整，标准层高在3.4米以上 3. 室内地面为水泥或部分瓷砖；外墙有粉饰；门窗齐全带纱；室内粉饰，带防盗网 4. 厨房、卫生间设施齐全；室内外水、电及排水设施齐全	600
土（全）木	十	1. 深度在1.2米以上砖石基础，有圈梁或承台 2. 空斗砖墙，土砖、土筑墙；有隔热层、坡屋面盖瓦；房屋结构完整，标准层高在3.4米以上 3. 室内地面为水泥或部分瓷砖；门窗齐全带纱；室内粉饰 4. 有厨房、卫生间设施；水、电及排水设施齐全	500
杂屋	十一	1. 基础深度1米以上，砖石基础，有圈梁 2. 各类材料砌筑墙体；室内外有粉刷；水泥或部分瓷砖地面；门窗齐全；有隔热层，屋面完整，高度3米以上 3. 水、电及排水设施齐全	320
棚屋	十二	1. 基础深度1米以上，砖石基础 2. 一方或一方以上有围护墙；屋面完整，平均高度在2.5米以上，有水、电在使用 3. 水泥地面或其他地面	180
棚子	十三	1. 平均高度2米以上 2. 屋面完整 3. 水泥或其他地面	100

注：本补偿标准含空内外装饰、装修。

桃江县房屋成色勘估表

完损程度 \ 房屋成新 \ 已使用年限 \ 耐用年限 \ 房屋结构		钢混结构	砖混结构	砖木结构	简易结构
		60 ~ 80 年	40 ~ 60 年	30 ~ 50 年	10 ~ 25 年
完好房	十成	8 年以内	6 年以内	5 年以内	3 年以内
	九成	9 ~ 16	7 ~ 12	6 ~ 10	4 ~ 6
基本完好房	八成	17 ~ 24	13 ~ 18	11 ~ 16	7 ~ 9
	七成	25 ~ 32	19 ~ 24	16 ~ 20	10 ~ 12
	六成	33 ~ 40	25 ~ 30	21 ~ 25	13 ~ 15
一般损坏房	五成	41 ~ 48	31 ~ 36	26 ~ 30	16 ~ 18
	四成	49 ~ 56	37 ~ 42	31 ~ 35	19 ~ 21
严重损坏危房	三成及以下	57 年以上	43 年以上	36 年以上	22 年以上
说明		1. 房屋经过翻修改建的，按新结构和成新勘估 2. 房屋经过大、中、小修的，仍按原结构和原使用年限勘估，但大修可提高四至五成，中修可提高二至三成，小修可提高一成 3. 如虽然使用期长，但由于管理养护好，成新度过高的房屋，可以提高成新一至二成；反之可以降低成新一至二成			

附件 6

桃江县家禽畜类动物规模化养殖转运补助标准

品　　种		补助标准	备　　注
生猪	幼崽	30 元 / 头	该补偿只限于规模化专业养殖场； 养殖规模在标准以下的不予补助； 续养场所由被征收人自行解决，不另行补偿
	成年	80 元 / 头	
	孕期	500 元 / 头	
鸡、鸭、鹅等家禽类		2 元 / 只	

说明：其他畜类的转运费参照生猪的补助标准；其他禽类的转运费参照鸡、鸭、鹅的补助标准

附件 7（略）

附件 8

室外其他设施及其他地上附着物补偿标准

项目	单位	补偿标准（元）	说明
24 眠墙	平方米	120	限于主体建筑以外
24 有眠斗墙	平方米	70	限于主体建筑以外
13 墙	平方米	60	限于主体建筑以外
土筑墙	平方米	38	限于主体建筑以外

续表

项目	单位	补偿标准（元）	说明
粉灰墙面刮瓷涂	平方米	8	限于主体建筑以外
墙面贴瓷（釉）面砖	平方米	80	限于主体建筑以外
墙面贴马赛克	平方米	80	限于主体建筑以外
不锈钢围栏	平方米	120	限于主体建筑以外
欧式围墙	平方米	180	限于主体建筑以外
铁丝围栏	平方米	30	限于主体建筑以外

注：凡利用旧砖、节砖、泥浆砌墙体，按各单项标准的 30% 减扣。

附件 9

其他地上附着物补偿标准

项目	名称	单位	补偿标准（元）	说明
晒坪	水泥坪	平方米	65	厚度不少于 8 厘米
	沥青坪	平方米	150	沥青层厚度不少于 6 厘米，补偿含垫层
	三合土坪	平方米	35	厚度不少于 8 厘米
	土坪	平方米	20	—
道路	土路	平方米	20	只限机耕道
	泥沙卵石道路	平方米	45	—
	炉渣碎石道路	平方米	38	—
	砼道路	平方米	130	厚度不少于 20 厘米
	沥青道路	平方米	220	沥青层厚度不少于 6 厘米，补偿含垫层
砌石	片石砌挡土墙	平方米	220	浆砌
	片石砌挡土墙	平方米	170	干砌
	片石护坡	平方米	92	浆砌
	片石护坡	平方米	74	干砌
	窖	座	600	—
水池	水池、粪池	立方米	150	砖砌粉水泥，5 立方米以内
	水池、粪池	立方米	130	砖砌粉水泥，5 立方米以上
	三砂池	立方米	55	10 立方米以上部分按 30 元 / 立方米计算
	不锈钢水塔	个	200	拆装费
井	沼气池	套	4000	包括管道、气表等
	红砖水井	米	300	包括抽水设备

续表

项目	名称	单位	补偿标准（元）	说明
井	土井	米	180	—
	钻孔井	个	4000	包括抽水设备
室外排水设施	砖砌暗沟	米	80	离主体建筑物 1 米以上
	暗砼涵管 φ30 厘米	米	65	离主体建筑物 1 米以上
	暗砼涵管 φ50 厘米	米	98	离主体建筑物 1 米以上
	暗砼涵管 φ80 厘米	米	125	离主体建筑物 1 米以上
	铸铁管 φ10 厘米	米	105	离主体建筑物 1 米以上
	塑料管 φ10 厘米	米	50	离主体建筑物 1 米以上
家用室外用电设施	电杆	米	100	—
	照明线	米	5	—
	动力线	米	20	—

注：对达不到灰、浆砌体和粉灰要求的水泥池，按各单项标准的 30% 扣减。

附件 10

网络、有线电视、空调装移等补偿标准

名称	单位	补偿金额（元）	说明
有线电视	户	400	移装费一次性包干补偿
网络	户	400	同上
空调	台	400	同上
三相电表	户	6000	同上
燃气	户	2800	同上
太阳能热水器	台	400	同上

桃江县人民政府
关于印发《桃江县建设用地审批管理办法》的通知

桃政发〔2021〕5号

各乡镇人民政府，县直各相关部门：

《桃江县建设用地审批管理办法》已经县人民政府2021年第6次常务会议审议通过，现印发给你们，请遵照执行。

桃江县人民政府

2021年6月19日

桃江县建设用地审批管理办法

第一条 为加强建设项目用地管理，充分发挥土地宏观调控作用，根据《中华人民共和国土地管理法》等有关法律、法规，结合我县实际，制定本办法。

第二条 县自然资源主管部门负责建设用地的申请受理、审查、报批工作。

第三条 建设项目在审批、核准、备案阶段，建设单位应当向县自然资源主管部门提出建设项目用地预审与选址申请，县自然资源主管部门依据土地利用总体规划、城乡规划、用途管制、土地使用标准和国家土地供应政策依法对建设项目涉及的有关土地利用事项进行审查。

第四条 建设项目申请用地预审与选址应当提交下列资料：

（一）建设项目用地预审与选址申请表；

（二）申请报告；

（三）拟建项目用地范围的标准地形图；

（四）审批项目建议书的建设项目提供项目建议书批复文件，直接审批可行性研究报告或者需核准的建设项目，提供建设项目列入相关规划或产业政策的文件；

（五）在国土空间规划或者相关专项规划图上的用地范围 图、平面布置图。

第五条 已经核发用地预审与选址意见书的建设项目，在用地报批阶段，点状、块状建设项目所涉及规模和区位应控制在用地预审与选址范围内，线性工程建设项目选址发生局部调整，总用地规模超过用地预审与选址规模10%以上的，需重新办理用地预审与选址意见书手续。用地预审与选址意见书自批准之日起三年内有效。

第六条 项目用地应尽量避让耕地，特别是永久基本农田，确实无法避让的，要坚持能占劣不占优、能少占不多占。除国家规定允许占用永久基本农田的重大建设项目外，其他建设用地项目一律不得占用永久基本农田。

第七条 圈内批次用地占用耕地比例不得超过50%；圈外单独选址用地，其中点状、块状用地占用耕地比例原则上不得超过20%，线性工程占用耕地比例原则上不得超过50%，因特殊原因确需超过的须提供项目选址比选方案，报省自然资源厅用地审查报批联审组会议集体审议。其中加油站、搅拌站建设项目超过以上占用耕地比例的，不予进行审查报批。

属于下列项目情形之一的，严禁占用耕地：

（一）机动车交易市场、家具城、建材城等大型商业设施项目；

（二）大型游乐设施、主题公园、仿古城项目；

（三）低密度、大套型住宅项目；

（四）赛车场项目；

（五）公墓项目；

（六）机动车训练场项目。

第八条 严禁建设项目用地涉及国家公园、自然保护区、森林公园的生态保育区和核心景观区、风景名胜区的核心景区、地质公园的地质遗迹保护区、世界自然遗产的核心区和缓冲区、湿地公园的保育区和恢复重建区、饮用水源地的一级保护区、水产种质资源保护区的核心区等九大类保护区及生态红线。

第九条 国家和地方尚未颁布土地使用标准和建设标准的建设项目，或确需突破土地使用标准确定的规模和功能分区的建设项目，须开展建设项目节地评价。

第十条 办理征地报批时，所涉及的地块需安装摄像头，确保对项目在报批、征地拆迁、储备、供应等阶段进行全程监控监管。

第十一条 征收土地时，县人民政府应当在拟征收土地所在的乡（镇）和村、村民小组范围内发布拟征地公告，拟征地公告时间为十个工作日。公告内容包括征收范围、征收目的、开展土地现状调查的安排等。在拟征地公告发布之日起，任何单位和个人不得在拟征地范围内抢栽抢建；对违反规定抢栽抢建的，不予补偿。

第十二条 县人民政府授权的县征地拆迁安置与房屋征收补偿事务中心应当及时组织开展拟征收土地现状调查，内容包括土地的权属、地类、面积，以及农村村民住宅、其他地上附着物和青苗等的权属、种类、数量等信息。同时组织第三方机构开展有被征收土地农民代表参加的社会稳定风险评估，对征收土地的社会稳定风险状况进行综合研判，确定风险点，并提出风险防范措施和处置预案。

第十三条 县人民政府应当在拟征收土地所在的乡（镇）和村、村民小组范围内发布征地补偿安置公告，听取被征地农村集体经济组织及其成员、村民委员会和其他利害关系人的意见，公告时间为三十日。多数被征地农村集体经济组织成员认为征地补偿安置方案不符合法律、法规规定的，县人民政府应当组织听证，并根据法律、法规的规定和听证会情况，对征地补偿安置方案修改后进行公告；如没有申请听证，则应当提供放弃听证决议。

第十四条 拟征收土地的所有权人、使用权人应当在公告规定期限内，持不动产权属证明材料办理补偿登记。

第十五条 县人民政府根据有关法律、法规和听证情况确定征地补偿安置方案后，应及时落实有关费用，并组织相关部门与拟征收土地的所有权人、使用权人签订征地补偿安置协议。

第十六条 征收土地方案经省人民政府批准后，建设单位应当做到所报地块使用性质、容积率等规划条件明确，确保半年内“净地”供应。

第十七条 本办法自发布之日起施行。

中共桃江县委办公室　桃江县人民政府办公室印发《关于贯彻落实〈新时代公民道德建设实施纲要〉的实施方案》《关于贯彻落实〈新时代爱国主义教育实施纲要〉的实施方案》的通知

桃办发〔2021〕2 号

各乡镇党委、人民政府，县委各部办委，县直机关及省、市驻桃各单位：

为经县委、县人民政府同意，现将《关于贯彻落实〈新时代公民道德建设实施纲要〉的实施方案》《关于贯彻落实〈新时代爱国主义教育实施纲要〉的实施方案》印发给你们，请认真学习贯彻落实。

中共桃江县委办公室　桃江县人民政府办公室

2021 年 1 月 26 日

关于贯彻落实《新时代公民道德建设实施纲要》的实施方案

为进一步加强全县公民道德建设，提高全社会道德水平，根据省委、省政府《关于贯彻落实〈新时代公民道德建设实施纲要〉的实施意见》（湘发〔2020〕8 号），市委办、市政府办《关于贯彻落实〈新时代公民道德建设实施纲要〉的实施方案》（益办发〔2020〕7 号）文件精神，结合实际，特制订如下实施方案。

一、组织领导

建立桃江县新时代公民道德建设联席会议制度，县委副书记任召集人，县委常委、宣传部部长任副召集人，联席会议成员单位由县纪委监委、县委办、县政府办、县委组织部、县委宣传部、县委统战部、县委政法委、县委网信办、县发展和改革局、县教育局、县科学技术和工业信息化局、县民政局、县自然资源局、县交通运输局、县农业农村局、县文化旅游广电体育局、县卫生健康局、市生态环境局桃江分局、县总工会、县妇联、团县委、县科协组成。联席会议下设办公室，办公室设在县委宣传部，办公室主任由县委宣传部分管副部长兼任。联席会议每年召开一次，由联席会议办公室召集，成员单位轮流主办，主要职责是研究部署公民道德建设工作任务和主题活动，分析评估公民道德建设进展成效，及时总结推广成功经验和创新做法。

二、工作内容

（一）加强学习教育宣传，充分发挥先进模范的道德引领作用。各乡镇、各部门单位要把《新时代公民道德建设实施纲要》纳入党委（党组、工委）理论学习中心组和党员干部学习内容，依托主题党日活动、重要节庆和传统节日以及各级爱国主义、科普、国防等教育基地，图书馆、文化馆、档案馆等公共文化设施，面向广大党员群众和青少年开展道德教育。要充分利用宣传栏、户外广告、电子显示屏、门户网站等广泛开展《新时代公民道德建设实施纲要》宣传活动，加强道德公益广告创作和宣传，积极营造明德守礼的浓厚氛围。各乡镇、各部门单位要完善重大典型选树宣传工作机制，推动崇尚英雄、尊重模范、学习榜样成为社会风尚。广泛开展道德模范、重大典型、最美人物、身边好人、新时代好少年等先进人物推荐评选活动，引导人们见贤思齐、择善而从。组织先进模范人物进机关、进校园、进社区、进企业等，开展主题宣讲活动。结合“我们的节日”活动，开展礼遇帮扶道德模范和先进人物，充分体现党和政府对道德模范的关爱，彰显先进模范的崇高社会地位，推动形成“好人有好报”的价值导向。结合各类先进典型颁奖典礼、主题广场（公园）、“9·20”公民道德宣传日，多渠道、多层次、全方位宣传展示我县公民道德建设的成果。（责任单位：县委宣传部、县委组织部、县委网信办、县教育局、县文化旅游广电体育局、县融媒体中心、县总工会、县妇联、团县委等）

（二）加强未成年人思想道德建设。教育部门要把立德树人贯穿教育全过程，建立完善师德师风教育长效机制，加强思政课教师、辅导员队伍建设，引导教师以德立身、以德立学、以德施教、以德育德，使传授知识过程成为道德教化过程。充分利用好乡村学校少年宫、马迹塘战史陈列馆、张子清纪念馆等资源，组织中小学生开展“扣好人生第一粒扣子”“传承红色基因”“传承中华优秀传统文化”“学雷锋志愿服务”等系列主题活动和升国旗唱国歌、传承红色基因等红色主题教育。加强和改进未成年人思想道德建设工作机制，建立健全《未成年人思想道德建设协调领导小组工作制度》，完善家庭、学校、政府、社会相结合的育人网络，促进未成年人健康成长、全面发展。（责任单位：县教育局、县委宣传部、县总工会、团县委等）

（三）加强网络空间道德建设。网信部门要深入实施网络内容建设工程，优化新媒体平台建设，积极培育和引导互联网公益力量，壮大网络公益队伍，广泛开展形式多样的网络公益活动，形成线上线下踊跃参与公益事业的生动局面。加强网络从业人员教育培训，引导和规范网上行为主体的网络行为和道德实践。加大网络综合治理力度，依法用网管网治网，开展网络治理专项行动，维护网络道德秩序，营造风清气正的网络空间。（责任单位：县委网信办、县民政局、县公安局、县文化旅游广电体育局、县数据资源服务中心等）

（四）深入道德建设领域研讨，持续推进信用桃江建设。各乡镇、各部门单位要整合各系统行业、专家学者等师资资源，围绕筑牢理想信念之基、培育和践行社会主义核心价值观、传承中华传统美德、弘扬民族精神和时代精神等内容，加强对道德发展前瞻性、趋势性问题的研究，及时总结推广成功经验和创新做法，推动形成公民道德建设蓬勃开展、深入发展的良好局面。各行业各系统要制定诚信公约，加快个人诚信、政务诚信、商务诚信、社会诚信和司法公信建设，构建覆盖全社会的征信体系，健全守信联合激励和失信联合惩戒机制，开展诚信缺失突出问题专项治理，提高全社会诚信水平。深入开展“诚信行业”“诚信单位”“诚信经营示范店”创建等主题活动，增加守信红利、提高失信代价，宣传推介诚信先进集体，激励人们更好地讲诚实、守信用。要加大诚信宣传教育力度，开展诚信公益广告宣传和诚信主题实践活动，把诚信建设作为群众性精神文明创建活动的重要内容。（责任单位：县委党校、县委组织部、县委宣传部、县教育局、县发展和改革局、县市场监督管理局、县融媒体中心、县创建办等）

（五）精神文明创建活动突出“公民道德建设”主题。各党政机关、各行业系统要积极开展文明城市、文明村镇、文明单位、文明家庭、文明校园等创建活动，把公民道德建设摆在更加重要的位置，突出道德要求，充实道德涵养，将社会公德、职业道德、家庭美德、个人品德建设贯穿创建全过程。增强文明家庭创建的针对性实效性，以“潇湘家书”活动引导家教、家风建设，广泛开展“文明家庭”推选活动，注重发挥党员干部树立良好家风的带头作用。持续开展文明社区（小区）、文明窗口单位、文明风景旅游区、文明餐饮示范店创建活动，加强文明单位（行业）动态管理，以扎实有效的创建工作推动全民道德素质提升。（责任单位：县委宣传部、县纪委监委、县教育局、县妇联、县创建办等）

（六）深入推进新时代文明实践中心建设。县新时代文明实践中心要抓好示范引领，整合盘活基层现有阵地资源，逐步形成以村民服务中心为枢纽的文明实践活动圈，深化志愿服务网格化管理，积极组织开展志愿服务主题活动，不断提高志愿服务项目化智慧化水平。建立文明实践供需网络库，积极探索新时代文明实践与融媒体中心、政务服务中心等平台的互联互通，搭建文明实践联通网络，实现文明实践活动精准化。开展道德实践养成活动，围绕深化道德教育引导，组织各新时代文明实践所、站、基地等广泛开展文明出行、文明交通、文明旅游、文明就餐、移风易俗、志愿服务、践行绿色生产生活方式、禁止餐饮浪费等实践活动，引导人们自觉遵守社会交往、公共场所中的文明规范。积极开展“文明餐桌”“绿色环保自行车邀请赛”“美丽乡村越野跑”等主题活动，倡导简约适度、绿色低碳、文明健康的生活方式，培养良好卫生习惯。组织广大志愿者采取联村联点入户等形式开展革除陈规陋习宣传引导，形成勤劳致富、节俭节约的道德风尚。（责任单位：县新时代文明实践中心、县委组织部、县教育局、县卫生健康局、县公安局、县交通运输局、县商务局、县文化旅游广电体育局、县总工会、团县委、县政务服务中心、各乡镇等）

（七）深入推进移风易俗工作。各乡镇、各部门单位要持续深化文明节俭操办婚丧喜庆事宜工作，大力倡导婚事新办、丧事简办、其他喜庆事不办，破除铺张浪费、薄养厚葬、人情攀比等不良习俗。提倡科学精神，普及科学知识，抵制迷信和腐朽落后文化，防范极端宗教思想和非法宗教势力渗透。增强节约意识、环保意识、生态意识和卫生意识，围绕各类宣传月（周、日）广泛开展多种形式的主题宣传实践活动。开展创建节约型机关、绿色家庭、绿色学校、绿色社区、绿色出行和垃圾分类等行动，倡导简约适度、绿色低碳、安全卫生的生活方式，拒绝奢华浪费，倡树文明新风。加强道德档案建设，突出实践导向，3 年内所有村镇（社区）全部建立道德档案、移风易俗红黑榜，健全管理、考评、奖励等配套制度。（责任单位：县委宣传部、县委统战部、县教育局、县科学技术和工业信息化局、县自然资源局、县农业农村局、市生态环境局桃江分局、县科协、县机关事务服务中心等）

（八）抓好文艺作品创作生产。丰富高质量文化产品供给，坚持以人民为中心的创作导向，加强道德建设题材创作生产，推出反映社会主义核心价值观、讴歌人民崇高道德品质的文艺精品。落实“崇德尚艺、潜心耕耘，做有信仰、有情怀、有担当的新时代文化工作者”主题实践活动，传承弘扬中华优秀传统文化，深入挖掘桃江传统道德文化的当代意义。用健康向上的文艺作品温润心灵、启迪心智、引领风尚，引导人们增强道德判断力和道德荣誉感，向往和追求讲道德、尊道德、守道德的生活。（责任单位：县委宣传部、县文化旅游广电体育局、县文联等）

（九）强化道德建设的法治保障。各系统各行业要认真贯彻落实市委办、市政府办《关于进一步把社会主义核心价值观融入法治建设的指导意见》（益办〔2017〕49号），充分发挥法治对道德建设的保障和促进作用，把道德建设贯穿法治建设的全过程，用制度规范净化社会风气，有效治理陈规陋习，以法治的力量维护道德、凝聚人心，营造全社会讲法治、重道德的良好风气。（责任单位：县委政法委、县人大办、县委宣传部、县司法局等）

（十）深化道德领域突出问题治理。综合施策、标本兼治，运用经济、法律、技术、行政和社会管理、舆论监督等各种手段，有力惩治失德败德、突破道德底线的行为。组织开展道德领域突出问题专项治理，加大重点领域执法力度，着眼维护人民群众的道德需求，加大涉黄涉赌、食品药品安全、环境保护、社会保障、医疗卫生、“扫黄打非”等重点领域执法力度，不断净化社会环境。依法依规严肃惩戒污蔑诋毁英雄、伤害民族感情的恶劣言行，发挥警示教育作用。建立惩戒失德行为常态化机制，以法治的力量维护道德，形成扶正祛邪、惩恶扬善的社会风气。（责任单位：县委政法委、县委宣传部、县人民法院、县人民检察院、县发展和改革局、县公安局、县人力资源和社会保障局、县文化旅游广电体育局、县卫生健康局、县退役军人事务局、县市场监督管理局、市生态环境局桃江分局等）

三、工作要求

（一）压实工作责任。各乡镇、各部门单位要担负起公民道德建设的领导责任和主体责任，将其摆上重要议事日程，纳入全局工作谋划推进，有机融入经济社会发展各方面；要坚持目标导向、问题导向、效果导向，协同联动、久久为功，以思想道德建设新成效弘扬新风正气、提振人民精气神。

（二）务求工作实效。各乡镇、各部门单位要与工作实际相结合，创新工作方法，强化教育引导、实践养成，全面推进社会公德、职业道德、家庭美德、个人品德建设，提升全县公民道德素质。

（三）强化督查考核。要把《新时代公民道德建设实施纲要》纳入意识形态工作责任制和文明城市、文明单位、文明村镇、文明校园创建考核内容，县委宣传部结合意识形态工作和文明创建工作同步进行督查，督查结果作为考核的重要依据。

关于贯彻落实《新时代爱国主义教育实施纲要》的实施方案

为贯彻落实《新时代爱国主义教育实施纲要》(以下简称《纲要》),进一步加强我县爱国主义教育,根据省委、省政府《关于贯彻落实〈新时代爱国主义教育实施纲要〉的实施意见》(湘发〔2020〕8号),市委办、市政府办《关于贯彻落实〈新时代爱国主义教育实施纲要〉的实施方案》(益办发〔2020〕7号)文件精神,结合我县实际,制订如下实施方案。

一、指导思想

坚持以马克思列宁主义、毛泽东思想、邓小平理论、"三个代表"重要思想、科学发展观、习近平新时代中国特色社会主义思想为指导,增强"四个意识",坚定"四个自信",做到"两个维护",着眼培养担当民族复兴大任的时代新人,始终高扬爱国主义旗帜,充分调动社会各界爱国热情和社会担当,共同推进爱国主义教育事业,着力培养爱国之情、砥砺强国之志、实践报国之行,使爱国主义成为全县人民的坚定信念、精神力量和自觉行动。

二、组织领导

建立桃江县新时代爱国主义教育联席会议制度,对全县新时代爱国主义教育实施统一领导和统筹协调。联席会议由县委副书记牵头,县委常委、宣传部部长具体负责,县纪委监委、县委办、县人大办、县政府办、县委组织部、县委宣传部、县委统战部、县委政法委、县委网信办、县委编办、县关工委、县教育局、县公安局、县民政局、县司法局、县财政局、县住房和城乡建设局(县人民防空办公室)、县农业农村局、县文化旅游广播体育局、县退役军人事务局、县城市管理和综合执法局、县总工会、县妇联、团县委、县科协、县残联、县侨联、县文联、县委党校、县融媒体中心等单位为成员。

联席会议原则上每年召开一次,部署任务,总结经验,进行工作指导和沟通协调,研究解决重要事项和存在问题。如遇重要任务和重大事情,可以随即召开专题会议。

三、主要任务

(一)抓重点带一般,促推新时代爱国主义教育全面覆盖。加强学校思想政治教育工作,强化思想政治理论教师队伍建设,配齐建强思政课专职教师师资力量,建设专职为主、专兼结合、数量充足、素质优良的思政课教师队伍。(责任单位:县教育局等)

加强党员干部学习教育。深入学习习近平总书记关于弘扬新时代爱国主义精神的重要论述和党史、国史、改革开放史、社会主义发展史。(责任单位:县委组织部、县委党校、县直机关工委等)(列第一的为牵头单位,下同)

加强社会各界人士学习教育。深化各民主党派、无党派人士和宗教界人士、信教群众的爱国主义教育。各级工会、共青团、妇联和文联、科协、侨联、残联以及关工委等,要发挥各自优势,面向所联系的领域和群体广泛开展爱国主义教育。(责任单位:县委统战部、县委组织部、县关工委、县总工会、县妇联、团县委、县科协、县残联、县侨联、县文联等)

(二)强引导重治理,营造新时代爱国主义教育浓厚氛围。坚持典型引领。大力宣传革命、建设、改革时期涌现出的桃江籍英雄模范和时代楷模、道德模范、最美人物以及身边好人,做好先进模范人物的关心帮扶工作,落实相关待遇和礼遇。(责任单位:县委宣传部、县民政局、县退役军人事务局等)

强化舆论引导。充分发挥大众传媒宣传引导作用,努力创新方法手段,组织开展各类爱国主义教育主题宣传;加快推进融媒体中心建设,推进公益宣传平台传播工程,做好重大主题社会宣传。(责任单位:县委宣传部、县委网信办、县城市管理和综合执法局、县融媒体中心等)

推进依法治理。综合运用行政、法律手段,对不尊重国歌、国旗、国徽等国家象征与标志,对破坏、污损爱国主义教育场所设施,对宣扬美化侵略战争和侵略行为等非法和有害言行,依法依规进行严肃处理。依法严惩暴力恐怖、民族分裂等危害国家安全和社会稳定的犯罪行为。(责任单位:县委政法委、县纪委监委、县公安局、县司法局等)

(三)建机制抓落实,健全新时代爱国主义教育保障体系。建立健全人才机制。充分发挥"双百人才库"和学校师资力量作用,成立专家团队,围绕全县爱国主义教育开展研讨工作。(责任单位:县委组织部、县教育局、县委党校等)

建立健全工作机制。培育和发挥基层组织力量,把爱国主义教育融入新时代文明实践中心建设、学雷锋志愿服务、精神文明创建之中，把爱国主义精神融入市民公约、村规民约、学生守则、行业规范、团体章程等。（责任单位：县民政局、县委宣传部、县教育局、县文化旅游广播体育局、团县委等）

建立健全投入机制。财政部门要结合实际将爱国主义教育基地免费开放经费列入当地政府财政预算；编办要保障各爱国主义教育基地的人员编制；县人武部要依托各类资源，支持国防教育基地的建设。（责任单位：县委办、县政府办、县人武部、县委编办、县财政局、县退役军人事务局等）

建立健全考核机制。结合意识形态工作和文明创建工作组织考核，把《纲要》落实情况纳入意识形态工作责任制和全国文明城市创建考核内容。（责任单位：县委宣传部、县创建办等）

四、活动安排

各乡镇、各部门单位要围绕爱国主义教育主题，常态化地开展系列活动：

（一）开展青少年爱国主义教育活动。开展全县思想政治公开课“大比武”活动。在全县评选优秀教案、优秀课程，推树一批思想政治理论名师和教学团队。（责任单位：县教育局、团县委等）

开展文明校园创建系列活动。定期组织学生开展军事训练、夏令营冬令营、文化科技卫生“三下乡”、学雷锋志愿服务，组织先进人物进校园等活动。（责任单位：县委宣传部、县教育局等）

开展主题阅读和征文系列活动。依托学校、图书馆、“学习强国”平台、农家书屋等阵地，面向社会聚焦青少年，开展主题阅读实践和征文活动；结合全民阅读活动，积极推荐爱国主义教育主题出版物。（责任单位：县委宣传部、县教育局、县文化旅游广播体育局等）

（二）开展党员干部主题教育实践系列活动。组织领导干部定期上台讲授思想政治理论课或作形势政策报告；组织动员党员干部、群众、学生到各爱国主义教育基地参观打卡；认真组织宪法宣誓仪式，定期组织入党入团入队集中宣誓仪式；开展法治文化建设等活动，使普法过程成为爱国主义教育过程。（责任单位：县委组织部、县人大办、县委宣传部、县直机关工委、县教育局、县司法局、团县委等）

（三）结合国家重大庆典开展活动。紧扣全面建成小康社会、中国共产党成立100周年等重大时间节点，开展大型成就展览等庆祝活动，组织创作一批优秀文艺作品，在政府门户网站设立专栏转载。（责任单位：县委宣传部、县文化旅游广播体育局、县文联等）

开展“同升国旗、同唱国歌”活动。各乡镇、各部门单位在元旦、春节、国际劳动节、国庆节等重大节庆日期间，按照相关规定组织悬挂国旗、开展升国旗仪式；县融媒体中心每天定时在主频率、主频道播放国歌。（责任单位：县委组织部、县委宣传部、县教育局、县文化旅游广播体育局、县城市管理和综合执法局、团县委、县融媒体中心等）

（四）广泛开展文化活动。开展群众文化活动。组织开展桃江县“文化科技卫生”三下乡活动、“欢乐潇湘”系列活动、“我们的中国梦”——文化进万家文艺会演、“送戏下乡”戏曲巡演、广场舞大赛、桃江公众大戏台“周末大剧场”、桃花江文化大讲堂、“潇湘红色故事汇”宣讲等活动，让爱国热情深入基层。（责任单位：县委宣传部、县文化旅游广播体育局等）

开展传统和现代节日系列文化活动。深化“我们的节日”主题活动，利用春节、元宵、清明、端午、七夕、中秋、重阳等重要传统节日，开展“元宵佳节舞花灯”“端午龙舟赛”“我们的节日·七夕”等具有桃江地方特色的文化活动；结合元旦、“三五”学雷锋日、“三八”国际妇女节、“五一”国际劳动节、“五四”青年节、“六一”国际儿童节和中国农民丰收节、“十一”国庆节等，组织“新民俗”活动、各类庆祝活动、文明实践活动、志愿服务活动等。（责任单位：县委宣传部、县教育局、县农业农村局、县文化旅游广播体育局、县总工会、县妇联、团县委等）

（五）开展缅怀先烈纪念活动。在中国人民抗日战争胜利纪念日、烈士纪念日、南京大屠杀死难者国家公祭日和清明节等期间，精心组织公祭、瞻仰纪念碑、祭扫烈士墓、拉防控警报等纪念活动。（责任单位：县退役军人事务局、县人民防空办公室等）

（六）开展弘扬互联网爱国主义主旋律系列活动。开展“清网”“净网”行动，对网络生态进行治理；通过“桃江广播电视台”“新桃江”“桃江在线”“桃江融媒”的抖音、微信、微博公众平台等新媒体，制作推介体现爱国主义内容、适合网络传播的网络文学、音频、短视频、纪录片、微电影；组织对网络作家进行网络空间道德建设专题辅导等。（责任单位：县委网信办、县融媒体中心等）

五、具体要求

（一）加强组织领导。各乡镇、各部门单位要担负起爱国主义教育的领导责任和主体责任，健全党委统一领导、党政齐抓共管、宣传文化部门统筹协调、有关部门各负其责的工作格局，将其摆上重要议事日程，纳入全局工作谋划推进，有机融入经济社会发展各方面。

（二）强化责任落实。各责任（牵头）单位，要对标本方案的工作任务和活动安排，细化工作方案、创新活动形式，确保爱国主义教育各项工作落到实处。

（三）严格督查考核。此项工作的落实情况纳入县委意识形态工作责任制考核内容，确保责任压实到位。

中共桃江县委办公室　桃江县人民政府办公室 印发《关于全面执行林长制的实施方案》的通知

桃办〔2021〕40号

各乡镇党委、人民政府，县委各部办委，县直机关及省、市驻桃各单位：

为《关于全面执行林长制的实施方案》已经县委、县人民政府同意，现印发给你们，请认真贯彻执行。

中共桃江县委办公室　桃江县人民政府办公室

2021年12月7日

关于全面执行林长制的实施方案

为深入践行习近平生态文明思想，全面贯彻落实《中共中央办公厅国务院办公厅印发〈关于全面推行林长制的意见〉的通知》（厅字〔2020〕34号）、《中共湖南省委办公厅湖南省人民政府办公厅印发〈关于全面推行林长制的实施意见〉的通知》（湘办〔2021〕20号）和《中共益阳市委办公室益阳市人民政府办公室印发〈关于全面推行林长制的实施方案〉的通知》（益办〔2021〕20号），全面健全压实"党政同责、部门协同、源头治理、全域覆盖"县乡村三级责任体系，贯彻落实上级推进林长制工作决策部署，长效解决森林湿地草原资源保护发展的内生动力、长远发展、统筹发展等重大问题，为构建洞庭湖流域更优质的生态屏障，助力乡村振兴战略，结合我县实际，制定桃江县全面执行林长制实施方案。

一、工作目标

按照山水林田湖草系统治理要求，建立完善的林长制工作体系和森林湿地草原资源保护发展制度机制，确保全县"稳定、健康、优质、高效、惠民"的自然生态系统持续向好，不断满足人民群众美好生态环境、优良生态产品、优质生态服务需求，为建设富饶美丽幸福新桃江贡献绿色力量。

到2021年12月，全面建立县乡村三级林长体系，明确各级林长对森林湿地草原资源保护发展的职责，基本建立配套制度，构建县乡村三级林长制责任机制和"三长四员"执行网格（林长＋督察长＋警长＋联络员＋监管员＋执法员＋护林员）监督管护体系，其中乡镇级为"一长三员"（林长＋联络员＋监督员＋执法员），村级为"一长一员"（林长＋护林员）。

到2025年，构建职责明确、监管有力、运行高效的森林湿地草原资源保护发展机制，"智慧桃江"森林湿地草原资源监测监管平台有效运行。全县森林覆盖率稳定在64.15%以上［依据国家森林城市评价指标（LY/T2004-2012）设立］，森林蓄积量达600万立方米以上，林地保有量稳定在197万亩以上，林业总产值达200亿元。林业有害生物成灾率控制在3‰以下，森林火灾受害率控制在1‰以下，湿地保护率稳定在72%以上，草原综合植被盖度稳定在88%以上。保持生物多样性稳定，森林质量和生态系统功能得到明显提升，县域森林生态系统管理开创新局面。

到2035年，森林湿地草原资源保护发展机制更趋完善，森林湿地草原资源"智慧桃江"监测监管平台高效运行。全县森林覆盖率稳定在64.15%以上，森林蓄积量达720万立方米以上，湿地保护率稳定在78%以上，县域林业发展活力全面激发，林业治理体系和治理能力现代化格局基本形成。

二、工作原则

（一）坚持生态优先、保护为主。建立健全最严格的森林生态资源保护制度，促进人与自然和谐共生。

（二）坚持绿色发展、生态惠民。牢固树立和践行“绿水青山就是金山银山”理念，积极推进生态产业化和产业生态化。

（三）坚持问题导向、因地制宜。突出系统治理、科学管理、综合治理，妥善处理保护与发展、当前与长远的关系。

（四）坚持党委领导、部门联动。建立健全党政领导负责制，明确各级林长对森林湿地草原资源保护发展的职责。

三、健全林长制执行组织体系

（一）设立县、乡（镇）、村三级林长。县级设立林长，由县委书记担任；设第一副林长，由县长担任；设副林长，由常务副县长、分管林业工作副县长担任。各乡镇设立林长和第一副林长，分别由乡镇党委、政府主要负责同志担任，设立副林长，由乡镇政府分管负责同志担任。村级设林长、副林长，分别由村（社区）党组织书记和村（居）委会成员担任。

（二）县级设立督察长、警长。督察长由县人大常委会主任、县政协主席、县纪委书记担任；第一警长由县委政法委书记担任，警长由县人民政府副县长、县公安局局长担任。

（三）建立部门协作机制。县直相关部门在县级林长指挥协调下共同推进林长制工作。成立桃江县林长制工作委员会，办公室（以下简称县林长办）设在县林业局，办公室主任由分管副县长担任，副主任由县政府办协管林业工作的副主任和县林业局主要负责同志担任。县林业局设立林长制工作事务中心，承担林长制执行具体工作，县林业局配备14名中层干部作为乡镇、部门林长制工作联络员。县直有关部门明确专人专责，乡镇建立相应的林长制执行协作机制，参照设立林长办。

四、明确林长制执行工作职责

（一）林长职责

县级林长负责组织领导全县贯彻落实上级关于森林湿地草原资源保护发展决策部署，负责全县各级林长制建立和督导实施；第一副林长协助林长做好全县林长制工作，落实保护发展森林湿地草原资源目标责任，研究解决实施林长制过程中的重大问题；副林长具体落实全县森林湿地草原资源保护发展目标，组织拟定保护发展规划，检查督促乡（镇）级林长、协作单位全面履行林长制工作职责，强化森林湿地草原行政执法，督导查处破坏森林湿地草原资源违法犯罪行为。

乡（镇）林长负责本乡（镇）贯彻落实上级生态文明建设决策部署和保护发展森林湿地草原资源目标责任，制定实施区域森林湿地草原资源保护发展规划计划；负责建立健全组织体系，分解落实林长制目标任务，检查督促村级林长、协作单位全面履行林长制工作职责；建立健全乡、村护林组织体系，及时组织查处本辖区内破坏森林湿地草原资源行为；对本乡镇内造林抚育、乡村绿化、产业发展、森林防火、林业有害生物防控、湿地保护修复、山林纠纷调处等重点工作全面负责；组织实施林业惠民资金政策落地，负责监管员、执法员、护林员等网格化管理人员的日常管理。

村级林长负责本村（社区）森林湿地草原资源保护发展工作，及时发现、制止破坏森林湿地草原资源的行为（包括盗砍滥伐、乱捕滥猎、违规占用林地、湿地等），并及时向上级林长报告，协助开展综合执法；承担上级林长交办的其他工作事项。

（二）督察长、警长职责

县级督察长负责全县林长制督察工作，督促县林长制工作委员会成员单位及乡镇落实林长制各项工作任务和工作要求，向县级林长提出督察工作建议。县级第一警长、警长负责协调全县重大涉林涉湿涉草违法犯罪行为的打击处理工作。

（三）县林长制执行协作单位职责

县委组织部：负责对各乡（镇）林长和县级协作单位责任人的考核及结果的运用落实工作。

县委宣传部：负责全县林长制工作宣传和舆论引导工作。

县委编办：负责县林长制相关机构设置和职能界定，落实人员编制，负责林权不动产争议职能的划转，督促乡（镇）林长制相关机构设置。

县发展和改革局：负责申报森林湿地草原资源保护发展重点项目，会同有关部门指导和审查相关重大建设项目。

县公安局（森林公安局）：负责依法打击破坏森林湿地草原资源、影响林区安全稳定的违法犯罪行为，为推行林长制工作创造良好的治安环境。

县司法局：负责林长制相关规范性文件的审查，协助做好林权不动产争议的调处工作。

县财政局：完善优化财政相关扶持政策；落实县级林长制工作经费，统筹安排相关专项资金，规范和监督重点生态功能区转移支付资金和森林植被恢复费等涉林资金的使用管理。

县自然资源局：负责全县生态红线保护划定、监督管理和国土空间规划、用途管控制度落实。组织实施矿山植被复绿和地质环境治理。负责林权不动产争议调处和确权登记发证等工作。

县交通运输局：组织实施公路两侧用地范围内绿化，按国家规定支持国有林场（林区）道路建设等工作。

县水利局：组织实施河道管理范围、水利工程管理范围内造林绿化，做好水土保持等相关工作。

县农业农村局：负责指导美丽乡村建设示范创建单位绿化美化，配合指导农村集体组织和农民积极参与国土绿化以及森林湿地草原资源保护等工作。

县审计局：负责领导干部自然资源资产离任审计和重大保护发展资金使用审计等工作。

县应急管理局：负责将森林湿地草原有害生物灾害纳入防灾减灾救灾体系，做好森林湿地草原火情监测预警、综合防控和应急处置等工作，统筹协调较大及以上森林湿地草原火灾扑救、林业地质灾害救援等工作。

县城市管理和综合执法局：组织、协调城镇园林绿地建设、管护。

县林业局：负责全县森林湿地草原资源监督管理，组织森林湿地草原生态保护修复和造林绿化，指导开展森林湿地草原防火巡护、火源管理、防火设施建设等工作。

市生态环境局桃江分局：实施推进生态文明建设示范创建，负责涉及森林湿地草原等建设工程项目的环评审核，监督对生态环境有影响的森林湿地草原资源开发利用活动。

县气象局：负责提供林业生产、森林火险、林业有害生物防控等天气预报服务。

其他县直部门按照职责分工，协同执行林长制各项工作。各乡（镇）比照县林长制部门协作机制，明确相关部门的职责分工。

（四）林长办职责

拟订林长制工作制度、工作任务，监督林长制各项制度和工作任务的落实，承办林长制会议，组织开展林长制工作考核等林长制日常工作。

（五）联络员职责

协助乡（镇）、国有林场（区）熟悉和掌握辖区内护林员的基本情况，协助乡（镇）林长办落实会议精神，积极参加县林长办组织的相关活动，协助开展林业工作调研，配合督促乡（镇）、国有林场（区）落实行规行律。

五、林长制执行主要措施

（一）科学规划林业发展空间布局

1. 布局合理。将林业发展空间布局系统编入《桃江县国民经济和社会发展“十四五”规划和二〇三五年远景发展目标建议》中，合理布局全县森林生态资源保护利用结构和发展空间，制定保护发展目标。

2. 编制科学。科学编制《桃江县林地保护利用规划》，根据不同区域生态功能和林地保护利用方向性、差异性要求，优化配置，提升林地资源保护利用效率，着力构建全县增绿提质、生态优美、产业兴旺、乡村和谐、护绿惠民的林业发展规划，促进林地利用从粗放低效向分区集约高效转变。

（二）突出森林生态资源科学经营

1. 加大森林资源培育力度。以生态供需为主线，着力提高造林质量，优化森林经营结构，着力构建稳定的森林生态系统，因地制宜打造我县以杉木（马迹塘镇、高桥镇、桃花江林场）、毛竹（30 万亩笋用林基地）、油茶（灰山港镇、石牛江镇、桃花江镇）、花卉苗木（桃花江镇、浮邱山乡）为重点的森林资源培育核心区。

2. 严格公益林和天然林生态管护。编制天然林保护修复规划，严格落实公益林、天然林封山育林管护措施，保持省级以上公益林面积基本稳定，提升整体生态功能；全面落实天然林禁伐补偿和公益林生态补偿政策，逐步实现天然林与公益林管护、补偿和管理并轨；积极开展督查和专项执法行动，严厉打击涉林违法犯罪行为。

3. 扎实推进自然保护地体系建设。在全县自然保护地整合优化基础上，持续加大自然保护地基础设施投入，积极探索南洞庭湖流域自然公园与自然保护区融合模式，不断夯实桃花江国家森林公园、桃江羞女湖国家湿地公园和桃花江风景名胜区（省级）三大自然保护地发展基础，建立健全县域自然保护地管理体系，做到一个保护地、一套机构、一块牌子有效监管。

4. 不断提高野生动植物监管水平。认真做好野生动植物资源调查和保护监测点建设，完善和健全野生动植物保护管理工作机制；完善野生动物后续产业帮扶，探索建立野生动物损害赔偿和伤害人身保险制度；加强古树名木、纪念林保护，建立一批古树名木主题公园和革命历史生态园林。

（三）提升生态建设质量

1. 精准实施国家生态项目。以洞庭湖流域系统治理和生物多样性保护为载体，在全面保护原生森林资源基础上，精准发力推进国家长防林、木材战略储备林建设，不断完善天然林森林质量提升、石漠化综合治理、湿地保护修复、有害生物现代防控体系建设和森林防灭火体系建设。

2. 强力推进县域国土绿化。科学开展县域国土绿化，实现绿色生态大廊道大贯通，构建南洞庭丘陵区林网绿色大屏障，大力实施山地绿化提质，用5年时间完成新造林5万亩，森林抚育25万亩，高质量建设“二广高速、益娄高速、益溆高速、石长铁路、渝长厦高铁、桃花江大道”六大生态廊道景观，打造森林康养、林下经济等绿色大基地，提升绿色大四旁（村旁、路旁、水旁、宅旁），优化农村人居环境，推进“森林乡村”建设和省级森林城市创建。

3. 创新全民植树绿化新模式。带动全民义务植树，绿化亮化秀美城乡，高标准建设一批县、乡义务植树基地。全面落实益阳市“水杉三年行动计划”，补植补造珍稀乡土树种；积极开展造林绿化、抚育管护、认建认养、设施修建、捐资捐物、志愿服务等多种形式的增绿、护绿活动，探索县域“互联网＋义务植树基地”新模式，形成全民义务植树浓厚氛围。

（四）严控森林灾害防治

1. 落实森林有害生物防控责任。建立健全重大林业有害生物灾害防控县、乡、村三级责任机制和防灾减灾救灾体系，高标准建好桃江县国家中心测报站智能平台；着力抓好松材线虫病、竹蝗、竹青虫等重大林业有害生物防控持久战，严防外来有害生物入侵，实现综合防治全覆盖，维护森林湿地草原生态安全。

2. 强化森林火灾综合防控。以强化县、乡、村三级森林防火责任制为重点，完善火灾应急预案，全面推行森林防火林长负责制，切实落实山有人管、责有人担、火有人扑的防火责任体系；全面提升防火规范化、信息化、专业化管理水平，加强县、乡、村三级森林防火物资储备，积极探索政府购买森林护林防火服务工作机制。

（五）持续深化改革创新

1. 巩固国有林场（区）改革成果。加强全县国有林场（区）森林生态资源管护，加大基础设施投入，倾力打造“桃花江”秀美林场和现代示范林场；落实森林资源资产有偿使用制度，巩固扩大改革成果。全面落实国有林场（区）改革公益一类事业编制和相关经费保障。

2. 深化集体林权制度配套改革。在落实林地所有权、承包权、经营权三权分置基础上，进一步放活林地经营权，不断拓展集体林权职能，培育新型林业经营主体，强化林业金融支撑，促进适度规模经营，扎实推进桃花江笋竹高效利用实验基地等产学研平台建设，大胆尝试碳汇交易试点，积极探索“两山”双向转换高质量发展实现途径。

3. 推进林业生态产业升级。以生态产业化和产业生态化为切入点，构建乡村振兴林业生态产业链。大力推广优质种苗、高效油茶、珍贵树种、精品苗木、林下经济示范基地建设；强力推进全省千亿竹产业核心区提质；以“国家桃江楠竹产业示范园区”为龙头，以“一园五区”（即经开区精深加工园、大栗港鸬鹚渡江南区、马武区、三堂街修山江北区、桃花江、石牛江）为重点，打造以竹木加工为主体，以笋竹惠民、高效油茶等为特色的产业体系，不断延伸产业链条，主攻精深加工，实现林产集群跨越式发展；以桃花江国家森林公园、桃江羞女湖国家湿地公园、桃花江风景名胜区、安宁竹谷等景区景点为载体，倾力打造集康养休闲、餐饮住宿、旅游购物为一体的森林康养示范基地，不断提升森林生态全域旅游和森林康养发展水平。

（六）创新生态监测监管方式

1. 建立林长制智慧平台。依托卫星遥感、5G通讯、物联网、人工智能等新技术手段建设林长制执行智慧管理平台，建立“天空地”全覆盖监管体系，强化源头管控和网格化管理，促进系统协调与森林湿地草原资源数据共享，全面提高林长制工作执行科学化和智能化水平。

2. 强化资源监测监管成果运用。充分利用“智慧桃江”林长制监管平台，构建县域森林公园、湿地公园、风景名胜区、国有林场、生态公益林等重要生态区域实时监控网络，及时准确获取森林湿地草原资源面积变化数据，科学统计森林覆盖率、森林蓄积量、湿地保护率和草原综合植被盖度等指标数据，客观评价森林湿地草原资源保护发展绩效；为全县生态文明建设目标评价考核、领导干部自然资源资产离任审计、生态环境损害责任追究等提供基础数据。

（七）密实林长制基础网格建设

1. 充实壮大基层管护队伍，构建“林长＋联络员＋监管员＋执法员＋护林员”的网格化管护责任体系。严格落实“县、乡、村”三级管控原则要求，充分发挥各级林长统筹协调职责，整合林业基层生态保护、修复和生态惠民职能，设立乡（镇）林长办，落实2～3名专职林业管理人员，明确监管责任，组建统一规范的综合护林队伍，充实基层林业行政执法力量。强化对监管员、执法员和护林员的培训与日常管理，建立全县森林湿地草原资源网格化、全覆盖的巡护管理体系。探索建立“民间林长”制度，建立健全社会监督机制。

2.夯实林长制执行基础条件。强化森林湿地草原资源源头保护，切实加大基层管护基础设施建设力度，配备必要的巡护、执法装备。

六、保障机制

（一）组织领导机制。县乡（镇）党委、政府是推行林长制的责任主体，要切实提高政治站位，强化责任落实，合理设置林长制工作委员会办公室常设机构，明确责任分工，细化工作任务，强化工作力度，形成一级抓一级、层层抓落实的工作格局，确保2021年12月全面建立林长制组织体系。

（二）制度完善机制。建立落实林长制相关的林长令、林长会议、部门协作、信息共享、工作督察、林长巡林、工作考核等制度，尽快形成一系列管理规范、运行有序的工作制度，凝心聚力推进林长制工作执行，着力构建森林资源保护发展长效机制。

（三）资金投入机制。建立投入保障机制，将林长制所需经费纳入各级财政预算，落实林长制智慧平台建设、护林员工资等专项经费；统筹各类涉林专项资金，充分发挥财政资金引领示范作用；规范森林植被恢复费征收使用管理，确保全额用于林业生态保护修复和林长制执行工作需要；鼓励金融机构、外资项目、社会资本积极参与全县森林湿地草原资源保护发展项目建设，为全县林业事业可持续发展提供资金保障。

（四）社会监督机制。建立林长制信息发布平台，在各级林长责任区域显著位置设置林长公示牌，公开林长责任区域范围，公开林长、联络员、监管员、执法员和护林员姓名、联系方式、职责和监督电话，每年公布森林湿地草原资源保护发展情况，广泛开展林长制执行工作宣传，增强公众生态保护意识。

（五）考评奖罚机制。以林长制执行考核办法为抓手，县乡林长负责组织对本级相关部门和下一级林长进行考核，考核结果列入各级党委政府绩效考评内容，作为有关党政领导干部综合考核评价和自然资源资产离任审计的重要依据。落实全县党政领导干部生态环境损害责任终身追究制，对造成森林湿地草原资源严重破坏的单位和个人，严格按照有关规定追究责任。对执行林长制工作履职尽责、勇于担当、成绩显著的单位和个人按规定予以表扬奖励。

年度文件目录

2021 年桃发文件目录一览表

表 26

序 号	文件名称	发布文号	发布机关	发布日期
	桃发 27 个			
1	关于印发《2021 年桃江县乡镇、县直部门和双重管理单位绩效考核办法》的通知	桃发〔2021〕14 号	县委、县政府	4 月 26 日
2	关于表彰全县优秀共产党员、全县优秀党务工作者、全县先进基层党组织的决定	桃发〔2021〕16 号	县委	6 月 25 日
3	关于进一步加强自身建设的决定	桃发〔2021〕17 号	县委	7 月 30 日
4	关于对 2020 年全县年度考核获优秀等次人员给予奖励的通报	桃发〔2021〕19 号	县委	8 月 6 日
5	关于印发《桃江县七个一律免职暂行规定》的通知	桃发〔2021〕22 号	县委	9 月 14 日
6	关于印发《全县“推动桃江高质量发展，建设富饶美丽幸福新桃江”大调研大讨论活动实施方案》的通知	桃发〔2021〕24 号	县委	11 月 4 日
7	关于贯彻落实市委清廉益阳建设要求全力推进清廉桃江建设重点工作任务分工的通知	桃发〔2021〕25 号	县委	12 月 1 日

2021 年桃委发文件目录一览表

表 27

1	关于 2020 年度工作情况的报告	桃委〔2021〕1 号	县委	1 月 20 日
2	关于桃江县 2020 年度落实全面从严治党主体责任情况的报告	桃委〔2021〕2 号	县委	1 月 21 日
3	关于追授周大武同志“益阳市优秀共产党员”称号的请示	桃委〔2021〕8 号	县委	3 月 10 日
4	关于同意中共桃江县扶贫开发办公室党组更名为中共桃江县乡村振兴局党组的批复	桃委〔2021〕28 号	县委	5 月 11 日
5	关于同意设立中共桃江县城市建设投资运营集团有限公司委员会委员、总经济师的批复	桃委〔2021〕29 号	县委	5 月 11 日

2021 年桃办发文件目录一览表

表 28

1	印发《关于贯彻落实〈新时代公民道德建设实施纲要〉的实施方案》《关于贯彻落实〈新时代爱国主义教育实施纲要〉的实施方案》的通知	桃办发〔2021〕2 号	县委办、县政府办	1 月 26 日
2	关于加强市、县党政主要领导经济责任和自然资源资产离任（任中）审计整改工作的通知	桃办〔2021〕1 号	县委办、县政府办	1 月 8 日
3	关于做好《益阳党委执政实录（2021）》和《桃江年鉴（2021）》组稿工作的通知	桃办〔2021〕2 号	县委办、县政府办	1 月 13 日
4	关于做好桃江县营造更好发展环境支持民营企业改革发展工作的通知	桃办〔2021〕4 号	县委办、县政府办	1 月 26 日

续表 28

序号	文件名称	发布文号	发布机关	发布日期
5	关于切实抓好 2021 年粮食生产工作的通知	桃办〔2021〕7 号	县委办、县政府办	2 月 20 日
6	关于印发《益阳西部片区生活垃圾焚烧发电项目“做实群众工作，优化发展环境，推进项目建设”集中整治行动实施方案》的通知	桃办〔2021〕12 号	县委办、县政府办	3 月 13 日
7	关于印发《益阳西部片区生活垃圾焚烧发电项目“做实群众工作，优化发展环境，推进项目建设”集中整治行动“学党史、寻初心”主题党日活动方案》的通知	桃办〔2021〕13 号	县委办	3 月 13 日
8	关于印发《2021 年重点调度在建项目表》和《2021 年重点调度前期项目表》的通知	桃办〔2021〕14 号	县委办	3 月 24 日
9	关于印发《桃江县基层妇联组织、“妇贤”考评奖励办法》的通知	桃办〔2021〕15 号	县委办、县政府办	4 月 2 日
10	关于印发《2020 年度全县办公室工作考核情况通报》和《2021 年全县办公室工作目标管理考核办法》的通知	桃办〔2021〕16 号	县委办、县政府办	4 月 6 日
11	关于印发《桃江县政协 2021 年工作要点和协商监督计划》的通知	桃办〔2021〕17 号	县委办、县政府办、县政协办	4 月 6 日
12	关于调整桃江县防汛抗旱指挥部成员和 2021 年防汛抗旱责任区责任人的通知	桃办〔2021〕18 号	县委办、县政府办	4 月 13 日
13	关于调整县级领导与党外干部结对交友安排的通知	桃办〔2021〕19 号	县委办	4 月 19 日
14	关于印发《桃江县 2021 年工业新兴优势产业链高质量发展实施方案》的通知	桃办〔2021〕21 号	县委办、县政府办	4 月 21 日
15	关于印发《2021 年桃江县在职县级干部绩效考核办法》的通知	桃办〔2021〕22 号	县委办、县政府办	4 月 25 日
16	关于印发《桃江县征地拆迁安置与房屋征收补偿事务中心职能配置、内设机构和人员编制规定》的通知	桃办〔2021〕25 号	县委办、县政府办	5 月 6 日
17	关于印发《桃江县未成年人防溺水工作方案》的通知	桃办〔2021〕28 号	县委办、县政府办	5 月 20 日
18	关于做好县级领导专项督导疫情防控和疫苗接种工作的通知	桃办〔2021〕31 号	县委办、县政府办	7 月 31 日
19	关于印发《关于开展“强作风、优环境，共建清廉桃江”活动实施方案》的通知	桃办〔2021〕33 号	县委办、县政府办	9 月 14 日
20	关于印发《桃江县开展乡村党员干部联系服务群众“五个到户”试点工作实施方案》的通知	桃办〔2021〕34 号	县委办、县政府办	9 月 24 日
21	关于明确 2021 年全县真抓实干督查激励措施工作责任和任务的通知	桃办〔2021〕36 号	县委办、县政府办	9 月 25 日
22	关于印发《2021 年桃江县乡镇、县直部门重点工作目标考核细则》和《2021 年桃江经济开发区、灰山港产业开发区和县城市建设投资运营集团有限公司绩效考核办法》的通知	桃办〔2021〕38 号	县委办、县政府办	9 月 26 日

续表 28

序　号	文件名称	发布文号	发布机关	发布日期
23	关于成立桃江县国土空间规划委员会的通知	桃办〔2021〕39 号	县委办、县政府办	9 月 26 日
24	印发《关于全面执行林长制的实施方案》的通知	桃办〔2021〕40 号	县委办、县政府办	12 月 7 日
25	关于成立桃江县农业科技园区建设工作领导小组的通知	桃办〔2021〕41 号	县委办、县政府办	12 月 15 日

2021 年桃府阅文件目录一览表

表 29

序　号	文　号	标　题
1	桃府阅〔2021〕1 号	滨江棚改育英巷东片区项目及獭溪路建设路车行桥建设项目相关单位搬迁协调会议纪要
2	桃府阅〔2021〕2 号	桃江县工矿棚户区二期项目规划等相关工作协调会议纪要
3	桃府阅〔2021〕3 号	桃江县工程建设项目审批制度改革工作推进会议纪要
4	桃府阅〔2021〕4 号	省道 230 第六标段项目建设协调会议纪要
5	桃府阅〔2021〕5 号	关于桃江县原大仑山煤矿亦工亦农合同工职业病患者及一至四级工伤人员待遇落实调度会议纪要
6	桃府阅〔2021〕6 号	关于县城无害化垃圾填埋场封场及饮水工程交接调度会议纪要
7	桃府阅〔2021〕7 号	桃江县省长经济责任审计闲置土地整改处置工作会议纪要
8	桃府阅〔2021〕8 号	桃江县桃冶片区城市棚户区改造项目现场办公会议纪要
9	桃府阅〔2021〕9 号	关于完善桃江县自来水公司“转企改制”资产登记处置专题会议纪要
10	桃府阅〔2021〕10 号	2019 年度军休经费拨付相关问题专题会议纪要
11	桃府阅〔2021〕11 号	益阳市西部片区生活垃圾焚烧发电项目民生改善组工作调度会议纪要
12	桃府阅〔2021〕12 号	桃江县畜禽养殖污染治理工作调度会议纪要
13	桃府阅〔2021〕13 号	县社保所、桃花江城关供销社“以物抵缴”社保金遗留问题协调会议纪要
14	桃府阅〔2021〕14 号	湖南润景景田饮用水生产项目专题推进会议纪要
15	桃府阅〔2021〕15 号	紫金湾九年一贯制学校建设项目调度会议纪要
16	桃府阅〔2021〕16 号	湖南省桃江县金桥石业有限公司相关问题协调会议纪要
17	桃府阅〔2021〕17 号	桃花江镇人民政府和桃花江派出所办公场所调度会议纪要
18	桃府阅〔2021〕18 号	桃江县石煤矿山污染问题治理工作现场调度会议纪要
19	桃府阅〔2021〕19 号	关于桃江县竹木胶板制造加工企业环境污染整治工作专题会议纪要
20	桃府阅〔2021〕20 号	桃江县石煤矿山矿涌水污染问题应急处置方案审查会议纪要
21	桃府阅〔2021〕21 号	关于桃花江镇崆峒村相关重点项目拆迁遗留问题协调会议纪要
22	桃府阅〔2021〕22 号	企业退役军人取消低保后相关遗留问题专题会议纪要

续表 29

序号	文号	标题
23	桃府阅〔2021〕23 号	关于争取呼南高铁益娄段在灰山港镇设站相关工作专题会议纪要
24	桃府阅〔2021〕24 号	桃江县竹业城（二期）城市棚户区改造项目新华书店课本仓库征收与补偿协调会议纪要
25	桃府阅〔2021〕25 号	关于桃江县化肥厂、桃江县酒厂企业改制工作专题会议纪要
26	桃府阅〔2021〕26 号	桃江县教师发展中心及附属九年一贯制学校建设现场调度会议纪要
27	桃府阅〔2021〕27 号	中央环保督察交办信访件整改工作推进会议纪要
28	桃府阅〔2021〕28 号	关于鲊埠回族乡卫生院公租房和公卫楼临坡滑坡地质灾害处置协调会议纪要
29	桃府阅〔2021〕29 号	关于打财断血涉案企业安全生产工作协调会议纪要
30	桃府阅〔2021〕30 号	桃江县城市棚户区改造项目工作调度会议纪要
31	桃府阅〔2021〕31 号	第二轮中央环保督察交办农业线信访件办理情况调度会议纪要
32	桃府阅〔2021〕32 号	涉桃江农商行信访维稳调研会议纪要
33	桃府阅〔2021〕33 号	关于刘进保信访问题联席工作会议纪要
34	桃府阅〔2021〕34 号	桃江县益马连接线绿化工程苗木价格会议纪要
35	桃府阅〔2021〕35 号	桃江县汽车东站建设工作推进会议纪要
36	桃府阅〔2021〕36 号	关于浮邱山乡污水处理设施相关问题专题会议纪要
37	桃府阅〔2021〕37 号	关于桃江县紫山湾棚户区改造配套设施停车场建设项目遗留问题协调会议纪要
38	桃府阅〔2021〕38 号	桃江县牛潭河城乡一体化（一期）建设项目专题会议纪要
39	桃府阅〔2021〕39 号	桃江县电力线路多线共杆安全隐患整治协调会议纪要
40	桃府阅〔2021〕40 号	桃江盛大金禧金融风险化解专题调度会议纪要
41	桃府阅〔2021〕41 号	桃江县振华市场专项整治工作会议纪要
42	桃府阅〔2021〕42 号	桃江县城市棚户区改造司法拆迁工作专题会议纪要
43	桃府阅〔2021〕43 号	桃江县蓝天保卫战“百日攻坚”行动专题会议纪要
44	桃府阅〔2021〕44 号	全县“大棚房”问题专项清理整治行动“回头看”整改工作会议纪要
45	桃府阅〔2021〕45 号	县城安置攻坚工作推进会议纪要
46	桃府阅〔2021〕46 号	中央预算内投资专项计划执行情况监督检查发现问题整改落实专题会议纪要
47	桃府阅〔2021〕47 号	桃江县殡仪馆建设工作推进会议纪要
48	桃府阅〔2021〕48 号	县城安置房建设报规报建工作协调会议纪要
49	桃府阅〔2021〕49 号	桃江县乡镇污水处理及配套管网建设 PPP 项目融资贷款协调会议纪要
50	桃府阅〔2021〕50 号	关于原冶金机械厂老家属楼水电问题工作联系会议纪要
51	桃府阅〔2021〕51 号	关于曾友谷攀吊塔事件处置工作调度会议纪要
52	桃府阅〔2021〕52 号	桃江县部分重点项目调度会议纪要

续表 29

序 号	文 号	标 题
53	桃府阅〔2021〕53 号	关于桃江县湘域矿业有限公司首溪金矿采矿权延续登记问题专题会议纪要
54	桃府阅〔2021〕54 号	关于桃江县“三型两网”推进会议纪要
55	桃府阅〔2021〕55 号	关于湖南润景景田饮用水生产项目建设推进会议纪要
56	桃府阅〔2021〕56 号	桃江县沾溪流域污染应急治理紧急会议纪要
57	桃府阅〔2021〕57 号	桃江县电商产业园整体搬迁协调会议纪要
58	桃府阅〔2021〕58 号	桃江县 2021 年污染防治攻坚战“夏季攻势”砂石土矿专项整治工作部署会议纪要
59	桃府阅〔2021〕59 号	关于都好养老公司相关问题处置工作调度会议纪要
60	桃府阅〔2021〕60 号	关于湖南口味王食品有限公司食品生产许可证到期换证工作专题会议纪要
61	桃府阅〔2021〕61 号	桃江县部分重点项目调度会议纪要
62	桃府阅〔2021〕62 号	全县卫生健康项目调研办公会议纪要
63	桃府阅〔2021〕63 号	桃江县部分重点项目调度会议纪要
64	桃府阅〔2021〕64 号	安宁水库饮用水源地环境问题专项整治、马迹塘镇自来水厂取水点上移工程相关问题协调会议纪要
65	桃府阅〔2021〕65 号	桃江县天骄国际小区业主群体维权问题专题会议纪要
66	桃府阅〔2021〕66 号	桃江县“千吨万人”饮用水水源地规范化建设项目推进会议纪要
67	桃府阅〔2021〕67 号	关于推进县体育馆院内拆违工作会议纪要
68	桃府阅〔2021〕68 号	桃江县部分国省干线公路维修改造联席会议纪要
69	桃府阅〔2021〕69 号	桃花江镇鹅公桥村乡村振兴工作推进会议纪要
70	桃府阅〔2021〕70 号	桃花江镇人和桥村软弱涣散党组织整顿工作推进会议纪要
71	桃府阅〔2021〕71 号	三堂街镇老街棚户区改造项目（亲水平台）审计协调会议纪要
72	桃府阅〔2021〕72 号	桃江县居民住宅项目配建教育设施建设资金缴纳有关问题协调会议纪要
73	桃府阅〔2021〕73 号	桃花江水库大坝除险加固项目推进会议纪要
74	桃府阅〔2021〕74 号	桃江县农商城项目建设工作推进会议纪要
75	桃府阅〔2021〕75 号	G234 赫山区谢林港至桃江石洞公路改扩建工程用地报批工作推进会议纪要
76	桃府阅〔2021〕76 号	关于竹乡公司入股紫荆新材评估定价等相关问题调度推进会议纪要
77	桃府阅〔2021〕77 号	桃江县原畜牧局片区棚户改造项目调度会议纪要
78	桃府阅〔2021〕78 号	桃江县武潭镇涉河问题整改工作调度会议纪要
79	桃府阅〔2021〕79 号	桃江县养老康复医院归属问题协调会议纪要
80	桃府阅〔2021〕80 号	桃江县脑科医院项目建设调度会议纪要
81	桃府阅〔2021〕81 号	桃江县国有资产处置工作会议纪要
82	桃府阅〔2021〕82 号	金易仓储物流产业园建设现场办公会议纪要

续表 29

序　号	文　号	标　题
83	桃府阅〔2021〕83 号	桃江县部分重点项目调度会议纪要
84	桃府阅〔2021〕84 号	桃江县部分重点项目调度会议纪要
85	桃府阅〔2021〕85 号	关于桃花江公交停保场、武装部大院改造、县城南区排水工程竣工结算协调会议纪要
86	桃府阅〔2021〕86 号	关于桃江县公安部门办理网络赌博、传销和涉税犯罪等案件特费及办案经费开支专题会议纪要
87	桃府阅〔2021〕87 号	马迹塘镇丰家村尾矿库治理现场办公会
88	桃府阅〔2021〕88 号	关于解决部分退役军人和困难群体养老保险缴费信访问题专题会议纪要
89	桃府阅〔2021〕89 号	修山镇莲盆嘴村创建省级乡村振兴示范村工作推进会议纪要
90	桃府阅〔2021〕90 号	桃江县人民医院南院区影像中心和医疗家具采购项目推进会议纪要
91	桃府阅〔2021〕91 号	关于曾友谷房屋受损信访事件协调联席会议纪要
92	桃府阅〔2021〕92 号	桃江农商银行不良贷款清收工作专题会议纪要
93	桃府阅〔2021〕93 号	金盆广场休闲公园维修改造项目建设推进会议纪要
94	桃府阅〔2021〕94 号	关于五凌电力有限公司马迹塘水电厂政企联席会议纪要
95	桃府阅〔2021〕95 号	大栗港镇张家村软弱涣散党组织整顿工作推进会议纪要
96	桃府阅〔2021〕96 号	全县成品油整治工作专题会议纪要
97	桃府阅〔2021〕97 号	大栗港镇栗山河村驻村工作帮扶会议纪要
98	桃府阅〔2021〕98 号	桃江县部分重点项目调度会议纪要（10 月 29 日）
99	桃府阅〔2021〕99 号	桃江县部分重点项目调度会议纪要（11 月 16 日）
100	桃府阅〔2021〕100 号	鸬鹚渡镇张子清村红色美丽村庄建设试点工作现场办公会议纪要
101	桃府阅〔2021〕101 号	桃花江镇动物疫情处置工作协调
102	桃府阅〔2021〕102 号	桃江县中医医院康养项目协调会议纪要
103	桃府阅〔2021〕103 号	鼓励支持使用本地笋竹等特色产品相关文件制定和工作推进会议纪要
104	桃府阅〔2021〕104 号	桃江县融媒体中心 2019 年建设项目超概算遗留问题专题会议纪要
105	桃府阅〔2021〕105 号	桃江县老干部代表座谈会议纪要
106	桃府阅〔2021〕106 号	省道 230 改建工程第三标段雷公岩特大桥造价增加情况专题协调会议纪要
107	桃府阅〔2021〕107 号	桃江县竹木胶板制造加工企业环境污染整治工作推进会议纪要
108	桃府阅〔2021〕108 号	桃江久通锑业有限责任公司尾矿库建设项目选址专题会议纪要
109	桃府阅〔2021〕109 号	桃江县城规划区第三污水处理厂及配套管网工程污水处理设备价格定价会议纪要
110	桃府阅〔2021〕110 号	关于国辰高新科技园产业园项目推进工作专题会议纪要
111	桃府阅〔2021〕111 号	桃江县部分重点项目调度会议纪要（11 月 24 日）

续表 29

序 号	文 号	标 题
112	桃府阅〔2021〕112 号	桃江县人民医院南院区 PPP 项目调度会议纪要
113	桃府阅〔2021〕113 号	桃江凤冠电机有限公司劳资纠纷协调会议纪要
114	桃府阅〔2021〕114 号	桃花江镇桃花路社区创建工作调度会议纪要
115	桃府阅〔2021〕115 号	关于桃江县竹乡国有资产运营有限公司“湘租贷”项目相关工作协调会议纪要
116	桃府阅〔2021〕116 号	关于桃江县特困人员门诊和住院费用补偿工作专题会议纪要
117	桃府阅〔2021〕117 号	桃江县 12 月份重点项目调度会议纪要（12 月 9 日）
118	桃府阅〔2021〕118 号	桃江县弄溪桥片区棚改项目工作推进会议纪要
119	桃府阅〔2021〕119 号	关于 2021 年度桃江县科技专家服务团年终考核专题会议纪要
120	桃府阅〔2021〕120 号	桃花江镇半稼洲社区帮扶工作会议纪要
121	桃府阅〔2021〕121 号	桃江县污泥处置专题会议纪要
122	桃府阅〔2021〕122 号	桃江县教育和城市安防工程建设调研暨“洞庭清波”督查反馈问题整改推进会会议纪要
123	桃府阅〔2021〕123 号	关于城区静态停车车辆行政处罚职能移交工作会议纪要
124	桃府阅〔2021〕124 号	桃江县人民法院灰山港人民法庭建设项目协调会议纪要
125	桃府阅〔2021〕125 号	国辰高科技产业园智能终端制造基地项目会议纪要
126	桃府阅〔2021〕126 号	省“洞庭清波”专项行动督导检查交办问题整改工作部署会议纪要
127	桃府阅〔2021〕127 号	省级现代农业产业园及省级竹业小镇建设项目推进会议纪要
128	桃府阅〔2021〕128 号	马迹塘镇省级现代农业产业园及省级竹业小镇建设推进会议纪要

2021 年桃政发文件目录一览表

表 30

序 号	文 号	标 题
1	桃政发〔2021〕1 号	关于印发《健康桃江行动实施方案》的通知（TJDR-2021-00001）
2	桃政发〔2021〕3 号	关于印发《桃江县人民政府重大行政决策程序规则》的通知（TJDR-2021-00002）
3	桃政发〔2021〕4 号	关于印发《桃江县集体土地与房屋征收补偿安置》的通知（TJDR-2021-00003）
4	桃政发〔2021〕5 号	关于印发《桃江县建设用地审批管理办法》的通知（TJDR-2021-00004）
5	桃政发〔2021〕7 号	关于征收弄溪桥片区城市棚户区改造项目国有土地上房屋的决定
6	桃政发〔2021〕8 号	关于印发《桃江县政府部门权责清单（2021 年版）》的通知（TJDR-2021-00006）
7	桃政发〔2021〕9 号	关于印发《桃江县妇女发展规划（2021—2025 年）》《桃江县儿童发展规划（2021—2025 年）》的（TJDR-2021-00007）
8	桃政发〔2021〕10 号	关于印发《桃江县国民经济和社会发展第十四个五年规划和二〇三五年远景目标纲要》的通知（TJDR-2021-00008）

2021 年桃政通发文件目录一览表

表 31

序　号	文　号	标　题
1	桃政通〔2021〕9 号	关于推进县城义务教育新生入学“一件事一次办”改革的通告
2	桃政通〔2021〕15 号	关于规范县城规划区建设秩序的通告

2021 年桃政办发文件目录一览表

表 32

序　号	文　号	标　题
1	桃政办发〔2021〕1 号	关于印发《桃江县重点产业项目扶持资金使用管理暂行办法》的通知（TJDR-2021-01001）
2	桃政办发〔2021〕3 号	关于印发《桃江县重大行政决策目录管理办法》和《桃江县重大行政决策听证办法》的通知（TJDR-2021-01002）
3	桃政办发〔2021〕4 号	关于印发《桃江县电子商务进农村综合示范项目实施方案》的通知
4	桃政办发〔2021〕5 号	关于印发《桃江县重点建设项目前期工作经费管理暂行办法》的通知
5	桃政办发〔2021〕6 号	关于印发《2021 年秋季县城义务教育阶段招生工作方案》的通知
6	桃政办发〔2021〕7 号	关于印发《桃江县 2021 年度国土空间规划编制工作实施方案（镇、村部分）》的通知
7	桃政办发〔2021〕8 号	关于印发《桃江县 2021 年稻谷收储实施方案》的通知
8	桃政办发〔2021〕9 号	关于印发《桃江县贯彻落实〈进一步加强农村地区“两站两员”建设的指导意见〉实施方案》的通知
9	桃政办发〔2021〕10 号	关于印发《桃江县新建商品房“交房即交证”改革工作实施方案（试行）》的通知
10	桃政办发〔2021〕11 号	关于印发《桃江县乡镇自用船舶管理办法》的通知
11	桃政办发〔2021〕12 号	关于印发《桃江县农田建设项目管理制度》的通知
12	桃政办发〔2021〕13 号	关于印发《桃江县全面推行涉企经营许可事项告知承诺制落实方案》的通知（TJDR-2021-01003）
13	桃政办发〔2021〕14 号	关于服务“三高四新”战略实施财源建设工程的意见
14	桃政办发〔2021〕15 号	关于印发《桃江县 2022 年度城乡居民基本医疗保险参保缴费工作方案》的通知（TJDR-2021-01004）
15	桃政办发〔2021〕16 号	关于印发《桃江县村级财务管理办法（试行）》的通知（TJDR-2021-01005）
16	桃政办发〔2021〕17 号	关于印发桃江县计划生育协会改革方案的通知（秘密）
17	桃政办发〔2021〕18 号	关于印发《桃江县政务信息化项目建设管理办法》的通知

2021 年桃政办函发文件目录一览表

表 33

序　号	文　号	标　题
1	桃政办函〔2021〕5 号	关于印发《桃江县 2021 年度立项争资目标管理考核办法》的通知
2	桃政办函〔2021〕9 号	关于印发《2021 年桃江县招商引资目标管理考核细则》的通知

续表 33

序　号	文　号	标　题
3	桃政办函〔2021〕11 号	关于印发《2021 年全县重点民生实事项目实施意见》的通知
4	桃政办函〔2021〕15 号	关于进一步加强粮食质量溯源闭环管理的通知
5	桃政办函〔2021〕17 号	关于印发《桃江县 2021 年度农村户用卫生厕所改（新）建和农村公共卫生厕所新建工作方案》的通知
6	桃政办函〔2021〕18 号	关于印发《桃江县 2021 年行政村生活污水治理实施方案》的通知
7	桃政办函〔2021〕24 号	关于印发《桃江县 2021 年推动长江经济带发展工作要点》的通知
8	桃政办函〔2021〕25 号	关于印发《桃江县加快推进第五代移动通信网络建设发展实施方案》的通知
9	桃政办函〔2021〕26 号	关于印发《桃江县 2021 年绿色种养循环农业试点项目实施方案》的通知
10	桃政办函〔2021〕27 号	关于印发《桃江县城乡居民两险征缴考核办法》的通知
11	桃政办函〔2021〕29 号	关于印发《桃江县既有多层住宅增设电梯实施细则》的通知
12	桃政办函〔2021〕30 号	印发《关于进一步加强财源建设的工作方案（2021—2023 年）》《关于进一步加强财源建设的若干意见（2021—2023 年）》的通知

索引

说 明

一、本索引按汉语拼音音序排列（彩页、特载、大事记、先进名录、统计资料、附录、综述分目、概况条目除外），数字和字母开头的标目排在最前面。

二、标目后的数字表示内容所在的页码，数字后的英文字母 a、b、c 分别表示该页码的左、中、右栏。

三、分目标题用绿色黑体标注。

字母与数字

A

E

F

G

H

J

N

P

Q

R

T

Y